世界资源报告

2000-2001

人与生态系统

正在破碎的生命之网

联合国开发计划署
联合国环境规划署
世界银行
世界资源研究所

中国环境科学出版社·北京

翻译人员（按姓氏笔画排列）

王　青　方　莉　刘亚明　张庆红　张孟衡
姜　苇　姜冬梅　涂瑞和　桂　峰　禚　壮

审校人员

胡珊珊　黄润华　许嘉琳　宁大同

世界资源报告（2000—2001）：
人与生态系统——正在破碎的生命之网

世界资源报告系列是由联合国开发计划署、联合国环境规划署、世界银行和世界资源研究所四个组织共同协作的成果。本卷所表达的观点来自各个组织的人员，但并不代表各组织的理事会和成员国政府的意见。

世界资源研究所地址：
10 G Street,NE, Washington,D.C.20002

目 录

前 言

修复破碎的网

很多时候，最艰难的决定就是承认那些显而易见的结论。很明显，整个世界的国民经济都是建立在由生态系统所提供的产品和服务的基础上；同样，人类自身的生存也是依托于由生态系统持续提供的多方面的利益。但是，长期以来，无论是在发达国家，还是在落后国家，发展所优先考虑的总是人类能够从生态系统中索取什么，而很少顾及到这些行为的影响。在这篇报告里，联合国开发计划署、联合国环境规划署、世界银行和世界资源研究所，重新确认了他们的承诺：把建立世界生态系统多样性作为21世纪发展的首要问题。

尽管我们对生态系统有着很明显的依赖，但是，要求我们在进行开发决策时考虑生态系统的容量，却是困难的。这要求政府部门和实业界就如何衡量、规划经济增长的基本设想进行重新思考。贫困迫使很多人将其所依赖的生态系统置于危险的境地，即使他们知道自己正以不可持续的方式砍伐木材或掠夺渔业资源。贪婪或冒险、无知或不经意，也使人们无视维持生态系统的自然界限。然而，这其中最困难的是，处在各个阶层的人们，从基层的农民到各国首都的决策者，或是不能很好地运用现有的知识，或是缺乏有关生态系统现状和其远景的基本信息。这个报告以及作为其基础的“全球生态系统试点分析”，对论述这一问题向前迈了一步。

在通力合作的《世界资源系列报告》中，我们四个组织以一种真诚合作的关系承担了这项编辑工作，向人们提出维护世界生态系统的劝告。我们综合了不同的观点和数十年来在环境与发展问题上的工作经验。我们是为一种迫切的需要所促动——找寻一种同时有益于人类和生态系统的解决问题的办法。

此刻，在所有国家——富有的或贫穷的——人们都在经历着由于生态系统的退化而带来的种种后果：印度旁遮普地区的水资源短缺；俄罗斯Tuva地区的土壤侵蚀；美国北卡罗莱纳州海岸的鱼类死亡；洪都拉斯伐林坡地上的滑坡；印度尼西亚婆罗洲和苏门答腊岛受扰动森林地区的火灾。那些穷人，他们的生活直接依赖于生态系统，因此，当生态系统退化时他们所受到的影响就最大。

与此同时，世界各地的人们都在努力工作以寻求解决的方法：印度Dhani的社区森林保护计划；蒙古的牧场集体管理；肯尼亚马查科斯的农业改革；南非为保护水源而进行的清除外来树种工作；美国的恢复沼泽地。政府和私有业正花费数十亿元的钱财，试图改变生态系统退化的状况，或者，至少是延缓一些后果的发生——然而要在全球尺度上对遭受破坏的生态系统进行恢复，将会需要更多的花费。

正如这些例子和本书中其他许多例子所表明的，我们的关于生态系统的知识已经极大地增加了，但是，却赶不上我们对生态系统改变的能力。除非运用已经获得的知识对地球生态系统进行可持续的开发，否则就会有这样的风险：对生态系统产生更大的破坏，并随之对经济发展和人类良好地生活方面产生可怕的后果。因此，这一问题紧迫性就在于：短视的、可以避免的错误会在现在和将来影响到成百万人的生活。我们可以继续盲目地改变地球的生态系统，或者，我们可以学习更加持续地利用它们。

如果我们选择继续现有的利用模式，我们面临的是：生态系统产生多种多样利益的能力几乎必然退化——从洁净的水到稳定的气候，从薪炭林到粮食作物，从木材到野生生物生境。不过，也可以有另外的选择。这就要求我们重新认识生态系统，要学会把生态系统的可持续性看作是人类自身的可持续性所必需的。采用这种“生态系统方法”就意味着，在评价土地和资源利用决策时，要从评价这些决策对生态系统维持生命的能力所产生的影响出发，不仅要考虑对人类良好地生活的影响，还要考虑对动植物、自然系统生产潜力的影响。对生态系统这种能力的维持在人类和国家的发展、告别贫穷的希望、保护生物多样性和走向可持续发展未来中起着关键性作用。

诚然，要了解在未来的自然环境或政治环境中什么是真正可持续的，是十分困难的。正是出于这个原因，生态系统方法同时强调对良好的科学信息和合理的政策、制度的要求。就科学方面而言，一种生态系统方法应该是：

- 认识生态系统中的“系统”，尊重它们的自然界限，整体地而不是部分地去管理它们；
- 定期评价生态系统的状态，研究生态系统形成生命维持能力的作用过程，这样，我们就能明了自己选择的后果。

就政治方面而言，一种生态系统方法应该是：

- 论证通过制订更加明智的政策和成立更加有效的机构来实施这些政策，对于改进生态系统管理有很大作用；
- 将信息集中起来，以便谨慎衡量各生态系统的产品和服务之间以及环境、政治、社会、经济目标之间的利害关系；
- 把公众，特别是地方社区纳入到生态系统管理中，生态系统保护与他们的利益往往有最密切的关系。

生态系统方法的目的就是对生态系统所提供的一

系列产品和服务进行优化，同时，保护或增加它们在未来提供这些产品和服务的能力。《世界资源报告2000—2001》倡导一种生态系统的方法，并就如何应用它们给出了建议。

在维护生态系统中，关键一点就是要评估它们的状态以及继续满足我们需要的能力。然而，至今还没有一个全球性的世界生态系统状况的评价。全球生态系统试点分析是一项新的研究，为进一步的广泛评价打下了基础，本报告通过提供全球生态系统试点分析的成果，开始填补这方面的知识缺陷。

在任何其他评价之前，使这项试点分析有价值的一点在于：它把可以获得的、全球尺度上五类主要生态系统状况的信息进行了比较，包括的类别有：农业生态系统、海岸地区、森林、淡水系统和草地。此项试点分析，不仅考察了系统产出的数量和质量，而且考察了生产力的生物学基础，包括土壤和水的状况、生物多样性、土地利用随时间的变化。除了关注粮食和木材这类进入市场的产品外，还评估了广泛的生态系统的产品和服务状况，这些产品和服务为人们所依赖，但人们并不从市场上购买它们。最根本的是：它是一个建立在现有信息基础上的，对5个主要生态系统现状的全面评价。

该评价清晰地表明了现有信息的优势和不足。试点分析明确了数据中存在的显著差距，以及将如何弥补这些差距。例如：卫星图象和遥感，增加了有关生态系统某些特征的信息（如：系统的范围），但是，关于淡水水质和河流水量这一类指标的实地信息，在今天我们所能获得的比在过去还要少。

尽管已经建立了大量数据，但是，此项试点分析表明，我们还没有很好地把所做的努力协调起来。目前，所用的尺度是不同的，不同的量度之间不能整合，不同的信息源可能不知道彼此间的相关发现。

我们的合作组织以这样的信念开始做本版《世界资源报告》的：地球生态系统管理的挑战以及失败的后果——在21世纪将会明显增加。在结束时，我们强烈地意识到：为面对这种挑战所需要的科学知识和政治，在今天还常常是缺乏的。为在21世纪对生态系统管理做出合理的决策，就要求我们对自己运用现有知识和经验的方式、对运用关于资源管理决策信息的方式，进行显著改变。

我们需要一项真正意义上的全面、综合的全球生态系统评价，它应该超越于试点分析，以迎合信息需求和促进区域、地方性的评价。这样一个新千年生态系统评价的计划已经在做了。1998年，来自广泛的国际科学团体和政治团体的代表们，开始探索这样一个评价的优点和建议的框架结构。经过一年的商议和对这项报告的初步成果的考虑，他们总结出：一项关于过去、现在和未来生态系统的全球性评价是可行的，而且是迫切需要的。他们促使地方、国家以及国际机构作为涉益方、使用者和专家的来源支持这项工作。如果新千年生态系统评价能成功地结束，它将会产生新的信息、整合现有知识、开发方法论工具和增加公众的理解。在地方、国家和地区的尺度上，通过这项工作，能进行获取、分析信息和依据改进的信息展开行动方面的能力建设。我们的机构正联合起来支持这项进行新千年生态系统评价的要求。

面临着新世纪的曙光，我们有能力改变我们这个行星上至关重要的系统，使它变得更好或更坏。为了使它们变得更好，我们必须认识到：人类良好的生活是和生态系统相互交织的，并且其间的结构正在遭受破坏。我们需要去修补它，并且我们现在就有工具可以这样做。还有比现在更好的时机吗？

Mark Malloch Brown
行政长官
联合国开发计划署（UNDP）

Klaus Töpfer
执行主任
联合国环境规划署(UNEP)

James D. Wolfensohn
主席
世界银行

Jonathan Lash
主席
世界资源研究所(WRI)

第一部分 I

世界资源报告

2000-2001

人与生态系统联系的重新思考

一股清泉从地面涌出，透着新鲜气息，

我们称之为淡水之源。

然而，

它又是古老的，

它已经在这天地间循环了极为漫长的年代。

我们依赖于土地，

在水的循环中，

使它净化。

第一章

人与生态系统的联系

试想一个没有生态系统的地球。生态系统是这个星球的生产机器——物种群落之间、物种群落与其所生活的自然环境之间相互作用。它们是森林、草地、河流、沿海和深海水域、岛屿、山脉——甚至是城市，包围着我们。每种生态系统都代表了一种迎接特殊的生命挑战的解决方案，数千年来不断解决着各种问题；无数的物种抢夺阳光、水分、养分和空间，每种生态系统都蕴藏了其中生存与效率的教训。如果地球失去生态系统，将显示类似1997年美国航空航天局（NASA）从火星传回的景象一样荒凉、毫无生气。

这种景象还强调了一旦我们对生态系统的破坏超出了其恢复的能力，再现生态系统所提供的支持生命的自然系统将会是多么的困难。例如，世界肥沃的土壤是几百万年有机和无机进程的馈赠。技术可以复制土壤为农作物和天然植物提供的养分，但从全球的角度来说，其成本是非常高昂的。

事实上人类完全依靠生态系统来维持生命。从饮用水到食物，从给予丰饶物产的大海到构筑家园的土地，生态系统提供了不可或缺的产品与服务。各种生态系统使地球适于居住：它们净化空气和水、保持生物多样性、分解养分、使之再循环、并提供了无数其它重要的功能。

收获生态系统的恩赐确立了经济的根基，提供了就业，尤其是在低等和中等收入国家。农业、林业和渔业为世界提供了一半的工作，并为撒哈拉以南非洲地区、东亚和太平洋地区提供了70%的工作。在世界1/4的国家中，作物、木材和鱼类对经济的贡献仍然大于工业产品（世界银行 19996:28～31, 192～195）。仅全球农业每年就生产出价值1.3万亿美元的粮食和纤维（Wood等 [PAGE]2000）。

生态系统还滋养了人类的灵魂，提供了进行宗教表述、美学享受和休闲娱乐的场所。从每个方面来说，人类的发展和人类安全与生态系统的生产力紧密相连，则未来完全依靠其持续的存在。

如果说在地球上人们的生活失去了生态系统是不可想象的话，那么我们就需要了解如何在其中更好地生活。世界很大，自然是可以恢复的，几万年以来人类不停地改变着景观，这都使人们容易忽略一些警告信号——人类的活动可能正在破坏生态系统持续提供产品和服务的能力。

事实上许多国家和社会已经完全改变了景观，将湿地、草原和森林移为它用，并在继续着这种改变。美国中部各州曾是2亿hm^2的高草草原几乎已经被完全转变为农田和城区；欧洲一度广阔的森林，也遭受了同样的命运。这些转变带来了明显的收益，如稳定的粮食供给和工业生产，这使美国和欧洲一些国家成为经济巨头。但它们也带来了代价——表层土壤侵蚀、水井和水道受到污染、渔业减产、荒地和风景区丧失——都威胁侵蚀着这些国家享用的财富和生活质量。

不必看得很远，就能发现生态系统退化的代价有

多高。黑海丰饶的水域曾经每年生产70多万t的凤尾鱼、鲟鱼、鲣鱼和其它有价值的鱼类，但是过去30年来，人类的压力从根本上改变了黑海的生态系统。从1970年代开始，日益严重的污染带来了频繁的藻类暴发。1980年代捕鱼业的快速增长耗尽了重要的鱼类资源。1982年，最后的打击来自于意外地引入了一种类似水母的栉水母类动物，与本地鱼类直接竞争食物，不久就统治了水生食物网。到1992年为止，黑海地区的捕鱼量跌落到其原产量的1/3（Prodanov等 1997: 1～2）。现在沿海六个国家的大多数渔民几乎空网而归，一度兴盛的渔业急剧地丧失工作和利润（Travis 1993: 262～263）。

生态系统的退化在1998年生活在长江沿岸的中国人面前则呈现出另外一种面貌。在以往的数年里，伐木者在长江的广大流域内砍伐森林，而农民和城市开发者排干了湖泊和湿地，并占用了河流的洪泛区。与此同时，由于不注重水土保持，每年有24亿t的泥土被冲刷到了下游，淤积了湖泊，并进而减少了曾经蓄集洪水的缓冲区（Koskela等 1999: 342）。当1998年夏在长江流域发生了有记录以来最大的降雨时，这些退化现象加大了洪水，造成3600人死亡，1400万人无家可归，经济损失达360亿美元（NOAA 1998; 世界银行 1999a）。中国政府目前正在尽力恢复生态系统的自然防洪能力，但这可能会耗费数十年的时间和数十亿美元才能在光秃的坡地上重新造林，并恢复湿地、湖泊和洪泛区。

地球生态系统如何生存?

尽管生态系统退化的代价很高，而且人类又依靠生态系统的生产力，但是令人惊讶的是我们对地球生态系统的总体情况或其未来的供养能力知之甚少。我们需要知道：今天的生态系统是如何生存的？如何才能最好地管理生态系统，从而使其面临人类不断增长的需求依然保持健康和多产？

《世界资源报告》的这千年特刊——《世界资源2000—2001》，设法回答这些问题，集中讨论生态系统这一全球经济和人类幸福的生物基础。本书既考虑了占主导地位的自然生态系统，如森林和草地，也考虑了人工生态系统，如农田、果园或其它的农业生态系统。这两种生态系统都能够产生一系列益处，对人类的生存都是至关重要的。

本章审查了人类是如何依赖生态系统的，同时研究了人类利用生态系统并使其退化的因素。第二章评估了全球生态系统的现状，介绍了世界资源研究所、国际粮食政策研究所和许多其它合作者针对生态系统的状况与压力所进行的一项新的大型分析的结果。第三章中的案例分析说明了生态系统管理中涉及的各种交易，以及当地方生态系统退化时一些社区的反应方式。第四章审议了在21世纪中生态系统管理所面临的更大的挑战，以至在人口和消费增长时，能够保持生态系统的生产和生机。

所有这些章节侧重于将生态系统产生的产品和服务作为衡量生态系统健康的基本标准，这种“产品与服务”的方法强调了人们日常对生态系统的依赖程度。

正在失去联系?

尽管生态系统十分重要，但人类同生态系统的联系却很容易失去。对于数百万直接依靠森林或渔业生存的人们来说，生态系统非常重要就如同所面对的日常生活。但是对于许多生活在城市或市郊的人们来说，已经摆脱了田间劳作，坐在电脑键盘旁工作，与生态系统的联系就不那么直接了。在商店里购买食品和衣物时，依靠的是技术传输水和能量。人们理所当然地认为市场上总有食品出售，总有运输和住房可供使用，并且价格总是合理的。而只有当渔业衰竭、水库干涸或空气污染使人生病时，即当产品和服务的流通受到阻碍时，才会想起同自然系统的联系。然后又会突然意识到这些资源的真正价值和管理不当所带来的潜在的经济和生物的代价。

不幸的是，非常缺乏对生态系统的管理。世界各地的人们过度利用或滥用各种主要的生态系统，从雨林到珊瑚礁到大草原，一公顷一公顷地毁坏了曾经多产的生境，或使之退化。无疑，濒危物种的数量证明了野生动植物已经受到了危害。同时，也危害了人类的利益，损害了人们所依靠服务产出的产品。

生态系统生产能力的减弱可能有毁灭人类的代价，往往是贫困者最先受到生态系统退化的最直接的影响。穷困人口依靠生态系统得以生存和赚钱，但是

（下转第10页）

专栏1.1 利用和滥用的历史

当今所面临的诸如砍伐森林、土壤侵蚀、荒漠化、盐碱化和生物多样性丧失等许多挑战，甚至在远古时期就已经是存在的问题了。与现今不同的是现代文明对地球生态系统挑战的规模、速度和长期性。在工业革命前，环境退化在千百年中以非常缓慢的方式进行着，在相对局部的范围内发生。然而快速增长的工业化社会的累积行动引发了更加复杂的问题。酸雨、温室气体排放、臭氧层耗竭、有毒废物和大规模工业事故都是具有全球性或区域性后果的此类问题的例证。

时期	地区	说明
公元前7000年—公元前1800年 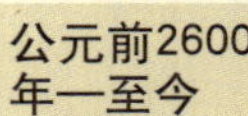	**美索不达米亚/苏美尔** 苏美尔农业生态系统的盐碱化和水涝	大约在公元前7000年前后，该地区（现大部分为伊拉克）开始改变自然环境，由于缺少充足的降雨，土地必须依靠灌溉才能耕作，人口增长增加了对食物的需求。灌溉的土地变得盐碱化和水涝。记录中记载，回溯至公元前2000年盐使“土地变白”，到了公元前1800年，苏美尔文明的基础——农业瓦解了。
公元前2600年—至今 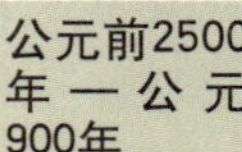	**黎巴嫩** 黎巴嫩雪松森林的过度利用和开发	黎巴嫩山曾经被雪松林覆盖，雪松因其美丽和茁壮而著称。所罗门的庙宇就用产于该地区的雪松建成，许多腓尼基人也用它造船。在公元前3000年，比布鲁斯因其木材贸易变得十分富有。埃及人将雪松木材用于建筑，将树脂用来制作木乃伊。开发活动持续了几个世纪，今天只剩下了4片小林地。
公元前2500年—公元900年 	**玛雅帝国** 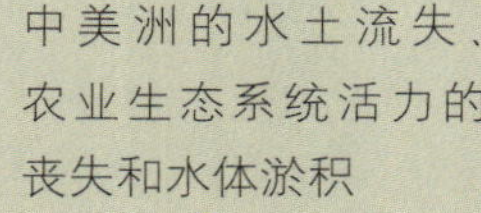 中美洲的水土流失、农业生态系统活力的丧失和水体淤积	玛雅人生活在现今墨西哥、危地马拉、伯利兹和洪都拉斯一带，他们使用独创而集约的农业技术——对山坡上的丛林进行终伐，构筑梯田防止水土流失，挖沟筑渠排干沼泽，使用沟渠中挖出的泥土垫高田地。最终由于从这种系统中索取太多，水土流失导致粮食减产，河道淤积毁坏了垫高的田地，粮食生产的下降和对剩余资源的竞争可能导致了这一文明的消亡。
公元前800年—公元前200年 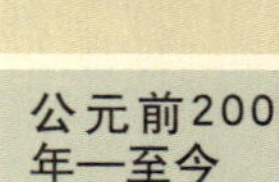	**希腊** 地中海沿岸的转变和森林砍伐	在荷马时代，希腊大部分被常绿和落叶混合林覆盖着，随着时间的推移，这些树木被终伐，用来提供农用土地、烹饪和取暖的燃料以及建筑材料。过度的放牧阻碍了再生，而橄榄树适于在退化的土地上生长，这种因其经济价值而倍受喜爱的树木开始在古希腊繁茂起来。
公元前200年—至今 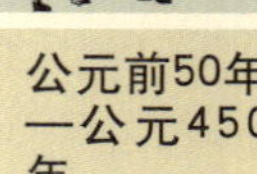	**中国** 丝绸之路沿途的荒漠化	汉朝时期长城要塞的构筑引发了中国西部和北部农田的集约耕作，被称为“丝绸之路”的主要的交通贸易开始发展。人口增长的需求和逐渐的气候变化，导致沙漠开始不可逆转地在该地区扩张。
公元前50年—公元450年 	**罗马帝国** 北非的荒漠化和农业生态系统活力的丧失	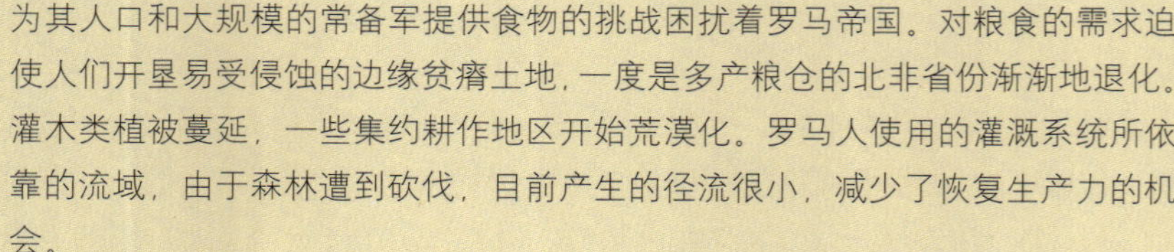 为其人口和大规模的常备军提供食物的挑战困扰着罗马帝国。对粮食的需求迫使人们开垦易受侵蚀的边缘贫瘠土地，一度是多产粮仓的北非省份渐渐地退化。灌木类植被蔓延，一些集约耕作地区开始荒漠化。罗马人使用的灌溉系统所依靠的流域，由于森林遭到砍伐，目前产生的径流很小，减少了恢复生产力的机会。

1400—1600年 	**加那利群岛** 许多区域内，人类和自然资源的开发、退化和灭绝	关切人源于北非，他们在15世纪西班牙人到来之前在加那利群岛生活了1000多年，西班牙人奴役了关切人，砍光了森林，并建立了甘蔗种植园。到了1600年关切人死了，成为欧亚大陆疾病和种植园的受害者。同加那利群岛一样，美洲、非洲和亚洲地区的人也被迫种植和出口商品作物，如糖、烟草、棉花、橡胶、香蕉或棕榈油，这些地区继续遭受殖民地时期开始的森林砍伐、土壤破坏、生物多样性丧失和经济依赖等影响。
1800年 	**澳大利亚和新西兰** 岛屿生态系统的生物多样性丧失和入侵物种的扩散	在18世纪末欧洲人到达澳大利亚和新西兰并开始进口有蹄类动物之前，那里没有有蹄类动物。在100年内那里有了数以百万计的牛羊，放牧牲畜的急剧增涨消灭了许多不能很好适应集约式放牧的当地草种。世界上岛屿生物多样性在非本地动植物被引进后遭受了极大的损失。岛屿的动植物已经在隔绝的条件下发展了几千年，因此缺乏天敌。例如，许多岛屿鸟类不会飞行，成为入侵者唾手可得的猎物。据估计，所有的鸟类灭绝有90%发生在岛屿上。
1800年 	**北美** 北美生境的转变与丧失，以及无限制地猎杀野生动物	当世界各地的土地由于居住和耕种的原因被开垦时，几乎各种类型的动物生境都减少了；随着商业的传播，动物被猎杀用作食物、皮革或用于娱乐。到19世纪末，成群的北美野牛遭到猎杀，总数大概达到5 000万头，致使其濒临灭绝。同陆地动物一样，水生生物也成为开发和灭绝的目标，19世纪时，为了支持工业化经济主要在照明和润滑方面对鲸油的大量需求，大量的鲸鱼遭到捕杀。20世纪末，北美西北沿岸的鲸鱼种群濒临灭绝。
1800—1900年 	**德国和日本** 工业化学品对淡水系统的毒害	工业革命对世界的水体产生了深远的影响，1800年代时，像德国的莱茵河这样流经工业区的河流，或者像日本的渡良濑川这样流经矿区的河流都遭到了严重的污染。德国的化学工业严重地毒害了莱茵河，以至于1765年产量还丰富的鲑鱼到了1914年变得十分稀少。1800年代日本最重要的铜矿将矿渣到入渡良濑川，熔炉中的硫酸污染了河水，导致数千公顷的森林和植被死亡，鱼类和禽鸟死亡，当地居民生病，1890年代足尾镇附近的人口出生率降至死亡率以下。
1900年 	**美国和加拿大** 美国和加拿大的水土流失和生物多样性丧失	美国和加拿大的大平原在19世纪末和20世纪初开垦，种植了新型的抗旱小麦。一旦具有保护作用的原始草皮被破坏，1930年代的干旱使强烈而持久的风暴刮走了大量干燥的土壤。其后土壤保持的方法被引入，继而在1950年代和1970年代风蚀再度影响该地区时，后果不再如此严重。
1928年至今 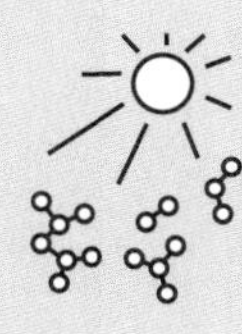	**全世界** 工业化学品损耗了世界具有保护性作用的臭氧层	氟氯化碳（CFC）是发明于1928年的一族易挥发的化合物。当时被认为是世界上首例无毒、不可燃烧的制冷剂，其用途快速增长，它们还被用作工业溶剂、发泡剂和气雾推进剂。CFC的生产在1974年达到了顶峰，同年，科研人员注意到CFC的排放可能会破坏人类健康和臭氧层。1985年南极上空“臭氧洞”的发现与国际逐步淘汰CFC和其它消耗臭氧物质生产的首次协调一致的国际努力相符合。定于2010年逐步淘汰全世界的CFC生产。

专栏1.2 生态系统与人的联系

东京一位城市专业人士读的报纸是用北美森林中树木纸浆造成的。她的食品和衣物来自世界各地培育的动物和植物——亚洲的棉花与羊绒，太平洋和印度洋的鱼，澳大利亚和北美草原出产的牛肉，四大洲农田出产的水果和蔬菜。她呷的咖啡产自中美洲的热带种植园，但冲咖啡的水却来自城市附近的水井。

生态系统维系我们的生命。它们是地球的主要生产者，太阳能为厂房提供动力，产出最基本的必需品——食物、纤维、水。生态系统还提供不可或缺的服务——净化空气和水，控制气候，循环养分，并生成土壤——我们无论以任何代价都不能替代这些服务。

在婆罗洲的一个村落中，儿童乘坐用本地树木手工制成的狭长小船，经河流上学。在附近的稻田里，家人种植大米，这即是他们的主食，又是胡椒粉和酿酒的原料以及商品作物。

亚马孙河流域厄瓜多尔的Shuar栖身的房子用当地棕榈树叶制成茅草屋顶，他们还用棕榈树叶的茎干编制篮子和容器。他们种植树薯、木瓜、红薯和其它源自雨林的作物，用以维系生活和获得现金。森林还是薪柴、医药、鱼及猎物的来源。

生态系统提供的主要产品和服务

生态系统	产品	服务
农业生态系统	■ 粮食作物 ■ 纤维作物 ■ 作物基因资源	■ 维持有限的流域功能（渗透、流量控制、局部土壤保护） ■ 提供对于农业重要的鸟类、授粉媒介、土壤微生物的生境 ■ 建立土壤有机物质 ■ 吸收大气中的碳 ■ 提供就业
海岸生态系统	■ 鱼类和贝类 ■ 鱼粉（动物饲料） ■ 海藻（食用或工业用） ■ 盐 ■ 基因资源	■ 缓和风暴影响（红树林、堡岛） ■ 提供野生生物（海洋生物和陆生生物）的生境 ■ 维持生物多样性 ■ 稀释和处理废物 ■ 提供港口和运输路线 ■ 提供人类住所 ■ 提供就业 ■ 提供美学享受和娱乐
森林生态系统	■ 木材 ■ 薪材 ■ 饮用和灌溉用水 ■ 饲料 ■ 非木材产品（藤、竹、叶等） ■ 食物（蜂蜜、蘑菇、水果和其它可食用的植物；猎物） ■ 基因资源	■ 去除空气污染物，释放氧气 ■ 循环养分 ■ 维持一系列的流域功能（渗透、净化、流量控制、土壤稳定） ■ 维持生物多样性 ■ 吸收大气中的碳 ■ 缓和恶劣天气和天气影响 ■ 生成土壤 ■ 提供就业 ■ 提供人类住所和野生生物生境 ■ 提供美学享受和娱乐
淡水生态系统	■ 饮用和灌溉用水 ■ 鱼类 ■ 水电 ■ 基因资源	■ 缓冲水流（控制时间和流量） ■ 稀释并排送废物 ■ 循环养分 ■ 维持生物多样性 ■ 提供水生生境 ■ 提供运输走廊 ■ 提供就业 ■ 提供美学享受和娱乐
草地生态系统	■ 牲畜（食物、猎物、皮革、纤维） ■ 饮用和灌溉用水 ■ 基因资源	■ 维持一系列的流域功能（渗透、净化、流量控制、土壤稳定） ■ 循环养分 ■ 去除空气污染物，释放氧气 ■ 维持生物多样性 ■ 生成土壤 ■ 吸收大气中的碳 ■ 提供人类住所和野生生物生境 ■ 提供就业 ■ 提供美学享受和娱乐

对生态系统的利用方式及控制却是最少的。

在许多地区，农业生产力下降、淡水供给减少、木材产量降低和渔业减产已经使当地经济付出了极大的代价。

- 在加拿大沿海省份，1990年代初，鳕鱼渔业的崩溃造成3万渔民依靠政府的福利救济生活，仅纽芬兰就有700个社区的经济遭到重创（Milich 1999: 628）。
- 中国城市用水短缺——因临近河流的污染和地下水资源的过度抽取而加剧——造成工业减产，估计每年的城市经济损失为112亿美元，并困扰着国内几乎一半的主要城市（WRI等 1998:120）。
- 印度森林的商业砍伐和森林向农用土地转化已经使传统的乡村地方森林管理系统岌岌可危。这使2.75亿依靠当地森林资源的印度农民中的许多人面临薪材和建筑材料的短缺（Gadgil、Guha 1992:113～145, 181～214;WCFSD 1999:59）。

如果持续这种方式的话，健康的生态系统的丧失最终不仅阻碍地方经济，还将阻碍国家和全球的发展。

采用人文观点

所有的有机体都有内在的价值；草地、森林、河流和其它生态系统不仅为了服务于人类而存在。尽管如此，《世界资源报告2000—2001》有意从人类的角度出发审查生态系统及其管理，因为人类的利用是现今生态系统压力的主要来源，远远超过生态系统变化的自然进程。在现代世界中，事实上人类对生态系统产品和服务的每一项利用都转化为对这些生态系统的影响。从而，每种利用或者成为明智管理的机遇，或者成为退化的机会。

然而，对生态系统负责任的利用面临着根本的障碍。特别是人们甚至不能认识到各生态系统是有机的整体，因为它们往往超出了政治或管理的边界。人们片面地看待它们，或集中考虑它们产出的特定产品；

忽视了它们的复杂性，其中各种有机体的互相依存——正是这点性质使得各种生态系统多产而稳定。

因此，21世纪面临的挑战是了解生态系统的脆弱性和复原能力，从而能够发现协调人类发展需求和自然承受能力的方式。这要求人们学会从生态系统的视角看待人类的活动。最终，它意味着采用以面向生态系统的方法管理环境—这种方法尊重各生态系统的自然边界，又考虑到它们的相互联系和反应。

财富与幸福之源

生态系统不仅是各种物种的集合，它们是结合相互作用和不断变化的有机、无机物质和自然力量的系统。驱动这个系统的能量来源于太阳；在食物链的底端，太阳能被植物和其它进行光合作用的生物体吸收并转化成食物。水是贯穿这一系统的关键因素。可用的水量和温度极值以及所受到的阳光很大程度上决定了当地生活的植物、昆虫和动物的种类，并决定了此生态系统的分类。

生态系统是动态的，不停地重造自我，对自然干扰因素和物种间的竞争发生反作用。正是当地的自然环境和生物种群复杂的相互作用引发各生态系统产生出服务和产品的特定组合；这也是使各生态系统独特而脆弱的原因。

规模也很重要。一小片沼泽、一小块沙丘、或是一小片森林都可能被视为一个生态系统，具有特有的物种和小气候——小环境的组合。在更大的范围内，一个生态系统是指更广阔的生物种群——100或1000km^{2}的森林或一个主要水系，它们都包含许多诸如此类的小环境。

本版《世界资源报告》从一个甚至更大的范围审查各生态系统，它审议了五个主要种类或类别的生态系统：草地、森林、农业生态系统、淡水系统和海岸生态系统。这五种主要生态系统占据了大部分地表，提供了人们从生态系统中获取的大量产品和服务。用这种方式划分生态系统能够在全球的范围内审查它们，并以概括的方法思考可持续管理它们所面临的挑战。

然而，同各种生态系统间的联系相比，如何划分它们就不那么重要了。草地让位于逐渐进入森林的无树大草原。淡水在接近沿海地区时会变咸。极地、岛屿、山脉，甚至城市生态系统也加入这种组合，并成为其补充。所有这些生态系统紧密地组成了全球能量、养分和生物体的统一体——人类生存的生物圈。

直接和间接受益

人类从生态系统获益可以是直接的也可以是间接的（Daily 1997:1～10; ESA 1997 a:1～13）。直接的受益主要以食物和原料的形式从某种生态系统的动植物中获取，这些是生态系统生产的最常见的“产品”——农作物、牲畜、鱼类、猎物、木材、薪材和饲料。源于世界各生态系统生物多样性的基因资源也提供了直接的益处，为提高作物的产量和改善抗病能力，以及开发药物和其它产品贡献基因。

间接受益源于生活在生态系统中的各种生物体之间的相互作用和反应。许多体现为服务的形式，例如，植物和土壤微生物在流域发挥的防止侵蚀、净化和储存水的作用，许多昆虫、鸟类和哺乳动物提供的授粉和传播种子的服务。其它的益处更不易感知，然而却受到了高度的重视：例如落日美景的享受，或者某座具有重要精神意义的圣山或森林（Kellert和Wilson 1993）。每年，数以百万计的人们到户外的圣地朝拜，到风景区度假，或只是停留在公园和花园之中沉思或放松。作为自然的体现，生态系统是生命中的心理和精神背景。

有些受益实际上是全球性的，如生物多样性或者植物和土壤对大气中碳的贮存。另外一些是区域性的；保护流域防止下游洪水就是一个例证。但是许多生态系统的益处是地方性的，它们往往是最重要的，直接影响人类日常生活的方方面面。例如，家庭、工业和农场通过当地的水源获得供水。与农业与旅游业有关的工作也属于地方性受益。城市和郊外公园、景观和后院林木及野生生物带来的享受都是地方性产物，确立了人们对位置的辨别力。

因为许多生态系统的产品和服务都在当地被享用，既而当地居民在失去这些益处时往往受到的影响最大。而且，通常也是当地居民最具动机，保护赖以生存的生态系统。实际上，当地人具有巨大的潜力，既可能可持续地管理生态系统，又可能因漫不经心的利用而破坏它们。然而地方社区很少能完全控制所在

（下转第16页）

专栏1.3 水的过滤和净化

在天地之间运行的每一个阶段，水都能够携带走各种污染物和废物——泉水涌入溪流，汇成江河，归入大海；积成池塘或湖泊；化成雨水降回地面；经由田间灌溉或排污系统，浸入土壤。

幸运的是，生态系统可以净化水。

- 土壤中生活着各种微生物，它们消耗和循环各种有机物质、人类和动物粪便，以及其它潜在的毒物和病原体。当水渗过时，蓄水层中更深的岩石层可以继续这一净化过程。
- 当水滤过时，植物和树木将土壤固定在原地。植被同真菌与土壤微生物相互作用，生成许多土壤的滤透能力。
- 在大量排放城市、农业和工业污水的地方，淡水水体稀释污染物。
- 湿地拦截地表径流、截留洪水中的淤泥、分离金属，更擅长去除水中的氮和矿物质。1hm²香蒲沼泽能消耗的氮相当于1hm²草地或森林所能消耗的三倍（公共土地托管 1997：16）。

然而，在许多地方人们正在阻碍自然过滤和净化水的能力。土地被剥去植被，或者开垦过度，雨水流过压实而板结的土壤，未经过滤就流向下游。人们已经排干并改变了世界一半的湿地（Kevenga等[PAGE]2000），向流域排放的污染物超出了它们天然净化和稀释污染物的能力。

在一定的程度内，可以使用废水处理厂进行氯处理和其它消毒过程以及使用人工湿地来替代生态系统的天然净化服务。但是这些办法尤为昂贵，也无法提供许多森林和天然湿地所提供的许多其它益处，例如野生生物栖息地、空地和防洪。

洁净水的费用

以下是一些全球和地方的指示数字，表明我们对生态系统所提供的水过滤和净化服务的依赖。试图替代它们的人力和经济成本会很高。

- **清洁饮用水短缺的世界人口百分比：**28%，即17亿人（UNICEF 2000）。
- **每年因饮用水污染、卫生设施和家庭卫生条件差而死亡的人数：**500万。此外，诸如痢疾、蛔虫病、麦地那龙线虫病、钩虫病、血吸虫病和沙眼等水传疾病，每年可能在发展中国家的半数人口中引发疾病（WHO 1996）。
- **发展中国家未经处理排入河流、湖泊与沿海水域的城市污水百分比：**90%（WRI等 1996：21）。
- **1997年世界瓶装水消费额：**420亿美元（酿造业 1999）。
- **1996年美国消费者用于家庭水过滤系统的费用：**14亿美元（公共土地托管1997：24）。
- **雅加达家庭为在饮用城市公用水前煮沸水而购买煤油的费用：**每年960亿卢比，即5200万美元（1987年价格）（Bhatia和Falkenmark 1993：9）。
- **如果提供城市供水重要保护的委内瑞拉13个国家公园的森林遭到砍伐，而引发的水替代费用：**1.03亿至2.06亿美元（净现值）（Reid forthcoming：6）。
- **淡化海水的正常费用：**每立方米1～1.5美元（UNEP 1999：166）。
- **美国每天铺平的空地和关键补给区面积：**11.7km²（TPL 1997：3）。
- **美国佐治亚州Alchovy河5.5km长的河段沿岸湿地每年提供的水质改善估价：**300万美元（Lerner和Poole 1999：41）。
- **建造帮助处理加利福尼亚州阿克塔15000名居民所产生的污水并使其再循环的湿地所需费用：**40hm²的系统需51.46万美元（Marinelli 1990）。该城市的另一个选择是建造一个更大的污水处理厂，将耗资2 500万美元（Neander n. d.）。

专栏1.4 **授粉**

对许多人来说，蜜蜂只是奇妙的酿蜜者，蝙蝠则是吸血鬼和黑暗的同党。人们很少意识到成千上万种植物没有它们的帮助就无法繁殖。风可以为一些植物授粉，但90%的开花植物——包括世界上绝大多数的粮食作物——没有动物或昆虫从一株植物向另一株传送花粉就无法存活。世上100种最重要的作物中，单靠蜜蜂就可以为70%以上的作物授粉（Nabhan和Buchmann 1997：136，138）。除了粮食以外，授粉者还帮助生产提高人们生活的其它农产品，包括染料、薪材、热带木材以及诸如棉花和亚麻等纺织纤维。许多鸟类和哺乳动物的食物也基于受粉后产生的种子和果实。

那么，难怪农业专家认为目前全世界授粉者的减少是警告的原由，除了南极洲以外的所有大洲都已经报告了授粉者的丧失。有一些正濒临灭绝，杀虫剂、螨类、入侵物种和生境的损失和破碎是主要的杀手。授粉者持续减少的后果可能包括收获减少引发几十亿美元的损失，动植物大批的灭绝，以及食物供应更加不稳定。

很少有研究计算所有授粉者对全球农业生产和生物多样性的经济贡献，但是：

- 粮农组织最近估计，1995年授粉仅对世界30种主要水果、蔬菜和木本作物（不包括牧草和动物饲料）的贡献为每年540亿美元（国际元）左右（Kenmore和Krell 1998）。
- 授粉仅对美国作物系统的价值估计在200亿～400亿美元之间（Kearns等 1998：84）。

美国若干种作物对蜜蜂授粉的依赖性

作物	1998年产量（t）	没有蜜蜂授粉的作物损失百分比*
温带水果		
杏仁	393 000	90
苹果	5 165 000	80
樱桃	190 000	60
橙子	12 401 000	30
梨	866 500	50
草莓	765 900	30
蔬菜和种子		
芦笋	92 800	90
甘蓝	2 108 200	90
胡萝卜	2 201 000	60
棉籽	7 897 000	30
向日葵	2 392 000	80
西瓜	1 673 000	40

*作物损失为如果美国管理的蜜蜂种群减少，并且没有其他授粉者替代其服务而导致的损失估计数值。

来源：FAO 2000；Southwick和Southwick 1992

世界开花植物的授粉者

授粉者	估计授粉植物物种数量	授粉植物物种总百分比*
风	20 000	8.30
水	150	0.63
蜜蜂	40 000	16.60
膜翅目昆虫	43 295	18.00
蝴蝶/蛾	19 310	8.00
两翼昆虫	14 126	5.90
甲虫	211 935	88.30
牧草虫	500	0.21
鸟类	923	0.40
蝙蝠	165	0.07
所有哺乳动物	298	0.10
所有脊椎动物	1 221	0.51
	351 923	

*百分比之和不等于100，说明授粉由不只一种授粉者完成。

来源：Buchmann和Nabhan 1996：274

专栏1.5 生物多样性

据估计，地球共有1300万种物种（UNEP 1995：118），很少有人注意某种小麦、绵羊或昆虫的灭绝。然而正是地球上丰富的物种帮助各生态系统发挥它们最大的潜能。每个物种对生命都有独特的贡献。

- 物种的多样性影响生态系统的稳定性，巩固了生态系统基本的服务。从水净化到碳循环，各种植物物种对取得这些过程的最大效果是至关重要的。多样性还有助于恢复能力——一种生态系统对压力的反应能力，提供了对付气候变化、干旱和其它压力的“保险”。

- 植物、动物、昆虫和微生物的基因多样性决定了农业生态系统的生产力、抗病虫害能力，最终决定人类的食品安全。基因库中的提取物使农作物的年生产力有价值10亿美元的增长（WCMC 1992：433）；然而农业生态系统出现了单作替代混作、单一种子品种替代多种种子品种的趋势（Thrupp 1998：23～24）。例如，1959年在斯里兰卡发现了2000多种水稻品种，但1980年代只有五个主要品种了（WCMC 1992：427）。

- 基因多样性是人类健康的基础。从降胆固醇药到抗菌素，1997年世界25种最畅销药品中有42%来源于自然资源。从基因资源中提取的药品，全球市场价值估计有750亿～1500亿美元，诸如高丽参和松果菊属类植物药品代表了另外每年200亿～400亿美元的市场，成交约44万t的植物材料，其中许多原产自发展中国家。世界75%的人口依靠传统医药提供主要的卫生保健，这项商业数据没能完全包括植物多样性的价值（ten Kate和Laird 1999：1～2，34，101，334～335）。

美国150种最常用处方药的来源

来源	化合物总量	天然产品	半合成物	合成物	百分比
动物	27	6	21	—	23
植物	34	9	25	—	18
菌类	17	4	13	—	11
细菌	6	5	1	—	4
海洋生物	2	2	0	—	1
合成物	64	—	—	64	43
总计	150	26	60	64	100

来源：Grifo等 1997：137

对生物多样性的威胁正在增长。人类导致了过度开发、入侵物种、污染、全球变暖、生境丧失、破碎化和转变等诸多压力，鸟类和动物的灭绝比率是没有人类压力情况下的100～1000倍（Reid和Miller 1989）。区域性的灭绝，尤其是热带森林中一些物种种群的丧失可能比世界物种灭绝的速度快3～8倍（Hughes等 1997：691）。

这类地方性的灭绝可能与世界某个物种完全灭绝具有同样严重的后果。大多数由某个生态系统中各物种共同受益和服务具有地方性和区域性。如果一个地区某个重要的物种消失，生态系统就会发生极大的重组。例如大象传播种子、创造水坑、并践踏和啃食植被。某块热带稀树大草原上，大象的灭绝可能导致该栖息地变得空旷而缺少多样性和水洼淤积，从而对该区域其它物种造成极大的影响（Goudie 2000：67）。

世界范围内遭受威胁的维管植物

在世界估计的25万～27万种植物中，已知或怀疑会灭绝的只有751种，但是在世界范围内许多种类正受到威胁——33 047种或12.5%。这个严酷的统计数字甚至可能是过低的估计，因为许多关于植物的信息是不完全的，尤其在热带。

来源：WCMC/ IUCN 1998

专栏1.6　碳贮量

碳是生命的基础，在海洋、大气、植被和土壤中循环。植物通过光合作用吸收二氧化碳（CO_2），将其转化成提供能量的糖；动物消耗植物；而动物和植物死后，生物体腐烂，碳返回了大气。但是矿物燃料燃烧致使碳排放日益增加，加之砍伐森林，打破了全球碳循环的平衡；土壤和植被中的碳减少，而大气中的碳增加了。因为大气中的CO_2吸收太阳的热量，增加的热量破坏了全球气候的稳定。

据估计，在18世纪之前，每年大气中碳的增加不足0.1亿t碳（Ciaias 1999）。工业革命和随后的全球发展极大地增加了矿物燃料的排放，同样，森林终伐和土地用途转变也释放出碳，这都增加了排放。到1998年为止，大气中的碳比1850年大约增加了176GtC，几乎增加了30%（IPCC 2000：4）。今天，人类活动每年向大气中排放大约79亿t碳（IPCC 2000：5）。海洋吸收略少于30%的碳，陆地生态系统的吸收略多一些，但还是在大气中累积了年排放量的40%（IPCC 2000：5）。

减少人为的碳排放是减轻气候变化的一种方式。另外的几种方式依靠维持生态系统吸收碳的能力。植物通过光合作用提供了最有效和最高效的方式，再次吸收并贮存大气中的碳。

1989—1998年地球碳的年预算量

释放或吸收的种类	GtC/a
人为向大气中的释放	
源于消费和生产的释放（矿物燃料燃烧和水泥生产）	6.3±0.6
土地用途变化引发的净排放（火灾、森林砍伐、农业）	1.6±0.8
海洋和陆地从大气中的吸收	
海洋的净吸收量（光合作用和海洋的吸收减去海洋的排放）	2.3±0.8
陆地生态系统的净吸收量（光合作用和陆地贮量减去腐烂和呼吸作用）	2.3±1.3
每年大气中增加的碳	3.3±0.2

来源：IPCC,2000:5。误差限度符合估计达90%的可信度。源于消费和生产的排放的计算高度可信。土地用途变化引发的净排放根据观察数据和模型估算。海洋的吸收量根据模型得出。每年大气中增加的碳的测量极为精确。陆地生态系统的吸收量为估算量（总排放量与海洋和大气估计吸收量之差）。

- 海洋是碳的主要贮藏处或“汇”。通过包括浮游植物的生长和腐烂在内的化学和生物过程海洋大约贮存了比大气多50倍的碳，其中主要是溶解无机碳（IPCC 2000：30）。
- 土壤及其有机层大约贮存了陆地碳总量的75%（Brown 1998：16）。在过去两个世纪中，释放到大气中的碳大多由草地和森林被转变为农用土地而引发。
- 森林是再次吸收碳的最有效的陆地生态系统，但不是所有森林的吸收效果都相同，成长迅速的幼树对碳的吸收大约比成年林高30%，但是较古老的森林在土壤以及地上和地下植被中的贮存碳总量多于同样规模的林场。纬度、气候、物种组合以及其它生物和生态因素也影响碳在森林中的流动（见Brown 1998：10）。

全球碳贮量

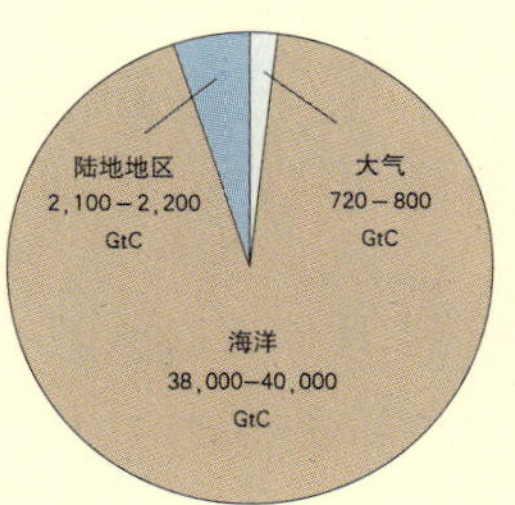

土壤与植被中碳贮量比较

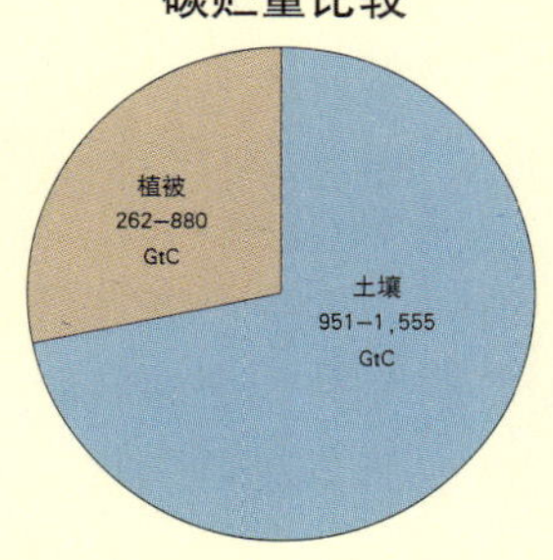

陆地生态系统的碳贮量

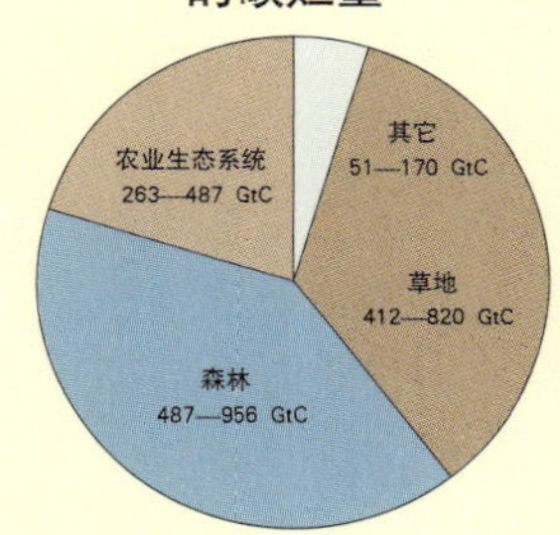

来源：
IPCC 1996：63；Matthews等．[PAGE] 2000。土壤与植被中的碳贮量比较和陆地生态系统碳贮量的数据均产生于国际地圈－生物圈计划。因此每一生态系统的碳贮量估算份额与第二章中PAGE的结果略有不同，因为PAGE的生态系统定义包括一些过渡地区的重叠。

的生态系统；随着生态系统产品市场的日益全球化，最好的地方意图也无法抵御外界经济力量和政府政策。

管理生态系统：交易与代价

人们经常为了提高一种或多种产品——如农作物、树木或者水贮存的产量而改变或管理生态系统。改变的程度大不相同。有些生态系统受到了严重的影响，其它相对保持不变，管理涉及各种用途——从不具破坏性的割胶到终伐，甚至是单一树种的种植。同样，水生生态系统可以包括从自由流淌的河流到人工的鱼虾养殖池。

有时“自然的”和“管理的”生态系统之间的区分有明显的界限。农场显然是高度管理的生态系统——农业生态系统。但是管理往往是更加微妙的：一道划分牧场的栅栏，一条进入森林的小道，一道保护私人海滩的海堤，一条被用来为村庄供水的山涧。在任何一种情况下，尽管并非高强度的管理，但是人类的影响对各种生态系统有着普遍深入的影响。

管理或改变某种生态系统的决定涉及交易。不可能同时获得所有的益处，一种利益的最大化可能减少或消除其它的利益。例如，将一片天然林转变成林木种植园可能提高适于销售的纸浆或木材的产量，带来很高的每公顷资金利润，但是与天然林相比，这通常减少了生物多样性，降低了生境价值。同样地，拦河筑坝可以增加用于灌溉和水利发电的水，降低洪水的危害，但是河流改道，或者不适时宜地放水，又可能干扰鱼类自然的繁殖周期，损害下游的水生生境。

在某种程度上，这些交易是高效地生产食物、能源和其它所需物品的必要条件。历史上人类已经取得了巨大的成功，有选择地提高了所珍视的生态系统产品。只是在近期人类才开始关注这种交易的危害。

在过去30年中所获得的环境意识和知识已经教育了人们，生态系统能够承受并仍然保持生产力的改变量是有限度的，损失1 hm^2森林生境或草地上的一种植物或昆虫物种可能不会严重或立即影响该系统的功能，但是这可能将该系统推向一个从此无法恢复的开端。

生物临界值提醒人类活动累积的影响是生态系统退化的重要因素。微小的改变似乎无害，一系列此类变化会造成不可逆转的累积影响；有时这被称作“小决策的专制”。红树林的逐渐转变就是一个很好的例证。

红树林是许多鱼类和贝类物种的育苗场，它们离开红树林后在周围的海域被捕捞。这种海产食品的价值往往比在红树林本身内获取的木材、螃蟹和其它鱼类高出许多倍。但是在生长红树林的地区养虾是有利可图的事业。将小片的红树林改变成虾池可能不会对周围水域的鱼产量造成影响。但是如果虾的逐渐增长将整片红树林都变成池塘，地方渔业将会同时崩溃。

确定可持续性与崩溃之间的界限不是件容易的事情。这就是为什么很难可靠地管理生态系统的原因之一。生态系统有天然的恢复能力，能够适应大量的干扰。但是有多少？尽管对生态系统的认识快速增加，但仍然十分有限，不足以解答这个至关紧要的问题。对多大数生态系统而言，人们依然不得不去掌握细节情况，了解生物体和环境是如何相互作用和联系的，生态系统中一种元素的改变是如何在整体上得到反映，或者是什么因素缓和了生态系统变化的速度。在全球一级，甚至仍然缺少生态系统最基础的统计数据——例如它们在哪些方面发生了多大变化，或它们的生产力如何随时间而变化。因此人们发现，无论是在单个生态系统的层面，还是在国家或区域等更大的层面上，要预测管理将我们带到了距离边缘有多近，或者要确定人们已进行的交易的范围几乎是不可能的。

生态系统是如何退化的?

人类活动已经使全球生态系统身陷重围：

- 大约75%的主要海洋鱼类资源或者因过度捕捞而耗竭，或者其捕捞活动已达到了生态极限（Garcia和Deleiva In press）。
- 伐木和转变已经差不多使世界森林覆盖缩减了一半，道路、农场和居住区正在迅速地将剩余部分分割成更小的森林孤岛（Bryant等 1997:9）。
- 大约58%的珊瑚礁正受到破坏性捕鱼操作、旅游压力和污染的潜在威胁（Bryant等 1998:6）。
- 世界上15亿hm^2的农田中足足有65%已经遭受了某种程度的土壤退化（Wood等 [PAGE] 2000）。
- 世界农民过度抽取地下水，每年已超出了自然填充速度，至少1600亿m^3（Postel 1999:255）。

造成这些退化的压力在许多情况下继续增加，加速了生态系统的变化（Vitousek等 1997:498）。（详细的生态系统状况见第二章）

在许多情况下，生态系统主要的压力只是过度利用——过度地进行捕鱼、伐木、引水、或者太多的旅游流量。过度利用不仅减少了栖息于生态系统的植物和野生动植物，还分割了生态系统，扰乱了其整体性——所有这些因素都降低了其生产能力。

森林、草地和湿地完全转变成农业或其它用途是改造全球生态系统及其所提供益处的第二大压力。入侵物种、空气和水污染，以及气候变化的威胁也是重要的生态系统压力。

农业转变

当农民将一种自然生态系统转变成农业时，既改变了生态系统的组成，又改变了其发挥功能的方式。在农业生态系统中，自然生长的植物被一些非本地的作物物种所代替。野生动植物被推到了系统的边缘。杀虫剂可以大量杀死昆虫种群和土壤微生物。土地压实致使水渗透的方式发生了变化，可能增加径流和侵蚀。养分在系统中的循环也随着化肥的应用、土壤细菌和植被的变化而改变。

其结果是受益发生了实质性的变化。粮食生产——显然是一种恩赐——迅猛增长，但其它大多数受益都在某种程度上遭受了损失。生物多样性和与其相关的受益，诸如各种野生动植物的生产以及多种基因物质的获取，往往大量减少。在当今普遍转变的范围内，这可能意味着总体上生物多样性的大量损失。一项研究估计，在物种丰富的热带，森林转变导致每小时2～5种植物、昆虫、鸟类或哺乳动物的灭绝（Hughes等 1997:691）。

在发生转变的区域区，农业还可能通过引入成为入侵物种并取代本地物种的非本地物种，而增加对周围生态系统的压力。生物入侵通常通过转变而对生物

（下转第22页）

转变体现了人类对生态系统的最大影响，由此引起的最急剧的变化在于产品和服务

专栏1.7 人与生态系统的联系：人类带来的压力

每年有数以千计的旧轮胎从亚洲运到美国翻新后转售。一些携带了亚洲虎蚊的幼虫。这种蚊子已经在25个州繁衍，叮咬哺乳动物和鸟类。一些蚊子还携带着往往对马匹和人类致命的马脑炎病毒。

在冲击生态系统的所有压力后面是两个基本的驱动力：人口增长和日益增多的消费。

加蓬伐木区内的一个伐木特许经营商在其指定土地上，向政府支付相当数额的许可费。如果他在该地区补种树木，他同拥有土地的政府之间的合同就允许其以低于市场的利率采伐木材。该特许经营商植下了种子，却没有采取任何措施阻止继而发生的表层土流失、邻近溪流的淤积以及依靠成年林的野生动植物的迁徙和丧失。

来自委内瑞拉的小规模手工采矿者非法穿越了未加标识的国境，进入巴西亚马孙雨林的深处。尽管他们没有在该地采金的合法权利，但是如果他们保持小规模的操作并且经常迁移的话，他们可以勉强养家糊口。尽管水银这种有毒的金属在技术上被禁用，但为了增大其提炼金子的机会，他们还是在流矿槽中加入了水银。同该地区数千名其他人一样，他们让这种混合物直接流入了一条支流，毒害了当地的鱼类。

人类给生态系统带来的主要压力

生态系统	压力	成因
农业生态系统	■ 农田向城市和工业用地的转变 ■ 营养径流和淤塞导致的水污染 ■ 灌溉导致的水短缺 ■ 侵蚀、轮作或养分损耗导致的土壤退化 ■ 变化的天气模式	■ 人口增长 ■ 对食物和工业产品需求的增长 ■ 城市化 ■ 政府补贴农业投入（水、研究、运输）的政策和灌溉 ■ 贫困与无保障的使用权 ■ 气候变化
海岸生态系统	■ 渔业的过度开发 ■ 湿地和沿海生境的转变 ■ 源自农业和工业的水污染 ■ 天然拦潮堤和珊瑚礁的破碎或破坏 ■ 非本地物种的入侵 ■ 潜在的海平面上升	■ 人口增长 ■ 对食物和沿海旅游需求的增长 ■ 城市化和娱乐的发展，这在沿海地区表现得最高 ■ 政府渔业补贴 ■ 生态系统状况，尤其是渔业的信息不足 ■ 贫困与无保障的使用权 ■ 不协调的沿海土地使用政策 ■ 气候变化
森林生态系统	■ 农业和城市用途导致的转变或破碎 ■ 砍伐森林导致生物多样性丧失、碳贮量释放、空气和水污染 ■ 工业污染导致的酸雨 ■ 非本地物种的入侵 ■ 农业、城市和工业用水的过度汲取	■ 人口增长 ■ 对木材、纸浆和其它纤维需求的增长 ■ 政府对木材开采和林区道路的补贴 ■ 工业大气污染成本估价不足 ■ 贫困与无保障的使用权
淡水系统	■ 农业、城市和工业用水的过度汲取 ■ 内陆渔业的过度开发 ■ 因灌溉、水电和防洪而筑坝 ■ 农业、城市和工业用途导致的水污染 ■ 非本地物种入侵	■ 人口增长 ■ 普遍的水短缺和水资源天然分布不均 ■ 政府对用水的补贴 ■ 水污染成本估价不足 ■ 贫困和无保障的使用权 ■ 对水电需求的增长
草地生态系统	■ 农业和城市用途造成的转变或破碎 ■ 草原火灾导致生物多样性丧失、碳贮量释放和空气污染 ■ 畜群导致的土壤退化和水体污染 ■ 狩猎动物的过度开发	■ 人口增长 ■ 对农产品尤其是肉类需求的增长 ■ 生态系统状况信息不足 ■ 贫困和无保障的使用权 ■ 草地转变的便利

专栏1.8　入侵物种

没有任何生态系统可免于入侵物种的威胁。它们排挤本地动植物，使生境退化，污染本地物种的基因库。因其高度的特有性和与世隔绝，岛屿生态系统尤其脆弱；许多岛屿物种的进化失去了对入侵者的抵御能力。例如关岛上来自巴布亚新几内亚的褐树蛇已经吃掉了岛上14种不会飞行的鸟类中的12种，致使它们在野生环境中绝迹。在新西兰，大约2/3的陆地表面被外来植物所覆盖（Bright 1998:115），夏威夷半数的野生物种是外来的（OTA 1993:234）。

入侵物种是代价高昂的问题：

- 栉水母原产于美洲大西洋海岸，在1980年代初被从轮船的压舱水中抽入黑海。后来的入侵几乎毁灭了黑海的渔业，截至1993年，直接损失达2.5亿美元（Travis1993:1366）。同时，原产自里海的斑马贻贝也在1980年代末同样被抽入美国的大湖区。每年用来控制这个入侵者，防止它们在供水管道中寄生并堵塞管道，这一地区的工业需要花费数百万美元，迄今为止，总数可能已达30亿～50亿美元（Bright 1998:182）。
- 现在广泛分布于世界各地的亚洲虎蚊是18种致命病原体的潜在传播者（Bright 1998:182）。其中之一是西尼罗河病毒。1999年，美国地质测量所的一位主任指出，最近威斯康星州大量的乌鸦死亡表明西尼罗河病毒对于北美鸟类的致命性打击可能要大于对非洲、中东和欧洲物种的危害，在那些地方通常可以发现这种病毒（USGS 1999：1）。
- 在南非的西海角，入侵的树种在下个世纪将威胁到开普敦供水的1/3（见第三章“为了人类的福祉——南非的水管理”）。

入侵的方式多种多样，监管和控制方式也因此而复杂。一些物种偶然发现通往新生境的路径：它们附着在外贸货物或旅行者身上，通过轮船或飞机顺道而来。一些物种为了满足狩猎、捕鱼或控制害虫的目的被有意引进。还有一些入侵者逃出了应在的范围，像原本用于欧洲水族馆的海草“*Caulerpa taxifolia*”，现在也覆盖了法国和意大利数千英亩的海岸线（MCBI 1998）。

按引进10年计划分的美国各地区非本地物种累计数量

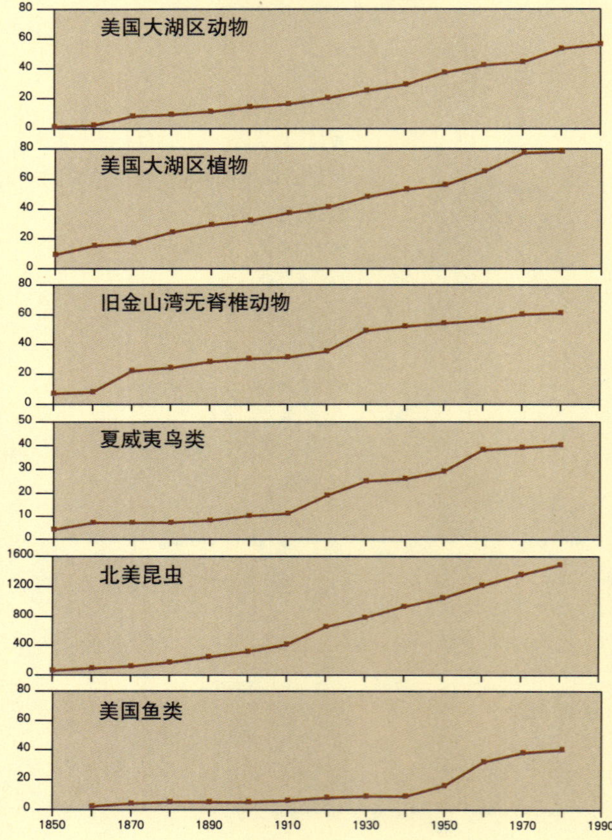

来源：Ruesink等 1995:466

选定区域内本地与非本地植物物种的比较

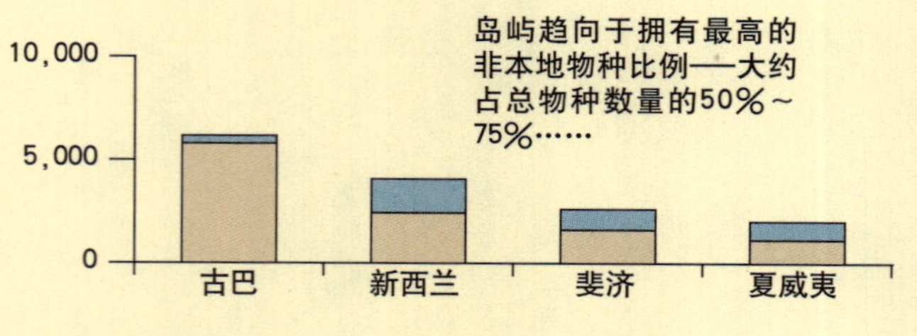

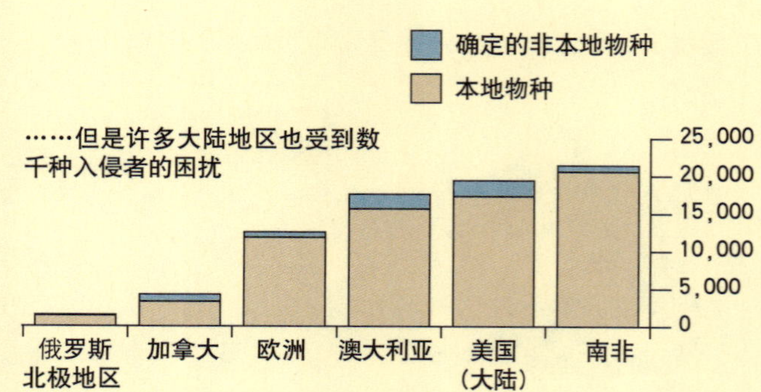

来源：Vitousek 等 1997；Vitousek 等 1996

专栏1.9 交易：维多利亚湖生态系统对照表

在生态系统的管理中，各种生态系统的产品与服务之间的交易十分普遍，尽管在决策时，很少将这种因素考虑在内。例如，农民通过施肥或扩大耕种面积来增加粮食生产，而这些策略又损害了所耕种土地提供的其它产品与服务，如水质和生物多样性。

在极少的情况下，资源管理者或决策者会充分权衡生态系统产品与服务中的各种交易。为什么？在某些情况下缺乏信息是障碍。具有代表性的是人们不了解针对诸如水净化或暴风雨的防护一类未在市场上交易的生态系统服务的特定决策可能的影响。或者如果此类信息的确存在，它可能不包括对这种交易的经济成本和效益的估计。在其它的几种情况下，障碍是体制上的。例如，一个政府的农业部自然首要关注其粮食生产的任务，缺少考虑自身行动对诸如水质、碳吸收或沿海渔业等方面影响的专业技术或授权。

非洲维多利亚湖的例子说明，当管理决策的制定没有考虑到生态系统将如何作出反应时，交易将会是多么的深刻和难以预料。乌干达、坦桑尼亚和肯尼亚交界处的维多利亚湖是世界上最大的热带湖泊，其中的鱼类是该地区3 000万人的食物和就业的重要来源，1970年代之前，维多利亚湖有350多种丽鱼科鱼，其中90%为地方特有的鱼类，这使其成为世界上鱼类最多样而特有的汇集地之一（Kaufman 1992：846～847，851）。今天，这些物种中半数以上或者灭绝，或者只发现少量种群（Witte等 1992：1，17）。

该湖中生物多样性的崩溃主要是由两种外来鱼类的引入造成的，即尼罗河鲈鱼和尼罗河罗非鱼，它们以丽鱼科鱼为食，并且战胜了丽鱼科鱼。但是其它压力也是造成这种崩溃的因素，过度捕鱼耗竭了本地鱼类资源，为1950年代初引入尼罗河鲈鱼和尼罗河罗非鱼提供了原动力，流域土地使用的改变向湖中倾倒污染物并造成淤积，提高了其养分负荷，导致水藻暴发和较深水域的低氧水平——此过程称为富营养化。所有这些压力的结果是湖中鱼类发生了较大的重组，丽鱼科鱼曾经占有维多利亚湖中生物量的80%以上，提供了大量的捕鱼量（Kaufman 1992：849）。到1983年为止，尼罗河鲈鱼几乎占捕鱼量的70%，尼罗河罗非鱼和一种本地沙丁鱼占剩余的大部分（Achieng 1990：20）。

尽管引入的鱼类毁坏了湖中的生物多样性，它们并没有破坏商业性渔业。事实上鱼的总产量及其经济价值极大地提高了。

今天，尼罗河鲈鱼渔业生产了30万t的鱼（FAO 1999），

用生物多样性换取出口收入

1968—1988年占维多利亚湖捕鱼量的百分比(仅肯尼亚一国)

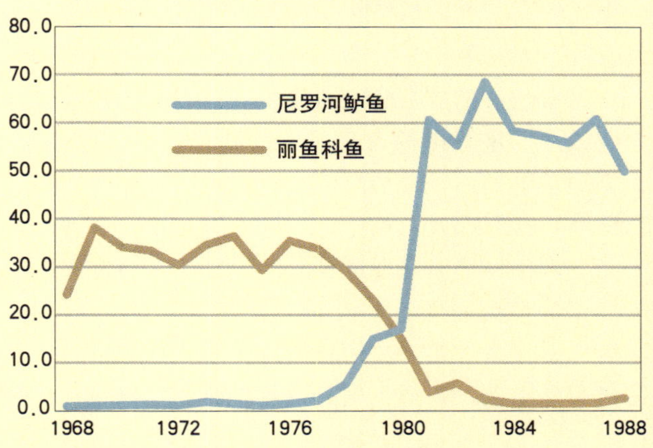

来源：Achieng 1990：20，引自肯尼亚渔业部统计公报

在出口市场上赢利2.8亿～4亿美元，而在引入鲈鱼之前这个市场并不存在（Kaufman 2000）。不幸的是，依赖本地鱼类生活了几十年的当地社区并没有从尼罗河鲈鱼渔业的成功中受益，主要是因为当地渔民无法负担捕捞尼罗河鲈鱼和尼罗河罗非鱼所需的装置。而且因为多数的尼罗河鲈鱼和尼罗河罗非鱼运离该区域，因此当地消费这种鱼的可能性降低了。事实上，当成吨的鲈鱼被运往远在以色列和欧洲的就餐者时，该湖泊流域的人们却表现出蛋白质营养不良（Kaufman 2000）。

尼罗河鲈鱼渔业的可持续性也是令人担忧。过度捕捞和富营养化是对这种渔业的主要威胁，过去20年中水生生态系统发生了根本的改变，整个水生生态系统的稳定令人怀疑。甚至在维多利亚湖周围的流域中都可以发现物种引入的影响。为了保存而烘干鲈鱼油滑的肉需要薪材，这与可以风干的丽鱼科鱼不同。这增加了对该地区有限森林的压力，加强了淤积和富营养化，而这反之又进一步使不稳定的湖泊生态系统失去平衡（Kaufman 1992：849～851；Kaufman 2000）。

总而言之，向维多利亚湖中引入尼罗河鲈鱼和罗非鱼用湖泊的生物多样性和当地重要的食物来源换取了一项重要的出口收入——尽管可能是不可持续的。当渔业管理人员引入这些物种时，不知不觉地改变了湖泊产生的产品与服务的平衡，重新分配了源自这些产品和服务的经济效益。当他们得知这些交易的方方面面时，今天还会作出同样的决定吗？

多样性构成仅次于生境丧失的全球第二大威胁。在南非，原本进口用来植树造林的非本地树木物种已经侵入了国内1/3的山地分水岭。这种入侵植物已经减少了淡水供给，取代了数以千计的本地植物，改变了动物生境，促发了全国性的根除方案（见第三章“为了人类的福祉——南非的水管理”）。

并非所有的农业转变都是均等的，有一些可能会保持或小心地隐匿原有生态系统的各个方面与服务。在苏门答腊岛，一些传统的农林系统（树木与作物混合种植）含有邻近森林中半数的物种多样性。传统的中美洲咖啡种植园在本地林木的树荫下种植咖啡，这些林木为鸟类提供了重要的生境和一系列次级产品。甚至许多现代化的农业系统也包含谨慎的耕作方式，旨在防止侵蚀，保持土壤的持水性和有益的土壤有机物。

城市和工业转变

不幸的是，向城市或工业的转变通常不是良性的。当建筑物和铺平的地面取代了本地的动植物群落时，生态系统的益处也发生了根本的变化。城市居民用水泥和沥青覆盖了具有渗透性的土壤表层，流域的功能下降了，由于没有地方渗入，降雨很快地流走，可能随即发生局部的洪水。尽管如此，公园、庭院和空地中更加简化的生态系统还是提供了重要的服务——荫凉、休闲去处、去除空气污染，甚至成为某些野生生物的生境，这些都是城市居民所享用的。

污染和气候变化

污染的影响对生态系统造成间接的压力。酸雨、烟雾、废水排放、农药化肥残留和城市径流都对生态系统有毒害作用，有时影响远离污染源的生态系统。例如，工业、交通和农业中的氮排放已经严重地改变了全球的氮循环，影响了陆地和水生生态系统的功能。

具有生物活性或“固定”的氮是所有动植物重要的养分。但是诸如化肥和矿物燃料等源于人类的氮排放超出了天然源的排放，使生态系统充斥着固态氮。影响包括水渠中藻类的过度生长，由于施肥过量氮造成；土壤的酸化和一些土壤养分的丧失；适应天然低氮条件的植物丧失；大气中氮氧化物含量升高造成的烟雾增多和温室升温（ESA 1997b:1～14）。

温室气体累积造成的气候变化提供了一个甚至更为深远的例证，即污染有无意间破坏全球范围生态系统的可能。科学家们警告，在地球植被为适应上升的气温、改变的降雨模式和大气中更多二氧化碳(CO_2)的潜在的施肥效应而重新分布时，全球生态系统将经历一次重大的重组。根据计算机模型估计，下个世纪的CO_2浓度可能是工业化前浓度的一倍，这将会引发全球大约1/3的森林在分布、物种组成或枝叶密度上广泛的变化。在许多其它的影响中，苔原地区也会大幅度缩小，沿海湿地变化显著。完全不清楚的是，目前生态系统是否会经受如此重大的变化，或者这些改变将如何影响生态系统的生产力（Houghton等 1997:30）。

什么驱使退化?

在冲击生态系统的所有压力之后有两个基本驱动力：人口增长和日益增多的消费。一系列经济政治因素紧密相联——市场力量、政府补贴、生产和贸易的全球化，以及政府腐败——这些影响人们消费什么和消费多少，以及消费品来源。贫困、土地使用权和武装冲突等问题也是重要的因素，影响人们如何对待赖以生存并且从中获取产品与服务的生态系统。

人口统计与消费

在许多方面，人口增长是最基本的环境压力，因为人人都至少需要最低限度的水、食物、衣服、住所和能量——这都最终直接源于生态系统或通过影响生态系统的方式获取。人口统计学家预计，在未来的50年中世界人口将从目前的60亿增长到90亿左右，这一增长的多数发生在发展中国家（联合国人口司 1998:xv）。简单的算术表明这将提高对生态系统产品的需求，增强对全球粮食和水供给的压力。

然而，生态系统压力的增长不只是人口增长的问题。事实上更是消费什么和消费多少的问题。近几十年来，全球消费的增长已经极大地超出了人口的增长。从1980到1997年间，全球经济增长到了29万亿美元，几乎是原来的三倍，但是世界人口只增长了35%（世界银行 1999b:194; 联合国人口司 1998:xv）。许多国家随着经济的发展，人均消费水平正快速提高；多数工业化国家的消费水平已经是非常高。从纸张到冰箱到计算机到石油，这种对所有物品更高的消费是更多财富的结果。发达国家和诸如中国、印度和泰国等一些快速发展的发展中国家的个人收入水平稳步上升，消费也随之增长。

与此同时，世界经济已经更加一体化，贸易已经使消费者市场更加全球化。工业已经更加国际化，较少地依赖某个地点或某种生产设施。这种“全球化”意味着消费者从世界各地的生态系统获取产品和服务，使用的成本在很大程度上与受益分离。这种趋势向消费者隐瞒了日益增长的消费所付出的环境代价。

例如，洛杉矶住房承包商安装了铜管，却无法知道这些铜是否产自声名狼藉的巴布亚新几内亚的Ok Tedi矿。这座巨大的矿山由一家国际公司财团所有，每天向Ok Tedi河中倾倒8万t未经处理的残渣，破坏了该河流中许多水生生物，扰乱了当地Wopkaimin人的自给生活方式。全球化意味着使用铜的最终房主们不知道他们与Ok Tedi河流域的破坏有关，并不承担环境代价（Da Rosa和Lyon 1997:223～226）。

不足为奇的是，多数的此类消费者都生活在发达国家，但是全世界对生态系统产品与服务消费的不平等十分显著。一个美国公民平均消费的产品与服务需要大约5 hm^2的生态系统来供给，相比之下，发展中国家的公民平均消费水平只需不足0.5 hm^2（GEF 1998:84）。工业化国家的年人均CO_2排放量大于11 000kg，因为那里有更多的汽车、工业和耗能的器具。与之相比，亚洲不足3 000kg（UNDP 1998:57）。平均起来，发达国家的人们每年花费近16 000美元（1995年国际元）用于个人消费，而南亚和撒哈拉以南非洲地区的人们花费不足350美元（UNDP 1998:50）。

当然，对营养的食物、安全的住房、洁净水和足够的衣物的消费绝对是许多国家解除贫困所必需的，尤其是在发展中国家。联合国1948年的《世界人权宣言》中说，“每个人都拥有能使自己及其家人享有适当健康与福利的生活标准的权利”（第25条）。然而适应这一人类基本的发展远不止当今这些主要的生态系

（下转第30页）

专栏1.10 驯化了的地球：自然生态系统的转变

自从固定农业出现以来，人类为了保证食物、创建居所及从事商业和工业，一直在改变着自然环境。农田、牧场、城市和郊外地区、工业区，以及公路、水库和其它主要基础设施占据的面积都代表着自然生态系统的转变。

这些景观的转变是人类在地球生态系统的界标，产生了能够享有的大部分食物、能源、水和财富，但是它们也代表了生态系统压力的一个主要来源。

转变更改了自然生态系统的水文、土壤结构和地形等基本物理特性以及它们的主要植被，从而改变了自然生态系统的结构和运行方式。这种基本的重整改变了栖息于该生态系统中的物种的组成，扰乱了代表原有生态系统的复杂的相互作用。在许多情况下，转变了的生态系统在结构上更加简单，生物多样性更少。事实上，自然生态系统转变造成的生境丧失代表了世界生物多样性丧失的主要驱动力(Vitousek等 1997：495)。

历史上农业向森林、草地和湿地的扩展是生态系统转变的最大原因。然而在上个世纪，城区及其相关公路、电网和其他基础设施的扩展也成为土地转变的一个有力原因。

- 人类已将世界上大约29%的陆地面积（差不多38亿hm^2）转变成农业、城市或高楼林立的地区（WRR 统计）。
- 向农田和管理牧场的农业转变已经影响到了大约33亿hm^2——约占陆地面积的26%。农业总共取代了温带和热带森林的1/3，天然草地的1/4。在许多发展中国家，农业转变依然是自然生态系统的重要压力；然而在一些发达国家，农业用地本身被转变成了城市和工业用地（WRR 统计）。
- 城市和高楼林立的地区目前占据了大于4.71亿hm^2——大约为陆地面积的4%。世界上几乎半数的人口，即30亿左右生活在城市中。每天城市人口增长16万人，为城市边界扩展施加了更大的压力（UNEP 1999:47）。城市郊区扩张扩大了人口增长的效应，尤其是在北美和欧洲。美国城市人口的比例从1950年占全国人口的65%增长到了1990年的75%，但是同期城市面积大概增长了一倍（PRB 1998）。
- 很难预测未来的土地转变趋势，但是根据联合国中期人口增长模型的预测表明在未来100年间，全球现有土地的另外1/3将被转变（Walker等 1999:369）。

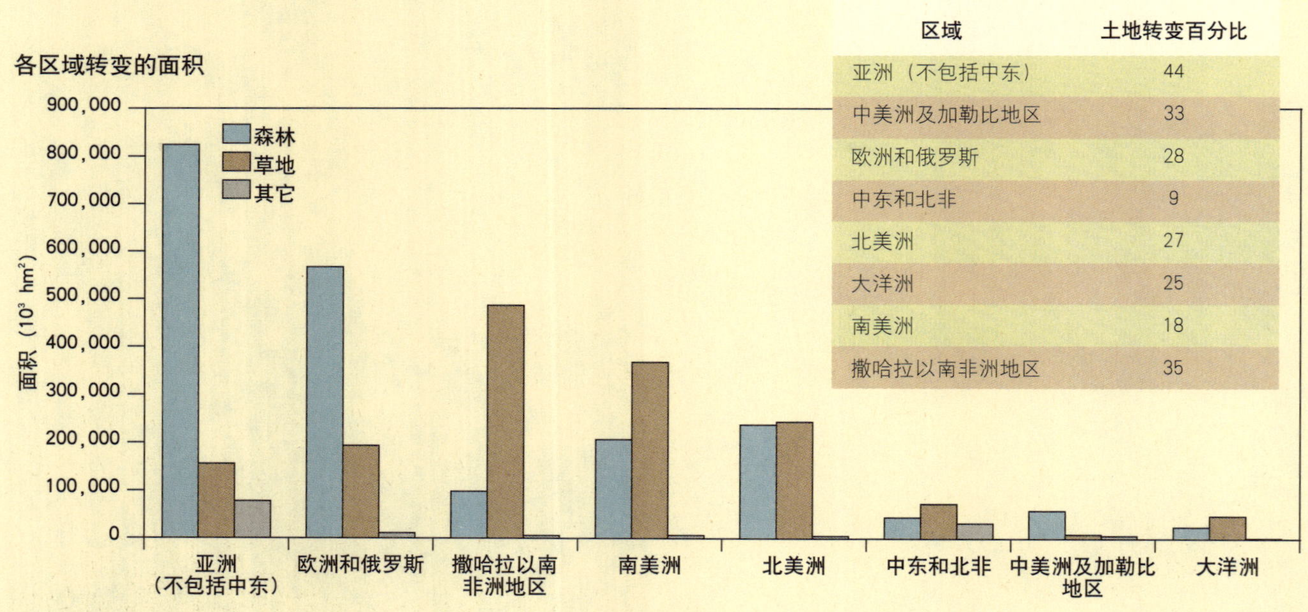

区域	土地转变百分比
亚洲（不包括中东）	44
中美洲及加勒比地区	33
欧洲和俄罗斯	28
中东和北非	9
北美洲	27
大洋洲	25
南美洲	18
撒哈拉以南非洲地区	35

来源：WRR 统计

全球转变区域地图

来源：本图表由S. Murray [PAGE] 根据来自全球土地覆盖特征数据库1.2版（Loveland 等 2000）；NOAA-NGDC(1998)；WWF(1999)的数据绘制

专栏1.11 我们消费了多少？

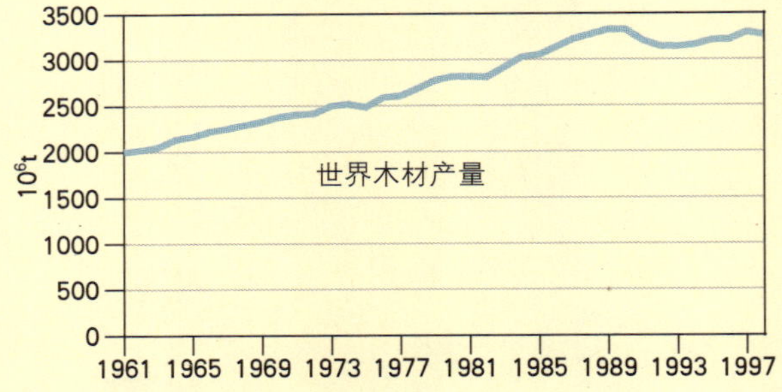

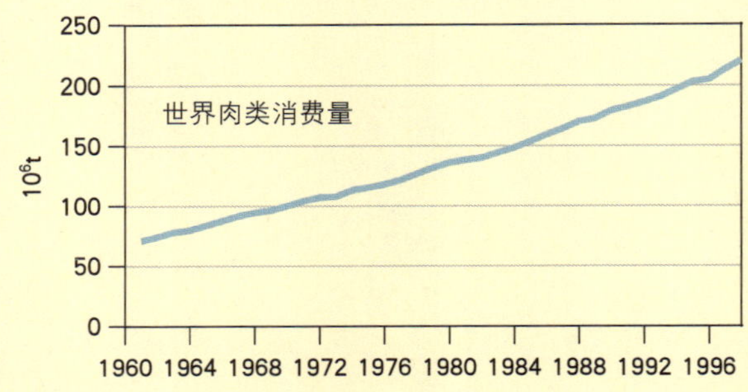

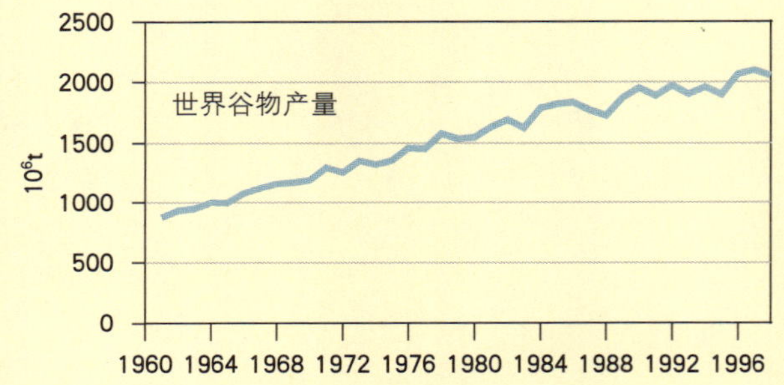

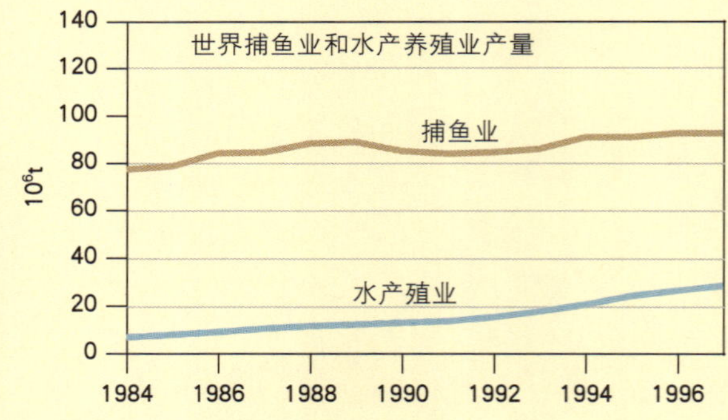

来源：FAO 1999；FAO 2000

人类出于许多原因要消费产品与服务：营养、衣着，当然还有住房。但是也作为社会构成的一部分来进行消费，因为每个社区或社会团体在穿着、饮食、住房、教育和娱乐方面都有不同的标准，影响其自然生存以外的消费模式（UNDP 1998：38～45）。

消费是人类发展的工具——开辟有充足的营养、就业、迁移和教育的健康和令人满意的生活。贫困体现于消费的匮乏，因此缺少这类机遇。在另一个极端，财富能够和经常导致物质和非物质消费的过度。

尽管人类有所受益，但是消费给生态系统带来严重的压力。通过对动植物过度的获取、土壤养分的开采以及其它形式的生物损耗，消费直接损害了生态系统，生态系统间接地遭受农业、工业和能源利用造成的污染和废物的损害，作为满足消费者需要的生产和运输网络一部分的公路和其他基础设施造成的生态系统破碎同样损害了生态系统。

对诸如谷物、肉类、鱼类和木材等生态系统直接生产的主要商品的消费在过去40年中大幅度增加，随着全球经济的扩张和世界人口的增长将继续增加。对未来几十年消费者需求的粗略预测表明对生态系统影响的显著扩大（Matthews和Hammond 1999：5）。

- 自从1961年以来，全球木材消费量已经增长了64%。每年消费的34亿m^3的木材中一多半被用作燃料；其它部分被用于建筑、造纸及各种木制品。预计2010年底之前对木材和纸浆的需求将增长20%～40%。林场生产所有木材、纸浆和其它工业木材的22%；成熟林和次生林提供了其余部分（Matthews和Hammond 1999：8，31；Brown 1999：41）。

- 世界的谷类消费在过去的30年中增长了一倍多，肉类消费较1961年增长了两倍（Matthews和Hammond 1999：7），世界谷类作物的大约34%被用于饲养肉用牲畜（USDA 2000）。自从1961年以来，粮食增产的一个关键因素是化肥的使用量增长了3倍多（Matthews和Hammond 1999：14）。截至2020年，对谷物的需求预计会增长近40%，对肉类的需求将增长近60%（Pinstrup-Andersen等 1999：11）。

- 1950年以来，全球鱼类捕捞量已经增长了5倍多，在1997年达到1.22亿t。全球3/4的捕捞量被人类作为干、鲜、冻或罐装鱼类或贝类而直接消费，剩余的25%被加工成鱼粉和油，用作牲畜饲料和水产养殖的鱼饲料。预计到2010年为止，鱼类直接消费的需求将增长20%左右（FAO 1999：7，82；Matthews和Hammond 1999：61）。

消费在地域上的不平衡

虽然全世界的消费已经稳步增长，但是在富国和中、低收入国家之间还是存在严重的消费水平差异。

- 平均起来，一个生活在发达国家的人谷物消费量是发展中国家一个人的2倍，肉类消费量是3倍，纸张消费量是9倍，汽油消费量是11倍（ERC数据表.3；Laureti 1999：50，55）。

- 1997年的个人消费总额为18万亿美元，其中约占世界人口16%的高收入国家的消费者占80%，即14.5万亿美元。与之相反，世界人口中最贫困的35%来自低收入国家，其中消费者的采购不足个人消费总额的2%，从1980年到1997年，全世界花费在个人消费上的金钱（除房地产以外的全部个人消费的产品和服务）几乎增至三倍（世界银行 1999：44，226）。

1997年个人消费比例（10亿）

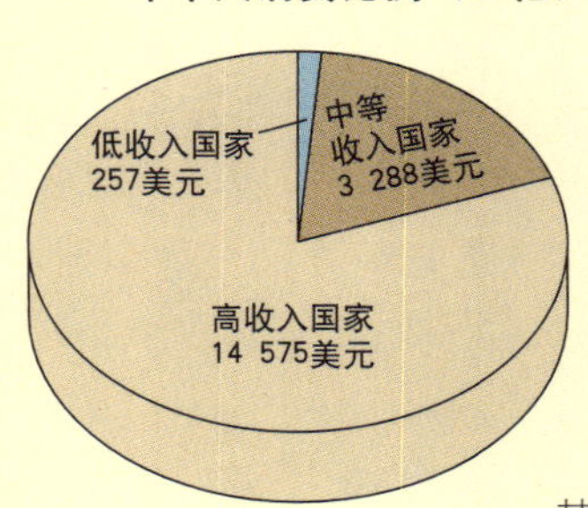

消费的不平衡：若干高、中、低收入国家中人均年消费量

国家	个人消费总值* 1997	鱼类（kg） 1997	肉类(kg) 1998	谷类(kg) 1997	纸张(kg) 1998	矿物燃料（石油当量kg） 1997	轿车（每千人） 1996
美国	$21,680	21.0	122.0	975.0	293.0	6,902	489.0
新加坡	$16,340	34.0	77.0	159.0	168.0	7,825	120.0
日本	$15,554	66.0	42.0	334.0	239.0	3,277	373.0
德国	$15,229	13.0	87.0	496.0	205.0	3,625	500.0
波兰	$5,087	12.0	73.0	696.0	54.0	2,585	209.0
特立尼达和多巴哥	$4,864	12.0	28.0	237.0	41.0	6,394	94.0
土耳其	$4,377	7.2	19.0	502.0	32.0	952	55.0
印度尼西亚	$1,808	18.0	9.0	311.0	17.0	450	12.2
中国	$1,410	26.0	47.0	360.0	30.0	700	3.2
印度	$1,166	4.7	4.3	234.0	3.7	268	4.4
孟加拉国	$780	11.0	3.4	250.0	1.3	67	0.5
尼日利亚	$692	5.8	12.0	228.0	1.9	186	6.7
赞比亚	$625	8.2	12.0	144.0	1.6	77	17.0

*由于货币和生活费用的差异，为了反映实际购买力而作出了调整（“购买力平价”方法）。
来源：个人消费总额（不包括中国和印度）：世界银行 1999：表4.11；（鱼类）Laureti 1999：48—55；（肉类）WRI 等．2000a：农业和粮食电子数据库；（纸张）WRI 等．2000b：ERC数据表.5；（矿物燃料）WRI 等．2000b：ERC数据表.2；（轿车）WRI 等．2000b：ERC数据表．5．

专栏1.12 人口

人口增长给生态系统带来压力，因为人口造成消费和转变的增加。每年人口大概增长8000万。尽管1950年代以来全球生育率从每位妇女5.0下降到2.7（联合人口司 1998b：514～515），但是人口仍将继续增长。过去的高生育率造成了现今15亿以上的育龄人口——15～29岁；另外有19亿不足15岁（联合国人口司 1998a）。人口增长的一个辅助因素是死亡率的显著下降。自从1950年代以来，全球死亡率从每年每千人中20人下降到了不足10人（UNFPA 1999）。相反，因为艾滋病的流行导致大量人口死亡，非洲7个国家实际上已经出现了预期寿命的下降（联合国人口司 1998a）。

世界人口增长

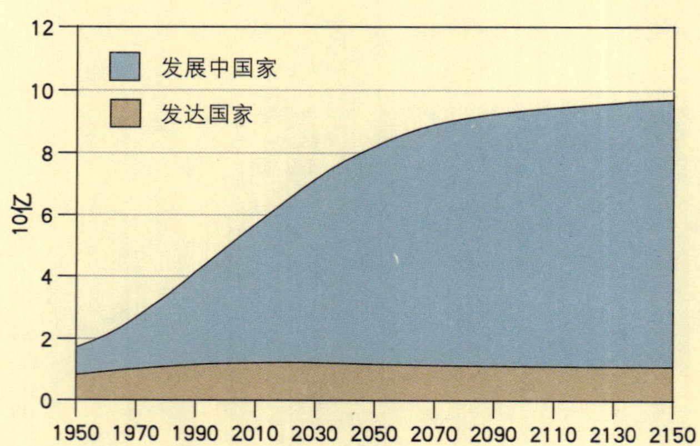

来源：联合国人口司（1998a）

- 在最依赖生态系统生存的欠发达国家中，人口增长最快。人口统计学家预计在未来的50年中，97%的人口增长将发生在发展中国家。
- 不论在较发达国家或欠发达国家中，城市提高了人口的密度。城市地区为经济发展以及更好的教育和卫生资源提供了更多的机遇。尽管城市区域仅占地球约4%的陆地面积，但它们是世界近乎一半人口的家园（UNEP 1999：47；Wood等［PAGE］2000）。目前城市是生态系统产品和服务的不断扩张的消费者，又是破坏生态系统的废物的多产的制造者——是生态系统压力的主要中心。在2030年之前，可能有60%的人口生活在城市地区。在工业化国家和拉丁美洲，这一比例估计会超过80%（联合国人口司1998a）。

城市化趋势

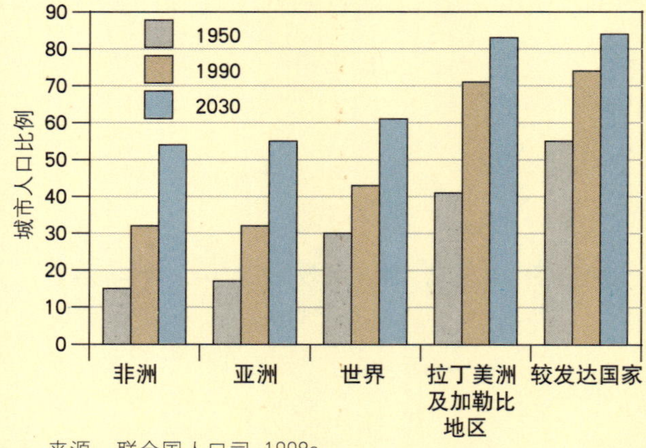

来源：联合国人口司 1998a

- 随着在下一个25年中人口的增长，压力也将增大，尤其是在耕地面积短缺的国家中。在14个国家中，预计人均耕地面积将不足0.07hm²——相当于0.25km²的土地养活一个人（WHO 1997：59）。较富有的国家将通过进口来补充粮食资源，但是较贫困的国家通过这种策略供养饥饿的人民则会有更加艰难的时期。

2025年若干国家人均可耕地

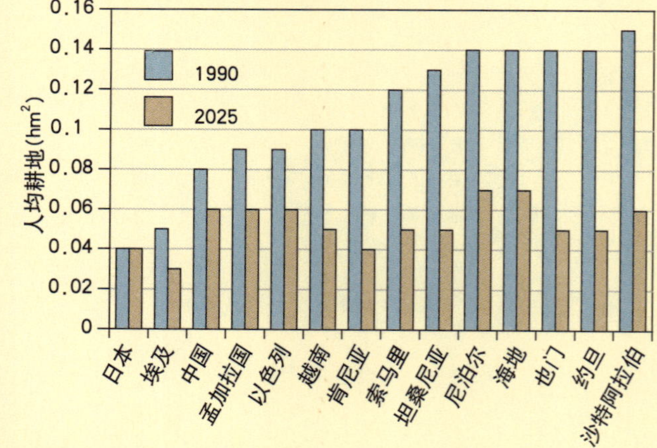

来源：WHO 1997：59

专栏1.13 污染与生态系统

过去的一个世纪中，一个日益增长并快速工业化的世界已经产生了大量的家庭垃圾、污水等普通污染物和杀虫剂、多氯联苯（PCBs）、二恶英、重金属和放射性废物等持久性的有毒污染物。很难确定当代社会污染负荷的环境成本的数量，既因为没有全球范围内污染排放的综合数据，又因为污染物对生态系统的影响往往很难测量。但问题确实还在发展。

污染物通过各种方式影响生态系统。农药和重金属有剧毒或通过反复接触而在动植物的组织内累积，从而损害所接触的生物体。诸如酸雨这样的污染物可以对整个系统产生作用，破坏土壤酸性和水化学，而这两者都是影响植物和水生生物养分和发育的重要因素。复合污染物可以产生毒性协同作用，削弱生物体，并逐渐降低生态系统的生产力和恢复能力。所有这些对生态系统的影响都十分明显。

- 尽管现今对有毒物质的危险认识加深了，但是毒物的排放依然很严重。例如，全球370亿美元的农药市场向世界的农场、森林和家庭花园分配26亿kg的活性成分（不包括溶剂和稀释剂的农药），对野生生物和人类健康造成间接影响（Aspelin和Grube 1999：10）。
- 诸如采矿废物等有毒物质、石油或工业化学品的意外泄漏时常发生，产生了破坏性的作用。2000年1月，当一家罗马尼亚金矿土制尾矿坝倒塌时，99000m^3羽状物含氰化物的废物发生了泄漏；事实上有毒的羽状物消灭了多瑙河及其支流400km的河段中所有的水生生物（D´sposito和Feiler 2000：1,4）。1997年，167000多t石油从输油管道、储油罐、油轮和其它运载设备或来源中溢出，污染了世界海洋和内陆环境（Etkin 1998：5）。
- 在欧洲、北美和亚洲的广阔区域内，源自二氧化硫（SO_2）、氮氧化物（NO_X）和地表臭氧的空气污染仍然超出“临界负荷”——对生态系统不构成危害所吸收的数量，据文件证明酸雨对作物、森林和淡水生态系统造成了影响。例如，健康的挪威云杉——欧洲森林中最普通的一种松树所占的百分比，从1989年的47%减少到了1995年的39%，这表明空气污染给欧洲森林生态系统带来持续的压力（EEA 1999：144～145）。
- 化肥径流、人畜污水和未经充分处理的工业废物向淡水和海岸生态系统中添加养分，促发海藻暴发，消耗了含氧水中的氧气——该过程被称为富营养化。缺乏氧气的水无法支持水生生物。富营养化是全球日益严重的问题。过去40年中，密西西比河向墨西哥北部湾沿海携带的营养污染物增至三倍，形成了大约18 000km^2的缺氧水域的“死亡区”（Rabalais和Scavia 1999；NOAA 2000）。

低、中、高收入国家(每天)产生的废物总量

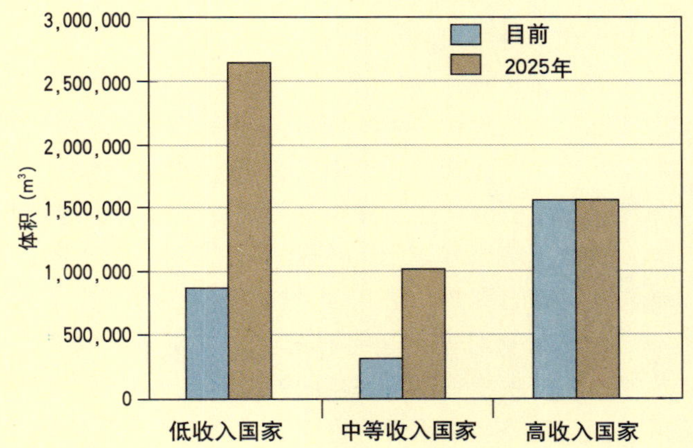

来源：Hoornweg和Thomas 1999：11

过多的养分导致水污染

国家	化肥和粪肥中氮的总量（10^3t）	作物吸收的氮	残留的氮	每公顷残留当量（kg）
比利时和卢森堡	580	211	369	240
丹麦	816	287	529	187
荷兰	1255	285	970	480

注：因为部分氮损失在大气中，因此只有一部分残留氮保留在土壤中，可能进行硝酸盐沥滤。

来源：Matthews和Hammond 1999

统的压力。即使考虑到生活在发展中国家的人口几乎是发达国家的4倍，目前生态系统最大的负担仍源自于发达国家中富有的消费者和发展中国家中富有的杰出人物。正是这种往往伴随财富的过度消费模式给生态系统带来了不成比例的影响。

扭曲了的价格，低估了的服务

人们通常不会有意识地作出破坏生态系统的决定，但所作的许多事情确有这样的效果。既然生态系统提供了这么多的益处，人们为什么还要作出危及这些益处的事情呢？

价格和政府政策中反映出的经济信号是决定如何对待生态系统的首要因素之一。它们决定了人们选择消费什么和如何管理土地和企业。一个农民在计算商品和农药的价格以及许多其它农场成本的指导下，决定种植什么作物、使用什么农用化学品，或是否通过砍伐邻近的森林扩大耕地面积。同样，开发商选择在哪里建造住宅或工厂，或渔民决定使用何种类型的捕鱼工具以及在海上花费多少时间主要受经济因素的驱动，这些经济因素包括土地或船只的价格、劳动力或捕捞许可证的价格、完工的住宅或捕获的鱼的价格。

但是价格时常传递错误的信号，在多数情况下，价格不能反映出获取生态系统产品和服务的真实环境成本。问题是生态系统有许多不够直观的方面，尤其是它们所提供的服务并不在市场上交易，因此很难赋予某种价值。一片森林中贮存的碳价值多少？河流沿岸的湿地所提供的防洪效果又能贴上什么样的价格标签？

对那些开发这些产品和服务的人来说，这些服务与木材或鱼类或作物这样比较直观的可交易产品之间的联系并不总是显而易见的。例如，生物多样性对未来粮食作物的价值对于一个力争实现其最大利润的单个农民来说并不具有多少直接的重要性。结果是过去大多数生态系统的服务被低估，在决定是否开发或改变生态系统时这些服务受到忽视。市场不能在其价格体系中标明这些服务的真实价值——“市场失效”。

考虑一下决定是否砍光本地森林用作新农业定居点的案例。未来的农民会考虑开垦土地所需劳力的费用、提高产量所用的化肥和建造住宅或公路所需的建材。甚至会考虑某些减少生态系统服务的因素。例如，会考虑到放弃使用森林作为薪柴来源这一益处的代价，以及野生动植物的损失。

但是，很可能不会充分考虑到森林终伐的诸多环境代价。例如，砍伐森林可能增加下游的洪灾和沉积，但是因为这些代价由远在下游的人们负担，所以它们经常会被上游的农民所忽视。结果是更多的森林遭到了砍伐，从整体经济的立场出发并没有发挥作用，森林生态系统遭到了不必要的破坏，正如同下游的人们遭受无谓的伤害一样。将这种观点扩展到全球范围，更好地核算森林转变的全部代价和益处并不一定意味着所有的森林都要受到保护，但是砍伐森林的速度无疑要比现在所发生的慢。

补贴和其它政策失效

政府的政策经常因为对价格产生影响而造成生态系统的退化。财政政策通过税收和补贴来影响价格。关税直接提高了进口商品的价格，而进口配额间接地提高了它们的价格。汇率政策影响所有交易商品的价值。政府机构也积极买卖农产品，但价格往往是事先确定的。所有这些行为可以影响人们的决策，包括农民、渔民、开发商、木材和矿产公司，以及其它使用土地和海洋并从中收获或通过污染而影响土地和海洋的人。

补贴。政府补贴是造成目前生态系统压力的主要原因，往往鼓励破坏性的活动，诸如过度捕捞或无约束地利用煤炭或其它矿物燃料，否则这些在经济上是不可行的。为制造渔船提供大量贷款、农业价格支持、对木材和石油生产者进行资源耗竭补偿、直接赠款修建公路，这些就是政府为可能破坏生态系统的活动提供补贴的方式。一份最近的分析报告，世界上每年仅仅对水利、农业、能源和公路运输这四个部门提供的损害环境的补贴所造成的政府支出总计7000亿美元(de Moor和Calamai 1997:1)。

刚刚制定时，补贴经常会实现值得称赞的社会目标——就业、更高的生产力、经济发展，但随着时间的推移，这些目标往往因为环境影响等并非有意造成的后果而被破坏。例如，政府补贴农药和化肥等进行各种农业投入，一方面为了增加农业产量，另一方面为了支持生产这些化学品的工业。特别是发展中国家对农药的补贴已经很普遍。1980年代中期，印度尼西

价格和政府政策中反映出的经济信号
是决定我们如何对待生态系统的首要因素之一。
补贴往往鼓励了破坏性活动，否则这些活动在经济上是不可行的。

亚每年支出大约1.5亿美元用于农药补贴，主要为了保护水稻。这造成了相当严重的过度使用。事实上非但没能减少破坏农作物的昆虫，这种对农药的无约束的使用也影响了天然的捕食者，增加了目标昆虫的抗药性，从而引发了虫灾的周期性发作。同时还导致下游的严重污染，影响了农民的健康。当政府停止这类补贴时，农药的使用下降了，政府节省了开支，水稻产量继续增长（世界银行 1997:26）。

为灌溉项目提供补贴是另一种严重损害水生生态系统常见的做法。全世界的政府支持已经允许自来水公司以大大低于供水成本的价格出售灌溉用水，这不可避免地导致了过度使用。例如在干旱的突尼斯，农民用水灌溉田地只需支付成本1/7的费用。美国西部调低灌溉用水价格的类似做法使美国纳税人每年付出20亿~25亿美元（de Moor和Calamai 1997:14～15）。由于水价很低，不能刺激农民高效用水，或将用水限制到高价值作物的灌溉上。水的直接流失和灌溉井水的过度抽取往往从溪流中掠夺了大量的正常流量。农药和化肥径流往往又污染了剩余的水流。

规章。政府政策除了对价格的影响外，还会通过区域划分条例、排污标准或其它影响土地利用和企业活动的规章等机制，更加直接地影响生态系统。促进经济发展的方案可能助长“先发展，后治理”的政策，

(下转第33页)

专栏1.14 估价无价之宝

赋予劳动和劳动成果的经济价值是影响我们关于财产的行为和决策的重要因素，与此类似，赋予诸如授粉、水净化、固氮和碳贮存等产品和服务的生态系统财产的价值是影响我们如何对待生态系统的重要因素。然而，因为这些服务通常不在市场上交易，所以不容易计算它们的价值。决策者和传统经济学家往往忽略了它们的价值，基本上认为生态系统可以源源不断地提供产品和服务。结果是，伐木者对一片森林的采伐只是为了森林的木材价值，忽略了森林在防洪、水净化或为迁徙鸣禽提供生境等方面提供的价值。

人们是如何给所有生态系统中令人愉悦的事物赋予货币价值的呢？随着经济分析技术水平的提高，经济学家已经确定了一系列的工具，量化直接的生态系统服务，甚至一些间接的和无形的生态系统服务。

可能的情况下会利用实际的市场价值。例如在河口捕捞鱼类和贝类的价格提供了生态系统直接产品的一种价值。另一种估算价值的方式是计算替代某种生态系统服务所需的费用。纽约市北部分水岭处的天然生境可以提供与一家新建水过滤厂同样的水过滤服务。拟议兴建的水过滤厂造价为30亿～80亿美元（Ryan 1998），这是对原始生态系统所提供的水净化服务价值的一个很好的基本估计，尽管这并没有体现包括碳吸收、娱乐机会和支持生物多样性等分水岭的许多其它服务的价值。

同样地，两座不同的房屋，一座毗邻海岸线，另一座位于内陆，比较住房的价格差异就能体现出海岸美学的价值。同样，另一个基于市场的方法计算湖泊、公园或荒野地区作为景观或休闲地点的价值，是计算游客到那里旅游需要耗费多少时间和金钱。

当无法获得市场数据时，或者要补充这些数据时，研究人员就采用其它方式。例如，询问人们付出了什么，以保护湿地免遭填埋和开发，或防止旷野地区不被开采。如果进行的适当，这种“临时估价”调查不仅可以衡量人类从生态系统获取的实际利益，还可以包含它们所附带的精神和伦理的价值。但是调查可能是不可靠的，会受偏见的影响，特别是当询问人们为尽量减小像气候变化一样复杂的事物的影响所付出时。

对教育读者了解依靠生态系统服务并从中受益的多种方式来说，估价活动可以是一项有用的政策工具。然而，最终与发现任何或所有生态系统服务准确的市场价值相比，创建保护生态系统的金融激励机制更加重要。创建前所未有的生态系统服务的市场，或者帮助土地所有者从其土地所提供的服务中寻找其它的收入方式，这都可以产生保护活动的激励机制。拍卖排放碳的许可，或补偿重新造林以吸收碳的国家或公司，这些都是创建此类市场的例子。

生态旅游中生态系统的美景和未受损坏的品质被直接进行交易，生态旅游可能成为另一个保护环境的激励机制。在南非，一家称为保护公司的私营企业与农民商议，将168km²的土地退还成原有的栖息地，并在其中放养大型猎物。目前这片土地被用作商业狩猎的指定地点，每年从游客中创造每公顷200～300美元的收益，而不像从前经营牧场或农业种植只产生21～68美元的收入，此外还提供了支持大型猎物的生物多样性资源基础（Anderson 1996：207；Honey 1999：374）。马尔代夫的一项政府研究确定仅一条鲨鱼用于旅游每年就可产生大约33500美元的收益，而渔民捕获贩卖只有32美元的收益。这项研究以及其它的研究给马尔代夫提供了激励机制，将鲨鱼、海龟和海豚作为保护物种（Sweeting等 1999：66，citing WTO 1997）。

在某些方面，“无价”可能是赋予生态系统无形的产品和服务最准确的价值，如沿海地区的美丽，山脉精神价值的重要性。但是作为仍带有其局限性的众多生态系统价值尺度之一的环境经济学，提供了政治世界强有力的生态系统管理工具。直到人们完全认识到生态系统的价值之前，在确定我们使用什么和节省什么时都是有缺陷的。

鼓励了工业化进程而不顾环境代价。中国1978年经济改革之后工业化巨大的发展就遵循了这种模式，直到1990年代初，国家才开始估算出，与生态破坏和污染相关的经济成本高达其国民生产总值的14%（WRI等1998:115～116），为了扭转环境损失和降低空气污染和水污染对健康的危害，中国最近已经开始大量投资努力加强和实施环境法规。

部门划分。其它与政府有关的因素也影响生态系统的利用。例如，政府机构总是被例行公事地按照行业划分——农业部、林业部、环保局等等，这与综合考虑生态系统及其管理是相悖的。举例说来，农业部首要关心的是农业生产。与单个农民一样，农业部可能认为保护生物多样性或将森林转变减少到最低限度不是其使命中重要的工作。它甚至可能将林业部或环保局视为争取预算和管理权力上的竞争者，这就减少了管理生态系统部门之间的合作机会。这类局限的工作中心不可能使现今配置的部门认识或说明各自政策所促进的环境交易。

腐败。政府腐败是另一个常见的机构失效，这使未经审查的生态系统开发得以进行——通常是一小部分特权人群进行此类开发。即使存在有效的法律和管理政策，但由于政府官员对非法开采熟视无睹，或者自己也通过私下交易或内部投资参与了分赃，从而破坏了这些法律法规。例如，林业部门的腐败令人咋舌。在印度尼西亚，非法伐木占据该国的木材生产一半以上，木材走私就发生在国家公园当局的众目睽睽之下(EIA和Telepak 1999:4)。结果政府每年木材特许费估计损失10到30亿美元，森林遭受了滥砍滥伐的破坏(WCFSD 1999:36)。类似地，1994年俄罗斯政府仅征集了应得木材收入的一小部分——约3%～20%(WCFSD 1999:36)，其余部分都因偷盗和诈骗而损失。

谁拥有生态系统?

所有权是如何管理生态系统的重要因素。谁拥有土地或有权使用其资源的问题是确定从生态系统中获取什么产品和服务、如何获取和谁享有利益的关键。一些所有权模式会有悖于良好的生态系统管理——当所有权集中在那些出于自身经济利益而促进不可持续的开采水平或大量开发的人们手中时。

财产权

1985年，Maxxam公司兼并了北加尼福利亚基于地方的太平洋木材公司这一拥有国内所剩最大的成熟红杉林地公司。许多年来太平洋木材公司管理着林地，维护其长远的生产力，强调能够无限期地供给其木材厂的适度的采伐水平。Maxxam很快抛弃了太平洋木材公司的适度却可持续的采伐方式，为了偿还其巨额的公司债务，将采伐率提高了一倍以上。Maxxam的股东从这种不考虑对当地经济或森林健康和生产力的长期影响的短期行为中得到了收益（Harris 1996:130～135, 170～171; LOE 1996: 12～18）。

缺乏所有权也可能是一个问题，世界的许多贫困人口缺乏对所生活的土地的合法财产权——使用权。一个贫困的农民无土地使用保障，不可能考虑长期生产力的激励，因为他或她无法保证能够持有良好水土管理所进行的投资并使其资本化。事实上由于缺乏法定所有权，趋向于阻止诸如混林农业这样对生态系统有益但需要长时期才能达到生产力高峰的土地使用方式（Scherr 1999）。此外，通常为了躲避人口稠密地区的失业、贫困或民间冲突的无土地的移民，是边境地区森林砍伐的重要促成者，他们砍伐小片林地用于自给耕作。在一些例子中，砍伐森林地区实际上成为获取土地所有权的一种途径，因为这将土地转变成农业——一种法律认可的土地利用。

有时，私有或国有制这些现代的体制会与较传统的集体或社区所有权发生冲突，结果使环境受损。世界各地的文化已经发展了各种社会管理共有资源，控制过度获取的体制。印度尼西亚的森林、蒙古的牧场和菲律宾沿海的捕鱼区都是目前的例子。大量文献证明这些传统的财产权和社会管理体系随着生态系统被周而复始地收获，在长期保护生态系统方面十分有效。但是各国政府往往忽视这些传统的所有权形式，拒绝给予合法认可。

贫困

谁拥有生态系统及其收益的问题最终成为公平的问题。有产权或有钱购买消费品的人最可能控制生态系统提供的产品和服务，并影响生态系统的管理方式。

(下转第40页)

专栏1.15 生态旅游和保护：它们相互一致吗？

从非洲的野生生物旅行，到在加勒比海翠绿的海水和珊瑚礁中潜水，到在巴西雨林中跟随向导艰难跋涉，基于自然的旅游正在蓬勃发展。国际旅游价值超过了4440亿美元（世界银行 1999:368）；基于自然的旅游可能包含其中40%～60%的支出，并以每年10%～30%的速度增长（Ecotourism Society 1998）。

这种急速增长的在荒野或自由的地方旅行的兴趣可能是好消息，尤其对发展中国家来说。它通过旅游和私营行业的资金提供了一种资助特种生态系统保护的方式，也为生活在公园和保护区周边的社区提供了经济机遇。对哥斯达黎加来说，1996年旅游业收入6.54亿美元，肯尼亚1997年为5.02亿美元，其中大量来自生态旅游和野生生物旅游（Honey 1999：133，296）。旅游业已经在帮助保护卢旺达的山地大猩猩及其火山国家公园的栖息地中发挥了很大的影响力。在内战爆发之前，游客观光提供了102万美元的直接年收入，使政府得以创建防止偷猎巡逻队，并雇佣了当地居民（Gossling 1999：310）。

但是基于自然的旅游现实却是，它既能维持生态系统又能使其退化。大量基于自然的旅游缺少被生态旅游协会定义为“到保护环境和维持当地居民福利的自然区域游览”的“生态旅游”社会责任的理想（Ecotourism Society 1998）。市面上称为生态旅游机会的目的地和行程可能更加注重有利于环境的游览区旅馆的设计，而没有注重当地社区的发展、保护或旅游教育。甚至一些依照生态旅游原则谨慎管理着的生态系统也表现出退化的迹象。

生态旅游的成本与效益

初看之下，厄瓜多尔的加拉帕哥斯群岛是生态旅游理念的缩影。每年，群岛都会吸引6.2万多人前来消费，在120个火山岩形成的小岛间，在由稀有的热带鸟类、鬣蜥、企鹅和海龟组成的生态系统间，潜水、游览和乘船观光。旅游业每年带来高达6000万美元的收入，为岛上大约80%的居民提供了收入。自1970年以来游客数量的10倍增长扩展了厄瓜多尔公园服务业的资源。为了创造一个低影响、高质量生态旅游的典范，旅游承办商、博物学向导、公园官员和科学家已经付出了共同的努力(Honey 1999：101，104，107)。

然而，仔细的研究即会发现其中的交易：在过去15年间，为在岛上的新兴旅游经济中寻求工作而迁来的人流，几乎使岛上永久居民的数量增长近两倍，城镇变成了污染源，同时也给渔业资源带来了压力(Honey 1999：115，117)。只有15%的旅游收入直接进入了加拉帕哥斯群岛的经济系统，外国航空公司、豪华游轮以及可以减少游客对环境影响的浮动旅馆得到了多数的利润，但是当地居民并没有受益(Honey 1999：108，citing Epler 1997)。成群的旅游者和移民也带来了新的动物和昆虫物种，威胁到了岛上的生物多样性(Honey 1999：54)。

加拉帕哥斯群岛很好地说明了生态旅游的复杂性，甚至在地方或公园的范围内出现问题的时候，国家却可能实现财政收益。例如，对鼓励旅游业的政府来说，更多的游客意味有更多的收入。但是更多的游客能变成对脆弱地区的破坏。公园官员经常抱怨生境的破碎、交通工具带来的空气污染、紧张的供水、乱扔垃圾和其它各种问题。在肯尼亚的马赛马拉国家保护区，游览车司机偏离道路行驶，这种行为非法但实际上未加管理，已经使保护区的景观伤痕累累（Well 1997:40）。

这些影响可以通过对公园管理、保护和规划进行投资而降到最小。然而，发展中国家往往缺少监测、评估和防止游客影响的资源，而且可能没有或缺乏基础设施和设备。

门票收费低是问题之一，通常只占游客旅游总费用的0.01%～1%（Gossling 1999:309）。确定适当的公园门票是管理机构占有公园和保护区内旅游经济价值中更多份额的一种方式，该收入包括公园的资金成本和运营成本，理想的话甚至还应包括生态破坏的间接成本。许多公园发现，如果游客知道他们的钱将被用来增强他们的经验或保护这个特殊的区域，那么他们会愿意付出更多的钱。为了确保更广泛的人负担得起入门的费用，秘鲁、厄瓜多尔、肯尼亚、约旦、哥斯达黎加和许多其它国家已经提高了外国游客的收费，而保持了本地居民较低的收费。

不幸的是，旅游的收入不总是被投资在保护工作中。例如，在加拉帕哥斯国家公园每年300万美元的收入中，只有大约20%被用于国家公园系统。其余的付给了政府总税收(Sweeting等 1999：65)。这在许多国家都是典型的处理公园收入的方式，但是这损害了游客通过付费所提供的支持，破坏了激励管理人员将公园开发成可行的生态旅游目的地的机制。幸好有些国家利用特殊收费和旅游信托基金明确地使游客的钱用到了保护上。例如，伯里兹通过在外国游客离境时向每人征收3.75美元的游客税，从而筹集了保护的资金，每年大约产生75万美元的资金（Sweeting等 1999：69）。

在传统旅游中，与旅游支出相关的大部分收益"漏"回到了富国（多数游客的所在国）的商业旅游承办商或者旅游所在国的大城市手中；与其相比，有很好的规划和管理的生态旅游为支持地方和农村经济发展提供了更大的潜力(Wells 1997：iv)。但是土地、食品和其它产品价格的不断上涨能够与旅游者或生态旅游者所去之处日益增长的名气保持一致，不利于当地的居民。在桑给巴尔岛，村民和城镇居民被诱使将其地产出售给旅游投资商，而投资商并没有保证任何利润分成、共有所有权或其它持续收益的形式（Honey 1999：287）。在多哥，旅游业驱动的通货膨胀已经导致了可耕地的短缺（Sweeting等 1999：29）。

一些国家已经采用了一些政策，帮助偿还当地居民因兴建保护区而直接或间接产生的费用。例如，肯尼亚旨在将门票收入的25%分给保护区周边的社区（Lindberg和Huber 1993：106），生态旅游的规划人员也倡导在礼品店中销售当地的手工艺品，光顾当地的旅馆，在餐馆和旅馆中使用当地种植的粮食，并提倡培训项目，使当地居民能够担任诸如导游、饭店经理和公园护林员等职务。旅游承办商和游客都应发挥一定的作用，审慎地选择路线，遵守生态旅游原则。开发商可以根据环境状况和地方支持的情况选择场地，在建筑物和度假村的建造过程中使用可持续的设计原则。

规划不周、未加管理的生态旅游会导致边际财务收益和较大的社会和环境代价。但是通过良好创立的指导方针、当地社区的参与、持有长期保护生态系统的远见而不是开发商的短期利润，生态旅游还是可以达到理想的效果。

专栏1.16 印度尼西亚森林中正在消亡的共同所有权

印度尼西亚外围岛屿和其它发展中国家的许多社区使用传统的基于社区的集体所有权体系，来管理森林资源。许多这类管理体系已有几代人的历史，符合当地经济的需要，又维护了包括生物多样性保护在内的许多至关重要的生态系统功能（Lynch和Alcorn 1994：374，381）。不幸的是，这类体系的大多数正受到法律和发展压力的威胁。

印度尼西亚传统的基于社区的财产权被称为传统法律权，整个印度尼西亚群岛的社区都使传统法律权适应特定的经济和环境需要。例如，苏门答腊和加里曼丹的混林农业经营的是橡胶、榴莲果、干果、树脂和藤。

1 200万～6 000万人依靠印度尼西亚的森林，其中很大比例从事传统混林农业（Poffenberger等 1997：22）。缺少详细信息，但研究表明这片土地的大部分是依照传统法律权管理的。

对集体所有权的威胁

印度尼西亚的传统法律权面临4个主要威胁：

- 尽管传统法律权有普遍的重要性，但是国家没有认可传统法律权。印度尼西亚的林业部管理并声称独有1.31亿 hm^2森林的所有权，占印度尼西亚土地面积的68%，包括90%的外围岛屿。尽管政府规划者承认传统法律土地的知识对制定可持续的资源管理规划十分重要，但是政府不知道这些土地中有多少还是依照传统的集体所有权制度被人所有（Fox和Atok 1997：32；Peluso 1995：390～391）。
- 国家支持的开发活动经常不考虑传统法律权。当授与了20年的木材特许后，基于森林的社区发现传统的使用和进入的权利被夺走了（Lynch和Talbott 1995：52～54）。政

府指导的开发计划，包括采矿、移民住区和森林向木材或油棕种植园的转变，使这些生态系统发生了退化，甚至破坏了这些生态系统（Michon和de Foresta 1995：103～104）。在东加里曼丹省，Long Uli 村中30%的土地被政府纳入了自然保护区，20%的土地（包括村里一半的耕地）被纳入一项木材特许，这都没有征得村民的同意或同村民协商（Sirait等 1994：416）。地方政府的官员不顾东马鲁古省村民的抗议，同木材公司签定协议，准许进入村中生产树脂的混林农业林中，这些树林随后就被破坏掉了，没有适当的赔偿，从而破坏了环境的可持续性和地方经济的稳定性（Zerner 1992：31～33）。

- 国家支持的开发项目都有即时性质，驱使社区过度开发资源基础。面临着不可挽回地失去对土地和资源的控制，一些依靠森林的社区会鲁莽地获取最大的收获品，并且在这个过程中破坏资源基础（Lynch和Talbott 1995：98；Sirait等 1994：416）。

- 政府不成比例地回报农业生产的政策也会促进森林退化。与非木材类林业产品相比，农业商品有更加有利的价格，这鼓励农民追求更加不可持续的农业模式，而放弃传统的混林农业形式（Padoch和Pinedo－Vasquez 1996：113）。

新办法

如果传统法律权可以被法律认可，并被赋予政治合法性，那么就可以减少许多冲突。1998年在苏哈托政府结束之前，印度尼西亚林业部颁布了一项法令，为邻近克鲁伊、苏门答腊的60个生产树脂的混林农业村创立了一项新的土地用途类别，即kawasan dengan tujuan istemewa或特别目标区。这项法令设立了一个进程，将官方使用和管理权赋予覆盖29 000 hm^2森林的地方村庄。这项法令是首次将合法认可的管理权赋予社区从事混林农业的人。

其它重要的政治和法律的改革包括Habibie总统强调民间社会和政府责任的重要性。1999年森林基本法中确认当地民众在可持续的森林管理中发挥了关键的作用；然而，该法律没能认可传统法律权。在林业部中，目前正在审议的一项新条例将授权在指定为国家林地的区域中划分本地领地。土地事务部已经颁布了一项法令，记述一些森林地区基于社区的传统法律权，并为之注册（Lynch 2000）。

这些重要的进展随后便是印度尼西亚传统的社区进入和管理森林的权利得到更广泛的法律认可（Campbell 1998）。然而还需要关于传统法律权的更明晰的政策，这些政策还要界定地方和国家的种种权利和责任（Bromley和Cernea 1989：52；Lynch和Alcorn 1994：376～377）。

然而，考虑到印度尼西亚近来经济和政治的混乱，该国政府为使地方所有权得到更广泛的法律认可而取得的进展是十分脆弱的。泰国和菲律宾促进集体所有权的合法认可的类似工作也处于不稳定的阶段。

以目前的人口增长率，发展和可持续性之间的压力一定会继续存在。预计印度尼西亚另有1500万～3300万hm^2的森林会在2020年前遭到砍伐（Lynch 2000）。目前正在制定规划，创建更多的纸浆、纸张和油棕种植园，这些都将替代天然森林（Barber 1997:74）。

天然林被砍伐过的区域目前给依赖森林的社区带来农业、放牧和采收诸如木材、藤和橡胶等林产品的空间。将这些地区转变成集约管理的纸浆和油棕种植园，将会永久地排斥当地居民；从前缺乏合法性的对资源的要求将变得无关紧要（Barber 1997:75）。保证印度尼西亚依赖森林的社区享有基于社区的地产权将有助于保护印度尼西亚农村人口的利益，又有助于促进环境的可持续性。

专栏1.17 农村贫困和适应

在孟加拉国的一个村庄附近，寻找薪材的农民家庭用光了当地的一片森林。一个从战乱的卢旺达逃到坦桑尼亚的难民在一家国家公园偷猎以养活其家人。尽管水土流失严重、土壤贫瘠，一个可怜的肯尼亚家庭继续耕种他们的小块农田。这些是典型的农村贫困的缩影——人们非常依赖生态系统，无法负担健全的管理方式，陷入过度使用本已脆弱和退化的生态系统的恶性循环之中。

然而，已经形成了一个略有细微差别的观点，承认穷人可能有有限的资源并对环境有很强的依赖性，但在一定的条件下，还是有相当可观的能力来保护他们的生态系统。研究正在表明大量的适应的例证。适应是穷人用来减轻环境、经济或社会变化对其资源造成影响的策略。适应措施包括创新的土地利用方式、应用新技术、经济多样化和社会组织的变化（Batterbury和Forsyth 1999：8）。

谁是穷人？

世界1/4人口约13亿人，每人每天仅靠1美元生活（世界银行 1999：117）。除了被金融资产不足所困扰外，贫困经常意味着缺少教育、流动性、就业机会，或缺少获取诸如安全用水这类基本服务的途径，并且在边远乡村与世隔绝。获取土地的机会有限，是贫困的另一个关键方面；52%的农村贫困人口所持有的土地过少，不足以提供足够的收入，24%的贫困人口没有土地（UNCHS 1996：109）。

穷人的脆弱性往往因为缺少保护他们享有环境资源或防卫直接压迫权利的政治力量而加剧。例如，在南亚和东南亚，许多国家政府都将依赖森林的人们视为非法定居者，认为他们非法使用了国有资源。他们被武断地赶走，往往是在国家的批准下，不论他们占有森林已有多久（Lynch和Talbott 1995:21）。中欧和东欧、索马里、刚果、黎巴嫩以及其它国家的战争和国内冲突已经迫使人民离开土地，陷入贫困。

城市贫困是一个日益增长的现象，但是发展中国家数量最多的贫困人口依然生活在农村地区——1988年约有80%（Jazairy等 1992:1）。许多人依靠被形容为“贫困陷阱”、“不利的”或者“边际”的土地尽力生存。这些基本上属于生态很脆弱的地区（亚热带旱地或陡峭的山坡）或者生物或资源生产力水平低下而人类需求水平高的地区。发展中国家生活在不利土地上的穷人有6.3亿，几乎是在有利土地上的3.25亿穷人的一倍（CGIAR等 1997）。如果目前的贫困和自然资源退化的趋势持续下去，2020年将有8亿多人生活在诸如安第斯山和喜马拉雅山的上分水岭地区、东非高原和萨赫勒等不利地区（Hazell和Garrett 1996）。

保护他们的生态系统

日益明显的是穷人可以同环境退化抗争。在一些地方，他们已经这样抗争了几个世纪，只要生态系统的变化需要，他们就采取适应性措施。

适应的例子之一发生在巴布亚新几内亚高地，那里的Wola人用砍烧耕作法清光了坡地上的天然林，在坡地上种植作物。这并没有像按照传统模型预测的那样，加速土壤耗竭和促进砍伐森林，Wola人通过使用腐烂的植物做肥料来构筑土堤，维持了土壤的肥力。策略地选择种植作物的种类，耕作的起初几年中土壤肥沃，种植各种不同的作物，在随后的岁月里土壤的肥力减弱，Wola人只种植甘薯这种不需要许多养分就能生长的作物（Batterbury和Forsyth 1999:8，引自Sillitoe 1998和Sillitoe 1996）。

另一个成功适应的例子是关于布基纳法索莫西人。人口快速增长和频繁的旱灾使土壤退化，莫西农民作出了反应，创建肥料坑，建筑称为“diguettes”的一种半通透性的碎石带，与坡地构成一定的角度，用来防止水土流失（Batterbury和Forsyth 1999:9～10）。旱季里大量莫西人迁至城市或邻国科特迪瓦寻找雇佣就业机会，这也是减少对土地和粮食供给压力的适应性反应，给家庭带来了汇款，提供了多种收入来源。然而同所有的适应方式一样，这些地方战略也有局限性。严重的旱灾或非农业工作机会的短缺就可以破坏莫西人的成功。

第三个适应的例子来自西非几内亚的森林——稀树草原地区。200多年来，研究人员错误地谴责基西人和Kuranko人破坏基西杜古省的大片森林。对历史土地覆盖模式的研究最终表明，基西人和Kuranko人通过有选择地烧荒，减少火灾的风险和提高土壤的肥力，并通过系住牲畜和推广生长快速

西非部分国家本地水土保持技术实例

国家	降雨量 (mm)	人口密度 (人/km²)	本地水土保持技术
布基纳法索	1 000～1100	35	坡地的土堤网中的石堤和低地的排水沟
	1 000	35～80	坡地的等高石堤、排水沟
	400～700	29	碎石带、石堤梯田、种植坑
喀麦隆	800～1 100	80～250	阶式梯田（0.5～3m高）、石堤
佛得角	400～1 200(高地)	>100	旱石堤梯田（墙高1～2m）、矩形池（大约2m×4m）
乍得	250～650	5～6	较干旱地区获取水：不同的土堤系统，有上坡翼墙和集水区
尼日尔	300～500		碎石带、种植坑
尼日利亚	1 000～1 500	110～450	踏实的水平阶式石堤梯田、矩形田垄、土丘耕作
马里	400	20～30	地坑系统
	500～650	13～85	锥形土丘、种植穴、梯田方形水池、碎石带、堤或矮墙
塞拉里昂	2 000～2 500	38	田地的篱栅和石堤、集水沟排水技术
多哥	1 400	80	阶式梯田和等高堤、（矩形的）土丘耕作

来源：IFAD 2000

的树种，事实上在相对没有树木的稀树草原上创造了一片片森林（Batterbury和Forsyth 1999：10～11，引自Fairhead和Leach 1996）。

适应不仅限制于农村地区。城市中的贫困人口将空旷地、屋顶、路边土地和其他道路用地变为种植蔬菜、水果和树木的高产土地，补充饮食和收入。因为粮食和燃料是低收入城市居民最大的家庭支出，城市农业可以作为抵御饥饿和营养不良的第一道防线。贫民区的居民动员起来，保障用水和卫生条件，改善环境，他们正在从事另一种形式的适应性活动。但是城市社区的反应更加依赖来自地方和国家政府、公司或国际机构的介入和支持，适应活动在城市中更加匪难。此外，许多环境风险相对较新，或超出城市贫民的经验范围，或者难以察觉，诸如溶剂或铅中毒（Forsyth和Leach 1998：26）。

一个社区如何适应生态系统的退化取决于个人的知识程度和当地的生物物理环境，诸如降雨和土壤状况。诸如劳动力的获取和市场的准入等经济和政治因素也很关键。

政府、非政府组织和开发机构可以帮助穷人积极应付自然资源管理的挑战，与当地居民一同工作——支持当地设计的适应方案和基于社区的机构，创造就业机会，提供新知识、技术和营销援助、培训和信贷。这些机构也能够阻碍适应活动和消除贫困的进展。在资源管理决策中限制穷人的声音，或者否认当地居民的所有权保障和使用资源的权利是最不利的因素。不承认传统的土地所有权，不让与对资源的控制权，贫困人口就没有多少动力和能力来适应变化了的生态系统。

印度Sukhomajri人的经历说明了稳定的土地所有权体系对生态系统健康产生的差异。20年前林业部门授与村民采收流域中草的权利，只向村民收取象征性的费用，而没有将草地拍卖给承包人，由他再向村民收取使用草地的高额费用（Agarwal和Narain 1999：16）。由于确保了村民享有生物量增产的利益，确定了保护流域的各种方式——对放牧作出规定、投资兴建可以使粮食增产的水箱、可持续地采伐集水区内森林中的木材。到1980年代中期，Sukhomajri人不再进口粮食，而是出口粮食。在1979到1984年间，家庭收入从1万卢比增长到了1.5万卢比。每年村子还因销售牛奶收入35万卢比，销售一种纤维性草——丛毛羊胡子草而另外收入10万卢比，这种草可以用作饲料也可买给造纸厂（Agarwal和Narain 1999：16）。结果一个曾经退化的流域成了今天更加湿润、更加碧绿、更加多产和更加繁荣的地区。

然而穷人是最直接依靠生态系统而生存的人群，既而在生态系统退化时最脆弱。自耕农和其他负担不起化肥的农民依赖天然土壤的肥力；自捕自给的渔民依赖河流、湖泊、河口和沿海湿地持续的生产力。当这些生态系统耗竭时，穷人不能向富人那样免受影响。必须直接承受生态系统服务丧失的代价。

贫困和环境之间的联系是复杂的。在许多例子中，贫困促成对生态系统的压力。大约世界一半的最贫困人口生活在诸如干旱地区、陡坡等容易退化的边际土地上(UNDP 1998:66)。即使当坡地受到了侵蚀，或者渔业收获逐渐减少时，穷人往往也没有其它的选择，只能继续消耗资源，或者去转变并利用其它的脆弱地区。

但是事情也并非一概如此。实际上穷人也可以成为环境保护的源泉（Scherr 1999）。世界上许多人已经学会从边际生态系统中获取产品，而不使其进一步退化。例如，泰国北部高地的棉人将其耕作集中在侵蚀最小的坡地上，使当地的森林保持完好，甚至使林地扩大（Batterbury和Forsyth 1999:8)。同样成功的事例也发生在肯尼亚的马查科斯地区（见第三章：重塑高地：马查科斯坡地的恢复）、西非的干旱地区和森林地区以及其他地区，这些都是使作物和能带来收入的活动多样化的结果。

21世纪的挑战是了解生态系统的脆弱性和恢复能力，

这样我们就能找到调和人类发展的

需求与自然耐受限度的途径。

维持生态系统健康

管理良好的生态系统可以长期提供一系列的利益。可以在木材生产与景观、更多的粮食和完整的森林、水电和鱼产量之间选择强调一种或几种利益，但是每个选择都有一定的后果。过去不良的管理选择时常不必要地使生态系统退化，在当今需求快速上升时产生了较少的产品和服务。面对交易，保持生态系统的生产能力标志着良好管理与不良管理的差异。

但是需要怎样管理生态系统才能使其保持恢复力和生产力，从而使它们保持或恢复健康状态呢？人们正在力争寻找答案。没有判定生态系统健康或恢复能力的标准尺度。人们期待生态系统有多少生产力，能容忍多少的退化？能够修复多少破坏了的生态系统，将花费多少？

当然，回答这些问题需要基本了解生态系统进程和不同产品和服务之间的关系。然而这些不只是科学问题。它们也是社会判断问题、经济问题，甚至是伦理问题。人们可以只因为一片成熟林是美丽而稀有的栖息地，就因此放弃采伐，或者因为认为它用作筑屋的木材更有价值，就让其再生成次生林。在这两种情况下，森林都可以充满生机地存活下来，却提供了十分不同的利益。

不管决定做什么，总是有大量的机会来改善生态系统管理。短短的几十年中，人们增进了对生态系统如何发挥功能、生态系统及其生物极限之间的联系和它们的总价值的理解。卫星和改进的测量技术增强了监测生态系统和测量管理结果的能力。生态系统恢复技术也有所发展，带来了可能恢复一些生产力的希望（Parrotta和Turnbull 1997）。而且，越来越多的政府和社区开始了解生态系统健康同自身的经济繁荣和生活质量之间的联系。许多人已经开始为自己确定可持续的生态系统管理方式——一个区域性的流域管理办法，或许设法使郊区集中发展而不鼓励扩张的土地利用限制。

尽管全球发展的进程给生态系统带来了更大的压力，但它也是积极的因素，改变人们看待和管理生态系统的方式。随着个人收入的增长、教育与环境意识的普及，人们对完好生态系统的重视程度也一定会提高（Panayotou 1999）。这在较富有的国家已经显而易见。例如，对依赖自然的旅游业的需求开始快速增长。在许多城市地区都开始了保护农田和抑制郊区扩张的行动。为了恢复诸如莱茵河或佛罗里达沼泽等受到威胁的生态系统而进行的雄心勃勃的项目得到了政治和资金的支持。这些项目表明，体验和保护生态系统的愿望增强了，并愿意为之付出。

尽管有这些积极的迹象，但是在全球层面上界定平等的可持续的生态系统管理的挑战不容轻视。这包括问我们自己如下的难题：

- 到2025年，灌溉用水需求可能有高达50%的增长，工业用水的需求可能增长100%（WMO 1997:19～20），面对这种情况怎样管理流域和水资源？
- 即使可以找到灌溉用水，怎样能加强农业，以使其足以养活将来的人口，又不增加营养和农药径流造成的破坏，或不再继续将森林和其它生态系统转变成农田？
- 如何才能继续每年为平均每人提供消费的1m^3木制产品而不大规模破坏现有的森林？倘若按照某些预测，在未来50年中木材需求翻了一番又该如何（Watson等 1998:18）？
- 鉴于至少在短期内CO_2的排放可能会随着全球经济增长而增长，我们将如何减少气候变化对生态系统的影响？
- 预计2025年城市人口将上升到50亿（UNPD 1997），如何降低城市地区从城市扩张到用水到空气污染和固体废物产生等对周边生态系统的影响？

别无选择，我们只能面对这些和类似的问题。人们对生态系统的依赖正在加强，而不是减少。一旦因为管理不善而丧失生态系统的生产力，就很难替代，替代的代价也十分高昂。

解决这些问题需要新的战略，既跨越政治边界又不失去关键的地方支持。而这些将依靠对全球生态系统的真实状态有更加清晰的了解——我们拥有多少和我们能够承受的没有良好的管理而失去的程度。作为第一步，第二章介绍了世界主要生态系统全面、尽管是初步的评估结果。希望这些背景知识能有助于展现人们已经作出的交易，使其余的管理选择具体化。

第二章

鉴定生态系统状况

本章研究的关键问题：世界生态系统处于什么状况？在第一章中，我们已经了解到，生态系统生产产品和提供服务——从粮食到洁净水——的能力对于满足人类需要是极其重要的，而且最终将影响到国家的发展前景。虽然政策的决策者容易获得关于其国家经济状况、教育方案或卫生保健系统的信息，但却无法获得关于生态系统状况的类似信息。实际上，没有一个国家或全球机构进行过关于生态系统如何满足人类需要的综合评价。

我们非常了解许多地方的环境状况，已清楚地知道很多生态系统所面临的压力。但是，这些信息缺乏提供全世界主要生态系统现状的清晰图案所需的连贯性和全球覆盖面。

为了有助于填补这些信息的空白，本章介绍一种独特的评价结果：全球生态系统试点分析（PAGE）。PAGE研究评价世界上5种主要生态系统。

- **农业生态系统**占陆地面积（南极和格陵兰除外）的28%，生产出价值1.3万亿美元的粮食、饲料和纤维，占人类消费热量的99%。
- **海岸生态系统**（包括海洋渔业）覆盖着沿大陆和岛屿海岸线100km带状区域内总陆地面积的22%左右，以及大陆架以上的海洋水域。沿海地区大约居住着22亿人口，占世界人口的39%，占海洋渔业年捕捞量的95%。
- **森林生态系统**占陆地面积（南极和格陵兰除外）的22%，仅工业木制产品的生产和加工所提供的产值就占全球国内生产总值的2%以上。
- **淡水生态系统**面积不到地球表面积的1%，但是它是饮用水、民用水、农业用水和工业用水的水资源，淡水渔业和贝类养殖业也是人类和动物蛋白质的主要来源。
- **草地生态系统**（包括灌木林地）占陆地面积（南极洲和格陵兰除外）的41%。草地生态系统的畜牧业，特别是在发展中国家，是动物蛋白和动物纤维的主要生产者。

这5种生态系统在一些地方互相重叠，覆盖了地球大部分陆地面积和海洋面积的重要部分。也是世界上大部分人口的家园。其它生态系统，如极地地区、高山地区、大陆架以外的远洋地区，甚至城市生态系统占据了陆地的其余部分，它们自身也十分重要（见本章附录）。但是这5种主要生态系统所产生的产品和服务的状况将大大决定着地球生物系统如何满足今天和未来的人类需要。

独特的方法

PAGE研究在评价5种生态系统的状况方面是独特的，方法是考察这些生态系统所产生的一系列产品和服务的状况：

- 粮食和纤维生产；
- 足够的纯净的水的供应；
- 保持生物多样性；
- 大气中的碳贮量；
- 提供娱乐和旅游的机会。

这一“产品和服务方法”，使得生态系统的生物能力与人类福祉之间的联系一目了然。

值得注意的是，PAGE分析不仅考虑了产品和服务生产的现有水平，而且考虑了生态系统在未来继续产生这些产品和服务的能力。例如，在评价沿海和海洋渔业生产中，PAGE的研究者不仅注意到现在的海洋渔业捕捞量，而且注意到提供这些捕捞量的鱼类种群的发展趋势。用这种方法，PAGE研究——在可能的范围内提出了现行生态系统利用模式的可持续性问题（专栏2.1生态系统评价的难度）。

全球现有信息综述

PAGE的第一个目标是审查现有的环境评价，把可能得到的数据汇编到全球综合数据库里。PAGE研究者综合了来自12个方面的信息：

- 关于粮食和纤维生产的国家、地区和全球数据组；
- 农业、林业、生物多样性、水和渔业的部门评价；
- 国家环境状况报告；
- 国家和全球生态系统范围和变化评价；
- 特有物种或环境的生物评价；
- 科学研究论文；
- 国家和国际各种数据组。

对于5种生态系统中的每一种，PAGE研究者都是首先集中关于生态系统范围及其变化——诸如向农业地区或城市地区的转变可得到的最佳信息。PAGE研究者提出：

- 生态系统位于何处？
- 生态系统的主要自然特征是什么？
- 生态系统随着时间的推移如何变化？
- 生态系统当今经历着什么压力和变化？

专栏2.1 生态系统评价的难度

衡量生态系统的整体状况或健康是一个巨大的挑战。生态系统的“指示数字”最容易得到，而且已经使人类形成了对目前生态系统的了解，但是却远远不够完整。所提供的只是更大图案的部分描述，就像5个盲人摸象一样，每个人给出的只是同一头象的不同描述，因为每个人只能摸到整个象的一小部分。这些指示数字包括：

- 对生态系统的压力，包括人口增长、增加的资源消费、污染和过度收获等因素；
- 生态系统的范围——其自然大小、形状、位置和分布；
- 系统中各种重要经济产品的生产或产出，如作物、木材、鱼类。

这些指示数字中每一个都是重要的，但是它们集中起来提供的仅仅是生态系统状况的狭小视野和生态系统的管理状况。例如，压力指示数字，几乎没有揭示系统的实际健康状况。随着适当的管理，一个生态系统能够承受相当大的压力而不降低生产力，实际上，某些农业生态系统已经世世代代承受了集约化耕作的压力，但是，借助于有机肥料和作物轮作而维持着生产力。虽然日益增长的人口可能增加了对森林或者渔业的压力，然而，即使面临大量的人口增长，维持生态系统生产力的以村落为基础的管理系统的实例仍比比皆是。

同样，生态系统范围的变化——诸如森林的丧失和农业的扩张——可能标志着土地利用方式和主要植被已经改变，但是没有揭示剩余的森林，或者农业生态系统的功能如何。关于各种生态系统产品和服务的生产或产出的信息没有提供完整的情景，因为很少能得到非市场商品生产信息，例如水的过滤和风暴防护；非市场商品有时是生态系统提供的最有价值的服务。

最为重要的是，没有任何一个传统指示数字提供关于继续提供其维持生命的产品和服务的生态系统基本能力方面的信息。世界渔业的历史很好地说明了这个问题。在世界渔业中，经过几年或者几十年的大量捕捞之后，过度捕捞的种群已经消失。因此，丰年的高产量也没有揭示出渔业的健康；它也很少预示资源的耗竭。同样，粮食生产统计也没有揭示由于过度的土壤侵蚀或者营养耗尽而可能造成农业生态系统退化的证据，因为某些退化可以通过增施肥料和新的作物品种得到补偿。然而，随着时间的推移，农耕土地的能力降低将增加生产成本，并且可能最终导致土地失去生产能力。

生态系统能力的指示数字是不易获得的。这些指示数字必须能够反映生态系统的基本生物状况，包括自然因素，如土壤肥力或水的溶解氧含量，它们是生态系统发挥能力的基础。例如，某些海洋鱼类种群的规模和结构方面的数据是能够得到的。当这些基本的种群数据与繁殖周期的知识——基本营养的获得和厄尔尼诺现象等大规模的海洋趋势相结合时，可能估计出监测的鱼类种群最大的可持续产量——也就是说，没有资源耗竭风险的鱼类最大可捕捞量。如果仔细计算的话，这代表着生态系统可持续生产鱼类的能力的一个实际尺度。

不幸的是，判断生态系统能力所需的基本生物数据，常常是在有限的区域或者物种中才可以得到。甚至当得到这些数据时，也往往不清楚生态系统要素之间复杂的相互作用及其如何影响生态系统能力。因此能力指示数字代表生态系统评价的新领域，也是其最疑难的方面之一。

然后，PAGE研究者集中收集了每一生态系统产生的各种产品和服务的生产和状况的最佳指示数字：

- 正在产生的生态服务的数量是多少（以及它的价值是多少、可能的位置在哪里）？
- 生态系统的能力是提供随着时间的变化在扩大或缩小的服务吗？

基本上对每种产品或服务，PAGE研究都要问：为什么它是重要的？它的形态是什么？在可能的范围内，研究者还加入关于生态系统未来可能的状况方面的信息。

PAGE的研究结果有待于由全世界70多名科学家进行全面的审查。

有限的“大图案”

PAGE的目标是不仅提供关于全球生态系统状况的“形态”信息，而且要帮助确定数据和信息方面的空白。此外，PAGE旨在全球一级演示综合评价方法的实用性，这种方法同时评价生态系统产生的产品和服务的全部范围，而不是仅仅集中在一两项，例如木材生产或生物多样性。

PAGE的调查结果提供了一个“大图案”，以全球或各洲的尺度来观察生态系统状况和变化，指出这些生态系统的特性与发展前景如何联系在一起。PAGE不试图产生资源管理者在国家一级所需的更详细的现场特定数据和信息。PAGE也不考察各种产品和服务之间特定的交易（几个说明案例除外），因为这种类型的分析在更小的尺度上——例如一个国家或者一个流域——才最有意义，在这些地方确实做出了这些选择。

虽然PAGE研究在方法上尽力做到综合，但是严格地说，它不是“综合评价”。一个真正的生态系统综合评价不集中在“森林”和“草地”这样的类别上，如PAGE的做法，而是应该集中在空间上相邻的区域，例如整个国家，甚至一个流域。例如亚马孙河流域生态系统，包括农业生态系统、沿海地区、草地、森林和淡水生境。亚马孙河流域的综合评价应该考察从土地利用和土地覆盖这一拼图中所产生的产品和服务系列，考察它们之间的交易，而不是孤立地考察每一个（见专栏4.3生态系统综合评价的需求）。

尽管如此，在全球一级，PAGE使用广泛的生态系统类别提供了一个有用的介绍信息的方法。而且，这些类别对于某些负责生态系统保护和可持续利用的环境研究所是大有益处的。例如，国际社会1992年签署的《生物多样性公约》就使用了这些类别。

国际合作

很多组织合作进行 PAGE 研究：

- 国际热带农业中心（CIAT）
- 全球径流数据中心，德国
- 国际化肥开发中心（IFDC）
- 国际粮食政策研究所（IFPRI）（农业生态系统协调者）
- 国际应用系统分析研究所（IIASA）
- 国际马铃薯中心（CIP）
- 国际土壤参考资料和信息中心（ISRIC）
- 联合国粮食及农业组织（FAO）
- MRJ技术，美国
- 海洋声学国际
- 联合国环境规划署
- 联合国开发计划署
- 美国地理调查，EROS数据中心
- 美国马里兰大学
- 美国新罕布什尔州立大学
- 瑞典Umeå大学
- 世界银行
- 世界保护监测中心（WCMC）
- 世界资源研究所（PAGE协调者）

PAGE调查结果：世界生态系统处于何种形态？

PAGE研究的结果确认，人类已经极大地改变了生态系统提供产品和服务的能力。在过去的一个世纪内，出现了最为重大的变化。对于某些产品和服务，例如粮食生产，人类已经大大地增加了生态系统的能力，提供给人类所需要的东西。而对于其它的，例如水质净化和生物多样性保护，人类则大大地降低了它的能力。管理生态系统的正面和负面影响的决算表，已经显示在生态系统的评分卡上，其摘要如下：

（下转第48页）

PAGE 调查结果：生态系统评分卡

尽管现在的生态系统指示数字很狭窄，但必须将这些数字巧妙地结合起来，组成一幅生态系统的现状图案。因此，PAGE研究已经仔细地处理了可以得到的各种指示数字，涉及生态系统压力、生产，基本生物状况和自然范围等，从而得出调查结果。

出于摘要的目的，PAGE研究者选择了表达其结果的方法，对生态系统的每一主要产品或服务分别进行“评分”（见生态系统评分卡）。**状况**（用彩色表示）分反映出生态系统产生产品和服务的能力如何随时间而变化，方法是将现在这些产品的产出和服务质量与20至30年前的产出和质量相比。这些分从以下生产指示数字中得到：作物收获数据、木材生产、水的利用和旅游，以及生物状况数据，例如物种的减少、生物入侵，或者植被和特定地区土壤中的碳贮量。

变化的能力分反映出生态系统生物能力——即生态系统在未来继续提供某一产品或者服务的能力——的趋势。变化的能力将有关生态系统压力的信息与下列基本生物因素的趋势结合起来：土壤肥力、土壤侵蚀和盐渍化、鱼类种群状况和繁殖场所、水体的营养负荷和富营养化、森林和草地的破碎、地方和区域水循环的破坏。

在所有这些案例中，生态系统的评分代表着专家的判断，它综合了一些不同的变量，调节了数据组中的空缺。虽然远不完美，但是在已知的、现有的压力条件下，状态分和变化的能力分被同时采用，却提供出一幅合理的图案，说明今天生态系统如何为人类服务和生态系统在目前压力下的未来发展趋势。

评分表

关键

状况是与20～30年前的产出和质量相比，评价目前生态系统产出的产品和服务的质量。

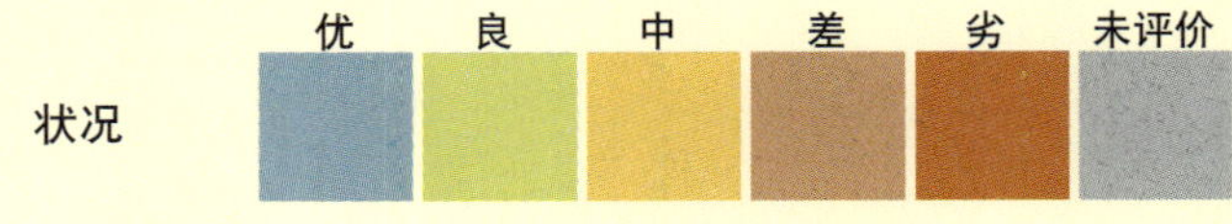

变化的能力是评价生态系统继续提供产品或服务的基本生物能力。

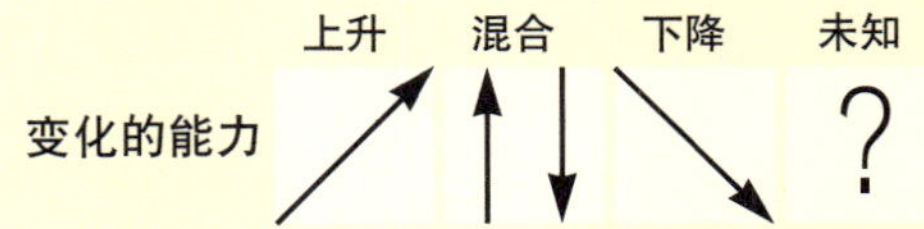

分数是专家关于每一生态系统的产品或服务随着时间变化的判断，与其他生态系统的变化无关。通过平衡各种指示数字的相对强度和可靠性，分数估计了主要的全球状况或能力。当区域调查结果出现分歧，又缺乏全球性数据时，应该重视较高质量的数据、较大的地理覆盖面和较长的时间序列。如果无法确定净价值。全球趋势上存在明显差异的被评为“混合”；当前数据严重不足的被评为“未知”。

粮食生产

人们已经极大地增加了世界生态系统的粮食生产，部分的是通过将大面积的土地转变成高度管理的农业生态系统——耕地、牧场、饲养场——提供了丰富的人类的粮食供应。从粮食生产的角度，农业生态系统的状况是混合的。虽然作物产量仍然在上升，但农业生态系统的基本状况在世界很多地区都是下降的。土壤退化大约占农用土地的65%，水、化肥及新品种和杀虫药剂等技术的投入已经大大弥补了世界范围内的生态系统下降的状况（虽然有地方和区域的明显例外），而且，在可预见的将来仍继续维持这样的生产。但是，这种补偿能继续多长时间？农业生态系统不断降低的能力将使生产的任务更具挑战性。

展望渔业生产——也是一种主要的食物来源，具有更大的问题。从粮食生产的角度，海岸生态系统的状况仅属中等，且每况愈下。世界上28%的最重要的海洋鱼类种群已经耗竭、捕捞过度或者刚刚从过度捕捞中开始恢复。另外47%的捕捞正处在生物极限的边缘，因此也濒临耗竭。淡水渔业出现了一个混合的局面，当前人们正在过度地开发大多数的本地鱼群，但是在某些水体中引进的物种已经开始增加捕捞量，水产养殖的产量稳步上升。总之，对水产业依赖性的日益增加和自然鱼类种群的衰退这一模式将给世界上许多依赖渔业生存的穷人带来严重后果。

水量

由于人类的利用和维持水域生态系统，大坝、引水渠、灌溉泵和其它的工程建设已经严重地改变了人类可以利用的和支持水生生态系统的水量和分布。现在人们每年约一半的水量是很方便地从河流里汲取。大坝和工程建设已经严重地或中度地割裂了世界上大河流系统的60%；它们阻碍水流，以至于使河水到达大海的时间平均增至3倍。人类造成的森林覆盖率和湿地等其它生态系统的变化也改变了水的可获得性，影响了洪水的时间和强度。例如，在调节热带水量方面起着关键作用的热带山区森林正在迅速消失，其速度大于任何其它热带森林类型。贮藏水量和缓解洪流的淡水湿地在全世界已经减少50%。

水质

化学品和营养物污染直接导致水质下降，当生态系统净化水的能力降低时和土地利用变化增加土壤侵蚀时，间接地引起水质下降。载有化肥的径流所造成的营养物污染是全世界农业地区的严重问题；它导致了富营养化，并危害沿海地区的人类健康，特别是在地中海、黑海和墨西哥湾的西北部。有害藻类暴发与营养物污染有关，其出现频率在过去的20年中显著地增加。已经大大地超过了很多淡水和海岸生态系统维持健康水质的能力。虽然发达国家在过去的20年中已改善了水质，但是在发展中国家，特别是城市和工业区附近，水质实质上是在下降。日益下降的水质特别造成对穷人的威胁，他们往往难以获得合格的饮用水，并最容易患水污染引起的疾病。

碳存贮

生态系统中植物和土壤生物去除大气中二氧化碳（CO_2）——最重要的温室气体——并把碳贮存在其组织中，这一碳存贮的过程有助于减缓大气中CO_2的积累。不幸地是，人类采取的增加生态系统的粮食生产和其它商品生产的步骤对于生态系统的碳存贮能力有净的负影响。这主要是把森林转变为农业生态系统的结果。农业生态系统支持较少的植被总量，因而贮存较少的碳。土地利用的这种变化实际上是碳排放的重要来源，其排放量约占全球年排放量的20%。

虽然如此，生态系统仍然贮存着大量的碳（专栏2.2碳的陆地贮存）。当前，在陆地系统贮存的碳中，38%～39%贮存在森林中，33%贮存在草原中，农业生态系统（有时与森林和草原重叠）贮存26%～28%。如何管理这些生态系统——究竟是促进造林和其它的碳存贮战略，还是增加森林的转化率，将对未来大气中CO_2含量的增减具有重大的影响。

生物多样性

在上一个世纪，全球生物多样性侵害发出警报。主要丧失实际上发生在所有类型的生态系统上，其中

（下转第51页）

专栏2.2 碳的陆地贮量

陆地生态系统中贮存的碳在全球碳循环中起着重大作用。为了绘出陆地碳贮量的分布图，PAGE的研究者结合最新地球植被新卫星图，估计了植被和土壤中贮存的各种类型的碳的数量。如图所示，最大数量的陆地碳贮量位于热带和北方地区。在热带，较大部分的碳存贮在植被中，而在北方地区，特别是泥炭地，大部分的碳贮藏在土壤中，北方的泥炭地是特别重要的碳存贮地区。一般而言，没有森林的土地贮存的碳少于森林生态系统。

全球陆地碳贮量

来源：Matthews等[PAGE]2000。该图是由两幅地图组合，一幅地图是根据USGS/EDC(1999b)地上和地下部分植被中的碳存贮图，另一幅是根据Batjes(1996)以及Batjes和Bridges(1994)土壤中的碳贮存图。

专栏 2.3 人类正在改变地球的基本化学循环吗？

追踪地球化学循环——碳循环、氮循环和水循环的变化是理解生态系统状况的根本。这些循环作为生物圈的基本新陈代谢，影响着每个生态系统如何发挥功能，并在全球一级把它们联结在一起。在全球化学循环过程中，人为的变化能够改变气候模式，影响着支持动物和植物生命的基本营养物和水的获得。

碳循环

1850—1998年，大气中的CO_2浓度上升了30%，从285ppm上升到366ppm（IPCC 2000:4）（专栏1.6碳贮量）。大气中CO_2水平的上升大部分是由于矿物燃料燃烧所产生的CO_2排放增加的结果，然而，生态系统的利用和管理方面的变化通过释放已经被贮存在植被或土壤中的碳也起着主要作用，在过去的150年里，大气中积累的碳33%来自森林的砍伐和土地利用的变化（IPCC 2000:4）。

气候模型告诉人类大气中碳浓度的日益上升将改变地球的气候，影响降水量、土地和海洋的温度、海平面和风暴模式。生态系统的范围和结构将随着这些基本物理参数而发生变化。不断变化的气候也将影响某些生态系统温室气体排放的速率。例如，气候模型指出北极更温暖的气候将提高苔原和针叶林生态系统中贮存的大量泥炭的分解速率，增加CO_2向大气中的排放。

大气中CO_2浓度的提高反过来更加直接地影响到生态系统。因为植物生长依赖于CO_2，提高CO_2浓度将出现“施肥效应”，加快某些植物的生长速率，改变植物细胞的某些化学物理特性。有些物种比其他物种受益更大，反过来，这将改变生物群落的组成。

气候变化也可能对农业的生长模式和产量有深远的影响。PAGE研究者估计，更温暖的气候可能提高中高纬度地区（大部分是发达国家）谷物产量的5%，但可能降低低纬度地区产量的10%（特别是在非洲的发展中国家）。

氮循环

虽然比较熟悉人类对碳循环所产生的影响，但是人类对全球氮循环的影响是更为深远，已经具有更大的生物意义。在大多数自然系统中，氮缺乏是植物生长的重要限制因素。这说明作为对氮肥的响应，作物产量显著增加。然而，正如第一章所解释的，化肥的生产和使用、矿物燃料的燃烧、开垦土地和砍伐森林也增加了生物系统可获得氮的含量——远远超过了自然水平（Vitousek等 1997:5）。这些追加的氮已经引起了严重的问题，特别是在淡水和海岸生态系统，过量的氮刺激藻类生长，有时候耗尽可能得到的氧，达到使其它的水生生物窒息，这就是富营养化过程。

淡水循环

人类影响淡水循环的程度也是巨大的。目前，人类占用可得到的淡水径流达一半以上，截至2025年，预计需求增加到径流的70%以上（Postel等 1996:7）。目前，农业用水达到所有淡水资源的70%（WMO 1997:9）。通过将淡水系统的水转到农业生态系统，作物产量增加了，但是，下游生态系统和下游用户付出相当大的代价。一些从河流引用或直接消费的水的确返回到河流，但是一般地都携带有污染物，如农业营养物、化学品，或者是人类废物或工业废物。但是从河中汲取的60%的水都不能被下游所利用（Postel 1993:56；Seckler 1998:4）。

全球循环，全球影响

这些全球循环对于生态系统运行的重要性无论怎样强调都不为过，毫无疑问地球生态系统的健全管理需要改变地方一级的资源利用；但是仅仅考察和评定地方一级的生态系统状况是不够的。全球生态系统某些最重要的特点——在满足人类需求方面，对生态系统未来的作用有着最深远的影响，只能在区域一级，甚至在全球一级才能充分理解。因此，在这些级别上考察或评价生态系统的状况是至关重要的。

大量仅仅由于失去了生境面积。森林覆盖率至少减少了20%，也许全世界达到50%；有的森林生态系统，如中美洲的干旱热带森林实际上消失了。很多国家的原始红树林面积有50%以上都消失了；湿地面积缩小了一半；某些地区的草原减少了90%以上，只有冻原、北极和深海生态系统相对而言未受损害。

即使生态系统保留了它们原有的空间范围，但很多物种仍然受到污染、过度开发、入侵物种的竞争和生境退化的威胁。就物种多样性的健康而言，淡水生态系统的退化无疑最为严重，近几十年约有20%的淡水鱼种灭绝或濒危。森林、草地和海岸生态系统也面临着较大的问题，影响海洋生物的疾病发病率迅速上升、藻类暴发的普遍增加、两栖动物种群的显著减少都表明全球生物多样性所受到威胁的严重性。

除了生物多样性的侵害所代表的药材、有用的基因材料和生态旅游收入丧失以外，还威胁着生态系统生产力的基础。物种多样性加强了生态系统提供大多数其它产品和服务的能力，一个生态系统生物多样性的降低可能会大大减少其对干扰的恢复力，增加对疾病暴发的易感性，因而，威胁着生态系统的稳定性和整体性。

娱乐和旅游

只对海岸生态系统和草地生态系统进行了生态系统提供娱乐和旅游机会的能力的评价。在未来几年内对这些服务的需求很可能会明显上升，但是在很多地区服务状况正在下降，因为生物多样性的整体退化以及城市化、工业化和旅游业本身对所造访的生态系统的直接影响。

警示

总之，有大量迹象表明，生态系统继续生产人类所依赖的产品和服务的能力正在下降。在所有5个生态系统类型中，PAGE分析认为生态系统正在降低一系列产品和服务，而不仅仅是一两种。PAGE结果确认，通过森林砍伐、转化、营养物污染、大坝、生物入侵、区域范围的空气污染所造成的生态系统的主要变化在规模和普遍性上继续增长。而且，人类活动正在极大地改变着所有生态系统所依赖的基本化学循环（专栏2.3人类正在改变地球的基本化学循环吗？）。这些都冲击着生态系统运行的基础，并在全球一级加剧生态系统所面临的主要压力。

全球生态系统能力的这一下降趋势，没有阻止一些产品和服务的高生产水平。粮食和纤维生产从未比现在更高，而大坝已是前所未有地控制水的供应。但是在很多例子中，这一生产的财富是集约化管理的产物，它造成在更长时期生态系统生产力下降的威胁。人类使用的技术——无论是化肥、更有效的捕鱼装置或者是节水滴灌系统——也有助于掩盖某些生物能力的降低和保持粮食和纤维的高生产水平。然而，像维持生物多样性、高水质和碳贮存服务显示出技术不易掩盖的产出降低。总之，PAGE调查结果很清楚地表明在高的商品生产和受损害的生态服务之间所做的交易，并指出了这些交易给生态系统长期的生产力带来的危险。

在本章的其余部分将按生态系统介绍对PAGE研究结论的讨论。

全球生态系统试点分析

在已出版的或在http://www.wri.org/wr2000 网上可得到的技术报告

农业生态系统

Stanley Wood, Kate Sebastian, and Sara Scherr, *Pilot Analysis of Global Ecosystems: Agroecosystems, A joint study by International Food Policy Research Institute and World Resources Institute,* International Food Policy Research Institure and World Resources Institute, Washington, D.C.
December 2000/100 pages/paperback/ISBN 1−56973−457−7/US$20.00

海岸生态系统

Lauretta Burke, Yumiko Kura, Ken Kassem, Mark Spalding, and Carmen Revenga, *Pilot Analysis of Global Ecosystems: Coastal Ecosystems,* World Resources Institute, Washington, D.C.
December 2000/100 pages/paperback/ISBN 1−56973−458−5/US$20.00

森林生态系统

Emily Matthews, Richard Payne, Mark Rohweder, and Siobhan Murray, *Pilot Analysis of Global Ecosystems:* Forest Ecosystems, World Resources Institute, Washington, D.C.
October 2000/100 pages/paperback/ISBN 1−56973−459−3/US$20.00

淡水生态系统

Carmen Revenga, Jake Brunner, Norbert Henninger, Richard Payne, and Ken Kassem, *Pilot Analysis of Global Ecosystems: Freshwater Systems*, World Resources Institute, Washington, D.C.
October 2000/100 pages/paperback/ISBN 1−56973−460−7/US$20.00

草地生态系统

Robin White, Siobhan Murray, and Mark Rohweder, *Pilot Analysis of Global Ecosystems: Grassland Ecosystems,* World Resources Institute, Washington, D.C.
December 2000/100 pages/paperback/ISBN 1−56973−461−5/US$20.00

每份报告全文均可于出版时在网上得到。报告单行本可以写信订购，地址是WRI Publications, P.O. Box 4852, Hampden Station, Baltimore, MD 21211 USA.，也可以通过电话订购，电话是1−800−822−0504（美国境内）或410−516−6963或传真410−516−6998，还可以在网上订购，网址是http://www.wristore.com.。

农业生态系统的报告也可以在网上得到，网址是http://www.ifpri.org. 报告单行本可以写信订购，地址是International Food Policy Research Institute, Communication Service, 2033 K Street, N.W., Washington, D.C. 200065670 USA。

农业生态系统

农业生态系统提供大部分农作物、牲畜饲料及人类营养所需的牲畜。1997年，全球农业提供了全部动、植物蛋白质的95%和人类所消耗热量的99%(FAO 2000)。农业生态系统还贡献了我们使用的大部分纤维——棉花、亚麻、大麻、黄麻及其它纤维作物。

从全球来看，就满足粮食、饲料和纤维需求的能力而言，农业生态系统是相当成功的（专栏2.4农业生态系统现状）。虽然今天的全球人口比30年前翻了一番，但粮食生产量却高于30年前。然而，在未来20年里，农业面临着巨大的挑战——满足预计增加的17亿人口的粮食需求。

在以往的历史上，农业产出的增加主要是通过增加生产用地来实现。但目前，既适合农作物生产（特别是一年生谷类作物）又没有被耕种的土地数量是有限的。更为受限制的是来自于其它土地利用形式的越来越大的竞争，如工业、商业或房地产开发。实际上，在某些人口稠密的国家和地区，如印度、中国、印度尼西亚、埃及和西欧，对土地扩展的限制在许多年前就已经显现出来了。全球大约有28亿人口生活在农业生态系统环境或接近农业生态系统的环境中（不包括城郊地区）(Wood等 [PAGE]2000)。

集约生产——从有限的农用土地上获得更多的产出——因此变得至关重要。在一些地区，尤其是亚洲，农民们通过每年种植多种农作物、灌溉农田、使用生长周期更短的农作物新品种，成功地实现了集约生产。在高质的非灌溉土地上，农民们利用现代技术，主要通过取消或缩短土地闲置期，使其处于持续耕作状态，从而实现集约生产。农业集约化甚至在低质的土地上，特别是在发展中国家也得到了推广。集约化对于大城市周边地区（以及在出人意料的程度上，对于城市地区）同样重要，这主要是因为它不仅为城市市场生产出了富有营养的新鲜食品，如奶制品和蔬菜，同时也满足了日常生活的基本需要。

农业的前所未有的扩展和集约化程度引起了人们对农业生态系统状况的关注。首先，对于其生产能力日益关注，农业生态系统能否承受集约化带来的压力？这些压力包括更多的侵蚀、土地营养耗竭、土壤盐渍化和水涝，以及主要农作物的基因多样性减少。

（下转第56页）

专栏2.4　**农业生态系统现状**

要点

- 粮食生产超过全球人口增长。与1961年相比，人均粮食供应平均提高了24%，而实际价格则降低了40%。
- 在未来20年内，农业面临着满足另外17亿人口的粮食需求的巨大挑战。
- 农业生态系统覆盖了全球土地面积的1/4以上，但其中约3/4的土地土壤贫瘠，约1/2的土地地形险峻，不利于生产。
- 虽然近几十年来，全球农业土地面积的扩展不大，但集约化发展迅速；灌溉面积增加了，农田闲置时间减少了，新产品和新技术的利用增加了，每公顷的产出更高。
- 约2/3的农业土地在过去50年里由于侵蚀、盐渍化，营养耗竭、生物退化或污染而退化。约40%的农业土地严重退化或非常严重地退化。

关键

状况是与20～30年前的产出和质量相比，评价目前生态系统产出的产品和服务的质量。

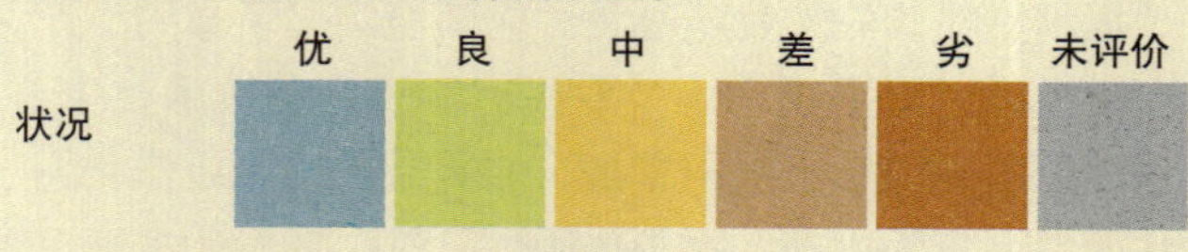

变化的能力是评价生态系统继续提供产品或服务的基本生物能力。

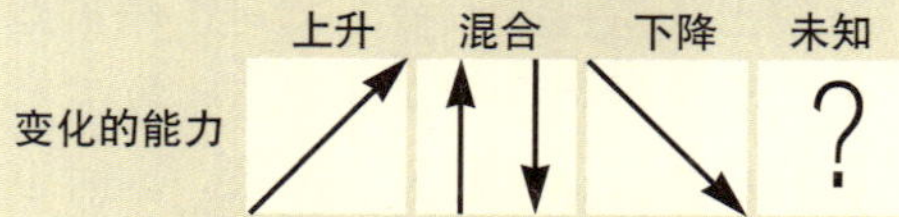

分数是专家关于每一生态系统的产品或服务随着时间变化的判断，与其他生态系统的变化无关。通过平衡各种指示数字的相对强度和可靠性，分数估计了主要的全球状况或能力。当区域调查结果出现分歧，又缺乏全球数据时，应该重视较高质量的数据、较大的地理覆盖面和较长的时间序列。如果无法确定净价值，全球趋势上存在明显差异的就被评为“混合”；当前数据严重不足的被评为“未知”。

状况与变化的能力

粮食生产

自1970年以来，牲畜产品增加了两倍，作物产出增加了一倍，这也标志着人们收入的增加和生活水平的提高。1997年的粮食生产总值达1.3万亿美元，随着需求的增加，还可能继续显著增长。但是，土壤退化是普遍的，这个问题的严重性足以使约16%的农业用地的生产力下降，特别是非洲、中美洲的耕地和非洲的牧场。虽然全球的投入和新技术会在可预见的将来抵消这种下降趋势，但区域差异仍有可能增长。

水质

生产集约化往往极大地限制了农业生态系统提供洁净淡水的能力。无论是灌溉农业，还是雨水滋养的农业，由于使用化肥、杀虫剂和肥料浸入地下水或地表水，都会对下游水质产生威胁。由于水涝和盐渍化，灌溉农业也造成土壤和水质退化的危险，从而导致生产力下降。据估计盐渍化每年使全球农业收入减少110亿美元。

水量

灌溉占从淡水系统中抽取的人类用水的70%，只有30%～60%返回下游使用，这就使灌溉成为全球最大的淡水净用户。虽然目前只有17%的农业生态系统依赖于灌溉——这个比例已有增长；1996年的灌溉面积比1966年增加了72%。与其它用水形式，尤其是饮用水和工业用水的竞争，在人口和工业都增长最快的发展中国家，将是最为严峻的。

生物多样性

与天然森林相比，农业用地支持的生物多样性要少得多，但却主要以占用森林面积而不断扩展。多达30%的温带、亚热带和热带潜在的森林面积已丧失，转变成了农业用地。集约化还通过减少灌木林、矮树丛或野生生物走廊的空间，并以高产却单一的现代作物取代传统的多种类品种，而减少农业地区的生物多样性。然而，有些操作，包括土地闲置期和阴地耕作却能促进多样性和生产力。

碳贮量

农业地区的土壤碳贮量几乎是土壤所支持的作物和牧场碳贮量的一倍。而农业生态系统的碳贮量（约占陆地系统全部碳贮量的26%～28%）则仍与农业生态系统所占的陆地面积（占全部土地面积的28%）持平。由于森林或多树热带草原转变为农业用地、人为地燃烧庄稼残株和牧场以控制害虫或提高肥力，以及水稻田的耕种等诸多原因，农业二氧化碳和沼气的排放量正在增加。

数据质量

粮食生产

价值、产量、投入和生产等数据均来自于粮食及农业组织1965—1997年国家报表。一致性和可靠性根据国家和年度而有所不同。生态系统分析需要更大幅度分散的信息。耙力限制的大规模模型正是根据粮农组织的世界土壤地图的土壤制图单位制作的。全球和区域人为土壤退化评价主要基于专家的观点。为监测土壤退化制订可靠的、成本效益的方法将有助于减少近一步的损失和开展目标恢复工作。

水质

目前没有全球一致的专门有关农业的水质指示数字。在农业流域，溶滤和地表径流中的农药和营养物（氮和磷）数量是良好的污染指示数字。在混合用途的集水区，则更难与人类废水和用于花园与公共娱乐场所的杀虫剂等其他来源区分开来。通过监测获取农药数据的费用更高。土壤侵蚀产生的悬浮固体数据也很少，并且难以说明。

水量

利用卡塞尔大学全球地区数据对灌溉面积进行了评价，该数据表示了已配备灌溉设备的土地百分比和面积，但在规模、年限方面存在某些差异。灌溉用水数据来自于灌溉面积、水的获取和利用以及水的抽取的个别表格数据组。极少得到关于灌溉面积和生产的特定作物信息。东英吉利大学根据各气象站30年间每月的地区推断数据，做出了全球雨量估计。虽然这些数据的分解都很粗糙，但仍有助于评价空间和时间的变化。

生物多样性

世界野生生物基金的全球数据描述了潜在的自然生境和生态区域。这些数据源自于专家的观点，并被收入反映不同分辨率和数据的地图中，但数据确实使人们对天然生境的区域类型有了全面的了解。基因多样性数据由几所主要的种质保持研究机构汇编。现代谷物品种的应用面积数据根据调查和农业普查汇编。

碳贮量

植被和土壤贮存能力的模型根据土地覆盖类型在某一时间点按年度分解的贮碳能力制作。通过更好地记述土地覆盖类型及其植被面积的特征而使数据得到改善。拉丁美洲土壤贮碳数据系利用粮农组织和国际土壤参考资料和信息中心的土壤和地形数据库得出。

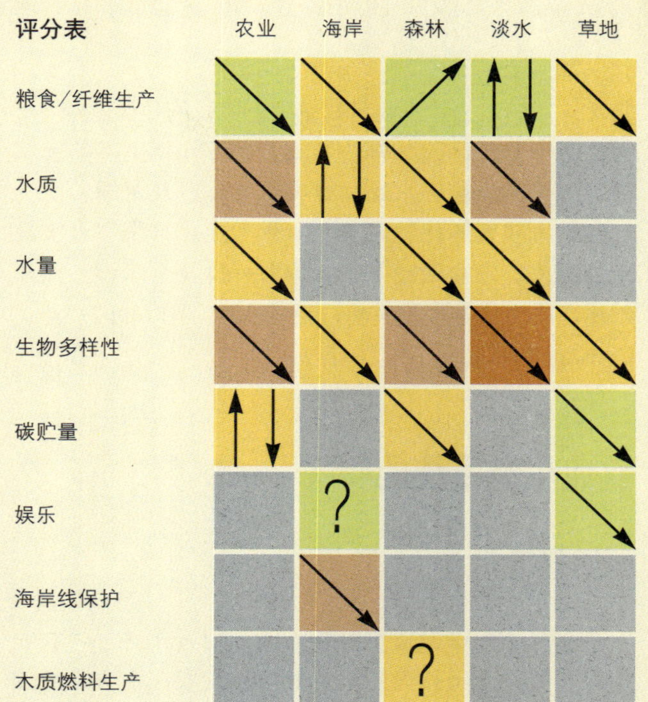

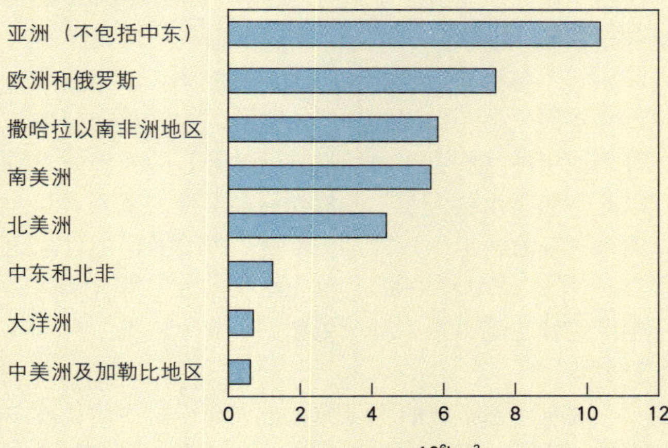

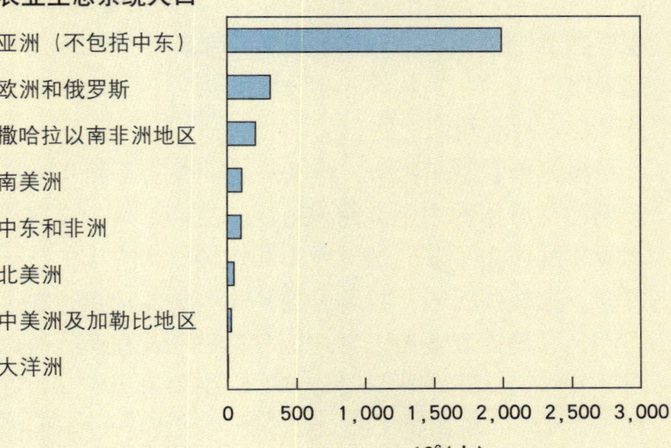

其次，人们还关注农业对其它生态系统的负面影响——往往由于集约化而加剧的影响。例子包括更多的土壤侵蚀对下游渔业和水库的有害影响，以及水源、空气和作物上残留的化肥和农药对水生生态系统和人类健康的损害。农业活动对于生物多样性及全球碳、氮和水循环的变化甚至具有更广泛的影响（Thrupp 1998；Conway 1997）。

农业生态系统的特征

范围和增长

农业是地球上最普遍的土地利用方式之一，农业生态系统的范围相当广泛。如何确定农业生态系统的确切范围取决于如何界定农业生态系统。利用卫星图像，PAGE研究将农业地区界定为那些至少30%的土地被用作耕作地或高度管理的牧场地区（专栏2.5全球农业范围）。根据这一定义，农业生态系统覆盖土地总面积（不包括格陵兰和南极洲）约28%。由于土地利用在空间上是非常零碎和不连贯的，农业用地形成各种用途拼图（农业与森林或草地并存）的一部分，所以这个数字中包含了一些与森林和草地的重叠。联合国粮食及农业组织报告了一个更大的农业用地百分比——37%（FAO 2000）。粮农组织的数字来自于国家生产统计，而不是来自卫星数据，其中包括所有永久性牧场。

农业生态系统的实际面积也许介于这些估计数字之间。由于卫星数据只是基于一年的数据，当年并未耕种却仍用于农业用途的地区（例如，处于闲置阶段的土地或每年在耕作地和牧场之间转换用途的地区）也许在卫星图像上被低估。更为困难的是利用卫星数据观察广阔的牧场和终年生作物，因为这两者与天然草地和森林有相似之处。

根据粮农组织报告，69%的农业生态系统由永久牧场和种植作物的剩余面积组成。然而，这个全球平均数字却掩盖了各区域间农田和牧场平衡方面的巨大差异。在某些区域，牧场占据了相当大的比例：在大洋洲，牧场占农业生态系统面积的89%；在撒哈拉以南非洲地区，这个比例是83%；在南美洲是82%；在东亚是80%。在其他区域，耕作地占据着更大的面积：在南亚占农业生态系统面积的92%，在东南亚占84%。在印度，农作物覆盖农业生态系统面积的94%。91%的耕作地种植一年生作物，如小麦、稻米、玉米和黄豆等，余下的耕作地则种植茶叶、咖啡、甘蔗和大部分水果等多年生作物（FAO 2000）。

除了需保持新鲜的奶制品和蔬菜生产，大多数的农业生产都来自于远离人口密集的大都市的集约管理的耕作地。然而，从1980年代开始，尤其是在发展中国家，城市和城郊农业的增长加快。到1990年代初为止，全世界约有8亿人口积极从事于城市农业，利用了各种可利用的城市空间，包括住宅周围、公园、道路两侧、屋顶、容器以及工厂、港口、机场和医院周围闲置的土地等（FAO 1999a）。城市居民为了提高粮食保障和营养或是作为一项收入来源，也致力于农业生产，否则，将在食物方面花费其很大一部分收入。据估计，已有2亿城市人口生产粮食供出售（Cheema等 1996）。

粮农组织的统计数字显示，1966—1996年间，农业缓慢扩展，总面积从45.5亿hm^2增至49.2亿hm^2，增加了约8%。（FAO 2000）。而这个低增长率掩盖了土地用途转换更为频繁的事实，即土地被转变成农业用地或从农业用地改为它用的转换率更高。正是这些少有的数据所反映的总体变化与生态系统的前景息息相关。

虽然全球在增长，但许多工业化国家的农业面积实际上却在下降。美国和西欧国家在过去的30年里一直在不断地减少农业用地，大洋洲在过去20年里同样如此。在此期间，这3个地区共使4 900万hm^2土地退出农业生产。东欧也极大地减少农业用地，这主要是因为生产和销售自由化以及经济状况不佳。南亚的农业用地总面积约2.23亿hm^2，在20多年中一直保持稳定。但是，一些地区仍然大面积地扩展农业用地。1986—1996年间，中国和巴西的农业用地以每年0.8%的速度增加，在西亚，每年增加1.38%（FAO 2000）。

集约化

虽然全球农业用地净面积在近几十年里扩展不大，但集约化却发展很快。灌溉面积在近30年里增加很快，从1966年的1.53亿hm^2增至1998年的2.71亿hm^2。

（下转第60页）

专栏2.5　全球农业范围

农业用地共3 600万hm^2，占全球土地面积(不包括格陵兰和南极洲)的28%，虽然全世界的农业面积在近30年里有所增长，但在许多工业化国家却在减少。全球约31%的农业生态系统是耕作地，69%是牧场，但各地区的实际比例却差别很大。

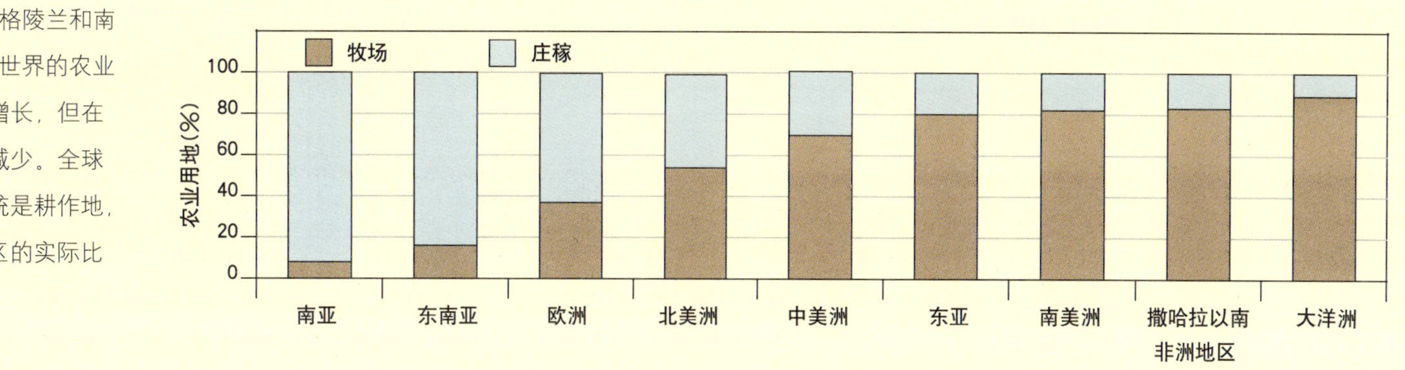

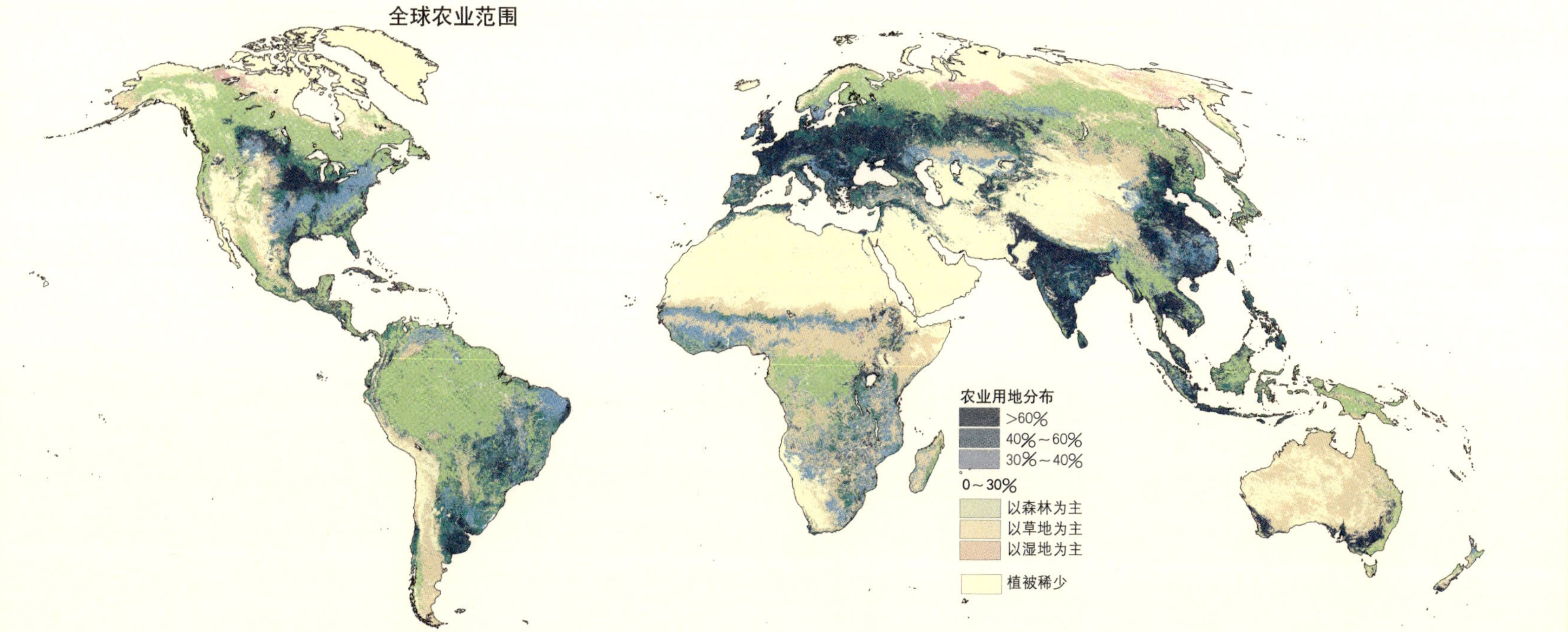

全球农业范围

农业用地分布
>60%
40%～60%
30%～40%
0～30%
以森林为主
以草地为主
以湿地为主
植被稀少

来源：Word等[PAGE]2000。本地图根据《全球土地覆盖特征》1.2版（Loveland等[2000]）和USES/EDC(1999a)绘制。图表根据FAOSTAT(1999)编制。

专栏2.6 农业集约化

随着人口的增长，优质的农业用地变得更加稀少，为了增加产出，水、化肥、农药和劳力等投入的运用更加集中。在人口压力最大的亚洲，实际上所有的耕作地每年都有收获，有时甚至是一季两到三次。农民们利用灌溉和快速生长的新品种以及化肥替代了通过土地闲置以恢复肥力的传统做法。在非洲，虽然水和化肥料等投入要少得多，但连不毛之地也被持续利用，以满足人们的粮食需求。

1866–1997年的小麦产量

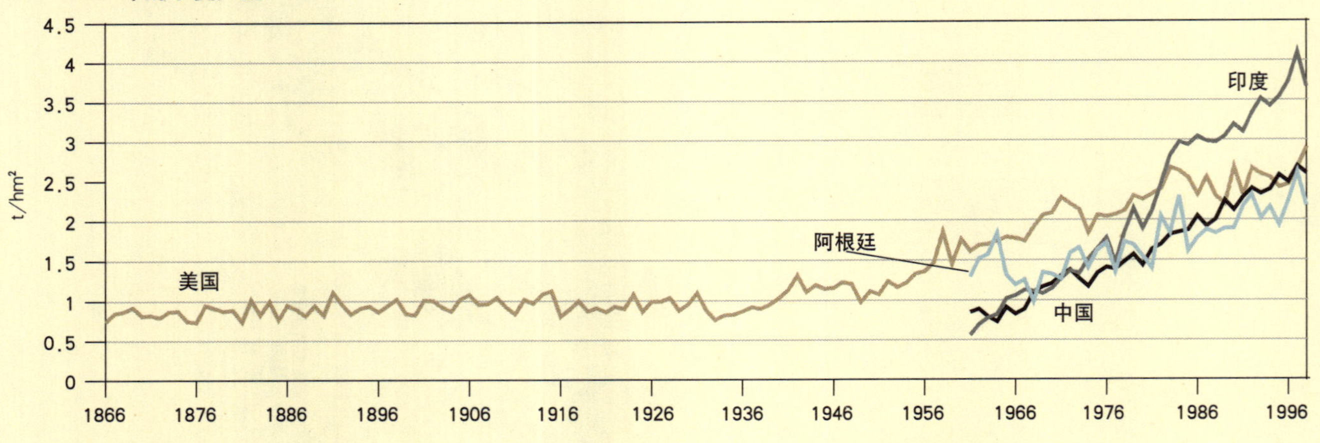

1995–1997年集约化耕作

耕作指数是种植一年生作物土地的收获面积，按此类土地的总面积划分。大于1的值表示每公顷每年收获一种以上作物。

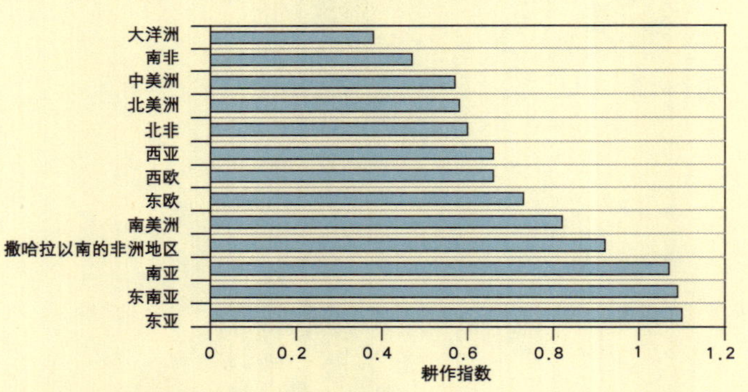

1995–1997年商业化肥用量

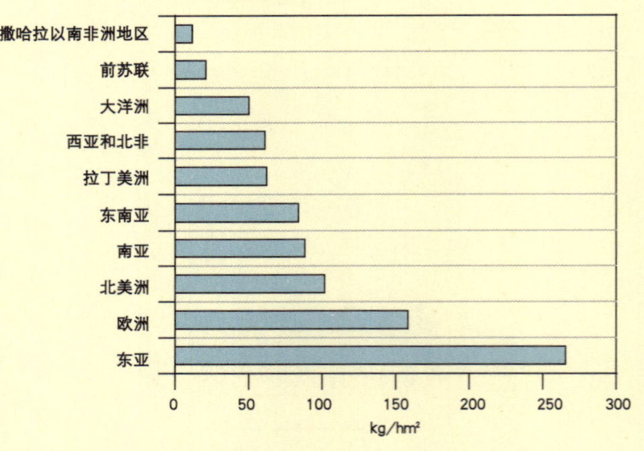

1995–1997年的集约灌溉

灌溉指数是按耕作地总面积划分的耕作地的灌溉面积

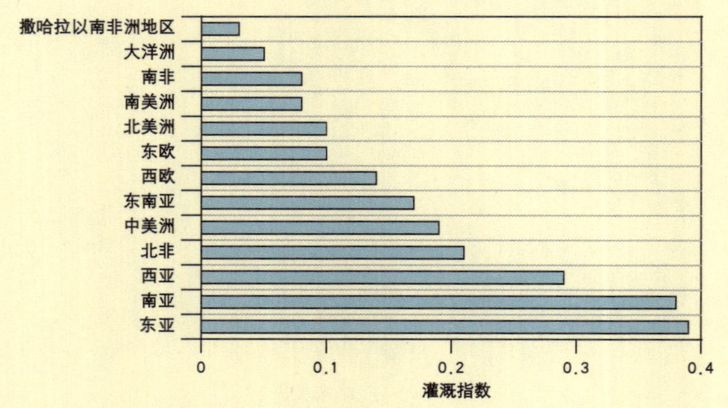

1987年盐渍化的灌溉地

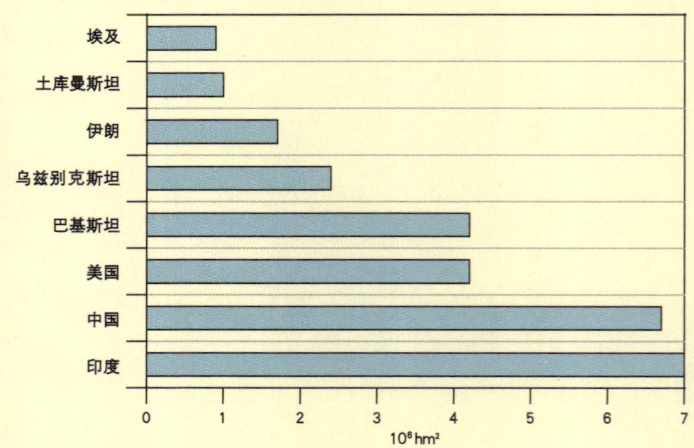

许多农业生态系统在集约化带来的压力面前非常脆弱。大量的地方迹象反映出：灌溉系统管理不善导致的土壤盐渍化，过度耕作导致的土壤肥力丧失；拖拉机或牲畜造成的压实；灌溉抽水过度导致的水位降低。

然而，继续实行农业集约化不一定会导致环境退化。世界各地的农业组织对退化作出反应，尤其是当退化影响其生活时，采取的措施诸如通过植树来控制侵蚀；在当地的水源附近地区定期耕作；限制农药及其它污染物；修复退化的土壤；采用新技术等（见第三章“重塑高地：马查科斯坡地的恢复”）。

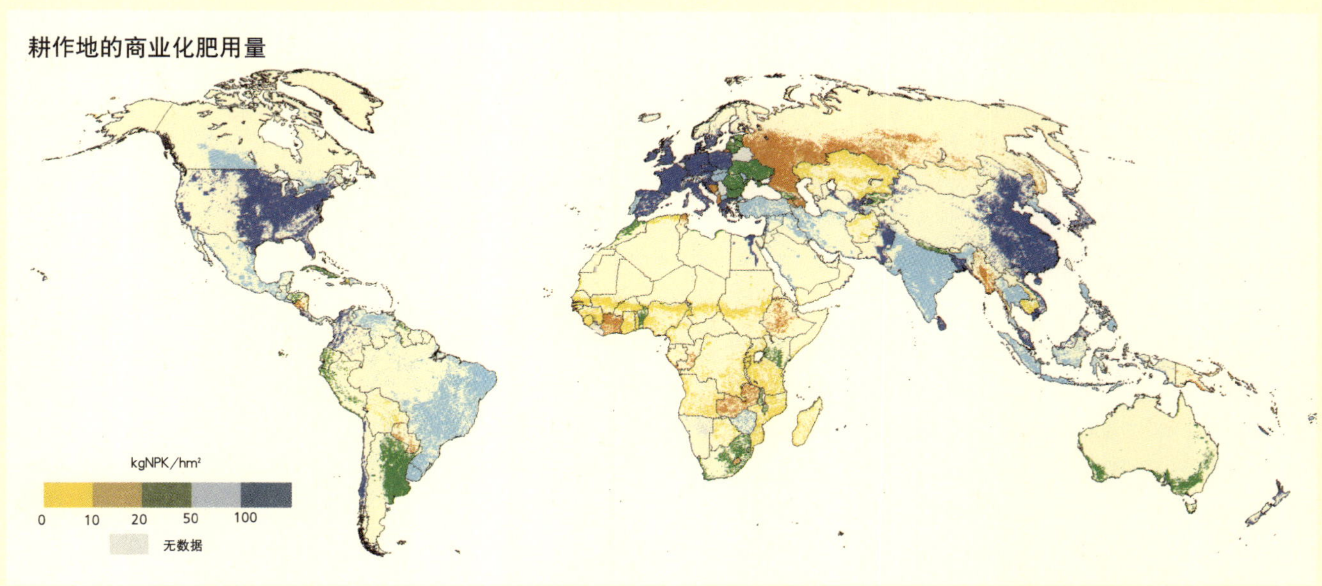

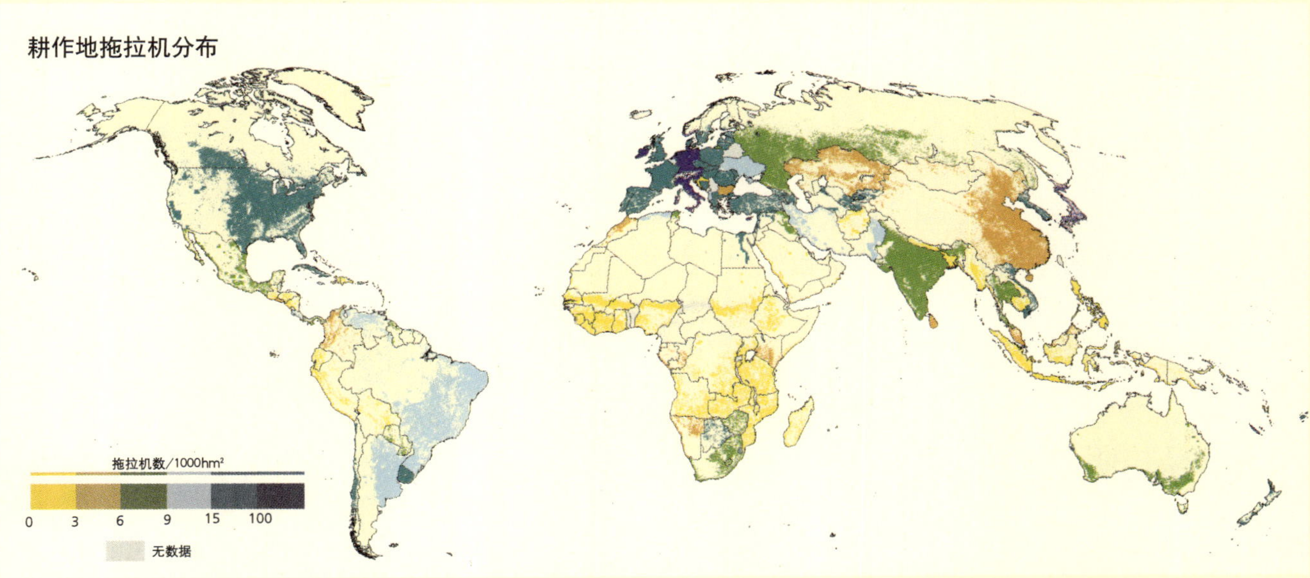

来源：word等[PAGE]2000。本图根据FAOSTAT1999绘制。表示由于额外的灌溉面积而增大的全球农业范围内的国家价值(Doil)和SieberT 1999)。小麦产量来自USDA—NASS(1999)。盐渍化的灌溉土地根据Postel(1999:93)编制，所有图表根据FAOSTAT(1999)编制。

全球范围内，灌溉土地仅占全部农业用地的5.5%——耕作地的17.5%，但在一些地区，灌溉面积要广泛得多。例如：中国和印度共占全球灌溉面积的41%，西欧和美国占12.5%。相比之下，撒哈拉以南非洲地区和大洋洲（主要是澳大利亚）的干旱和半干旱地区，只拥有全世界3%的灌溉土地（FAO 2000）（专栏2.6农业集约化）。

生产的强度也可以从拖拉机和化肥等投入的使用方面反映了出来。目前，全球的化肥消费总量约为每年1.37亿t（1997年），表明了在过去50年里消费的巨大增长（FAO 2000）。

近几年，灌溉增长率缓慢，化肥消费增长稳定。在经历了1980年代末期至1990年代中期的下降之后，化肥消费总量再次增长，目前比1988年的峰值低6%。

土壤和坡度的限制

尽管全球农业的生产力水平高和某些地区的生产集约化发展迅速，世界上许多农业用地的状况并不理想。陡峭的斜坡（坡地大于8%）或恶劣的土壤状况限制了相当大一部分农业土地的生产。土壤肥力限制包括土壤酸性高、钾存量低、钠含量高、持水量低和深度不够。如果一个地区超过70%的农业用地受到以上一个或几个因素的限制，那么就可被视为受到“严重的”土壤限制。

根据这些定义，81%的农业用地受到严重的土壤限制，大约45%的农业用地是斜坡，约36%的农业用地既受到严重的土壤限制，坡地又超过8%。既是陡峭的斜坡又受到严重的土壤限制的地区占温带农业用地的30%，亚热带的45%，热带的39%。与生态上有利的环境相比，这些地区的平均农业产量普遍较低，土壤退化的危险普遍更高。然而，这些贫瘠的土地却是全球农业的一个重要部分，并艰难地养活了世界上1/3的人口（Wood等 [PAGE] 2000）。

评估产品与服务

粮食、饲料和纤维

经济重要性

每年全球农业生态系统生产的粮食、纤维和动物饲料价值约1.3万亿美元（Wood等 [PAGE] 2000）。对于低收入国家的经济来说，农业是最重要的，占其国内生产总值的31%，在撒哈拉以南非洲地区的许多地方，农业占其国内生产总值的50%以上。在中等收入国家，农业占国内生产总值的12%。但在西欧和北美的高收入国家，则是其他经济部门占主导地位。农业仅占国内生产总值的1%～3%，尽管这些国家的农业产出价值占世界农产品市场总价值的79%（专栏2.7农业生产的经济价值）。

实际上，农业占国内生产总值份额的常规计算方法低估了农业对经济的贡献。例如，菲律宾、阿根廷和美国的农业国内生产总值分别占其全部国内生产总值的21%、11%和1%；然而，如果包括制造和销售环节上的服务在内，农业的总价值则分别占其全部国内生产总值的71%、39%和14%（Bathric 1998:10）。

除了所生产粮食的经济价值，农业生态系统还为数百万人提供了就业机会。农业劳动代表着世界上相当一部分人口的生计、就业、收入和文化遗产。据估计，1996年在31亿农村人口中，占全世界44%的25亿人口生活在从事农业的家庭中。直接从事农业的劳动力估计有13亿人，约占全部劳动力的46%。在北美，只有2.4%的劳动力直接从事农业；而在东亚、南亚、东南亚及撒哈拉以南非洲地区，农业劳动力约占劳动力的56%～65%（FAO 2000）。

人类的营养

发展农业的简单而又基本的目的，是为人类提供充足的营养。全球农业生态系统为地球上的每人每天生产2757kcal热量，这足以满足人类的最低营养需求（FAO 2000）。然而，却仍有许多人得不到足够的食物，据估计约有7.9亿人口长期处于营养不良状态。在撒哈拉以南非洲地区，33%的人口营养不良，在加勒比地区有31%，在南亚则有23%（FAO 1996b:29）。

由于人口增长、城市化和人均收入增长等因素的驱动，人类对粮食的需求仍在大幅度增长。其中最显著的一个变化就是肉类消费的大量增加，这在发展中国家里尤为突出。这种情况被称作“牲畜革命”。1982—1994年间，全球肉类消费量每年增长2.9%，但发展中国家的增长速度是发达国家的5倍，而发达国家的消费量本来就已经很高（Delgado等 1999:9～10）。

1995—2020年，全球人口预计将增长1/3，达到75

专栏2.7 农业生产的经济价值

农业生态系统产出的总价值是每年1.3万亿美元。全世界全部劳动力的46%从事农业工作，近一半的人口居住在以农业生产为主的乡村。一般说来，耕作地每公顷的价值大于牧场，不过欧洲、南亚和东南亚国家的情况例外，那里的牧场支持着集约牧畜生产。各地区之间的人均产出也有着很大的差别，这反映了农业商业化水平的不同和农业以外的就业机会的不同。

1995—1997年每公顷生产价值

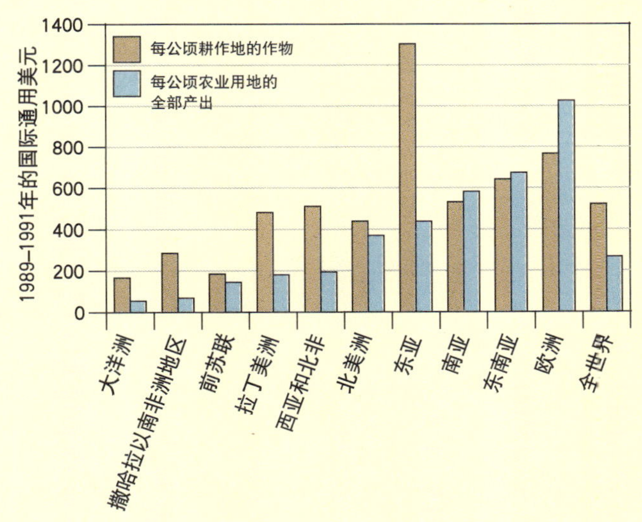

1995—1997年人均农业劳动力所创造的农业国内生产总值的价值

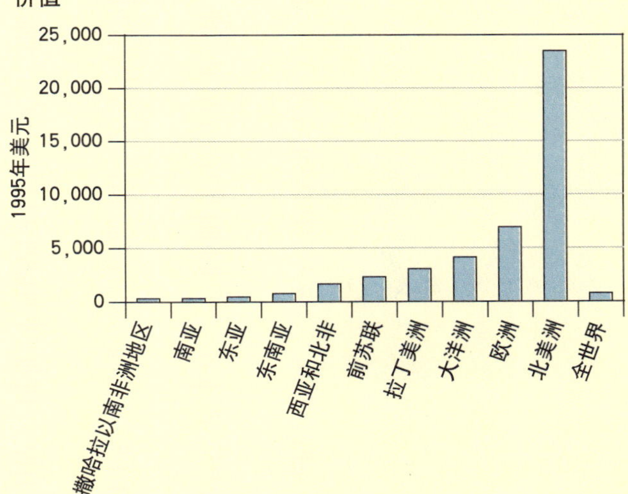

1995—1997年每公顷耕作地的作物价值

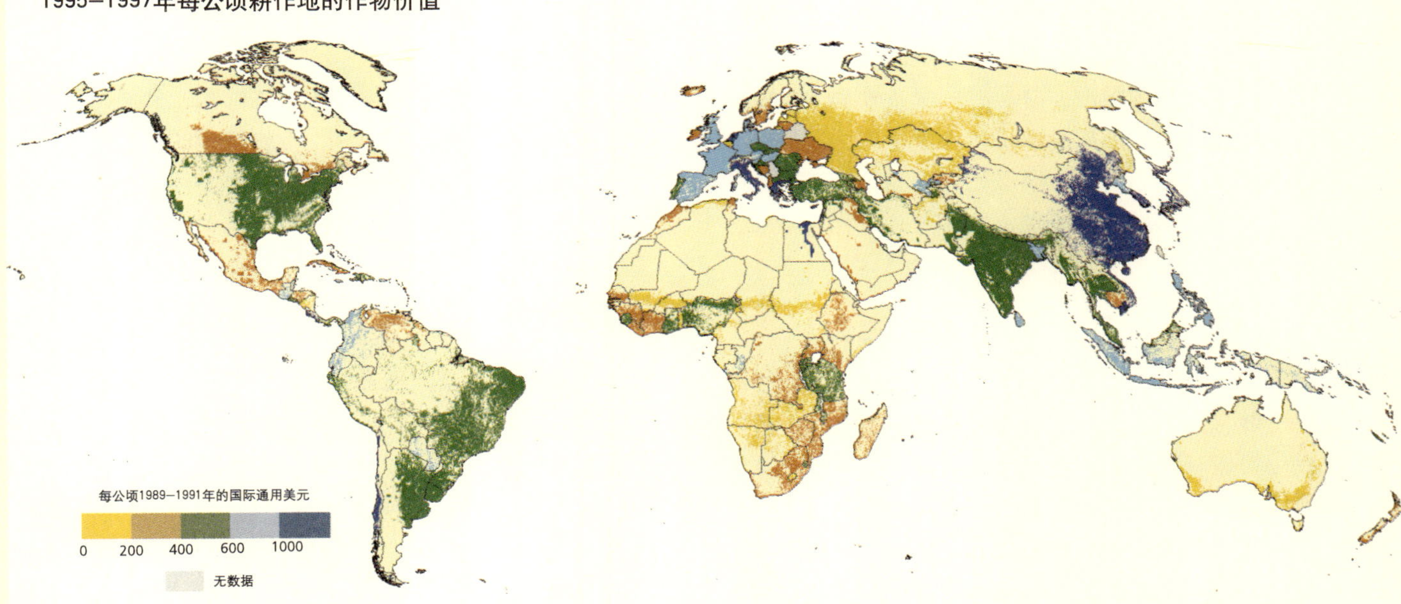

来源：Wood等[PAGE]2000。地图显示由于额外的灌溉面积而增大的全球农业范围内的国家价值(Döll和Siebert 1999)。生产价值表和地图根据FAO(1997)和FAOSTAT(1999)绘制。农业生产价值表按其各自1989—1991年国际农业价格衡量了134种主要作物和23种主要牲畜产品数量。作物生产价值仅根据134种主要作物绘制。人均农业劳动力所创造的农业国内生产总值的价值根据世界银行(2000)和FAOSTAT(1999)绘制。

亿。谷物的需求预计将增加40%，其中85%的需求来自于发展中国家。肉类需求预计将增加58%，其中约85%来自于发展中国家。块根类食物的需求预计将增长37%，其中97%来自于发展中国家（Pinstrup-Andersen等 1999:5～12）。如果在此期间扶贫工作能取得重大进展，那么处于贫困和营养不良状态的人们就可以用增加的收入去购买以前无力购买的食物，由此将会增加额外的需求。

生产能力

产量增长的变化。大多数主要作物产量的快速增长有助于满足不断增长的人口对粮食需要，特别是在本世纪的后半叶。但是，谷类作物的产量增长缓慢，引起人们对今后的生产难以满足需求的关注。而且，世界上某些地区的情况表明，保持产量的增长或甚至保持目前的产量水平，都相应地需要更大量的化肥投入，也就是说，基本土壤资源的质量可能会恶化。

这种趋势必须慎重地加以解释。甚至如果产量继续增加，也未必表明农业生态系统状况良好，因为增加化肥和农药等投入会掩盖土壤养分的潜在耗竭。作物产量增长速度减缓并不能表明农业生态系统状况恶化，因为农产品价格下降和化肥价格上涨等市场因素也会放慢生产速度。但是，如果在粮食需求增长预计不会放慢的地方，产量增长率的降低就是令人堪忧的了。

土壤退化。衡量农业生态系统长期生产能力的依据之一就是土壤状况。自然的气候条件和人为的管理方法都会影响土壤质量。保持土壤生产力需要用土壤保护方法来消除导致土壤退化的压力。土壤退化的主要过程有：水或风的侵蚀、水涝和盐渍化、酸化、土壤有机物质和土壤微生物流失、土壤养分耗竭和土壤中的污染物积累。

不同类型的土壤退化总是与不同类型的农业土地利用方式联系在一起的。例如，盐渍化经常与集约灌溉土地有关；土壤压实与在雨量充沛的土地上进行机械化耕作有关；养分耗竭经常与在贫瘠的土地上进行集约生产联系在一起，但是这种情况在养分被作物吸收而又未得到充分补充的任何一种土壤中均可发生；水蚀也经常与大面积清除和耕种的贫瘠土地有关；土壤污染则是城郊农业中出现的特殊问题（Scherr 1999）。

根据区域专家的系统调查而编写的《1990年全球土壤退化评价》（GLASOD）仅提供了全球范围内及各大洲的土壤退化估计（Oldeman等 1991）。GLASOD研究表明从1940年代中期至1990年间，共19.7亿hm^2的土地退化（Scherr 1999:17;Wood等 [PAGE] 2000）。这个数字代表着陆地面积（不包括冰雪覆盖的格陵兰和南极洲）的15%。

为了专门评估农业用地土壤退化的范围和程度，PAGE的研究人员在农业用地（30%以上用于农业的土地）地图上覆盖了GLASOD数据。结果显示出65%的农业用地有某种程度土壤退化现象。根据GLASOD，约24%的土地被定为“中等退化”，意味着这种土地的农业生产力大大降低。另外40%的农业用地属于GLASOD的“严重退化”（需提供大量资金投入和工程来进行恢复的土地）或“非常严重退化”（根本不能恢复的土地）类别（Wood等 [PAGE] 2000）。人口密度最大、农业范围最大的南亚和东南亚是受影响最严重的地区（专栏2.8南亚和东南亚的土壤退化）。

土壤养分平衡。显示土壤状况及生产能力的一个指示数字就是土壤养分平衡。维持农业生态系统，尤其是集约耕作系统的最普遍的管理技术之一，就是用有机肥料或含氮、磷和钾的无机化肥补充土壤养分。过少的补充可导致土壤养分开采——作物吸收养分生长而造成养分逐渐丧失。过多的补充（施肥过度）也会导致过量营养的溶滤，当这些没有被吸收的营养物质渗透到周围的土壤和淡水系统中，随之造成土壤和水的污染问题。

估计农业生态系统营养是否平衡，可通过测量营养投入（无机和有机肥料、作物残体所含养分、大豆和其他豆科植物中的氮固定）和产出（主要农产品和作物残体中吸收的营养）。PAGE的研究人员计算了拉丁美洲和加勒比地区单株作物在国家一级的营养平衡状况（Henao 1999），发现多数农作物及耕作系统的营养平衡情况非常糟糕，也就是说，土壤肥力正在下降（专栏2.9热点和亮点地区）。

因此，近几十年来观察到的生产的提高肯定是由于耕作面积扩大、改良品种和掩盖或抵消了土壤退化影响的其它因素。通过用产量趋势图覆盖营养平衡图，有可能发现产量增长减缓和土壤肥力下降的潜在的退化“热点地区”。农业生态系统粮食生产能力最受威胁的地区包括巴西的东北部及阿根廷、玻利维亚、哥伦比亚和巴拉圭的部分地区。

土壤养分平衡还可应用于撒哈拉以南大部分非洲地区的大陆、国家和地方（Smaling等 1997:47～62）。

专栏2.8　南亚和东南亚的土壤退化

在世界上农业生产系统最密集的南亚和东南亚，土壤退化也属最严重的。与大多数其它地区相比，这些地区土地更加陡峭，土壤更容易受到侵蚀、盐渍化、酸化、钾耗竭和铝饱和等影响。

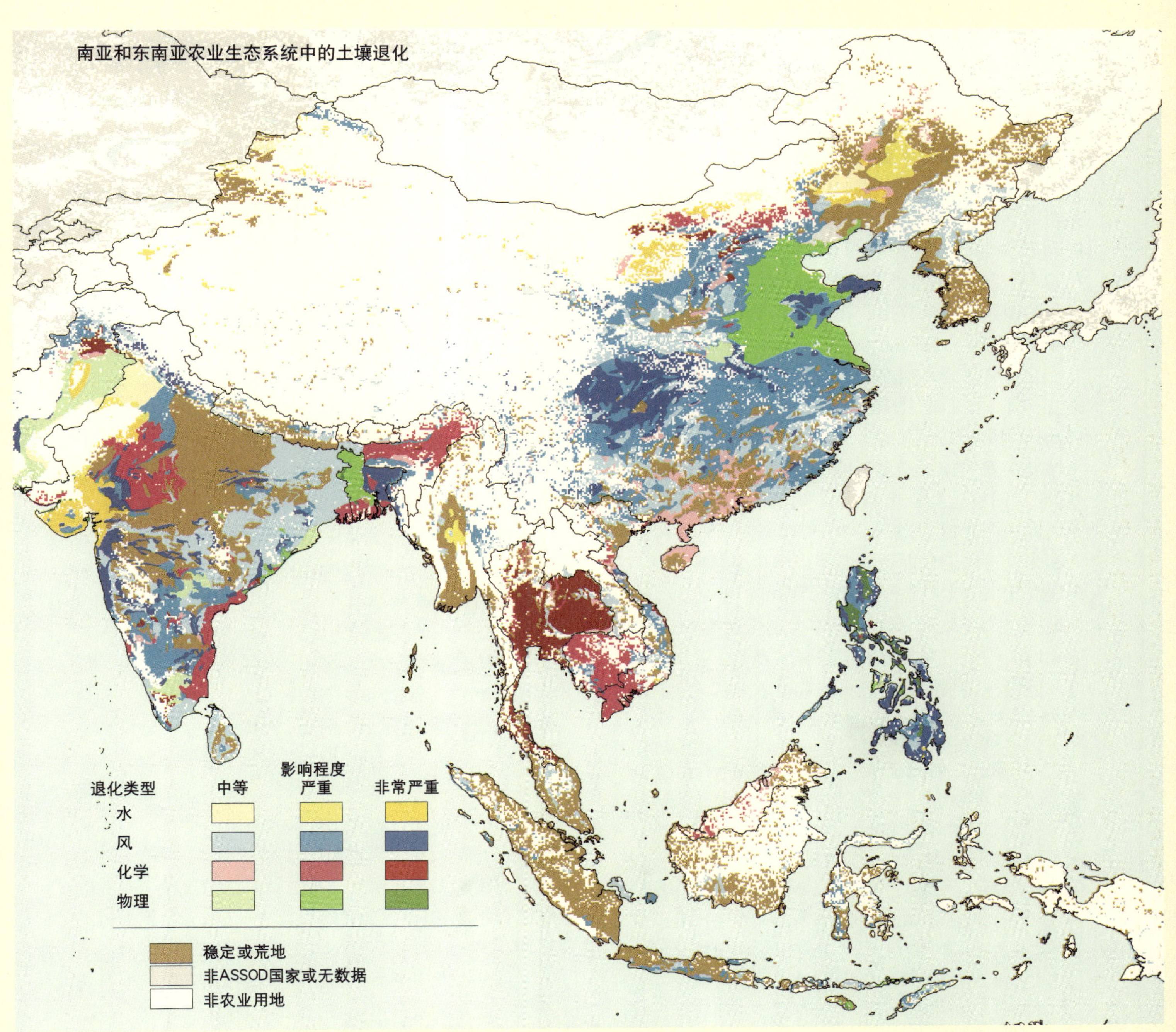

来源：Wood等 [PAGE]2000。本地图根据Van Lynden 和Oldeman(1997)以及全球土地覆盖特征数据库1.2版Loveland等[2000]绘制。显示了农业范围内的土壤退化。

这些地方的调查结果也显示出普遍的营养耗竭。

生产力丧失。利用GLASOD的数字粗略地估计，大约13%的耕作地和4%的牧场在过去的50年里因土壤退化而导致生产力逐渐丧失（Oldeman 1998:4）。在发展中国家，这种退化带来的经济和社会的影响远远超过工业化国家。在工业化国家，由于优质肥料和使用的其它投入，土质在整个农业生产力中并不是那么重要。而且，工业化国家最重要的产粮区往往是地质较“新”的深层土壤，可承受大量的退化而不影响产量。

土壤退化对发展中国家的粮食供给产生更加直接的影响。据估计，约16%的农业用地农业生产力严重下降，特别是非洲和中美洲的耕作地、非洲的牧场和中美洲的森林。GLASOD的研究估计，中美洲近74%的农业用地（GLASOD界定为耕作地和牧场种植区）及非洲和亚洲各65%和38%的农业用地已退化（Scherr 1999:18）。根据阿根廷、乌拉圭和肯尼亚的预测模型而进行的课题研究计算出，在未来20年内，粮食产量将下降25%～50%（Mantel和van Engelen 1997:39～40）。

分区域研究表明在非洲、中国、南亚和中美洲的许多地区由于退化而导致农作物产量严重下降（Scherr 1999）。据估计，1970—1990年，非洲仅由于水蚀就导致农作物产量下降8%（Lal 1995:666）。在非洲8个国家，与土壤退化有关的经济损失估计占农业国内生产总值的1%至9%不等(BØjö 1996:170)。南亚和东南亚因退化而造成的年经济损失总额估计占该地区农业国内生产总值的7%（Young 1994:75），由于该地区全部土地的一半以上不受退化的影响，因此，退化地区的经济影响也就显得异常严重。在墨西哥各地，因侵蚀带来的经济损失大约占农业国内生产总值的3%～13%之间（McIntire 1994:124）。

警示：粮食生产

从全球来看，没有理由认为农作物生产不会在未来几十年内继续大量增长。也就是说，全球许多农业生态系统的基本状况，尤其是发展中国家的基本状况令人堪忧。土壤退化数据——尽管非常粗略，表明了侵蚀和养分耗竭正在破坏全球一半以上农业用地的长期的农业系统生产能力。水的竞争将进一步加剧粮食生产的资源限制问题。虽然在可预见的未来，营养投入、新作物品种和新技术可以有效地抵消这些下降的状况，但满足人类需求的挑战注定会更加艰难。

水量和水质

人类对世界水循环最重要的影响就是农业。影响到可从淡水系统获得的水、水的时间安排和水质。从全球范围来看，在人类活动的任何部门的淡水抽取总量中，农业所占比例是最大的。农业在水利用方面的消耗也是最高的。（水利用的结果是水的蒸发，而不是返回河流或地下水）每年，人类从淡水系统中抽取4000km^{3}的水（Shiklomanov 1997:9），而其中70%（约2800km^3）被用于灌溉（WMO 1997:69）。

这部分水灌溉2.71亿hm^{2}耕作地。虽然这个数字仅占全部耕作地的17%，但却生产出全世界40%的作物（WMO 1997:9）。在灌溉用水中，50%～80%蒸发或被下游用户用掉（Shiklomanov 1993:19）。结果是，灌溉极大地减少江河的流量和降低蓄水层水位，并使湖泊和内陆海缩小。

咸海就是一个因转为农业用水而导致生态破坏的典型例子。由于抽水用于灌溉棉花和其它农作物，到1990年代初，咸海缩至其原水量的1/3，由此也加剧了盐化现象。在采取措施恢复流量前，大量的鱼种和捕鱼业都已丧失（WRI 1990:171;Gleick 1998:189）。

对于世界上82%的农业生态系统来说，降雨是农业生产用水的惟一来源。比较于灌溉农业，靠雨水滋养的农业虽然对淡水流量的影响相对较小，但它仍然影响下游流量的水量和时间安排。这种影响带有很强的地域特点，主要取决于农业类型、土地的坡度和土壤状况、降雨的类型和强度。

无论是灌溉农业还是靠雨水滋养的农业，都可能通过化肥、农药和动物粪肥渗入地下水或地表水而对水质构成威胁。侵蚀留下的沉积物也会极大地降低地表水质。灌溉农业有时也会造成与土壤断面中的水分过多有关的问题：水涝和盐渍化。这两个问题都会降低生产力并导致受影响土地的荒弃。在印度、中国和美国这些极大地依靠灌溉的国家，平均20%的土地遭受盐渍化的危害。根据一项估计，盐渍化使全世界的农民每年减少110亿美元的收入——占农业生产总值的近1%（Postel 1999:92;Wood 等 [PAGE] 2000）。

各种农业生态系统对淡水系统相关影响的衡量标准之一就是其水利用效率。Seckler等人（1998）计算出平均灌溉效率，即比较蒸发的或以其他方式浪费的比例而言，作物生长实际消耗的灌溉用水比例。更高

专栏2.9 拉丁美洲农业生态系统中的热点地区和亮点地区

在过去的20年里，拉丁美洲的谷物产量基本上一直处于增长状态（左图），但这种增长以谷物和其他作物赖以生长的土壤中的养分为代价。事实上，拉丁美洲的大部分农业土壤"营养平衡"状况并不好，也就是说，通过植物生长和收获而丧失的营养多于通过增加化肥、肥料或豆科植物覆盖作物而置换的营养（中图）。将这些地图结合起来便产生一幅农业"热点地区"——产量增长减缓和土壤肥力下降的地区——的图画（右图）。看来农业能力最受威胁的热点地区在巴西东北部以及阿根廷、玻利维亚、哥伦比亚和巴拉圭的部分地区。还出现了一些"亮点地区"—— 产量稳定或增长和营养均衡良好的地区，但覆盖面积要小得多。

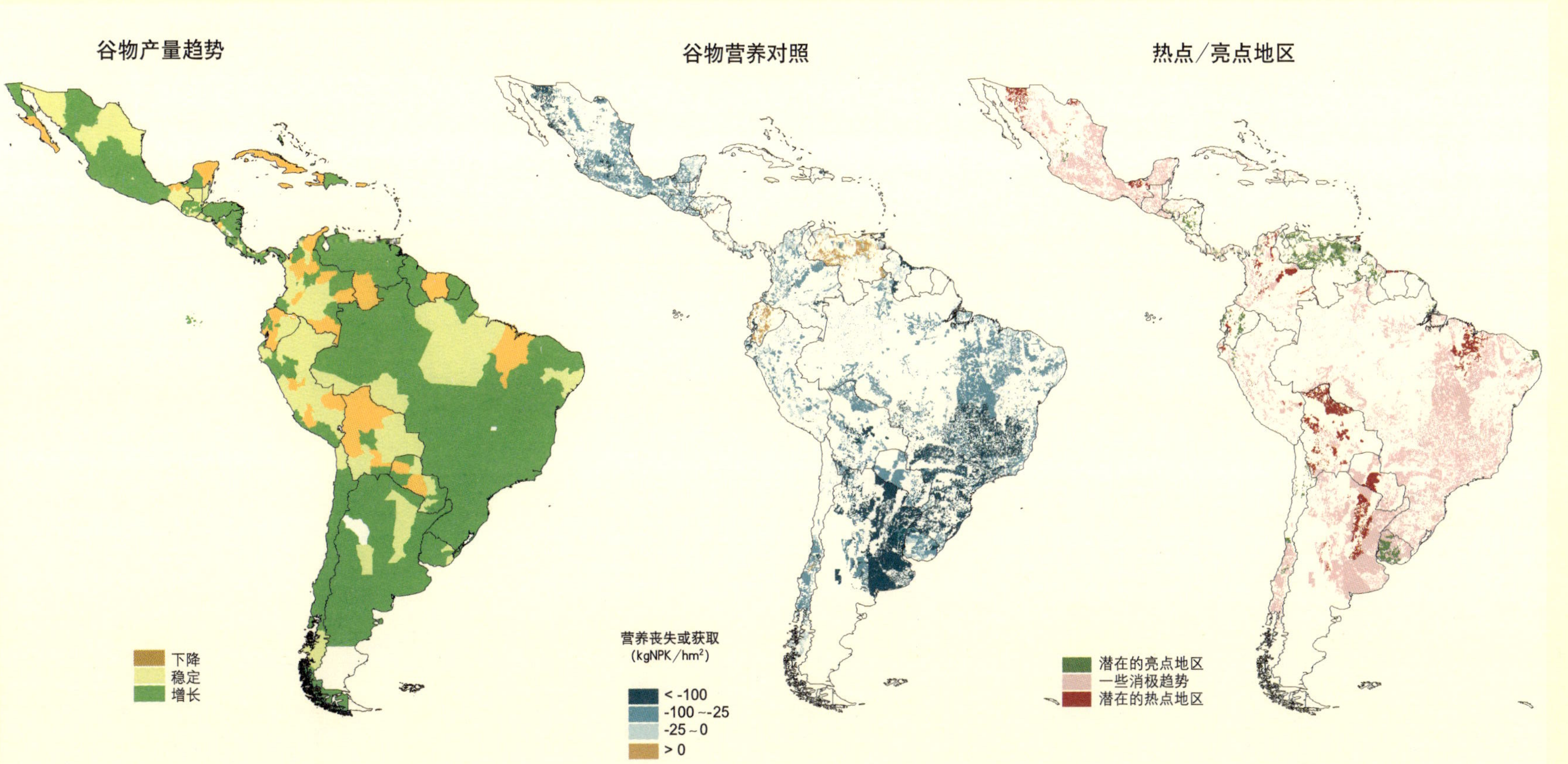

来源：Wood等［PAGE］2000。谷物产量趋势根据1975—1998年国家以下各级的大米、小麦、玉米和高粱的数据绘制。营养对照根据谷类作物吸收较少的国家应用营养对照绘制。利用国家以下各级的生产统计数字和有关气候、土壤和海拔等资料，将这些数据分布于特定的地理区域。热点和亮点地区图是谷物产量趋势图和谷物营养对照图的结合。

效灌溉系统需要少量的水来满足作物的需要，往往通过更直接地把水灌注于植物根部，并能把握满足植物生长需要的最佳时机。

1990年，全球的灌溉效率平均是43%（Seckler等1998：25）。一般来说，干旱地区农业生态系统的灌溉系统更为高效。最干旱地区的灌溉效率高达58%，而水供应充足的地区却只有31%。这个数字意味着在这些地区超过2/3的灌溉用水被浪费了，虽然其中一部分渗入地下的水可能会被下游利用（Seckler等1998:25）。中国和印度的灌溉效率属中等水平，分别为39%和40%。

其他部门对于水的日趋增长的竞争也给农业带来挑战，在城市人口和工业部门都迅速增长的发展中国家尤其如此。工业用水和生活用水通常比农业用水更为优先。确实，灌溉农业越来越依赖于来自工业设施和废水处理厂的再循环用水来满足需要。从人类生活的实际利益出发，许多人认为，从人类幸福的角度来看，水匮乏及其对灌溉等水的服务所产生的影响是最直接的自然资源问题之一（Rdsegrant和Ringler 1999）。无疑，目前的趋势强调了发展更高效地利用资源、将土壤盐渍化和水涝降至最低限度、并将农药、化肥和淤泥渗入地表水和地下水降至最低限度的农业生态系统的至关重要性。

生物多样性

与其替代的天然森林、草地和湿地相比，农业用地支持的生物多样性要少得多。即便如此，农业地区包括的生物多样性同样重要。从纯粹的农业角度来看，一个地区天然存在的食肉动物、细菌、真菌和植物的多样性可以通过帮助控制害虫和疾病暴发、改善土壤肥力和土壤自然属性、增强农业生态系统从洪水和干旱等自然灾害中恢复的能力来促进农业生产。而且，传统农作物品种和野生物种中的基因多样性提供育种者可用来发展改良农作物和动物品种的基因物质库。

警示：水服务

总的来说，农业生态系统维持未来水资源的数量和质量并将水资源送往下游用户的能力正在降低。虽然粮食生产的消耗性用水是农业生态系统中重要而正当的水服务，但是随之产生的水质恶化往往是对其他生态系统的极大惩罚。低效灌溉加大了抽水量，造成不可持续的地下水抽取率、河流流量的减少及水生生态系统的破坏。在农民大量使用农业化学品和动物粪肥的地区，下游水质尤其面临危险。管理不善的灌溉也可通过水涝和盐渍化直接降低农业生态系统的生产力。随着粮食需要和相互竞争的水需求量的持续增长，提高农业用水的效率变得愈发重要。

然而，农业用地的扩展却会对生物多样性产生较大影响。根据气候和土壤性质，PAGE的研究人员利用某个地区天然形成的潜在的生境地质，估计出被转变为农业用地的不同生境类型所占的比例。在受影响最严重的天然生境中，46%的潜在温带阔叶树木和混合型树木的森林地区现已成为农业用地，占全部农业用地的24%。与此接近的是，43%的潜在热带落叶森林（类似于雨林，但旱季明显，具有更加开阔的冠层）地区也已转变为农业用地，占全部农业用地的10%。而这些森林类型的生物多样性要远比农业生态系统的丰富得多。

在农业生态系统范围内，不同的管理方法可进一步改变生物多样性。通过割裂和减少农业用地范围内的灌木丛、矮树丛、野生生物走廊，以及其他栖息地和天然生境的面积，集约化极大地削弱了农业生态系统支持生物多样性的能力。农药和其他的农业化学品也能毒害野生动植物和土壤中的微生物，包括许多益鸟、授粉媒介和食肉昆虫。从积极的方面来看，增加农业用地上树木的用途可增加其生物多样性。在拉丁美洲、撒哈拉以南非洲地区、南亚和东南亚，树林是农田里的重要且往往不断增长的部分（Wood等[PAGE] 2000）。

除去在农田上植树以外，积极的趋势还包括越来越多地采用“无耕种耕作”，这可极大地减少对土壤的干扰，从而有助于保持土壤的完整并最大限度地减少侵蚀。还有，更多地利用综合虫害治理手段，更有节制地使用农药，并结合非化学性的害虫控制方法来保护庄稼。而且，集约生产系统的高产量增长也有积极作用，保护了热带地区至少1.7亿hm^2和全球约9.7亿hm^2的天然生境没有变为农田（Golkany 1999）。

在基因多样性方面，全球农业只集中在相当少的几种物种上，从而在比较狭窄的基础上起步。全球90%以上的热量摄入仅来自于30种农作物，仅120种农作物在国家范围内具有经济价值（FAO 1998:14）。但正是这些农作物物种传统上有着十分丰富的基因多样性，这一多样性历来帮助维持农业生态系统的生产力，并且是现代植物育种的基因物质来源。

然而，今天的作物基因多样性趋于减少。现代的农作物品种更加单一，这些品种被大面积地单种栽培。这种趋势并不限于农业商业化最普遍的高收入国家。全世界范围内，现代作物品种正在取代传统的品种，这将使得大量的基因资源丧失，并使大面积种植的单一作物易受害虫和疾病的侵袭。1991年，在所有发展中国家，74%的耕地种植新品种大米，1994年，74%的耕地种植新品种小麦，1992年，60%的耕地种植新品种玉米（Mirris、Heisey 1998：220）。

警示：生物多样性

通过生境转变为农田、景观破碎化、作物品种专门化和集约化，农业在形成全球生物多样性模式方面发挥着重要作用。现在，农业生态系统支持生物多样性的能力严重退化，尤其是在集约农业地区。加强农业地区的生物多样性而又维持或增加生产的方法，才开始研究。21世纪，好的农业生产方式无疑将是所有保护全球生物多样性战略的核心内容。

碳贮量

碳是农业生态系统肥力中最基本的因素。土壤的有机物质含量及其随时间形成的稳定性是土壤长期质量和肥力的重要标识。土壤的有机物质含量影响土壤的水分保持和耕种以及土壤生物群的丰富程度。

特别是当森林或热带草原等自然生态系统被转变成农田时，它们的土壤就会迅速丧失其大部分有机成分。成功的农业可以阻止这种情况的发生，并且还可以通过以下措施使土壤有机物质恢复到原有水平：适当的作物轮作和施肥（特别是有机物质），或最大限度地减少耕种或不耕种。另一方面，过度耕种、清除田里的作物残株和促成土壤侵蚀的做法都会加速土壤有机物质的丧失。

农业生态系统——包括土壤和蔬菜中的碳含量，在全球碳循环中发挥着重要作用。除了热带地区的一些生产系统以外，一般来说，农业土壤的碳含量比其支持的作物或牧场的碳含量丰富。农业植被的碳贮量平均为5～6kgC/m^2，而农业土壤的碳贮量平均为7～11kgC/m^2（Wood等 IPAGE2000）。农业生态系统中植被和土壤的碳贮量总共约占全部陆地生态系统碳贮量的26%～28%。

农业活动在其中占重要部分的土地用途变化和土地管理方式估计每年有1.6GtC排放到大气中，其中20%来自于与人类相关的温室气体排放（IPCC 2000:5）。农业有许多不同的碳排放源。二氧化碳的主要来源包括：森林和多树热带草原转变为农业用地，以及为控制害虫和疾病或为提高土壤肥力而燃烧作物残株和牧场。人类的其它活动产生沼气——一种以碳为基础的分子，是比二氧化碳更有力的温室气体。牲畜饲养和稻米耕种都是主要的沼气来源。

一些研究人员认为农业的二氧化碳净排放可在1990—2020年之间逐渐减少（Somproek和Gommes 1996），但沼气的排放将由于牲畜数量的持续增长而继续增加。氮肥料中排放的更加有力的温室气体——一氧化二氮的排放量也正在迅速增加。

越来越多的人认为，在减少全球碳排放和增加碳贮量方面，农业可以发挥更大的作用。例如，控制农业燃烧、改进牛群和其他牲畜的饲料和土壤保护都可减少排放。同时，更合理的耕作方法、农田植树以及种植改良的牧场草种都有助于贮存更多的碳。最新的研究表明，在美国实施保护方案和采用“无耕种耕作”措施，美国耕作地的碳贮量在1980年代每年增长了1.38亿tC（Houghton等 1999：577）。

警示：碳贮量

农业生态系统的碳贮量占全部陆地碳贮量的26%～28%——主要贮藏于土壤中。改善营养管理、减少土壤侵蚀，以及广泛采用最大限度减少耕种的耕作，都可增加土壤的有机物质，从而在提高农业土壤的碳贮存能力中发挥一些作用。另一方面，牧畜饲养和稻米耕种是与农业有关碳排放的重要且日益增长的来源，农业燃烧和土地转换也是主要来源。

海　岸　生　态　系　统

海岸生态系统在大陆的边缘地带，是具有极高的生物生产力和极易进入的地区。因此使得这些地区几千年来成为人类活动的中心。海岸生态系统提供范围广泛的产品和服务：它们提供世界主要的商业港口；它们是供人类和动物消费的鱼类、贝类及海藻的主要生产者；它们也是肥料、药剂、化妆品、家庭用品以及建筑材料的重要来源。

由种类繁多的生境组成、聚集大量物种和基因多样性的海岸生态系统贮存营养物质并使其循环，过滤来自内陆淡水系统的污染物，并且有助于保护海岸线免受侵蚀和暴风雨的影响。在海岸线的另一侧，海洋对调节全球水文和气候起着关键作用，因为具有产生浮游植物的高生产力，海洋还是主要的碳汇源和氧气来源。海岸生态系统的美景深深吸引着世界各地的人们，他们来到沿海地区居住、休闲、娱乐和旅游。

范围和改变

“海岸带”有许多不同的定义被人们所使用。PAGE的研究人员为了生态系统分析的目的，将海岸地区定义为“大陆架（深至200m）上方潮汐间和次潮汐区域以及从海岸深入内陆100km的邻近陆地”。因为世界上大量海洋渔业产量——据估计高达95%——是在沿岸水域捕捞和养殖的，PAGE对海岸生态系统的分析也包括海洋渔业（Sherman 1993:3）。只有一少部分海洋渔业来自于公海捕捞（专栏2.10海岸生态系统现状）。

范围

因为世界海岸生态系统是根据其物理特性（与海岸的远近）而非根据独特的生物特性组合定义的，因此海岸生态系统比PAGE研究中其它生态系统拥有广泛得多的生境多样性。珊瑚礁、红树林、潮汐性湿地、海草床、堤岛、海湾、泥炭沼泽以及众多类型的其他生境各自都提供其独特的大量产品和服务，也面对多少有些不同的压力。

对海岸生态系统的范围及其如何随着时间而变化的了解比对PAGE研究中考察的其他生态系统的了解

专栏2.10
海岸生态系统现状

要点

- 世界人口中近40%居住在离海岸线100km内的地区，其面积仅占全世界陆地面积的22%。
- 人口增加以及发展、农业和水产养殖用途造成的转变正在以令人警醒的速度减少红树林、海岸湿地、海草地和珊瑚礁。
- 全世界人口所消费动物蛋白的1/6是由鱼类和水生贝壳类动物提供的。主要是发展中国家的近10亿人口依赖鱼类作为获取蛋白质的主要来源。
- 因过度捕捞、破坏性的拖网捕捞技术以及繁育生境的破坏，海岸生态系统已经丧失了大量生产鱼类的能力。
- 不断加剧的污染程度与合成化学品及肥料使用的不断增加有关。
- 关于主要海岸生境的范围及变化的全球数据是不足的。因为海岸生境面积较小且经常被浸没，因此很难用卫星数据来评价海岸生境。

关键

状况是与20～30年前的产出和质量相比，评价目前生态系统产出的产品和服务的质量。

变化的能力是评价生态系统继续提供产品或服务的基本生物能力。

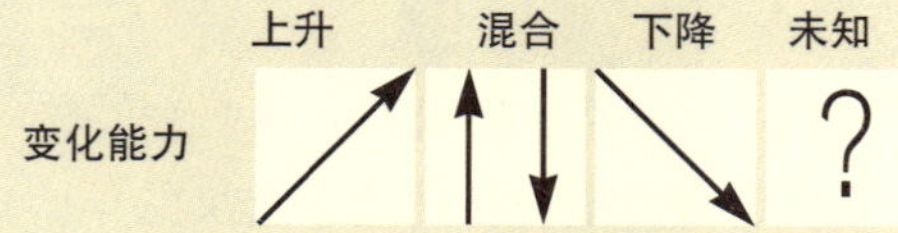

分数是专家关于每一生态系统的产品或服务随着时间变化的判断，与其他生态系统的变化无关。通过平衡各种指示数字的相对强度和可靠性，分数估计了主要的全球状况或能力。当区域调查结果出现分歧，又缺少全球数据时，应该重视较高质量的数据、较大的地理覆盖面和较长的时间序列。如果无法确定净价值，全球趋势上存在明显差异的被评为“混合”；当前数据严重不足的被评为“未知”。

状况与变化的能力

粮食生产

自1950年以来全球海洋渔业生产增长了5倍，但野生环境中捕捞量的年增长率已经从1950年代和1960年代的6%下降到1995—1996年的0.6%。随着具有较高价值物种的捕捞量趋于稳定或者下降，低价值物种的捕捞量上升了，这掩盖了过度捕捞的一些影响。大约75%的主要渔业已经是充分捕捞或过度捕捞；渔业船队拥有的捕捞能力远远超过最大可持续产量。最近海洋渔业一些收获量的增加来自于水产养殖，其生产自1990年以来增长了1倍多。

水质

因为红树林、海岸湿地和海草地范围的缩小，海岸生境正在丧失其过滤污染物的能力。有害藻类暴发和缺氧的频率增加表明一些海岸生态系统已经超出了其吸收营养性污染物的能力。虽然一些工业国家已经通过削减某些持久性有机污染物的投入来提高了水质，但因农业的加强以及工业使用新的合成化合物，化学污染物的排放量总体仍在增加。而且，虽然大规模的海上石油泄漏事件正在减少，但来自于陆源和常规航运作业的油类排放量仍在增加。

生物多样性

生境丧失、疾病、入侵物种及珊瑚褪色的指示数字都显示生物多样性的减少。来自陆地的沉积物和污染正在窒息着一些海岸生态系统，拖网捕捞正在减少一些海域的生物多样性。一些商业物种，如大西洋鳕、5种金枪鱼、黑线鳕以及一些种类的鲸、海豹及海龟，在全球范围内受到威胁。经常报导一些港口及封闭性海域有物种入侵，例如将大西洋栉水母引入黑海引起了黑海渔业的崩溃。

娱乐

旅游业是世界经济增长最快的行业，1999年达3.5万亿美元。一些地区因旅游贸易而退化，尤其是珊瑚礁，但旅游交通对全球范围的海岸生态系统的影响仍不清楚。

海岸线保护

人类对海岸线的整修已经改变了海流和沉淀物的走向，给一些海滨带来益处，而给另一些海滨带来损害。具有自然缓冲和适应能力的海岸生境正在被开发活动所改变，并被人工结构所取代。因此暴雨巨浪的影响已经增大。而且，预计因全球变暖而导致的海平面上升可能威胁到一些沿海住区和整个小岛屿国家。

数据质量

粮食生产

在许多情况下，全球鱼类捕捞的数据报告不足或未按物种报告，这使得评价特定种群非常困难。关于多少鱼类是非目标性鱼类而被捕捞和抛弃、调度了多少船只、捕捞所花费的时间等数据是不完整的，这掩盖了渔业对生态系统的全部影响。许多国家未能报告较小的船队及其捕捞量的数据。

水质

全球湿地和海草的范围及其变化的数据是缺少的，正如缺少关于海岸或海洋污染的标准化的及常规收集的数据。通过国家方案进行的营养物污染监测是不均衡的且经常是缺乏的。目前的信息很大程度上依赖于叙事观察。一些国家制定了监测病原体、持久性有机污染物和重金属的高效的国家方案，但数据缺少一致性，没有关于来源于非点源的石油污染的数据。

生物多样性

仅可获得一些地区的详细生境地图。世界许多地方都报导了红树林、海岸湿地和海草的减少，但几乎没有定量化的记录。物种多样性没有明细清单，仅有一些关键物种（如鲸和海龟）的种群评价。关于入侵物种的数据则受到难以确定和难以评估其影响等方面的限制。仅对极少数珊瑚礁进行过随时监测。关于拖网捕捞造成的生态影响方面的信息记录不佳。

娱乐

典型的是，仅可获得旅游方面的国家数据，而没有特定沿海地区的数据。并非所有的沿海国家都报告旅游业统计数据，关于旅游业的影响和沿海地区支持旅游业的能力的信息非常有限。

海岸线保护

关于海岸生境转变和海岸侵蚀的信息不足。缺乏关于一些海岸转变对海岸线带来的长期影响的信息。对因气候变化造成的海平面上升和暴风雨影响的预测是纯理论的。

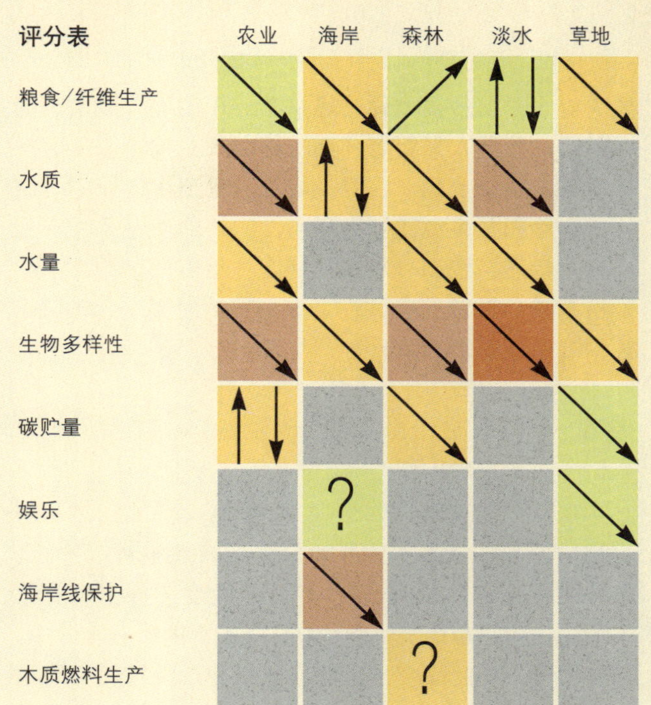

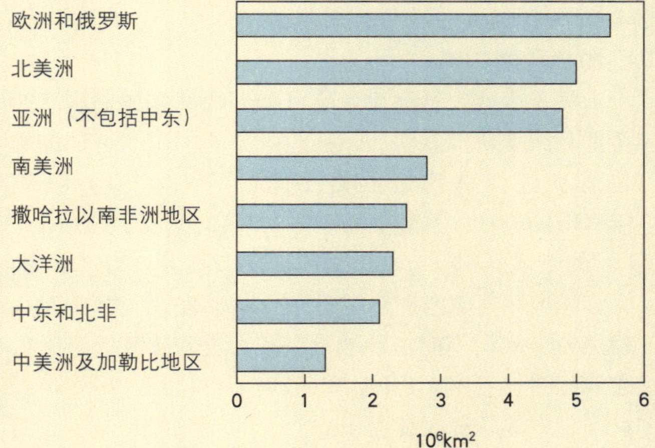

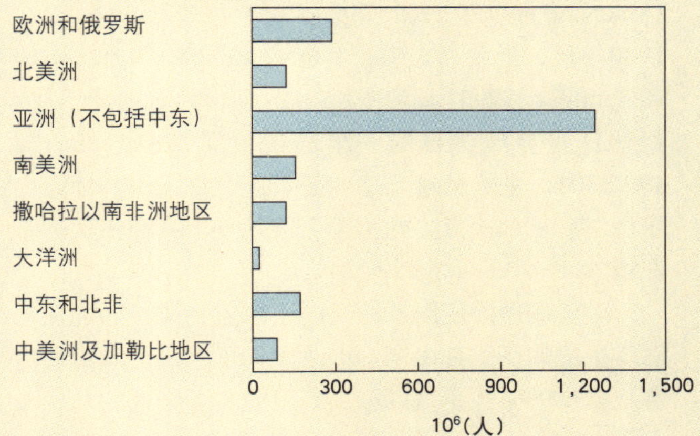

要少得多。湿地或珊瑚礁等单个海岸生境一般覆盖相对较小的区域，需要有详细的地图才能精确衡量这些区域的范围和变化。在卫星成像技术出现之前，绘制这样的地图是多数国家力所不及的。即使在今天，关于这些生态系统高分辨率的地图也是不理想的，并且价格昂贵，也没有尝试在全球范围内对整个160万km长的海岸线绘制这种地图。

改变

在缺少这些地图的情况下，PAGE研究人员利用卫星成像来估计多少海岸地区保留自然植被（沙丘、湿地、林区等），并与多少地区已改变为城市及农业用地相比较。总体讲，海岸100km范围内所有土地中，19%被列为高度改变，意即这些土地已经被转变为农业或城市用途；10%为半改变，71%为未被改变（Burke等 [PAGE]2000）（专栏2.11沿海人口和被改变的土地覆盖）。

红树林和珊瑚礁

关于少数几种海岸生境（如红树林和珊瑚礁）的范围和改变可以获得比海岸生态系统的范围更详细的信息。红树林约占世界海岸线的8%（Burke等 [PAGE]2000），占热带海岸线的1/4，覆盖了约18.1万km^2的土地面积（Spalding等 1997:23）。大约112个国家和领地在其境内拥有红树林（Spalding等 1997:20）。虽然科学家们不能精确地确定在人类开始改变海岸线之前红树林有多么广阔，但根据历史记载，相信在所有国家中原始红树林面积的5%到85%已经丧失。大面积丧失发生在过去50年之中。例如，估计泰国丧失了84%的原始红树林，大部分丧失在1975年之后（MacKinnon 1997:167; Spalding等 1997:66）；仅在1980年代，巴拿马丧失了其红树林的67%（Davidson和Gauthier 1993）（见专栏2.12红树林）。总体上讲，据估计世界红树林的一半已被破坏（Kelleher等 1995:30），虽然净趋势是明显下降，但在一些地区由于植树造林和少量自然再生原因，红树林面积实际上在增加（Spalding等 1997:24）。

对珊瑚礁的范围及分布的了解也许比对其它任何海洋生境的了解都深入。因为珊瑚礁对海上航行的危害，自1800年代中期以来人们就绘制了大致的全球珊瑚礁分布图。世界保护监测中心（WCMC）已经绘制了百万分之一的世界浅水珊瑚礁分布图，许多国家则有更为详细的分布图。估计世界范围内有25.5万km^2的浅珊瑚礁，其中90%以上分布在印度洋——太平洋地区（Spalding和Grenfell 1997:225，227）（专栏2.13珊瑚礁）。加上深水珊瑚礁将使珊瑚礁总面积增大许多——也许增大一倍以上——但这些深水珊瑚分布图绘制得很差。

构成礁石的珊瑚和珊瑚鱼类都明确表明了物种丰富性分布的类似模式，即印度洋—太平洋地区的物种多样性最丰富，大西洋的多样性较低。当前，全球范围内珊瑚的退化是比如因开垦土地和采摘珊瑚而造成的珊瑚直接丧失更为严重的问题。然而，在世界一些地方，珊瑚面积已经严重减少。

其它海岸生态系统

关于海草生境、泥炭沼泽或除红树林之外的其它类型的海岸生境的变化没有全面的全球性信息，而仅有非常有限的可靠的国别信息。而有数据的地方都表明生境损失是巨大的。例如，印度尼西亚46%和越南98%的泥炭沼泽被认为已经丧失（MacKinnon 1997:104，175）。同样，海草生境变化的范围也被认为是很高的。在美国，因人口增长及水质的变化，使得坦帕湾历史上的海草覆盖面丧失了50%以上，而密西西比湾丧失了76%，加卢斯顿湾丧失了90%（NOAA 1999：19）。

对海岸生态系统的压力

海岸生态系统面积的直接丧失与其它一些众多的因素正显著地改变着海岸生态系统。这些因素当中，首要的是人口增长、污染、过度捕捞以及气候变化所带来的隐隐威胁。

人口

全球范围内生活在离海岸线100km范围内的人口数量从1990年的20亿增加到1995年的22亿，占世界总人口的39%（Burke等 [PAGE]2000）。但是，其活动影响到海岸生态系统的人口数量远比沿海人口数量大得多，因为河流将来自内陆水域和人口的污染物输送到

（下转第76页）

专栏2.11 沿海人口及被改变的土地覆盖

1990年，20亿人口生活在距海岸线100km范围内的地方，截至1995年，沿海地区人口增加2亿多，约占全世界人口的39%。

集中在沿海地区的人口正对海洋和海岸生态系统造成深远的影响。海岸地带的很多地方已经被开发用于满足居住、生活、商业和娱乐的需要。甚至内陆人口对海岸生态系统也有影响，像水藻暴发和富营养化这样一些沿海环境问题可以归咎于来自内陆淡水系统的附加污染物和营养物。

总体上，距海岸线100km范围内所有土地的29%被确定为被改变的土地——其中19%被认为是被高度改变的（转变为农业和城市用途）；其余10%是被半改变的（自然植被和农田镶嵌）。大约71%未被改变。

1995年生活在海岸线附近的人口

与海岸线的距离	以1000为单位的累积人口总数	占世界总人口的百分比
25km以内	1,143,828	20
50km以内	1,645,634	29
100km以内	2,212,670	39

距海岸线100km范围内自然的和改变了的土地覆盖

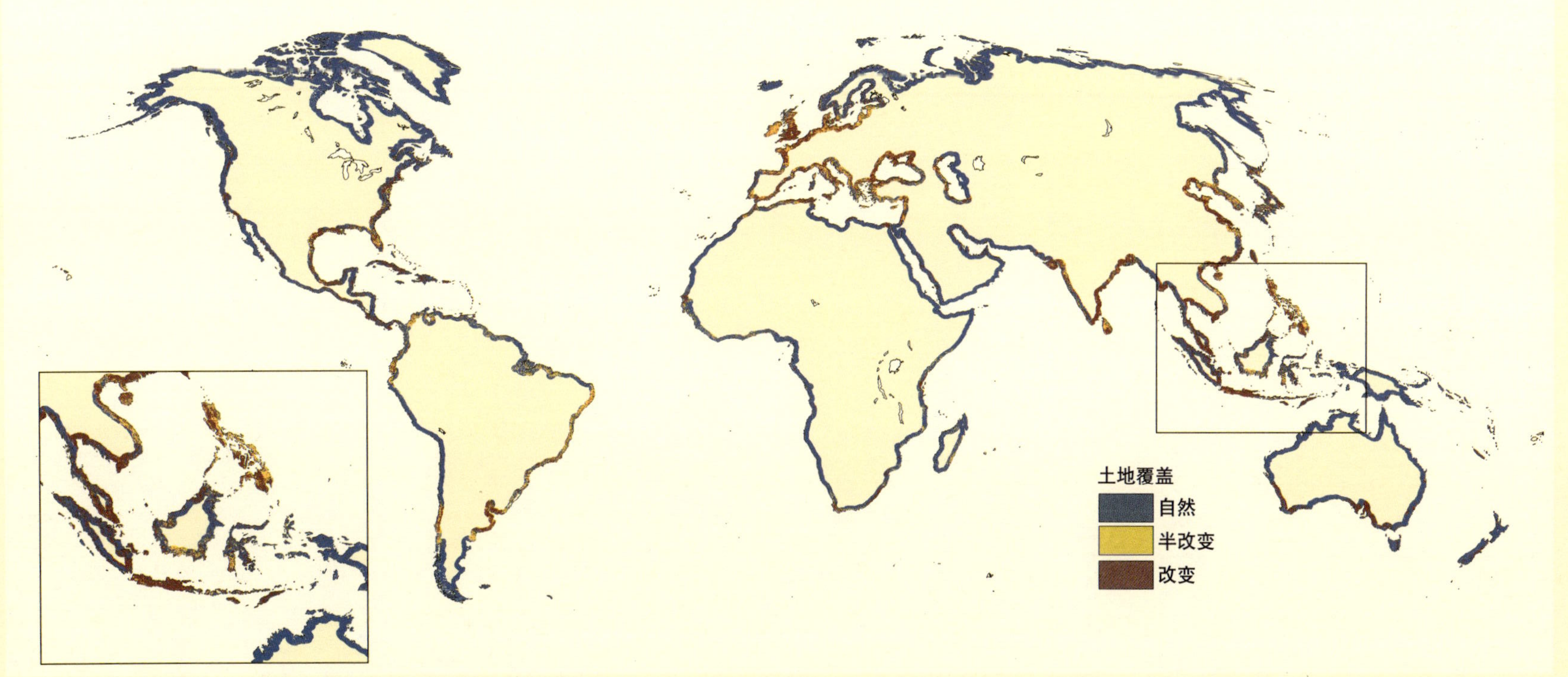

来源：Burke 等 [PAGE] 2000。 本图根据全球土地覆盖特性数据库1.2版（Lovland 等 [2000]）绘制；表格根据CIESIN（2000）编制。

专栏2.12 红树林

红树林占世界海岸线总长度的8%，约占世界热带海岸线的1/4，覆盖着近18.1万km^2的土地面积（Spalding等 1997：23）。红树林适应盐度和水位不断变化的状况，在河口等隐蔽的沿海地区生长茂盛。

红树林对热带渔业生产有决定性意义，因为红树林对数量众多的鱼类物种起着繁育基地的作用。红树林还为当地社区提供木材和薪材，并有助于稳定海岸线。

历史记载表明，在人类活动的压力下，红树林的原始范围已经大幅度下降。各国原始红树林覆盖丧失的比例从4%～84%不等，最快的丧失发生在最近几十年。总体上讲，世界红树林的一半已经丧失（Kelleher等 1997：30）。

因需燃料和木材而过度砍伐，以及为发展农业和养虾及沿海开发而开垦土地都造成了红树林的快速丧失。但在一些地区，由于植树造林和自然再生，红树林的面积实际上正在增加。

选定国家的红树林面积

区域和国家	目前范围(km^2)	大约丧失(%)	丧失期间
非洲			
安哥拉	1 100	50	原始范围至1980年代
科特迪瓦	640	60	原始范围至1980年代
加蓬	1 150	50	原始范围至1980年代
几内亚比绍	3 150	70	原始范围至1980年代
肯尼亚	610	4	1971—1988年
坦桑尼亚	2 120	60	原始范围至1980年代
拉丁美洲及加勒比地区			
哥斯达黎加	413	–6	1983—1990年
萨尔瓦多	415	8	1983—1990年
危地马拉	161	31	1960年代—1990年代
牙买加	106	30	原始范围至1990年代
墨西哥	5 315	65	1970到1990年代
巴拿马	1 581	67	1983—1990年
秘鲁	51	25	1982—1992年
亚洲			
文莱	200	20	原始范围至1986年
印度尼西亚	24 237	55	原始范围至1980年代
马来西亚	2 327	74	原始范围至1992—1993年
缅甸	4 219	75	原始范围至1992—1993年
巴基斯坦	1 540	78	原始范围至1980年代
菲律宾	1 490	67	1918—1980年代
泰国	1 946	84	原始范围至1993年
越南	2 525	37	原始范围至1993年
大洋洲			
巴布亚新几内亚	4 627	8	原始范围至1992—1993年

来源：Burke 等 [PAGE]2000，该表根据《世界资源报告1990—1991》，UNEP《肯尼亚沿海地区数据库》（1997），Spaldin 等 （1997），Davision和 Gauthier(1993)，MacKinnon （1997），世界银行 （1989）， BAP规划(1993)。用斜体字表示的目前范围估计数与本书数据表的最近估计数不同，因为评价年份和方法是不同的。

专栏2.13 珊瑚礁

珊瑚礁大多数存在于具有最少淤泥的热带浅水海域。浅珊瑚礁仅占世界表面25.5万km²的面积。然而，这些珊瑚礁却支持着近100万种动植物物种(Reaka-Kudla 1997；Spalding 和Grenfell 1997:225)。除了包含丰富的生物多样性之外，珊瑚礁还是小型渔业很容易进入的地区，并有助于保护海岸线免受暴风雨的破坏。

在西太平洋和东南亚的岛屿及海岸附近，珊瑚礁最为丰富，这两个地区一共包含着世界2/3的珊瑚生态系统。这些地区还具有最丰富的物种多样性。

珊瑚生态系统对人类活动的直接和间接影响极其敏感。在世界许多地方，土地开垦、沿海开发及采摘珊瑚已经造成珊瑚礁面积减少。这种直接的影响可以通过扩大保护区范围来加以限制，但像淤泥增加、污染及海平面上升、海水升温等人类活动的间接影响却是更广泛的，也更加难以防治。

发生在1997—1998年厄尔尼诺期间的珊瑚大量褪色是迄今为止所记录下来的最严重的此类事件。如果像一般想象的那样，珊瑚褪色是因为海水升温所引起的，那么全球变暖很可能会使这些事件更为严重，并且对珊瑚礁的长期生存构成更大的威胁。

1997年全球和地区的珊瑚面积

地区	面积（1000km²）	占全世界总面积的比例（%）
全世界	255	100.0
印度洋-太平洋	233	91.4
西太平洋（包括夏威夷）	105	41.2
东太平洋	3	1.2
红海	17	6.7
阿拉伯湾	3	1.2
印度洋	36	14.1
东南亚	68	26.7
大西洋	22	8.6
大加勒比地区	21	8.2
西非	1	0.4

1997－1998年间珊瑚褪色事件

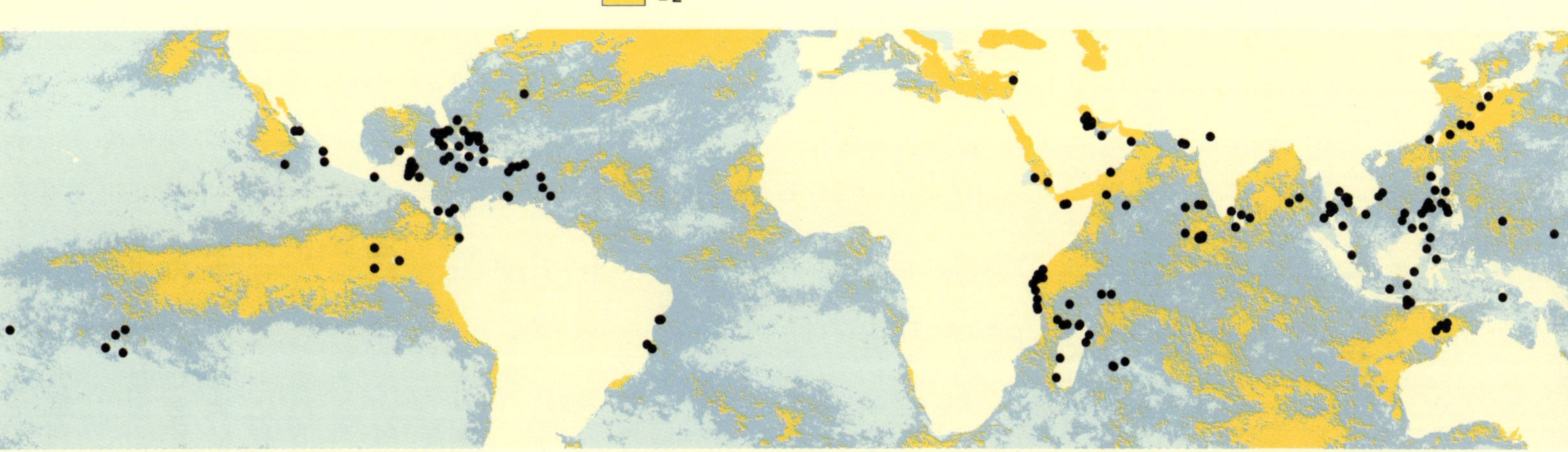

来源：Burke 等 [PAGE]2000。该图表示了根据NOAA/NESDIS（2000）和WCMC（1999）观察到的珊瑚褪色以及根据NOAA/NESDIS（2000）的海水表面温度数据。

河口及其附近的沿海水域。随着沿海人口及内陆人口的继续增长，因污染物负荷及海岸生境的开发和改变所造成的影响预计也将增大。

污染

众多的污染物影响着世界的海岸及海洋。这些污染物可明确分为有毒化学品（包括有机化学品、重金属和放射性废物）、营养物（包括农用肥料及污水）、沉淀物和固体废物这几类。细菌污染的出现是一个特殊例子，往往与营养物污染联系在一起。因泄漏及渗漏造成的石油污染包括有毒的、营养物及沉淀物等污染物。

沿海水域的污染大都来自陆地，但气载源以及船舰的石油渗漏和泄漏等海洋源也起一定作用。欧洲沿海水域中有毒污染约40%被认为来源于大气沉降，在公海中这个比例可能更高（Thorne-Miller和Catena 1991:18; EEA 1998:213）。

在北美和欧洲等一些地区，重金属及有毒化学品污染在最近几十年来已经减少，因为这些化合物的使用量在下降，但在全球范围有毒化学品仍然是一个主要问题（NOAA 1999：14；EEA 1998：216）。在减少泄漏到海洋中的油量方面取得了一些进展，自1970年代以来，石油泄漏的次数和泄漏的石油总量都大幅下降（ITOPE 1999；Etkin 1998:10）。的确，尽管油轮泄漏可能是灾难性的，但并非是石油污染的主要来源；径流和石油基础设施的日常维护估计要占每年排放到海洋石油总量的70%（National Research Council 1985:82）。

本世纪以来营养物的污染，尤其是氮和磷，已经大幅度增加。大量使用肥料、家庭和工业污水排放量的增加以及直接向水体排放大量废物的水产养殖都是造成营养物污染的因素（GESAMP 1990：96）。通过污水处理和禁止使用含磷洗涤剂，使一些地方的营养物污染得到改善（NOAA 1999：iv；EEA 1999：155）。但是海洋污染科学问题联合专家组（GESAMP）把这些营养物引起的海洋富营养化问题确定为海洋环境问题的最直接原因之一（GESAMP 1990:3）（专栏2.14沿海地区的污染）。

过度捕捞

连续45年不断增加的渔业压力已使得许多主要鱼类种群耗竭或下降。但过度捕捞问题并不是一种新现象；早在1900年代初期就被认识到是一个国际问题（FAO 1997：13）。但在1950年代之前，这个问题发生的范围要小得多，因为只有在北大西洋、北太平洋和地中海等一些地区的捕捞强度较大，并且多数世界性鱼类种群并未得到广泛的开发。此后，全球渔业企业的规模迅速增长，并且对鱼类种群的开发已呈现一种可预见的方式，即在世界海洋中一个地区接着一个地区地捕捞。随着每一地区依次达到最大生产率，然后就开始下降（Grainger和Gardia 1996:8，42～44）（专栏2.15过度捕捞）。

鱼类、贝壳类、海草和其它海洋生物的过度开发不仅会减少捕捞鱼种的产量，而且也会深刻地改变海岸生态系统的物种组成和生物结构。过度捕捞的部分原因是世界捕捞船队的捕捞能力过剩，世界范围内捕捞能力超过资源最大承载力的30%～40%（Garcia和Grainer 1996:5）。欧洲联盟最近对欧洲的渔业审查表明，定期来往于欧洲海域的渔业捕捞船队需要减少40%，才能与剩余的鱼类供给量保持平衡（FAO 1997:65）。

拖网捕捞。不仅仅是捕捞强度过大，而且许多现代的捕捞方式也是破坏性的。沿着海底拖动的现代拖网捕捞设备以捕捞虾以及鳕鱼和比目鱼这类生活在海底的鱼类的作业破坏了由蠕虫、寄生虫、海胆和其它非目标物种组成的海底环境，因为拖网设备铲到底泥并刮过岩石。被拖网设备扫过的海底生境的损坏程度可能是较轻的，其影响仅持续数周，但对珊瑚、寄生虫和其它长寿命物种的影响是强烈的，持续几十年甚至几百年（Watling和Norse 1998:1185～1190）。

有人估计全球被拖网扫过的海底面积达1480万km^2（Watling和Norse 1998:1190）。为了更好地估计受拖网影响的大陆架面积的比例，PAGE研究人员绘制了可获得足够数据的24个国家拖网总面积的地图。这24个国家的大陆架占世界大陆架的41%。PAGE的分析表明，拖网扫过的海底面积占这些国家大陆架总面积的57%（Burke等 [PAGE]2000）（专栏2.16拖网捕捞）。

捕捞的附带品。与商业捕鱼相关的另外一种破坏性活动来自于“捕捞的附带品”或对非目标鱼类的无意捕捞以及对目标鱼类的幼鱼或尺寸小的鱼的无意的捕捞。有些捕捞的附带品用于销售，但许多被抛弃或

专栏2.14　近岸海域的污染

主要因为农用肥料使用的增加以及家庭和工业废水排放量的不断增大而使得海洋营养物污染，尤其是氮和磷的污染，本世纪以来大幅度增加（GESAMP 1990：96）。水中过高的营养物浓度会刺激水生植物过度生长——富营养化。随着植物越来越多，其分解将使水中的氧浓度下降到支持多数水生动物生命所需要的最低氧浓度限2ppm以下，这不仅将危及原生物种，也会危及到人类健康、生计和娱乐。

由产生有害的生物毒素的藻类组成的有害的藻类暴发可以是因过量的营养物径流促成的。现在人类已知60余种藻类毒素（McGinn 1999），每年发生的影响公众健康、鱼类、贝壳类和鸟类的藻类暴发事件从1970年代的约200起增加到1990年代的700余起（HEED 1998）。

缺氧——溶解氧的耗竭——也与沿海水域的营养物污染有关，鱼类会离开或避开缺氧区，并且虾、蟹、蜗牛、蛤、海星和蠕虫等生活在海底的物种最终将窒息而死亡。当前数据表明，缺氧区最经常地发生在欧洲、美国和日本邻近集约耕作流域和近岸大工业中心的封闭水域中。

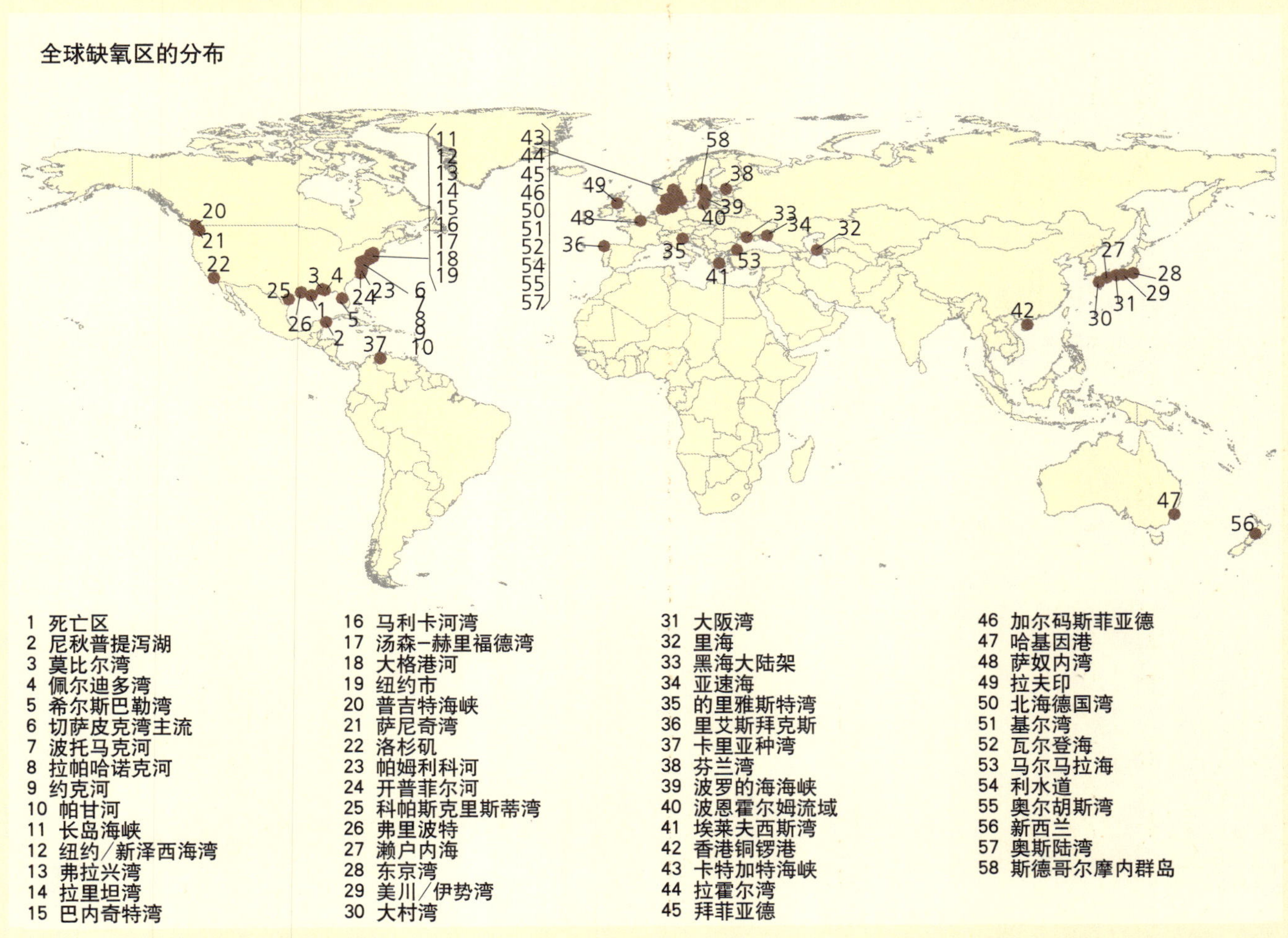

来源：Burke 等［PAGE］2000。此图根据弗吉尼亚海洋研究所R.J.Diaz个人通信(1999)绘制，对Diaz和Rosenberg(1995)的数据作了更新。

专栏2.15 过度捕捞

在1950年代之前，过度捕捞问题仅限于北大西洋、北太平洋和地中海的高强度捕渔区。如今，过度捕捞已成为全球性问题，当前的捕捞趋势已使作为食物来源和就业渠道的渔业处于危险的境地。

鱼类占人类饮食中所有动物蛋白的1/6，约10亿人依赖鱼类作为其主要的蛋白来源。随着对鱼类需求量的增加，许多主要的种群储量已经下降或耗竭。联合国粮农组织（FAO）报告称，截至1999年，由于以往的过度捕捞，所有鱼类中1/4以上已经耗竭或者由于当前的过度捕捞而处于即将耗竭的危险。所有鱼类种群中几乎一半正处于捕捞的最大生物极限，因此如果捕捞强度再增大的话就很容易耗竭。

渔业带来的就业可能要发生深刻变化，尤其是那些为当地市场或者生计而捕鱼的小规模的渔民。过去20年来，全世界范围内约1000万小规模渔民正逐渐失去渔场，因为商业捕捞船队的竞争不断增强。尽管如此，商业捕捞船队的前景也不乐观。全球范围内渔业的捕捞能力比鱼类最大生产限度高出30%～40%。欧盟最近估计，在欧洲捕捞船队需要减少40%才能与鱼类的生产量保持平衡。

渔业捕获量下降史：按海洋划分的最高捕获量与1997年捕获量的对比

渔业区	1997年捕获量（1000t）	最高捕获量（1000t）	达到最高捕获量的年份
大西洋			
东北	11663	13234	1976
西北	2048	4566	1968
中东部	3553	4127	1990
中西部	1825	2497	1984
东南	1080	3271	1978
西南	2651	2651	1997
太平洋			
东北	2790	3407	1987
西北	24565	24565	1997
中东部	1668	1925	1981
中西部	8943	9025	1995
东南	14414	20160	1994
西南	828	907	1992
印度洋			
东部	3875	3875	1997
西部	4091	4091	1997
地中海	1493	1990	1988
南极	28	189	1971

1994年过度捕捞或足额捕捞的渔场

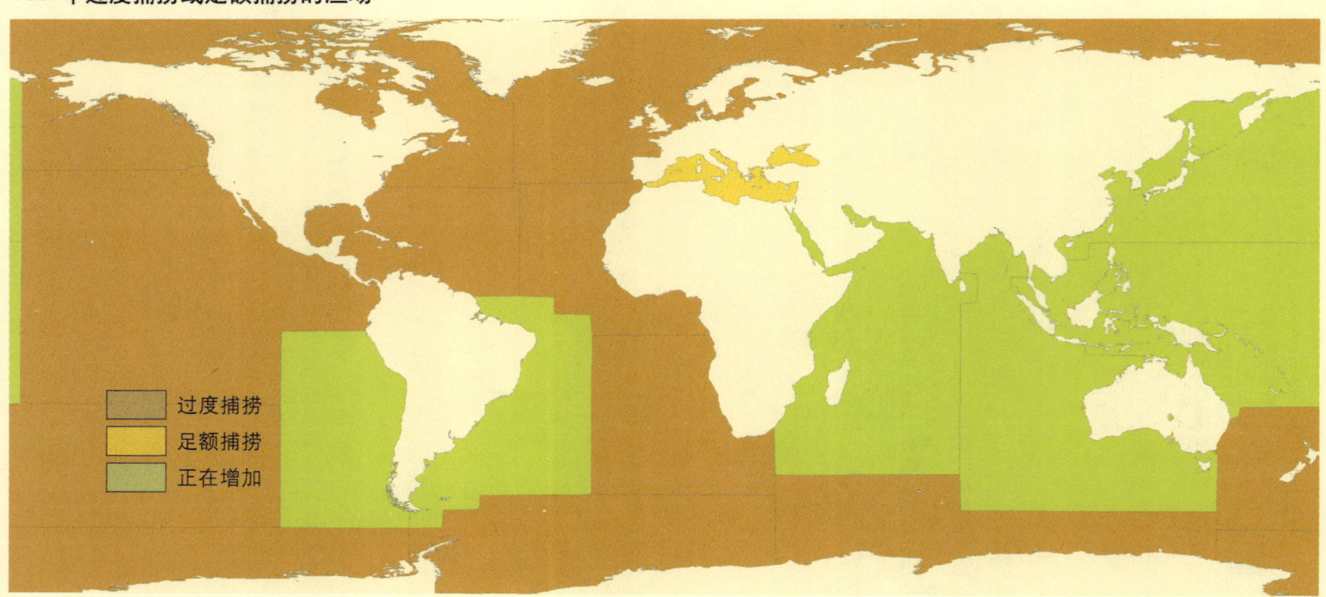

来源：Burke 等 [PAGE]2000。此图根据Grainger 和 Garcia(1996) 绘制；分析根据1950—1994年期间收集的200个最大渔场/渔场的上岸数据作出，按照沿海、海洋和内陆水域中数据表4的技术注释，这些数据代表了世界海洋渔业的77%；表格根据FAO（1990c，1999d）编制。

被扔回大海，大多数因受伤或暴露而死亡。渔业专家估计捕捞的附带品大约占全球海洋渔业捕捞量的25%，每年达2000万t（FAO1999：51）。在某些种类的渔业中，捕捞附带品会大大超过目标物种的捕捞量。例如捕虾业，抛弃量超过虾量的比例达5:1（Alverson等1994:24）。

气候变化

全球气候变化可以通过更高的海洋温度的附加影响、改变的海洋环流方式、不断变化暴风雨频率以及海平面上升构成对海岸生态系统的其它压力。海水中CO_2浓度的不断变化也会影响到海洋生产力甚至会改变珊瑚钙化的速度（Kleypas等1999）。1997—1998年厄尔尼诺发生期间观察到的普遍的珊瑚褪色就是海水表面温升效应引人注目的例子。同样，海洋流向及环流方式的变化也会通过改变生境的物理特性（水温和盐度）和不同物种幼鱼及成年鱼的洄游方式而极大地影响海岸生态系统的生物构成。

与气候变化相关的海平面上升很可能会对世界所有海岸地区造成影响。在过去的这个世纪中，海平面每年上升的速度为1.0～2.5mm（IPCC 1996:296）。政府间气候变化专业委员会（IPCC）预测，截至2100年，全球海平面将上升15～95cm，这主要由海洋的热膨胀及小型冰川的融化所造成（IPCC 1996：22）。

最易受海平面上升影响的一些地区是那些最高点不超过海平面2m的沿海陆地，尤其是那些所谓的“无退却土地”——一半以上的土地在海平面以上的高度不超过2m的岛屿。海平面上升也会增大暴雨巨浪带来的影响，这反过来又会加速侵蚀和相关的生境丧失，增加河口和淡水蓄水层的盐度，改变沉淀物和营养物的输送，并增加沿海洪灾。河流三角洲也会因海平面上升而受到洪水的威胁，如果咸水沼泽和海岸湿地因海岸开发而与内陆阻隔，也会受到洪水的威胁（NOAA 1999：20）。

评估产品与服务

来自于海洋渔业的食物

尽管鱼类提供的蛋白占1997年人类消费动物蛋白总量的16.5%，但对世界渔业的预测是严峻的（Laureti 1999:63）。平均占人类每年消费全部蛋白（包括动物和植物）的6%。约10亿人依赖鱼类作为其动物蛋白的首要来源（Williams 1996:3）。发展中国家对鱼类的依赖程度是最高的：在30个最依赖鱼类作为蛋白来源的国家中，除4个国家外其余都是发展中国家（Laureti 1999:v）。在发展中国家，鱼类产品的生产几乎等同于所有主要肉类——家禽、牛肉、羊肉和猪肉——的生产（Williams 1996:3）。

从1950年到1997年全球海洋鱼类和贝壳类产量增加了5倍，从1700万t增加到1.05亿t（FAO 1999C）。这种快速增长，尤其是近20年的快速增长，部分来源于水产养殖的增长，水产养殖现在占渔业总产量（海洋和内陆）的1/5以上（FAO 1999a:10）。1984—1997年，海水和半咸水的水产养殖产量增加了2倍并且还将继续快速扩大（FAO 1999C）。海洋捕捞量的另外30%由鲱鱼、 鳀鱼、沙丁鱼等一些小的低价值鱼类组成，这些鱼类当中许多被当作鱼饲料及作为家禽和水产养殖的饲料蛋白补充。因为像鳕鱼这类高价值种类的捕获量呈下降趋势，这些低价值鱼类捕获量占全球捕捞总量的比例在上升，部分掩盖了过度捕捞造成的影响（FAO 1997：5）。

鱼类和贝壳类产量具有全球经济的重要性，对发展中国家尤其重要，因为鱼类产品出口贸易的一半以上来自于发展中国家（FAO 1999a:21）。1996年渔业出口达到525亿美元，占当年农业出口总值的11%（FAO 1999a:20）。

就业

渔业和水产养殖也是主要的就业来源，1990年为全世界近2900万人提供了工作（FAO 1999a:64），这些与渔业相关的工作中的95%都在发展中国家（FAO 1996b）。渔业部门的就业形式可能在未来几年发生巨大变化，尤其对为当地市场和生计而捕鱼的小规模渔民更是如此。小规模渔民在过去20年来正失去渔场，因为来自商业捕捞船队的竞争增强了。对西非海岸的调查表明，在近岸浅水区域手工捕捞者从事地区性贸易的鱼类种群储量从1985年到1990年下降了一半以上，这主要是由于商业拖网捕捞者的捕渔量增大的原因（FAO 1995：22）。随着近海鱼类种群在高强度捕捞压力之下而继续减少，这种趋势可能会加强。

生态系统状况

从渔业生产角度看，海岸生态系统的状况较差。

专栏2.16　拖网捕捞

拖网捕捞是指沿海底层拖过负重的网以捕捞虾类和底层鱼类。拖网捕捞正越来越多地在大陆架之外进行。捕捞者在深达400m有些甚至达1500m以上的海底实施拖网作业。估计有1480万km^2的海底被拖网扫过（Watling 和 Norse 1998:1190）。PAGE研究人员绘制了可以获得足够数据的24个国家被拖网扫过的海底总面积图。这些国家中被拖网扫过的海底总面积达880万km^2，根据这些数据推测表明世界总拖网面积接近2000万km^2，几乎是巴西面积的2.5 倍。

对海底实施拖网是对海岸生态系统生物多样性的一个主要压力来源。现代拖网技术不仅能使目标鱼类迅速耗竭，而且也会损害或破坏非目标物种（包括珊瑚和寄生虫）。因深水物种比浅水物种生长慢得多，随着拖网深度增加，拖网带来的长期影响就被扩大。

由底层植物和动物组成的浓密的类似地毯的自然覆盖物对鳕鱼这样一些底层鱼的幼鱼生存是非常重要的，这些幼鱼能在这个自然覆盖物中寻求保护（Watling 和 Norse 1998:1184）。因此，在高强度拖网地区，海底生境的破坏是鱼类种群储量下降的主要原因之一。

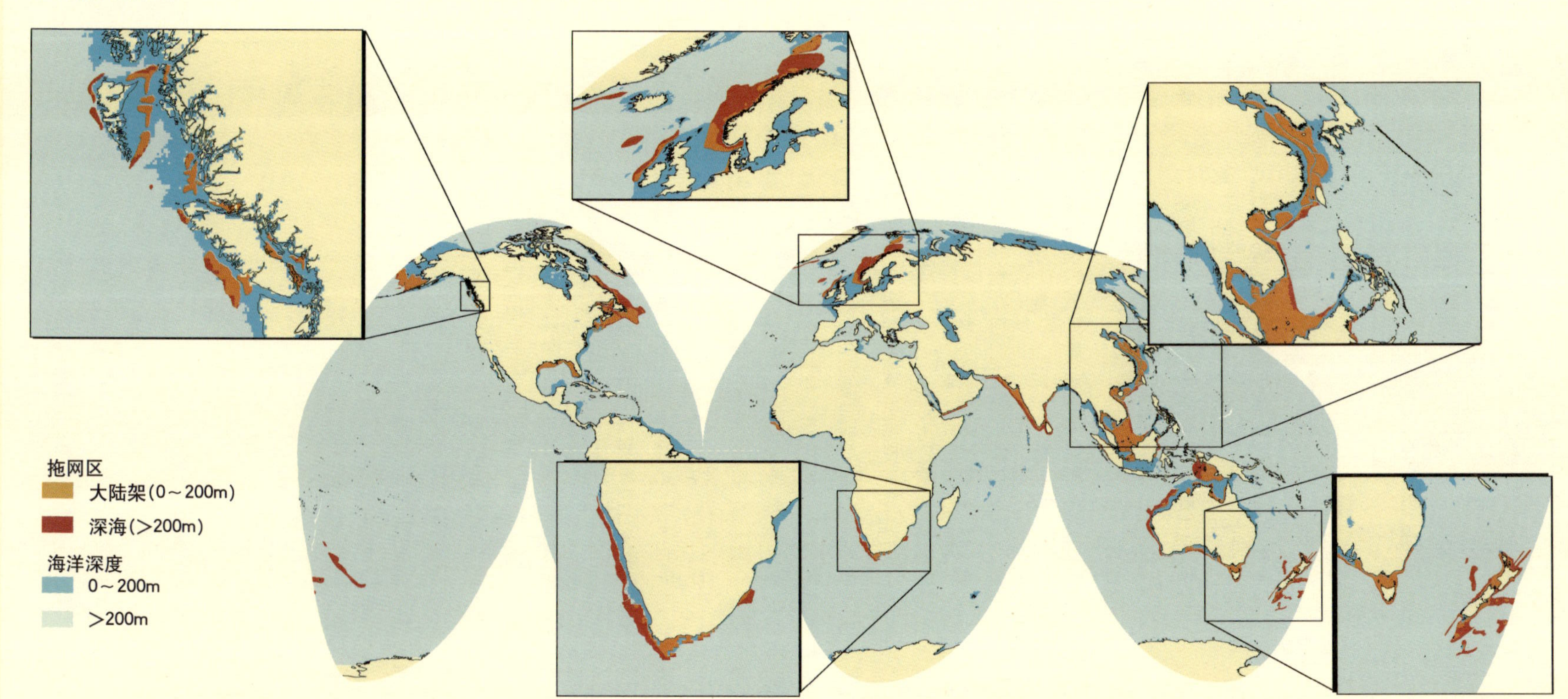

来源：Burke 等 [PAGE]2000。此图根据McAllister，D.等（1999)绘制。数据反映了全球部分拖网调查的初步结果。

从1950年到1994年间35%的最重要的商业鱼类产量下降了（Grainger和Garcia 1996:31）。粮农组织报告称，截至1999年，所有可获得信息的鱼类种群当中有75%迫切需要更好的管理——28%的种类已经由于过去的过度捕捞而已经耗竭或由于目前的过度捕捞而正处于耗竭的危险，47%正处于其捕捞的最大生物极限，因此如果捕捞强度再增大的话，也很容易耗竭（Garcia和DeLeiva 2000）。

沿海渔业状况的另一个指示数字是食物网的不同层次上鱼类种群的相对丰富程度。在许多渔业活动中，价值最高的鱼类是处于食物网上层的大型食肉种类，如金枪鱼、鳕鱼或大马哈鱼。当这些“上层食肉鱼类”因高强度渔业压力而耗竭时，其他处于食物网上较低层的种类——吃浮游生物的鱼类——可能就在渔获量中处于主要地位。这种开发模式被Pauly等人（1998）描述为“沿食物网向下方向捕鱼”，并且这可能标志着生态系统物种结构的退化。

粮农组织代表PAGE研究分析了全球渔获量统计数据以获得生态系统变化的迹象，尤其是“沿食物网向下方向捕鱼”的迹象。分析结果表明只有在北大西洋有这一开发模式相对较强的证据。其他海域表现出物种相对多度的变化；但渔业活动似乎只在北大西洋是引起这种广泛生态系统变化的主要因素（Burke等[PAGE]2000）。而其他海域，如在地中海和波罗的海，食物网下层的食浮游生物鱼类的增加可能表明过量营养物的存在，营养物刺激浮游生物的增长因而为食浮游生物的鱼类提供了更多的食物（Caddy等 1998）。

海岸生态系统及其支持的鱼类种群的继续退化会给未来的鱼类消费带来严重影响。粮农组织预计对作为人类食物来源的鱼类和贝类的需求将继续增长，远远超过当今每年消费9300万t的水平。粮农组织警告，只有在最乐观的情况下——水产养殖继续快速增长，过度捕捞得到控制，使得鱼类储量得以恢复——才会有足够的鱼来满足全球需求（FAO 1999d）。然而，如果当前的退化趋势持续下去，鱼类供需之间的实质性差距将会扩大，鱼类的价格将上扬，并威胁到一些区域的粮食安全（Williams 1996:14～15，25～26）。

警示：粮食生产

全球海洋鱼类储量仍然产生大量的鱼类和贝壳类，并且海水养殖产量也在迅速增长。但是，当前的渔业活动表明鱼储量耗竭和损害海岸生态系统的破坏性渔业技术的全球模式。当前，接近75%的被评估鱼类种群或者被过度捕捞或是以其生物极限的量进行捕捞，很容易被过度捕捞。水污染及丧失繁育生境等其他因素加深了损害程度。其结果是，世界海岸和海洋生态系统生产供人类捕获的鱼类的生产力高度退化并在继续下降。这对许多国家的营养状况及地方和国家经济会有巨大影响。

水质

海岸生态系统通过过滤和降解有毒污染物、吸收养分投入以及帮助控制病原体的种群而提供维持水质的重要服务。但河口和海岸提供这些服务的能力很容易以至少三种途径被超过：首先，有毒污染物可以在鱼类和贝壳类中累积到对人类健康有害的程度；其次，被污染的沿海水域可以为霍乱和甲型肝炎这类病原体提供隐匿场所，这类病原体也是重大的健康危害；再者，来自农业和城镇径流的过量养分输入及污水厂出水会引起富营养化，增加的营养物又刺激藻类的快速增长。藻类分解时反过来消耗水中的溶解氧含量，这就损害或驱走所有物种，只留下抗性最强的物种。

沿海污染最常用的衡量方法是多少污染被排放到海洋中，如石油泄漏次数或污水排放量。但这并不显示污染对海岸生态系统具有何种影响。因此，PAGE研究人员研究了几种能更好反映海岸生态系统生物变化的指示数字，尽管仅可获取少数几个指示数字的全球性数据。

氧耗竭

这样的一个指示数字是水中的氧耗竭——一种被称为缺氧的现象。缺氧通常与富营养化的更严重形式有关，缺氧对海洋生物，尤其是生活在海底层的定居类生物是有相当大的危害的。虽然关于缺氧的历史性信息有限，但专家们相信缺氧区的发生频次和范围近几十年来一直在增大（Diaz 1999;Diaz和Rosenberg 1995）。缺氧状况最知名的例子之一是墨西哥湾北部密西西比河河口的所谓“死亡区”。贯穿整个北美洲中部的密西西比河在过去40年来带入河口的氮含量增长了2倍，这使得夏季死亡区缺氧最严重时达到7 800～10 400 km²的面积（Rabalais和Scavia 1999）。

藻类暴发也可以因营养物污染而加剧，藻类暴发的历史性信息稍多些。

有害藻类暴发

科学家们已经收集了关于有害藻类暴发（HABs）的信息。HABs是指产生有毒化合物的藻类种群的急速增加。当今已知的有害藻类毒素有60余种，它们要对至少6种食物中毒负责，其中有几种是致命的(McGinn 1999:21; NRC 1999:52)。1991年以来在美国HABs造成鱼类死亡、公众健康问题以及旅游和海产食品工业收入下降而导致了近3亿美元的经济损失（McGinn 1999:25）。有记录的HABs发生的频次从1970年代的每年200起增加到1990年代的每年700起（NRC 1999：52；HEED 1998）。这种增加的一部分可能是由于更完善的报告制度，因为对HABs的认识提高了；但大部分增加都是真实的，得到长期监测项目的证实。

病原体与有毒化学品

可获得的有关病原体、有毒化学品及持久性有机污染物对生态系统影响的信息比有关营养物污染的信息要少。从世界某些地区——主要是工业化国家可获得有限的数据，这些国家建立了监测贝壳类生长环境项目，以确保人类消费的贝壳类动物不受病原体污染。美国贝壳类监测结果表明有逐步改善的状况：美国生长贝类的水体被批准捕捞的比例从1985年的58%增加到1995年的69%（Alexander 1998:6）。

持久性有机污染物

持久性有机污染物（POPs）包括若干在环境中天然不存在的化学品，如多氯联苯（PCBs）、二恶英和呋喃以及DDT、氯丹和七氯这类杀虫剂。POPs可在环境中持久存在，可以通过海洋食物网或在近岸沉积物中累积到对水生生物和人类有毒的水平。

北美、拉美及加勒比地区和法国的“贻贝观察”项目为监测海岸生态系统中POPs(及其他有毒化合物）的变化提供了工具。这些监测项目测量贻贝组织中有毒化合物的累积量，而这种贻贝是通过过滤大量海水而进食的，因此很容易累积可得到的毒素。贻贝观察的数据表明，虽然氯化烃在工业区附近的沿海沉积物和高等食肉鱼（如海豹）脂肪中含量仍较高，但在数年严格控制氯化烃使用量的一些北方温带地区海水中其浓度却在下降（O'Conner 1998;GESAMP 1990:52）。但是，在热带和亚热带地区由于含氯杀虫剂的继续使用，其污染程度似乎在上升（GESAMP 1990：37）。

警示：水质

虽然针对近岸水体实际状况的监测相对于污染物排放量的监测是少量的，但有证据表明在世界许多地区海岸生态系统维持洁净水的能力在下降。尤其是，有害的藻类暴发和缺氧的发生频率增高表示超出了这些地区生态系统吸收和降解污染物的能力。只有在一些OECD国家中，有迹象表明水质得到改善，这似乎是POPs等某些污染物的投入减少的结果。

生物多样性

所有生态系统中迄今已分类的175万种物种中只有25万种可在海洋环境中找到，但专家们相信大多数海洋物种都已被发现和分类（Heywood 1995:116; WCMC编写中的出版物)。生命最初是从海洋起源的，并且海洋生态系统仍然为种类繁多的生命形式提供隐匿场所。在世界所有的33门（相关生物群）生物之中，可在海洋环境中找到其中的32门，并且其中15门只有在海洋环境中才存在（Norse 1993;14～15)。珊瑚礁是经常用来标志高度生物多样性的一个近岸海洋生态系统。虽然珊瑚礁生境的面积不到全球海底面积的0.25%，但珊瑚礁是最具多样性的海洋环境，迄今已发现93000种物种，并且许多还有待于发现（Reaka-Kudla 1997:88～91)。

大量证据表明对沿海生物多样性存在巨大压力。像红树林、海草及湿地这类海岸生境的丧失是海岸生境中生物多样性状况下降的一个直接尺度。珊瑚礁在全球范围内面临退化，面积减少、珊瑚鱼类的过度捕捞、近岸水质的退化对珊瑚生物多样性有不可避免的影响。1998年进行的一项研究绘制了对珊瑚礁生态系统的压力图，其结果显示全世界58%的珊瑚礁处于受人类活动影响的危险之中，27%处于高度危险之中(Bryant等 1998:20)。

入侵物种

沿海生物多样性状况的最重要变化之一是入侵物种的种类和数量的增长。例如，地中海的海洋生态系统现在含有480种入侵物种，波罗的海有89种，澳大利亚海域有124种（Burke等 [PAGE]2000）。生物入侵的一个主要来源是船只的压舱水。据认为，当今的任何一天，世界远洋船队的压舱水中携带着3000种不同的活物种（Bright 199:156）。

1982年西大西洋的栉水母引进黑海水域是说明非土著物种如何对海洋生态系统产生影响的最引人注目的例子之一，由于栉水母未受到黑海原生食肉鱼类的挑战，它急剧繁殖，于1988年达到9亿~10亿t湿重的高峰值（大约占黑海全部湿重生物量的95%）。这些动物破坏了原生浮游动物种群，导致大量藻类急剧暴发。自然食物网被打破，最终导致黑海渔业的崩溃（Bright 1999:157;Travis 1993:1366）。

其他造成生物入侵的原因包括为渔业放养或甚至为观赏目的而有意引入非土著物种、水产养殖的意外引进以及通过人工运河而造成的物种迁移，最著名的例子是通过苏黎士运河将红海的物种引入地中海。

耗竭

反映海岸生态系统生物多样性状况直接变化的另一个尺度是各种重要商业鱼类的数量下降。过度捕捞使得鱼类至少在其大部分原始范围内种群下降，有时甚至面临灭绝的危险。国际自然保护联盟（IUCN）受威胁物种红皮书包括诸如大西洋鳕鱼、大西洋大比目鱼、5种金枪鱼以及黄尾比目鱼这样一些物种，所有这些物种都作为食物而被大量捕捞（IUCN 1996：70～80）。

疾病

沿海生物多样性状况下降的另外一个证据是沿海生物中新疾病的发生（Harvell等 1999:1505）。这些疾病造成包括巨藻海草、贝壳类、珊瑚在内的植物、无脊椎动物和脊椎动物以及海豹和海豚等海洋哺乳动物的大量死亡。更好的新疾病检测方法可能是死亡事件报导增多的原因之一，但仔细分析这些数据表明新疾病确实也在增多（Harvell等 1999：1505）。

珊瑚为海洋生态系统发病率增高提供了一个最好的例子。最近一项全球性调查提供了50多个国家的2000多起单独的珊瑚发病事件的记载。最早的记载是1902年，但绝大多数发生在1970年代以后（Green和Bruckner 印刷中）。例如，在佛罗里达，1996年以来在160个监测点中观察到的珊瑚发病事件增至四倍（Harvell等 1999:1157）。虽然这些疾病的确切原因还不清楚，但研究人员把它们与污染和淤积这些压力引起的珊瑚不断增大的脆弱性联系在一起。

珊瑚褪色

珊瑚褪色是一个直接反映珊瑚礁状况的标识。形成礁状的珊瑚含有以相互依赖的伙伴关系生存于其组织中的细小藻类（动物黄藻）。当珊瑚受到压力时，这种相互依存的伙伴关系就被打破，造成这种压力最常见的原因之一是珊瑚接触到高于正常情况的水温。当这种情况发生时，珊瑚就失去其组织中的藻类并且变成鲜白色，就像珊瑚被漂白了一样。虽然珊瑚可能从这样的情况中恢复过来，但如果这种褪色原因达到特别高的程度或长时期持续，珊瑚就会死亡。温度仅比夏季温度高出1～2℃就足以引起褪色。

在1979年以前，尚无任何有关整个珊瑚系统大规模褪色的的记载，但近20年来情况改变了。1987年、1991年和1996年，在世界上10个主要的珊瑚礁群中有6个观测到大规模褪色现象。最近观测到的普遍褪色事件发生在1997年底至1998年中，在本世纪最大的厄尔尼诺现象期间。世界10个主要珊瑚礁都记录了褪色现象（Hoegh-Guldberg 1999:8）：在一些局部地区，珊瑚死亡达到90%以上；幸运的是许多珊瑚后来复活了（Salm和Clark 2000:8）。专家们相信是高水温引起了珊

警示：生物多样性

各种海岸生境——从珊瑚礁到海草床——使得海岸生态系统具有众多的物种和复杂的群落。但许多标识显示这种生物多样性出现严重的下降趋势。退化和面积丧失影响到红树林、海草、珊瑚礁和海岸湿地等所有主要的生境种类。入侵物种已经对许多海洋环境、尤其是港口和其他繁忙运输区域附近的环境，造成严重的损害。鳕和黑线鳕这类被高强度捕捞的鱼类最近已被列为受威胁物种。海洋哺乳动物和珊瑚礁的发病率以及珊瑚褪色事件已经大幅度上升。总之，海洋生态系统支持其正常生物多样性的能力已经大大削弱了。

瑚褪色。现在还没有办法了解人类活动引起的气候变化是否与此有关，但研究人员相信与气候变化相联系的海水温升也可以引起相同的破坏性效果。

管理工作

沿海生物多样性状况下降的事实已经促使当地社区、非政府组织和各国政府采取行动降低特定生境丧失的速度并保护剩下的物种。虽然PAGE研究人员没有尝试过调查所有的反应措施，但很重要的一项是海洋保护区数量的快速增长。到目前为止，全世界已设立了3600多个海洋保护区（WCMC 2000）。尽管如此，处于保护的总面积仍然远远低于海洋科学家认为保护海洋生物多样性所需的最小面积。

海岸线保护

随着更多的人生活在沿海地带，使生命和财产置身于危险之中，沿海风暴对经济和人类造成的损失也在增大。欧洲因洪灾和山体崩塌造成的经济损失在1990—1996年期间是1980年代损失的四倍，是1960年代损失的12倍以上（EEA1988：274）。1988—1999年期间，美国遭受了38起与气象有关的灾害，每起损失达到或超过10亿美元，总计损失超过1700亿美元（NCDC 2000）。在欧洲和美国，许多与气象有关的自然灾害包括沿海地区的洪灾，或美国的飓风对沿海地区的影响。目前全世界范围内每年有4000万以上的人口面临暴风巨浪引起的洪水的风险（APCC1996：292）。

健康的海岸生态系统不能完全保护社区免受风暴和洪水的影响，但它们在稳定海岸线并减缓暴风雨、大风和海浪对海岸带的影响方面起到重要作用。例如，斯里兰卡投入了3 000万美元用于建设护堤、防波堤和防浪堤，作为对因大规模采挖珊瑚礁而引起的严重的海岸侵蚀地区的补救措施（Berg等 1998:630）。日本1970—1998年期间在海岸线保护项目上投入了4.5万亿日元（410亿美元）（日本贸易部1998）。

对许多国家来讲，海岸生态系统保护很可能是保护沿海地区发展免受风暴和洪水影响的最具成本效益的措施之一。显然，随着各种海岸生态系统范围的大量丧失，提供这种海岸线保护服务的能力在多数国家已经大大削弱。

警示：海岸线保护

世界上海岸生境的大量丧失已经削弱了海岸生态系统保护人类住区免受暴风雨影响的能力，这是无疑的。很少对丧失这种服务所带来的经济损失进行估计，但风暴破坏带来的损失每年达几十亿美元。随着沿海地区密集发展的加速，海岸保护服务的价值也无疑将快速上升。

沿海旅游及娱乐

包括交通运输、旅馆、饮食、娱乐及服务在内的旅游观光业是世界最大的产业，并且也是全球经济增长最快的行业。世界旅游观光理事会估计1999年旅游观光业产值达3.5万亿美元，提供2亿多个就业岗位——占全球所有就业岗位的8%（WTTC1999）。在多数国家，沿海旅游业是旅游业中最大的部分，而在一些国家，尤其是小岛屿发展中国家，旅游业在GDP和外汇来源中占很大比重，且这个比重仍在上升。如果管理得当，沿海地区的旅游业既可以促进海岸环境的保护，也可促进经济发展。

多数与旅游业相关的统计数据是按国别汇总的，统计这些数据的机构和组织一般也不区分沿海与内陆地区的旅游业。考虑到这个因素，PAGE研究人员选择了绝大多数旅游业是属于沿海或海上地区的加勒比地区来评估海岸生态系统状况及其支撑娱乐和旅游业的潜力。

1998年，加勒比地区旅游业产值超过280亿美元，约占该地区GDP的25%。1998年，旅游业提供了290万份工作（占所有就业岗位的25%以上），估计到2005年提供的工作将超过330万个（WTTC/WETA 1998）。到加勒比地区的游客人数也正快速增长，预计今后十年到达该地区的旅游人数将增加36%（加勒比旅游协会 1997）。

生态旅游

不同类型的旅游业给当地经济带来的效益以及对当地环境的影响是不同的。例如，在加勒比地区，多数繁华的旅店是那些大型胜地；而以自然为基础的旅游（生态旅游）是一个小市场。在世界范围内，相对少数的地方社区已经认识到以其自身土地或邻近保护区的自然为基础的旅游所带来的重大益处。当地社区参与自然旅游受到诸多因素制约：缺乏相关知识和经验、缺少资本投资、无力与建立完好的商业运作竞争、缺少旅游地点所有权等（Wells 1997:iv）。

保护区往往为自然旅游经历提供最有价值的部分，但反过来赢得旅游业的经济价值却较低（Wells 1997:iv）。虽然许多国家政府已经通过使其国家的自然旅游目的地市场化，而成功地使到访的旅游人数增多，但多数国家并没有在管理这些自然财产或支持自然旅游所需的基础设施建设方面有足够的投资。因此这些生态敏感或文化价值高的场址面临因旅游开发管理不当、太多的旅游人数以及与新的就业和商业机会相联系的迅速移民的影响所带来的退化危险（Wells 1997:iv～v）（专栏1.15生态旅游）。

与旅游业相关的压力

旅游业具有巨大的潜力，为旅游目的地带来经济繁荣和发展，包括环境改善。但是规划和管理不当的旅游业也可为其所依托的各种资源带来危害。加勒比地区旅游业的不良影响包括因共管和道路建设而破坏山体，为建度假胜地而填实湿地和砍伐红树林，因污染、采沙、挖泥和排放污水而丧失海滨地带和泻湖;因抛锚、沉淀和开发船坞而损坏珊瑚礁（UNEP/CEP1994）。岛屿资源基金会1996年的一项研究发现，旅游业实际上是加勒比地区每个国家污水和固体废物污染的主要促成者，也是海岸侵蚀和沉积的主要促成者（IRF 1996）。因加勒比地区旅游业的成功是建立在适合多种户外活动的极好的海滨和高级海洋环境的吸引力基础之上的，忽视旅游业本身带来的危害将直接威胁到该地区旅游业的增长。

警示：旅游和娱乐业

？ 现在还缺少信息来准确判断海岸生态系统支撑旅游业的能力在全球范围内是否正减弱。但在某些地方，如加勒比地区的部分地方，退化的证据是明显的。然而旅游业也具有潜力——并确实激励——为沿海社区带来长期的可持续效益而不必使其所依赖的资源发生退化。

森　林　生　态　系　统

森林、林地及零散的树木有史以来就一直为人类提供住所、食物、燃料、医药、建材及洁净水。在最近几十年来，它们已变成新的产品和服务的来源，其中包括药物、工业原料、个人保健产品、娱乐及旅游。森林通过减缓水土流失、过滤污染物来调节淡水的质量，并且帮助调节排水的时间和数量。除此之外，森林蕴藏了世界上大部分的生物多样性。尽管科学家知道世界绝大多数的物种尚未被查明，他们仍认为这些物种至少一半，甚至2/3以上可能存在于森林生态系统，特别是热带和亚热带森林中(Reid和Miller 1985:15)。

森林是北半球国家工业和社会经济发展的重要出发点。它们经常被不计后果地加以利用，但原来的森林覆盖土地也常常在新方式的利用下变得具有生产价值，例如：大片的森林土地被永久地转变成农业用地。在一些地区，比如美国东部的部分地区，被砍光的森林又重新生长出来。目前，北半球及温带工业化国家，除日本以外，木材可以充分自给自足，但热带木材仍必须依靠进口。

目前，森林在许多发展中国家的社会经济发展中起着类似的作用。这一作用在这些国家中更为重要，因为森林提供的工业木材既要满足国内消费又要出口创汇。同时，许多农村人口仍靠传统的产品和服务——木质燃料、食物及医药来维持生计。热带和亚热带国家数以百万的人民仍完全依赖于森林生态系统来满足各种需求。

从森林生态系统提供的一系列产品和服务中，PAGE主要注重对于人类发展和福利最重要的5个方面：木材生产和消费、木质燃料生产和消费、生物多样性、流域保护及碳贮存。

范围和改变

世界上有90多种不同的“森林”定义在使用，使度量和评价全球森林生态系统的努力变得更为复杂。PAGE的研究人员采用了IGBP使用的定义，即界定森

(下转第90页)

专栏2.17 森林生态系统现状

要点

- 除格陵兰与南极洲之外，世界地表森林覆盖率大约为25%。
- 自农业前时代以来，全球森林覆盖率已经减少了至少20%，甚至有可能达到50%。自1980年以来，工业国家的森林面积略有增长，但发展中国家的森林面积却减少了约10%。热带森林的砍伐面积可能每年超过13万km^2。
- 全球不足40%的森林相对未受到人类活动的干扰。据报告，除加拿大和俄罗斯之外，工业国家内的大部分森林处于“半天然”状态或转变为人工林。
- 目前，许多发展中国家依赖木材出口创汇。同时，热带国家中数以百万的人口仍依靠森林来满足各种需求。目前，对森林范围和状况最大的威胁是由于农业、伐木和公路建设而转变为土地利用的其它形式和森林破碎化。伐木和采矿的道路为拓荒者的定居打开了通往原始森林的大门，使狩猎、偷猎、火灾及动植物遭受害虫侵袭和入侵物种侵袭的几率增加。

关键

状况是与20～30年前的产出和质量相比，评价目前生态系统产出的产品和服务的质量。

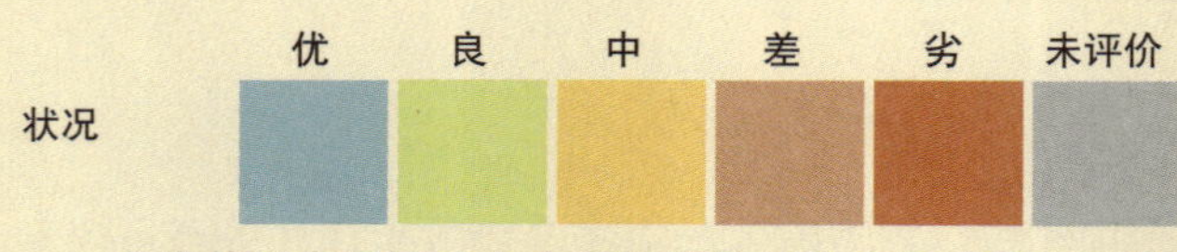

变化的能力是评价生态系统继续提供产品或服务的基本生物能力。

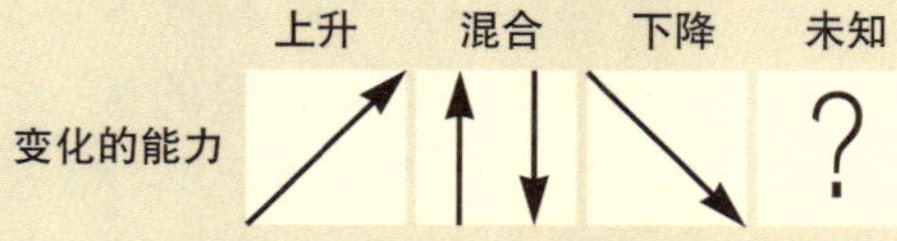

分数是专家关于每一生态系统的产品或服务随着时间变化的判断，与其他生态系统的变化无关。通过平衡各种指示数字的相对强度和可靠性，分数估计了主要的全球状况或能力。当区域调查结果出现分歧，又缺乏全球性数据时，应该重视较高质量的数据、较大的地理覆盖面和较长的时间序列。如果无法确定净价值，全球趋势上存在明显差异的被评为“混合”；当前数据严重不足的被评为“未知”。

状况与变化的能力

纤维生产

纤维生产自1960年以来已经上升了近50%，达到了年产15亿m^3的水平。在大多数工业国家中，每年的林木净增长率超过了开采率；然而，在其他许多地区，从生产林中砍伐的树木多于自然生长所补充的树木。在可预见的未来预计不会发生纤维匮乏的局面。目前，20%以上的工业木材纤维供应来自于人工林，并且其供应量预计还会上升。但天然林的开采也在继续，导致森林的年轻化与单一化。

水质与水量

森林覆盖可以通过过滤淡水、减缓水土流失及沉积来帮助保证洁净水的供给。砍伐森林破坏了这些过程。世界主要流域近30%已经丧失了其3/4以上的原始森林覆盖面积。而对保护流域起重要作用的热带山地雨林，比其它主要类型的森林，正以更快的速度消失。森林特别容易受空气污染的影响，大气污染物使植被、土壤和水流酸化。一些国家为了保护其水资源供给，正在已退化的山地保护或重新种植树木。

生物多样性

包含2/3已知陆生物种的森林拥有最丰富的物种多样性和一些生态系统的特有性，以及最多的濒危物种数量。一些森林拥有的大型哺乳动物、半数大型灵长目动物、近9%的已知树木种类正面临着灭绝的危险。对森林物种的主要压力来自于森林生境向其它土地用途的转变、生境破碎化、伐木以及来自入侵物种的竞争。如果目前的热带雨林砍伐速度继续下去，则所有森林物种的数量将减少4%～8%。

碳贮量

在陆地生态系统中，森林植被与土壤拥有近40%的碳贮量。在北半球，再生林从大气中吸收二氧化碳，当前建立了吸收率超过呼吸率的“净碳汇”。然而在热带地区，森林终伐与退化成为碳净排放源。人工林面积的预期增长将吸收更多的碳，但由于目前砍伐森林速度的持续，意味着世界森林将成为二氧化碳净排放源和全球气候变化的主要促成因素。

木质燃料生产

?

在发展中国家，木质燃料占主要能源供应的15%；而在一些国家中占能源总量的80%。这种燃料主要集中用于贫困人口。虽然2/3的木质燃料可能来自于路边、集体林场和木材工业废料，而不是来源于森林，但木质燃料采集是亚洲、非洲和拉丁美洲部分地区当地大量砍伐森林的原因。尽管经济增长，但由于贫困人口的数据难以确定全球木质燃料的供给与需求，木质燃料消费在未来几十年内预计不会下降。

数据质量

纤维生产

通常关于各国工业圆木生产的良好的全球数据，每年由粮农组织（FAO）和国际热带木材组织（ITTO）公布。按年产价值和立方米容量做生产记录。各种研究可预见到未来的生产和消费率。通常可以获得工业国家的记录，年林木增长率、林木死亡率、林木尺寸与年龄以及开采率的森林清查数据，而许多发展中国家的数据是不完全的，只能进行估算。人工林范围与生产力的信息在不同国家也不尽相同。

水质与水量

世界资源研究所（WRI）对主要流域现有森林覆盖率和历史损失的全球数据进行了汇编。主要可以得到区域或地方级别上的已毁林流域的径流、水土流失与沉积数据。森林覆盖在调节水质与水量方面的重要性，根据来自于工业国家为水土保持而管理森林的经验以及就节约建造水过滤的费用而进行的评估森林的研究。由于空气污染造成的欧洲森林退化情况，由联合国欧洲经济委员会（UN-ECE）进行调查。

生物多样性

全球数据组很少，证据多为叙述性的。具有高度保护价值的森林通过实地观察和专家的观点来确定。可以得到关于全球的森林树种、区域的鸟类、蝴蝶、蛾类以及大型哺乳动物更多的濒危物种量化信息。关于分布地区狭小的鸟类的高质量数据，例如新热带地区内的濒危鸟类数据都可以得到。全球植物多样性中心的鉴别工作根据实地观察和专家的观点来进行。

碳贮量

评估生物量和土壤中碳贮量的方法正在迅速发展。这一研究主要依靠Olson发明的对地上和地下活体植被中碳贮量的估算。为与所描述的全球生态系统的国际地圈生物圈方案（IGBP）的土地覆盖图相一致，该数据组可以通过更新碳贮量估计数而得以修改。土壤碳贮量的估算根据国际土壤参考资料和信息中心—世界土壤排放潜力清单（ISRIC-WISE）中的全球土壤衍生特性数据组进行。

木质燃料生产

国际能源机构（IEA）拥有关于工业国家木材能源生产和消费的良好的近期数据，那里的大部分木材能源均来自二业木材加工废料。有关木质燃料和木炭生产的全球定期系列数据是从家庭调查的模拟或估算中得出的，该数据可从粮农组织获取。有关薪材和植林和生产非森林资源（例如公共土地）的数据是拼凑而成的。发展中国家的人民对木质燃料的依赖性主要从其它能源的获取和价格等信息上推断。

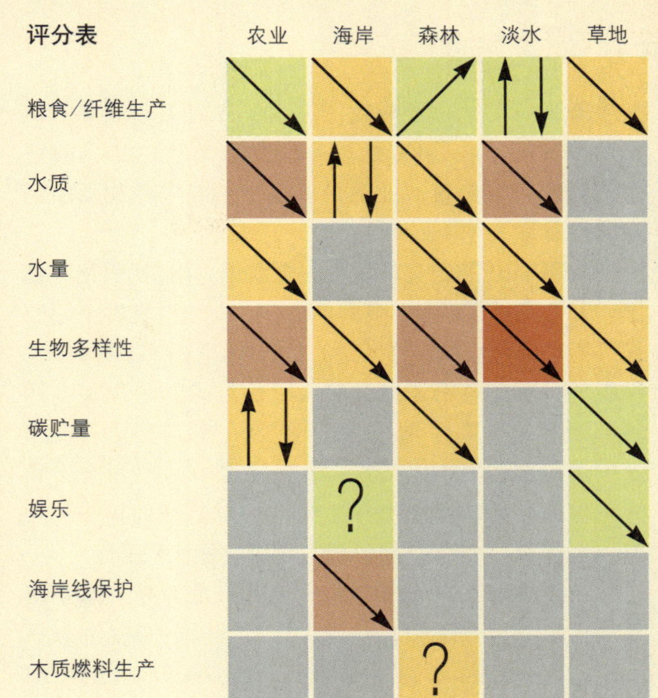

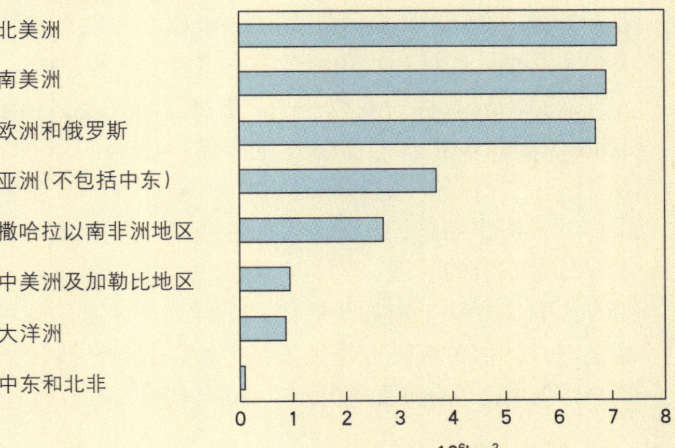

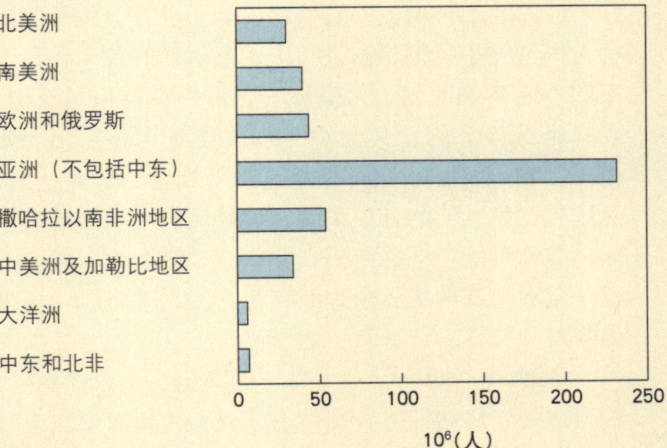

林生态系统为“由形成封闭的或部分封闭的冠层的林木所组成的区域”（专栏2.18森林范围的变化）。森林生态系统包括热带、亚热带、温带、北半球北部山区森林及林地。

利用IGBP的定义和卫星图像数据，PAGE研究计算出1993年森林总面积为2900万km^2，大约占世界土地面积（不包括南极洲和格陵兰）的22%。这一估计与粮农组织所计算的略有不同，粮农组织汇编的是国家森林清单而不是卫星数据，反映出定义的略有不同（FAO冠层覆盖面积不小于10%，树高最矮为5m的所有区域即为森林）。粮农组织估算1995年全球森林面积为3450万km^2（FAO 1997a:185），或占世界土地面积的27%。

在森林与其它土地之间的过渡带是森林生态系统最具动态的部分之一，在世界许多地区的森林生态系统中占有相当大的比例。非洲有大约400万km^2的土地是森林——农田镶嵌；农田占植被覆盖率的30%～40%之间，森林占其余一些部分。因为这些典型的森林过渡区域至少有10%的冠层覆盖面以及大于30%的农业耕地，PAGE研究人员以及粮农组织和其他研究人员将其纳入森林和农业两种生态系统的分析之中。

从封闭的森林向森林——农业镶嵌的转变必然使“森林”提供的产品与服务发生变化。原则上，可以对过渡带实行可持续管理，以提供木材、树木、饲料作物、大田作物保护、薪材和野生生物生境。但如果没有行之有效的管理，则将可能会迅速地发生土地利用方式的转变和生态系统退化。目前，无论是国家还是全球森林清单都没有提供森林过渡带如何快速扩展或其作为生态系统更好地发挥功能的看法。

砍伐森林与森林损失

过去几千年来，人类活动引起了世界森林覆盖面积大幅度缩小，但却难以给出一个确切的数字。科学家们不能精确地确定人类影响之前的森林原始范围。森林不是静态的；其大小与构成随着气候变化而变化。然而，科学家们可以通过利用森林所需的土壤、海拔和气候条件的知识来确定如果没有人类活动的影响，森林可能存在的范围。将这一“潜在的”森林面积与今天的森林实际覆盖面积相比较，就可以对历史上的森林损失作出一个合理的估算。

Matthews（1983:474～487）利用这一方法估算出，截至1980年代初期，人类使全球森林覆盖面积减少了16%。通过采用粮农组织最近的数据对这一研究进行更新，计算出原始森林覆盖面积的总损失约为20%。但是，历史上的森林损失率可能会更高。世界资源研究所1997年的一项研究使用比Matthews的研究所用的分辨率更高的潜在森林地图，估算出原始森林覆盖率已减少了近50%（Bryant等 1997:1）。

计算目前的森林砍伐率与估算过去的森林损失率同样困难。粮农组织估计自1980—1995年期间，工业化国家的森林面积增加了20万km^2（2.7%）（Mattews等 [PAGE]2000;FAO 1997a:17），发展中国家却减少了200万km^2（10%）（FAO 1997a:16～17）。粮农组织还估计发展中国家在1980—1990年和1990—1995年间的森林损失率下降了11%，每年从154 600 km^2/a减少到了130 000km^2/a（FAO 1997a:18）。但是这些估计数字有很大的不确定性。由于缺乏可靠的直接测量、卫星测量的费用过高和难度较大，致使全球一级的毁林测量变得非常复杂。结果，对目前森林砍伐率的估算各不相同，从每年大约50 000km^2到170 000km^2不等（Tucker和Townshend 2000:1461）。虽然粮农组织估算的每年130 000km^2被广泛引用，但最新研究——特别是对印度尼西亚与巴西的研究——表明该数值低估了实际的森林损失。

森林损失的主要原因是过去几十年的研究与报告的焦点。在其1997年的森林评价中，粮农组织将非洲森林损失主要归结为在农村人口增长的压力下自给农业的扩展（FAO 1997a:20），拉丁美洲的森林损失更多地归结为大规模的畜牧业、为政府规划的住区进行终伐，以及水力发电水库。粮农组织发现亚洲的森林遭受着同样的自给农业和经济发展计划的压力（FAO 1997a:20）。

历史上认为，木质燃料收集是世界上某些区域砍伐森林的主要因素；然而更好的信息驳斥了这一结论。粮农组织认为收集木质燃料虽然可能增加森林质量与健康退化的压力，但不是砍伐森林的重要原因。2/3的木质燃料来源于非森林，例如林地、路边和木材工业（FAO 1997c:21）。

森林破碎化

虽然实际范围的变化对森林提供的各种产品和服务有明显的影响，但森林破碎化将对其造成更为巨大的冲击。作为森林范围与变化特征的组成部分，PAGE

专栏2.18 森林范围的变化

自16世纪以来，北温带的森林由于人类活动的破坏而遭受了最广泛的损失。近年来，开始有所恢复。然而，这些收益却被发展中国家更为辽阔且物种丰富的森林面积的快速减少所抵消。

世界上的许多树木生长在仅仅部分被森林所覆盖的地区。这些土地提供了大量与森林相关的产品，特别是木质燃料、物种的生境和土壤保护。但是这些地区非常容易遭到终伐，因为比起更高树木覆盖的森林区域来，它们往往更容易进入，并可能更少地受到立法的保护。

1980—1995年森林面积的变化

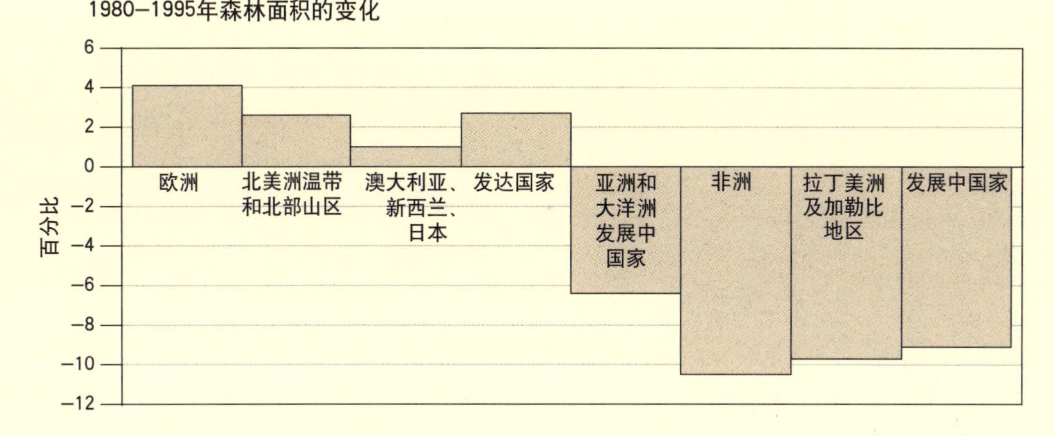

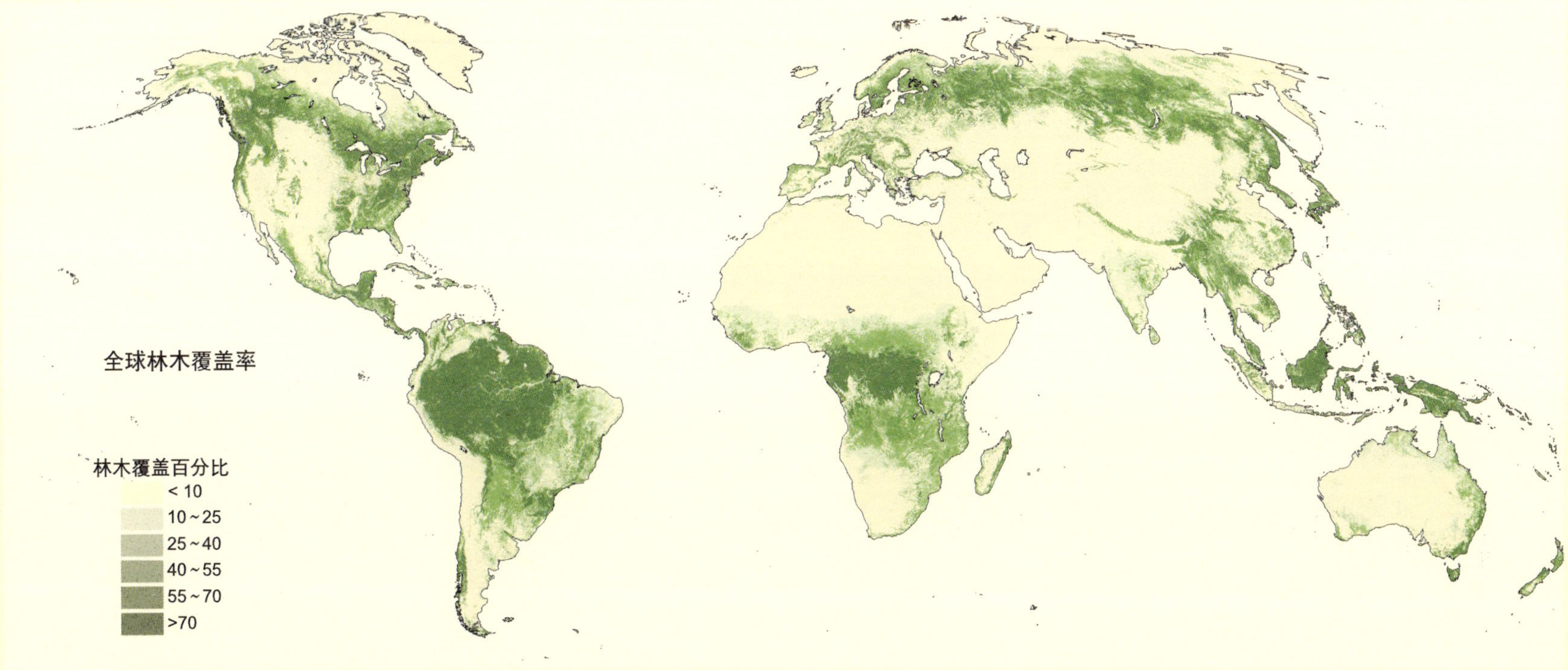

全球林木覆盖率

林木覆盖百分比
< 10
10～25
25～40
40～55
55～70
>70

来源：Matthews等［PAGE］2000。本图根据Defries等(2000)绘制，表格根据FAO(0997a)编制。

研究人员根据世界不断增长的公路网，制定出森林破碎化的指示数字。公路虽然对发展有益，但却造成了森林持续延伸的破碎化。

碎化造成的影响主要有以下两点。第一，破碎化通过减少天然生境的数量、阻碍迁徙路线、为非本地物种提供入侵道路，改变剩余生境边缘的小气候环境而直接影响物种多样性。第二，公路还为狩猎、伐木、耕种开荒以及其他人类干扰提供机会，进一步改变了当地生态系统的特征。

河流、山脉、自然火灾以及暴风雨的损害等特征使森林在某种程度上自然破碎化。虽然其他方式的人类活动造成森林破碎化的指示数字比较保守，但公路网提供了人为引起森林碎化的相对明确和全球适用的指示数字。为证实破碎化指示数字的潜在用途，PAGE的研究包括了中非森林碎化的试点分析，研究人员在其中证实了筑路在割裂大片森林区域方面的影响（专栏2.19非洲森林的破碎化）。在没有公路时，

大片连绵的生境超过了10 000km^2，达到中非森林面积的83%。但当现有的公路网存在时，大片森林区域只占森林面积的49%（Matthews等 [PAGE]2000）。

森林火灾

除了森林的彻底转变与破碎化之外，第三个人为的压力是火灾的发生频率与强度。在许多森林生态系统中，野火属于一种自然和必然的现象，有助于构造景观、促进土壤营养的获取、开始植物演替的自然循环。事实上，如果没有周期性的火灾，一些植物物种将无法繁衍。

然而，人为的火灾已远远超过自然发生的火灾数量。为木材采伐、土地转变或轮作耕种及在争夺所有权与土地权利的过程中有意放火。1997—1998年，由于厄尔尼诺现象的影响，热带雨林的降雨量大大低于平均水平，火灾异常严重。巴西的火灾数量从1995年到1998年间激增，从农业地区蔓延到以往不发生火灾的潮湿森林地带（Elvidge等 1999）。1996—1997年，巴西的火灾增长了50%，1997—1998年间又增长了86%（FAO 1999:3）（专栏2.20森林火灾）。

全球范围内，人类应对90%的生物质燃烧负责（包括热带稀树大草原）（Levine等 1999:iv）。因此，人为的火灾已经改造了森林生态系统，其影响可能还会大幅度增加。最近的研究表明，热带潮湿森林火灾形成使森林易发生后续火灾的反馈回路。第一轮火灾打开冠层，使阳光和空气流动，增加了森林的干燥程度。先前被火烧死的树木增加了燃料，入侵的草地和杂草添加助燃的活性燃料。第二轮和第三轮的火灾更快地蔓延，态势更猛，持续时间更长久。已经证实最初的火灾在直径大于20cm的范围内摧毁不到45%的林木，但是回火却能将98%的林木烧毁（Cochrane等 1999:1832～1835）。这种加强的火灾循环将增加热带森林地区变为稀树大草原或灌木丛的危险。

森林火灾的社会和经济成本也是巨大的。近期的东南亚森林大火，估计导致2000万人处于患呼吸系统疾病的危险之中（Levine等 1999:12），而经济损失（不包括健康影响）保守地估算也达到了44亿美元（1999年东南亚经济与环境方案，引自Levine等 1999:14）。

尽管有了卫星图像，火灾对全球森林状况的意义日渐重大，但仍无法得到每年烧毁森林总面积的可靠的全球统计数字。在北部山区森林范围内，美国和加拿大的详细记录面积是过去30年的一倍以上(Kasischke等 1999:141，147)。关于热带雨林的信息更不确定，例如：1997—1998年间，印度尼西亚境内烧毁的总面积估算从6 000 km^2(印度尼西亚官方估算)到超过45 000 km^2(根据卫星图像作出的非官方估计)不等（Levine等1999:8～10）。

评估产品与服务

纤维

商业木材生产是主要的全球性工业。1998年，包括除木质燃料以外的所有木材在内的全球工业圆木生产量达到了15亿m^3（FAO 2000）。在1990年代初期，工业木材产品的生产与制造为全球经济的贡献达4000亿美元，占全球国内生产总值的2%（Solberg等 1996:48）。北美和欧洲在全球木材生产中占主导地位，但在哥伦比亚、所罗门群岛和缅甸等发展中国家，木材工业也具有更加重要的经济意义，其木材出口占国际贸易份额的30%以上（FAO 1997a:36）。

工业圆木的三个主要来源是原始森林、次生林以及人工林。事实上，在北美洲东部、欧洲，以及南美洲和亚洲的大部分地区，次生林已经取代了原始森林。由于人工林的定义存在差别，对人工林面积的估计也

各不相同。通常人工林被定义为由人工大量种植培育和管理的森林，但却很难明确划分“人工林”与集约管理的“次生林”之间的界限。

粮农组织估计工业圆木人工林约占森林总面积的3%，约100万km²。但它们却提供了22%的世界工业圆木生产份额（Brown 1999:7，47）。人工林面积目前非常集中。世界上五个国家——中国、俄罗斯、美国、印度以及日本的人工林面积占全球人工林总面积的65%（Brown 1999:15）。

部分由于采伐与再生的循环周期需要几十年的时间，所以对森林生产木材的能力进行评估是困难的。森林生产木材的能力正在退化的一个明显标志是开采率大于树木生长率这一事实。初步数据（FAO 1998）显示，许多国家每年的伐木额要高于种植额。

在大多数欧洲国家和美国，伐木量低于年增长量（FAO 1998；技术附件 1）。然而，在美国等一些国家内，即使净伐木量低于净增长量，近年来森林增长率也呈下降趋势（Haynes等 1995:43）。这种不均衡表明，从长期来看，现行的木材生产是不可持续的（Johnson和Ditz 1997:226）。而且，美国的树木直径信息也显示出树小化、年轻化和森林结构单一化的长期趋势。而这种情况的发生反过来将可能减少森林所支持的动植物物种的多样性。

大多数发展中国家都缺少森林年度净增长率和开采率以及树龄的可靠数据，而这些数据是准确评估森林长期状况所需要的信息。即使如此，也有大量的证据显示一些地区的开采率大大高于再生长率。在这些地区，森林一旦遭到终伐，则土地最终将被挪做它用。而在其它区域，虽然总开采率可能低于年增长率，但桃花心木等一些具有较高价值的物种的开采率要远高于生长率，而这种行为将导致这些物种的最终灭绝。

警示：纤维生产

对木质纤维需求的日增长导致了生产的增加，特别是增加了目前提供22%的世界工业木材的人工范围。但这并没有减轻对天然森林的压力。虽然数十年来生产木材的森林没有表现出其维持这一生产的能力受到怀疑的明显迹象，但一些指示数字也有理由引起人们的关注。在发展中国家，已有证据表明木材生产能力正在退化，同时在这些地区，森林被采伐后，土地也通常被挪做它用。

木质燃料

薪材、木炭和其它源自木材的燃料（统称木质燃料）是最重要的非矿物能源。在发展中国家，主要能源供应总量的近30%为生物量能源，包括木质燃料、农业残余物和动物废物等。粗略的估计表明超过20亿人口直接依靠生物质燃料作为主要或惟一的能源。对许多国家而言，木质燃料在生物质能源中占有主导地位，虽然数据过于缺乏，不能了解是否在所有国家都是如此（IEA 1996:II.289～308，III.31～187）。

已知数据表明木质燃料占发展中国家生物质能源消费的半数以上，如果将中国（主要使用农业残余物作为特殊重要燃料）排除在外，则约占2/3（IEA 1996：II.289～308，III.31～187）（专栏2.21全球木质燃料的使用状况）。木质燃料也是一些发达国家的重要能源。瑞典的木质能源供应占总能源消费的17%，在美国占3%（FAO 1997b:7，11）。发展中国家的经济增长使木质燃料能源的供应比例有所下降，但总体生物量能源消费仍继续上升。

未来是否会有充足的木质燃料呢？在一些地区，特别是在城市中心附近，木质燃料的获取在最近数十年中有了显著的减少。在一些情况下，面对日渐增长的需求，通过树木种植方案和集体林场来维持生产。截至2010年，估计将提供23亿～24亿m³的薪材和木炭（Nilsson 1996），比2000年的水平增长大约30%。然而，2010年的木质燃料需求预计将达到24亿～43亿m³（Mattews等 [PAGE]2000）。无论是区域性的还是全球性的木质燃料危机的发展都将取决于诸如替代燃料的承受能力等多种因素。不过，一些地区日渐严重的木质燃料匮乏无疑将增加穷人的经济负担。

这一木质燃料信息的最显著特征或许是信息实际上是多么的有限和不精确。木质燃料是世界大部分人的至关重要的能源，但尽管粮农组织和国际能源机构等国际机构作出了努力，仍然得不到确定生态系统能否满足日益增长的需求所需要的大量信息。

生物多样性

森林生物多样性是其本身固有的一项产品。那些

（下转第99页）

专栏2.19 非洲森林的破碎化

与树木覆盖总面积的变化一样，破碎化对森林生态系统产生同样深远的影响。在非洲和世界其他许多地方，人类侵入封闭冠层森林的影响是创造了森林的“过渡带”，其间林地中散布着农田，形成像封面显示的那样复杂的拼图。

保守地看，公路网提供了显示人为造成森林破碎范围的一个明确而容易衡量的指示数字。当修筑一条穿过森林的公路时，它破坏了物种的生境，有时会使生境被分割得太小而不足以支持能够进行繁殖的种群数量。它还为非本地物种的入侵提供了道路，并改变了剩余生境边缘的小气候。公路开辟了通往那些原先不能进入的森林地带的道路，在那里狩猎、砍伐木材和为耕种而进行终伐。

下面的地图显示了在中非地区有公路和没有公路的各种大小的森林地带的分布。在没有公路时，连绵的生境地带超过10 000 km²，占森林面积总范围的83%。当考虑到公路的因素时，这一比例下降到仅占总面积的49%。

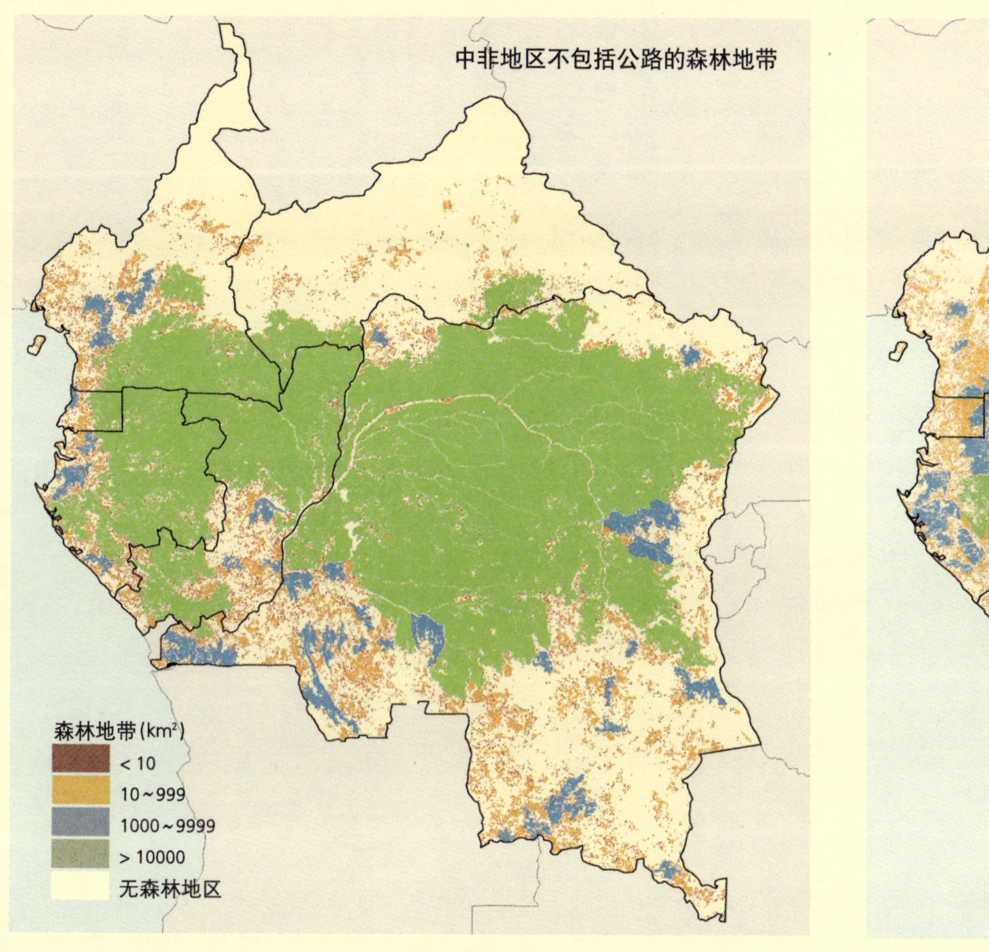

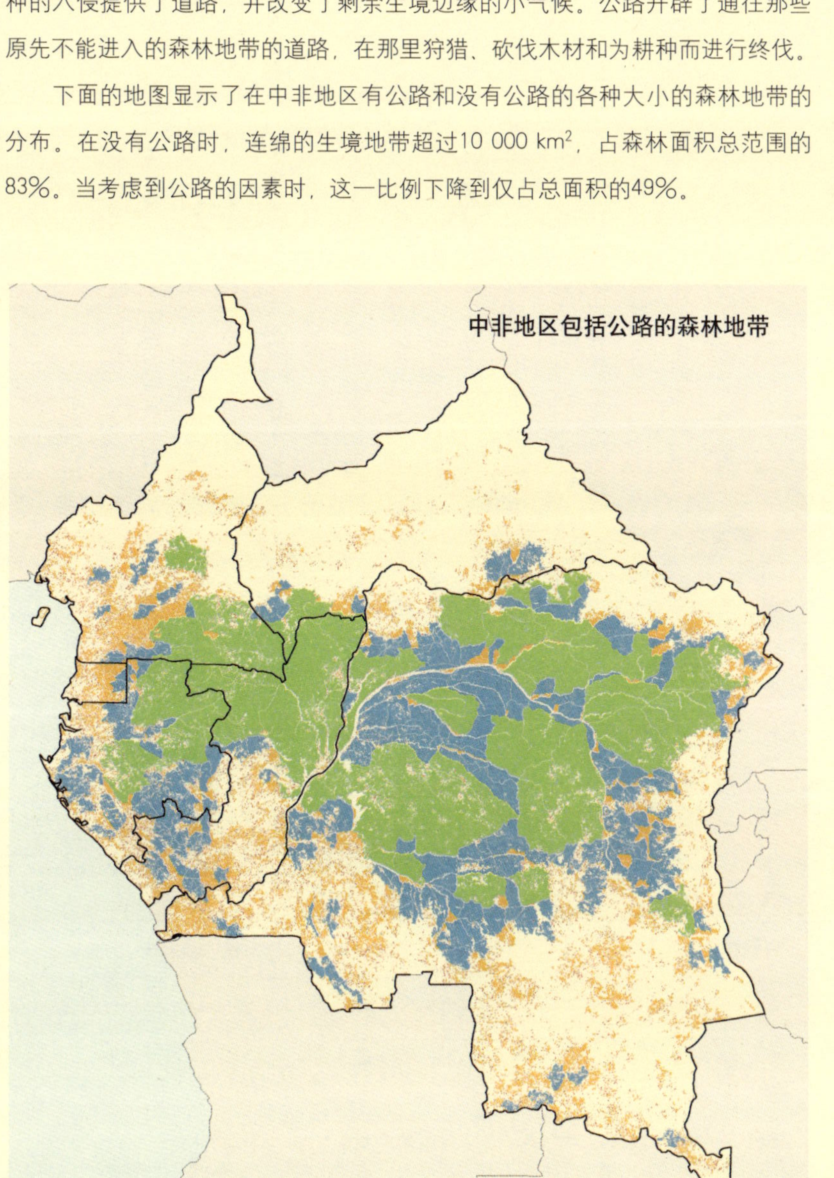

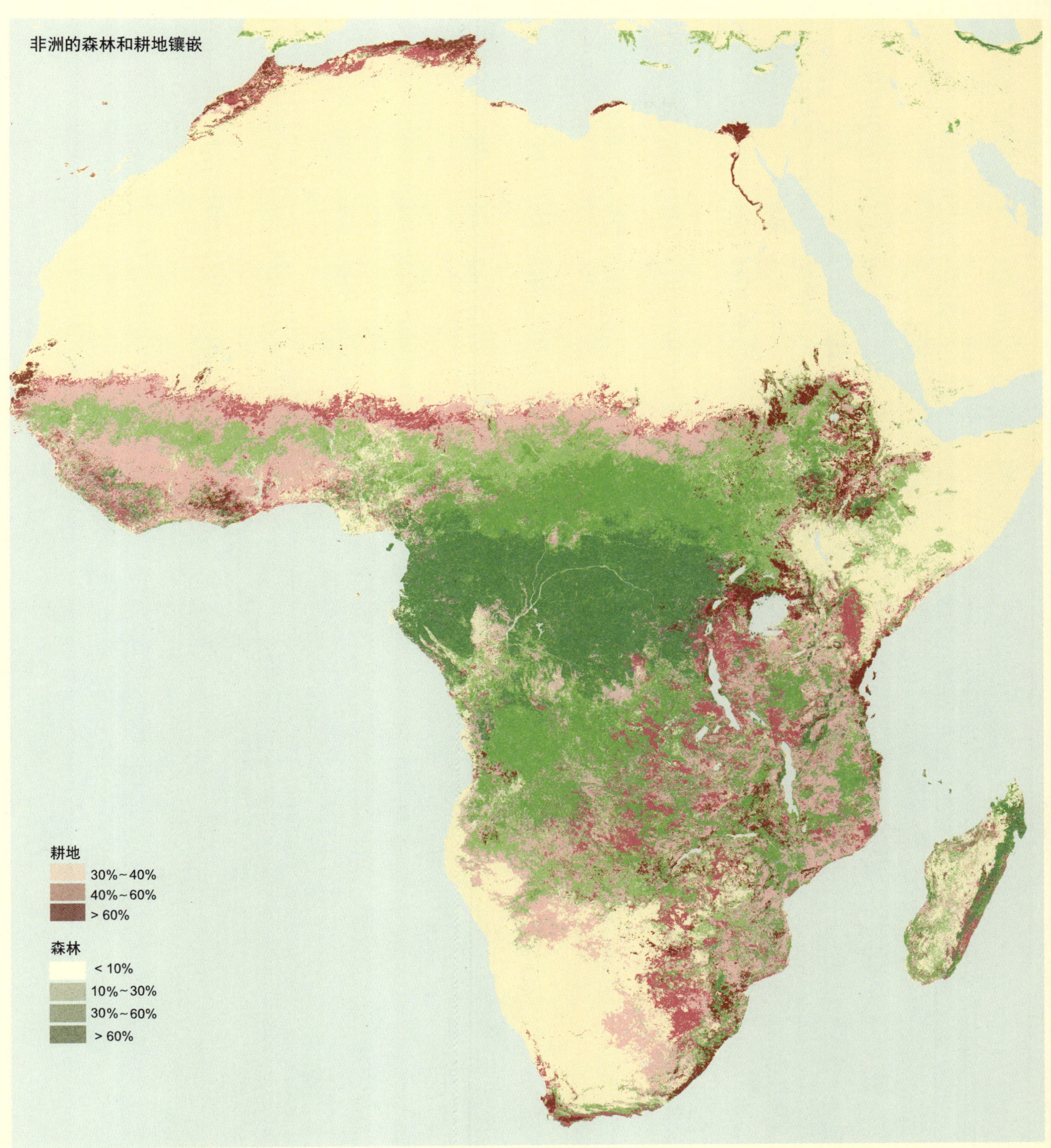

来源：Matthews等［PAGE］2000。前页的公路导致破碎化地图根据CARPE 1998和全球土地覆盖特征数据库1.2版（Loveland等[2000]）绘制。上图根据Defries等（2000）和全球土地覆盖特征数据库1.2版（Loveland等[2000]）绘制。

专栏2.20 森林火灾

在许多森林系统中，野火是一种自然现象。它们构造地形、促进土壤营养的获取，并开始植物演替的自然循环。人为的火灾对森林的状态和它们提供产品和服务的能力产生普遍的影响。

在全世界范围内，森林火灾在1997—1998年期间特别严重，印度尼西亚、中美洲和亚马孙河流域数百万公顷的热带森林都有火灾发生。正常情况下因为过于潮湿而不会发生大范围火灾的热带森林，当时也由于厄尔尼诺现象导致的干旱状况而极易受到影响。然而，有迹象表明，人们为了进一步的发展，不失时机地利用干旱的状况放火烧荒。1998年亚马孙河流域的燃烧地区毗邻1995年放火烧荒的地区。这表明，也许应该避免在那些通常干旱的田地或牧场上定期烧荒。在印度尼西亚的森林中也发现了同样的模式（Barber 2000）。

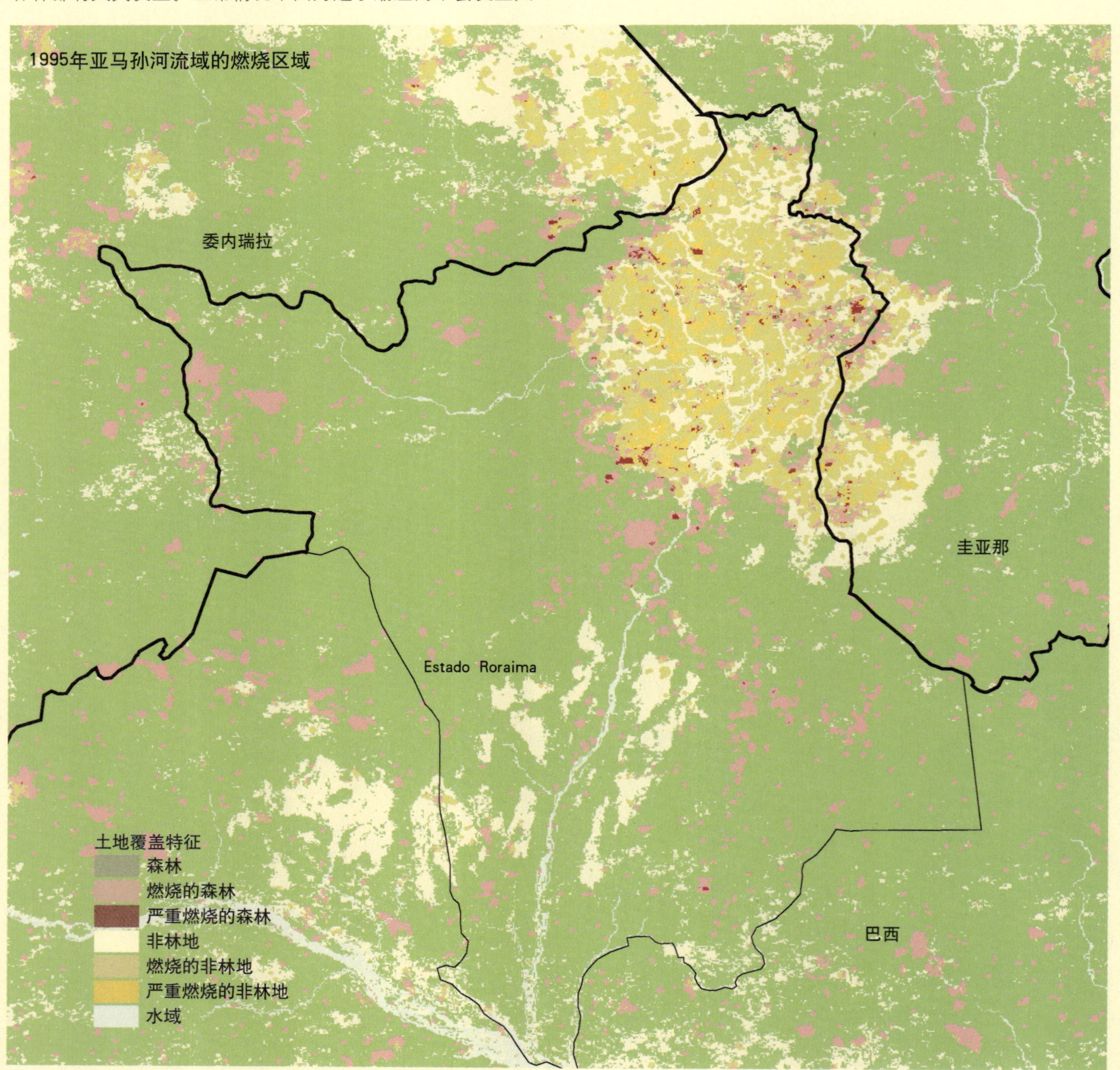

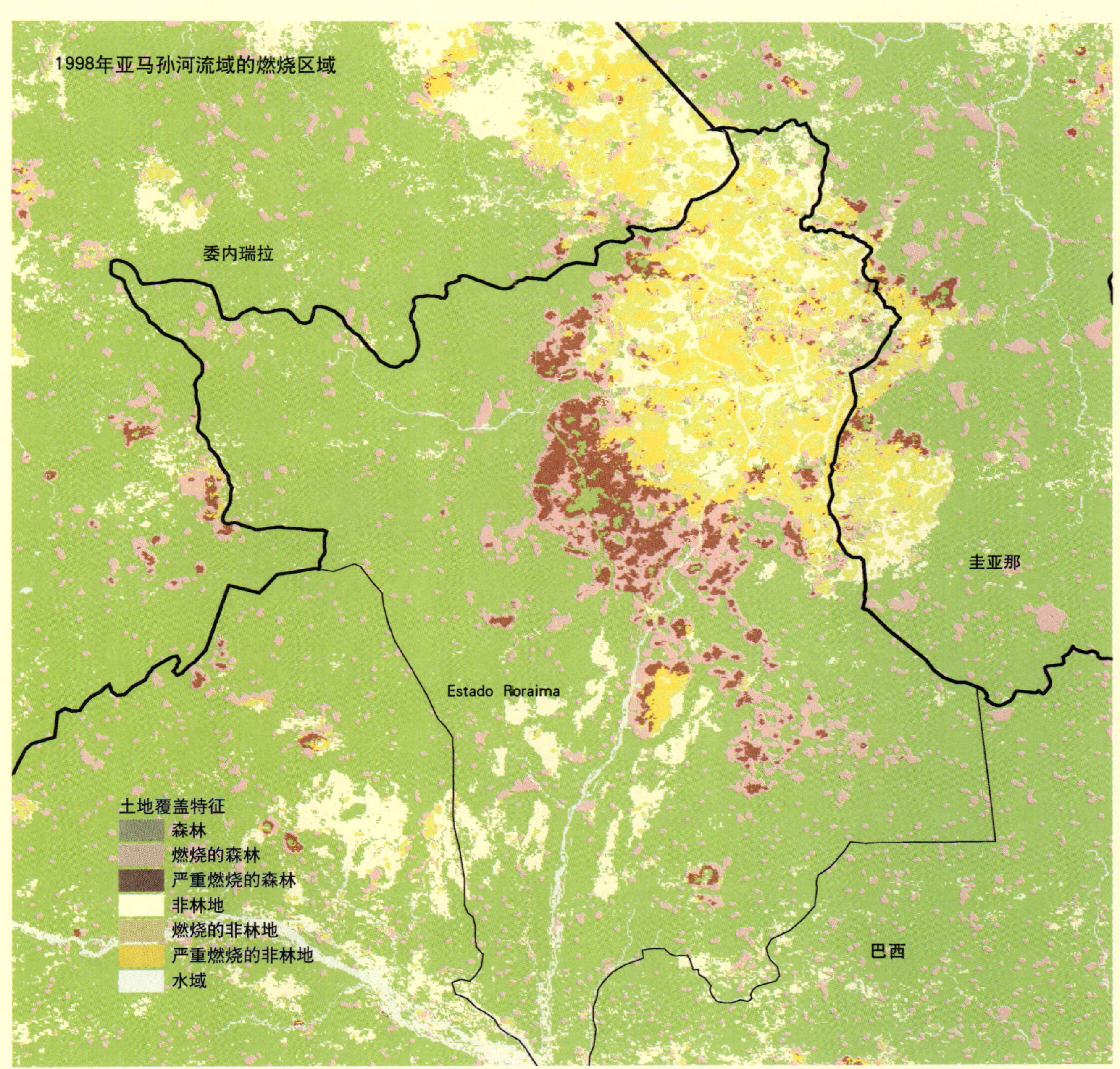

来源：Matthews等 [PAGE]2000。这些地图根据Elvidge等 （1999） 和全球土地覆盖特征数据库1.2版 （Loveland等[2000]） 绘制。火灾数据收集的是1995年1—3月和1998年同期的数据。土地覆盖数据收集的是1992—1993年的数据。非林地区域包括草地、耕地和一些季节性湿地。

专栏2.21　全球木质燃料的使用状况

木质燃料是最重要的非矿物能源。源自木材的燃料，包括薪材和木炭，大约占发展中国家使用的生物质能源的一半（IEA 1996），而在一些非洲国家，如坦桑尼亚、乌干达和卢旺达，其总能源消费80%的来源是木质燃料。

尽管假定木质燃料的收集是砍伐森林的主要原因，但是最近的研究表明，2/3的木质燃料是从非森林来源收集的，例如在分散的林地和路边（FAO 1997c）。

目前，没有足够的数据来评价全球木质燃料使用的可持续性。但是显而易见，在可预见的未来，世界大量人口将继续依赖木材能源，并且在下一个十年，需求总量会显著增长。还有迹象表明，在发展中国家的许多人口稠密地区，诸如科特迪瓦的城市等，由于人口的增长，获得足够的木材来满足能源需求正变得越来越困难和昂贵（Garnier 1997）。

木质燃料在国家能源消费中的份额

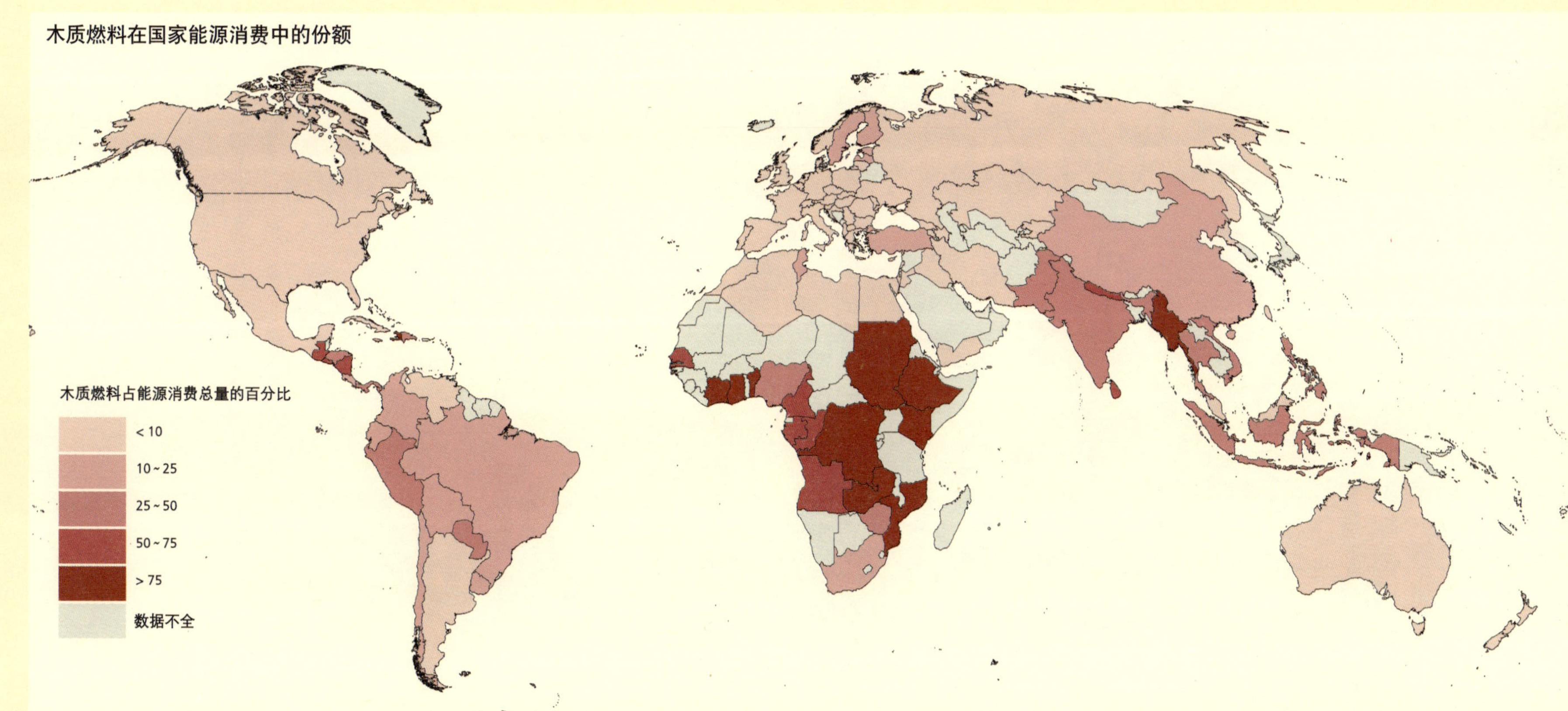

来源：Matthews等[PAGE]2000。本地图根据IEA（1996）绘制。

> **警示：木质燃料**
>
> 木质燃料是大约20亿人口的主要能源，并且到目前为止是最重要的生物质燃料。但是没有足够的有关木质燃料在家庭水平上实际消费的信息，或者关于生态系统继续提供这一产品的能力的信息。在可预见的未来，木质燃料在发展中国家将保持其重要性。将木材能源的数据收集和规划与石油、煤、天然气和水电等其他商业能源平等对待是十分重要的。

只在森林生境中发现的各种物种是新药物、遗传资源和诸如树脂、水果、蔓藤植物、蘑菇和家畜饲料等非木材森林产品的来源。甚至更重要的是，所有其他的森林产品和服务都在某种程度上依赖于森林物种多样性。因此，生物多样性的状况也是表现森林生态系统综合状况的一个有用的标识。

对于生物多样性保护来说，森林是特别重要的生态系统。根据世界野生生物基金（WWF）的统计，被确定为生物多样性的136个特殊生态的陆地区域中有2/3位于森林地区（Olson和Dinerstein 1998：509）。类似地，国际鸟类也确定了在有限的分布区内包含2个或更多的鸟类种群的218个地区。鸟类国际推断这些具有“狭窄地方性”的物种可能最容易遭受灭绝。这218个地区中有83%是在森林中，其中大部分是在热带低地森林中（32%）和山区潮湿森林中（24%）（Stattersfield等 1998：31）。最后，IUCN和WWF在全球范围内确定的234个植物多样性中心中，70%以上是在森林中发现的（Davis等1994，1995：12～36）。

在森林中发现的物种数量的变化可以直接衡量森林生物多样性的状况，这些变化包括本地物种的消失或灭绝以及非本地物种的引入。从生物多样性的观点来看，不同的物种在数量上或相对丰富程度上的任何变化都可以说明生态系统的退化。因为大部分的物种仍然没有被确认，只可能监测对已知物种种群的威胁，实际上是鸟类和树木。在估计10万种树木中，世界保护监测中心的报告有8700多种（Oldfield等 1998）正在全球范围内面临威胁（专栏2.22濒危树木）。

关于森林栖息鸟类的全球类似数据也没有汇集，但是鸟类国际已经绘制了新热带区（不包括加勒比地区）的290种受威胁的鸟类分布图，这样就可以在不同的生态系统之间进行比较，以确定何处的威胁最大。在聚藏受威胁物种的596个关键地区中，超过70%的地区位于森林里（Wege和Long 1995：15～16）。

另一个直接衡量生物多样性状况的尺度是入侵物种在生态系统中占领的范围。许多生态学家，目前将非本地物种的入侵列为仅次于生境转变的对全球生物多样性的第二个威胁。关于物种入侵的全球综合数据仍然无法得到，但是WWF汇集的信息显示入侵植物如何改变北美洲森林的生物多样性状况。在美国东北沿海的森林中，所有具维管束植物物种中32%是非本地物种，尽管不知道这些物种中有多少是有害的（Ricketts等 1997：82）。

尽管直接测量森林中物种数量的变化是评价森林生物多样性的最佳途径，但是在世界的许多地方，数据是很难得到的。因此，对森林物种情况的了解大多数是通过各种测量森林生物多样性所面临的压力的结果推断而来的。已知可以改变在森林地区发现的物种数量和类型的三种压力是生境的破碎化、伐木和生境面积的丧失。在碎化程度很高或伐木业很发达的地区，或者森林生境已经大量丧失的地区，将不会包含像先前在这一地区发现的那样多的本地物种。

生境面积与物种多样性之间的关系完全可以通过生境面积的减少来估计出有多少本地物种最终将从某一特定生境消失。1995年在UNEP的主持下进行的全球生物多样性评价发现，如果在未来的25年中热带雨林以现在的速率持续减少，森林中物种的数量将减少4%～8%（Heywood 1995：235）。

> **警示：生物多样性**
>
> 在任何生态系统中，森林具有最多的物种多样性和特有性。从森林的消失和破碎化可以判断，对于森林物种多样性的压力是巨大的，但是有关这一状况的直接信息更加有限。现有的迹象表明，受到威胁的森林物种数量很多且日益增长，某些地区的物种入侵也是非常严重的。不仅是森林面积正在缩小，而且剩余森林保持生物多样性的能力似乎也在明显下降。

碳贮存

森林在全球的碳循环中起着中心作用。树木生长时从大气中获取碳，并把碳储存在自己的组织里。因为它们具有巨大的生物量，全球的森林构成最大的陆地碳贮藏库或“碳汇”之一。PAGE的研究人员计算

专栏2.22　濒危树木

估计世界上有100 000种树木的生存正在遭受威胁，这些威胁来自于林地转变为其它用途、木材的采伐、火灾、虫害侵袭和由于森林管理导致的生态系统的单一化。世界保护监测中心汇集了一份受威胁物种的清单，是根据1994年自然保护联盟的威胁类别进行评价的。总共有8 700多种树木面临危险，几乎占全球所有树木物种的9%。

一个主要的威胁是由人类有意或无意地将非本地动植物引入森林生境造成的。这些物种对本地物种的生存构成威胁，袭击它们、与它们争夺食物和空间、改变当地的生态系统以使其不再支持本地的树木种群。因此，非本地物种的数量是本地植物群受到潜在“袭击”程度的一个指示数字。

在北美洲，非本地物种最集中的地区是在港口周围、主要的交通运输道路沿线，以及对引进的农作物及其害虫都非常有利的富饶的农业区。远离主要人类住区的稠密的针叶林地区似乎不受影响，东南部的针叶林被证实对入侵物种具有相对强的抵抗力。

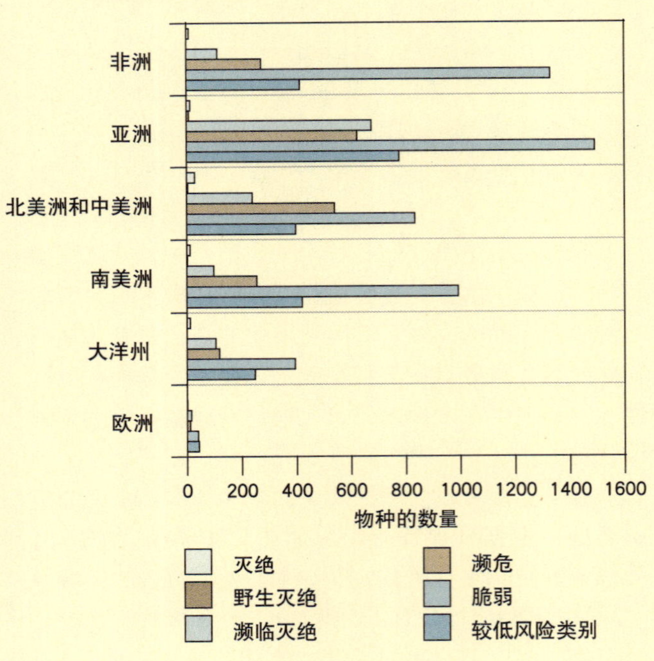

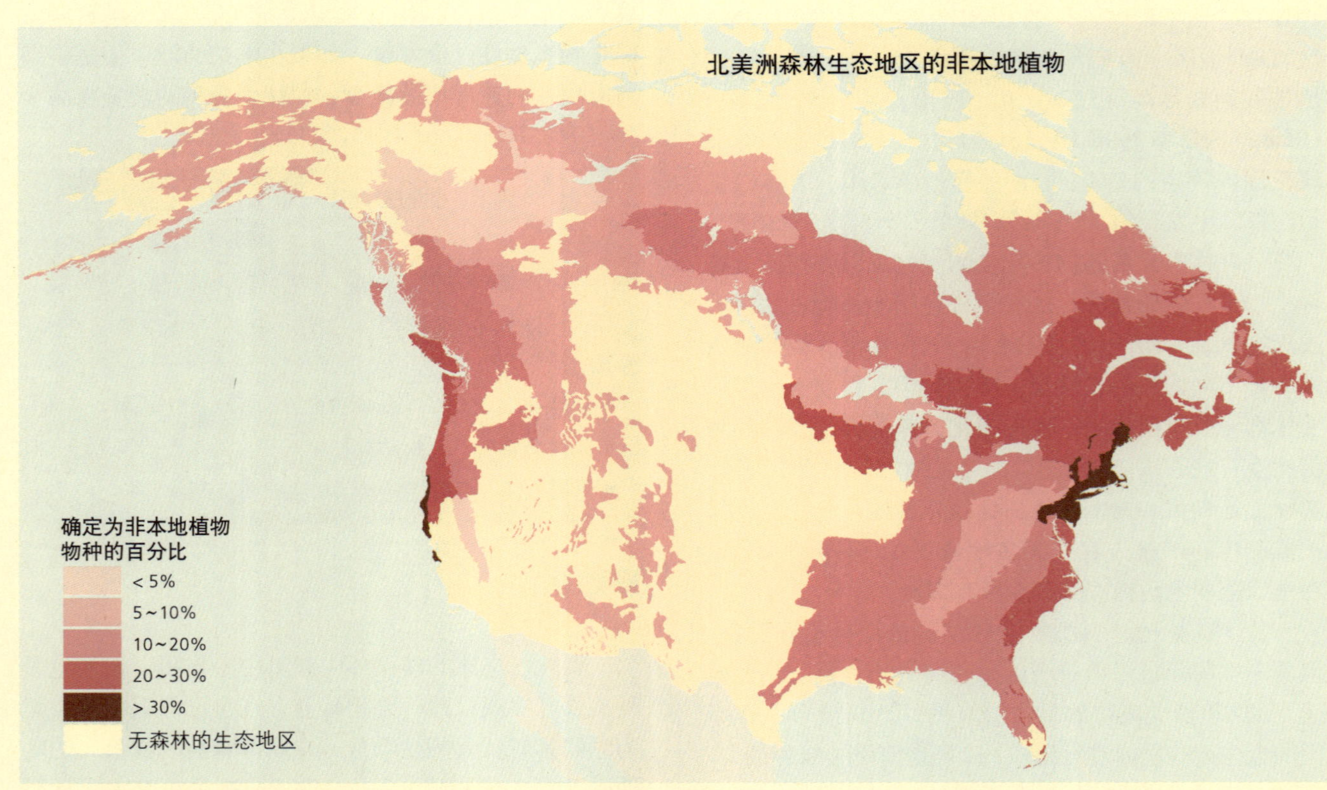

来源：Matthews等[PAGE]2000。本地图源自Ricketts等1997。图表根据Oldfield等(1998)绘制。

出在所有的陆地生态系统中，碳的贮存量为1 213G～2 433Gt，森林贮存了39%（471G～929Gt）。相比之下，草地的覆盖面积接近森林地区的两倍，但是草地的贮存量占陆地生态系统碳贮量的大约33%。

人们认为土地用途的变化平均每年向大气释放1.6GtC，大概占人类活动造成的碳排放总量的20%（IPCC 2000：5）。到目前为止，最显著的全球土地用途的变化是热带地区的森林砍伐（Houghton 1999：305，310）。终伐森林和燃烧碎屑将贮存在植被中的大量的碳释放回大气中。另一方面，恢复退化的森林或改变对森林的管理可以增强它们的碳贮存能力，并且因此增加全球森林中碳的总贮存量。

森林碳贮存的丧失不总是表现为大规模终伐或彻底砍伐森林的形式。伐木和为农业进行小范围的终伐也能够导致森林的退化并大量减弱其贮存碳的能力。最近在亚洲热带地区的一项研究报告，亚洲森林中碳流失总量的2/3是由于砍伐森林造成的，而另外1/3归因于伐木和轮作导致的退化（Houghton和Hackler等 1999：486）。在非洲的另一项研究发现森林的彻底消失导致43%的碳流失，其余的57%是由森林的退化引起的（Gaston等 1998：110）。

> ？ **警示：碳贮存**
>
> 森林比其它任何陆地生态系统贮存更多的碳，占总碳贮量的近40%。砍伐森林和森林退化造成每年大约20%的碳排放。从碳贮量的观点看，森林生态系统的状况在明显下降，但是采取适当的经济奖励措施，这种趋势有可能被逆转。然而，要记住这里存在着交易：幼树和速生树摄取的碳比成年树要多。单一管理的森林为了最大限度地贮存碳，可能会鼓励通过植树造林替换许多现有的生长多年的森林，但这显然会危害生物多样性、旅游以及天然林提供的其他服务。

水质和水量

在流域保护方面，森林提供一些有价值的服务。它们可以使流域的上游河段保持稳定。树木的根可以从土壤中“吸取”水分供植物利用，因而可以降低土壤的湿度并且可能减少滑坡；根部结构可以增强土壤的抗剪强度并且有助于防止塌方。森林还有助于缓和降水的径流速度，在洪水时减少流量，而在干旱时期增加流量。

森林覆盖还有助于维持饮用水的供给。在美国，3 400个社区超过6 000万人口的饮用水都依靠国家森林地带，每年这项服务的价值估计37亿美元（Dombeck 1999）。最后，森林覆盖还影响流域内水的总获取量。在许多地区，森林的丧失使水的净排量增加，因为较少的水分蒸发到大气中。然而，在另外一些地区，森林的丧失可以减少水的净排量。例如在茂密的森林中，森林可以起到直接将水分从空气的水分负荷中凝结或“去除”的作用，使它们成为有效的流量。在其它一些地区，降水量部分依靠来自于当地森林的空气中水分的蒸发。例如气象研究人员估计，温度每升高1℃，亚马孙河流域的大片森林砍伐地区的降水量便会减少30%（Couzin 1999：317）。

总体上，森林的丧失已在很大程度上损害了世界的流域。1998年世界资源研究所的一项分析发现，将近30%的世界主要流域的原始森林覆盖已经减少了3/4以上，并且有10%的流域原始森林覆盖已经减少了95%以上（Revenga等 1998：I~13）（专栏2.23流域的森林砍伐状况）。

就现在的流域保护而言，山区的森林状况也许是衡量森林状况的更加明显的尺度。这些森林通过控制陡峭坡度山脉的土壤侵蚀，以及有些时候从茂密的森林中吸取水分，在流域的水文过程中发挥了极为重要的作用。

在温带地区，近年来山区森林的范围有所增加，除了北美洲太平洋西北部、智利、塔斯马尼亚和新西兰南部地区生长多年的成年松柏。对于生产木材的高额奖励，使得这些森林的范围由于伐木已经减少到不足它们原来范围的一半（Dennistion 1995：32）。在热带地区，山区森林正处在更大的压力之下。根据粮农组织的报告，在1980年代，热带山区森林的年减少率是1.1%，超过了所有其他热带森林类型的减少率（FAO 1993：28）。

> **警示：水质和水量**
>
> 森林能够保持土壤的水分、调节流量、影响降水量和过滤饮用水。在某些地区，仅水净化服务就具有很高的经济价值。通常森林的丧失会降低世界森林保护流域和提供与水有关的服务的能力，而且由于森林承受的压力上升，这种降低的趋势很可能会持续。将近30%的世界主要流域的原始森林已经减少了3/4以上。对保护流域特别重要的山区森林正普遍受到损害。尽管森林在提供至关重要的水服务方面起重要作用，但是这些服务很少能成为土地管理决策的要素。

专栏2.23 流域的森林砍伐状况

砍伐森林是流域退化的一个非常有用的标识，因为森林对于保持水质和缓和水流是极其重要的。原始森林覆盖的丧失是根据那些假定在目前气候条件下，据信在8000年前就已经存在的森林范围来估算的。差不多1/3流域的原始森林覆盖减少了75%以上，有17处减少了90%以上。这些流域大多数都相对较小。一些大的流域，例如刚果河流域和亚马孙河流域，仍然有广泛的原始森林覆盖，并且它们的原始森林丧失的百分比相对较小。尽管如此，原始森林的总面积仍然是很大的，9个大流域丧失的原始森林面积在500 000km²以上(Revenga等 1998：1～13)。

原始森林覆盖丧失比例最大的流域

地区和流域	原始森林丧失的百分比
非洲	
乍得湖	100
林波波河	99
Mangoky	97
Mania	98
尼日尔	96
尼罗河	91
奥兰治河	100
塞内加尔	100
沃尔特河	97
亚洲和大洋州	
阿姆河	99
印度河	97
欧洲	
瓜达尔基维尔河	96
塞纳河	93
底格里斯河和幼发拉底河	100
南美洲	
科罗拉多河	100
的的喀喀湖	100
乌拉圭	92

来源：Revenga（私人通讯，2000）更新Revenga等（1998）

原始森林覆盖面积丧失最大的流域

地区和流域	原始森林丧失的面积(km²)
非洲	
刚果河	>1,000,000
亚洲和大洋州	
恒河	500,000～1,000,000
湄公河	500,000～1,000,000
鄂毕河	500,000～1,000,000
长江	>1,000,000
欧洲	
伏尔加河	500,000～1,000,000
北美洲	
密西西比河	500,000～1,000,000
南美洲	
亚马孙河	500,000～1,000,000
巴拉那河	500,000～1,000,000

淡　水　系　统

河流、湖泊和湿地的淡水生态系统，只占全球水量的万分之一，不到地球表面积的1%(Watson等 1996:329;McAllister等 1997:18)。然而根据一些估计，这些至关重要的系统提供了具有巨大的全球性价值——相当于数万亿美元的服务(Postel和Carpenter 1997:210)。

水供应中最重要的服务是：为家庭和农业提供充足的水量，维持高水质，补充提供地下水的蓄水层。而且，淡水生态系统还提供了其它许多非常重要的产品和服务：鱼类生境（供食用和娱乐），减缓洪水灾害；维持生物多样性；缓解和稀释废物；娱乐场所以及产品的运输渠道。通过大坝，这些系统还可以产生水力发电——世界上最重要的一种可再生能源资源。

在20世纪之前，全球对这些产品和服务的需求远远低于淡水系统所能提供的能力。但是，随着人口增长，工业化和农业灌溉的扩展，所有对与水相关的产品和服务的需求急剧增加，使淡水生态系统的能力负担过重。许多决策者已经意识到日益严重的水短缺问题，然而短缺问题仅仅是目前给这些生态系统带来压力的许多问题之一。

范围和改变

淡水生态系统自古以来一直在变化，然而在20世纪初期，这一变化的步伐显著地加快了。河流和湖泊通过下述方式在改变：水路改道；排干湿地；修建水坝和灌溉建渠；用管道和水渠建立水域之间的连接。虽然这些变化带来了农业增产、洪水的控制和水力发电，然而也急剧地改变了世界上大多数流域的天然水文循环（专栏2.24淡水生态系统现状）。

河流

河流的变更大大地改变了河水的流动、洪水及其景观作用。在许多情况下，河流已与其冲积平原和湿地相分离。水坝，对淡水系统产生最大的物理影响，已使河流系统的流速变慢，并把水引入一连串相联的水库。淡水生态系统的这种破碎改变了沉积和营养物质的传输方式，影响了鱼类种群的迁移方式，改变了水边生境的构成，造成了外来物种的迁移并导致海岸生态系统的变化。

(下转第106页)

专栏2.24

淡水生态系统现状

要点

- 虽然河流、湖泊及湿地只占地球表面的1%，其水量为世界淡水量的0.01%，但淡水系统服务的全球价值估计为万亿美元。
- 水坝对淡水生态系统的影响最大。从1950年代以来大型水坝数量已增至7倍，贮存了世界上径流量的14%。
- 世界上227条最大河流的60%因水坝、分洪或运河受到严重或中等的破碎化影响。
- 1997年，从湖泊、河流和湿地中捕捞了770万t的鱼。估计已达到或高于这些水系的最大可持续产量。
- 1997年淡水水产养殖提供了1 700万t鱼。自1990年以来淡水水产养殖产量已翻了一倍以上，目前占全球水产养殖产量的60%。
- 在20世纪，世界的湿地估计减少了一半，它们成为农田或城市，或者为了消灭疟疾等疾病，而被填平。
- 至少15亿人口依靠地下水作为惟一的饮用水来源。在世界许多地区，过度开采和污染正威胁着地下水的供应。但目前尚无全球一级关于这一资源质量和数量的综合数据。

关键

状况是与20～30年前的产出和质量相比，评价目前生态系统产出的产品和服务的质量。

变化的能力是评价生态系统继续提供产品或服务的基本生物能力。

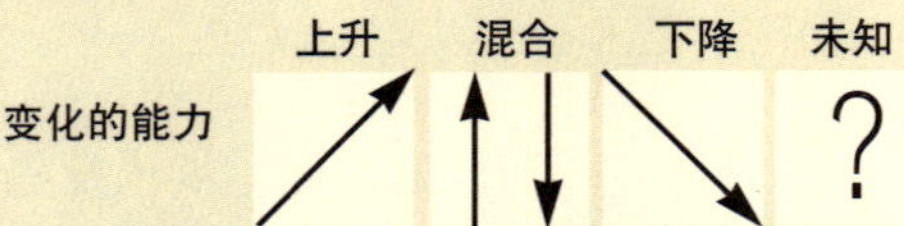

分数是专家关于每一生态系统的产品或服务随着时间变化的判断，与其他生态系统的变化无关。通过平衡各种指示数字的相对强度和可靠性，分数估计了主要的全球状况或能力。当区域调查结果出现分歧，又缺乏全球性数据时，应该重视较高质量的数据、较大的地理覆盖面和较长的时间序列。如果无法确定净价值，全球趋势上存在明显差异的被评为“混合”；当前数据严重不足的被评为“未知”。

状况与变化的能力

粮食生产

从1984年以来，全球一级内陆渔业的捕捞量在不断地增大，其大部分的增长发生在亚洲、非洲和拉丁美洲。北美、欧洲和前苏联的捕捞量则在减少。澳大利亚和大洋洲的捕捞量维持不变。在很多地区，捕捞量的增加是靠放养和引进非本地鱼种形成的。内陆渔业长期可持续发展的最大威胁是鱼类生境的丧失和水生环境的退化。

水质

虽然在过去20年，美国和西欧的地表水质量（至少是磷的浓度）有所改进，但在世界范围内有着集约农业和大城市或工业区的几乎所有地区，水质均呈现下降的趋势。大部分内陆水系水藻暴发和富营养化的报导更频繁。在发展中国家，地表水的粪便污染引起的水传染病仍然是造成死亡率和发病率的主要原因。

水量

水坝的建造有助于给世界上众多的人口提供饮用水，通过灌溉提高农业产量，便利交通运输，提供洪水控制和水力发电。目前人们取用可轻易获得的河水的一半。1900—1995年间取水量增至6倍，是人口增长率的2倍多。虽然世界上有很多地区供水充足，但现在世界上几乎有40%的人口仍在遭受严重缺水之苦。在今后几十年，随着人口的增长，预计水的紧缺将剧烈地增长。几乎在每个大陆，河流的改造影响到河流的天然流量，使许多河流在旱季不能流入海洋。这些河流有科罗拉多河、黄河、恒河、尼罗河、锡尔河和阿姆河。

生物多样性

比起陆地生态系统，淡水生态系统的生物多样性受到的威胁更为严重。在最近几十年内，世界上近20%的淡水鱼种已经灭绝、受到威胁或濒危。物理改变、生境丧失和退化、水的抽取、过度开采、环境污染及非本地物种的引入都促成淡水物种的减少。在世界很多地区，两栖动物、鱼类和依赖湿地生存的鸟类正面临高度的危险。

数据质量

粮食生产

有关内陆渔业捕捞量的数据很少，尤其是发展中国家。渔获量大多没有按鱼种分类报告，而大量地方性鱼类消费数据则从来没有报告过，也没有系统收集过鱼类放养、鱼种引入方案和其他增产方案对内陆渔业贡献的数据。关于渔业统计的历史趋势只能从几条进行过很好研究的河流中得到。

水质

关于全球一级水质的数据很少；全世界很少有监测水质的持续方案。有关的信息只局限于工业化国家或局部小地区。水监测也只限于化学品污染而不是生物监测，生物监测能够更好地了解系统的状况与能力。在进行着一些监测的地区，例如欧洲，由于监测的方式方法不同，所得的数据也难于比较。

水量

有关水的使用、可利用的水量及全球灌溉面积的统计数据较少。经常是将模型与观察数据结合起来进行估计。各国通常报告的数据与本研究中的估计不同，本研究是在流域或河流集水区一级进行的。

生物多样性

全世界对淡水系统生物多样性状况的直接监测很少。缺乏许多发展中国家关于淡水物种的基本信息，以及对世界大多数淡水物种的威胁分析。这就无法作出种群趋势分析，或只能局限于少量众所周知的物种。有关非本地物种的信息经常是叙述性的，而且通常也仅限于记录某些特定物种的存在，并且没有它们对本地植物群和动物群影响的记录。只有几种物种有关于入侵物种的空间数据，而且主要是在北美地区。

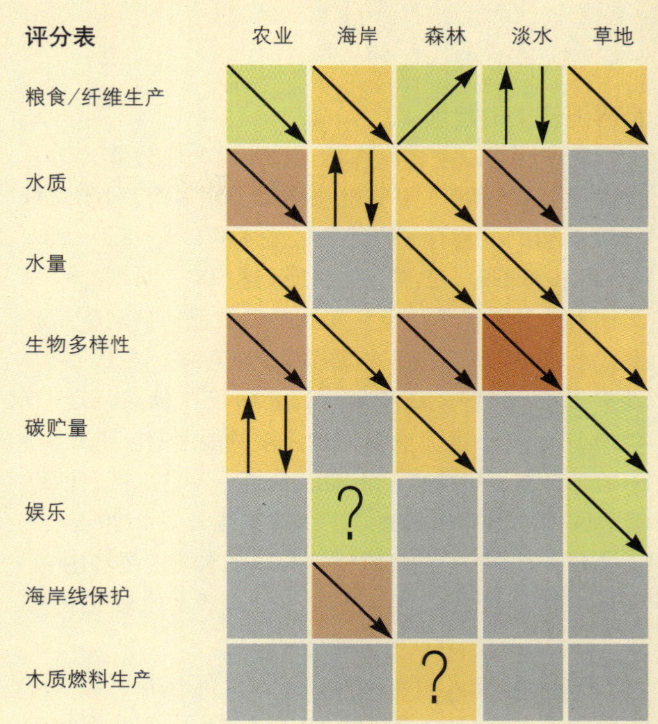

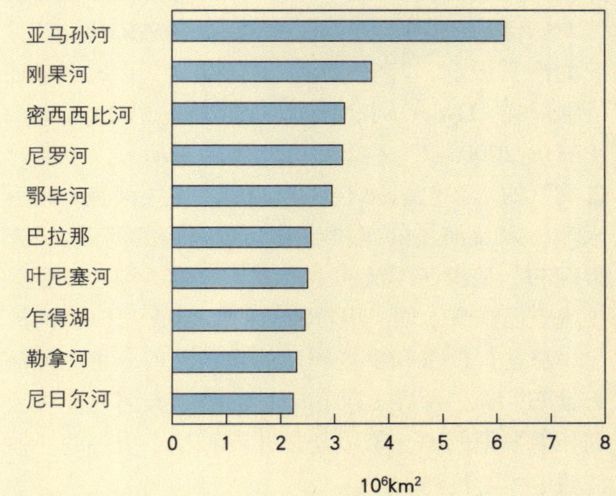

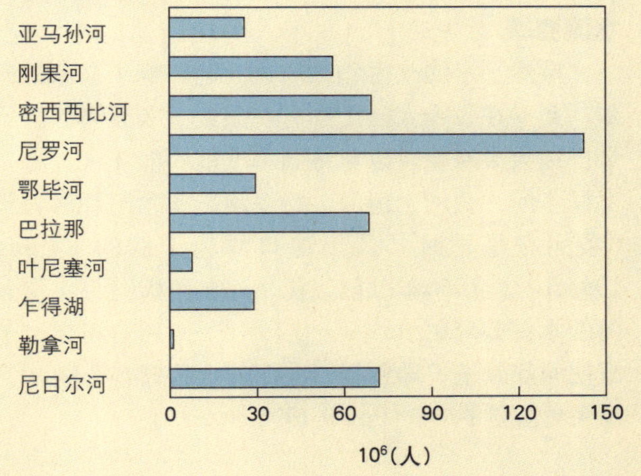

世界河流上的建坝

自1950年以来，高度超过15m的大坝数量大约增加了近7倍，从5 750个增加到41 000多个（ICOLD 1988:7，13），蓄存了世界年径流量的14%（L'vovich White 1990:239），虽然在大多数发达国家，水坝的修筑工作大大地减慢了，但在发展中国家里，特别是在亚洲，水坝的需求及潜在的需求量仍然很高。在1998年，世界上共有349个高于60m的大坝正在修建（IJHD 1998:12～14）。正在大量建造水坝的地区有：土耳其、中国、日本、伊拉克、伊朗、希腊、罗马尼亚、西班牙和南美的巴拉那流域。正在修建最大型水坝的河流流域有：中国的长江流域——有38个水坝正在修建中，底格里斯和幼发拉底河流域——有19个水坝正在修建，多瑙河——有11个水坝正在修建。

PAGE研究人员对世界上多数大河（即平均年流量至少为每秒350m³的河）作了评估，以使水坝和运河造成河流破碎化的范围定量化，并确定水的抽取是如何改变河流流量的。PAGE的分析表明，在评估的227条大河流域中，有37%的河流受到破碎化和流量改变的严重影响，23%受到中度影响，其余的40%还未受到影响（Dynesius和Nilsson 1994:753～762;Revenga等[PAGE]2000）（专栏2.25破碎化和流动）。“受到严重影响”的水系包括仅不到1/4的河流在主河道中没有修水坝，以及河流的年排流量大大减少的河流。“未受影响的”是指在河流的主干道上没修水坝，而且如果支流上已修有水坝，但排流量的减少低于2%的河流。

总之，严重和中度碎化的水系占所分析的河流总流量的90%。世界上仅存的自由流动大河只能在北美洲和俄罗斯的冻土带以及在非洲和拉丁美洲的一些小流域中才能找到。

水流变缓

显然，水的改道和抽取大大地影响了全球的河流量，几乎在每个大陆上都有一条或数条大河的天然流量已经大大减少，以至每到旱季就不能流入大海，科罗拉多河、黄河、恒河、尼罗河、锡尔河和阿姆河等6条河在旱季时，其出海口均为干涸的（Posted 1995:10）。1960年以前，锡尔河和阿姆河每年流入咸海的水量为550亿m³，但在1981—1990年间，由于灌溉使河流改道，导致每年入海的水量只有70亿m³，为原来年流量的6%（Postel 1995:14～15）。

由于水流缓慢，水坝滞留了大量应带到下游三角洲、河口、浸水森林、湿地和内陆海的沉积物。这种滞留剥夺了这些地区赖以生存的沉积物和营养，影响了它们的物种构成和生产力。沉积物的滞留也干扰了水坝的正常运行并缩短了其使用寿命。在美国，由于沉积物滞留造成水库容量每年减少2000m³，即每年损失8.19亿美元（Vörösmarty等 1997:217）。而且，这种滞留还消除或减少了春季径流或洪水的脉动，它们对维持下游两岸地区和湿地群落常常起着关键作用（Abramovitz 1996:11）。

水和沉积物的滞留同样也影响水质和河流处理废物的能力——分解有机污染的能力。水库中流速减低的水混合得不好，形成一层一层的，低层的水常常缺氧。这些缺氧的水层会产生有毒的硫化氢气体，使水质变坏。另外，由水坝放出的缺氧水，会在下游100km的范围内减低河水的处理废物能力。因为河水的废物处理能力直接取决于水中溶解氧的水平。

在全球一级水坝影响水存储和沉积滞留程度的指示数字是指在其他状态下自然流动的水“停留时间”的变化，换言之，也就是指从进入河流到流入大海的平均水量所需的时间增加了。Vörösmarty等（1997:210～219）在236个流域的入海口计算了这一“停留时间”的变化，或河水的“老化”（请参阅Revenga等[PAGE]2000）。在全球范围内，河流的平均寿命已增至三倍，即超过了1个月。最受影响的流域有北美的科罗拉多河和格朗德河，非洲的尼罗河和沃尔特河以及阿根廷的里奥内格罗河。

湿地

从浸水森林和冲积平原到浅湖和沼泽，湿地包括了各种高产的生境，它们是淡水生态系统的重要组成部分，可提供洪水控制，碳贮存，水的净化以及诸如鱼类、贝类、木材和纤维等产品。尽管湿地是许多地区的重要特征，但《拉姆萨尔湿地公约》最近的审查表明，目前的数据太不完整，不能对全球的湿地范围作出一个可靠的估计（Finlayson和Davidson 1999:3）。

因为湿地被认作潜在的农用土地或担心藏匿疾病，所以全球的湿地被大规模地转变，有时，这种转变付出了相当大的生态和社会经济的代价。由于没有精确的关于全球原有湿地范围的信息，科学家无法精确地讲全球已失去多少湿地；但根据各种历史记载和资料来源，Myers（1997:129）估计全球在本世纪失去了一半的湿地。关于特定地区和国家的淡水湿地损失有更详细的研究。例如，专家估计自1780—1980年代美国南部48个州的全部湿地丧失了53%（Dahl 1990:5）。在欧洲，湿地的丧失更为严重，仅因排干和转变成农用土地就减少了湿地面积约60%（EEA 1999:291）。

评估产品与服务

水量

家庭、农业和工业使用的水显然是淡水系统提供的最重要的产品。人类每年取水400万m^3，约为世界河流正常流量（其非洪水或“基本流量”）的20%（Shiklomanov 1997 :14，69）。自1900—1995年间，取水增加了6倍多，是人口增长率的两倍以上（WMO 1997:9）。

科学家估计，世界范围内平均径流量为每年39500～42700km^3之间（Fekete等 1999:31;Shiklomanov 1997:13）。然而，其中大部分为洪水或人类无法获取和利用。事实上大约只有900万m^3可以被人类轻易地获取，另有350万m^3贮存于水库中（WMO 1997:7）。

由于淡水供应的有限和人口不断增长，人均可用水量一直在下降，按全球范围计算，自1950—2000年，年人均可利用水量从1.68万m^3降至6 800m^3（Shiklomanov 1997:73）。但是这种按全球平均的计算不能确切地反映全球水状况。在全世界范围内，水的分布是不均匀的，有些地区含水很丰富，而另一些地区却很缺乏。例如，世界上的干旱和半干旱地区，虽然占陆地面积的40%，但只接受到世界水流量的2%（WMO 1997: 7）。

高需求，低径流

在水需求量大于可获取的径流量的流域，水缺乏已是日见严重的问题。事实上，水事专家不断发出警告，水的获取将是人类社会在21世纪面临的一个主要挑战，而且水的短缺将成为限制发展的主要因素之一（WMO 1997:1，19）。1997年的一项分析估计，大约1/3的世界人口生活在中度或高度水紧缺的国家，而且，数字无疑将随着人口和人均需水量的增长而上升（WMO 1997:1）。

为了更好地了解水需求与供应间的平衡，更好地估计出全球水事问题的范围，PAGE的研究人员采用了一种不同于1997年研究的新方法进行水缺乏问题的分析。PAGE研究人员以每个河流流域计算可利用的水量及人口，而不是按国家或州来计量，以找出年人均可用水量小于1 700m^3的地区。水事专家将那些人均年可用水量低于1 700m^3的地区定义为“水紧缺”地区，那里经常发生破坏性水短缺的情况。在人均年供水量低于1000m^3的地区，除了那些有足够财力采用新技术来进行水资源保护和再利用的地区外，后果通常会更为严重：诸如粮食生产、卫生、健康、经济发展和生态系统损失等问题的产生（Hinrichsen等 1998:4）。

根据PAGE的分析，世界人口的41%，即23亿人生活在水紧缺的流域，那里年人均可用水量小于1700 m^3（Revenga等 [page]2000）（专栏2.26淡水的数量与质量）。其中17亿人生活在年人均可用水量小于1000m^3的高度缺水流域。PAGE研究人员预计，假使目前的消费模式继续下去，截至2025年将有至少35亿人——或48%的世界人口，生活于水紧缺流域，其中24亿人将生活在高度缺水的状况下。

即使在正常状况下获得水量高于缺水水平的某些地区，在干旱季节仍会面临严重的水短缺。PAGE的研究确定了一些此类情况的流域，特别是在巴西东北部、非洲南部、印度中部、土耳其东部、伊朗西北部和东南亚大陆。

地下水资源

全球的水缺乏问题，不仅包括地表水源，同样也包括地下水源。约15亿人依靠地下水生活，每年抽水约60万～70万m^3——占全球用水量的20%左右(Shiklomanov 1997:53～54)。这些水中有些是“原生水”，来自于与正常的径流循环无关的深层水源，而大量地下水来自较浅的蓄水层，来源于流入淡水水系相同的全球径流。

过度开采地下水，的确会大量地掠夺溪流和河流中的流量，同样，被硝酸盐、农药和工业化学品污染的蓄水层常常影响毗连的淡水生态系统的水质。虽然众所周知过度开采地下水和污染地下水蓄水层是普遍的和日益增长的问题（UNDP 1996:4～5），但在全球一级没有关于地下水资源和污染趋势的综合数据资料。

（下转第112页）

专栏2.25 破碎化和流动

几个世纪以来，世界各地均为改善航运而对湖泊和河流进行改造，为兴建人类住区而排干湿地，并建造了水坝和运河，让水流按人类的要求流动。这些改变获得更多的土地和灌溉水量，从而提高了农业产量，便利了交通运输，提供了洪水控制和水力发电。

但是人类的这些改变也对水文循环及依赖于这些循环的物种产生了长远的影响。河流与其泛滥平原和湿地已不再相联，由于河流系统改道，流入与之相联的连串水库而使流速减慢。这些变化已经改变了鱼的迁徙，为外来物种开辟了通道，缩小或改变了岸边生境。其结果是物种丧失和淡水环境能够提供的生态系统服务水平的整体下降。

建造水坝已对世界上大部分主要河系产生了影响。现在世界上有41 000多个大型水坝，蓄水量是1950年的7倍（ICOLD 1998，Vorosmary等 1997）。右页上端的地图展示了227条大河系统因人类的干涉而造成的破碎化或天然水流中断的程度（Dynesius和Nilsson 1994；Nilson等 1999；Revenga等[PAGE]2000）。温带和干旱地区的几乎所有大河系统均被列为受到重度或中度影响的，只有极少数在北极或北方地区的河流未受影响，水仍在自由地流动着。随着亚洲、中东和东欧各地新的大型水坝的建造，这个趋势仍将继续发展下去。

水坝降低了天然流速，从而增大了沉积量并降低了溶解氧含量。最受影响的河流系统，即水在其中滞留时间已超过一年的河流有北美洲的科罗拉多河和格朗德河，非洲的尼罗河和沃尔特河，阿根廷的里奥内格罗河。

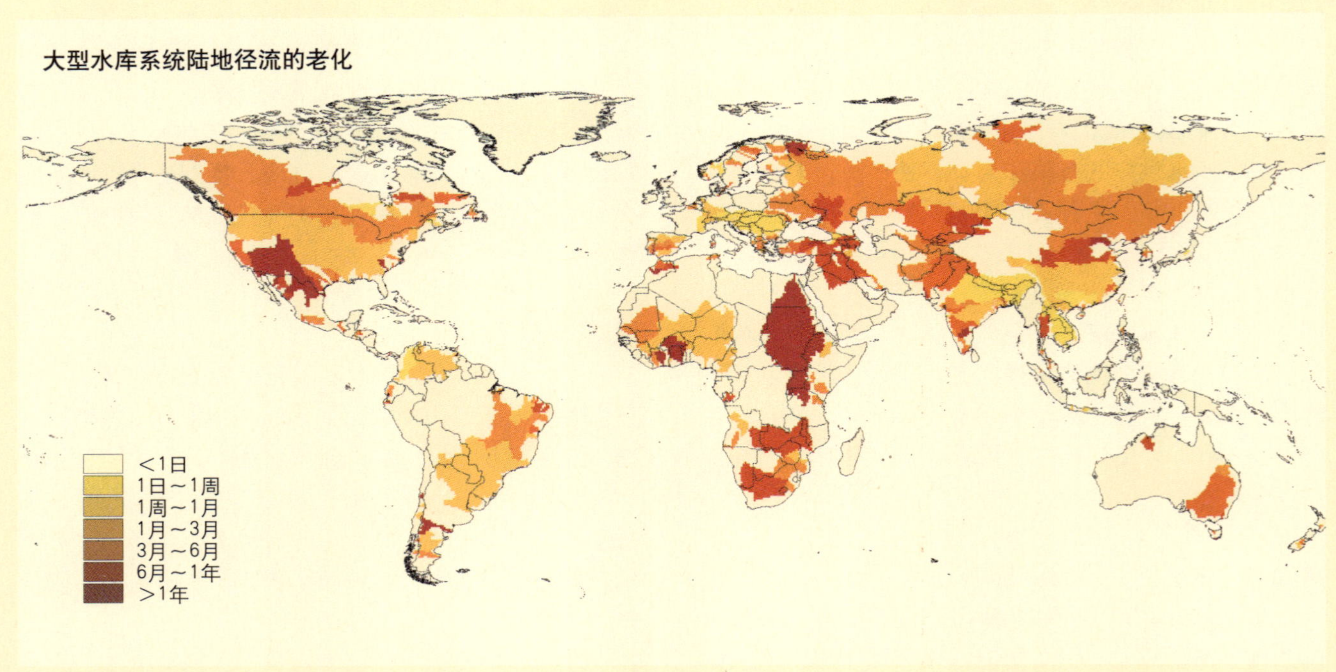

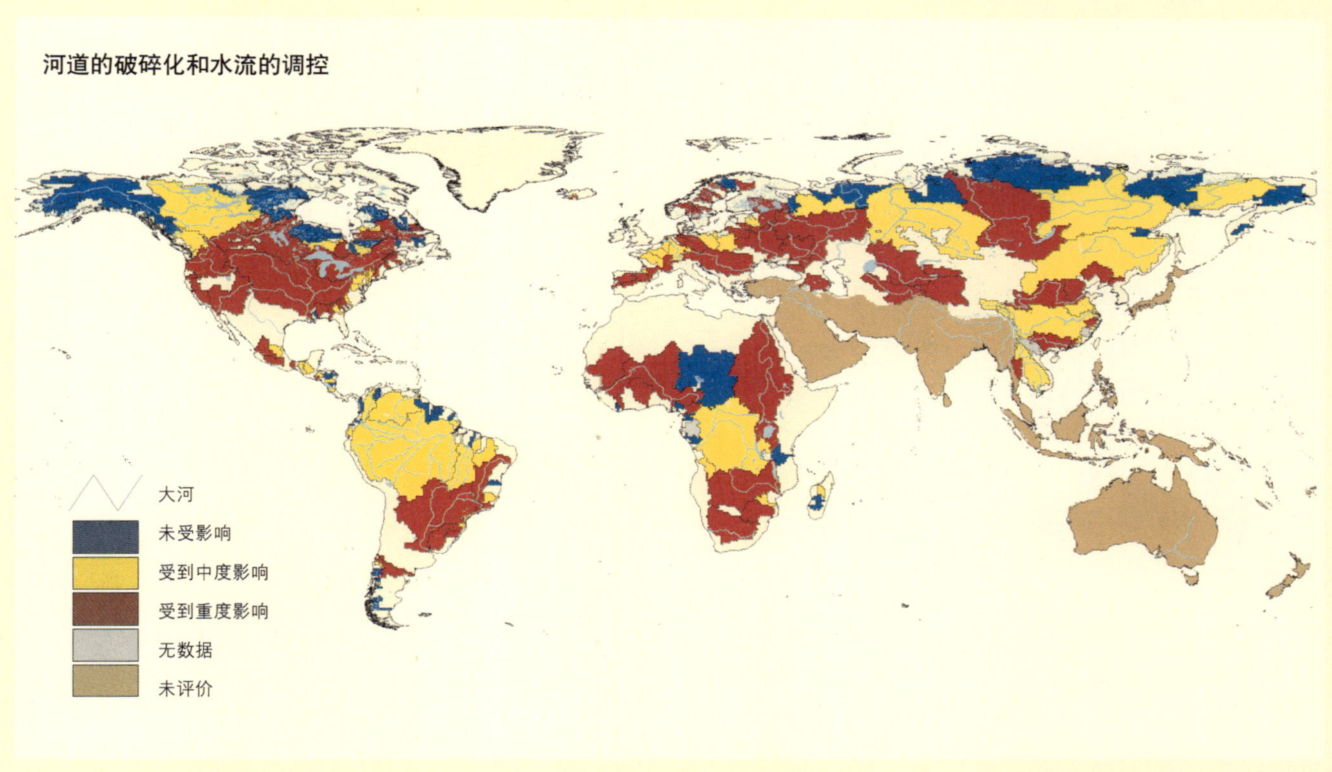

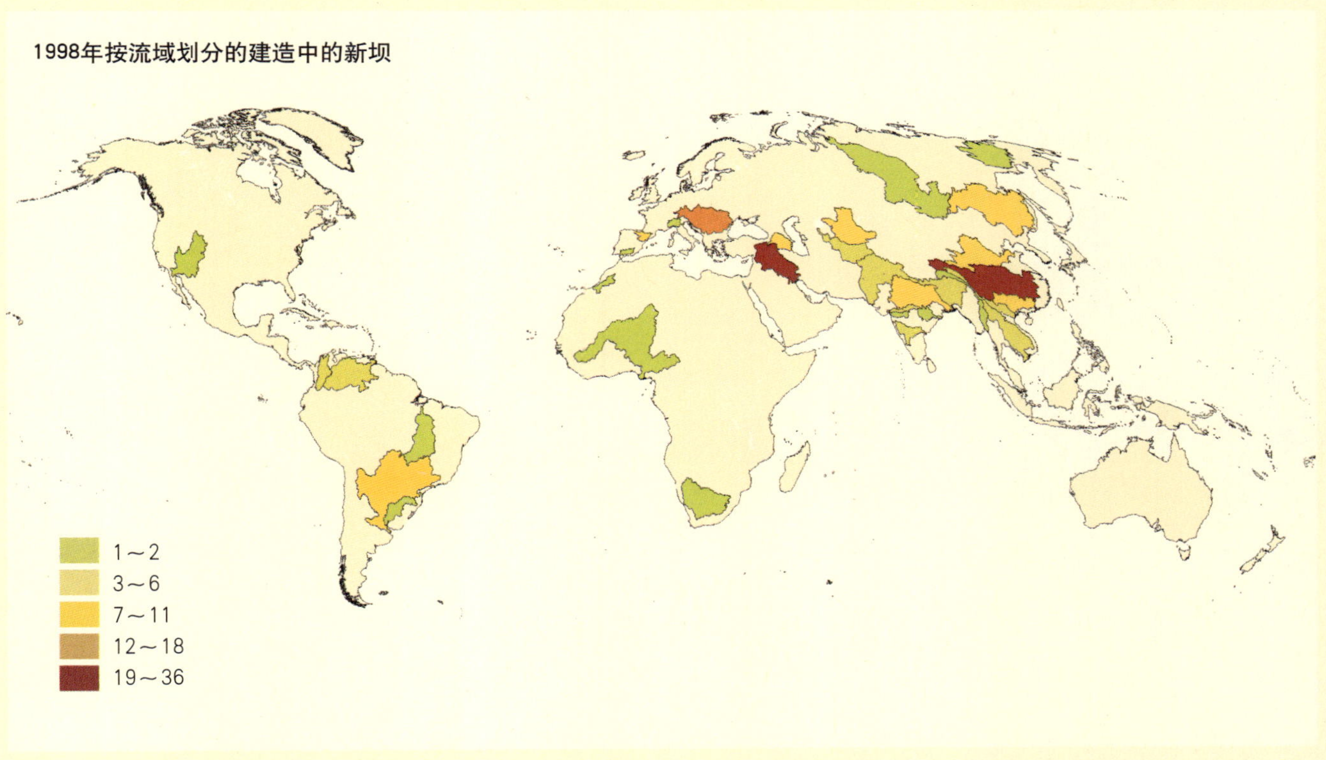

来源：Revenga等 [PAGE]2000。上页的陆地径流图来自Vörösmarty等（1997）。上端的破碎化图根据Revenga等（1998），Dynesius和Nilsson(1994)，以及Nilsson等（1999）绘制。建造中的水坝图根据IJHD（1998）的数据绘制。

专栏2.26 淡水的数量和质量

淡水系统提供惟一最根本的产品——水，用于饮用、烹饪、洗涤、漂洗、混合、生长、加工和人类无数的其他用途。人口、工业生产及农业需要的增长使全球水的消耗量增长比人口增长率还快两倍（WMO 1997:9）。

淡水系统中可利用的水的数量与质量主要受人们从中获取水资源的流域内土地利用的影响。城市、道路、农业生态系统及天然地域共同影响蒸腾、排水和径流，而且通常决定水中的污染量。天然水域的氮和磷含量很低，但来自农业生态系统和城市的径流使河水里的氮和磷含量增加（尤其是欧洲和北美洲普遍使用合成化肥）。过度的营养会刺激植物的生长，这些植物会使当地淡水物种窒息、阻塞物种分布系统并危害人类的健康。

洁净水经常成为发展的牺牲品，同样发展也可能因为缺乏洁净水而夭折。很多专家预测，洁净水的缺乏将是制约21世纪经济发展的关键因素之一。到1995年，40%以上的世界人口生活在水紧张地区（年人均可用水量低于1700m^3）或水缺乏地区（年人均可用水量低于1 000m^3）。截至2025年，这一百分数将增加到世界人口的50%。到2025年将被列入水紧张状态的人口超过1000万的流域有沃尔特河、法拉河、尼罗河、底格里斯河、幼发拉底河、纳尔马达河和科罗拉多河（Brunnet等 2000）。

1994年选定河流的营养物污染

地区	河流	面积 (10^6km^2)	浓度(mg/L) 氮	浓度(mg/L) 磷
非洲	扎伊尔河	3.69	n.a.	n.a.
	尼罗河	2.96	0.80	0.03
亚洲	黄河	0.77	0.17	0.02
	布拉马普特拉河	0.58	0.82	0.06
欧洲	伏尔加河	1.35	0.62	0.02
	塞纳河	0.06	4.30	0.40
北美洲	密西西比河	3.27	1.06	0.20
	圣劳伦	1.02	0.22	0.02
大洋洲	默里达林河	1.14	0.03	0.10
	怀卡托河	0.01	0.30	0.10
南美洲	奥里诺	6.11	0.17	0.02
	科河	1.10	0.08	0.01

1995年和2025年全球水的可利用状况

状况	供水量 (m^3/人)	1995年 人口 (10^6)	1995年 占总人口百分比	2025年 人口 (10^6)	2025年 占总人口百分比
缺乏	<500	1 077	19	1 783	25
	500～1 000	587	10	624	9
紧张	1 000–1 700	669	12	1 077	15
足够	>1 700	3 091	55	3 494	48
未分配		241	4	296	4
共计		5 665	100	7 274	100

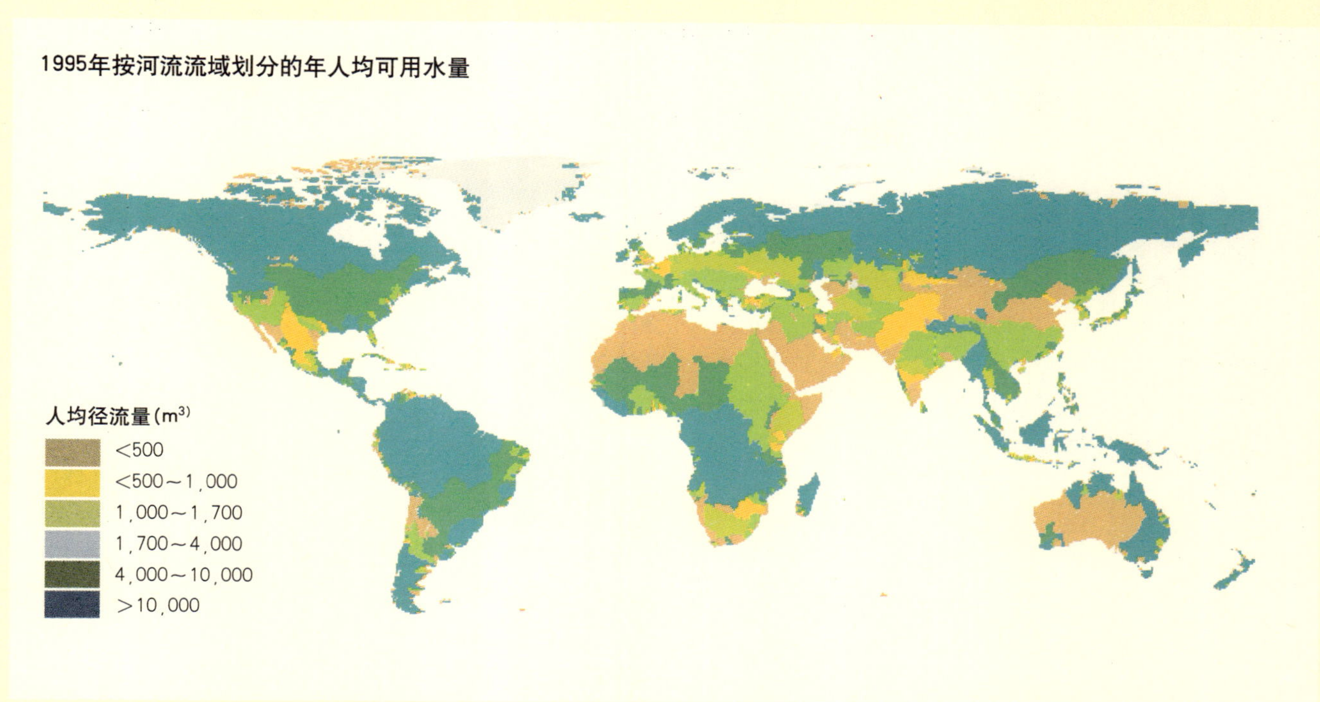

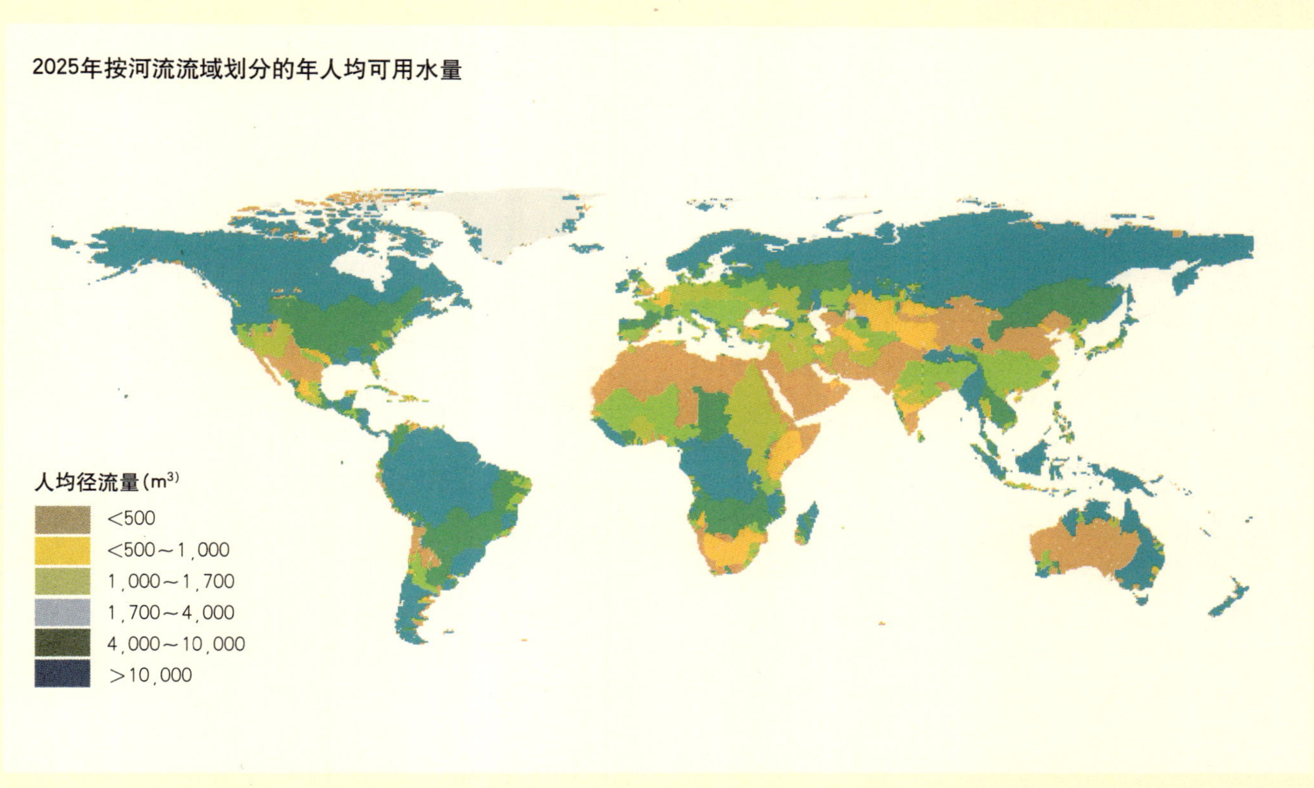

来源：营养物污染表根据UNEP–GEMS(1995)绘制。可用水量表和图来自Revenga等[PAGE]2000，根据Brunner等(2000)、Fekete等(1999)和CIESIN(2000)。缺水预测根据联合国人口增长或下降的低增长预测作出，未考虑污染和气候变化的影响。

> **警示：水量**
>
> 人类每年的用水量约为世界河流正常流量（非洪水流量）的1/5，但是在干旱或人口稠密地区的河流流域用水比例会更高。这牵涉到生存于或依赖于这些水系的所有物种，同样涉及到人类今后的供水问题。目前世界40%以上的人口生活在水短缺的河流流域，随着人口的日益增长，预计在下一个十年内水短缺问题将会大大增加，到2025年，世界人口的一半将会受到影响。占全球用水量20%的地下水源的耗竭和污染也成为淡水生态系统所面临的日益严峻问题，因为地下水蓄水层与地表水源经常是相互连接的。

水质

淡水系统，特别是湿地，在消除污染物及帮助分解和扩散有机废物方面承担着很重要的作用。但是湿地和其他生境的过滤能力是有限的，会被废物过度的排放、农业径流和工业污染物所淹没。确实，水质因大量的污染物而日益恶化，这些污染物包括污水、食品加工和造纸产生的废物、肥料、重金属、微生物试剂、工业溶剂、诸如石油和农药等有毒化合物、灌溉产生的盐类、酸沉降和淤泥。

由于某些原因，关于全球一级水质方面的信息很少，也很难得到。水质问题常常是地方性的，会随地点、季节、甚至一天内时间不同而有很大的变化。另外，水质监测完全不统一，并且各国的水质标准也大不相同。

尽管如此，现有资料很清楚地表明，世界范围内供水的污染趋势是有许多共同之处的。100年前，主要的污染问题是来自未经处理的人类废物的粪便和有机污染及早期工业副产品的污染。在大多数工业化国家，这类污染源已经大大减少了，水质也随之改善。但是，流域内来自集约农业和开发活动的一系列新的污染物妨碍了净化。与此同时，在多数发展中国家，传统污染源和农药等新污染物的结合使水质严重恶化，特别是在城市工业中心和集约农业地区附近(Shiklomanov 1997:28; UNEP/GEMS 1995:6)。

粪肥和化肥（氮和磷等营养物的主要来源）使用的增加是淡水系统污染的主要原因。在自然系统中氮、磷的浓度很低，但由于农业生态系统径流及城市和工业废水的排放而增加。其结果是，大多数内陆水系水藻暴发和富营养化更加频繁。最高的氮浓度出现在欧洲，中国、南非、尼罗河和密西西比河流域等集约耕种和经人类活动改造的流域也发现了有高浓度的氮(UNDP/GEMS 1995:33～36)。至少在两个地区——地中海和在密西西比河出海口的墨西哥湾，高浓度氮与农业径流造成的极度富营养化相关。由于其极为分散的特性，农业径流造成的水污染一直是一个非常棘手的问题，即使在工业化国家也难以控制。

针对污染物水平的水质监测很有用，但是人类仍不能从中了解到水污染如何影响淡水生态系统。为确定这一影响，必须对水生群落本身进行监测。生物完整性指数（IBI）是评价特定水体或河流支流中水生群落健康的最普遍使用的方法之一，包括下述信息：鱼类或昆虫物种的丰富度、组成和条件（Karr of Chu 1999）。美国的一些州目前采用各种IBI方法，而且它已被应用于法国和墨西哥；即使如此，IBI方法的使用还是很有限，难以给出全球水生状况的总体概念。(Oberdorff和Hughes 1992; Lyons等1995)。

> **警示：水质**
>
> 在过去20年中，美国和西欧的水质已得到改善，但是氮和农药污染仍然是持久性问题。有关世界其它地区的水质数据很少，但几乎所有集约化农业和迅速城市化地区的水质似乎都在下降。不幸的是，评价化学品污染对淡水生物功能的损害程度方面的资料极少。然而，水藻暴发和富营养化事件遍布世界淡水生态系统，也是反映生态系统受到水污染深远影响的一种标志。此外，全球范围内大量的湿地消失，极大地损害了淡水生态系统对水的过滤及净化水的能力。

粮食：内陆渔业

对世界上大多数人，特别是穷人而言，鱼是蛋白质及微量元素的主要来源（Bräutigam 1995:5）。内陆渔业——河流、湖泊和湿地提供的鱼和贝壳类动物种群——是这种蛋白质来源的重要组成部分。例如，柬埔寨人口约60%的动物蛋白质是从洞里萨湖——一个大淡水湖的渔业资源中得到的（MRC 1997:19）。在马拉维，城市和农村低收入家庭的70%～75%的动物蛋白质靠淡水捕获物提供(FAO1996)。

内陆鱼类捕捞量。1997年，全世界内陆渔业捕获总量为770万t。在不计算水产养殖鱼量的情况下，这一数据占人类直接消费的鱼类总量——淡水捕捞量和海洋捕捞量的12%（FAO 1999a:7～10）。内陆捕鱼量主要由淡水鱼组成，虽然也捕捞软体动物、甲壳类动物和一些水生爬行动物，但它们只是地区和当地的重要组成部分（FAO 1999a:9）（专栏2.27内陆渔业的变化）。

人们认为内陆渔业捕获量的报告数字存在极大的不足——少报了2～3倍（FAO 1999 b: 4）。亚洲与非洲在内陆鱼类产量方面居世界领先地位。据粮农组织的报告，大多数内陆捕鱼量（除水产养殖以外的所有鱼类）已达到或超过了其最大的可持续发展的产量，从1984年到1997年，包括水产养殖在内，全世界的内陆捕鱼量每年递增2%，而自1992年起，亚洲的递增率一直高达7%。增产的部分原因是由于加强渔业生产，诸如人工放养或引进新品种。这种生产的加强在亚洲尤为重要，它生产出了占全世界总量64%的内陆鱼捕获量（FAO 1996 b: 6）。另一个出人意料的增产原因是由于内陆水域的富营养化，适当的富营养化能够在食物链的基础上提供更多的食物从而提高某些鱼种的产量（FAO 1999 b:7）。

水产养殖。与内陆捕鱼业一样重要，淡水养殖业的生产在鱼的大小、价值及营养价值方面都更胜一筹。1997年淡水养殖的产量已达到1 770万t（FAO 1999b:6）。1997年人类直接消费的鱼类有30%是由海水与淡水养殖共同提供的，而其中60%以上的产量是淡水鱼或在淡水与海水间迁徙成长的鱼（FAO 1999a:7;FAO 1998）。在亚洲，特别是中国，水产养殖占主导地位。

娱乐性钓鱼。在欧洲和北美洲，最近几十年来淡水鱼消费已经下降，现在的钓鱼主要是为了消遣和娱乐。娱乐性钓鱼对某些国家经济的贡献是举足轻重的。例如，加拿大的钓鱼者每年在钓鱼用具及有关服务方面的花销达29亿加元（McAllister等 1997:12）。而在美国，1996年钓鱼者仅花在钓鱼执照上的费用就达4.47亿美元（FAO 1999b:42）。娱乐性的钓鱼活动也促进食品的供应，过去一般把钓来的鱼吃掉，虽然现在趋向于把捉到的鱼放回水中（Kapetsky 1999）。目前，娱乐性的捕获量估计每年在200万t左右（FAO 1999 b:42）。

内陆渔业状况。威胁内陆捕鱼业的主要因素是鱼的生境丧失和环境退化（FAO 1999b:19），有些地区，像亚洲的湄公河流域，过度捕鱼和毁坏性的捕捞活动造成了威胁（FAO 1999b:19），此外，在河流、湖泊和水库中引入非本地物种——或是意外的，或是为了食用或娱乐性垂钓——影响了本地的水生群落的构成，有时会使产量增加，有时也会使产量减少。引入的物种可能是食肉动物或竞争者，或者会带给本地鱼群新疾病，有时会造成严重后果（专栏1.9交易:维多利亚湖生态平衡表）。

由于收集有关鱼类捕捞量的可靠的综合资料很难，所以要对内陆渔业的实际状况进行评估是非常复杂的。相当多的捕获量产生于谋生和娱乐。由于这些捕获量不进入集中的市场或商业流通领域，所以很难监测（FAO 1999b:4）。

不过对于某些经过仔细研究的渔场，是有关于捕获量和趋势方面的资料的。捕获量资料包括：重要的商业鱼种捕捞量的变化和经过仔细研究的河流中鱼种的组成情况。毫无例外，每个检查过的大渔场本世纪中都经历了大幅度的减产。

粮农组织的数据提供了稍有不同的内陆渔场状况的情景。粮农组织分析了1984—1997年捕获量的统计数字，发现南亚和东南亚、中美洲，以及非洲和南美洲的部分地区的内陆鱼类捕获量有着积极的趋势。而在美国、加拿大、非洲的部分地区，东欧、西班牙、澳大利亚和前苏联，捕获量的趋势则是消极的（FAO 1999b:9～18，51～53）。

粮农组织提供的渔获量增长因地区不同而出自各种原因：开发过去很少捕捞的资源；过度开发一个渔场以致它很快衰退；靠放养或引入高产鱼种来提高渔场产量等。粮农组织发现对所有地区而言，渔业的主要威胁是淡水生境的环境退化（FAO 19996:19）。

警示：粮食生产

↑↓ 淡水鱼对于人类营养和地方经济担负着极为重要的作用。近几十年来鱼产量迅速增加，目前已达到捕捞鱼类770万t，水产养殖鱼类1 770万t的水平。目前用来确定大多数野生鱼种群的可持续产量的数据尚不充分。但已有的数据表明，由于生境退化及过度捕捞，淡水生态系统维持野生鱼类资源的能力已显著下降。但是淡水鱼养殖生产迅速增加，预计将继续增长。依靠引进鱼种的某些内陆捕鱼业的产量也在增长，但有时它们会损害本地鱼种。

专栏27 **内陆渔业的变化**

人类消费鱼类总量的12%左右是由内陆渔业供应的(FAO 1999a)，在许多内陆国家，如马拉维，蛋白质摄入总量中很大部分来自淡水鱼，对穷人而言尤其如此(FAO 1999 b)。

从1984年到1996年，全球内陆渔业捕获量（线钓、网捞或诱捕的野生鱼）平均每年增加2%。但各地区的变化趋势有很大的不同，澳大利亚、北美洲和前苏联是下降的，而在大部分的非洲和亚洲地区是上升的。自1987年以来，水产养殖业超过作为淡水鱼主要来源的捕鱼业，亚洲国家的产量处于主导地位(FAO 1999a)。

据粮农组织的报告，大多数内陆捕鱼业被过分地开采，超出了可持续发展水平。修筑水坝和污染等因素使淡水生境丧失或退化，这些加重了过度捕捞的影响。在中国等一些大的产鱼国家，只能靠重新放养和引入高产物种来维持总捕获量的增长。

1997年内陆捕鱼业的捕捞量

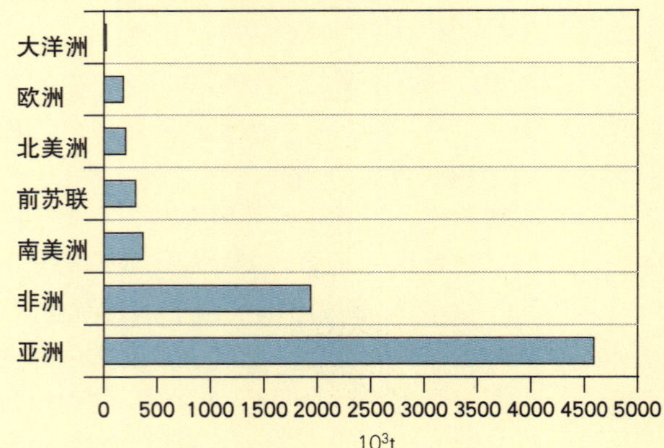

1984—1997年内陆捕鱼业的趋势

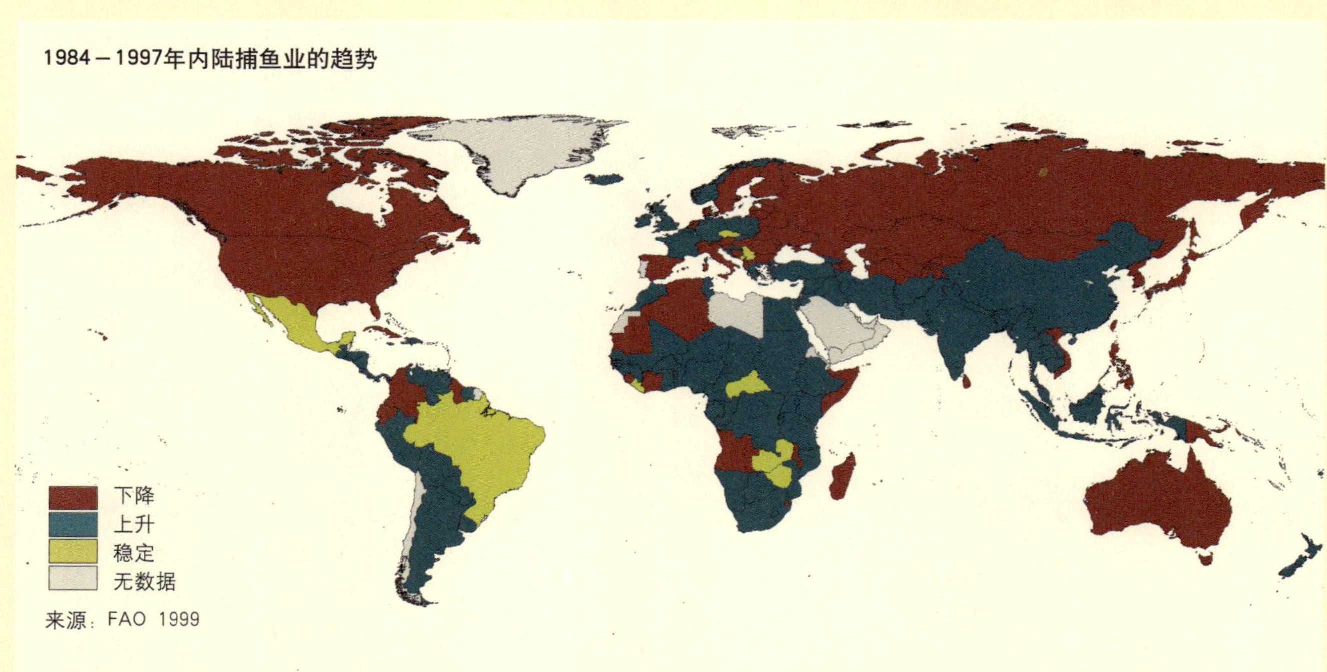

来源：Revenga等 [PAGE]2000，该地图是根据 (FAO 1999b) 绘制。图表根据FAO(1998)绘制，表格出自Carlson 、Muth(1989)，Bacalbasa—Dobrovici(1989)，Postel(1995)，Abramovitz(1996，引用密苏里河联盟1995)，Hughes、Noss(1992)，Sparks(1992)，Kauffman(1992)，Liao等(1989)。

选定河流的鱼种组成和渔业的变化

河流	鱼种和渔业的变化	减少的主要因素	丧失的主要产品和服务
科罗拉多河（美国）	历史上有9科20属36种本地鱼，其中64%是地方特有的。属于“濒危物种条例”的物种现状是：2种已灭绝；15种受到威胁或濒危；18种欲列表或属再查。	水坝、河流改道、运河和岸边生境的丧失。	丧失渔业和生物多样性。
多瑙河	自20世纪初起，多瑙河的鲟鱼几乎已绝迹，现今的渔业靠水产养殖和引进非本地鱼种而维持。	水坝、水渠的建造、污染、泛滥平原的丧失，抽水、采沙和砾石及非本地鱼种的引入。	丧失渔业，丧失生物多样性，改变了鱼种组成。
咸海	24种鱼中的20种已绝迹，捕获量曾达4万t并提供6万人就业的商业渔场已不复存在。	河水改作灌溉，化肥和农药污染。	丧失重要的渔业和生物多样性；裸露的湖床产生的有毒盐类造成相关的健康影响。
莱茵河	1890—1975年间44种鱼变得稀少或已绝迹，大马哈鱼和鲟鱼已不存在，虽然鳗鲡的产量还因放养而维持着，但已呈下降趋势。	水坝、水渠的建造、严重的污染及非本地鱼种的引入。	重要渔业的丧失，生物多样性丧失。
密苏里河	自1947年来，商业渔场已减少83%。	水坝、水渠的建造和来自农业径流的污染。	渔业和生物多样性的丧失。
大湖区	鱼种的组成改变了，本地大马哈鱼渔场丧失。4种本地鱼已灭绝，其他7和受到威胁。	农业和工业污染以及非本地物种的引入。	丧失了渔业、生物多样性和娱乐业。
伊利诺斯河	1950年代，商业渔场减少了98%。	土壤侵蚀造成的淤积，污染和富营养化。	丧失了渔业和生物多样性。
维多利亚湖	本地丽鱼大量灭绝；鱼种组成改变了，许多当地社区赖以生存的小规模自给渔场已绝迹。	富营养化，砍伐森林造成的淤积，过度捕鱼和非本地鱼种的引入。	丧失生物多样性，丧失当地手工渔业。
珍珠河（新疆）	1980年代商业渔业产量降至1950年代水平的37%。	过度捕鱼，破坏性渔业作业，污染和水坝。	丧失渔业。

生物多样性

像其他主要生态系统一样，淡水系统也容纳了各种各样众多的物种。所有动物物种的12%生活在淡水生态系统（Abramovitz 1996:7），而且还有更多的物种与这些生态系统息息相关。例如在欧洲，25%的鸟和11%的哺乳动物以淡水湿地作为主要繁殖和养育之地（EEA 1994:90）。

虽然相对海洋和陆地生境而言，淡水系统拥有的物种较少，但就这样一个水生和河岸面积的有限范围而言，物种种类还是很丰富的。根据Reake-Kudla（1997:90）的估计，仅占地球表面积0.8%的淡水系统拥有44 000种经过描述的水生物种，占全部已知物种的2.4%。

有些地区尤为重要，因为它们拥有大量的物种或许多特有物种（其他任何地方找不到的物种）（专栏2.28淡水系统的生物多样性）。许多最奇特的鱼类是在热带，特别是中非、东南亚大陆和南美，但在北美中部和中国和印度的一些流域也发现了大量的多样性。

物理变化、生境丧失和退化、水的抽取、过度开发、污染和非本地物种的引入都会直接或间接地减少淡水物种。这些影响水生系统的种种压力在世界各地都存在，虽然其特定影响因流域的不同而有所不同。

威胁和灭绝

或许衡量淡水生物多样性实际状况最好的方法是测量物种面临灭绝危险的程度。在全球范围内科学家们估计世界淡水鱼种——其中约10 000种已被描述——的20%在近几十年已经灭绝，受到威胁、或处于濒危（Moyle和Leidy 1992:127，引自McAllister等1977:38; Bräutigam 1999:5）。根据1996 年自然保护联盟受威胁动物名册，734个鱼种被列为受到威胁；其中84%是淡水鱼（IUCN 1996:37导言；McAllister等1997:38）。在澳大利亚，33%的淡水鱼受到威胁，而在欧洲该比例则上升到42%（Bräutigam 1999:4）。

美国是拥有淡水物种的良好数据的国家之一，其37%的淡水鱼种，67%的贝类，51%的小龙虾和40%的两栖动物受到威胁或已经灭绝（Master等 1998:6）。在北美西部，1997年的数据表明，大部分生态区（独特生态地区）10%以上的鱼种面临危险，11个生态区的25%以上面临危险（Abell等 2000:75）。类似的情况有濒危的蛙类和蝾螈。按目前灭绝速率估计，北美每10年将失去4%的淡水物种，比陆地物种丧失率高5倍（Ricciardi和Rasmussen 1999:4）。

不容置疑，干旱地区的湿地物种受到的威胁最大，那里没有足够的水来满足人类和环境相互竞争的需要。例如，鸟类国际确定的中东391个“重要鸟区”中有一半是湿地（Evans 1994:31）。而且，这些湿地也被判定为最受威胁的地区（Evans 1994:35）。

两栖动物的减少

种群趋势是衡量单个物种和种群状况的最佳方式之一。对于很多淡水物种，要获得各洲或全球一级较长期的种群趋势的数据是不容易的。过去15年来，由于科学家努力查找全球范围内蛙类和其他两栖动物明显减少的原因，两栖动物这个分类群的全球种群数据有了极大的增加（Pelley 1998）。这些数据表明，过去几十年来世界所有地区两栖动物均大量减少。例如，对西欧近600种两栖动物种群的研究表明，从1950年代开始减少了53%（Houlahan等 2000:754）。北美的被研究种群减少了54%，南美则减少了60%。在澳大利亚和新西兰，虽然监测的种群要少得多，但被研究种群减少了70%。人们认为，造成下降的机制包括：臭氧层变薄造成的紫外线-B射线辐照增加；农药、肥料和除草剂产生的化学污染；酸雨；病原体；食肉动物的引进和全球气候变化（Liqs 1998;Pelley 1998; DAPTF 1999）。

入侵物种

非本地物种的种类和丰富程度是淡水生物多样性状况的另一个重要标志。引进物种是引起淡水系统绝种的主要原因，通过捕食、竞争、扰乱食物网和带来疾病影响本地的动物群。物种引进在淡水生态系统中特别成功。例如，引入热带的淡水物种其2/3后来都定居下来了（Beveridge等 1994:500）。

在世界大部分地区，引进非本地鱼种非常普遍并在不断地增长，往往有意引进鱼类，以便增加粮食生产以及建立或扩大娱乐性渔业或水产养殖。例如在南美，引进鱼类已占鱼产量的97%；在大洋洲占85%（Garibaldi和Bartley 1998）。但是引进非本地鱼种通常要付出高昂的生态代价。1991年一项对欧洲、北美、

专栏2.28 淡水系统的生物多样性

与其他生态系统相比，淡水系统的面积虽小，但所支持的物种数目相对丰富。虽然所有动物物种中只有12%生活在淡水系统中（Abramovitz 1996：7），但依赖淡水系统生存的物种更多。物理变化、生境丧失和退化、抽水、过度开采、非本地物种的引入等这些因素均促使淡水物种减少。在全球范围内，近几十年来世界淡水鱼种的20%以上已经灭绝、受到威胁或濒危（Moyle和Leiay 1992：127）。

世界上淡水生物多样性的分布是不均匀的，有些地区特别重要，因为它们拥有大量物种或很多特有物种（只在有限区域内生存的物种）。特有性与全面的物种丰富是相互关联的。在热带发现了大部分最集中的特有性和物种多样性，特别是在亚马孙河、刚果河和湄公河流域。

鱼类物种丰富和特有的流域

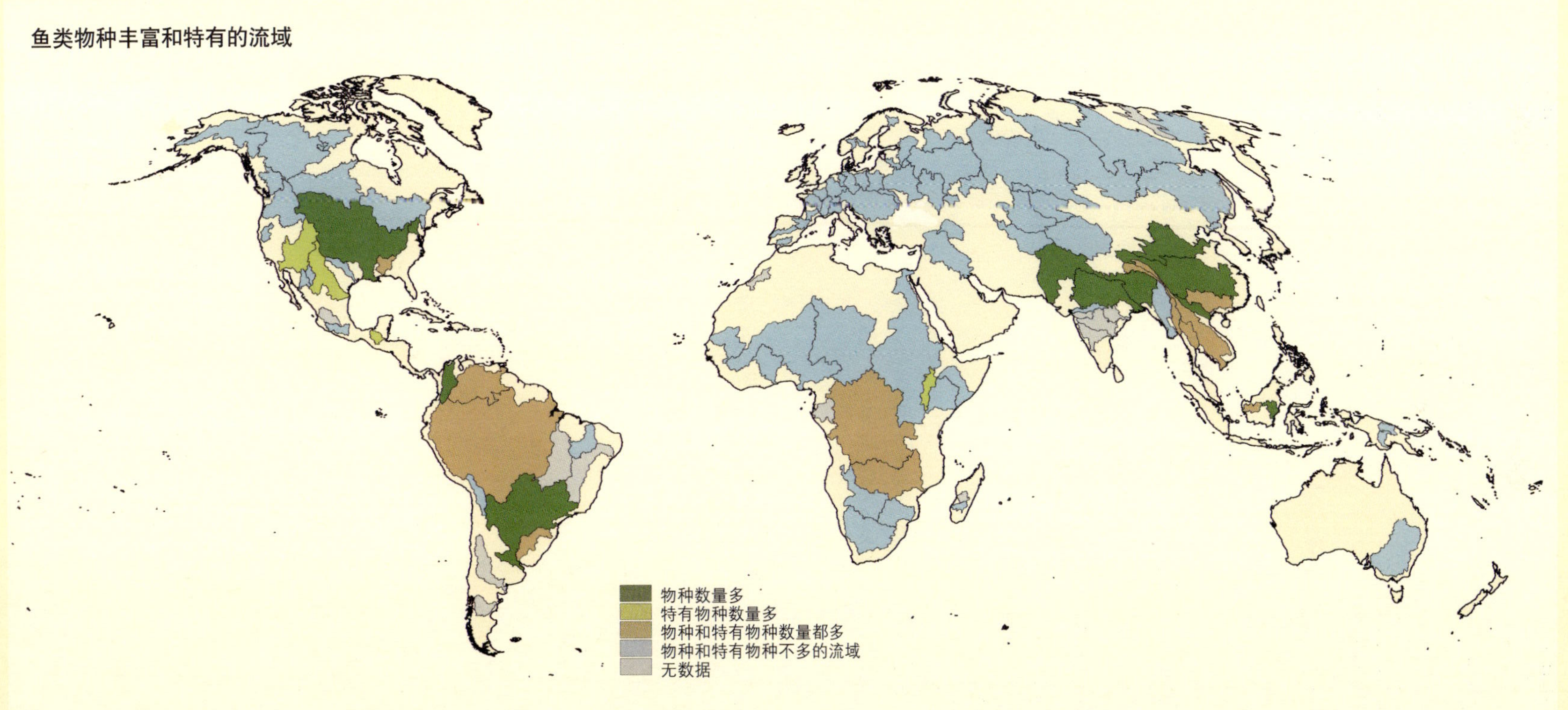

来源：Revenge等［PAGE]2000。本地图根据Revenge等（1998）绘制。由于物种数量与抽样的总面积有关，大流域比较小的流域有更多的鱼种（Oberdorff 1995）。为了减少因面积不同引起的偏差，将流域分为大的（面积大于150万km^2）、中的（面积在40万～150万km^2）和小的（面积少于40万km^2）。本地图显示，大流域内有230多个鱼种，中流域超过143种，小流域有112种以上。地图显示特有物种的数量为：大流域166种以上，中流域29种以上，小流域15种以上。每一类别的分界点是通过选择每一分布区域内的2/3来确定的。

澳大利亚及新西兰的鱼类引进的调查表明，随着非本地鱼种的引进，当时有77%的本地鱼数量减少或被消灭（Ross 1991:359）。北美洲在过去100年内灭绝的鱼种中68%主要是由于引进物种造成的（Miller等 1989:22）。

无意地引进鱼种造成的经济代价也是很高的。例如，北美大湖区引入的七鳃海鳗成为1940年代和1950年代灰红点鲑渔场崩溃的因素。1991年，加拿大和美国共花费了800万美元，通过化学和机械的方法控制七鳃海鳗，额外又花费了1 200万美元来恢复灰红点鲑渔场（Fuller等 1999:21）。同样，1989—1995年间，美国和加拿大为了根治斑马蚌共花费了6900多万美元，有些估计花费了高达3亿～4亿美元（O'Neill 1996:2；O'Neill 1999）。在生态方面，17个不同的抽样站表明，斑马蚌的侵扰使本地蛤的产量大大地降低，导致许多物种几近灭绝。

一些经济效益和生态代价之间最大的交易包括罗非鱼和鲤鱼种的引进。今天，这些重要的水产养殖物种已被引入世界各地。1996年通过水产养殖生产了199万t鲤鱼和60万t尼罗河罗非鱼（FAO 1999:14）。但是，在引入这些物种的河流和湖泊内，本地鱼种却遭了殃。由于饲养在河底湖底，鲤鱼增加了淤泥和水的混浊度，从而降低了水的清澈度，危害了本地鱼种（Fuller等 1999:69）。在阿根廷、委内瑞拉、墨西哥、肯尼亚、印度和其他一些地区，本地鱼的消失与此有关。（Welcomme 1998:101～109）。

水风信子是在世界许多地方造成重大的经济和生态损失的入侵物种蔓延的另一个例子。这种植物被认为是生长在亚马孙河上游的植物，自19世纪中期开始作为观赏植物在全球广泛传播，现已遍布热带地区（Gopal 1987:1）。水风信子给捕鱼和航运带来了实际问题，影响了鱼类植物和其他淡水生物，从而对生物多样性造成威胁。这种植物迅速地蔓延到热带新的河流和湖泊，阻塞了水道，并对依赖这些淡水生态系统生产的产品和服务的地方社区的生计造成了严重的干扰（Hill等 1997）。此外，风信子和其他水生植物一样，也是疟疾、血吸虫病和淋巴丝虫病等疾病的昆虫生物圈中的媒介物（Bos 1997）。

警示：生物多样性

物理变化、水的抽取、过度捕获以及非本地物种的引进均给淡水生物多样性带来沉重的代价。确实，在本报告审查的所有生态系统中，从支持生物多样性的能力这一角度来看，淡水系统在全球一级的状况最差。世界1万种淡水鱼种的20%在近几十年内已经灭绝、受到威胁或处于濒危的状态。在数据相对完整的美国，37%的淡水鱼种、67%的蚌类、51%的小龙虾和40%的两栖动物已被发现正在受到威胁或灭绝。随着全球粮食和水的需求的增长，淡水生态系统已承受的巨大压力将更为严峻。

草　地　生　态　系　统

尽管已经证实草地对众多的人口更为重要，但是与热带森林和珊瑚礁相比，世界草地所提供的产品和服务却较少受到人们的重视。草地是9.38亿人口——约17%的世界人口的家园（White等［PAGE]2000）。在世界上潮湿和干燥的地区都能发现草地，但是草地是世界干旱土地尤其重要的特征。大约一半生活在草地上的人口居住在世界上干旱、半干旱和干旱半湿润地区（White等［PAGE]2000）。由于雨水的缺乏，使干旱土地特别容易受到人类管理造成的损害，并使得由于过度放牧或不适当耕作所造成的土地退化的恢复更加缓慢。

在历史上，草地生态系统对于人类粮食供应至关的重要。几乎所有主要的谷类作物都来源于草地，包括小麦、稻米、黑麦、大麦、高粱和黍米。农业生态系统已经取代了许多草地，但是草地仍然是改良农作物的基因资源，而且是药剂和工业产品的潜在来源。

草地是繁殖鸟类、迁徙鸟类和冬鸟等许多物种的重要生境，并为许多野生动物和食草动物提供食物。草地植被和土壤还储存了大量的碳。草地生态系统的其它产品和服务还包括肉类和奶类、皮毛产品、薪材产生的能量和风能、如旅游、狩猎、美学和精神满足等文化和娱乐服务、水调节和净化。PAGE的研究人员研究了其中的4种产品和服务：粮食、保持生物多样性、碳贮存和旅游(专栏2.29草地生态系统现状)。

范围和改变

PAGE 的研究人员将草地生态系统定义为“草地植覆盖，通过火灾、放牧、干旱或冰冻温度所维持下来的区域”。根据这个广义的定义，草地包括无树草地、热带稀树草原、林地、灌木地和冻原。在地球上的每个大陆都能发现草地生态系统。其中最广阔的有非洲热带稀树草原、亚洲中部的干草原、南美的热带高草草原和热带干草原、北美的高草原以及澳大利亚的草地。

(下转第122页)

专栏2.29 草地生态系统现状

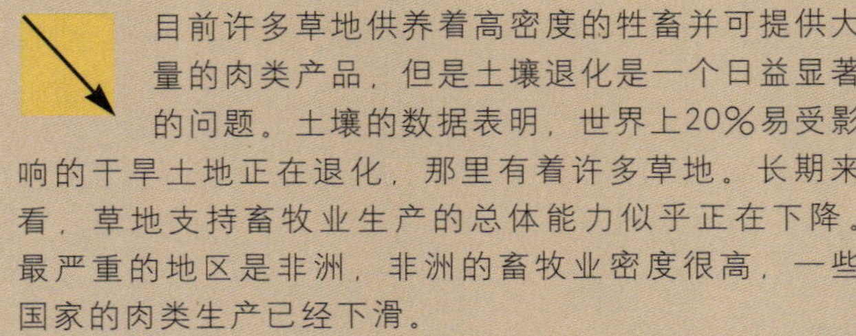

要点

- 覆盖地球表面40%的草地是近10亿人口的家园，其中的一半人口生活在易受影响的干旱地区。
- 农业和城市化正在改变着草地。北美许多高草原的转变，几乎已达到百分之百。道路建设和人类引起的火灾也在改变草地的范围、组成和结构。
- 所有的主要谷类粮食——玉米、小麦、燕麦、稻米、大麦、黍米、黑麦和高粱——都原产自草地。野生草种可以为改良粮食作物提供基因物质，还可以帮助保持耕作多样化，以抵御疾病。
- 草地吸引着那些愿意进行长距离旅行和支付远征费用来狩猎和参观草地野生动物群的旅游者。草地还自豪地拥有世界上许多最自然的现象：非洲大群角马、北美洲驯鹿和亚洲藏羚羊的大规模迁徙。
- 作为生物学上重要的植物和动物群的生境，草地占植物生物多样性中心的19%，特有鸟类地区的11%，具有显著生物特色生态区域的29%。

关键

状况是与20～30年前的产出和质量相比，评价目前生态系统产出的产品和服务的质量。

变化的能力是评价生态系统继续提供产品或服务的基本生物能力。

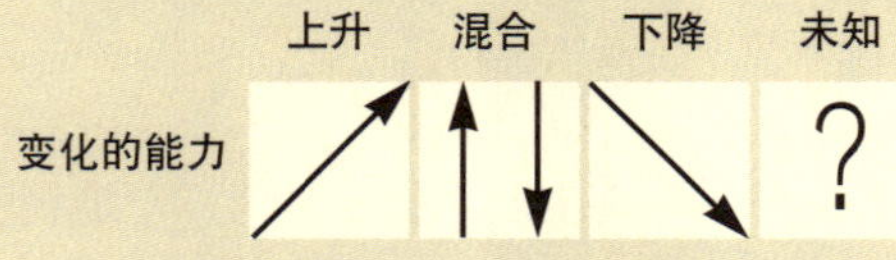

分数是专家关于每一生态系统的产品或服务随着时间变化的判断，与其他生态系统的变化无关。通过平衡各种指示数字的相对强度和可靠性，分数估计了主要的全球状况或能力。当区域调查结果出现分歧，又缺乏全球性数据时，应该重视较高质量的数据、较大的地理覆盖面和较长的时间序列。如果无法确定净价值，全球趋势上存在明显差异的被评为“混合”；当前数据严重不足的被评为“未知”。

状况与变化的能力

粮食生产

目前许多草地供养着高密度的牲畜并可提供大量的肉类产品，但是土壤退化是一个日益显著的问题。土壤的数据表明，世界上20%易受影响的干旱土地正在退化，那里有着许多草地。长期来看，草地支持畜牧业生产的总体能力似乎正在下降。最严重的地区是非洲，非洲的畜牧业密度很高，一些国家的肉类生产已经下滑。

生物多样性

北美区域数据表明，草地鸟类的物种正在显著减少，某些地区10%～20%的草地植物物种已经不再是本地的。在其它地方，如非洲的塞伦盖蒂平原，大型食草动物的种群数量在过去的20年中没有明显的变化。

碳贮量

草地贮存着全球陆地生态系统碳贮量的1/3。尽管草地在地球的占有面积是森林的二倍，但是草地的碳贮量比森林的要低。森林的碳贮存主要来源于植被，与森林不同，草地的碳贮存主要在土壤中。因此，如果土壤由于侵蚀、污染、过度放牧或固定而不流动的放牧而造成的退化将使今后草地贮存碳的能力下降。

娱乐

全世界的人类依赖于草地进行远足旅行、狩猎、钓鱼以及宗教或文化活动。有些草地娱乐和旅游的经济价值很高，尤其是远征和狩猎。全世界大约667个保护区中，至少50%是草地。尽管如此，由于农业、城市化和人类引起的火灾而造成的改变，草地将失去其娱乐服务的部分功能。

数据质量

粮食生产

全球土壤退化是可以确定的，但是评价常常依赖于专家的观点，不准确的数据无法为国家决策提供依据。草地牲畜的数据覆盖全球和部分区域，但是这些数据仅限于家畜。在植被、土壤状况、管理方式和长期恢复方面缺少相应的研究。有全球肉类生产的数据，但是缺少圈养和放养的两种不同牲畜的肉类生产量各自不同的数据。

生物多样性

通过美国和加拿大的综合区域数据可以评估出草地鸟类种群的长期变化趋势。非洲的部分长期区域数据表明，大型食草动物种群基本保持稳定，但其地理分布范围是有限的。其它区域、国家和地方的草地物种的数据缺少长期的变化趋势。对区域和地方入侵物种覆盖面的描述性表述比较多，缺少定量数据。

碳贮量

估计生物体和土壤中碳贮量范围的方法正在逐步发展。这项研究根据以前对全球地上和地下活植物的估计而进行，该研究更新了数据并使其更符合“国际地圈—生物圈计划”中目前的土地分布地图，同时还增加了土壤碳贮量的估计。在模型中还应列入根据不同管理方法的碳贮量变化。

娱乐

区域信息评估了草地野生生物的开发利用，但其结论主要是根据专家的观点。全球县级国际旅游方面消费的信息可以估计各种类型旅游的数据，但是无法专门估计草地旅游。在部分地区，可以得到区域旅游和远征狩猎的良好数据，但是很少报告长期发展趋势。

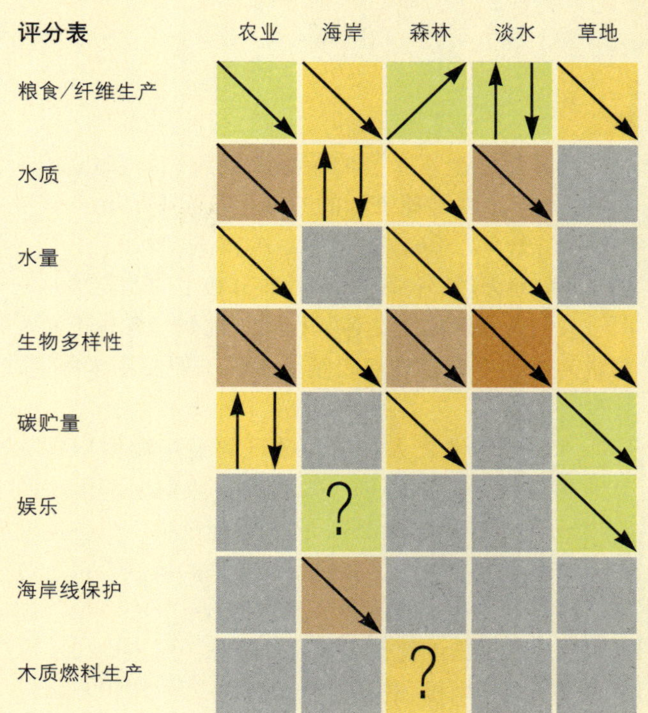

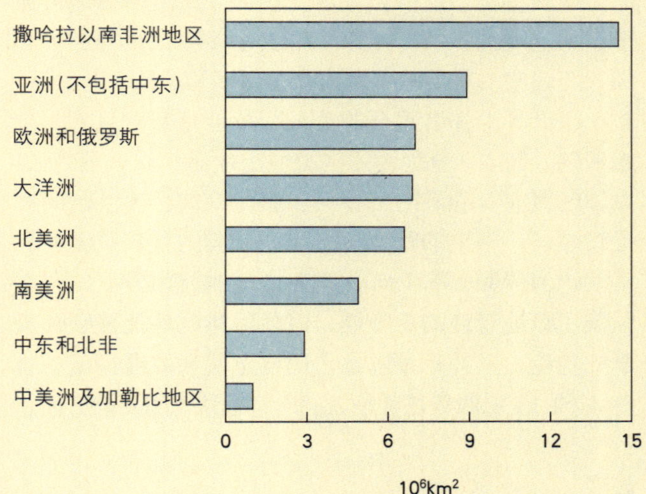

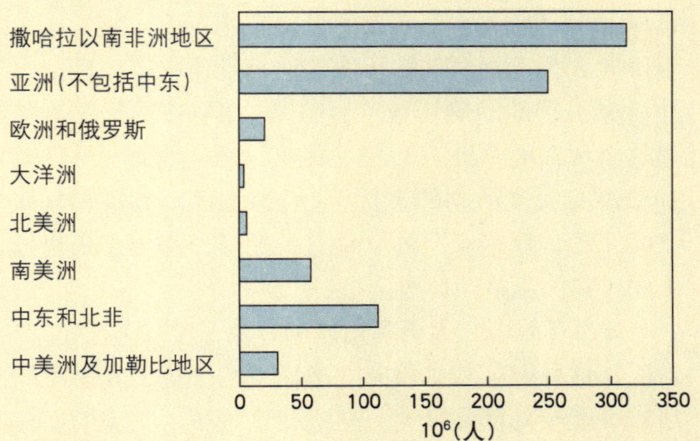

范围

世界草地生态系统的范围估计大约有4100万～5600万km²，占地球表面的31%～43%（Whittaker和Likens 1975：306，表15-1；Atjay等1979：132～133；Olson等1983：20～21）。统计数字的差异部分是由于人们对草地的定义各不相同。例如，有些研究人员认为草地生态系统应包括更多的冻原或灌木林地，有些则相反。

PAGE的研究人员利用最近的卫星数据形成的土地覆盖地图，制作了一张新的全球草地范围地图（专栏2.30全球草地范围）。在这张地图中，一些草地实际上是草地和农业等其他用途土地的镶嵌，但是这些“其他”用途土地的覆盖面积不到40%的草地仍被视为草地。这张地图表示，草地生态系统占地球土地面积（不包括南极和格陵兰）的41%，约5250万km²。草地生态系统的面积远远大于森林和农业生态系统的面积。确实，以国家为基础，草地是最普遍和最广泛的土地覆盖类型之一。世界上有40个国家的草地占整个国家土地面积的一半以上，其中多数位于非洲，非洲20个国家的草地占整个国家土地面积的70%以上。

在世界上许多重要的流域，草地是非常重要的生态系统。例如，草地占这些流域土地面积的一半以上：中国的黄河；非洲的尼罗河、赞比西河、奥兰治河和尼日尔河；南美的科罗拉多河；北美的科罗拉多河和格朗德河(White等 [PAGE]2000)。这些流域草地的范围强调了草地管理的重要性，以便保持这些流域吸收雨水的功能，以补充蓄水层、固定土壤和减缓径流。这些基本的流域服务往往是人们对草地认识不足的方面。

改变

像森林一样，由于主要是农业转变的人类活动，世界草地已经失去了其大部分原有的范围。科学家很难确定人类干扰之前的全球草地范围，也很难确定以往所失去草地的确切数字。但是，PAGE的研究人员通过将现在的草地范围与“潜在”的草地面积——即如果没有人类活动的干扰，（根据土壤、海拔和气候条件）预计保存至今的草地进行比较，得出了历史损失的可靠的粗略估计数字。

PAGE的研究人员利用这个方法，深入考察了5个地区，这些地区如果没有人类活动的干扰，其潜在的植被可能全部都是草地。在这些地区中，北美的高草大草原表现出最大的变化。农田占了这个地区的71%，城市占了19%。相反，在亚洲、非洲和澳洲的草地地区，其面积至少60%是草地，不足20%是农田，2%以下是城市或建筑物。

火灾

火灾是绝大多数草地生态系统自然发生的现象，已经成为人类用来管理草地的重要手段之一。火灾阻止了灌木的侵占、去除了干枯的植被、使营养物进行再循环。没有火灾，世界上许多草地的树木密度将会增加，最终会将草地转变为森林。此外，火灾还帮助猎人追捕草地猎物，帮助农民控制害虫（Menaut 1991:134）。

由于闪电而引起的典型的自然火灾，在潮湿地区一般认为每1～3年发生一次（Frost 1985：232），在干旱地区每1～20年发生一次（Walker 1985：85）。但是如今自然火灾的次数与人类引发火灾的次数相比是微不足道的（Levine 1999：1）。人类在热带稀树草原上放火的历史至少长达150万～200万年，并继续将火灾作为一种低成本高效率的方法管理草地（Andreae 1991：4）。例如今天在许多非洲国家，人们利用火灾来保持良好的饲料状况，清除动物的尸体残骸（专栏2.31草地火灾）。目前每年燃烧5亿hm²的热带和亚热带稀树草原、林地和开放的森林（Goldammer 1995，引自Levine等 1999:4）。

尽管火灾会给草地带来很多好处，但是它也会损害草地——尤其是在火灾比自然发生频率高出很多的时候。如果火灾发生的频率太高，会去除其植被覆盖层和增加土壤侵蚀（Ehrlich 1997:201）。火灾还可以释放大气污染物。每年被焚烧的生物体的大部分来自热带稀树草原，而地球上2/3的热带稀树草原分布在非洲，因此环境署在报告中把非洲称作地球的“燃烧中心”(Levine 1999:2)。热带稀树草原的燃烧造成每年全球生物体燃烧引起的碳排放的40%。（Andreae等 1991：5）

破碎化

由于人类的活动，全球的草地都已被极大地改变。大面积未被改变的草地很少能被保存下来（专栏2.32

专栏2.30 全球草地范围

每个大陆都能发现草地，草地占了全球土地面积（不包括格陵兰和南极）的约41%。为了测量人类活动对草地范围的影响，PAGE的研究人员根据现在的气候和地理条件观察了5个预计应全部为草地的地区。其中，北美洲的高草大草原的变化最大，目前草地面积仅占原来草地总面积的9.4%。在南美洲，目前仅保留原来草地面积的21%。相反，在亚洲、非洲和澳洲的选定地区，50%以上的草地被保留下来。

估算的保留和被转变的草地（%）

大陆及地区	保留下来的草地	转变为农田	转变为城市地区	总转变率
北美：美国的高草大草原	9.4	71.2	18.7	89.9
南美：巴西、巴拉圭和玻利维亚的热带高原草原林地和热带稀树草原	21.0	71.0	5.0	76.0
亚洲：蒙古、俄罗斯和中国的蒙古干草原	71.7	19.9	1.5	21.4
非洲：坦桑尼亚、卢旺达、布隆迪、刚果、赞比亚、博茨瓦纳、津巴布韦和莫桑比克的中非和东非阔叶树草原和林地	73.3	19.1	0.4	19.5
大洋洲：澳大利亚西南部的灌木地和林地	56.7	37.2	1.8	39.0

全球草地范围

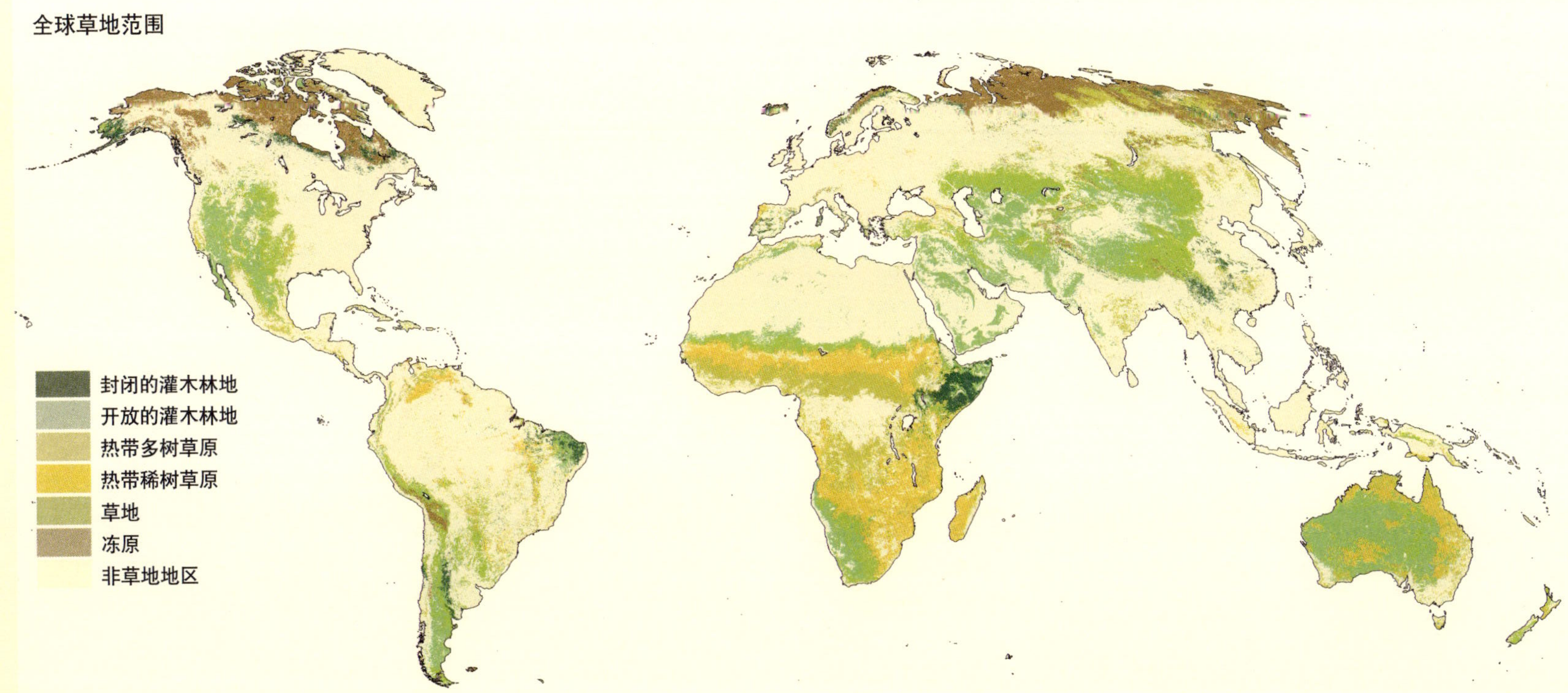

来源：White等 [PAGE]2000。本地图根据全球土地覆盖测绘特征数据库1.2版(Loveland等2000)绘制。这个地图显示了全部的土地，其中草地占每1km²卫星测绘单位的至少60%。冻原面积是利用“Olson全球生态系统分类”估算的，其它所有面积是根据国际地圈一生物圈方案分类估算的。表格根据WWF和本地图的数据绘制。

专栏2.31 草地火灾

火灾在确定世界草地的特点和范围上起着至关重要的作用。火灾可以清除干枯的植被，阻止灌木的侵占，使营养物再循环。没有火灾，世界上的大部分草地最终将变成森林。

今天，由闪电等引起的自然火灾数量与人类引起火灾的数量相比是微不足道的，几千年来，人类利用火灾进行狩猎、清理土地用于农业耕种和放牧、清除动物的尸体残骸和杀死害虫。在草地故意引起火灾的作法已经被非洲许多国家广泛使用。在干燥的苏丹地区总土地面积25%～50%的土地，在湿润的几内亚地区60%～80%的土地每年都使用这种方法(Menaut等 1991：137)。

火灾对草地生态系统是有益的，但是如果火灾太频繁，它们就会破坏草地的植被覆盖和增加土壤侵蚀（Ehrlich等 1997：201）。除此之外，主要发生在非洲的热带稀树草原的火灾，成为空气污染物和碳排放的主要来源，在由于生物质燃烧而向大气释放的碳中占很大比例。

1993年通过遥感监测的非洲、南美洲和大洋洲的火灾

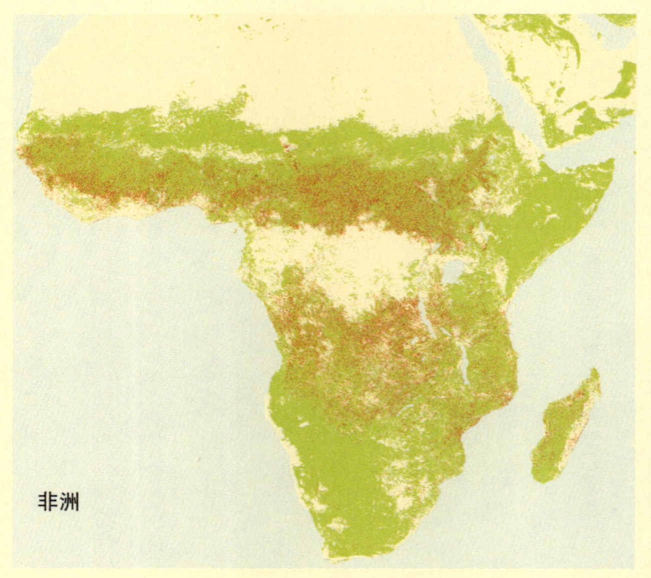

火灾
草地
非草地

来源：White等 [PAGE]2000。本地图根据Arino和Melinotte(1998)以及全球土地覆盖特征数据库1.2版（Loveland等2000）绘制

美洲草地的破碎化）。甚至许多较小的草地也被大量割裂（Risser 1996:265）。破碎化能够以许多方式来影响草地的状况，如增加火灾频率、使生境退化、破坏草地保持生物多样性的能力。农业、城市化和道路建设是造成草地破碎化的最主要根源，但是牲畜围场和木本植物向草地蔓延也造成严重的破碎化，并且对本地物种造成损害。

评估破碎化的一个直观的方法是利用生境地图和专家的观点来测量一个地区内生境的规模和破碎化的程度。利用这个方法，对北美和拉丁美洲90个草地区域的分析表明，破碎最严重的草地是北美的温带和亚热带区域，那里已经进行了大范围农业开发(Dinerstein等 1995:78～83;Ricketts等 1997:33，147～150)。

评估破碎化压力的另一种方法是测量导致大块草地破碎化的公路网的范围。PAGE的研究人员使用这个方法来测量两个试点地区的破碎化：博茨瓦纳和美国的大草原。如果不考虑道路的影响，博茨瓦纳98%的草地中，每块草地的面积至少有10000km²。研究人员观察到的极少的破碎化主要由农业发展和河流自然因素造成。如果考虑公路网的影响，草地破碎化有所增加，但是58%的面积仍保持每块土地10000km²。相反，在美国的大草原，公路造成的破碎化普遍存在。如果不考虑道路的影响，90%的草地中，每块草地的面积有10000km²或更大。但是当考虑道路的影响时，70%的草地中，每块草地的面积小于1000km²，没有一块超过10000km²。

牲畜放牧

草地和食草动物已经相互依存了几百万年。大的迁徙食草动物例如北美野牛、非洲角马和斑马、亚洲藏羚羊，是草地生态系统功能不可缺少的部分。通过放牧，这些动物刺激了草地的再生，淘汰了老的、低产的植物组织。薄透的衰老植物组织使透过的光线增加而到达鲜嫩的植物组织，从而促进植物的生长，增加土壤的湿度，提高草地植物的水利用率（Frank等 1998：518）。

家畜放牧可以重复许多这些有利的影响，但是群牧的家畜管理方法由于其影响集中会对草地造成不良影响。由于群牧具有畜医护理、防御猛兽及水和食物的供给等优势，牲畜的数量大大高于野生食草动物的数量，并且对生态系统提出更高的要求。除此之外，牛、绵羊和山羊等家畜群没有重复野生动物群的放牧方式。水泵和装有倒刺的铁丝网围栏的使用导致了家畜的定居和更加集中地利用草地（Frank等 1998:519，引自McNaughten 1993）。根据牲畜的数量和繁殖及其放牧方式，高密度的食草动物会破坏植被、改变植物物种平衡、减少生物多样性、压实土壤并加速土壤侵蚀，以及阻碍水的保持（Evans 1998:263）。

评估产品与服务

粮食生产

草地是世界粮食生产的中心。从历史上看，草地生态系统已经最大范围地转变为农业生产；许多粮食作物最初来源于草地生态系统，同时草地生态系统可以持续地提供改良现代农作物的基因物质。但是草地也是主要的粮食供给者和家畜肉类生产的收入来源。这对农业人口是尤其重要的。例如在以农民为主的非洲，草地通常可以供养高密度（每公顷的家畜数量）的家畜，同时还是该大陆最主要的牛肉生产地（专栏2.33非洲的牧场）。

现在的草地可以生产多少肉类产品？全球有关家畜生产的数字表明，在过去的10年中，世界牛肉的生产增长率超过5%，1998年达到5400万t。在过去的10年中，羊肉和山羊生产的增长率甚至更高，超过26%，达到1100万t。但是这些数据无法直接表明牧场的状况或其供养家畜的能力。肉类生产不仅取决于草地的状况，而且还取决于一系列其它因素，如水坑的获得、饮食的补充、兽医的护理和获得这些因素的经济资源。除此之外，肉类生产的增长还部分由于使用圈养（一种禁闭系统，家畜不进行放牧而是吃以谷物为基础的饲料使其体重达到最重）的快速增长。集中的圈养生产方式不仅在已很普遍的发达国家日益流行，而且在发展中国家亦是如此（Sere和Steinfeld 1996:40～41）。目前这种集中的家畜生产方式的使用，对全世界的草地状况可能产生的影响还不清楚。1996年，世界上12%的牛肉和羊肉生产是利用圈养这种生产方式（De Haan等 1997:53）。

可以得到世界上大多数草地家畜密度的有关信

(下转第129页)

专栏2.32 **美洲草地的破碎化**

草地生态系统的破碎化损害其提供产品和服务的能力，破坏其生物多样性。农业、城市化和道路建设是造成草地破碎化的主要人为因素，但是围场和木本植物的入侵也具有重大影响。

在西半球，草地生态地区破碎化最严重的地方是北美温带和亚热带的集约耕作区。

在美国的大草原地区，大量的道路建设加剧了草地的破碎化程度。如果不考虑公路网，90%的草地是由每块草地面积为10 000km²甚至更大的草地块组成。然而，道路的因素，这种大面积的草地块没有继续保留下来，70%的草地是由每块面积小于1 000km²的草地块组成的。

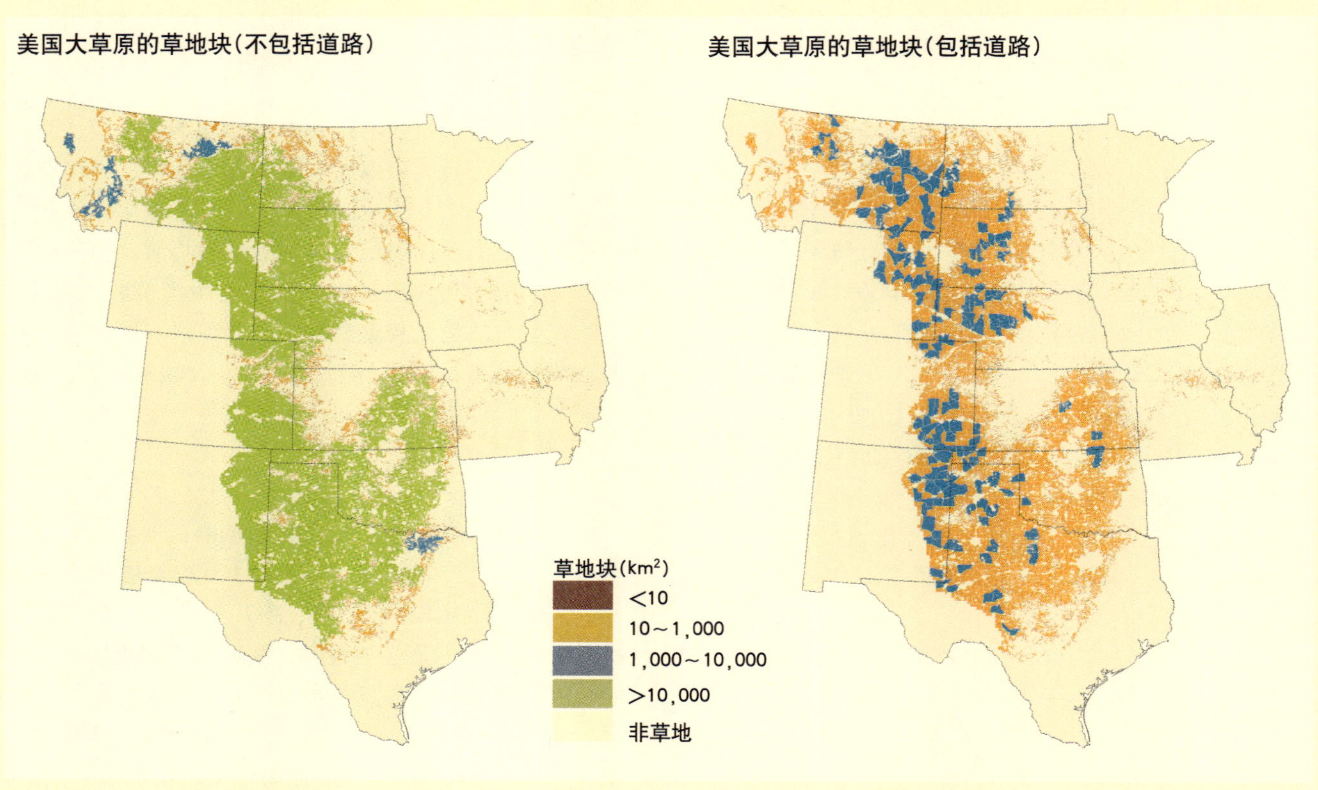

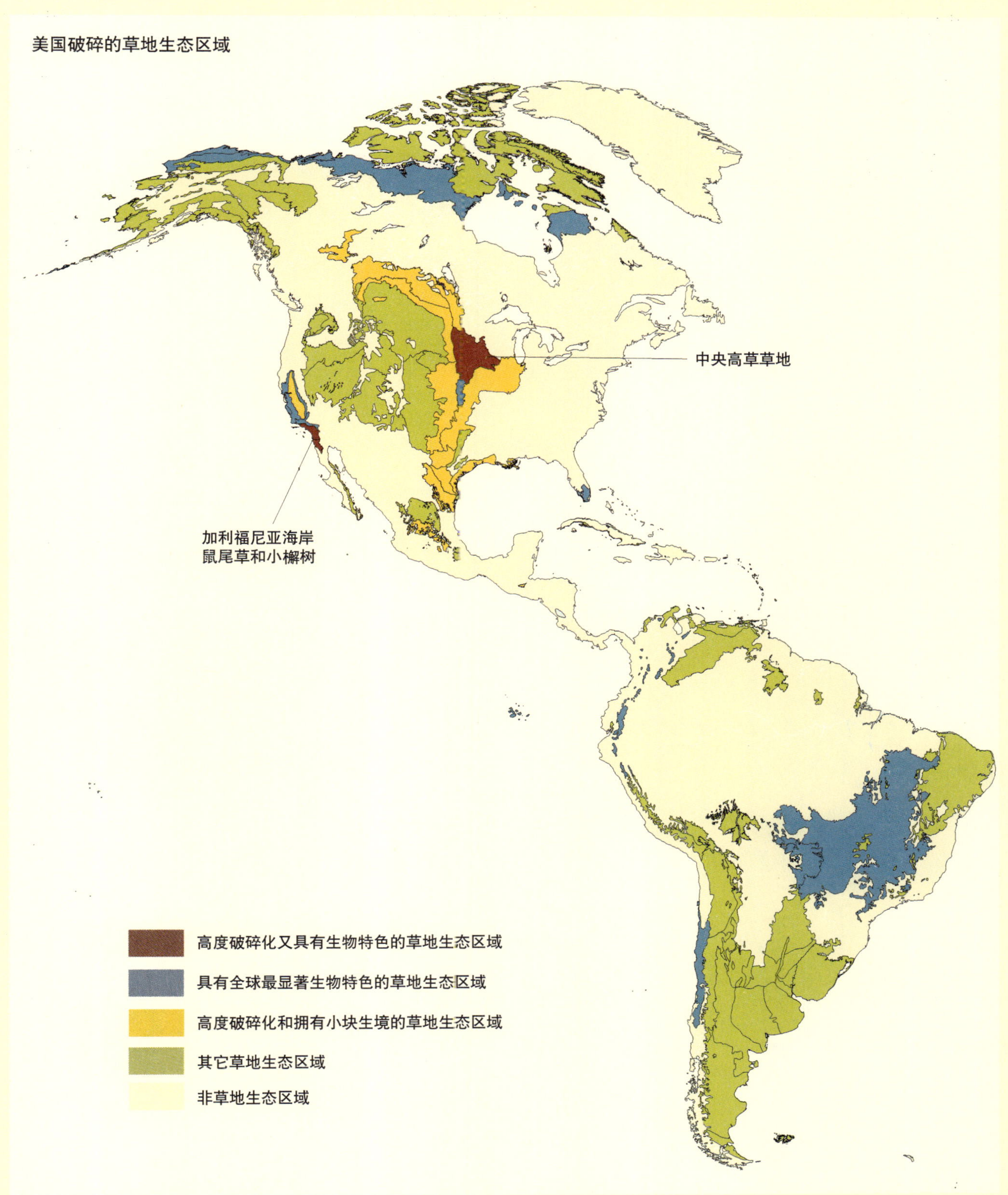

来源：White等 [PAGE] 2000。大草原地图根据全球土地覆盖特征数据库1.2 版(Loveland 等 2000)绘制。美洲地图根据WWF北美洲，拉丁美洲及加勒比地区保护评价绘制。

专栏2.33 非洲的牧场

在非洲，草地供养着一部分密度最高的牛群，那里的许多农村人口靠家畜维持生活。家畜的高密度可以表示其产量高和管理系统优良，或者是放养过多和管理不善。土壤退化通常表明管理不善，因为牲畜的过多放养减少了植被的覆盖，从而导致土壤侵蚀。在非洲，1/4易受影响的干旱土地正在退化，其中3.2亿hm^2的土地严重或极度退化。非洲草地继续提供家畜生产的能力似乎会很薄弱。

1998年撒哈拉以南非洲地区牛肉和小牛肉产量

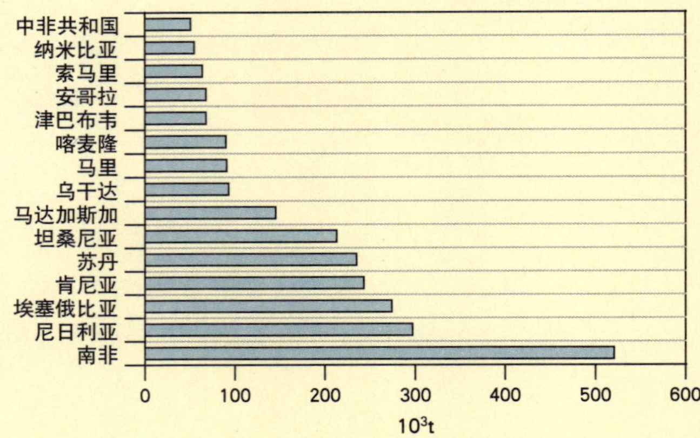

撒哈拉以南非洲地区的牛群密度

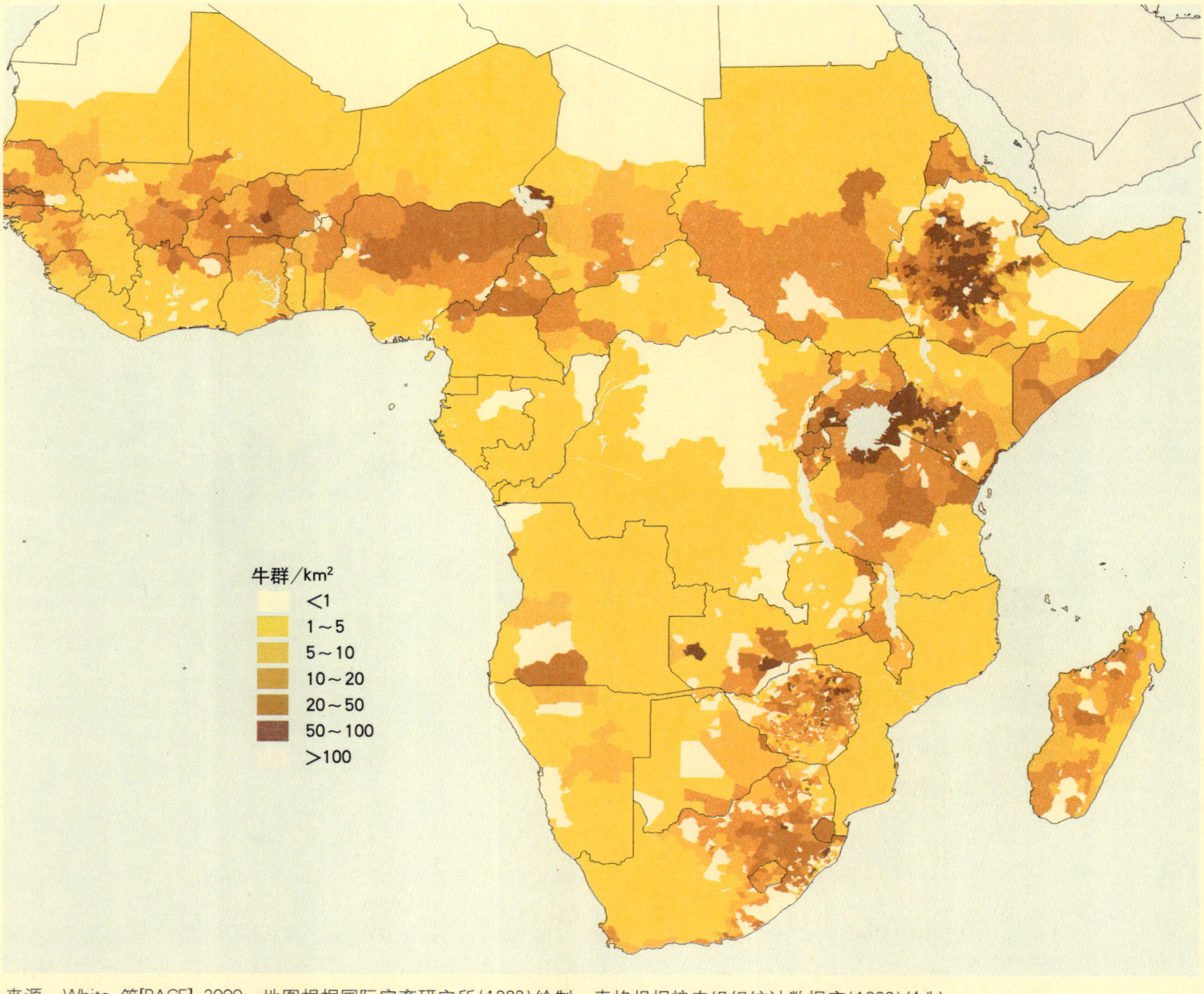

牛群/km^2
<1
1～5
5～10
10～20
20～50
50～100
>100

来源：White 等[PAGE] 2000。地图根据国际家畜研究所(1998)绘制。表格根据粮农组织统计数据库(1999)绘制。

息，这些信息可以为了解草地所面临的放牧压力提供一个窗口。然而像肉类生产一样，仅有家畜密度的信息无法准确测量草地生产系统的状况。再者，了解家畜是如何管理的非常重要——尤其是家畜是否在固定的放牧系统中，在哪里家畜在一个特定的区域中放牧，或是在移动的放牧系统中；在哪里家畜在许多不同的牧区进行轮流放牧。家畜的密度高也许表示系统的生产力水平高，即在不同的牧区实施高效率的轮流放牧和分散放牧的压力，从而保证不造成过度放牧。但是家畜的高密度恰恰可以无疑地表示该草地的放养过多并有过度放牧的倾向，在随后的几年里其产量很可能会下降。

通过对蒙古、俄罗斯和中国的6个多草地区域的研究，清楚地表明了（流动的或固定的）家畜管理系统的重要性。在研究区域的许多地方，现在那种利用封闭牧场固定方式取代了以流动性为特征的较老的畜牧方式，这种较老的放牧方式的特点是在多个有时非常分散的放牧地点轮流放牧。通过对这些区域的比较表明，牲畜流动性最低且固定生产方式已成为规范的地方，其草地退化的程度最严重（Sneath 1998:1148）（见第三章“让草原可持续：蒙古草原的未来”）。

放牧区域土地退化的最直观有效的指示物之一是土壤侵蚀。高密度的家畜或低水平的畜群管理减少了植被的覆盖，从而导致土壤侵蚀。尽管有些具有深层土壤的草地在相当长的时间内可以经受住高速的土壤侵蚀，但是最终也将降低草地的生产力。因此，土壤状况的信息是表示草地生态系统长期维持粮食生产能力的良好的指示物。

全球土壤退化评价是提供具有大片草地区域土壤损失的全球综合信息的惟一来源（Oldeman等 1991）。正如PAGE研究中所定义的，全球土壤退化评价的研究没有明确地报告草地面积，然而该研究确实报告了世界旱地的数据，而草地则是旱地的主要部分。干旱、半干旱和干旱半湿润地区的旱地被认为极易受土壤退化的影响，PAGE所定义的草地的55%是这些易受影响的旱地。全球土壤退化评价发现，由于人类的活动，超过10亿hm^2即全球所有旱地的20%已经退化（Middleton和Thomas 1997:19）。水蚀占该损失的45%，风蚀占42%（White等 PAGE2000；Middleton和 Thomas 1997:24）。

按区域来看，亚洲是世界上旱地退化面积最大的区域：3.7亿hm^2，占易受影响旱地的22%。然而，非洲一块较大的易受影响旱地（25%，3.2亿hm^2）的退化更为严重，这些退化地区中更高比例的土地被评为“严重退化”和“极度退化”——全球土壤退化评价中最严重的退化等级（Middleton和Thomas 1997:19）。在世界的其它地区，尽管土地退化的绝对面积很小，但其比例有时很高。在欧洲，旱地面积的32%，9940万hm^2在某种程度上退化，在北美洲、澳洲和南美洲的易受影响旱地中，分别有11%、15%和13%的土壤退化（Middleton和Thomas 1997:19）。

警示：粮食生产

全世界的牛肉、羊肉和山羊肉的生产已达到空前水平。然而，这反映出圈养性畜肉类生产的加强，而非草地供养家畜能力的增加。事实上，世界易受影响旱地的土壤退化数据表明，随着20%的世界易受影响旱地的退化，许多地区草地长期持续供养家畜的能力似乎将会下降。

生物多样性

正如其它的生态系统，草地生物多样性可以直接提供产品，比如野生物种、药用植物、旅游、为繁殖提供基因物质；还是草地提供其它产品和服务的潜在能力的重要因素。许多草地包含了丰富的物种组合，有些物种在其它生态系统是没有的。例如，PAGE的研究人员发现，19%的世界公认的植物生物多样性中心（包含大量的物种，尤其是只在有限地区发现的物种的地区）在草地（White等 [PAGE]2000）。与此类似，草地包含了世界特有鸟类区域（在相对较小的繁殖范围内包含2种以上的物种系列的区域）的11%。

世界自然基金会判定的生物特色索引也证实了草地对于生物多样性的重要性。这个索引在其它标准中考虑了物种的丰富性、物种的特有性、生境类型的稀有性和生态现象。在北美洲，32个被命名为“全球显著”生物特色地区中的10个在草地生态系统。在拉丁美洲，34个此类地区中的9个是在草地生态系统（Dinerstein等 1995：21；Ricketts等 1997：33）。

关于草地生物多样性真实状况的信息比起生境丧失和碎化等威胁生物多样性压力的信息要少得多。由于这个原因，PAGE研究不包括草地生物多样性状况的全球综合测量。然而，PAGE的研究人员的确进行了更为有限的区域研究，这些研究可以观察出草地生物多样性的发展趋势。

在北美洲的草地上，北美繁殖鸟类监测提供了大量鸟类物种30年的种群变化趋势。1966—1995年在草地繁殖的鸟类物种监测数据表明，美国和加拿大鸟类物种已经减少了。相反，最近对东非塞伦盖蒂地区的研究得出这样的结论，在过去的20年中，常栖食草动物的密度没有发生明显的变化。在靠近保护区边界但又很少有巡查车辆的地区，原本为数不多的野生动物种群正在减少（Campbell、Borner 1995：141）。

引进物种的种类和数量也是反映生物多样性状况的指示物。关于引进物种的信息还没有在全球进行收集和综合，但是对北美洲地区的研究是草地非本地物种入侵的例证。美国国会技术评估办公室估计，至少有4500种非本地物种已引入美国，其中约15%带来严重危害（USCATO 1993：3～5）。世界自然基金会对北美洲外来植物物种分布的研究表明，在美国大草原全部生态区域（生态特色地区）中至少10%的物种是非本地物种，在加利福尼亚中部山谷草地中20%以上的物种是非本地物种（Ricketts等 1997：83）。

面对地级一区生物多样性的重大压力和状况下降，保护区在维护草地物种的自然多样性（至少是标本）和生境方面起着主要的作用。然而，PAGE的研究人员确定世界上不足15%的保护区包含了不足50%的草地。被保护的草地总面积达210万km^2，是全球草地面积的4%（White等 [PAGE]2000）。

警示：生物多样性

草地生物多样性状况的直接测量是很少的。然而，可获得的信息表明，物种引进造成的严重问题是普遍的，许多本地物种的种群正在减少。这表明至少在区域一级，草地支持生物多样性的能力正在下降。确实，草地向农业和城市地区的大面积转变以及草地破碎化程度的日益严重都表明许多草地生态系统可能已经不能提供与生物多样性有关的产品和服务。而且，在被确定为仍具有显著草地生物多样性的许多地区中，很少通过立法和维护方案进行监测或保护。

碳贮量

世界草地的管理方式将对大气中碳的浓度产生重要影响。PAGE的研究人员计算出世界草地中土壤和植被目前贮存着405～806GtC，相当于陆地生态系统总碳贮量的33%。尽管草地面积几乎是森林面积的两倍，但是草地中的碳贮量是森林生态系统碳贮量的一半。

不像热带森林的碳贮量主要在地上植被中，草地的碳贮量主要在土壤中（Middleton和Thomas 1997：141）。在草地中，大量的碳从植物根部产生的有机废弃物和分泌物沉积在土壤中，同时也是微生物有机体和昆虫的营养物质。例如，在南非的一个热带稀树草原上，土壤有机物占总碳汇（9kgC/m^2）的2/3（Scholes和Walker 1993：84）。

各种人类活动对草地贮存碳的能力造成干扰。当草地转变为农田时，植被的清除和随后的农业耕作会减少地表覆盖、打破土壤平衡，从而造成有机碳的减少。由于为提高草地牧场价值而燃烧草地的普遍做法，旱地植被覆盖的退化也是草地碳流失的一个重要原因。（Andreae 1991：5；Sala和Paruelo 1997：238）。甚至草地入侵物种日益增长的威胁也预示着碳贮量减少。例如，最近一项实验表明，大麦草（一种浅根的草种，从亚洲北部引进到北美大草原用改良牛的饲料）所贮存的碳比有着发达根系的本地多年生大草原草种所贮存的碳要少（Christian和Wilson 1999：2397）。

另一方面，旨在控制土地退化和恢复草地植被的方案可能会增加世界草地的碳贮量。1990—2040年的世界旱地碳贮量预测表明，在目前的退化方式继续下去的“一切如常”方案和实施土地恢复计划的可持续管理方案之间，碳排放有着37×10^9t的差别(Ojima等 1993：108)。

警示：碳贮量

尽管草地的碳贮量比世界森林的要低，但草地主要在土壤中贮存了陆地生态系统总碳贮量的33%。因此，由于土壤退化减少草地碳贮量的可能性是重要的。目前的草地转变活动和干旱草地的退化减弱了世界上许多地区，尤其是干旱地区的碳贮量潜力。

旅游

草地提供重要的文化、美学和娱乐服务。有些草地是徒步旅行、狩猎和钓鱼区的选择，而另外一些草地是具有历史重要性以及举办宗教和典礼活动的场所。例如，美国本地的宗教、典礼和历史上的活动场所在美国大草原的许多地方被保存下来（Williams和Diebel 1996：27）。

草地提供的娱乐服务可以产生重要的经济价值。例如，在坦桑尼亚，狩猎旅游所产生的总收益在1992—1993年达1390万美元，1988年增至3倍（野生生物管理规划和评价 1996：78）。与此相似，在津巴布韦，狩猎产业每年的总收益从1984年的约300万美元增长到1990年的900万美元（水房价格 1996：85）。

拥有大片草地的其它发展中国家也显示出，在过去1985—1987年和1995—1997年相隔10年的时间内，国际旅游收入（从国外游客身上所获得的收入）大幅度增长。例如在坦桑尼亚，国际旅游收入增长了1441%，在加纳和马达加斯加，国际旅游收入增长了800%（Honey 1999：368～369）。当然，并不是所有这些旅游增长都来自草地旅游业，但在有些国家，如肯尼亚，草地和草地野生动物显然是最受欢迎的旅游项目（Honey 1999：329）。

由于旅游业作为收入来源而日益重要，认识到旅游业也会对生态系统产生压力是很重要的。寻找野生动物的狩猎者和使用照相器材的游客会干扰野生动物，在没有路的草地上远足会使草地退化，垃圾等各种污染物会污染草地，在脆弱地区增加水和其它资源的消耗。所有这些都会损害草地生态系统长期提供首先吸引游客的美景和生物多样性的能力。

肯尼亚、坦桑尼亚和南非的旅游影响分析显示出，公园和其它草地的混合影响，迄今为止损害主要局限于游客繁多的地区（Honey 1999：256）。

偷猎是改变草地并造成退化的另一个影响因素，这在一些非洲国家将继续是一个严重问题。在肯尼亚，大象种群从1975年到1990年减少了85%，目前大约只有20 000头，犀牛种群减少了97%，目前不到500只（Honey 1999：298）。

警示：旅游业

在拥有大片草地的国家中，旅游人数和旅游业收入的增长显示了草地旅游业重要的经济价值。但是，因为在其它指示物中缺少对野生动物开发、旅游影响、猎获物数量和质量的一致而综合的数据，对草地旅游的现有质量和长期预测进行评估是很困难的。然而，草地向农业和城市地地区的继续转变、火灾频率的增加、入侵物种的蔓延和旅游业本身的影响表明，草地长期保持旅游和娱乐服务的能力还可能会降低。

附录：尽管山地、极地和城市生态系统没有包括到PAGE的研究中，但它们对于人类的健康和幸福至关重要。山区是世界一半以上人口的水源地。极地在控制全球气候和海平面上扮演着关键的角色。城市是半数人口的家园，并且城市人口还在不断增长，特别是在发展中国家。附录对这些生态系统逐个做了简要的描述。

山地生态系统

山地生态系统的雄伟掩盖了它们的脆弱性。气候过程和重力作用总是把山上的岩石、土壤、积雪和水剥落到山下，这抑制了土壤的发育。另一方面，薄薄的土壤和不稳定的坡面，又限制植物的生长，增加山地对于人类活动扰动的脆弱性，一旦遭到破坏就需要很长的时间来恢复。山区在历史上还长期在政治上不受重视，在经济上受剥削。

尽管如此，数以百万计的人居住在深山峻岭中，他们得益于山地提供的水、木材、丰富的生物多样性，享受于山地生态系统提供的令人敬畏、振奋的景色。然而，正是那些生活在山地或高地上的居民，其人口大约占世界的1/10，直接依赖山地生态系统以维持生计（Grötzbach和Stadel 1997:17）。位于山区的发展中国家，交通通达性很差，市场进入和供应困难，人口增长率高，就业机会有限。举例来说，尼泊尔、埃塞俄比亚和秘鲁的山区人口，都位于世界最贫穷的人口之列（FAO 1995）。

山地生态系统的范围

对于山区的定义有很多标准，包括光照、坡度、气候和植被。一种简单的定义就是“高于3 000m的地方”——这一土地类型包含了世界约5%地表面积和约1.2亿人口。简单起见，以1 000m以上为界，那么全球地表的27%被定义为高地（Grötzbach和Stadel 1997:17；Ives等 1997:6～8）。总计有约5亿人口居住在山地和高地上（Ives等 1997:8）。随着海拔和纬度的变化，山地生态系统包括了各种各样的形态、气候、植被和动物种类。

山地生态系统的产品和服务

粮食和纤维生产

就其分量来说，山地不是世界的农业生产中心，但是，在发展中国家的山区，自给农业是数以百万计山地居民基本的食物来源（Messerli和Ives 1997:10）。山地农业生态系统也是重要的粮食谷物的基因库；现在许多主要的谷物都来自于山地。人们相信，在山地农民维持生计的田地里，或者更加遥远的地方，保存着世界上遗留下来的大量的农业基因。

土豆就是一个很好的例子。安第斯山脉的自给性农民很好地保持了土豆基因的多样性。在秘鲁的Paucartambo，每块地里大约有21种土豆的品种，在利马

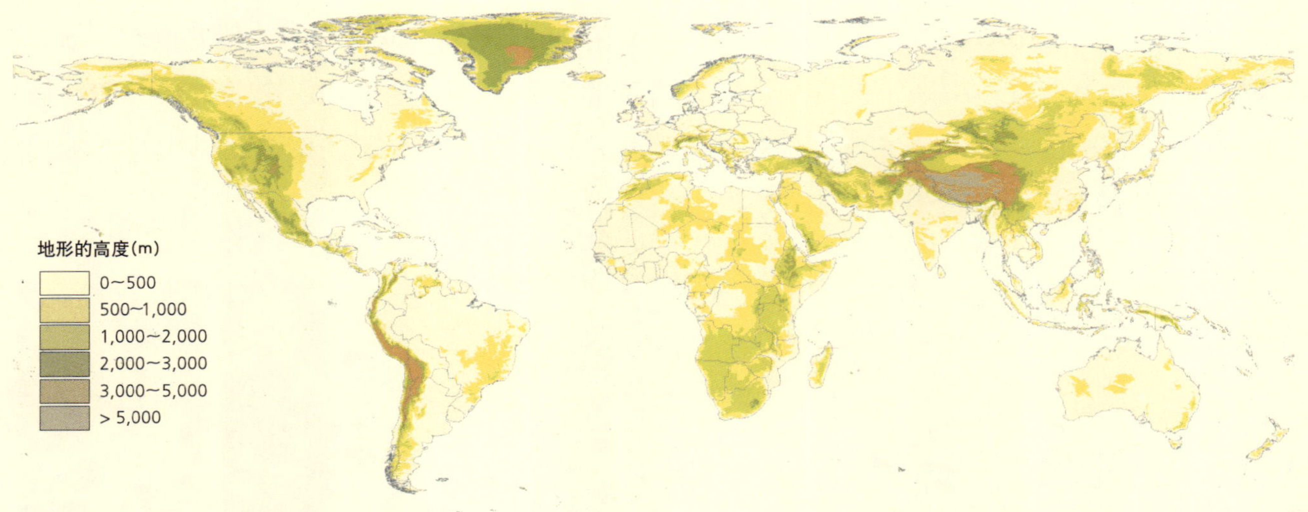

来源：CRSSA，Rutgers大学和美国陆军CERL(1996)

的国际土豆中心，有世界上最大的土豆种质库，拥有约5 000个不同类的野生或培植过的土豆，以及超过160种没有经过培植的野生物种（Tripp和van der Herde 1997; CIP 2000）。相比之下，在多数生产国，只有几个商业性品种占主导地位；而在这些单一栽培的地区，往往容易流行虫害和疾病。

山区还是传统上的世界木材供应地和当地的燃料提供者，但是森林退化已经使得很多地区木材蓄积量减少了。热带地区，在过去的十多年里，山地森林以最快的速度丧失着，与其他低地森林相比——大约以每年1.1%的速度递减（FAO 1993:ix）。

水量和水质

世界人口的一半依赖于山地水。世界主要的河流都发源于山地，山地以雨雪的形式，接受大量的降水，并暂时以固态冰的形态保存下来，然后，在春夏季融雪的时候释放出来（Liniger等 1998:5）。山地森林还帮助过滤水并保护水质。一般说来，在干旱、半干旱的山地环境下，可以提供70%～95%的地下淡水。在降雨量较大的地区，提供30%～60%的水（Liniger等 1998:18）。高海拔的水流同时也为世界许多地方的水电厂提供了能量。

人们期望到2025年，山地分水岭能满足所规划的淡水需求。能做到这一点吗？虽然对山地河流的生物学综合评价作得很少，但是，人口的增长、污水处理的不力、全球变暖、山地森林的退化和污染，这一切都显示出山地生态系统向人们提供大量高品质水的能力正在减退。

采矿是山地供应洁净水的最大威胁。许多国家对于矿业法、控制规则或强制手段都松懈了，特别是在那些偏远的地区，居民们没有被告知采矿的影响。直接从矿井里抽取或是排出的水常常是被酸化或矿化了的，含有大量的氰化物和其他重金属。废水可能就直接抽到当地的排水沟里，或是在池塘里储存着，或排入土质的大坝后面，这些都很容易就会漫出或发生渗漏。一项由NGO组织的有关尾矿坝失败的抽样调查显示，在过去的几十年里发生了超过70起的泄漏和事故，带来了相当大的环境破坏（D' Esposito和Feiler 2000:5）。

生物多样性

山地因纬度、土壤、岩石类型、温度、光照程度不同，包含着大量和多变的生境；而它们之间的隔离使得物种多样性和地方性更加显著。比如说，中亚的山地，是超过5 500种有花植物的故乡，仅仅在塔吉克斯坦就集中了超过4 200种（Jenik 1997:201）。沙巴州(婆罗洲)的基纳巴卢山估计有超过4 000种植物(Price等 1999:5)。

山地还具有的一项功能，就是为那些在低地丧失了居所的动植物提供庇护所。比如说，热带山地森林就是世界上一些最稀有物种的避难之处，包括中非的大猩猩、中美洲的大咬鹃、东喜玛拉雅的红熊猫、安第斯山的眼镜熊、中欧孤立地区的欧洲山猫。鸟类中的10%——它们在世界范围内已经减少到了很有限的范围内了，只有在或者主要在一些云雾林里才可以看到。那些地方，通常是处于海洋性气候的热带或亚热带山地，大气环境永久性的、经常性的或是季节性的被云雾笼罩。

一些保护山地生物多样性和其他服务的工作，已经开始实施，在山地和高地地区设立了141个生物圈保护区、150个公园和保护区（1500m以上）、39处世界遗产，这些比其他类型的景观要多得多。然而，还是有种种压力——大气污染物、水污染物和人——穿越保护区的边界而影响着这些保护区(Messerli和Ives 1997:20; Schaaf 1999)。

转变

在一些山地，提供生物多样性能力隐性降低的一个标志就是一些独特的山地生境减少，像热带山地的云雾林，只剩下原有范围内的一些斑块了。安第斯山以北可能有90%的山地森林已经消失了(世界保护监测中心WCMC 1997，来源Weutrich 1993)。WCMC报告说，尽管世界半数的山地云雾林已经在一定程度上得到了保护，但是仍有许多继续在破碎化或是以很快的速度消失，被用于农业、薪炭林、牧场、矿山、道路建设，并受其相邻垦区的火灾的殃及(WCMC 1997:4)。

污染

大气污染是文献记载中另一个影响山地生物多样性的因素。由于地势高，山地截留住了更多的气流，通常会比其他土地类型有更多的降水。多数研究者相信，周围环境中氮氧化物和臭氧浓度的升高，是美国和加拿大东北部山地森林死亡或萎缩的原因。大范围的空气污染物也破坏了位于捷克、德国东南部和波兰西南部边界的山脉（FRCFFP 1998:9)。

娱乐

山地旅游每年给全世界带来约700亿～900亿美元的收益，占全球旅游业收入的15%～20%。这个总数还只是体现了山地作为世界主要宗教和很多次要宗教举行圣典、祭祀、朝圣的地点和作为自然和旷野的价值（Price等 1999:4)。

但是要可持续地容纳进一步增加的游客数，山地也许会面临一段困难的时间。旅游业可以极大地增加山区的就业和收入水平，有时也会提供资金保护生态系统。但是同时，也会成为生态系统衰退的原动力。例如，全球的山地被6 500万～7 000万滑雪者过度使用（Price等 1999:36)。消耗当地的食物和水，产生固体废物和废水，经由公路、铁路、飞机和旅馆，进入到曾经原始的地方。滑雪还会导致森林的消失和消耗大量的水用于洒水和人工造雪。

1992年，科罗拉多山系的圣胡安山高处，靠近大陆的分水岭处，Summitville金矿污染物泄漏，进入到阿拉莫萨河，使得27km河段的浮游生物全部被杀死。清除工作用石板覆盖，耗资1.7亿美元（Carlson 2000:10)。

警示：山地生态系统

对山区矿藏资源、木材、优美的风景和水的需求在不断增长。但是，长期以来就缺乏有关生态系统的状况、范围、对其破坏的增长速度的数据。21世纪议程——1992年里约全球高峰会议的环境草案——论述到，山地，作为脆弱的地区，就像海岛、极地或热带雨林地区一样，需要作为综合的生态系统对待。尽管愈来愈多的人接受这一观点，但是在多数国家和地区的议案中，山地仍然位于优先名单的较低位置。例如，山地仍然遭受低地人口对自然资源的伤害性开采和旅游开发的损害，并且由于没有合理设计的政策，使得传统的山地农业系统和本土知识走向崩溃。

极地生态系统

极地是地球上最遥远的地方，极端的环境——寒冷、高、干、多风，使得它们远离公众的关注和政策优先的行列——增加了它们的脆弱性。不过，北极和南极对全球环境的变化将如何响应，正受到人们越来越多的关注，因为这些地区强烈地影响着全球气候系统，有着丰富的矿产资源和生物资源，以冰和永冻层的形态保存着世界大多数的淡水资源。极地资源的命运将会是一个信号，会在以后显现在世界其他地方。

管理极地生态系统需要合作。目前，有8个国家共同管辖北极：加拿大、丹麦、芬兰、冰岛、挪威、俄罗斯、瑞典和美国。南极基于国际协议应由权益国管理，尽管不同的国家都对南极大陆、次大陆岛屿以及邻近的海区，对外宣称了管辖权——当然其中一些是有疑义的（UNEP 1999：327，329）。

广袤的极地生态系统

环绕两极的地区有一些共性：严寒的气候、冰、雪。然而，陆地和海洋生态系统确有着显著的不同。厚厚的冰层覆盖着南极大陆；即使是在夏季，也只有一些山脉和海岸地区没有积雪。冰盖的范围从400万到1 900万km^2，随季节而不同；平均厚度2.3km；有世界上91%的冰和绝大多数的淡水（GLACIER 1998; UNEP 1998:178）。环绕南极的是开阔的海洋，有生产力的陆架和隆起，那里，陆架与暖水团相遇。除了大约4 000名研究人员以外，南极没有常住人口（Watson等 1998:89）。

相反地，北极是一个大而深的海洋，其上覆盖着几米厚的浮冰。环绕着北冰洋并通常被认为是北极地区一部分的陆地地区，主要由极地荒漠和苔原植物组成，还包括一些永久性冰盖，例如，格陵兰内陆冰。北极的海水包括阿拉斯加、白令海、北大西洋西部和南部的深浅不等的水域。北极苔原大约是350万人的故乡，他们中的许多人靠捕捞淡水鱼和海水鱼、狩猎、饲养驯鹿为生（UNEP 1999:179）。

极地生态系统的产品和服务

尽管极地生态系统是人类活动尚未明显地改变其景观的最后的广阔地域，但是科学家却发现了可靠证据——这些证据常见于世界其他地方——证明人类活动正在改变着极地的环境和它所提供的产品和服务。

调节全球气候、洋流和海平面

地球巨厚的极地冰层就像一面镜子，将大部分的太阳热量反射到空间，因此使我们的星球很凉快。如果没有这个冰层，来自太阳的热量将有更多会被保留在海洋中，更多会被释放到大气圈，加剧变暖的过程。

较暖的气候也会增加CO_2的排放。在过去的10 000年里，北极苔原生态系统封存了大气中的碳素并储存在土壤中；苔原和北方的一些地区共贮存了全球14%的碳（AMAP 1997:161）。然而，北极的一些地方现在可能是CO_2释放的源，因为在比较温暖的气候条件下死亡的植物快速分解。如果苔原下面的永冻层融化，那么所释放出来的甲烷气体也会促使全球气候变暖加快（AMAP 1997:161）。

地球的气候模式在很大程度上是受世界大洋水循环驱动的，相应地也受到北极海洋生态系统的驱动。比较温暖的表面水，包括汇入北冰洋的九条淡水水系，当它们进入到北大西洋的时候就开始变冷（AMAP 1997：11）。这些水密度不断增大，下沉到海底——每年冬天都有数百万立方千米的水——沿着大西洋的洋底缓缓地向南推移。这些水流会影响到全球范围内的气候和降雨（AMAP 1997:12）。

南极和格陵兰巨厚的冰层还影响到全球的海平面。如果冰层后退，海面就会上升，海流就会发生变化，天气模式就会发生变化，带来久旱不雨、肆虐的风暴和热带疾病的流行。

极地地区冰块的逐渐瓦解和消融是一个自然过程，科学家们正在探索，是否气候变化会改变这一过程。1950年代和1970年代间由美国潜水员进行的冰层厚度的测量，与最近测量的数据相比较，显示出覆盖在北冰洋上的冰盖的厚度在近几十年里已经大大变薄了。旧的潜水数据显示的平均厚度是3.1m，而在同一地点，1990年代所测平均数据为1.8m（Rothrock等1999:3469）。1970年代以来的卫星观测显示，北冰洋的冰盖范围正以每10年3%的速度后退(USGCRP 1999)。

生物多样性

北极有数百种特有的地方物种，那里的生物已经适应了极端的温度、日照、冰、雪。北极还是一些迁徙鸟类的栖息地。类似的，南极的一些岛屿也有相当数量的地方物种——新西兰南部的一些岛屿是约250种生物的故乡，其中包括35个地方种。就像对深海生物知之甚少一样，有关南极大陆的生物，还有很多需要人类去了解（UNEP 1999:183，191，192）。

污染

污染可以说是对极地生物多样性最直接、最明显的一种威胁。气流传送使得北极成为全球污染物的一个“汇”。持久性有机污染物（难降解有机污染物）和其他有毒化学物质，随空气、水和风海流的迁移，在北极降落，然后在食物链里发生生物积累（AMAP 1997:viii）。放射性物质同样在北极地区积累下来，它们来源于核试验的辐射性微尘、前苏联的切尔诺贝利事件、欧洲的核燃料厂。对极地和亚极地地区的居民来说，所受到的放射性污染，比温带地区差不多高出5倍。主要依靠陆地食物（比如驯鹿肉）为生的土著人口，所受的辐射要50倍于北极其他的居民（AMAP 1997:122～126）。

难降解有机污染物对野生动物的影响还没有被人们完全理解，但有一点是很清楚的，那就是生物富集效应对某些物种——鸟类、海豹、北极熊和其他一些

北极地区
阿拉斯加（美国）
北极圈
加拿大
俄罗斯联邦
格陵兰（丹麦）
冰岛
芬兰
瑞典
挪威

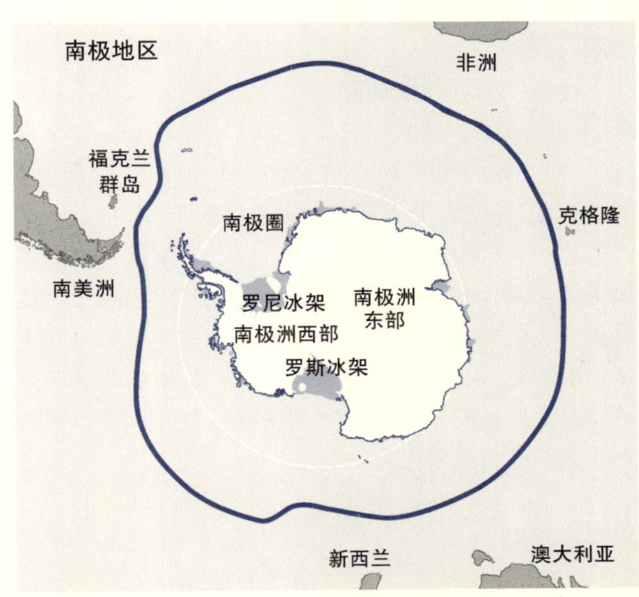

极地污染：大气污染源地

来源：AMAP 1997：89

位于食物链顶端的生物——使其濒危，且会变得更糟（UNEP 1999:184，185）。例如，目前在北极熊体内发现的多氯联苯浓度可能会影响到它们的繁殖能力（AMAP 1997:89）。类似地，居住在北极的人比居住在温带的人更多地暴露在毒素中，可高出10～20倍（AMAP 1997:172）。大量的研究表明，暴露在这种环境里时间很短，即使浓度很低，也会导致免疫系统功能障碍、神经营养缺乏、内分泌紊乱和癌症。

资源开采

对极地生态系统来说，自然资源的开采是一种不断增长的威胁。例如，石油开采在不断增长，已经记录在案的污染控制就包括了1991—1993年间在俄罗斯联邦的103起主要的管线事故（AMAP 1997:150）。自然资源的开采也会给苔原带来危害，苔原很容易受到车辆的影响。夏季，只有表面几英尺的土壤融化，这样在永冻层和薄薄的植被层之间出现了一层很湿的土壤。由于北极特殊气候和生态状况，植被层的破坏容易导致大规模的土壤侵蚀，而恢复需要几百年，同时永冻层会进一步融化。

臭氧层损耗

目前还不清楚，极地臭氧层的损耗会如何影响当地的生物多样性。对极地附近的臭氧层损耗明显地多于世界其他地方。1985年春天，南极上空发现了一个巨大的臭氧层空洞。近年来，北极上空的臭氧层空洞被证实在缩小，出现空洞的频率减少（一般直径在数百公里，持续几天时间），但是总趋势是清楚的，1990年代以来，所有季节里臭氧浓度都在下降（Fergusson和Wardle 1998:8; UNEP 1999:177）。春季时紫外线强度，与1970年代相比，南极大约高出130%，北极高出22%(UNEP 1998:1)。极地生态系统高度暴露在太阳的有害UV-B射线下，增加人类白内障和皮肤癌的发生，不利于适应低UV-B辐射的植物和浮游生物的生长，还可能损害到位于食物网底层的藻类（UNEP 1998:xi～xiii）。

气候变化

气候变化对极地生物多样性的影响，也是一个未知数。较暖的气温会使冻原转变为北方森林，北极熊和北美驯鹿的迁移模式发生变化，改变一些哺乳动物的分布，由于它们的食物源被破坏；改变鱼类的物种组成，以及其他的影响（Watson等 1998:95～99）。

食物生产

北冰洋是世界上渔业资源最丰富的水域，对世界捕鱼业有着主要的贡献。在纽芬兰、格陵兰、冰岛、法罗群岛、挪威北部的大部分地区，捕鱼是基本的生活方式（Hamilton等1998:28）。当地居民，特别是乡村的土著社区，主要以渔猎为生。加拿大的北极地区，土著族群占总人口的50%左右；在育空的某些地区，多达1/3的人口以土地为生，对其余30%的人来说，用来养家糊口的也不是商品经济（AMAP 1997:57）。对俄罗斯北冰洋地区的多数人来说，驯鹿是其基本的食物来源，放牧是其主要的职业。其次的食物来源包括驼鹿、棕熊、加拿大盘羊、阿尔卑斯山野兔、鸭子、鹅和其他鸟类和鱼。

近年来，一些极地鱼类的储量已经受到了不良的影响，包括大马哈鱼、鳕鱼、北部的鳟鱼、鲱鱼和毛鳞鱼。比如说，在法罗群岛，1987—1993年间，在法罗人投资了捕鱼和加工业后，引起了捕捞过度，鳕鱼的上岸数量从20万t下降到了7万t（Hamilton等1998:30）。有时候非法捕捞是最大的问题；巴塔哥尼

北极熊处于危险之中：北极一些地区北极熊组织内持久性有机污染物（POPs）的浓度

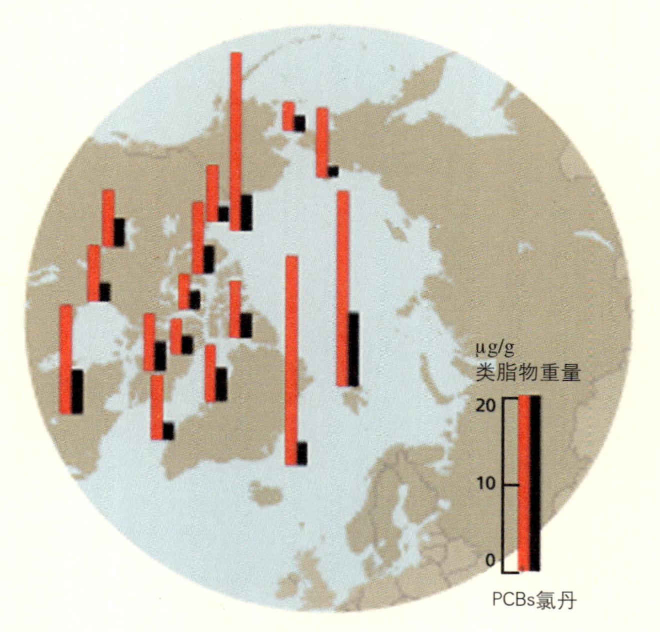

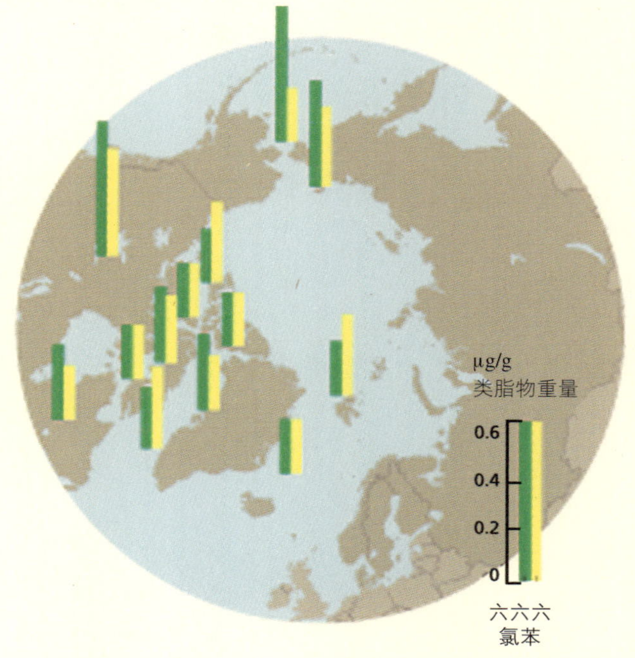

来源：AMAP 1997:89

亚的牙鱼，就在过去的六七年间，因为非法捕捞和禁渔措施的不力，在南极洲已经濒于崩溃。1997年，巴塔哥尼亚上报的合法的牙鱼渔获量是10245t；而非法渔获量仅仅在南部海区的印度洋部分就超过了10万t（UNEP 1999:176）。

娱乐

对于极地旅游的开发期望在不断增长。在1990年代早期，超过100万的游客被吸引到北极（UNEP 1999:182）。1998—1999年，约10 000人到过南极大陆，预计1999—2000年将超过50%的增幅，达到16 000人（IAATO 2000）。那些数据对于广阔的地区范围来说，可能是很小的一个数字，但是它们具有潜在的危害性。有人认为旅游者会使野生动物受到惊吓，他们在南极给企鹅喂食的时候，还会留下垃圾、制造噪声和污染。

反馈

极地对于世界的重要性在于，它作为一个指示器，可以显示出人类对于全球资源施加的压力。例如，可以通过分析北极的臭氧状况，更好地理解同温层臭氧的发生、大气层的净化和在北纬地带的污染转移。巨大的冰层也可以作为一种“时间表”记录各种信息：火山活动、风暴、太阳活动、大气组分（Stauffer 1999:412）。最近，取自东南极大陆东方站的冰芯分析表明，大气中二氧化碳、甲烷这两种重要的温室气体的浓度，要比过去的42万年高（Petit等 1999:429）。

警示：极地生态系统

与其它生态系统相比，极地生态系统相对少有改变，但是它们曾经原始的状态已经表现出气候变化和其他压力的迹象。气候变化对极地的影响要比对地球其他地方的影响大。目前还不清楚的是，极地冰层的变薄是一种自然气候变化，还是人类活动的结果；同样也不清楚的是，全球极地冰层的量是在增加、萎缩还是在正常的参数范围内波动。但是通过冰芯和冰河后退，极地提供了大量的证据说明气候在变暖（Watson等 1998:90～91）。同时，由于污染和不可持续的商业性的捕鱼，使得一些鱼类的储量急剧减少的现象日益显著，并不断增长。

城市生态系统

城市地区就人类财富、生产力和生态影响来说，可以说是地球上最值得注意的部分。城市是商业、工业生产、教育、文化和技术革命的中心。作为世界市场经济的联系纽带和超过27亿人口的家园（世界银行 2000:152），城市同样是自然资源的消费中心和大量垃圾的产生地，在当地和遥远地区的生态系统内产生环境衍生物。

城市化对人类和环境的巨大影响肯定是会继续增长的，就像所预计的，世界城市人口到2030年时将翻一番达到51亿（联合国人口司 1996）。但是城市地区——或者它们中的一部分，具有生态系统的功能吗？什么才是城市生态系统的定义呢？

城市生态系统：范围和改变

城市作为生态系统的概念是全新的且有争议的。还没有一个得到完全认同的关于城市生态系统的定义，但是一个最简单、最有用的定义可以表达为“它是一个生物群落，该群落是以人类为优势种或关键种的，而建成环境是控制着生态系统自然结构的主导因素。”城市生态系统自然范围的界定同时取决于人口和基础设施的密度。城市的行政边界，由于种种原因一般不作为城市生态系统的边界。比如，美国人口调查局对城市地区的定义就是“人口密度至少为1 000人/英里^2（621人/km^2）的地区”（美国人口调查局 1995），但这个定义没有给出最小的基础设施密度。另外一个使问题更加复杂的因素是，城市地区与郊区、乡村之间并没有很明显的轮廓界线，而是相互混杂的。不过，PAGE估计，城市生态系统约占地表面积的4%（见专栏1.10 驯化了的地球：自然生态系统的转变）。

城市生态系统不同于自然生态系统，它是被强烈改造过的，其土壤上部密布着建筑物、街道、公路、

欧洲一些城市的建城区面积

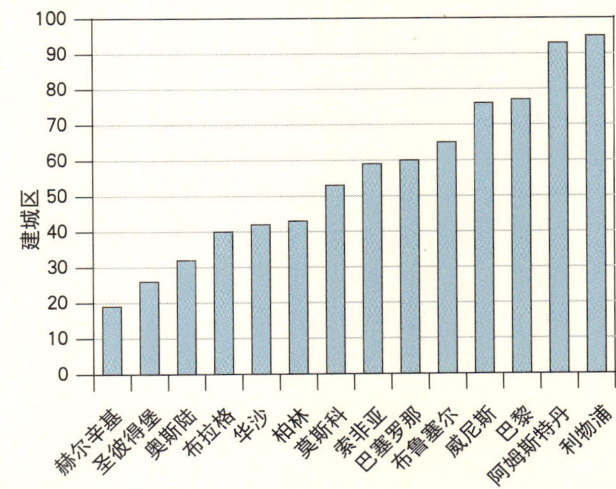

来源：Eurostat等 1995：202，205

一些城市的树木覆盖情况

这些城市树木覆盖情况的差异，就其原因有管理上的，也有自然环境的差异，特别是降水。

城市	树木覆盖率（%）
巴吞鲁日 路易斯安那（美国）	55
沃特伯里 康涅狄格（美国）	44
波特兰 俄勒冈（美国）	42
宾夕法尼亚（美国）	28
丹佛 科罗拉多（美国）	26
苏黎世 （瑞典）	24
温索尔 （加拿大）	20
可利马 （墨西哥）	15–20
香港 （中国）	16
洛杉矶 加利福尼亚（美国）	15
芝加哥 伊利诺伊州（美国）	11
Ciudad Juarez （墨西哥）	4

来源：Nowak等 1996

停车场和其他人工建筑。诚然，城市中还包含着一些自然或半自然的生态系统——草地、公园、森林、耕地、湿地、湖泊、溪流——但是，这些地区的植被都被改变了，或是被高度地管理。

城市化可以改变一个区域植被结构和组成，由此，土著种被非土著种取代。例如，在原西柏林，1400多种植物中约40%经鉴别是非土著种，近60%的土著种处于濒危状态（Kowarik 1990:47）。在有林地区，地面的落叶层被移走，取而代之以耐阴的草类，打破了产生健康土壤的自然过程，并降低了地区作为野生动物生境的适宜性（Adams 1994:34）。

环境压力也会改变城市生态系统中的自然元素。城市里的树木常常遭受种种不利因素的影响，如严重的空气污染、道路洒盐、路面径流、根系生长受到禁锢、疾病、土壤贫瘠、光照不足等。动物和鸟类由于生境的丧失、食物的减少、有毒物质和交通工具等其他外来干扰，它们的种群正受到抑制。

各城市间的开阔空间和树木覆盖变化很大，这取决于自然环境和土地利用的不同。在美国，一项对50多个城市的分析发现，这些城市的树木覆盖率变化，从加利福尼亚州兰开斯特的0.4%到路易斯安那州巴特鲁日的55%（Nowak等 1996:51）。

城市生态系统提供的产品和服务

城市的人文因素——它的人工基础设施和经济——提供了价值巨大的产品和服务，包括人类的居所、交通网络，以及广泛的多种收入机会。但是，城市的绿色空间，往往构成城市生态系统的心脏，同样提供了众多的产品和服务。下文仅重点介绍其中的几个方面。

提高空气质量和调节气温

在高度城市化的地区，其气温要比乡村地区高出0.6～1.3℃（Goudie 2000:350）。这种“热岛效应”是大面积吸热面存在的结果，像沥青地面，加上高密度的城市建筑和高能耗。而更高的气温，反过来，使得城市成为烟雾的发生源。一些大都市——北京、德里、雅加达和墨西哥城，它们的空气污染水平，有时候会超过WHO健康标准的3倍或更多（WRI等 1998:63）。

城市绿色空间可以显著地降低城市的总体温度，从而减少能量消耗和大气污染（Lyle和Quinn 1991:106，引自Bryson和Ross 1972:106）。一棵大树每天要蒸发多达450L的水，消耗1000MJ(239 000kcal)的热能来驱动蒸发过程（Bolund和Hunhammer 1999:296）。城市的湖泊和河流也会帮助调节季节性的气温变化。城市的树木和森林吸收二氧化氮、二氧化硫、一氧化碳、臭氧和颗粒物。例如，芝加哥的树木，估计每年能吸收5 575t的大气污染物，创造出超过900万美元的大气净化价值（Nowak 1994:71，76）。巴尔的摩/华盛顿地区的城市森林每年吸收17 000t的大气污染物，提供的服务价值达到了8 800万美元（美国森林 1999:5）。即使是外围的森林也有利于城市大气质量。德国斯图加特城市中心上空的气流，从周围林带带来较冷的空气，使市中心地区温度降低——这也是斯图加特限制城市不向外围扩张的原因之一（Miller 1997:65，来源Miller 1983）。

生物多样性和野生动物生境

城市支持相对广泛的动植物——既有那些特定的适应于城市景观和它的极端生态条件的土著种，也有大量人类引进的非土著种。

1973—1997年巴尔的摩到华盛顿之间廊道的树木覆盖情况变化

总体说来，巴尔的摩到华盛顿——美国东部的城市走廊其树木覆盖率已经逐渐下降。城市和郊区的扩张，以及对城市树木维护预算的缩减，使得该地区的树木覆盖从1973年的51%减少到了1997年的37%。树木覆盖率高的地区（>50%）减少了1/3，而稀树或没有树的地区面积则增加了近60%。

1973—1997年树木覆盖趋势

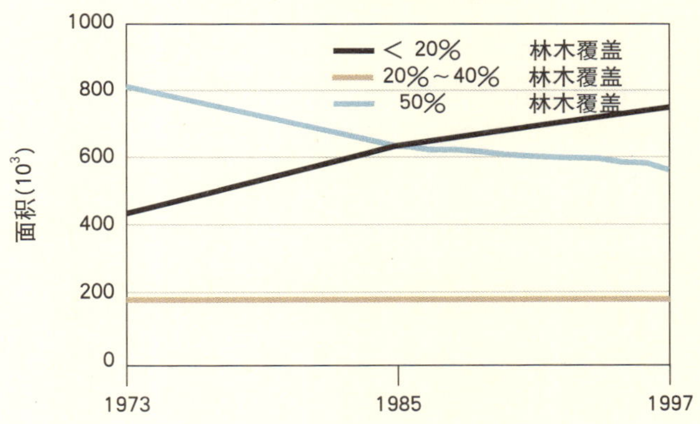

来源：美国森林 1999

许多栖息于城市地区的动物、鸟类和鱼类，臼于给人们带来了新奇和愉悦而显得有价值，尽管有些物种被认为是令人讨厌或危险的。在美国调查几乎有1/3的城市居民——超过4 000万人都参加过在距离家园1英里范围内的野生动物观察活动(美国内政部1997:94)。

有些城市的野生动物从自然保护和生物多样性的角度来看也是有价值的。城市公园和其他绿地对迁徙物种是相当重要的，并给野生动物提供通道，即使这些通道常常过于破碎，但提供给动物的空间足以维持其种群密度。在北美的许多城市地区，驯鹿和小的食草动物如松鼠是很常见的。麝鼠和海狸也许会在城市的水域里广泛分布，一些较小型的捕食者，像蝙蝠、负鼠、浣熊、草原狼、狐狸、貂、鼬鼠等，它们对于因开发而带来的生境变化适应得比较好（Adams 1994:57～65)。老鼠，像一个拾荒者，对这种人类密集的生存状态尤其适应。

许多城市的河流污染严重，满是垃圾或被渠道化，或者，它们的河岸带功能降低了、植被也被清除了，以至于只有那些最能够忍受污染的物种才能生存。然而，城市河流也提供了一些复原和恢复水生生物多样性的巨大潜力。例如，1957伦敦的泰晤士河曾一度鱼类绝迹，但是到1975年，那些用于改善生物环境的努力得到了回报，有86种海水和淡水鱼重又回到了那里

古巴，1999年城市农业生产了80万t的新鲜生物产品和提供16.5万人工作。城市农业生产该国水稻的65%、水果和蔬菜的43%、块茎和球茎作物的12%。

(Douglas 1983:137)。

由于鸟类需要多种的生境，而且大气和水体污染会通过食物链影响鸟类，因此在城市地区鸟类的多样性可以作为指示物来反映城市环境的质量。例如，1993年在华盛顿做过一项调查，其鸟类丰度达到115种——这一估计与早几十年前的调查总数很相近，几乎与周围大片乡村地区的数量相当。这说明华盛顿为鸟类提供了多样的、高质量的生境——由于公园和低、中密度居住区占据了整个大都市区的70%。遗憾的是像这样的城市规模的研究为数甚少（U.S. National Biological Survey 2000）。

雨洪控制

城市森林、湿地、河岸植被可以缓释暴风雨带来的径流，控制污染，帮助补给天然地下水的储备，减少城市地区的洪水。相反地，建筑物和道路占据了城市大量的土地，成为不透水的地表，并清除了那些具有天然储水能力的植被。

一些研究已经试图给城市森林对雨洪的控制效益赋予货币价值。巴尔的摩/华盛顿地区的森林为当地节约了超过10亿美元——如果没有森林，那些钱就会用于建水库或其它系统来拦截暴雨径流(美国森林1999:2)。不幸的是，世界多数城市，城市树木作为资源都处于危险的境地。自1970年代以来，美国的三大主要都市——西雅图、巴尔的摩/华盛顿、亚特兰大——都已经丧失了超过1/3的森林覆盖(Smith 1999:35)。

粮食和纤维生产

许多城市地区都致力于其粮食供应。城市农业包括在庭院、空地、屋顶、路边和小的郊区农场里的水产养殖、果园、家畜、作物栽培等（UNCHS 1996:410)。全世界估计有8亿城市居民从事城市和近郊的农业生产（FAO 1999)。在肯尼亚和坦桑尼亚，2/3的城市家庭从事农业；在台湾，半数以上的城市家庭是农业协会的成员；在曼谷、马德里、加利福尼亚的圣约瑟，多达60%以上的都市地区用于耕作（Smit和Nasr 1992:142;Chaplowe 1998:47)。在加纳的首都——阿克拉，城市农业提供了城市所需新鲜蔬菜的90%（The Mega Cities Project 1994)。城市农业同样为穷人提供了维持生计的机会和收入，并能循环利用城市产出的大量污水和有机固体废物。

娱乐机会和美学的港湾

树木能使人视觉放松，提供隐避空间、树荫和挡风。树木和灌丛还可以降低城市特有的高噪声等级；一个30m宽的由茂密树木组成的和松软地表带可以使噪声减少50%（Nowak和Dwyer 1996:471)。公园给城市居民提供了便捷的娱乐机会和放松场所——这是一项极具价值的服务，人们非常需要开敞的空间和避开沥青的影响。一些城市公园、湖泊、河流既是旅游胜地，也使市中心地区升值。而且，城市水体还是人们垂钓、玩皮划艇、帆船、独木船的场所。

把城市地区作为生态系统来管理

把城市地区作为生态系统来管理，面临的最大挑

服务——进入生态系统的和输出的废物都超出了它们的自身。据估计，在欧洲，一个100万人口的城市，每天平均要消耗11 500t化石燃料、32万t水、2 000t食物，而这些大多数都由城市外部提供。同样规模的城市产生30万t废水、25 000t CO_2和1 600t固体废物(Stanners和Bordeau 1995:263)。维持一座城市所需的总面积称作为它的“生态足迹”(Rees 1992)。在波罗的海地区针对29座最大城市的一项研究中，估计这些城市需要的生态支持面积是其自身面积的500～1 000倍（Folke等 1997:167)。增强城市生态系统持续性的任何尝试，都必须以使城市与其周围生态系统之间保持更大的平衡的方式。

一个好的消息就是，为水和能量的更有效使用、住房和废物管理，城市地区呈现出巨大的机会。鼓励良好的规划、多用途开发、城市道路投价、整合公共交通，加上其它的努力，可以极大地减少亿万人口对环境的影响。城市地区土地利用方式的迅速变化，是规划和管理所面临的一个挑战，但这同时也是一个机遇。例如，全世界的成百万块以上的褐色场地（即曾经被工业或商业利用的部分城市土地，但是已被废弃或被污染了)，这些城市的伤疤提供了创造新绿地，缓解拥挤交通，减少绿地的压力的可能（Mountford 1999)。如果管理得当，城市绿地能够有利于城市生态系统，已被健康和教育所证实。

战就是缺乏信息。因为城市生态学作为一门学科还处于雏形期，把城市地区作为生态系统看待所需的知识基础，较之其它生态系统来说还不够充分。特别是，缺乏有关城市“绿”元素的数据。大气和水的质量，污水管网、人均水消耗量和固体废物产生量，以及城市森林的范围和野生动物密度的发展趋势，这些都是关键的指标，显示了城市空间中自然区域，所提供环境产品和服务的状况及能力。

另一个问题是缺乏对绿地规划和养护的经费预算；多数的经费消耗在移走死去的树木上。许多城市缺乏系统的树木养护计划，对影响土壤状况、限制根系生长，由于雨水被渠道排走而造成的干旱、热岛效应和地下生长不足等情况缺少关注（Sampson 1994:165)。

城市消耗的管理及对相邻生态系统的影响，可能是最复杂的问题。城市地区消耗了大量的环境产品和

警示：城市生态系统

城市生态系统中虽然人类活动和建成环境占主导地位，但是它们却包含着可以提供重要服务的有生命力的绿地。这些服务包括减少大气污染、吸收径流，并通过城市农业生产粮食。城市森林、公园、庭院也美化了城市，提供了无价的娱乐和休闲。城市生态学很新，还没有完善的数据显示全球基础上的城市生态系统的趋势。然而，更多的地方性的数据显示出城市林木覆盖率降低、城市绿地不断减少，是一个普遍的问题。世界范围内城市人口的快速增长，加重了生态系统所承受的压力。城市生态系统绿元素的持续衰减将会损失其他价值——经济、教育、文化。城市人口的增加强调了一种需要，即把城市绿地的维护作为一个重要因子，纳入到城市规划中去。

第三章

生活在生态系统中

本章描绘了若干个生态系统的历史和生活在其中的人们，他们的生活依赖于这些生态系统，他们的行为已经使得这些生态系统退化了，但同时他们也掌握着使其恢复的力量。本章的内容包括蒙古的草原和传统牧业；印度的社区管理的森林；南非的山地分水岭及其下游城市地区；肯尼亚马查科斯的农业平原；美国南佛罗里达的湿地和农田。这些地方的居民正为保护他们的未来而努力，而这很明显依赖于他们所在生态系统的健康状况。

有关古巴、加勒比海、菲律宾、纽约城和亚洲湄公河流域的5个简短故事，补充详述了案例背景。许多案例和故事都包含了若干生态系统，但是为简单起见，将它们作为对其特色管理最具挑战性、最为关键的生态系统收入到本章中。

总体来说，这些案例和故事总结了来自世界各地的各种经验——不同的空间、人口规模、密度和民族组合。阐述了引起退化的驱动力及其影响，并分析了前几章里提及的那些生态系统的状态。还反映了人类所面临的诸如居民与生态系统的管理者等各种权衡。例如，南非种植了能增加收入但同时具有入侵性的非本土树木，为此他们付出了高昂的代价，减少对城镇地区的供水。在佛罗里达，人们排干湿地的水，将其变成农业用地，这虽有利于当地制糖工业的发展，但是却降低了生态系统的持水性和过滤净化能力，并威胁到生物多样性。在印度的Dhani，从1950年代到1970年代，政府加强了商业性伐木，但给当地的生计带来了长期的损害。

单独地看，有些案例和故事强调许多管理问题，而其他案例在这方面涉及不多。虽然没有一个案例能就已经退化了的生态系统提出现成的“修复”方案，但是这一切都鼓励人类去探索那些对未来生态系统的生产力至关重要的问题：

- 是什么使得生态系统发生退化？谁从生态系统中获益最大，谁又会为生态系统的衰退付出代价？
- 是什么状况增加了对这一问题的认知，即对生态系统的不合理使用或过度使用，必须被致力于减轻系统压力和保证长期生产力所取代？什么情况才能促使人们关心和行动？
- 怎样才能使得公众和政治家愿意采取行动恢复生态系统？
- 什么样的机制和政策可以帮助阻止生态系统的衰退或保证长期的可持续性？
- 在何种程度上、什么样的时间框架之内，生态系统和它所提供的服务是可以被恢复的？

探索这些问题的答案强调了生态系统变化的复杂性——常常包括令人惊叹的生态系统的自然演变以及人类管理上的需求。通过案例分析，应从更大地理区域和社会背景下考察生态系统和生活在其中的人们。并不存在这样的生态系统：它由某一个人或某一个机构单独管理，即便是在孤立的蒙古草原上或像在Dhani这样一个小的社区森林中，也是不可能的。对生态系统的管理是若干个体和机构——公众、私人、正式、非正式的——以及政治的和经济的因素总和。一个不断拓宽的网络联系使得管理工作进一步复杂化。许多生态系统问题根源于一个地点，却有着地方性或区域性后果。如酸雨、臭氧层消耗、物种入侵和全球变暖等问题，可能源于邻近的一个国家——或者即使是相隔半个地球那么远——也会影响到所有的人。

农　业　生　态　系　统

重塑高地：马查科斯坡地的恢复

在马查科斯，必要性是保护之母。位于内罗毕东南部的马查科斯，主要为半干旱地区，由于雨水很稀少，以及降水的不可预测性，这里的农民们已经学会了节约用水。他们从屋顶收集雨水、把道路上的径流引导到梯田上、从季节性的溪流或永久性河流里舀水，或者开挖水塘收集雨水。为了减少土壤侵蚀，农民们采用了管道系统、植树、修筑梯田的方法，这些在肯尼亚的其他地方是看不到的。马查科斯区水土保持官员Paul Kimeu说，“这些是马查科斯人的生命线”。

尽力的保护，加上持续而辛劳的工作，已经使马查科斯的Akamba人面对干旱、贫穷和土地退化这些问题，顽强地生活了下来。1930年代时，严重的土壤侵蚀席卷了75%的居住地，Akamba人被描述为“正迅速陷入一种绝望的、悲惨的贫穷状态，土地变成灼热的岩漠、石漠和沙漠”（Tiffen等 1994:3，101）。今天，一度被侵蚀的山坡，重又恢复了生产力，密布着梯田。耕地面积从1930年代的15%增加到1978年的50%～80%，土地所支持的人口数也增长了差不多5倍，从1930年代的约24万人，增加到1989年的约140万人（Tiffen等 1994:5；Mortimore和Tiffen 1994:11）。这一环境转变被称作为“马查科斯的奇迹”（Mortimore和Tiffen 1994:14，citing Huxley 1960）。

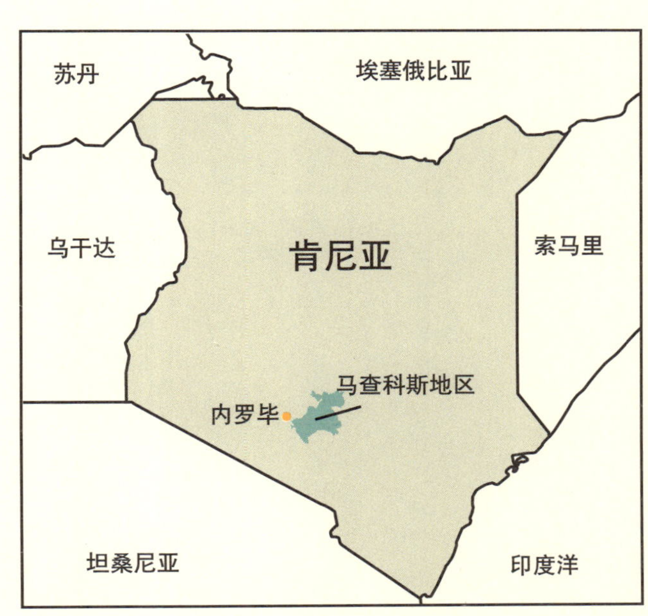

但是“奇迹”并没有惠及所有人。那些拥有最贫瘠土地的人通常缺乏资金开发地下水；更高的生活标

（下转第152页）

专栏3.1 纵览：马查科斯

通过改革、传统文化、利用新市场以及艰苦的劳动，肯尼亚马查科斯地区的农民把一度遭受侵蚀的山坡改造成了多产的、耕种密集的梯田。然而，经济萧条、人口增长、土地缺乏的加剧，以及不断扩大的收入差距带来了新的问题：马查科斯的农业改革是否是可持续的？

生态系统问题	
农业 	自1930年代以来，马查科斯的Akamba人就已经把60%～70%适于耕种的土地转变成了梯田，以防止侵蚀。土地状况和农业产出也得益于家畜养殖、植树、混合施肥和其他措施。但是，随着人均可耕地面积的减少，以及经济不景气的发展，对于一些人来说贫穷仍然是一个问题，特别是在干旱时期。而贫穷反过来降低了农民对可持续技术和管理的投资能力。
淡水 	马查科斯多数溪流是季节性的，降雨变化幅度大，地下水有限。水利工程和水土保持行动已经取得了以下成果：灌溉增加、种植风险降低、栽培高值作物和让劳动者自由取水。但是，约半数的人口仍然缺少适于饮用的水，水仍然是产业和城市发展的桎梏。
森林 	与预测的相反，航空照片显示，1930年代以来，该地区的林地增多了，而不是变少了。小规模的植树工作已经使人们受益：农民植树既可以稳定土壤，又能提供水果和木材。同样地，Akamba人通过利用死树木、农业废料和修剪下来的灌木作为薪材，最大限度地减少了毁林。
管理的挑战	
公平和使用权 	当殖民政府剥夺了Akamba人的土地所有权，并利用市场进行限制后，在几十年内马查科斯就发生了一些最严重的农业生态系统的退化。相反Akamba人对农业技术、土地和生计的掌握与其在自然保护方面独立自主的投资相一致。
经济学 	加强了市场利用，像内罗毕、蒙巴萨这些城市的发展，拥有了种植盈利性谷物的权利，鼓舞了农民运用新技术和扩大生产力。但是，市场介入还是很困难，经济增长还不景气；而农场规模的缩小和劳动力的不足也是妨碍农业进一步增强的因素。
涉益方 	几十年来，政府官员和农民们总是不能就农业生产的目的和方法取得一致；在这样一种不平等和互不信任的氛围当中，政府改进或调整技术，Akamba人就不接受或怀疑其可行性。自从Akamba农民在农业管理和方法问题的决定方面获得了更多的平等权利之后，整个地区环境发生了很大的改善。
信息和监测 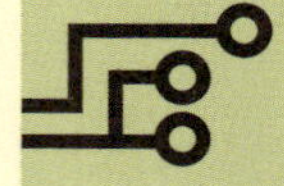	非政府组织、政府附属部门工作人员、研究者和自助团体，已经极大地改善了农民们可获得的信息和资源库，但是这一改善还必须继续下去。例如，研究者已经强调了有关马查科斯生态系统的范围和状况变化的信息不足，包括有关土壤健康状况、土地利用变化和植被、生产情况等方面的数据。

大事记

1600—1700年代 Akamba人首次占据马查科斯的高地。

1889年 欧洲人来了。

1895年 英国东非保护国建立。

1897—1899年 连续的旱季造成大饥荒：50%～75%的Akamba人死亡。

1906年 英国殖民者指定马查科斯最肥沃的土地为"白人高地"，供欧洲人居住；Akmaba人被限定在"土著保留区"。只有欧洲人才可以种植高经济价值的出口作物，如咖啡和茶叶。

1928—1929年 遭受干旱和饥荒。

1930年代 人口和牲畜数量增加，空间却没有拓展，使得"土著保留区"内的农田退化。Akamba人搬出保留区，寻找工作或是非法占据其他土地。

1933—1936年 连续干旱。官方开始意识到"马查科斯问题"，当时已经有75%的可居住面积遭受土壤侵蚀。

1937—1938年 殖民政府设立土壤保护机构，试图把保护措施强加到Akamba人身上，包括强制性地减少家畜的数量。Akamba人反对。

1940—1945年 二战期间保护资金和男性劳动力数量有限；开始要求饥荒救济。

1946年 在非洲，特别是马查科斯，政府在土地开发和保护上进行了有效的投资。强调强制性的社区劳动，包括政府选择的梯田系统的修筑工作。

1949—1950年 连续的干旱季节随之而来。

1950年代 城市的成长，增加了对农产品的需求 修筑梯田和保护水变得有利可图而有吸引力。

1952年 Akamba人中流传着这样的消息：耕种阶式梯田要比耕种政府托管的狭窄的梯田获利更多。于是掀起了修筑阶式梯田的热潮。

1954年 Swynnerton计划发起了农业革命，强调作为出口产品的作物生产。Akamba人第一次获准种植咖啡，这是对梯田修筑的另一个刺激以及收入的来源，收入的钱可以用来购买农业投入。

1959—1963年 Akamba人转向肯尼亚独立（1963）的政治活动。由于被认为受到了殖民专制的玷污，保护工作放慢了。

1962年 Akamba人涌入到先前的王室领地。一些地区的人口增长率达到了10%～30%，而其他一些地方的人还在寻找摆脱土地不足的方法。

1965—1970年代 在意识到潜在的更高的生产力后，农民们自发地在完全没有政府的帮助下重新开始大规模的水土保持工作。新的公路使得进入内罗毕的条件得到改善，而罐头厂的出现则刺激了水果和蔬菜的生产，继而影响到梯田修筑。

1974—1975年 干旱重又发生。

1975—1977年 高价格使得咖啡生产增长了三倍，同时带来了大量投资流向土地保护。

1978—1980年代 大量的、由教会组织的项目以及国家和国际非政府组织提供的支持用于社区开发，包括救灾、食品生产、水供应和灌溉。

1983—1984年 遭受干旱重创——所谓"握着钞票死去"是由于食物奇缺。干旱过后，开始建设更多的梯田。

996—1998年 干旱之后，厄尔尼诺带来的大雨冲毁了维持生计的作物，农民们被迫出卖牲畜换取食物。

2000年 约有多达65%的农田实现了梯田化，许多农民采用额外的保护措施。

准似乎只有那些从事非农业的家庭才能达到，但是人口的增长、经济的萧条使得城镇能提供的工作减少了。而对那些没有非农收入的农民们，由于没有能力或缺少贷款，便不能完成农业的改革活动。

一方面马查科斯提供了一个生动的例子，说明了知识、改革以及我们对土壤和水所提供的关键服务的看法，如何使得人们去恢复那些已经严重退化了的土地，甚至增加其生产能力。另一方面，马查科斯的例子也说明了在文化、经济、环境的变化面前，生态系统和生活在其中的人们所表现出来的持久的脆弱性。

丘陵和干旱平原之乡

马查科斯位于一个东南向延伸的坡度缓和的高原上，海拔从1 700m到700m，被一组高山分割。在马查科斯，降水一直很稀少；每年降雨量的区域变化，从高地的1 200mm到东南部低地以及最西北部干旱平原的不足600mm（Mortimore和Tiffen 1994:12；Tiffen等1994:18）。整个地区不足一半的地方，有超过60%的机会能够得到充足的降水以种植玉米，而这是Akamba人最喜欢的天然食品（Mortimore和Tiffen 1994:12，引自Jaetzold和Schmidt 1983）。在大多数年份里，只有高地可以保证收成而不需要灌溉。

据信Akamba人在17到18世纪时就居住在马查科斯的高地上，当时这片土地的多数地方还是不适宜居住的荆棘丛生的荒蛮之地。常绿林遍布比较湿润的高地，而旱地平原上则长满了草。Akamba人在湿润的山丘上养牛、绵羊和山羊，种植谷物、豌豆和甜土豆。在靠近水的地方种植小块蔬菜、香蕉和甘蔗。他们成为熟练的商人，用象牙、蜂蜜、啤酒、装饰品和武器与吉库犹人、马赛人交换食物。然而在1890年代后期，生活发生了巨大的变化，天花、霍乱、牛疫吞噬了大部分人口和动物，干旱使得土地荒废。到1900年，一些地区50%～75%的Akamba人死去；整个地区可能只剩下10万人（Tiffen 等 1944:44，citing Lindblom 1920；Tiffen 1995:4）。

与此同时，新的英殖民政府拥有了足够的权力，把Akamba人和其他肯尼亚的土著居民限制在一定范围之内。划出一些“土著保留地”，然后宣布最好的耕地为他们所有一位于“指定地区”或“白人高地”。尽管Akamba人保留了多数的传统土地，但是政府的政策限制了任何扩展，他们住地的两边是欧洲人的牧场和农场，另外两边则是政府控制的“公有土地”。传统上，Akamba人对于干旱、土壤肥力下降以及人口增长所采取的对策就是搬到新的土地上。没有了这种流动性，轮作就被连续耕作取代了。尽管Akamba人口和牲畜数量都在增长，但是殖民政府还是严格地划分界线以维持其政治控制。到1932年，约有24万Akamba人生活在马查科斯，超过世纪之交时的两倍（Mortimore和Tiffen 1994:11）。在保留地里，土壤变得贫瘠，谷物产量开始下降。

对于已经不堪重负的土地和人们来说，1929年的大旱无异于一场极大的灾难。Akamba人称这场干旱为“Yua ya nzalukangye”或“到处找食物”（Tiffen等1994:5）。接着，从1933—1936年，在8个半年的生长季节里有6个发生了旱灾—长的雨季从3月到5月，短的从10月到12月。蝗虫侵袭了枯萎的玉米地，剩下来的粮食也被贪吃的鸟儿吃光了。牛在裸露的干燥的棕色山坡上挨饿，接着Akamba人也开始挨饿。当终于开始下雨的时候，陡峭的山坡上极易受侵蚀的红壤就随着洪流被冲刷而去。历史照片向我们揭示了这样一幅图景——光秃的山体、深切的沟壑、剥蚀了的山坡和失去表土层的田地。

态度的转变：
从强制性保护到Akamba人改革

在1929年至1939年的报告中，殖民者的农业官员称，快速增长的人口、过剩的牲畜、滥伐森林以及不科学的耕作方法使得地区的自然资源大量退化。Akamba人也意识到了正在恶化的环境危机。“这个地方正在变成一片荒漠”，1938年Muisuni的一个农夫Joel Thiaka这样反映（Tiffen等 1994:44）。

一些因素促使殖民政府向土地开发投资：全球性反侵蚀运动，起因于(1930年代)美国平原地区的大尘暴；不断增长的非洲人口；以及在旱灾时用于救助大量饥民的花费（Tiffen等1994:179）。1937年，殖民政府设置土壤保护机构，由Colin Maher领导。该机构的第一个举措包括没收和屠宰“多余”的Akamba人的家畜。在内罗毕Akamba人抗议者的集会之后，那些举措被放弃了（Tiffen等 1994:181～182）。

Maher紧接着就提出“强制保护计划”。要求Akamba人像亚洲和非洲人几个世纪以来所做的那样，在陡峭的山坡上种草和修梯田。当这些行动进展缓慢时，Maher就下令利用政府的拖拉机和雇佣劳动力去建设保护设施。Akamba人再一次抗议，害怕这又是政府对土地的攫取；因为对Akamba人来说，任何人只要清除或开垦了土地，就拥有了永久的使用权。一些Akamba人甚至用身体挡在拖拉机前。最后，Akamba人同意每家出一个人一周工作两天，加入到强制劳动中去，修筑梯田和水保护工程以及种植饲料作物。

这期间，Maher要求非洲人修筑的梯田是一种窄基梯田，也叫等高沟。这种小的设施要求工人们先挖一条浅沟，把挖出来的土堆在下方，形成一条狭道以拦截雨水。虽然施工起来很容易、且相对较快，但同时也很容易被冲垮，并需要大量的维护。尽管Maher热衷于此，但这些工作很快就不受Akamba农民欢迎。

在二战（1940—1945年）期间，土壤保护的工作松懈了，但是战后，在扩充了的农业部主持下，这项工作重又充满了活力，当时大范围的土壤侵蚀和饥荒又来到了马查科斯。许多非洲人反对这些"改良"计划。然而，在随后的几十年里，从这些有争议的项目起，Akamba人发起了一些改革，这些改革为后来的"马查科斯奇迹"奠定了基础，尽管在当时很少有人能意识到这一点。其中一项就是工人们试验修筑的阶式梯田，被称为fanya juu。

fanya juu的修筑，要求先沿着一个坡面的等高线挖一条沟渠，然后把挖出来的土放到山上，形成一道坡度缓和的地面，并有一道土堤收集雨水和使径流的流速降低。尽管需要相当的劳动力来修筑，这些阶式梯田很快变成了稳固的沟渠，仅需要定期的维护。然而Maher认为，这对Akamba人来说太费力了，因此还是命令修筑窄基梯田。

但是Akamba人有一句谚语："眼见为实，耳听为

玉米、豆子、芒果和香蕉树是这个设计相当好的山坡梯田的一部分。

专栏3.2 马查科斯的农业

1998—1999年涉及到数百名农民和484块土地的一项调查，说明了对土壤和水投入的工作已经开始回报马查科斯人。调查显示，修筑梯田可以说是迄今为止最普遍的保护措施。农民们修筑梯田时，常常使用多种保护措施——作为一种一揽子的措施（Zaal 1999）。其他的研究显示，1930年代到1990年代之间，马查科斯地区的亩产有了实质性的增加(Tiffen等 1994:95～96)。

马查科斯的水土保持措施

约半数的梯田还结合其他保护措施。

所占地的百分比……

措施	百分比
梯田	65.7
草带	14.0
梯田边缘草皮	10.7
废料堆	8.5
混林农业	2.3
作物覆盖	1.0
开敞的山脊	0.6
石质梯田	0.4
截流水渠	0.2

来源：Zaal 1999

梯田的优点

调查显示，使用梯田的农民获得了大量的收益。

农民体验的百分比……

收益	百分比
土地价值增长	97
产量水平增加	94
产量稳定性增加	94
侵蚀减少	76
施肥减少	75
植树劳动减少	53
播种劳动减少	43

来源：Zaal 1999

马查科斯的作物和家畜产量

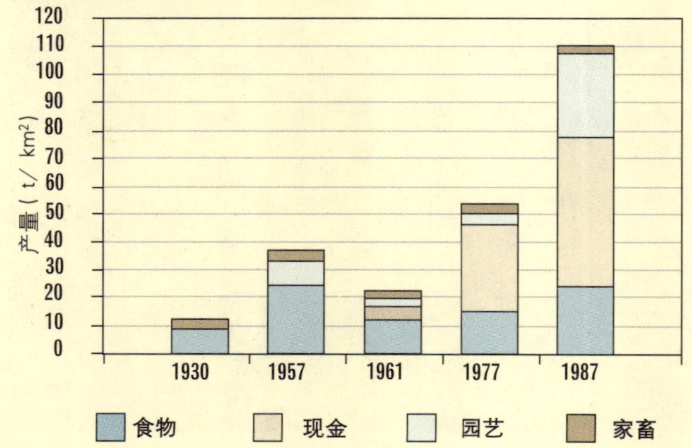

来源：Tiffen等 1994:95

虑”（Tiffen等 1994:152）。许多Akamba男人在海外为英军作战，看到当地的农业方式很有效。1949年，一名老兵模仿他在印度所看到的，建了一个阶式梯田。结果，他的洋葱收成很好，卖了好价钱。当地的其他农民纷纷效仿。1951年Maher退休以后，农民们被允许就两种强制性改良工程进行选择：等高沟渠或fanya juu；越来越多的人选择了后者。

1950年代，马查科斯有超过4万hm^2土地实现了梯田化（Mortimore和Tiffen 1994:14, citing Peberdy 1958）。促进这种大规模转变的一个因素是政府在1954年作出的一项决定，该决定首次允许Akamba农民种植咖啡，这是根据Swynnerton计划作出的，该计划强调生产经济作物以供出口。Akamba人急切地希望通过种植咖啡来增加经济收益，而咖啡只能种在有梯田的陡坡上，以保证对咖啡生长很关键的养分和水分。另外一些农民用梯田种西红柿和其他蔬菜，供应内罗毕城发展的需要。

另一个推动Akamba人改革和保护的突破，发生在1956年。新的以非洲人为主体的工作机构，在政府的指令下开始进行开发服务，取代了让人讨厌的强制性工作队，代之以mwethya，或者是传统的工作团体，成员们自愿结合并推选自己的领导人。通常，Akamba家庭称某一特殊的项目为mwethya，像建造茅屋之类；邻居们会来帮忙并获得食物。从政府那里得到了技术支持，fanya juu mwethyas很快在地区范围内忙乎开了，修筑梯田并承担其他项目。

因为许多Akamba男人在外地工作，所以参加保护工作和首次mwethya的多数是妇女。妇女当选为领导者，这在Akamba人还是第一次，提高了她们的社会地位和政治权利，增加了女孩受教育的机会。传统的工作组也得到了发展，在今天成为自助团体，集中钱财和劳动力，与组织团体相联系，提供社区开发、农业扩展和认字服务。

1963年肯尼亚从殖民统治下获得独立，引发了Akamba家庭进入到从前的公有土地上的浪潮。新政府终止了所有的水土保持资金，有几年Akamba人不再愿意修筑梯田，认为保护工作被殖民统治玷污了。但是，曾经看到fanyu juu利益的农民们，他们种植谷物像稻谷和豆子，也种植过经济作物，而且在干旱时期也能够维持生存，他们很快又重新开始修筑梯田，依靠自己或通过mwethyas或者雇佣劳动力。事实上，从1961年到1978年，所修的梯田比1950年代要多，而没有得到政府的任何帮助（Tiffen和Mortimore 1992:363）。1960–1980年，这一阶段的另一个特征就是马查科斯的土地生产力激增（Tiffen和Mortimore 1992:365）。1981–1985年期间，每年都有8500km的梯田修成，有半数是农民自己修的，而没有任何外来的帮助。到1980年代中期，航空调查显示，在马查科斯有54%的可耕地得到保护不被侵蚀，超过80%的被保护的土地在丘陵地区（Tiffen等 1994:198）。1998—1999年对484块田地的调查表明，马查科斯约60%的土地实现了梯田化；许多农民还使用其他的保护措施（Zaal 1999:5）。

1930年到1990年之间，总计约有76项生产技术在地区内引进或推广开来，包括35种农作物、5项耕作法和6项土壤肥力管理方法（Mortimore和Tiffen 1994:16）。其中许多保护和土地开发机制是Akamba人的创新。

市场机会的增强显著地影响到了保护措施的普及。例如，1970年代的咖啡种植热潮，增加了农场、咖啡加工厂以及运输市场对劳动力的需求。1980年代后期，咖啡价格下跌，内罗毕的大型国际园艺企业开始鼓励马查科斯的农民们种植法国豆子之类作物出口。柑橘、巴婆果、芒果也由于肯尼亚的罐头产业和城镇、旅游贸易的发展，取得了类似的成功。据1981—1982年的调查，41%的农业人口的收入来自非农商业和工资报酬（Mortimore和Tiffen 1994:16）。几十年来，这类通常由Akamba男人到外地工作挣得的收入，都被投入到了修筑梯田或蓄水池上，或是用于植树和筑篱。

农民们也开始投资植树和保护树木。对比1937年和1990年的照片，农场树木的平均规模和密度都有了实质性的增加（Tiffen等1994:218）。因为农民们，特别是妇女，在山坡清除之后要花越来越多的时间寻找薪柴，于是便栽种便于砍柴的小片林地。通常，农民们把树种在自己地块的底部，使得它们从自家地块吸收水分最少，而从相邻地块吸收最多；那样的布局也有利于帮助固定山坡上的土壤。农妇们喜欢种果树，因为那样既可以为家庭提供食物，又有独立的收入来源（Tiffen等 1994:211）。

家畜管理上也有相应的变化，在播种和耕种时用公牛犁地，对Akamba农业人的成功也起到了作用。由于没有公共的草地，现在都在农场里饲养动物。整个地区超过60%的家畜，全年或半年的时间实行圈养或用绳子拴住，需要用草料喂养，但同时也为田地提供了肥料（Mortimore和Tiffen 1994:19，引自非洲发展和经济咨询1986）。“零放牧”系统更多的好处是增加了牛奶的产量，减少了由于过度放牧带来的对蔬菜的破坏，减少了疾病发生，节约了劳动力。向饲养牛的转变也使得照管牛的工作进入到女性领域，进一步扩大了妇女的权利。许多妇女通过挤奶等工作，开始为自身和农场获得有用的收入。妇女们割草，通常从梯田边上的紫狼尾草开始，这也鼓励她们加入到修筑梯田的行列中去。

马查科斯农业改革的成功也付出了一定的环境代价。当地区内开垦的土地从15%增加到约80%的时候，本土植物和动物种群显著地减少了，包括一些肯尼亚稀有的物种，比如犀牛。在Tsavo国家公园和其他保护区内，生物入侵仍然是一个难题（Kenya Web 1999）。

马查科斯传统的小规模灌溉方式，依赖于季节性水流。

专栏3.3 马查科斯面临的种种挑战

1999年，在马查科斯举办了一个由世界资源研究所（WRI）发起的保护工作组论坛，农民们一致认为缺水是目前最紧迫的问题，其次是农场规模和土地缺乏。当人口增加时，农场土地在继承人中分割，直到规模小于1 hm^2。潜力大的土地已经全被占据了，因此人们开始耕作更加边远地区的土地，或是在平原，或是在陡峭的山边，而那些地方，政府是禁止农业活动的。

缺乏农场改造和技术改进的投资、现有劳动力的不足也被列入了限制保护的行列之首。因为有更多的小孩子去上学，而年龄大一点的孩子移居到城里找工作，所以现在的马查科斯，妇女承担了多数的农活——同时还要承担传统的责任，如抚养小孩、照看房屋、采集燃料和水。

土壤侵蚀没有列入挑战的名单。事实上，现在造成土壤侵蚀的首要因素不是农业活动，而是建设得相当差或是没有修理的道路，以及水泥厂从河床里挖沙的活动，这已经伴随着内罗毕的建筑潮迅速发展起来。许多道路旁边被刻蚀成陡峭的峡谷，厄尔尼诺年的雨水使得这一切变得更糟，但是修缮工作需要一定量的公众或社区资源，这对马查科斯的居民来说还不具备。糟糕的道路也增加了进口食品的价格，以及马查科斯产的商品运到内罗毕和蒙巴萨等地方的零售市场的运费。雨季时，道路状况使得农民们很难在产品坏掉之前将它们运到市场。因为地区还没有完全通电，所以食品加工或冷冻并不总是可行的。

这是连接马查科斯城镇地区山边的一条公路，左边是一条路边排水沟。背景中可以看到玉米、大豆、芒果、香蕉和桉树。

这是马查科斯附近，梯田缺乏保护的一个例子。人们很少采取管理措施来减少对未受保护的梯田小路的侵蚀。在坡地最上面，农民还种了玉米、豆子、木薯、芒果和香蕉树。

马查科斯的今天

美国国际开发局（USAID）的经济学家George Mbate说，（访谈，1999/2/19）“在今天的马查科斯，人们会自觉地建造保护土壤的设施”，“他们已经把合理的土壤管理和作物收成联系起来。”

今天，干旱的影响不再具有破坏性了，由于对梯田的投入，蓄水渠促使水渗到耕地里；截流管道集水并重新分流，不会对农场造成侵蚀。农民们给果树施肥，不仅增加了土壤的肥力，而且增加了水的渗透，减少水分流失。短季的玉米品种并及早种植，可以让土壤获得充分的时间，准备种植“长雨季”作物，也是很有效。这些技术，再加上城里工作带来的多种经营的收入，使得人们可以减少粮食的进口和救济，即便是干旱期间（Tiffen和Mortimore 1992:373）。

但是，即使修筑了梯田，收成还是不稳定，马查科斯的问题还远没有解决。1996—1997年的旱灾，1998年随之而来的厄尔尼诺雨季，毁坏了维持生计的作物，迫使一些农民卖掉家畜以换取粮食。在半干旱地区，尽管有好的收成，大雨还是重创了丘陵地区特别是Mwala行政区受灾严重，作物腐烂、土壤养分淋失，梯田、房屋和公厕被冲毁。

该地区的农业官员A.M. Ndambuki承认说：“大多数时间，这里的粮食都是不够的。”（访谈，1999.3.1）“如果年成好，一季的粮食就足够了。但今年(1998年)因为干旱，我们一无所获。现在我们所吃的粮食几乎都来自区外。”如果有足够的机会挣钱的话，不生产粮食而进口粮食不成问题，但是，在马查科斯，并没有挣钱的机会。许多极其贫穷的农民必须另寻出路，通常是靠工资微薄的乡村工作来养活家庭。

像Samuel Milo这样的农民就过得很好，他在16 hm^2农场坡地上种植了西红柿、玉米、豆子和甘蔗。他充分利用梯田，在梯田的基部种草用作饲料，在沟渠里种上一排香蕉树，可以防止侵蚀并收获水果，在作物间种植防风林，同时辟出一小块林地，既可以出售木材，又可以提供薪柴。他的4200株咖啡树生产出高品质的咖啡豆，经过分选、加工，然后卖出。还圈养了5头牛，用从梯田上割来的草料喂养，而不是放养，这样既可以节约土地，又可以给土壤提供肥料。

但是，Milo先生不仅仅具有创业精神和重保护的思想，同时他还很幸运。他的农场很大，还有一条小河穿流而过。他在河上筑了一条灌溉渠。幸亏有那些带来丰厚收入的作物，他才能建一条管道，从河中引水到他的农场里一个大的地下蓄水池，以保证水的稳定供应。

其他农民就没有这样幸运了。对许多人来说，像Milo先生这样的改建和保护技术，花费太大或需要太多劳动力。例如，对那些能力有限、不能雇佣帮工的农民来说，梯田要耗费多年时间。在马查科斯的一个村庄里，研究者发现，只有57%的农民有能力愿意为市场生产经济作物、或为农场投资如购买肥料。而通常这些农民，其家庭成员有在城里工作挣钱的（Murton 1999:40）。

另一个经济上的变化：财富和土地的两极分化，也会削弱农民采用最好的农作方法的能力。1965年，在Mbooni，20%的最穷的家庭拥有地区8%的土地；到1996年，这个比例下降到了3%。相反，20%的最富有的家庭在1965年和1996年分别拥有土地40%和55%（Murton 1999:41）。形成了一批足以维持生存的大农场，而剩下的小农场却在贫困中挣扎。土地集中的出现，是由于比较富裕的农民，通常有非农收入，可以从那些拥有中型和小型农场的农民手中购得土地。而一些农民出卖自己的农场，然后移民到先前的公有土地上—位于更加脆弱和干旱的边远地区。在那里可以得到更多的土地，但是却需要更多的投入以取得同样的收入。

为什么人们能忍受艰难，在困境下开拓新的农场，或者坚守高地上那小小的地块呢？根据Samuel博士所说的（1999年2月25日访谈录），对Akamba人来说，拥有土地"是身份、价值和教养的一部分"，Samuel博士是内罗毕大学地理系的系主任、肯尼亚任联合国沙漠化会议代表。他说："我们正在分化成两个世界。"

"奇迹"能否继续？

Mutiso说，"马查科斯的这些变化不是一夜之间出现的"。在需求和最终从独裁统治的制约下解脱出来的激励下，Akamba人通过选择和应用来自各地的新技术，加强了土地利用。转向种植更加有效益的作物、使用更好的天然原料、肥料以及多元的种植体系，减少放牧，并栽树。社区级别的规划和领导，例如mwethya小组，还有社区在技术和作物上的优先选择，远比强制性保护计划在增加肥力和减少侵蚀方面有效。当农民们受经济利益驱动，去保持土壤生产力、有机会种植价值更高的作物，并进入市场时，愿意投入更多的资金建筑梯田。在对5个地区的采样分析中，整个地区采取土壤保护措施的比例从1948年的52%上升到了1978年的96%（比较老的居住区）。这些地区也反映出了因为土壤侵蚀减少、雨水渗透和保持土壤湿度而带来的实质性的收获（Tiffen和Mortimore 1992:368）。

向城市地区的移民带来了一股汇款流，增加了用于农业开发的资金。由非农工作带来的收入和经验，加上政府额外的努力，极大地方便了知识、技术和资金流向农场。

另一个重要的转变是，就生态系统问题进行决策时，从主要由政府决定转变为地区水平上的广泛参与，包括有地方领导直接参加的讨论会。这一方法给人们提供了机会，让他们就Akamba人所熟悉的关于土地问题的知识和他们的农业栽培方法，共同工作而不是反对他们。"这不仅仅是经济原因"，Maria Mullei说（访谈，1999.3.17），他是USAID的农业官员，同时也是Makueni的一名农民，"你爱这块土地，所以才去保护它"。事实上，避免预想中的生态灾害，最大的激励和资金来自马查科斯人民自己。

不仅人口增长带来了农场规模的缩小和增加土地稀缺性，公共牧场的丧失也迫使Akamba人尽可能有效地使用他们的土地和水。然而没有人说，人口的增长可能会鼓励进一步地保护工作、提高土地利用强度和生产力。今天，马查科斯的人口增长率大约为每年3%（Mortimore和Tiffen 1994:13）。然而，随着人口密度的增加和抚养小孩费用的增加，出生率开始下降。

有些现象就不那么令人鼓舞了，没有资金，一些防止侵蚀和水土保持技术就不能运用，即使它们可以改善土地。例如，很多农民愿意建蓄水池，但是却面临着资金缺少的问题。一些高地上的农场，用来拉犁的牛太少了，而梯田又太窄，犁不能顺利拐弯。

这样会产生周期性的贫穷，正如Murton（1999）在Mbooni发现的，那里在1992年以前是马查科斯地区的一部分。那些在农场外有工作、土壤更肥沃或有水源的人要生活得好一些。而生活好了、生产力增加了的那些人，有能力转向高价值的作物，像柑橘类水果和法国豆子之类，选择商业性市场。但是其他人，则会放弃农业或者移居到贫瘠的土地。尽管所有的儿童都能完成基础教育，但是最贫穷的家庭也许就不能把他们的孩子送去接受中等教育，这可能会使他们错失能带来个人收入的非农工作的机会。

马查科斯的农业改革以及土地生产力的未来，还取决于更大的区域。土地保护的技术很到位，但是目前的绿地不能给任何人的生活带来保障。经济、环境的可持续性还是由物价所决定，由城镇工作的可获得性决定，由外部资源改善路况或通电状况、帮助农民们进入商业性市场的程度来决定。

尽管经历了这么多的磨砺，马查科斯的故事依然很激励人，这是一片预期的环境恶化没有发生的土地，这是荒漠中一片农业繁荣土地。至于这些回报和成长是否是可持续的，还有待于未来若干年的检验。

古巴农业革命：回归有机农业

推倒柏林墙以及后来的苏维埃社会主义共和国的解体，都发生在距离古巴有半个地球那么远的地方。但是那场革命的直接影响反映在古巴的土壤上：它迫使古巴的农业土地以世界上空前的规模在有机输入和耕作方法上，发生了根本转变。

1959－1989年古巴农业生态系统的管理

从1959年到1980年代，古巴作为社会主义贸易集团里的成员，其经济发展和生态系统管理受到重大的影响。在高度工业化的国家，药品和计算机是产品，而糖是古巴经济的主要商品。到1989年为止，国有的甘蔗园所占有的土地比粮食作物的三倍还多（Rosset 1996:64）。糖及其制成品构成了古巴出口总值的75%，几乎完全销往苏联、中欧、东欧和中国（Rosset和Benjamin 1993:12）。比其他拉美国家都高的农业机械化方式，加上广泛使用农药、化肥和大规模的灌溉，使古巴获得了很高的作物产量。

作为糖、烟草、柑橘、矿产和其他项目出口的回报，古巴约60%的粮食、原油和其他精加工产品都要进口，以贸易优惠为条件，所有这些都来自于社会主义阵营。用于制糖作物48%的肥料、82%的农药和大量的燃料也都是进口的，还有36%的用于家畜的动物饲料也靠进口（Rosset和Benjamin 1993:10，15）。

这种贸易体制—尽管依赖于高额进口—可以使古巴1100万人得到经济上的平等，高速的工业化和生活质量的改善。1980年代，古巴在营养、平均寿命、教育和人均GNP上超过了多数拉美国家。69%的人口是城市人口，没有实质性的失业（Rosset和Benjamin 1993:12）。95%的古巴人喝上了安全水，96%的成年人有文化（FAO 1999：20）。

农业转变的到来

1989—1991年，社会主义贸易集团的瓦解给古巴经济和它的传统农业生产模式带来了剧变。古巴失去了85%的贸易往来（Murphy 1999）。美国加紧了对古巴经济原有的钳制，这增加了国家的困难。

古巴对基本食品供应保证受到了严重的威胁。因为食品进口减少了一半，所以摄入的热量降低了22%，蛋白质降低了36%，食用脂肪也减少了65%（Bourgue 1999）。根据FAO的数据，1990年代，古巴承受了拉美增长最快的营养不良人群，从低于5%飞跃到差不多20%（FAO 1999:8）。农药、肥料和饲料的进口降低了80%，农用石油供应减少了一半（Rosset 1996:64）。

为了防止饥荒蔓延，古巴不得不另寻出路，依靠仅剩一半的农业投入来产出两倍于以前的粮食。结果，古巴现在正处于人类历史上最大的一次从高投入化学农业向有机、半有机农业转变的过程中（Rosset 1996：64）。古巴农民正在尝试在没有农用化学品的情况下生产他们的大部分食品。

在这可怕的经济困难时期，古巴原先对科学、教育、农业研究和开发的投入，被证明是一笔巨大的财富。1980年代，考虑到处于东方政治联合中的古巴甘蔗种植园的脆弱性，政府领导人已经投资了120亿美元，用于培训生物技术、医疗卫生、计算机科学和机器人研究方面的科学家（Rosset 1996:65）。尽管古巴人口仅占拉丁美洲的2%，它却是该地区11%科学家的故乡（Rosset和Benjamin 1993:4）。

受1970年代国际环境运动的影响，农业科学家们早就开始批评古巴对国外进口的依赖和传统耕作技术给海岛农业生态系统造成的损失。当他们注意到害虫

1990年以前古巴对进口食品的依赖

进口食品占古巴人热量摄入量的57%。

食品	进口食品所占比例
豆类	99
油和猪油	94
谷物	79
大米	50
牛奶和乳制品	38
动物饲料	36
肉类	21
水果和蔬菜	1～2
块根和块茎作物	0
糖	0

来源：Rosset和Benjamin1993:10

的抗药性和土壤侵蚀的加剧时，许多人在1980年代就把研究方向转向改变作物生产方式，特别是对害虫的生物学控制（Rosset和Benjamin 1993:21）。

更重要的是，卡斯特罗在这个“特殊时期”对“替代模式”倾注了全力支持。政府强调运用古巴自己的科学专业知识而不是进口技术的重要性。“古巴的科学家总有一天会创造出比甘蔗更大的价值”，1991年卡斯特罗说道：“我们的问题必须在没有原料、肥料和燃料的情况下解决”（Rosset和Benjamin 1993:24）。

说要比做容易很多。古巴的科学家早在1980年代就开发出一些可供选择的农业技术，但是它们大多数都没有经过检验。再加上从化学农业转变为有机农业要花费一定的时间——差不多要用3～5年来获得土壤肥力和重建对病虫害的自然控制（Rosset和Benjamin 1993:25）。然而，古巴经不起三五年的耽搁。

第一个挑战就是土壤肥力问题。1989年以后，化肥的保证下降了80%。为了填补这一空缺，古巴的农民使用多种“生物肥料”来改善土壤肥力，包括堆制而成的动物性废物、绿肥、泥炭、尾矿、蚯蚓腐殖质

1989年和1992年古巴获得的筛选过的进口物品

项目	1989	1992	降低的百分数
动物饲料	1 600 000Mt	475 000Mt	70
化肥	1 300 000Mt	300 000Mt	77
石油	13 000 000Mt	6 100 000Mt	53
农药	US$80 000 000	>US$30 000 000	63

来源：Rosset和Benjamin 1993:17

和固氮细菌。尽管根瘤菌早就为人们所知可以帮助豆科作物从大气中获取氮，但是古巴科学家还是使用一种固氮菌，一种非寄生的固氮细菌，为许多非豆科作物供给氮。固氮菌有利于缩短作物生长周期、减少花期落花现象，帮助古巴人在玉米、木薯、大米和其他蔬菜地上增加了30%～40%的产量（Rosset和Benjamin 1993:43）。类似地，用蚯蚓腐殖质代替化学肥料也使不同作物的产量增加了约12%～46%（Monzote n.d.:9）。

在商业性耕作中通常很少见的间作，也在各类作物生产中重新流行起来，提高了土壤肥力。古巴土壤管理的另一个关键因素是重新造林；许多森林在1959年革命之后都被夷为平地，用于种植甘蔗和为制糖业提供燃料。1989—1990年之间，在超过20万hm^2面积土地上重新造林（Rosset和Benjamin 1993:50）。

国家大规模地对废物进行循环利用，包括家用垃圾和堆制过的家畜以及人类粪便。废水用于灌溉甘蔗地。制糖副产品压滤块中富含磷、钾和钙，可以用作肥料。甘蔗渣用于喂养家畜和燃烧发电，用于许多制糖厂的机器。

古巴使用生物方法控制害虫的历史可以追溯到1928年，当时古巴的农民就释放大量饲养的寄生蝇（*Lixophaga diatraeae*）到甘蔗地里，控制甘蔗钻心虫。然而，自从食物危机之后，对生物控制的使用得到了强化。种植者释放食肉蚁（*Pheidole megacephala*），去抑制番薯象鼻虫（*Cylas formicarious*），这一做法已经被证明了99%的有效率（Rosset 1996:66）。

古巴研究者还着重进行对能使病虫感染，但是对人类无害的食菌细菌、菌类和病毒使用的研究。*Bacillus thuringiensis*，古巴第一个商业性生物杀虫剂产品，是一种土壤细菌，广泛用于控制牧草、卷心菜、烟草、玉米、树薯南瓜和西红柿上的鳞翅类昆虫，以及蚊虫幼虫这些传播人类疾病的害虫。*Beaberia bassiana*也被成功地用于控制番薯和车前草象鼻虫（Rosset 1996:67）。相反，1989年以前在古巴使用最普遍的是一种叫甲苯博拉稀昂的农药，是世界上最剧烈的有毒农药之一（Gellerman 1996）。到1991年底，估计有56%的古巴农田使用上述生物控制技术，这也就意味着每年节省了1560万美元（Rosset和Benjamin 1993:27）。

总体说来，古巴和其他地方一样，使用非化学的杂草控制，较之于害虫控制来说不太成功。然而，研

究者们还在继续开发更有前途的方法—基于数学模型的作物轮作、控制杂草密度的方法，以及在有除草剂以前农民们使用的传统方法。

也许，在农业景观中最让人吃惊的变化要数耕牛的重新使用了，当时俄罗斯产的拖拉机因为缺少零件或燃料，被闲置在一边。尽管劳动强度增加了，但是牛耕实际上还是给古巴农民带来了收益。使用牛要廉价一些，不会使土壤结块，在湿季可以比拖拉机使用更长的时间，它们的粪便还提供了最迫切需要的有机肥料。新的牛拉犁、播种器和松土除草机开发出来了，政府鼓励饲养耕牛以扩大其数量。

促进小型农场和城市果蔬园

仅仅是耕作方式的转变还不足以使古巴走出农业的不景气。庞大的苏联模式的国营农场掌握了80%的国家农业用地。这些农场一度大面积单一种植甘蔗、菠萝、柑橘和其他作物，依靠化学肥料和农药进行生产，不能使用自然的害虫控制和利用小的、更加动态的有机系统来提供土壤肥料。结果，国营农场对害虫和疾病显得极度脆弱（Rosset 1996:65，69）。

相反地，农民们则很快采用了新的技术，他们的产量突飞猛进。许多人是小农的后代，对于低投入的农耕方式有着很长的家庭和社区历史，他们记得他们的父辈和祖辈使用的诸如间作和施肥技术。即使是在举国强调有机农业的1990年代前，小农场主们就已经证明了它们的有效性：他们只拥有20%的土地，却提供了40%的国内粮食供应（Rosset 1996:65，68～69）。

1993年，古巴政府解散了已不具备生产力的国有农场，合并到工人所有的生产合作社，每个合作社使用约80 hm^2土地。尽管政府依然拥有土地并规定主要作物的生产定额，但是合作社的成员在定额以外，可

1980年代，古巴使用高度机械化的农业方法。经济危机之后，大小农场都用耕牛代替了拖拉机。在最近的10年时间里，牛的数量增加了3倍。还有不断增长的小作坊生产网络，生产牛耕作所需的工具。

以拥有他们生产的所有东西，并可以在新的农民市场里售出。市场销售繁荣，到1995年中期时，粮食短缺现象消失了（Rosset 1996:69～70）。

古巴政府在私有和国有土地上对城市农业的鼓励是另一个有利于避免饥饿的因素，园艺人员可以无偿使用这些土地。今天，仅在哈瓦那就有超过26 000个自给自足的菜园（Moskow 1999:127），1998年，这些菜园为当地消费提供了约541 000t新鲜水果和蔬菜。有些居住区可以自给30%的食物。解除对价格管制是又一个刺激，使得城市农民可以挣到2～3倍于其他城市职业那么多的钱（Murphy 1999）。

集约的垄畦农业是古巴城市农业的模式。这些农场被称作为有机农业，面积大约为$1hm^2$，平均每平方米可以生产20kg蔬菜（Bourque 1999）。农民们依靠当地的有机肥料，只在必要的时候才使用病虫害生物防治方法。

有机革命会被推翻吗？

古巴人饮食中的10～13种基本食物，在1996—1997年的生长季里创造了最高的产量记录（Rosset 1998）。但是FAO的数据显示，1996—1998年古巴农作物产量的总和比1989—1991年还是降低了40%（世界银行 2000:122），部分的原因可能是甘蔗的产量还没有恢复。而且，虫害和疾病连续暴发。许多生物杀虫剂的使用需要严格的时间安排，而合作社提供的材料的数量和质量差别很大。一度用于培植细菌孢子的一种塑料广口瓶因数量不足而限制了生产（Rosset 1996:72）。

这些绊脚石使得局外的观察者预测，古巴的有机革命在经济改善和贸易障碍消除之后就会结束。这是古巴农业科学家和农场经营者之间争论的主题，后者中有许多人仍然热衷于西方普遍的高投入的化学农业（Mueller 1999）。

不管结果会是怎样，古巴正在进行的农业转变已经给我们留下了深刻的印象。尽管哈瓦那现在的食品供应正不断被满足，城市农业也比历史上任何时候都发达（Murphy 1999）。在最近的一项调查中，93%受访的园艺人员声称，即使在“特殊时期”结束之后，他们仍要致力于在城市地区食品生产，而这曾经一度出现空白（Moskow 1999:133）。古巴的科学家们已经向外输出他们的专业知识，与墨西哥、玻利维亚、巴西、老挝及其他国家的人们一起开发并出口病虫害生物防治，用于咖啡象鼻虫和其他害虫的防治（Bourque 1999）。而且，古巴在没有像传统农业那样高的投入的情况下，已经成功地养育了她的人民，这为其他国家提供了一个可以仿效的模式。

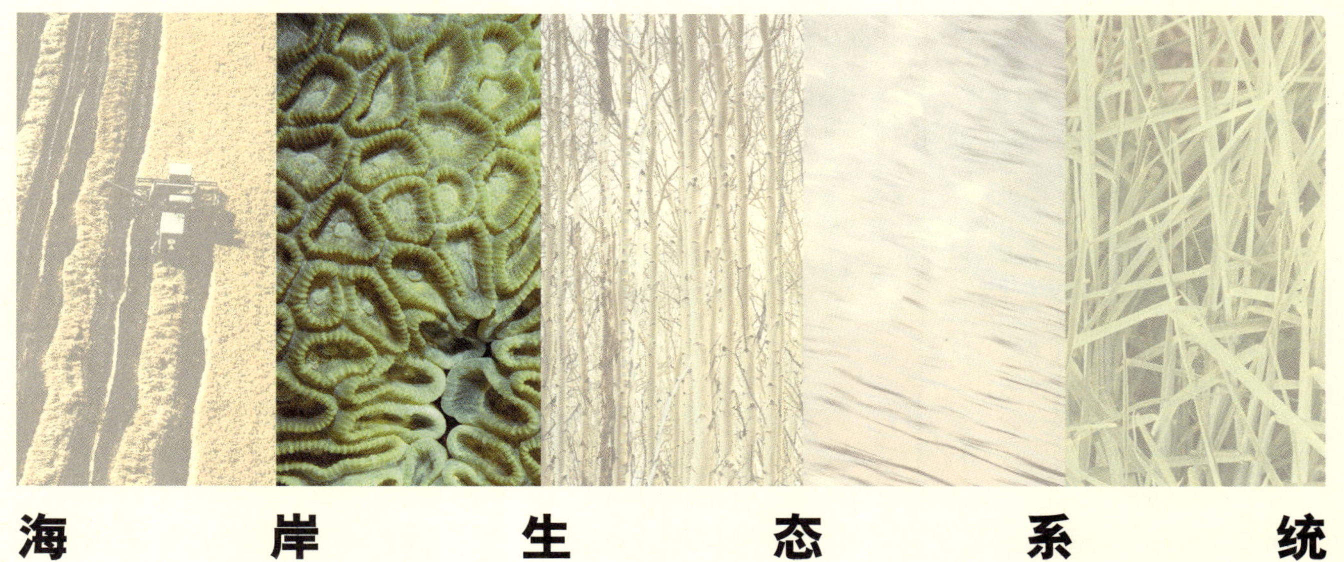

海　　岸　　生　　态　　系　　统

再造大沼泽：南佛罗里达州大规模湿地恢复

从足够的高度俯视南佛罗里达州，问题就显而易见了。奥基乔比湖，这个巨大的流域的液体心脏，覆盖了佛罗里达近1/3的面积，呈半岛状位于防洪堤之后。大范围的景观变化已经明显地改变了流经该区域的河流。奥基乔比湖以下，原始沼泽地的形状仅在湖泊和佛罗里达海湾红树林浅滩之间，向南蜿蜒的160km内才依稀可辨。

水主宰了南佛罗里达州的生态系统，这种情况在北美并不多见。这里一度是一片完整的锯齿草沼泽，散布着生长小树的小岛，水源来自奥基乔比湖向南流出的一片浅水区。现在这片沼泽被堤防分割成一系列相互隔离的区域，还被星罗棋布的大小沟渠排干了水分。农田——大部分是甘蔗——已经取代了整个北部1/3的沼泽地；只有南部的末端还保持着相对的自然状态，例如沼泽地国家公园和大柏树国家保护区。

这些变化的好处—以及受益者和这些变化本身一样清楚。大沼泽的东部，防洪堤后面的安全地带，位于大迈阿密地区，连绵的房舍和超高层建筑，为600万人提供了住所，并成为一个迅速发展的旅游、贸易、国际投资和退休生活的中心。防洪堤和沟渠保护着有人居住的东部走廊免受洪水侵袭，并且将大部分残存的沼泽地有效地转变为水库用于储水。农业，代表本

（下转第166页）

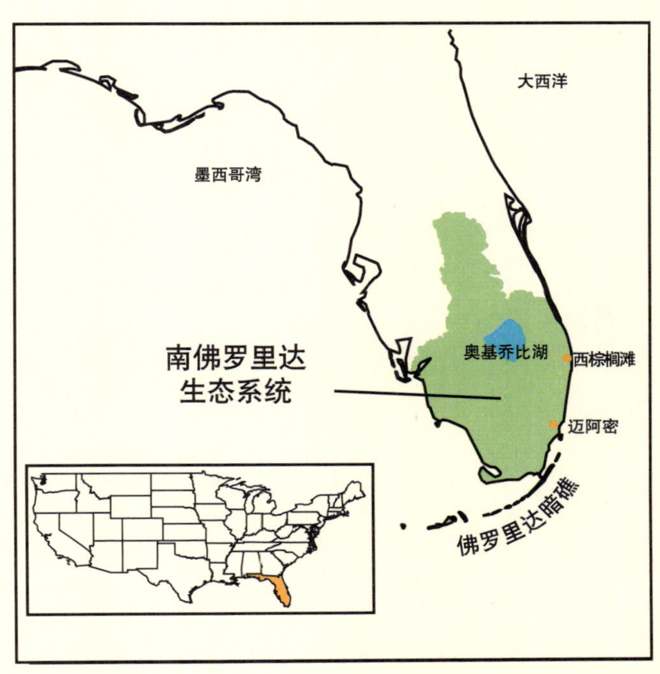

专栏3.4 纵览：佛罗里达大沼泽

在世界上为恢复生态系统最具雄心的努力中，美国的政府机构、商业行业和环保主义者联合78亿美元的力量，将佛罗里达大沼泽中的100条排水渠和防洪堤恢复原貌。这片巨大的内陆沼泽地为各种各样的植物和野生动物提供了生活空间，也是迈阿密600万居民和南佛罗里达州粮田的水源地。

生态系统问题	
淡水 	基西米－奥基乔比湖－沼泽地23 000km²的水域曾经是由河流、湖泊和湿地组成的单一水文系统。洪水调控和水供给设施已经强烈地对曾经自由的水体进行了重新配置，减少了水量，破坏了自然界的洪涝平衡。接近一半的湿地已经消失；而盐水入侵和集约农业带来的污染则是额外的问题。
海岸 	大沼泽中自然水流的变化已经极大地减少了到达佛罗里达湾海岸的淡水量，破坏了河口的盐度水平，导致海草相继死去和海湾水质浑浊。传统的鸟群已经弃附近的红树林和盐沼而去。
农业 	农田已经取代了近1/3的大沼泽，成为南佛罗里达州各地甘蔗、亚热带水果和冬季蔬菜的重要生产者。然而当前农田的产量受到了威胁：南佛罗里达州的农业面积正让位于城市扩张和土壤塌陷。

管理的挑战	
经济学 	尽管恢复工程的账单令人瞠目，用于大沼泽退化的代价仍将会持续大幅度增加，尤其是对居民和商业而言。例如，佛罗里达海湾健康状况的进一步恶化将会使得旅游业收入和渔业捕捞贸易每年蒙受2.5亿美元的损失。该地区20亿美元的农业产值越来越多地依赖于水调控设施网络带来的洪水调控和可靠的水供应。
涉益方 	对恢复工作的维持，要在一系列涉益方之间进行协商和谋求承诺——联邦政府、州政府和县政府；农业综合企业；环境、体育和娱乐团体；以及土著居民等。因为恢复将会与区域的土地和资源利用方式、南佛罗里达州的经济发展密切相关，地区所有的600万居民也会受到密切的影响。
信息和监测 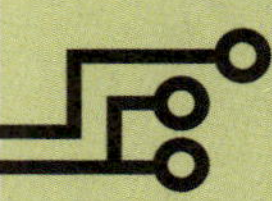	人们从未着手从事过如此重要的恢复工程；还无法完全弄清它对该系统的社会和生物方面的影响。众多的未知因素使得正在进行的生态系统健康和产量的监测显得尤为重要：确保78亿美元投资的最高效率，提供涉益方的回报，指导恢复计划的变动并且了解别处相似的努力。

大事记

大约公元0年 本土印第安部落——Tequesta 和Calusa，移居南佛罗里达州。

1513年 西班牙探险家Ponce de Leon宣布佛罗里达属于西班牙。

1820年代 来自美国的移民移居佛罗里达南部。

1821年 美国从西班牙那里购得佛罗里达的土地。

1835—1842年和1855—1858年 森密诺尔人之战：森密诺尔人逃入大沼泽内部躲避美国政府军。

1845年 佛罗里达的土地被美国政府准予州的地位。

1848年 美国政府首次建议将沼泽地抽干用于农业。

1855年 为了获取鳄鱼皮，从1870年至1965年至少有1000万只鳄鱼被猎杀。

1881年 Hamilton Disston资助了排干大沼泽和改造成农田的第一次大规模试验。

1907年 大沼泽排水区建立，为主要的沟渠提供资金。

1917年 从奥基乔比湖通向大西洋的四条主要沟渠完工。

1926年和1928年 飓风夺去了2 500人的生命，造成了7500万美元的损失。

1928年 Tamiami Trail（第一条穿过大沼泽的公路）竣工。

1947年 有记载的洪水淹没了佛罗里达东南部90%的地方长达6个月。大沼泽国家公园成立。

1948年 佛罗里达中南部项目被批准。

1954—1959年 通过在北部沼泽地的防洪堤和排水，大沼泽农业区域诞生。

1963—1965年 佛罗里达中南部项目水资源管理者为了满足新的水源保护地的需要，终止了水源流入大沼泽国家公园。

1970年 发生严重干旱。

1975年 佛罗里达中南部项目主体建设完工。

1980—1981年 发生严重干旱。

1983年 Robert Graham州长发起“拯救我们的大沼泽”计划。

1986年 奥基乔比湖上一场严重的水华促使州政府采取行动，减少含磷污染物向湖水中的排放。

1988年 佛罗里达湾的海草相继死亡、大规模的藻华开始。联邦政府向南佛罗里达水管理区（SFWMD）提出诉讼，要求减少受到农业污染的径流排入湿地。

1991年 佛罗里达通过环境保护法案，责令控制湿地的营养元素污染。

1992年 美国工程兵团（USACE）开始恢复佛罗里达中南部计划，以决定如何降低生态系统的损害。

1993年 联邦政府建立南佛罗里达生态系统恢复特别组（SFERTF）。

1994年 佛罗里达颁布永久湿地法案，以建立一个合理的计划去恢复湿地的重要部分。南佛罗里达可持续发展外长委员会（GCSSF）成立。

1997年 原先被取直了的基西米河上开始恢复。开始建设6片起过滤作用的湿地的第一片，以去除从大湿地农业区农田径流中的磷。

1998年 美国工程兵团发表耗资78亿美元的计划，重新实施佛罗里达中南部工程，以恢复更加自然的水循环。

区域另一种主要的土地利用方式，甚至更多地依赖于水利工程建设网络带来的洪水调控和可靠的水供应。

但是从改变自然界的水循环而获取的利益，给生态系统带来了不受欢迎的变化。大沼泽和整个南佛罗里达州生态系统唯一依靠的就是该地区独特的水流方式。当人们开始破坏这种方式时，生态系统的健康开始恶化——起初是缓慢的，在后来的20年中越来越迅速。涉禽种群急剧下降，佛罗里达湾的海草床枯萎，体育和商业性捕鱼受到损失，外来植物和鱼类入侵，还有种种不良影响。充足水供应的保证也已经随着城市人口的增长和大沼泽蓄水能力的衰退而逐渐消失了。

南佛罗里达州生态系统能恢复健康吗？当地颇有影响的经纪人和公众如是想，并且在过去的10多年中已经为这一努力承担了超过20亿美元的投入。最近他们已经接受了由美国工程兵团提议的耗资78亿美元的新的大沼泽恢复计划—全球最具雄心和最大规模的生态系统恢复工作。以尽可能地模仿区域原始的水模式为目标，工程人员准备好冲开某些大堤、再次充满一些沟渠，在区域范围内对水资源进行重新配置。这里没有成功的保证，甚至当某些恢复迹象产生时，科学家们也无法在考虑到迈阿密地区高速发展的情况下，确认整个生态系统的健康状况在长期尺度上能有多少改善。但是，恢复的努力已经明显激起了当地的热情，并从州政府和联邦政府那里得到了高水平的支持。如何使得政府机构、商业行业、环保主义者和运动团体这一群有争议的人，在如此昂贵和艰难的计划面前达成共识，是一个有关处于危险境地的生态系统如何令人信服和如何令人感到威胁的故事。

排干沼泽地，阻止洪水

水一直是大沼泽地区居民定居的障碍。19世纪以前，一些本地的印第安村落零星分布于海岸，但是佛罗里达地区沼泽地内部保留着大范围的无人区，直到18世纪30年代米诺尔人和Miccosukee印第安人为躲避美国政府军而逃入大沼泽。

最早的白人定居者把大沼泽和季节性的洪泛区视作废弃地，认为其不适合商业、粮食生产、交通和个人安全，仅适于被排干和“改良”。首先，农业是这些计划的焦点。由于人口极少和缺乏大城市或工业基地，佛罗里达的未来就寄希望于它肥沃的腐殖土。

佛罗里达农业的开端

1881年，费城百万富翁Hamilton Disston出资在南佛罗里达州基西米盆地较高处20000 hm^2土地上进行第一次将沼泽地排干并辟为农田的真正尝试。这片被开垦土地上大米和甘蔗作物的种植成功证明了这些土地的生产潜力。他的运河——也是本地区第一条运河，开通了奥基乔比湖到海湾海岸的水路。到1920年代后期，农业在奥基乔比湖周围和盆地的其它地方很好地建立起来，一个初步的排水系统——从奥基乔比湖通向大西洋的五条主要运河开凿完工（Light和Dineen1994:53～55；Light等1995:120～122）。

这些较早的运河和防洪堤没有足够的能力保护该地区免受周期性飓风带来的灾难性洪水侵扰。1926年和1928年的飓风夺走了2500多人的生命，当洪水冲毁了保护奥基乔比湖南部农田的低矮防洪堤时，造成了估计7500万美元的损失。这些灾害使确保湖周边安全的努力得以加强。防洪堤建成了，自西向东的两条排洪减河产生了，帮助洪水直接排到海湾和大西洋海岸，而不允许其沿自然水道向南流动（Light和Dineen 1994:55）。

不幸的是，1947年和1948年当大飓风再次袭击大沼泽时，佛罗里达东南部90%的地区被淹没了6个月，很明显洪水防范充其量也只是不完善的。州代表和当地代表，在农业和城市选民的强力支持下，推动联邦政府逐步出资针对当地洪水问题寻找一种长期的解决方法（Light和Dineen 1994:58；USACE 1998: Ⅰ～22）。

佛罗里达中南部项目

联邦政府的官员审批了一个大的公共工程计划——佛罗里达中南部项目。该项目始于1950年，耗时20多年完成。佛罗里达中南部项目是由排水渠、防洪堤、抽水机、节制闸和水库区组成的一个相互连结组合的大系统。防洪堤将城市东部走廊同大沼泽分离，以抵御奥基乔比湖的洪水。附带产生的结果是，排水渠和水泵将防洪堤东面地区的水位降至1.5m，允许城郊发展繁荣（Light和Dineen 1994:58～76）。

佛罗里达中南部项目的意图不仅是要解决洪水的威胁，而且要确保农业和城市使用者的充足的水供应。事实上，水短缺时常成为同水过剩一样严重的问题。

干旱年份并不少见，由此会引发盐水入侵当地良田和引发干燥的泥炭土上的野火（USACE 1998: I ～7）。

为了保证足够的水供应，佛罗里达中南部项目的工程师们利用环形的堤防将大沼泽中心分为三块广袤的地域。这些地域是水源保护区，作为储存基西米盆地和奥基乔比湖水的巨大水库，适合作为东部城市化的海岸带提供水源的蓄水层的首选备用地区。

佛罗里达中南部项目的第三个主要部分是在奥基乔比湖南部富饶土地上建设特别的农业带。就像大沼泽农业区的名字一样，大约20%的原始沼泽地被改造成集约农业区。该地区30万hm^2的土地种上了甘蔗，使得制糖业成为当地经济的主导（Light和Dineen 1994:60～66）。

为大沼泽国家公园供给足够的水分以维持其健康也列入了本项目的目标中。事实上，这项目标的优先程度不及保护人类社区免受洪水侵扰和提供水源重要，所以当大型水利工程开始运行时其健康状况就迅速成为痛处。从一开始，大沼泽国家公园的支持者和天然资源的保护管理论者就对佛罗里达中南部项目将会改变自然水流具有高度敏感性，但是人们对洪水控制的热情将他们的反对一扫而空（Light等 1995:126～131）。

权衡：转变中的生态系统

总体说来，佛罗里达中南部项目给该地区带来了巨大的社会和经济利益。由于该项目开始于1950年，迈阿密－棕榈海滩走廊的城市扩张带来了新的街区和生计，以及额外的450万人口（USACE 1998:V～12）。在这个过程中，服务业和国际贸易部分受到刺激而强有力地扩张，这两者如今占南佛罗里达州经济的一半以上（GCSSF1995:区域概况第2页）。

大部分依靠排水抽干湿地和洪水控制工程产生的农业区每年为地方财政贡献至少20亿美元——数目虽小但却是当地文化和经济中具有政治意义的部分（SFERTF 1998a:9）。南佛罗里达州诸县主导了整个国家甘蔗、柑橘和豆类生产，还生产大量在美国其他地方无法生长的重要的冬季蔬菜和热带水果。甚至对当地140亿美元（1995年）的旅游经济至关重要的住宿和度假产业，也是依靠佛罗里达中南部项目来保证其水供应的（SFERTF 1998a:9～10）。

但是南佛罗里达州水循环和土地利用方式的改变

在很多重要的方面削弱了生态系统的自然功能，使得传统上提供的服务退化并逐渐威胁到破坏地区经济。

水容量消失

生态系统最基本的物理变化就是不再具备储存和释放足够的水量以满足地区野生动物和人类社区全部需要的功能，尤其是在干旱年份。沼泽地大片土地和其它的沼泽转变为农田和郊区，降低了水域类似于海绵体的容量——在湿季储存水分而在干季释放水分。据估计，南佛罗里达州近一半原始湿地的补给已经消失，同时也伴随着存储能力的消失（SFERTF 1998a:3）。

土地容量消失

大部分水域排干和降低水位在许多地方引起了广泛的土地下陷和严重的土地退化，威胁到地区农业的未来。在沼泽地农业区的一些地方，因干燥和泥炭土的氧化引起的表层土消失已经超过2m——约为原始深度的一半（Davis 1998）。表层土的消失已经使某些地方接近退化的危险，并使某些观察家确信，地区农业的未来在几十年中将受到限制（Snyder和Davidson

（下转第170页）

专栏3.5　南佛罗里达生态系统

南佛罗里达州生态系统占据了一个巨大而独立的水源地——基西米－奥基乔比湖－沼泽地水源地——大致覆盖了该州南部及其沿岸水体的1/3，面积约为23 000km^2（McPherson和Halley 1996：16）。在这片广袤的区域里有一些独特的环境，包括内部的淡水沼泽、湿草原、柏树沼泽和松树林；海岸边缘的海岸草原、海滩和红树林；在佛罗里达、Biscayne 海湾和佛罗里达海峡温水中的珊瑚礁和海草底床。

流经该地区和注入海岸的水流是将这些群落编织成一个大系统的动态线，这个系统是由湿地、丘陵、海岸和海洋组成的相互联系的织锦（USACE 1998：Ⅱ～2）。

生态系统的中心是沼泽地，从奥基乔比湖到佛罗里达海湾原先伸展的11 650km^{2}长而宽的地带（McPherson和Halley1996：16）。如今沼泽地范围缩小了一半，南部的沼泽地国家公园仅保留了1/5的天然沼泽(USACE1998：5～4)。

南佛罗里达州生态系统动力过去和现在都受到干湿季节性循环的驱动。该地区每年100～165cm的降水发生在5—10月份，在自然力量的控制下，大部分土地在湿季被洪水淹没，而一般在晚秋和冬季会遭遇干旱(McPherson和Halley 1996：8)。流经该系统的自然水流通常是自北向南流，但由于地势平坦而流速十分缓慢。发源于北部海拔略高的基西米盆地的水向南流经与基西米河接壤的湿地，然后注入奥基乔比湖，该湖就像一个巨大的水库。在湿季丰水的情况下，湖水从其南部湖岸溢出，能为大片沼泽地输入几英寸深的水量。这一片泛滥的河水使得沼泽地中部成为一条植被覆盖的浅水河流——“草之河”。因为坡度如此平缓，从奥基乔比湖到佛罗里达海湾仅有6m的落差，所以经过沼泽地的水流平均要耗上12个月的时间才能到达海岸（Johns 1999；USACE 1998：Ⅱ～3）。

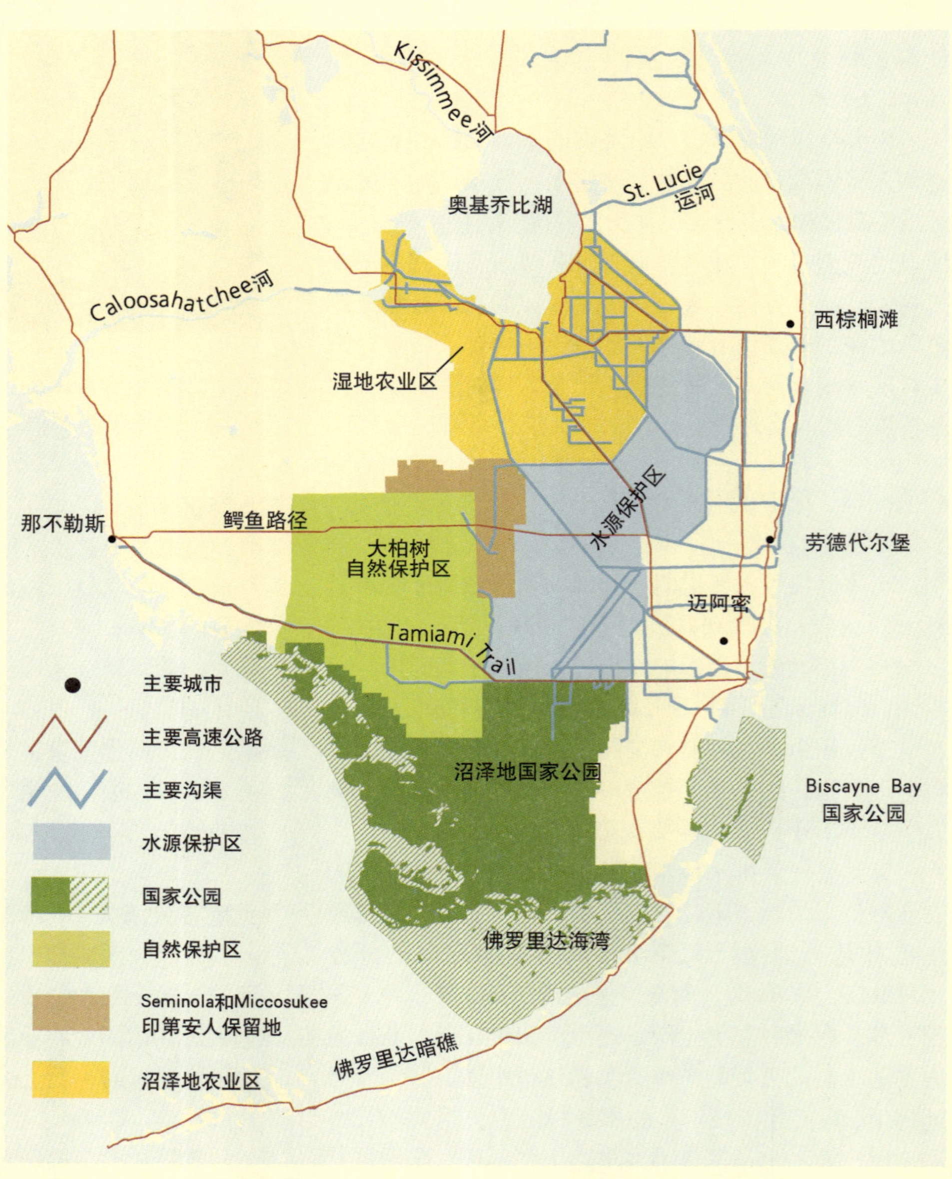

来源：Burbach 1990；Davis 和 Ogdsn 1994；ESRI 1996；佛罗里达发展与环境保护 1996a，1996b

1994年南佛罗里达生态系统的卫星影像
城市地区
甘蔗种植区
锯齿草沼泽和树岛
柏树沼泽地
松树林
红树林
历史上沼泽地范围

1994:107～108；Davis 1998 ）。

水质变劣

农业地域和城市地区的过度开发产生的污染物污染了整个区域的水循环，降低了水质。磷污染是最为严重的问题。奥基乔比湖和部分沼泽地的磷含量现在已经超过了生态系统的自然承受力，使生物群落失去了平衡。例如，奥基乔比湖的磷含量因乳牛场和牧牛农场产生的粪便而在过去20年中翻了一番，导致了1980年代反复性的水华和至少一次重大的鱼灾(USACE 1998:Ⅲ～21)。

水源保护区和沼泽地国家公园的磷污染同奥基乔比湖的状况一样令人不安，尽管污染来源有些细微差别。沼泽地农业区泥炭土暴露在空气中，在自然耕作过程中，随土壤氧化而释放出磷。从沼泽地农业区抽取的富集磷的灌溉水使得香蒲——在高磷含量状态下繁盛——开始在水源保护区的部分地区取代传统的以锯齿草为优势种的植被。科学家们担心过量的磷可能接下来会改变沼泽地国家公园动植物生命的平衡(Armentano 1998;SFWMD 1998b:3～6)。

生物多样性的丧失

食物源和巢穴或产卵地退化或消失引起了多种野生动物和鱼类种群引人注目的减少。水循环的破坏也改变了许多沼泽地物种所依赖的季节性干湿模式这一生命循环。南佛罗里达州生态系统中有68个物种被美国鱼类和野生动物管理处列为濒危物种（SFERTF 1998a:3)。

涉禽的种群，包括苍鹭、白鹭、鹳和篦鹭，受到尤其严酷的冲击。科学家们估计1870年有200万只涉禽聚集在南佛罗里达州的沼泽和河口。到了1970年代这个数量下降到了历史水平的10%。当前减少的趋势还在继续（De Golia 1997:45)。

从保护和经济的观点看，生物多样性的丧失都因地区受到干扰。世界范围内的保护主义者意识到南佛罗里达州尤其是沼泽地国家公园的生物丰富程度。沼泽地国家公园是世界上仅有的一个被指定为世界遗产、国际生物圈保护区和拉姆萨尔国际重要湿地三处于一身。该公园也是一个重要的旅游目的地，每年吸引100万的游客。地方官员警告如果公园内当前的破坏方式继续下去，经济冲击可能是实质性的。政府一项研究计算出，如果公园南端的佛罗里达海湾近期健康衰退的状况继续下去的话，在旅游收入方面的损失和小虾、龙虾、甲鱼、鲶鱼的商业捕捞减少等方面造成的经济损失每年可能超过2.5亿美元（GCSSF1995:绪论第二页)。

（下转第173页）

专栏3.6 大沼泽地减少的指示物

树岛的消失

树岛的健康状况是湿地总体的水文状况最好的指示物之一。这些生物多样性的避难场所支持的物种远多于中部沼泽地的其他生境，既是沼泽地排干后首先受到伤害的地方，又是最不耐受洪涝影响的地方。

年份	树岛的数量	总面积(hm²)	1945—1995年消失的面积(%)
1940	1041	8907	—
1995	577	3433	62

来源：SFWMD 2000a：2～32～2～34

大沼泽地涉禽巢居种群的消失

从首次开始追踪它们的数量及其努力恢复，大白鹭是在沼泽地仅能遇见的涉禽，事实上它的数量超越了恢复目标。但是，其它鸟类的数量却在继续减少。

种类	1931—1946	1974—1981	1982—1989	1997—1999	恢复目标
大白鹭	5000~8000	6500	4200	5084	4000
雪鹭和三色苍鹭	20000~30000	16000	5000	1862	10000~20000
白鹮	175000~225000	29000	12500	5100	10000~20000
木鹳	5000~8000	2650	750	279	1500~2500
总计	205000~271000	54150	22450	12325	25500~36500

来源：Ogden 1994：542；Ogden 1999：16。

专栏 3.7 恢复意味着更多的水和洁净的水

当前，佛罗里达中南部项目为控制洪水，使大沼泽地多数天然水流改道。为了防洪直接排入大西洋的水量是通过沼泽地注入佛罗里达海湾水量的3～4倍。排向大西洋的水被人类和野生动物用尽。恢复计划就包括拦截部分消失的水流。

恢复计划还包括努力消除农业磷污染，即在排入沼泽地之前利用16 000 hm^2人工湿地过滤磷物质。通过沼泽地的过滤能确保将磷含量降至20ppb或更低。不幸的是，科学家们相信磷开始影响生态系统的阈值约为11ppb，这就意味着需要有附加的过滤步骤。

1980—1989年大沼泽地区降水量流向

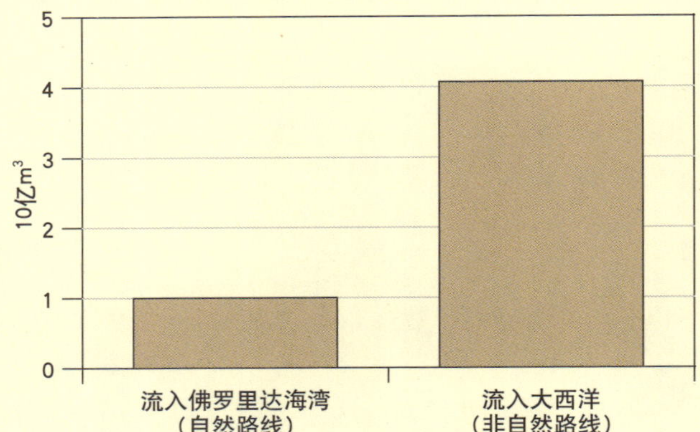

来源：Light和Dineen 1994:82

沼泽地营养物质迁移扩散

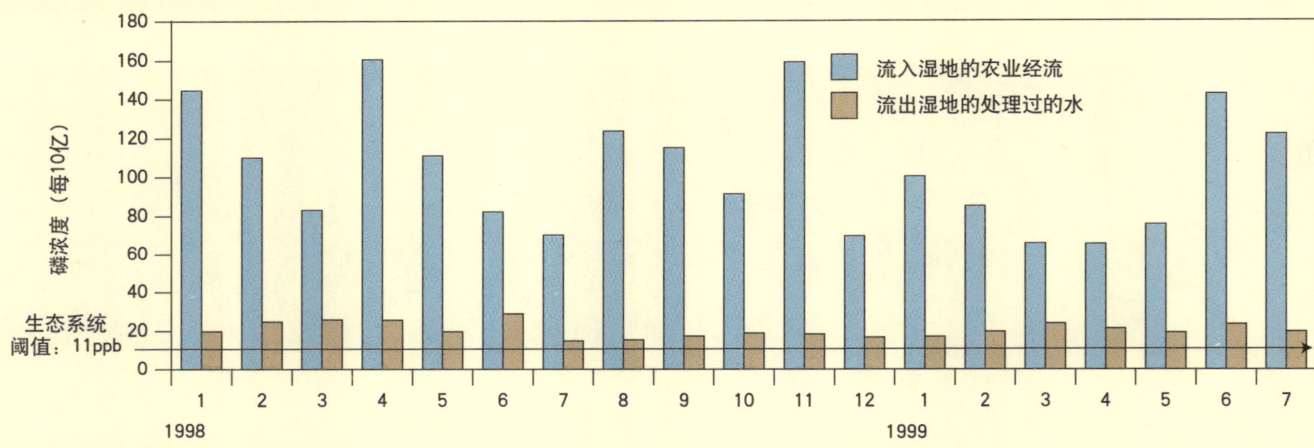

来源：SFWMD 2000b.

本地物种的消失

外来植物和动物物种侵入南佛罗里达州超过370万hm^2，大有取代众多本地物种的威胁，尤其是在沼泽地国家公园（SFEPTF 1998a:3）。自然水循环的改变助长了入侵者的扩散，如白千层属灌木（*Melaleuca*）、巴西胡椒、旧大陆攀缘蕨类，这些都可在干燥环境下茁壮生长（SFWMD 1998b:7）。沟渠系统提供了进入自然区域非自然的路径，同时也是外来种扩散的重要路径，如水葫芦和亚洲沼泽鳗）——一种相对新的传入种，它贪婪的食性可能会威胁到本地鱼类（Armentano 1998；SFWMD 1998a:24）。

态度的改变

生态系统关键特征的衰退要经过很长时间才被注意到，甚至在环境破坏显而易见的时候，也需要数年时间才能就如何解决问题取得一致。但是一些大事件和危机推动了这些进程向前发展。一直以来，水或者说是缺水使得民众确信人为改变自然系统是解决问题的最好办法。

从1963年到1965年，佛罗里达中南部项目的水管理者为了蓄满新建成的水保护区而阻止水向南流入沼泽地国家公园。那些年的干旱状况意味着国家公园的水荒。朱鹭和白鹭的繁殖群体连续三年未能形成自己传统的场所。电视摄像机将公园的困境展示在全国观众面前，使大家理解到在迅速城市化的地区水争端将会与水需求一样普通。随后美国国会要求水管理者给公园分配足够的水量，但是有关“足够”的标准以及最后能否指导恢复计划设计的争论可能还将持续很多年（Light等 1995:127，129）。

1970年，干旱再次袭来。水短缺强烈地困扰着南佛罗里达州，政治家们采取行动通过了里程碑式的法律，即授权一个区域范围内的水管理的方法（Light等 1995:133）。Robert Graham州长在1983年发起了拯救我们的沼泽地计划——这是从区域尺度上着手解决生态系统问题的第一次尝试，也是公众第一次积极表明将生态系统的组成部分恢复得接近于其自然状态的目标（Light等1995:142）。

整个生态系统的状况持续地恶化着，而不是开始改善。1988年，一声嘹亮的生态号角预报了不稳定的健康状况。佛罗里达湾是位于佛罗里达半岛南端较浅的热带海湾，海草迅速枯萎和清澈水质的显著恶化开始发生并持续了几年。大面积持续性的水华给排水、商业、运动、鱼类捕捞带来了麻烦，使其蒙受损失（Armentano 1998；USACE 1998:Ⅲ～23）。

大概在同一时间，一位性急的美国律师Dexter Lehtinen提起诉讼反对区域的水管理者　　南佛罗里达水管理区SFWMD，原因是他们将受农业污染的水排入沼泽地。美国政府的诉案依据是水管理区自己的研究　　声称来自沼泽地农业区的过剩磷正在威胁沼泽地国家公园和临近的洛克萨哈奇国家野生动物保护区。该诉案的直接意图就是迫使水管理区要求农民在排放废水之前清除其影响。但是该诉案更大的效应是突出了当地农业社区传统服务方面的内在矛盾——提供灌溉水源和提取径流——并且有为沼泽地国家公园提供清洁水源的责任（Aumen 1998；Light等 1995:144～146）。

起先，水管理区反对该诉案；直到1991年新当选的Lawton Chiles州长领导的机构承认问题确实存在，并开始与联邦权利合作以避免因反对诉案所浪费的资源。重新界定水管理区任务的过程已经开始，包括对南佛罗里达生态系统的工作。水管理区最终成为促进生态系统恢复理念形成的关键因素（Aumen 1998）。

1993年，联邦政府组建了可持续南佛罗里达州长委员会，它已成为推行整个生态系统连贯的恢复计划的中心。这个特别工作组还利用在恢复方面合法的权益将所有当事人召集到一起—包括了10个联邦和州政府机构，一些当地的县政府，Miccosukee和Seminole印第安部落和SFWMD。农业综合企业、环境组织、运动娱乐组织也进入了公众参与和制定恢复计划事务的决策中（SFERTF 1998a:7）。

非常有意义的是，州政府在1994年成立了可持续南佛罗里达州长委员会，它直截了当地断言，南佛罗里达生态系统的问题与更大的区域中土地、资源的利用方式和经济扩张密切相关。该委员会警告说，如果不处理好这些模式，恢复行动在相当长的时间内将不会十分有效（SFERTF 1995:执行纲要 第1页）。

恢复水流，使生态系统获得新生

恢复南佛罗里达生态系统到底意味着什么？十年的科学研究、争论和协商后在需要修复的对象和开始工作的地点方面取得了广泛的共识。当前的计划已经包含了生境恢复、城市发展管理、重新安排农业实践和重新配置佛罗里达中南部项目的水调控设施等200个项目。这些项目主要的目标有三个（SFERTF 1998a:1，8～10）：

- 尽可能恢复地区的自然水文模式；简写为“使水恢复正常”。
- 增进野生动物生境的健康并扩大其范围使近乎衰竭的物种得以恢复。
- 通过限制郊区发展和鼓励一种这样的经济，来平衡人类需要和自然系统的生态限度，以此缓解生态系统的压力。

使水恢复正常

第一个目标　　恢复更接近自然的水文模式是生态系统恢复建设其它方面的基础。这就是美国工程兵团在1998年为完善佛罗里达中南部项目而提出78亿美元计划的焦点。这项模棱两可计划的基本战略就是在水域内增加储水量。这将允许水管理者停止将如此多的水在丰水期从奥基乔比湖直接排入海岸海湾，使得在最适宜的时候将更丰富的水量引入沼泽地成为可能。这也增加了城市供应和农业的可利用水(GCSSF 1998a:8；USACE 1998: Ⅰ～ix)。

区域水流的计算机模型预测人口和工业在未来30年将会持续增长，一般来说，如果系统不重新设置以储存更多水量的话，每隔一年在大部分城市地区就可能会发生水短缺（USACE 1998:ix)。这可能强烈冲击地区的经济平衡和生活质量，并使城市使用者与农民在用水方面竞争，而两者均会破坏环境。目前，直接流入海岸的水量3倍于经沼泽地国家公园注入佛罗里达湾这一自然水流类型的水量（Mcpherson和Halley 1996:39)。这些水从根本上讲是被环境和人为目的浪费的。

为了给系统创造更多的贮藏量，恢复计划提倡将下列几方面结合起来：① 新的地表水库，有些可利用现有的采石坑；② 沼泽地；③ 利用创新的技术在湿季将水泵入浅蓄水层临时储存以备干季取用。

这3方面将组成一个沿沼泽地东侧相互联系的系统，也成为一个抵御城郊蚕食的缓冲带（USACE 1998:v～vi)。在沼泽地农业区，弃耕的田地也用作地表水库。为了执行这项战略，1999年联邦和州政府的官员购买了259km^{2}的甘蔗地，停止其生产并最终将其转变为泄洪区（McClure 1999b)。在别处，先进的废水处理厂将允许水管理者将废水回灌海岸蓄水层。

恢复计划也要求农民将干净的水排入沼泽地。1988年联邦对水区诉讼的法律判决命令农民采用那些能减少排放水中磷含量的耕作方式。同时，沼泽地农业区的农民必须为建设约16 000hm^{2}的特别的滤磷沼泽地支付1/3的费用，农民排放的水在排入沼泽地之前将通过这个世界上最大的人工湿地。最终，农民将不得不去除更多的残留磷以达到预期在2003年生效的新水质标准的限制要求。研究者还未确定如何能在合理的费用下做到这一点（Aumen 1998)。

经水保护区注入沼泽地国家公园大片水域中障碍物的清除也是恢复区域更为传统的水文模式的实质部分。当前的计划要求清除水保护区内约800 km沟渠和防洪堤，并整修穿过沼泽地的一条主要公路的一部分：沿路将设置涵闸和管道以恢复自1928年该路完工以来就被切断的片状水流（USACE 1998:vi)。

野生动物的恢复

为了恢复更加自然的水文循环而重新配置佛罗里达中南部项目应该有助于第二个主要的恢复目标改善生境质量和恢复野生动物种群。原来该系统是巨大的并在水文上相互联系的。动物能够在一系列自然状态下的系统中有代表性地找到适宜的食物供给和繁衍地。该流域的排水和筑堤打破了系统的相关性，也破坏了许多动物在其生命周期内寻找合适生境的能力(USACE 1998:vii～viii)。

通过清除内部的防洪堤和允许更多水的输送、更适当的时间安排和引导，水管理者希望再造更多有利于野生动物的环境。他们期望开始恢复食物链中各营养水平的物种（从小鲤鱼、小龙虾到鳄鱼、苍鹭和水獭）原始种群的密度和分布。水管区生物学家有许多特别的希望：涉禽种群将反弹；这些鸟可能对全流域生境状态最为敏感（USACE 1998:vi～ix)。

但是生态系统中生命要素恢复的数量和速度仍然是一个大问题。科学家们已经拟定了一些生物学标准，用以判断系统是否真的正在恢复；但是对所期望的仍有一些争论和关注，尤其是它们已经被贴上了昂贵的标签。某些批评家感到恢复计划将不会为了充分地允许大规模恢复而再造原来的水文模式，对野生动物的好处也比所宣传的小得多（McClure1999a；Santaniello 1998；Santaniello 1999；Steven 1999）。甚至政府方面的生物学家也非常谨慎。他们努力工作草拟了一个综合的战略以确保该计划有益于尽可能多的濒危物种，但也不必指望所有处于困境的物种都能存活。

控制发展

为了减轻对环境的破坏而改变迈阿密城市地带的发展和经济活动可能是恢复目标的最大挑战。生物学家和水规划师知道如果能在这方面取得进展，恢复南佛罗里达生态系统的努力最终将被迈阿密城市走廊新一轮的开发潮淹没。每年有29000人迁居至此以享受其气候、自然美景和经济扩张（SFERTF 1998b:iii）。到2010年，官员们预测该地区人口将增至800万；至2050年，某些预言家认为这个数字将增加近2倍达到1500万（GCSSF 1995:区域纵览 第1页）。

对这些预料中人口流入的管理计划包括限制城市扩张增殖的各种步骤。一项名为“向东啊!”的区域项目正在鼓励当地政府划定城市发展边界和重新安排发达地区新一轮的开发，如在城市废弃地上建设，重新开发废弃地和清理褐色场地。恢复计划的支持者对当地政府施加压力，要求新郊区开发中改变建筑规范以增加高层楼宇的密度是第二个基本步骤。为了鼓励减少对汽车依赖性的发展，升级地区的交通运输系统也被认为是所有减少对未来发展影响的努力中的一个重要部分。

这些步骤没有一个是容易的；它们涉及到大部分当地政府的土地利用决策，政府的土地利用规划缺乏区域间的合作并受到当地集权的政治压力（GCSSF 1995:执行纲要 第1～7页）。

超越沼泽地

使南佛罗里达生态系统恢复活力的努力是否最终能够成功仍是个未知数。在某一水平上，沼泽地恢复的努力创造了令人印象深刻的开端和一系列引以自豪的成就和益处，并绘制了一幅充满希望的画卷：赢得了源自对当前系统状态基本理解的广泛的公众和政治支持，系统进一步衰退的脆弱性，认同这样的原则即生态系统健康的某些最低限度一定要能够支持当地经济和民众享受有质量的生活。这是未来独一无二的庞大步骤。事实上恢复涉禽的健康种群、重整佛罗里达湾的完全生产力或者恢复哪怕是安危未定的68种濒危物种中的一种其困难仍是难以预计的。

然而，不管成效如何沼泽地的努力已经提供了许多教训。首先，单一意图的管理表现出生态系统是如此的脆弱，尤其是当管理者对生态系统的基本运行方式一无所知的时候。如果没有改变区域水文可能影响南佛罗里达生态系统方面的知识，让USACE在实施佛罗里达中南部项目时预见他们制造的平衡也是不可能的。即使他们具备这些知识，如果考虑到他们控制洪水和改善水供应的基本目的，他们也有可能超越其授权采取行动。

沼泽地的经验也提供了一个彻底令人信服的经济争论，即关于首要任务是照顾好关键的生态系统不使其退化。整个恢复努力仅第一步就价值78亿美元，无疑表明大尺度生态系统恢复需要大量的投资　　常常是改变系统第一步花费的许多倍。这仍然可能无法与生态系统继续恶化或完全衰退时所失去的相比。单旅游业每年就为南佛罗里达经济贡献140亿美元，而生态系统健康直接关系到这项产业的所有成功。

也许最重要的教训就是生态系统恢复的念头极度引人注目。公众和政治家接受如此巨量和昂贵的恢复计划表明已恢复系统的清晰景象能成为促成一致意见和变化的内在动力。同时，沼泽地经验无疑表明将这种景象坚持到底需要忍耐和承诺。研究生态系统怎样和为何会衰竭及怎样再次恢复其正常将会花费时间；有关怎样有效利用不菲的美元达到最大程度的恢复这场不可避免争论的谈判也需花费时间。恢复沼泽地的努力已经花了约30年才达到当前的状态，因此无疑还将需要30年使沼泽地恢复健康。

归根到底，即便使生态系统恢复到某种水平还是不够的。保护已恢复的生态系统不会再次衰竭将是最终的检验，这也需要实现地区经济的伟大目标，使如此精心培育的重获新生的生命不会因其影响而窒息。

曼科特红树林管理

红树林被一些人誉为“海洋之根”。红树林生长在海洋、陆地和淡水交汇的潮间带和河口，是一种多瘤耐盐树种；错综复杂的根系使它们紧紧依附于疏松土壤、沙和泥，起到了防浪固堤的作用。这些独一无二的适应性树种拥有约60个物种，广泛分布于世界上大部分亚热带和热带海岸线。

一些海岸居民也称红树林是“社区之根”。红树林生长繁盛的森林、沼泽和湿地都是具有丰富生物多样性和巨大生产力的生态系统。海岸居民将红树林用于燃料、建筑原料、食物、药物和鞣酸。对渔民来说，红树林的根系为许多种类的海洋生命提供了繁衍之所。从树上落下的树叶、小树枝、繁殖体、果实等碎屑产物为鱼类和其他野生生物提供了丰富的食物来源。红树林也是数以百计的鸟类种群首选的栖息地和迁徙地。作为沿海岸的缓冲区，红树林在风暴时保护着海岸地区、庄稼和城镇免受洪水侵扰，庇护渔船，保护珊瑚礁不受固体悬浮物破坏。另外红树林还能控制沉积物和海岸侵蚀。

但是红树林自然恢复力和价值经不起人类数量增长的威胁，圣卢西亚东南海岸的社区和社会团体直到1980年代才逐渐理解这一点。这种理解激发了能使当地居民从曼科特（圣卢西亚最大的红树林）受益的改革计划，使生态系统的服务和长时期的生存能力不受伤害。

改变社区实践

曼科特Mankòtè是二战时期美国军事基地的一部分。当1960年基地关闭并成为公众土地后，占该地区20%的63hm^{2}红树林仍然长势很好（Geoghegan和Smith 1998:1）。作为一种开放使用的资源，它很快就遭受到了各种各样、通常是具有破坏性的使用，从季节性的捕渔、猎鸟和捕蟹到倾倒废物和喷洒灭蚊剂（Smith和Berkes 1993:123～124）。

然而，红树林面临最大的压力是当地公民为从事商业性的木炭生产而广泛地砍伐树林。至1980年代早期，木炭生产已经成为居民持续收入的主要来源和重要的家庭手工业。红树林木材用于木炭如此普遍是因为它比石油燃料便宜，容易运输和燃烧缓慢。曼科特

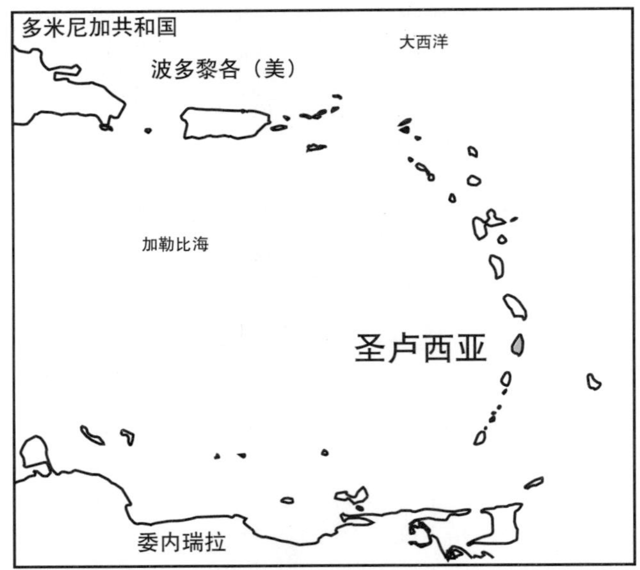

成为Vieux Fort（一个临近社区）和岛东南部的其它社区约15000居民主要的木炭供应源。尽管没有可利用的数据，但地方上年长的居民都能观察到那些年越来越小的红树林正被砍伐掉，而大树正变得越来越稀少（Smith 2000）。

差不多在同一时间，一个区域性的非政府组织——加勒比海自然资源研究所（CANARI）将曼科特红树林确定为优先的保护区。CANARI迅速意识到木炭生产者本身就是曼科特保护的关键。尽管木炭生产者的砍伐对曼科特造成了压力，但他们还是实施了许多合理的管理措施。比如说，他们实行轮流砍伐，再次砍伐前给树预留了休养生息的时间，并保留那些木炭产量少却能阻止沼泽蒸发的红树林物种不被砍伐。

CANARI提出一度创新和争论的管理战略。他们提倡与收获者合作管理红树林——没有地产的贫困团体丧失了有关资源的合法权利，而对红树林依赖程度最大则意味着对其破坏也最大。在政府的默许下，CANARI发起寻找既保护红树林又维持木炭生产者的收入的方法，已成为正在进行的努力（Geoghegan和Smith 1998:4，7）。

CANARI的关键步骤是将砍伐者组织成为约15人的非正式合作社；合作社就叫做Aupicon木炭和农业生产组（ACAPG）。加勒比海自然资源研究所与该组织合作监测和追踪木炭生产的趋势和红树林的状态。

原先设想总体上林场归团体管理和收益。成员们将有组织地进行砍伐和其它活动。同样地，红树林支柱产业意味着团体行动。然而，事实证明，对人们来说，在行动上没有严格协调下继续利用红树林和林场更为方便。个人或小队对红树林的砍伐每月均有记录。

ACAPG通过了一些持续性的砍伐措施，包括禁止砍伐水路沿线的树木，保护大树，为保护树桩而将其砍成斜面。

为了减少对红树林的压力，政府机构、当地非政府组织和伐木者寻求木炭生产所需木材供应的新来源。1983—1985年林业和国土部在曼科特附近种植了一个62hm^{2}的林场，林中有速生硬木(主要是*Leucaena*)，还有一种棕榈树被ACAPG成员收获后制成扫帚。政府也向生产者出租大片土地并鼓励他们种植有市场前景的产品。

近来大林场已有相当好的公共收成，尽管营造人工林和经营农业的初期遇到了许多麻烦，包括火灾和木炭生产者在农业、市场和共同工作方面缺乏经验。林场还远未取代红树林的地位，但是管理战略和收入多元化的机会继续发展。比如说，1993年伐木工人开始引导旅游者和学校团体进入红树林旅游，以此作为一种创收机会。当地的非政府组织已经提供导游训练，建设说明标识、木板步道和了望塔的技术补助金，并协助旅游促销和组织（Smith 2000;Brown 1996）。

为了限制对红树林的外来威胁，当地的社会团体成功地抵制了破坏红树林的动物区系和水文功能的卫生部除蚊计划，并在1986年指定曼科特为海洋保护区。这项指定给红树林提供了彻底的保护，即未经首席渔业官书面许可不准耗取资源，结束了多年来的非法倾废。木炭生产者享有木材资源的专有权（Smith1999）。

生态系统管理就像大多数共同参与的方法一样，曼科特的战略花费了10多年以达到许多项目标。至1980年代树木覆盖退化的趋势才得到控制。1986—1992年对四个横断面之一的4个树种进行了监测，结果表明红树林树干大于25mm/m^{2}的数目有了显著的增长，从0.10～2（Smith和Berkes 1993:126～127）。基部面积或树干的总面积增加了4倍。由于1991年木炭产量特别高，1992年调查发现红树林加速再生的情况特别值得注意。野外观测和访谈表明，现在仍然使用保护的方法而不是皆伐（Smith和Bakers 1993:126～127）。尽管数据仍然有限的，近几年的研究表明树木的密度和尺寸持续增加，与此同时木炭产量在2000年初为平均每月2t，略低于过去15年的平均值（Smith 2000）。

曼科特的未来仍是不确定的。圣卢西亚的经济低迷可能会对红树林造成新的压力。政府连续收到开发红树林和周边土地的建议；幸运的是，关键机构正在关注确定一种可能的开发方式，它不会侵害到红树林及其功能。正在进行的研究将确定其它潜在的对红树林显著的压力，包括捕蟹和捕鱼的影响，检验造林学实践在红树林中的效率，以及从再造计划中提高收益的希望。不过，所有的团体之间达成的共识是：当前曼科特非正式合作的方式对红树林的保护比其它任何政府机构和团体都有效。这种方式也允许农村家庭继续获取经济利益。

博利瑙的珊瑚礁

凭借其层叠的瀑布，起伏的山脉，白色的沙滩和引人入胜的夕阳，博利瑙（Bolinao）被称为大自然的杰作。但是菲律宾群岛北部自治区最有价值的资产是面积为200km²的珊瑚礁。博利瑙30个村落和5万人中约1/3靠打鱼为生（McManus等 1992:43），博利瑙—Anda珊瑚礁综合体为博利瑙90%的渔业捕捞提供了产卵地。每年350种脊椎动物、无脊椎动物和植物都收获自珊瑚礁并在博利瑙的市场上出售（Maragos等 1996:89）。

1993年，令当地居民、海洋研究者和非政府组织惊愕的是，一个国际财团有意在恰好位于珊瑚礁覆盖的海岸上建设号称世界最大的水泥厂。水泥厂被列入了菲律宾最大的三个污染源之内(Surbano 1998)，博利瑙综合体规划包括采石场、发电厂和码头。生产1t成品水泥需要3 500磅原材料；这种高能耗的工业通常排放的污染物有二氧化碳、二氧化硫、氧化氮和废渣(生产1t水泥会产生360磅微粒)。另外的副产品——高碱性水对鱼类和其它水生生物有毒害作用（环境建设新闻 1993)。

随后的有关工厂建设的争论带来了新的紧迫感，并着重于保护博利瑙海岸资源活力的工作。在与政治和经济上强大的商业集团相抗衡中，居民们成功地挑战了水泥工业短期经济利益可能抵消生态系统长期面临崩溃危险的念头。这项成果是不寻常和意义重大的，特别是对发展中国家而言，公民拥护和广泛参与自然资源管理可能面临使人畏缩的障碍，包括有限的环境信息和政治程序使用。

博利瑙受威胁的生态系统

博利瑙环境的脆弱性已经被意识到，在某些地区很早以前一个名为Tuntex的台湾商业组织就宣布建设庞大水泥综合体的计划。菲律宾大学海洋科学研究所在1986年的一项研究，记录了博利瑙珊瑚礁生态系统严重的破坏。例如研究者发现该区60%的珊瑚被杀死，大部分死于靠炸药和氰化物以增加捕捞量的破坏性捕鱼作业（McManus等 1992:44)。为了满足鱼子的出口需求，海星被开采得接近枯竭，故1992年博利瑙一度兴盛的海胆产业被无限期关停（Talaue-McManus和

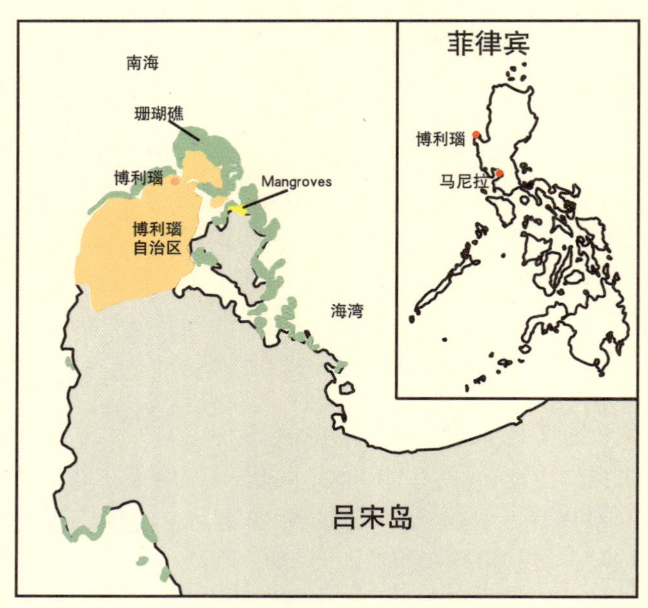

Kesner 1995:229)。渔民、鱼贩子和贝壳手工艺人注意到捕捞量的减少，优势种的变化和成熟鱼比例的减少。

但是水泥工业将导致地区海洋资源的退化促成了代表生态系统的广泛行动成为可能。来自海洋科学研究所的研究者LinanTalaue-McManus解释说（Talaue-McManus1999)：“我们发起关注水泥工业潜在的环境影响的一场精神饱满的教育运动”。另外，这是他们第一次充分了解了自身社区自然资源的范围和丰富程度，并且也知道了它的脆弱性。

工厂综合体可能位于珊瑚系统的中心位置，在市区中心3km范围内。因其丰富的石灰石、海洋运输的深水道和临近台湾，这里是投资者期望的一个理想地点。投资者辩解说水泥生产不会导致任何污染，但当地居民很快就开始怀疑情况并非如此。

在菲律宾大学研究者的支持下，当地非政府组织——博利瑙关心市民运动——向Tuntex集团挑战。他们在反对集团工厂、集会抗议和提高综合体的潜在影响意识的两年斗争中扮演了关键性角色。正如他们的研究所披露的，那些影响包括空气污染、开采石灰石引发的侵蚀、扩展航运线对珊瑚礁的损坏、轮船的油污染和对有限淡水供应的威胁。

他们的努力得到了回报。1996年8月，菲律宾环境和自然资源部“断然”拒绝了水泥工业的环境许可证申请，证实其可能造成对野生动物和珊瑚礁无法接受的环境风险，并可能使已存在的土地和海洋利用的争端升级（Ramos 1996）。

精心制定长期管理规划

保护生态系统的繁重工作并不会随着水泥工业斗争的结束而结束。事实上，对博利瑙的居民和非政府组织来说，生态系统管理最艰巨的部分还在未来。当地的非政府组织继续朝着更伟大目标工作：制订海岸带资源管理规划，使渔民和其它社区成员能够参与资源管理和健康的长期决策。

长时期以来有关如何保护海域的舆论难以捉摸。从1990年代早期开始，一个由Haribon基金、菲律宾大学海洋科学研究所和菲律宾大学社会工程和发展学院代表组成的海岸规划队寻求动员能代表海洋保护的博利瑙村落。但是许多问题导致社区两极分化：

- 大部分博利瑙渔民还很贫穷，珊瑚礁是他们食物和收入的唯一来源。当农田退化后，许多农民移居到珊瑚礁地区，造成对海洋资源的恶性竞争。海岸地区的人口增长加剧了有机物污染量，进而减少了博利瑙珊瑚礁系统的恢复力。因为贫困、资源损耗和强制性措施松懈，破坏性的捕鱼方式有时还在使用。

- 城镇领导者在作出合理的资源决策时缺乏有关海洋生态系统的足够信息和所必需的技术帮助。

- 博利瑙对遮目鱼苗和蓝子鱼的捕捞受到不公平却被根深蒂固的制度所控制。那些赢得了当地政府认可的人——通过腐蚀和贿赂方式，获得了某一地区渔业的专有特权。靠渔业生活的渔民被禁止在该区捕鱼或必须将渔获物以低于市场的价格卖给渔霸。其后果就是非法捕鱼和极少能激励去规范收获，但是当地政府却收入颇丰。

- 一项调查发现博利瑙陆地和圣地亚哥及Anda岛间Caquiputan海峡的水产养殖围栏从1996年8月的330个增至1997年7月的3 100个（Talaue-McManus等 1999）。尽管它们为城镇的政治和经济的精华创造了收入，但它们还是使得捕鱼区和航运区面积减少，使得水质下降和鱼类死亡。

- 游览胜地的业主希望海滩前沿保持空阔和没有活动，而近海自给渔民和远洋捕鱼者则需要航海和码头区。

在这些不同角色和海岸资源不同利用之间寻找平衡的挑战使这一切给人留下更深刻的印象，1997年非政府组织成功地发起了“博利瑙海岸生命资源长期存在的共同图景”（Talaue-McManus等 1999）。这项海岸发展规划花费了海洋科学研究所的研究者20多年的科学研究，并通过社区工作室和会议挑选出市政当局、宗教界、渔业界、渡船业者和环境拥护者方面21位代表。

该规划将博利瑙市区的水域划分为4种不同利用目的的功能区——“珊瑚渔业区”，“生态旅游区”，“多用途区”（包括遮目鱼围栏和网箱）和“贸易航运区”。每个区均包括一个海洋保护区。接着的步骤就是严密地确定各区中哪些行动被允许或禁止，以确保海洋保护区得到真正的保护，当然也要确保规划的贯彻执行。执行仍在进行中。

大部分相关人士认为当地的投入已成为博利瑙生态系统管理进程的标志。他们相信赢得公众广泛接受的博利瑙海岸发展规划的共享进程较传统规划可能更为可靠；规划经常由很少或没有当地投入的外来顾问拟就。再加上包括直接的资源利用者——靠打鱼为生的渔民、鱼贩子和当地政府参与到功能分区过程中，这就增加了达到保护目的的机会。当地的涉益者毕竟是这样的人，他们或者遵守新法规，或者无视和躲避它们。一项正在进行的由海洋科学研究所领导的研究计划是对规划的重要补充。作为知识和数据来源，公众代表能够做出有见识的决策。

也许最好的消息是在菲律宾，利用“自下而上”而非“自上而下”的方法管理自然资源，在深受市民拥护的长期传统下建立的社区、组织和政府部门日益增多，博利瑙就是其中之一。尽管博利瑙海岸发展规划仍然有许多工作要做，但可以肯定的是：越来越多的人将会与规划的执行相关联。博利瑙的经验在菲律宾广泛推广，其它的自治市也求助于菲律宾——Haribon大学研究小组。他们在制定自己的海岸发展规划方面寻求帮助，允许更多的有关珊瑚礁生态系统状态的研究和监测，同时在当地社区内创造了新的针对珊瑚礁保护的战略和模型以及新的管理能力。

森　林　生　态　系　统

从根上再生：通过社区行动恢复Dhani森林

Dhani森林已经从清除中再生了。10年前尽是残茬的、退化了的山坡已经以超出许多人预料的速度恢复了。由于受到保护，不再不加控制地放牧和砍伐，已经从残根上发出了新枝、青草繁茂生长、溪流重新流淌、野生动物重又回来了。当地村民的生活也发生了变化，他们一直靠收获林产品为生，例如砍伐薪炭林、把siali树的叶子用来制作树叶盘子。在当地的一个村民委员会监督下，重新开始有限制地收获林产品，使从Dhani到与森林相连接的五个社区所得到的利益稳步增长。

印度奥里萨邦的这个落叶混交林的再生，标志着用一种新的方法去管理该邦已被破坏的森林——让有限的控制权回归社区。事实上，邦与森林恢复几乎没有直接的关系。环绕森林的五个村庄发起了恢复工作。他们起草了一份详细的规划来调整对森林的利用，小心地节约利用剩下来的森林，并在他们能够做到的地方促进其生长，公平地分配从森林得到的利益，教育他们的孩子要保护森林，并解决由他们计划中引发的争论。因为森林已经停止向他们供给必需的物品，所以他们小心地护理它使其恢复正常生长发育。在这样做的同时，他们成为由社区管理森林这一发展趋势的领导者，这一趋势已经传遍了奥里萨邦和整个印度。

(下转第184页)

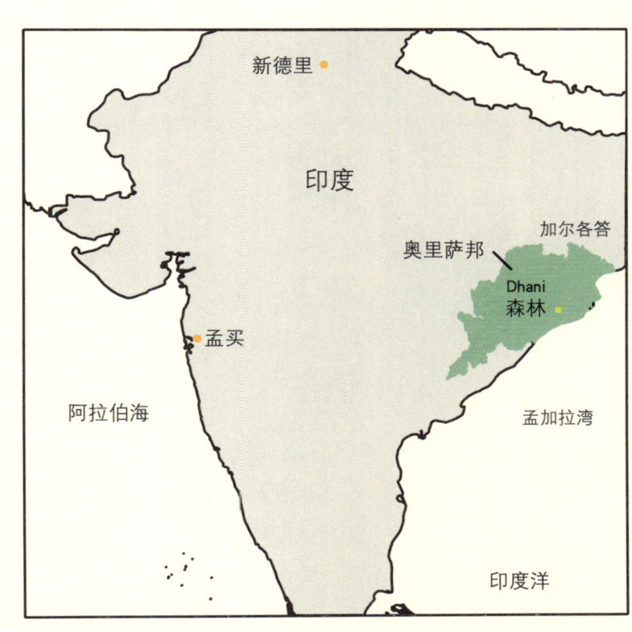

专栏3.8　纵览：Dhani森林

20年前奥里萨邦的Dhani森林严重地退化了。商业性的砍伐者搬走了森林里的大量树冠；当地居民清除了坡面上的植物以进行耕作，毫不留情地采集薪柴，还在林地的地面上过度放牧。今天，这个落叶混交林已经再生，由于五个村的居民的努力，才保证了它的生存。这些村民已经成为向社区化森林管理方式转变发展趋势中的领导者，这一趋势正在整个印度传播。

生态系统问题	
森林 	2 200hm²的Dhani森林是当地人食物、燃料、建筑材料、纤维和药品的主要来源。居民对森林的依赖性使Dhani森林特别容易因过度使用而破坏，又非常需要保护。
农业 	在不同时期，村民们清除了较低坡面上的森林以拓展农业用地，供应他们家庭所需要的食物。然而，清除森林减少了可以作为农用肥料的树叶，也减少了食物及其他资源的供应，而这些供应原先可以缓解干旱和收成减少所造成的影响。
淡水 	当地的溪流和地下水位对Dhani森林里树冠和土壤的变化很敏感。水流减少又转而影响到相邻的农业生态系统中土壤的正常发育和作物的正常生长。
管理的挑战	
公平和使用权 	今天，村民们管理和使用Dhani森林部分产品的权利已经得到了法律的认可——这一呼声从1950年代就开始了，当时奥里萨的林业部忽略了村民的使用权，而是准许承包者在那儿收获木材。然而，有些人认为：奥里萨邦还是没有平等地对待村民的森林保护委员会，有些人认为：奥里萨邦应该完全将权利交给Dhani森林。
经济学 	Dhani森林的重新恢复对当地的生计和当地的市场经济都是必要的。奥里萨邦也获得了经济利益；当地的管理部门已经降低了森林保护的花费，并且正在从土地上创造财富，如果没有森林的恢复，这片土地可能失去生产力。
涉益方 	Dhani森林的恢复和保护需要由起草森林保护计划的五个村作出集体决策，还需要加上邻村的合作，因为邻村也许会破坏这片开放的森林。恢复工作还取决于邦有尊重社区管理和关注非用材林生态系统产品和服务的价值的意愿。
信息和监测 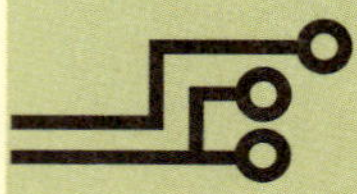	Dhani森林恢复的成功很大程度上取决于大众的知识、智慧和承诺；在印度的许多类似的计划中也是这样的。奥里萨邦已经提供了一些专门技术知识，但是为完善地方管理，还需要更多的科学的分析——超出Dhani社区已有资源的指导和研究。

大事记

1799年以前 印度的大多数森林，在社区这一级别上是可持续地管理着。

1799年 英国统治印度，引入商业性的木材生产，很快就耗尽了许多森林。

1865年 英国殖民政府以印度森林法案宣布了国家对森林的垄断。

1878年 印度森林法案的权限范围拓展，地方控制进一步减少。直到1947年，Dhani森林仍然在奥里萨的王公控制下，普遍管理得很好。

1914—1918年 第一次世界大战极大地增加了对印度木材的需求。

1920年代 铁路线通到了奥里萨，使商业活动更容易进入奥里萨森林。

1940—1945年 第二次世界大战期间，印度成为盟军在中东和波斯湾一带唯一的木材供应者；同时，为补偿因战争而失去的煤炭，森林处在对薪炭林的强烈需求下。

1947年 印度独立和国家社会主义强调工业化、利用森林进行木材生产和商业活动，而不是供地方使用。

1940—1950年代 Dhani附近村庄的人口开始显著增加，从而增加了对森林的压力。

1950年代 土地改革法案宣布村庄边界上的森林属于村庄。村民开始保护和再造这些森林。国家森林政策强化了国家对森林保护、生产和管理的独有权。

1950年代后期 部族团体的森林使用权不断被否定，他们对此发起了持续的挑战。

1960年 奥里萨的林业部控制了Dhani森林，开始允许商业性的砍伐木材活动，传统的保护和社区管理系统退化。

1971年 在西孟加拉的Arabari和其他地区开始联合森林管理（JFM）。

1979年 邦政府允许在Dhani森林进行第二次大规模的木材砍伐。

1987年 最靠近Dhani森林的村庄组成了一个森林保护和管理系统以保护约1/3的森林。

1988年 奥里萨成为正式认可像Dhani那样的地方森林保护委员会的第一个邦。

1991年 一些其他村庄开始保护Dhani森林的另一部分。

1993年 奥里萨与Dhani森林周围的村庄一起参加联合森林管理协定。

1997年 奥里萨授予Dhani村Prakriti Mitra（自然之友）奖。

1998年 Dhani森林的树冠得到了恢复，森林供应的产品和服务增加。

1999年 一场旋风严重地破坏了Dhani森林，损害了那些依靠森林生活的人们的生计。

2000年 现在总计40万hm^2森林得到了约1万名奥里萨村民的保护和管理。在当地的森林保护村联盟中，Dhani的村民很活跃。

从限制使用到过度使用

传统上，当地村民并没有拥有或管理过那2200 hm^2的Dhani森林。然而，他们通过调节良好的森林收获系统，使许多从森林得到的利益增值，以改善其生计。

在1947年印度独立以前，Dhani森林都处在Ranpur王公的控制之下，这是在英殖民时期，奥里萨邦内维持着半独立状态的30个政权之一。在Ranpur，与附近的封建政权一样，进入森林或得到各种林产品是由王公或国王控制的。在英国的统治下，王公就像地主一样，向殖民政府缴纳森林财产税。一些森林实质上禁止当地使用。而另外一些森林，村民可以通过向皇室交付适度的费用或免费提供劳动力换取他们需要的木材和其他林产品。有时，会对依赖森林生存的穷人和当地的部族以特殊考虑。

在得到必要的允许后，村民们可以收集各种产品供个人使用，从家用和农用工具所需的竹子、木材，到水果、纤维、叶子和花。森林条例中禁止砍伐某些“受保护”的树木，禁止在未得到统治者允许的情况下出售或出口树木。皇室还保有在森林里狩猎所有野生动物的特权。

正如我们所知道的Dhani森林一样，王公保持着对森林看守人员、林务员、守卫人员的独立行政管理，以管理那些“受保护的森林”。森林看守人员严格地实施关于森林的条例，防止当地人对森林的过度使用，并且截获从木材买卖得到的任何商业性的收入。尽管村民们不能自由进入森林，他们也不缺乏林产品。在王公统治时期，展现的是一幅拥有丰富资源的、正常生长的森林图景。

从1950年代早期起，情况开始发生变化。人口迅速增长，为了满足当地对食物的需求，需要更多的农业用地。村民们在较低的坡地上砍伐一些森林，用传统的砍伐或焚烧原有植被的耕作方法开出可供短期利用的农田进行种植。更重要的是，王公时代的严格控制结束了，新的独立了的印度，各邦致力于“现代的”森林政策——一种将商业性木材利用置于满足当地需要之上的政策。1960年代，目前掌握着Dhani森林的国家林业部，开始允许商业承包人砍伐森林以及在Dhani的低地上移走大量树冠。村民们坚持将一些砍伐过的地方用作作物生产，国家开始试行在其他部分建立柚木种植园。

在紧接着的20年中，商业性砍伐在继续，当地的使用还在加强。村民们在林下地面上高强度地放牧家畜，并且毫无节制地采集薪柴。一些村民来自较远的地方，那里的森林已经耗尽了。有时候，即使是根丛也被挖出来出售。非法的木材砍伐者也从森林里偷运木材，以满足不断增长的城市对木料的需求。

1979年，邦允许进行第二次大规模的木材砍伐，使得森林里失去了大树。当地村民因外来者进入森林而警觉，加快了他们自己砍伐木材的速度，为自己争取一些林产品和相应的收入。到1980年代中期，Dhani森林全部退化，并且大部分退化严重。

采取行动的时候

Dhani森林的退化给当地人的生活带来了深远的影响。他们一直依赖的由森林提供的材料变得匮乏。为了收集薪柴，为了获得建筑房屋和制造农具需要的少量木材，人们必须到很远的地方去。传统上用于燃烧的木柴减少了。长期以来，可以在歉收时增加食物供应的水果、块茎、药草和叶菜，逐渐消失了。森林生产力的缺乏也使其一直以来在干旱和歉收时期，向人们提供的缓冲作用消失了。

随着林冠的减少，森林土壤逐渐变干，减少了水流量和降低了当地地下水位。由于农业是周围村庄的主要职业，土壤湿度和水的供应能力就成为人们首先关心的事情。土壤侵蚀也成为一个问题，影响到一些临近田地的土壤肥力。林冠的丧失也意味着树叶和其他“绿色肥料”来源的丧失，而这些都是农民们所依赖的肥料。

Dhani森林不断恶化的状况也直接打击了地方经济。许多村民从森林中没有采集到产品可以出售，因此，没有现金收入。卖柴是主要的商业活动，而卖kendu树和siali藤的叶子也很重要，对妇女和比较贫穷的家庭尤为如此。大约有50个“贱民”(Harijan)家庭（属于最低等级者，以及那些拥有很少土地、日常用品主要是利用林产品者）依赖从Dhani森林里采集siali叶子获得收入。雨季过后的产量最高季节，一个人工作一整天可以采到3000片之多的叶子，然后将这些叶子缝起来制成树叶盘子或者成批卖到最近的城市——坚德布尔。用枣椰子的叶子织成的垫子也在当地出售；像tunga、karba、pichuli这些块茎，还有药材植物和藤，都给当地带来了丰厚的收入。随着这些产品的减少，从附近村庄迁移到城市地区寻找有工资工作的压力增加了。

1980年代中期，村民们相信：Dhani森林的恶劣状况是一个严重的社区问题。他们开始意识到，损失最多的是他们，而不是那些私人伐木承包商或国家林业部。还有使他们不安的就是，他们的后代继承到的会是一个枯竭了的生态系统。1987年早期，一个受人尊敬的长者，Kanduri Pradhan，为最靠近Dhani森林的五个村——Barapalli、Arjunpur、Panaspur、Balarampur、Kiyapella——组织了一次会议。在后来的会议上，来自五个村的居民们讨论了关于集体保护Dhani森林的各种可供选择的方案。Ranpur的几个村已经开始保护他们的森林了，这鼓励了群体去承担一项联合行动计划，以保护和管理超过总面积1/3，也就是840 hm^2的Dhani森林。

对各村来说，对Dhani森林实行联合管理的决策是一个重大的社会、政治事件。相近的文化已经把村民们联结到一起——例如，他们有一些共同的节庆仪式，有一所共同的学校。在他们形成共同保护森林的决策之前，已经在村与村之间组成了委员会协调集体活动。然而，他们也具有社会多样性，包括部族的分化、印度教的社会等级制度，包括婆罗门（最具影响的一个等级）、Khandayats（农民）和“贱民”（权力最小的等级）。每个群体都有自己的生活范围。勤劳的部落人，Saora和Kandha族，聚居在Liyapella村和Panaspur村。Balarampur村为部落人和贱民杂居社区。在Barapalli和Arjunpur村，农民和婆罗门占主导地位。然而，对森林的依赖使他们联系起来，村代表们意识到任何切实的森林保护的希望都取决于联合行动。

为生活而规划

到1987年9月，这五个村已经就Dhani森林保护达成了协约。组成了一个森林保护委员会，称作Dhani Panch Mauza Jungle Surakhya委员会。经过长时间对森林目前恶劣状况的起因和可能缓解压力的途径的讨论后，形成了一项计划，限制人类对森林的利用。

从一开始，保护和再造Dhani森林的工作就是一项切实的社区事务。每个村中所有家庭的年长者都是森林保护委员会总部的成员，制定出所有关于政策和预算的决策。由每个村出两名成员组成一个较小的执行委员会，帮助执行总委员会的决定。社区成员也要轮流在一个25人的巡逻队中服务，坚持每天在森林里守夜，限制公众进入森林和阻止森林进一步退化。

起先，保护计划很简单：除了非常有限的需要外，限制人、畜进入。逐渐地，随着社区有关保护的经验不断增长，保护计划也不断发展了。森林保护委员会草拟了详细的规则和罚款一览表。例如，砍伐一株宝贵木材树种，像柚木，要罚款1001卢比——就当地收入来看，这是一项很严厉的惩罚。本质上，委员会禁止一切不受监督的砍伐或采集森林材料的活动，并对可收获的物品进行了严格的限制。委员会禁止任何人携带斧头或其他锋利的工具——可以用来砍伐木材，进入森林。还禁止在雨季时放牧（7～9月），这有利于地面植被的恢复，限制人类在夏季进入以防止火灾。为了恢复低坡上的森林，委员会与当地农民协商，停止在这些地区周期性的耕作活动。

Dhani森林的恢复并没有花太长时间。尽管许多树木和灌木已经丧失了大量叶子，但是仍然有未受损的根系，并且许多植物种生长很快；简单的保护措施以防止叶片受损失，使它们重又恢复了活力。然而，Dhani森林已经不是过去的状况了。一些宝贵的曾经很丰富的物种，像印度黄檀、芒果、Kendu和Harida，现在变得很稀少。原先的森林物种组成，因为种植非本土种，如桉树，已被进一步改变。

但是，即使是不经意的观察者，也可以看出森林状况的改善。到1999年中期，森林的树冠就恢复了，Dhani森林以拥有超过250种植物和40种鸟类而自豪。其他野生动物也开始返回了。土壤侵蚀减少、水量增加，惠及到森林边缘的农田。

然而，1999年10月，自然原因阻滞了Dhani森林的恢复，一股强大的旋风猛击奥里萨邦，约 9000万株树被连根拔起（Watts 1999）。尽管Dhani森林在内陆约60km处，但是其森林树冠还是遭受到相当程度的破坏，损失许多大的柚木、桉树和其他宝贵的树木。猛烈的风使竹子被连根拔起，摧毁了许多siali藤，破坏了当年的siali叶产量（Singh 2000）。尽管遭受了这次破坏，Dhani森林仍可作为悉心管理森林的实证，仅用10年多一点的时间，一片退化的森林就转变成具有生命力的社区资源。

利益分享

在实施森林保护的初始日子里，与违反条例进行砍伐的村民之间的冲突很频繁。但是当保护方案被当地村庄及其以外地区接受后，合作增强了。不久，巡逻小队的人数降到了10个人——每个村2个人——1992年指派了一名专职看守人员。最初，社区以家庭捐献的大米或现金付给看守人员。逐渐地，出售森林里的竹子所得的收入增多到足以支付看守人员的薪金。

随着从快速恢复的森林中的获益稳步增加，当地人进一步接受了保护计划。森林保护委员会利用了这样的事实：短期利益证明取得了进步，并会引发社区的长期支持。当森林更好地生长发育时，委员会逐步提高了允许收获不同林产品的水平，同时要注意使这种利用是可持续的，不会妨碍森林的长期恢复。

今天，当地村民享受到了传统林产品的大幅度增长。每年的清理和疏伐操作中得到的木柴，在五个村庄间平等分配，当地人可以随时进入森林，免费采集落下来的树枝、树叶、水果、浆果和块茎。他们还可以采集新鲜的木柴供燃烧用。村民们得到允许，可以获得木竿和木料，只需要很少的费用，但是他们必须对委员会证明他们确实有这样的需要及需要的准确数量。同样地，他们可以出钱最多买100根竹子。所有的材料都只供个人使用，不能用于以货换货或出售。

森林保护委员会也注意将通过管理所得到的利益扩展到五个村庄之外。附近的村民们在得到允许和支付较高费用的情况下，可以像当地人一样，得到许多同样的林产品。如果一个村庄不能进入其他任何森林，在社区节日时，可以获得特许。住房遭受火灾的受害者可以免费获得木材用于修缮。

木材和燃料之外：追求社会目标

社区恢复Dhani森林的工作，一直是被社会的目标与生物的目标所驱动的。社区的森林管理计划逐渐成熟，所包括的内容要比简单保护措施和利益分配条例多很多。

委员会在地方经济发展上的努力可能是它最具雄心的工作。委员会将重点放在提高当地人的收入——主要是部落人和“贱民”——他们的生活对森林有着最大的依赖，在Dhani森林保护初期，当森林被封闭以禁止无限制使用时，他们实际上失去了生活来源。在委员会的强烈要求下，国家林业部捐献了两台缝制树叶盘子的机器，并培训当地妇女从事siali叶子的加工。由于委员会的作用，还为该地区带来了一个由国家支持的奶制品项目；40个依靠森林生活的家庭，每户可以得到一头奶牛，从牛奶上获得少量收入。

委员会还决定在森林中间种果树以提高森林的自然生长量，像如树(其坚果为腰果)等，所提供的产品可以在当地消费或出售以换取现金。此外，还种植可以采集其他产品的树，使当地人从森林中收获的产品多样化，并且增加其产量和可靠性。

为了给森林扩展工作和其他社区开发工作提供资金，森林保护委员的目标是：在满足村民们自身需要之后，使剩余的竹子进入市场。一项关于森林中竹子储量的调查（旋风前）说明，这可以作为一项很大的、持续的收入来源。

另外一个相关的活动是：森林保护委员会努力将以森林为基础的社区的传统价值观传给下一代森林管理者。每隔几个月就有一次，在森林守卫者巡回时，由村里的小孩陪伴左右。守卫人员让小孩们熟悉植物，教给孩子们植物的一般用途和在当地宗教中的意义。小孩们也参与培育树苗和种植，以增加森林的树木。Dhani的孩子们还访问地区的其他学校，与那些还没有开展森林保护的村庄中的孩子们交流他们对于森林及其重要性的理解。

公平和其他挑战

像Dhani森林那样的社区森林管理工作在奥里萨和印度的其他地方已经变得很普遍了。仅在奥里萨，就有超过6000个乡村社区在尝试着保护当地的森林供共同使用（Nayak和Singh 1999:8）；其中有120个在Ranpur地区（Panagrahi和Rao 1996:2）。像Dhani的村庄一样，许多社区都作出了不同寻常的精巧的、复杂的规划，并获得成功。但是与任何团体工作一样，由乡村社区实施的森林保护工作面临着许多阻碍。在有些情况下，由于村内或村之间在如何管理上存在矛盾，保护工作在几年后就失败了。当森林得到恢复，树木长大了、更有价值了，收获的诱惑增强时，问题就会变得更加尖锐。

内部矛盾的一个起因在于社区自身的社会结构。当地的森林保护计划是在与传统的产生种姓、等级和性别不平等的同样社会背景下发展的。高贵者群体通常在村庄的决策过程中起主要作用，这就可能忽视社区中的妇女和社会地位较低的那部分人。同时，正是出于保护森林而限制进入森林的举措，对更穷的和对森林依赖程度更高的村民会有不利影响，因为他们很少有其他获得燃料和维持生计的途径。

在Dhani，这两个问题都有反映。森林保护的动力，以及对森林保护过程的控制——一直以来就在聚居着拥有自己的土地、对森林依赖程度较低的种姓等级高者的村里表现得最强。相反，在那些聚居着部落人和“贱民”的村庄，他们对参加森林保护表现出较

在奥里萨，大约有10000个村庄，居住着200万村民。超过40万hm^2的森林由村庄社区的JFM管理，但是，他们所要求的是对其所保护和管理的森林的独有权。他们已经成立了邦一级的论坛，来争取所有权。

大程度的勉强，并抱怨权力较少。森林保护委员会为社区中最穷的成员提供较多收入来源的尝试，已经发展成了对这种紧张关系的反响。

同样地，Dhani村庄还被性别问题所困扰。在1995年以前，总委员会（森林保护委员会的主体）由家庭中的年长者组成，通常为男性。从1995年起，它由来自五个村庄的每一个家庭中的两个成员组成——一男一女。执行委员会由21名村民组成，执行成员较多的总委员会的决定，1995年以后，也开始包括妇女，但只有三名妇女，而且当作出重大决定的时候也不会例行地询问她们。妇女对森林管理很有意义，因为妇女是森林的主要利用者，她们采集大部分木柴、树叶和其他进入当地商业活动中的植物。

与外面村庄的矛盾是森林保护工作中另一个典型的复杂问题。当社区群体试图限制自由进入森林时，传统上利用森林，却还没有参与保护工作的村庄，有时会进行抵制。这种矛盾会一直潜伏着直到森林退化，但是一旦森林再生了，邻近的村庄就会要求分享利益。这是Dhani的情况。Kadamjhola，Dhani森林边上另一个村庄，拒绝加入最初的森林保护计划，但是现在它想要参与该项目了。最初参加的五个Dhani的村庄已经同意吸纳Kadamjhola到保护和管理计划中。

其余邻近的村庄也要求分享再次丰富起来的林产品。在早几年，这些村庄经常侵犯受保护的森林土地，引发了许多争端。但是到1991年，在森林保护委员会的鼓励和建议之下，其中有几个村庄联合起来，保护他们自己的那部分森林——与原先五个村庄管理的森林相邻接的那部分。这两个群体的努力将会使彼此的力量得到增强，并且减少两片林地上的压力。

Dhani森林保护委员会，还通过其在最近成立的地区森林保护村庄联盟中所起的作用，帮助其他社区森林保护团体解决矛盾——这些矛盾是在Ranpur地区出现的。

邦与地方控制：谁应该得到由森林再生中产生的利益？

Dhani森林的所有权，包括土地及其上的树木，属于奥里萨邦，然而，只有通过Dhani村民的努力，

（下转第190页）

专栏3.9 印度森林管理的历史

尽管在1950年代以前，Dhani森林并没有被过度使用，但是印度对森林的有步骤地开发已经有数个世纪了。许多政策和财富、政治权利上的不平等，造成了历史性的森林破坏，仍然影响像Dhani这些地方森林的利用和恢复。

英国统治印度（1799—1947年）期间，通过彻底毁坏森林以提供商业木材，并且打破若干世纪以来当地传统的森林管理系统，给印度森林留下了难以磨灭的印迹。当然在欧洲人到来之前，印度的森林已经被改变了，例如：用于稳定农业生产。但是，在1799年，多数森林相对来说还是没有受到压力的。在林产品中，唯有辣椒、小豆蔻和象牙是有显著商业需求的产品，用于为维持生计而进行狩猎和采集的土地很多。过去，许多森林都由地方管理，并通过村落系统和文化传统仔细地调节成员的收获行为。

但是到了19世纪，英国人转向注意印度的木材，将它们用于制造皇家海军的船只、炮架，建筑拓展的铁路网并为之提供燃料。大的土地所有者，所谓印度地主，也促使森林向农业用地转变，以获得更多的钱财以及用于支付殖民统治者所要求的税收。

到19世纪中叶，英国人关注到柚木、娑罗双树、喜马拉雅杉的供应迅速减少——这些都是建造铁路的最好的木材，并且政府试图扩大它对印度森林控制的合法范围。他们批评村民们传统的森林利用方式是随意的、不科学的；殖民者抱怨：乡村的印度人已经习惯于依照他们自己的意愿在任意的地方放牧和伐木。尽管有一些殖民者意识到，事实上，复杂的地方森林管理系统是值得赞扬和强化的，但是他们的呼声被殖民政府对印度森林所有权的主张所压倒。

1878年的森林法案，抹去了乡村社区控制的最后痕迹，建立起了新的森林分类：密集的、最有价值的地区被标定为"保留的"或宣布专为国有所有，其他地区被划分为"受保护的"——在那里，当地人有一定的特权，但是没有正式的权利。最后，殖民政府把许多受保护地区变成了保留森林。大面积的由印度皇族控制的森林也纳入了殖民法案。与当地地主和王公签订的租约剥夺了周围居民的森林权利。到第二次世界大战时期，林业部的指示就是最大限度地增加产出。

阐明森林分级

在印度的林业法中，用来描述森林使用权和进入森林的特别待遇的术语都有特定的涵义。

- **保留森林** 那里所有的权利都由国家记录和落实。代表着最高程度的国家控制——国家承认人民的特别待遇但不是权利。

- **受保护森林** 代表了较低程度的国家控制，因此只是记录了权利，却没有落实。

- **村庄森林** 这构成一个模糊类别。这些森林在村庄代表团体的管理下，但是这些团体的性质和他们所能控制的类别却各不相同。例如，1930年代，在一次竞标中，国家承认村落团体对印度西部的一些孤立的、无利可图的（对国家而言）森林地块的控制，以恢复和支持传统的管理行为；这些，就是被称为村庄森林的实例。

- **公共财产土地** 这里土地不归个人所有，资源参照某些已确立的社会规范分配。乡村社区传统地用来放牧的土地就是一例。村庄森林也可以被看作是公共财产土地。

传统的保护和社区管理系统走向衰败。在有些地区，林产品用于出售或物物交换是被禁止的。新的法律禁止部族和英籍林中居民进行小规模的狩猎。印度王室试图取缔传统使用的jhum——移动性地轮流清除和开垦森林，希望以此提高森林的商业价值。即使在极少数地方，例如Madras，那儿的森林在分类上仍然属于panchayat——也称为村庄森林，但官僚主义政府的条例削弱了其功能。由于丧失对森林的控制，村民中产生了一种无助感，那些受保护地区很容易因居民和外来者的开发受到损害。

到1947年印度独立，林业部的管辖不断加强，地方社

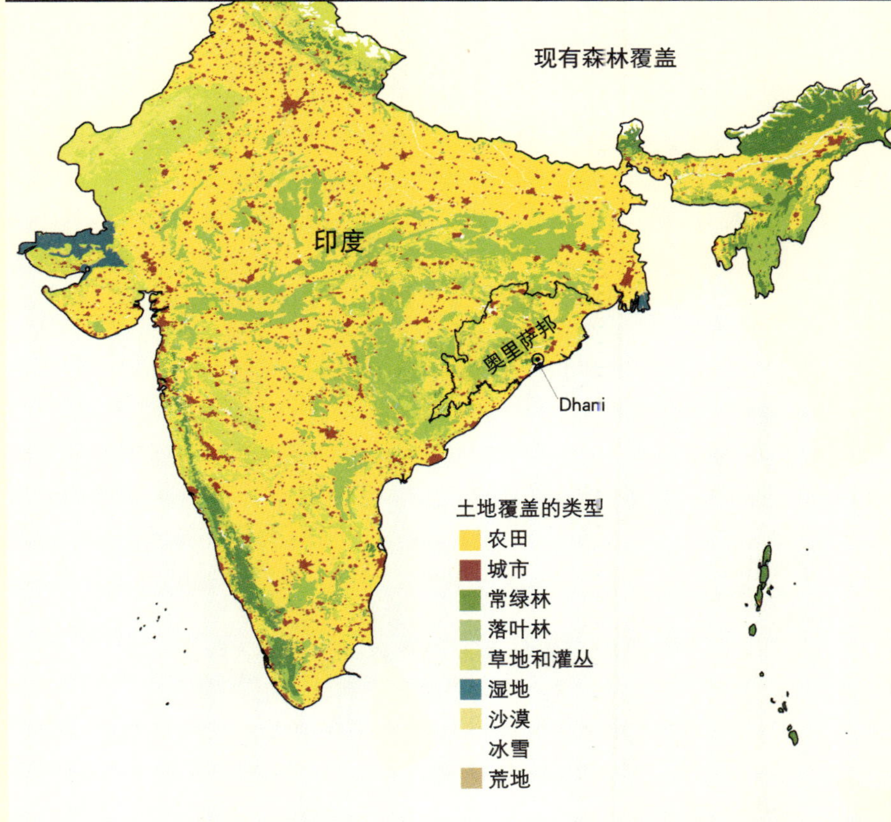

来源：Mackinnon(1997)和全球土地覆盖类型数据库1.2版(Loveland等2000)

区的管理不断收缩。印度政府接收了地主所有的广阔的土地。但是，在交出他们的土地之前，许多地主尽可能多地砍伐树木。工业化是新独立的印度政府的重要目标，国有用材林场、造纸业，以及其他以木材为原料的产业都得到补贴。

到1970年代，当政府的森林大量耗尽时，印度最好的一些树木储备是在仍然由当地管理的村庄森林中——例如Dhani的森林。与森林有关的产业开始转向有些村庄森林，试图在不得到当地领导同意的情况下，就从那里获取木材。

同时，不断增长的人口给剩下的森林施加了极大的压力，或使林地转向其他用途，或要求产出更多的木料、燃料、木材和非木料产品。有一项调查发现：从1950年代到1980年代，单位公顷公共土地上支持的人口数从4.9人增加到了13.7人，其中贫困的家庭要从这些土地上获取77%的家用燃料和饲料（Pachauri和Sridharan 1998:126，来源Jodha 1990）。

然而，1970年代早期，联合森林管理（JFM）试验开始了，这将开辟森林合作管理的新纪元。

人口增长的压力和森林的转变在继续，但是，Dhani森林和其他森林都正在开始恢复。村民们正检验对那些已经恢复的土地管理权、收获权，甚至所有权。各级政府开始认识：在管理森林中由非木材的产品和服务——从树叶到肥沃的土壤——所带来的经济利益，也意识到森林提供商业用木材的潜力。

才在原先退化的地方出现了一个具有一定功能的森林。类似的情况存在于奥里萨邦内大多数通过当地社区管理得到恢复的森林，其总面积约40万hm^2，或约占该邦森林面积的7%（Mahapatra 1993:34）。这种法律上由邦管理而实际上由地方管理的紧张情况，多年来成为地方不满和政治摩擦的渊源。

1988年，作为对森林保护社区数量迅速增长所带来压力的反响，奥里萨成为第一个正式承认地方森林保护委员会合法地位的邦。不久以后，它建立起一个联合森林管理计划(JFM)，通过这个计划，它允许村庄与邦共同管理地方的森林，并且与邦分享林产品。按照JFM的准则，地方社区有权得到100%的次要的或重要性为中等的商品的收获量，例如木柴，树叶、草和水果等非木材产品；他们还有权得到50%的主要木材收获量。

尽管邦一级坚持这是一个公平的分配，许多奥里萨的当地村民却不同意。他们认为，直到现在，即森林已经开始恢复，并且已经升值时，邦政府才开始对当地森林管理感兴趣。他们抱怨说：尽管他们做了大量恢复工作，邦政府在管理工作中不能平等对待他们。其中许多村庄认为：邦应该把森林的所有权完全交给保护森林的地方社区。近年来当地就森林所有权问题的活动逐渐增加，邦政府的作用问题及其收获权利问题对于像Dhani这样地方森林的未来，有着很大的影响（Mahapatra 1999:32～42）。

Dhani自身与邦之间关系的经验要比其他大多数地方更实际。在保护工作开始时，奥里萨邦并无太大兴趣，极少干涉或参与。然而，到1993年，邦加入了与Dhani村庄之间的一项JFM协议，自此愿意提供支持。后来，邦对JFM规则中一个不清楚的地方进行了澄清：如何分配竹子的收成。邦还积极地支持Dhani社区的经济发展倡议，并在改善林木状况上提供技术帮助。

Dhani社区在与邦维持良好关系的同时，还活跃在区域森林保护村庄联盟中。在奥里萨以外的地区它发挥了更显著的作用，成为那些想要学习社区森林管理的人们的主要学习中心。奥里萨邦认可了Dhani村庄在保护和恢复森林上的成功，在1997年授予他们Prakriti Mitra（自然之友）奖。

森林再生，社区复兴

在过去15年里，Dhani森林一直作为一个840 hm^2的教室，提供给社区，也提供给世界一些关于森林生态系统的价值、退化和恢复的基本课程。

森林一直以来就是Dhani周围社区精神生活与经济生活的主要部分，是人们生计的来源、举行典礼的场所、自然界中实在的居所。当森林退化，从森林获得的利益逐渐衰退时，社区的结构开始破坏。当地的生计和现金经济都受到损失。食物供应开始变得较为不稳定。阶段性地向社区外寻求有酬劳动的移民开始增加。

但是经年的森林匮乏也产生了积极影响。因为极希望重新从森林中获利，Dhani的村民集体决策要自己采取行动——开展一场在村民中具有共同联合目标，并有助于他们重新建立传统的与自然之间联系的属于基层的运动——以“森林母亲”为形式的运动。

他们的努力已经给社区带来了实质性的、显著的经济回报。增加了公共的村庄基金；也为最贫穷者和对森林依赖性最大的村民们提供了增加收入的机会，那些人是最初采取限制进入森林决议时，受到打击最大的居民，也是长期恢复森林的工作能取得成功的必要力量。

在另一个层面上，Dhani的经验强调：给予当地居民发言权，使他们能表述怎样管理他们生活在其中的生态系统，是重要的。由于邦归并林地，使当地居民对森林的控制权很小，并且他们从森林获得的大部分利益被剥夺，由此导致了Dhani的衰落。相反，当地居民重又能够控制森林时，他们很快建立起可运行的管理计划。这一计划获得了社区的支持，最后还得到邦的支持。在这个例子中，以及在印度的许多村庄里，社区森林管理已经比邦的管理有效得多。尽管奥里萨邦在它的JFM计划中已经承认这一事实，但是，还是有迹象表明，它还没有准备好以当地社区所希望的程度放弃其控制。

尽管如此，Dhani的例子还是说明：邦在支持社区森林管理上，可以起有益作用。奥里萨邦通过对社区的林业和社区开发目标给予财政和技术支持，增强了Dhani在长期森林管理上取得成功的希望（Singh 2000）。这里和其他村庄的经验说明，社区机构，像Dhani森林保护委员会，一旦得到财政和机构上的独立，就会趋向于更强大和具有更高的效率。在一定程度上，邦帮助加速了这种独立性，从根本上促进了Dhani森林的恢复。

专栏3.10 Dhani村庄的人们

“贱民”妇女正在用siali树叶缝制盘子

在管理Dhani森林的五个村庄中，居住着212个家庭、1244人。24%的家庭属于印度社会中种姓比较低的，29%是部落人，46%是种姓比较高的家庭。自1935年以来，家庭数量从28户增加到224户——增加700%。这些村庄的经济对森林有极大的依赖性——75%的收入来源于森林资源和农业的结合。上等种姓家庭占主导地位的村庄人口增加最多，但是种姓低的和部落人家庭对林产品的依赖性最大。

种姓等级组成

种姓是指印度的世袭社会等级，它控制着成员所追求的职业和他们与其他等级成员的联系。其划分是基于财富、世袭的等级或特权或职业。

村庄	家庭数			
	上等种姓	低等种姓	部落	总计
Arjunpur	52	21	—	73
Balarampur	4	11	18	33
Barapalli	43	19	—	62
Kiyapalla	—	—	30	30
Panaspur	—	—	14	14
总计	99	51	62	212

—，数据缺乏

来源：Nayak和Singh 1999

1935—1996年管理Dhani森林的五个村庄的人口趋势

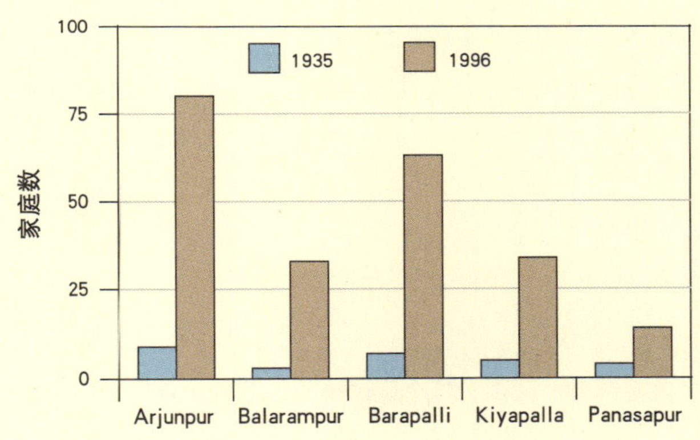

Dhani村庄的主要收入来源

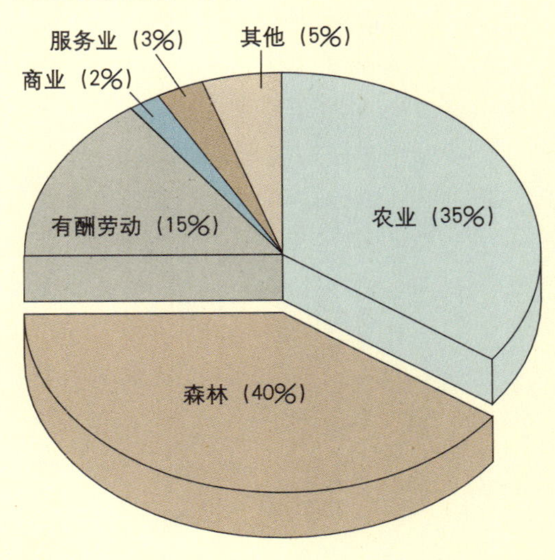

专栏3.11 印度的联合森林管理

印度的联合森林管理（JFM）在创立之初是基于当地人民和邦的权力之间合作的概念。当地居民参与林业活动，而土地主要还是在邦控制之下；林业部提供财政帮助和技术建议。

联合森林管理产生于1970年代到1980年代，当时林业部人员和当地社区之间的关系紧张。这在许多邦都是一个政治剧变的时期。村民们对森林资源的需求在增长，但进入森林却减少了，因为政府竭力鼓励在贫瘠和退化了的林地上建立国有种植园，而那里一直是由当地居民使用的。事实上，到1980年，差不多有23%的印度土地都置于国家管理下；大多数受到影响的农村人口都不被允许进入他们传统的资源基地。然而，印度的森林还是减少了，林地被转为它用。例如，在1959—1976年，印度有250万hm^2的森林丧失了，这些土地被用于农业生产，主要是被居住在森林周围的人占用。

一名妇女头顶着木材从新生的Dhani森林出来

这个时期，在西孟加拉的一个小型研究站工作的年轻的林业服务处官员Ajit Banerjee博士，正探索改变森林管理的方法。1971年，Banerjee在Arabari发起了一项试验，在试验中，当地村民要与林业部的职员一同工作，共同管理他们住地附近的森林地块。这个想法是：通过出售非木材林产品——水果、树叶、蘑菇、小树枝和饲草，给居民们提供生物物质和收入，作为交换，社区要帮助恢复和保护森林。不久，来自11个村的618户家庭就与西孟加拉林业部一同工作，恢复超过1 200hm^2的森林，挽救那些仍然保留着良好根茎的娑罗双树，并在荒芜的地块上种植如树（产腰果）之类的速生树种。一些森林被砍伐的地区种上了水稻、黄麻和玉米。产品以极低的价格卖给成员的家庭。成员可以免费获得供自己使用的木柴和饲料。

到1980年代早期，Arabari的联合森林管理繁荣起来。现今，西孟加拉、奥里萨以及其他邦已经正式认可了“Arabari试验”，把它作为JFM的普遍模式。JFM模式的广泛传播——相应的森林再生——提供了强有力的证据说明：认可当地人使用森林资源的传统权利是可持续地管理森林的最重要的条件。

JFM要进一步取得成功，还面临着一些挑战。非木材林产品的市场仍然被大商人有组织的集团控制。负责木材销售的国营公司仍然很容易受到一群在标售中将价格定得很低的承包者的损害。而且，在许多数情况下，森林保护委员会有效功能的发挥，仍然依赖于有关的林业部官员的个人效率和意愿。

奥里萨邦30个区中，15个区内由社区管理的森林

区	村庄（数）	受保护土地（hm^2）	区	村庄（数）	受保护土地（hm^2）
Angul	630	6,000	Mayurbhanj	750	35,000
Balesore	450	7,000	Nabrangpur	150	1,000
Baudh	25	2,500	Nayagarh	650	110,000
Bolangir	600	24,000	Puri	250	6,000
Debgarh	110	4,500	Raigada	75	8,000
Dhenkanal	732	8,000	Sambalpur	650	80,000
Ganjam	80	2,500	Sundargarh	125	5,000
Koraput	125	12,250			

来源：Mahapatra 1999

淡　水　系　统

为了人类的福祉——南非的水管理

南非正在开展一项新的驱逐战。每天从黎明开始，成千上万市民就挥舞着镰刀、斧头和杀虫剂，与快速推进的饥渴的敌人作斗争；它们是在南非山体的分水岭、流域与河岸地带茁壮成长的外来树木、灌丛和水生植物。这些侵入的非本土植物，无情地汲取着半干旱地区人们极度需求的淡水。

这些外来植物的引入，均出于美观和经济原因，并未经过天敌的检验。它们已经侵占了1000万hm^2，也就是8%的国土面积（Versveld等 1998:32）。其有害扩散引发了一系列生态和经济上的灾难。此外，它们还夺去了南非人民所亟需的水；它们阻塞河道并增加野火和洪水发生的风险和破坏力。同时，还通过将本土植物排挤出去而使生物多样性降低。

破坏树木和水生植物，从直觉上看似乎是与基本的分水岭保护和生态系统管理相悖的。分水岭保护通常与防止森林毁坏相联系。但是，从自然上来讲，南非这个国度以草地和易燃的高山硬叶灌木群落占主导地位。并且因为其生物量低，仅需少量的水，而非那些入侵的大型外来树种和木质草类。

一般的入侵种，例如金合欢树（洋槐）、丝状的哈克木属植物（Hakea sericea）、松树（松属），使得

（下转第196页）

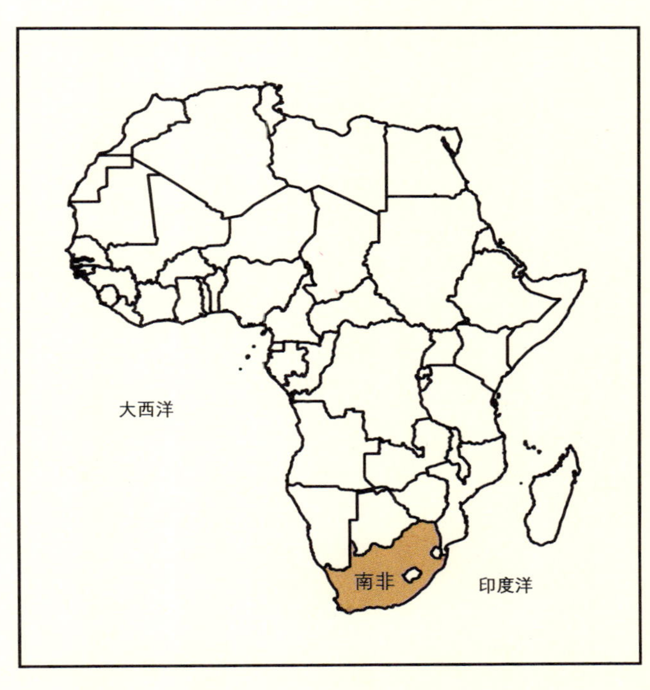

专栏3.12　纵览：南非的入侵者

非本土植被已经侵占了南非1 000万hm^{2}的面积。尽管它们提供了颇有价值的木材和其他利益，但是入侵植物从该国夺去了宝贵的水资源，减少了生物多样性，堵塞了河流，增加了野火和洪水的风险和破坏力。南非对此作出的响应——多个机构共同努力的实施水计划（Working for Water Programme），已经雇佣了成千上万的穷人和困苦的市民去清除非本土种，同时使他们获得可以维持生活的工资报酬和新的技能。

生态系统问题	
淡水 	自非本土种侵入南非以来，其淡水系统供应的水量就急剧下降，在有些流域竟高达82%。
森林	把草地和原有的森林转变成非本土种的农场，可能增加了南非的纤维产品。今天，南非的国民经济中木材的贡献率达到了18亿兰德，以森林为原料的产业占100亿兰德。相应地，本来应该流入到河流的水流，有7%被非本土树木吸收了——远多于本土种。
草地 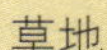 	南非开普植物王国（Cape Floral Kingdom）1/3的草地——高山硬叶灌木群落生态系统已经由于城市化、农业和林业活动而丧失了。而非本土种现在又威胁到其余的9万km^{2}的高山硬叶灌木群落的生物多样性。这里是次大陆45%植物种类的故乡。入侵还加剧了野火和洪水之后的土壤侵蚀。
农业 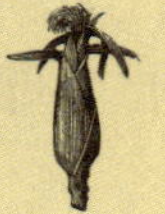	土地向农业用地的转变，居住区因道路建设和其他开发活动而推动了非本土植物的扩展。
管理的挑战	
公平和使用权 	种族隔离的终结，使得黑人公民重新获得了发言权，而此前他们对土地和水的支配权被严格地限制。如今时代所承诺的是向全民供应充足的水。这一承诺要继续下去的本身，就推动着实施水计划和其他恢复工作。而这些举措都许诺以最小的代价来提供最多的水。
经济学 	对一度几乎免费的用水，政府现在也开始向市民收费，以便限制过度使用和浪费。对其他主要的用水部门——农业和林业也亟待实行收费，但是争议颇多。
涉益方 	实施水计划已经与合作者们取得了一定的共识，但是，摆在他们面前的还有更困难的政策协商。对私有土地所有者和商业性森林所有者来说，许多入侵种是很有价值的作物或院落装饰材料；对它们的控制所带来的损失要高于收益。
信息和监测 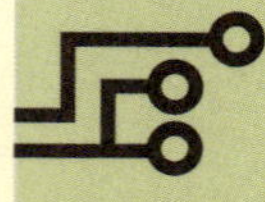	生物入侵对供水影响的研究，使人们对致力于当今入侵植物的综合控制普遍产生了兴趣。对入侵种的影响和实行控制的财政收益以及进行更多的经济学研究，对于帮助调整实施水计划所需的不断增加的大量资金非常重要。

大事记

公元1000年左右 商人和游牧民把植物和动物物种引入南部非洲，但没有对本地植被产生显著的影响。

1652年 荷兰殖民者统治了南非的好望角。他们很快从欧洲、亚洲和南美引进了超过50种作物；其中一些就是今天的入侵者。

1820—1870年 从世界各地涌入的定居者带来了外来物种。其中有11种被列入目前高山硬叶灌木群落中问题最严重的12个物种之中。

1880—1890年代 植物学家开始注意到，开普地区高山硬叶灌木群落中，非本土种在山坡上的扩散和地方物种的丧失。与此同时，林业管理者开始鼓励非本土树木的山地种植。

1920年代 关于森林种植对供水影响的争论开始了。此时，对商业性木材和相关产品的需求驱动了非本土硬木林的快速种植，且在随后的60年里一直持续着。

1930年代 刺梨（*Opuntia aurantiaca*）在succulant Karoo的快速扩展，唤醒了人们对干旱地区和高山硬叶灌木群落生物入侵威胁的意识。而在后来的50年里，人们对草地生物多样性和热带草原的威胁还不十分清楚。

1934年 南非议会指定了一个跨部门的委员会，对水保护选择权进行评定。

1937年 通过了除草法案（The Weeds Act），这是首次对入侵种采取重大的法律干预的尝试。但是由于缺乏野外工作人员、物力财力和方法手段，使得这一法案很难执行。

1940—1970年代 水文学的研究表明种植场对下游有负面影响。于是发起了对入侵物种的控制，但这些行动是不协调的、不稳定的，并且由于没有后续措施而受到阻碍。

1948年 种族隔离主义者宣布83%的南非土地归白人所有。乡村土地法和水法确保了在几十年里主要服务于白人的利益。黑人被拒绝在政治活动之外。

1970年 山地流域法案赋予了林业部管理高地的责任；通过在上万公顷土地上清除植物，认真地处理了入侵者。植物研究所致力于研究对入侵植物的生物控制。

1983年 农业资源保护法案赋予了政府广泛的权力去控制非本土种，并向土地所有者介绍其观点，责成他们可持续地管理其土地。

1986年 生物入侵国际计划关注和研究了南非的植物入侵。流域试验的评述给出了确凿的证据，说明非本土植物对河流有着决定性的影响。

1980年代后期 对山地流域的管理责任从林业部转移到了各个省；由于缺乏资金而终止了入侵植物综合控制的工作。因此，在一些已经清除了的地区，外来植物重又侵入。

1989年 国际SCOPE生物入侵计划开始关注和研究南非的植物入侵。对流域试验的评述提供了确凿的证据，说明非本土植物对河流的影响。

1993年 政府发起的进一步研究说明，清除入侵植物可以改善流域的径流。

1994年 种族隔离终结。南非成立立宪民主政体。

1995年 由南非水务与林业部发起的实施水计划，雇佣了7 000人，在最初的8个月时间里就清除了3.3万hm^2土地上的入侵种。

1998年 国家水法案承认水是一种公共资源；承担起保护水质、水量和可靠性的责任；保证每一个南非人每天25L的水供应。在没有充足水源的情况下，要满足1 400万人的需求，是一个令人胆怯的挑战。

2000年 实施水计划雇佣了成千上万的人，已经成功地清除了超过45万 hm^2土地上的外来种，但是，仍然有数以百万公顷计的土地需要关注。

高山硬叶灌木群落生态系统的生物量增加了50%～1000%。入侵种通过从土壤中吸收大量水分以及后来的蒸腾作用，极大地减少了分水岭上的径流（van Wilgen等 1996:186，来源Versfeld和van Wilgen 1986）。目前，南非的非本土种每年要消耗大约33亿m3的水，差不多占此前汇入河流水量的7%（Versveld等 1998:iv）。这几乎和南非主要的城市和产业中心的用水量相当（Basson 1997:10）。

南非对生物入侵的反应，可能是迄今所采取的规模最大和最昂贵的一个外来植物控制计划。它还是解决南非黑人贫穷的一种努力——贫穷是种族隔离和1994年结束的白人统治制度的产物之一。通过多个机构对实施水计划的努力，政府雇佣了几千市民砍掉那些饥渴的植物，并把他们劳动的副产品转变成可以出售的产品，如薪柴、家具、玩具等。自1995年开始实施以来，该计划已经向男人和妇女们提供了可以维持生计的工作和获取新技能的机遇。在一些地区，该计划还提供了儿童看护、社区中心、健康以及国家水保护教育。

通过把社会目标和生态系统恢复统一起来，并面对公众的强烈要求，对向千百万人提供更多淡水进行投资评估，实施水计划已经把政策意愿、公众支持和资金集中起来。而在当时，南非新的民主政府设想了许多社会福利项目，各项目之间又有激烈的竞争。然而，距离成功还很遥远，目标也很高。如果计划失败了，许多先前入侵的物种会在今后10～20年里侵占双倍的范围（Versveld等 1998:vi），破坏城市、工业和农业的供水。而且，计划的高额费用、与土地所有者之间的利益冲突、管理和安全问题等都不能忽视。但是实施水计划所带来的各种收获是很实在的：更健康的生态系统、以较少的代价换取更多的水、给少有机会脱离贫穷的农村提供千万个就业机会。

植物入侵

当今，入侵的植物和动物被认为是对世界范围内自然生态系统中生物多样性最大的威胁之一。然而，这一认知，还是在较近的时间内才产生的。若干世纪以来，外来植物都被看做是可取的；它们的耕作可以在短时间内产生经济回报和社会效益，而这样做的代价通常要很长时间才会显示出来。外来植物可以在非

一条水平入侵的松树林带（*Pinus pinaster*）；这些松树是从临近的种植园里蔓延出来的。它们彻底改变了高山硬叶灌木群落的结构，并减少了河流的水量。

原生地环境中存在好几十年而无害，直到生态系统中产生一些微妙的适应或变化，才会激发出入侵的影响。即使是经过了多年研究，人们还不完全清楚：何种有机体会入侵到新的范围内，何处会发生入侵，以及入侵发生的时间和原因。

引入入侵者

非本土种对荷兰人来说，似乎是无害的，他们在定居到南非开普地区之后的最初几年里，也就是1652年之后几年，引入了超过50种植物（Wells等 1986:29）。在此后的150年里，来自世界各地的殖民者不断引入物种，这些物种可以提供柴火、木材、食物和树荫，可以固沙、增加花园，使他们想起自己的家乡。

总计约有8750种植物已被引入南非。幸运的是，只有2%成为严重的入侵者，主要是那些成熟快、易增产、容易传播和在不稳定环境中能很好存活的树木和灌丛（van Wilgen和van Wyk 1999:566）。从南部大陆引入的物种和其他易燃的生态系统，像来自澳大利亚的物种，特别容易占据高山硬叶灌木群落。在那里大火使得种子释放出来，并营造出诱发种子发芽的环境。

一些主要的“问题物种”是在19世纪后期扎根南非的。当时，林业当局开始鼓励在开普附近的山上造林。被引入的松树、桉树和金合欢树，用于增加丹宁酸和木材的供应，因为南非的自然林分布受气候和火

专栏3.13 南非分布最广泛的一些入侵植被

物种	起源	引入理由	大约占据的面积和入侵范围	耗水（100万m^3）
丁香花属 (*Melia azedarach*)	亚洲	装饰、树荫	300万hm^2；热带大草原、沿河岸地带、受干扰的地带、路边和城市开阔地带	165
松树 (*Pinus species*)	北美和欧洲	木材、木杆、薪柴、树荫和装饰	300万hm^2；广泛分布在山地流域、森林边缘、草地和高山硬叶灌木群落	232
黑金合欢 (*Acacia mearnsii*)	澳洲	防护、鞣料树皮、树荫和薪柴	250万hm^2；广泛分布，除了干旱地区之外	577
马缨丹属 (*Lantana camara*)	中美和北美	装饰和树篱	220万hm^2；森林和种植园边界、水体、热带大草原	97

来源：Versveld等 1998:75；实施水计划 n.d.:4

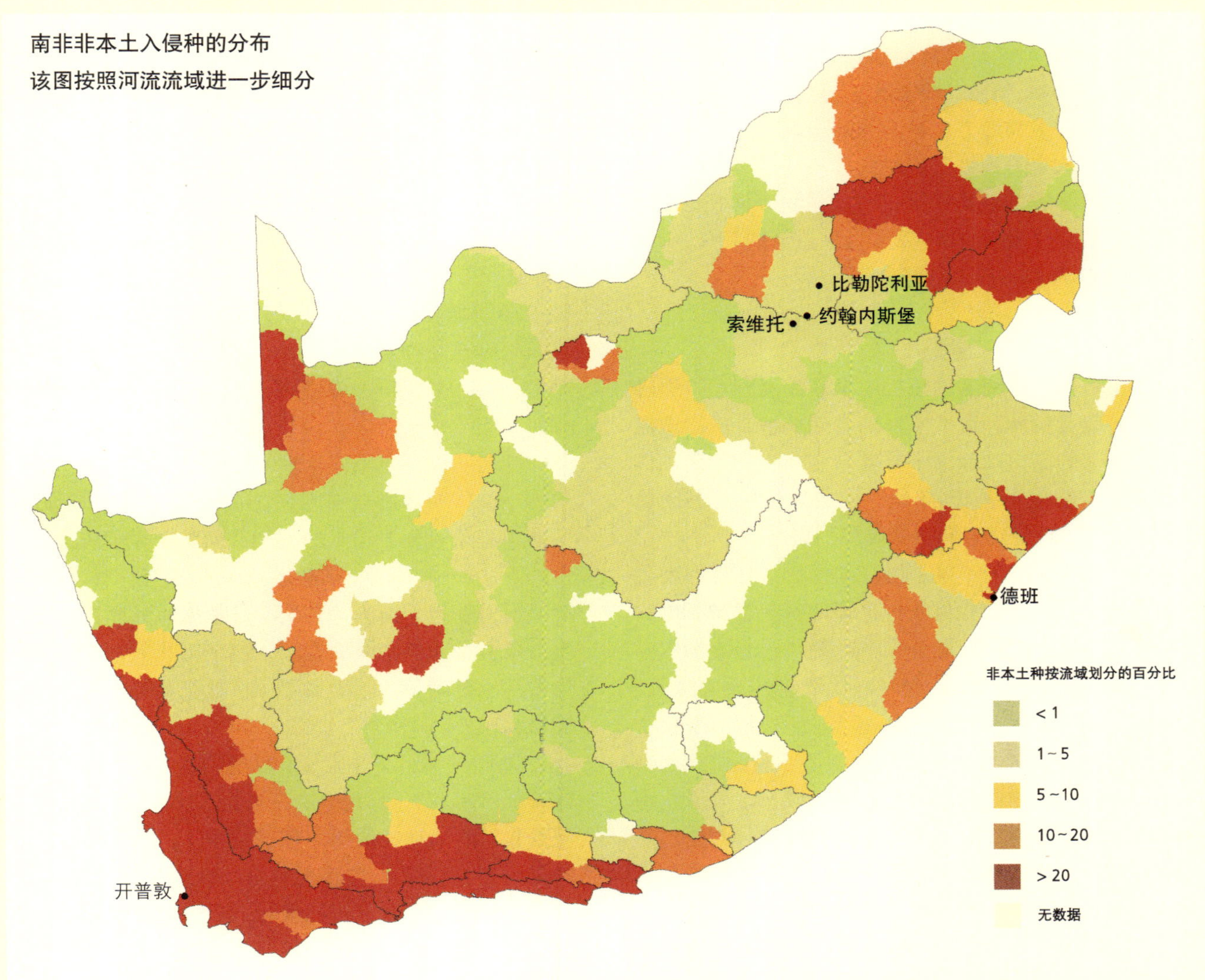

来源：Versveld等 1998；USGS 1997

灾状况的制约。官方相信外来植物可以增加供水和美化环境，他们称开普地区那些自然裸露的、满是石头的山坡是"一种丑陋和刺眼的景色"。政府林业人员向私有种植者提供免费的种子和外来物种苗木以便移植，并对最好的种植园予以奖励（Shaughnessy 1986:41）。

业已证明，非本土种成长很快，并能在各种边远的土地上扎根。很快，南非就把草地和矮树灌丛的生境改变成了国有和私有的种植园，前者很不适合于农业和牧业，但是却具有丰富的本土生物多样性；而后者可以给刚刚萌芽的木材产业和纸浆、造纸厂提供原料。今天，外来树木的人工林占地152万hm^2。而天然森林占地却低于7 177 km^2——约占南非面积的0.25%（Le Maitre等 Forthcoming）。

不幸的是，河岸地带的外来速生种所吸收的水分，差不多是同样的树在远离河流的地方吸水量的两倍（van Wilgen和van Wyk 1999:567）。而且，人工林只能位于降雨量较多的地方，像南非的山地集水区等。它们在那儿所承集的初级汇流对南非一些低地上的供水至关重要。尽管山地集水区仅占南非地表面积的8%，但它们却提供了整个国家每年淡水总量的49%（van der Zel 1981:76）。

失去了淡水，获得了觉醒

早在19世纪，南非的植物学家就注意到了，引进的植物可能会抑制和取代本地的自然植被，最终把原先物种丰富的高山硬叶灌木群落转变为生物荒漠。但是，在后来的差不多100年里，对外来植物控制问题却没有引起土地管理者和决策者们的兴趣。

缺水的威胁——不仅是潜在的生物多样性的丧失——最终推动了对南非的土地管理行为重新评价。1920年代，人们开始怀疑外来植物的增加与水供应问题之间可能存在的联系。当时农民联合向政府请愿，要求调查为什么南非的河流会逐渐干涸。政府发起了一系列试验，评估商业性林业对山区水资源的影响。在高山硬叶灌木群落和草地的研究流域上，大量地种植外来松树和桉树，对溪流产生的影响进行监控，并与没有采取控制措施的流域进行对比。在后来的几十年里，研究者发现水流对流域植被覆盖的变化极为敏感，哪怕是极微小的变化。例如说，在KwaZulu-Natal Drakensberg，在草地集水区上种植了松树以后20年，溪流减少了82%。在西开普省，种植松树23年以后，在高山硬叶灌木群落集水区减少了55%的水流。而在Mpumalanga省，当草地集水区完全被松树和桉树取代之后的6～12年间，整个河流就完全断流了（van Wilgen和van Wyk 1999:x）。尽管有了这些发现，但是直到1990年代，所采取的保护分水岭和与入侵植物的扩散的斗争还是小规模的、零散的，并且当所需资金不足时就逐渐停息了。

最后，生态学家以一个关键的证据，激励人们支持去改变这一切，证据指出后果未经检验的入侵种导致的水分损失可能带来经济上的惨重损失。科技进步使得人们能利用所开发的计算机模型，在易发火灾的景观单元上，模拟外来植物的生长、扩散和耗水情况。结果令人大吃一惊。即使是在树木稀疏的地区，入侵种也可能变得很密集，只要经过半个世纪的时间，将导致流量减少30%～60%（van Wilgen等 1997:406）。在需水最多的旱季，径流在一些被入侵种侵占的集水区可能会降到0，从永久性河流变成季节性河流。

后果未经检验的外来植物会对开普地区产生可怕的影响。它们影响该地区的野花、树叶和干花收获，并影响到全国农业产量25%的130万hm^2灌溉农田（IWMI 1999:4）。例如，1993年，西开普省的苹果、桃子和梨的收获，完全依赖于从其相连流域获得的水；落叶水果产业带来了5.6亿美元以上的出口收入。同时，在1993年，雇佣了25万人（van Wilgen等 1996:185）。

控制入侵种的工作从政治变革中获得了进一步的动力——1994年种族隔离制度的结束。新的民选政府带动了全国对公平用水的关注，彻底摒弃了历史上对水的看法——水是它所流经地区的人的财产，而那些地区通常是属于白人的。现在，根据1998年南非水法案，所有的水都是公共资源。每个南非人都有权获得足够的水以满足其基本需要，该数量暂时定为每人每天25L。

既然1 400万南非人没有足够的或完全没有水供应（Koch 1996:12），那么将这一新的"权利"变为现实就使得先前的水缺乏似乎不那么重要了。南非早就有用水压力了，而像开普敦这类人口快速增加的大都市，则会面临地区性水危机的威胁。研究已经预测了，到2010年，开普部分地区的用水量会比1990年增加70%～106%（Marais 1998:2，来源: Spies和Barriage 1991）。

实施水计划的一个小组在一个松树（*Pinus pinaster*）密集的山地进行清除工作。该地位于开普敦以东约120km、Kleinmond的一个海岸小镇之上。

一场新的驱逐战

分水岭保护和脱贫是南非实施水计划的双重目标，两者都在有效地实行着。1995年，通过科学家和保护主义者的争论，水务和林业部长Kader Aamal证实了，清除入侵植物可以增加水以及带来其他生态效益。他建议政府使用贫困救济基金去雇佣困苦的市民，让他们移走入侵的树木、灌丛和水生植物。

第一年的清除工作预算要求2 500万兰德，需要雇佣6 100人以上（van Wilgen 1999）。如今，在第五个年头里，1999—2000年实施水计划的预算已经增长了8倍——为2.02亿兰德（van Wilgen 1999）。在8个侵害最严重的省份资助了240个项目。同时，雇员增加到42000人，他们中的许多人此前从来没有被雇佣过或是仅以民工的方式工作过（实施水计划 1998，1999）。清除工作优先在河岸地带和那些有着很多困苦市民的地方展开。

保护分水岭

实施水计划已经清除了45万hm^2以上受到侵扰的土地。在一些地方，河流几十年来第一次重又开始流动（van Wilgen 1999）。例如在Mpumalanga省，在距离河岸500m的地方清除密集的松树和金合欢树，结果很快就使流量增加了120%。西开普省，在河流两侧各30m范围内移走松树（仅占流域面积的10%），一年以后就增加了44%的流量——每公顷清除后的土地上获得了11000m^3以上的水（Scott 1999:1151～1155；Dye和Poulter 1995:27～30）。

清除之后12~18个月，工人们必须用除草剂或放火来除去外来的种子，然后，重新种上本土物种。接下来也许还需要使用生物控制，诸如来自外来植被家乡的特定的害虫和疾病等。具体的例子有，小小的毒黄蜂可用来阻止长叶的金合欢树开花和结果，或者是用食叶的昆虫破坏马樱丹属的叶子和茎杆，还有其他具侵略性的入侵者。在多数案例中，生物学方法不能单独用以控制外来植物——例如，它们不能移走已经存在的树木，但是可以提供一个划算的方法，减少入侵种在未来的扩散以及可以选择在靠近水的地方使用除草剂。

解脱贫困

与计划实施地区清水重又流淌的激励相同，实施水计划的动力也来自它所创造的工作机会。对改变一个有37%失业率的国家来说，就业是一个强有力的杠杆（1997年）（UNEP 1999，来源：南非种族关系研究所 1998）；50%的家庭被列入“贫困”，每个成年人每月收入低于353兰德（1998年5月）。在许多实施项目的地区，市民们缺乏可靠洁净的水资源、电力和永久性住房。很少有人接受过教育或具有一定技能，从而获得相应的工作，特别是在不断增长的技术性的劳动力市场上。与当地类似工作的工资相当，实施水计划付给工人的工资为每天22～55兰德（Marais 1999）。大多数工人在白天利用长柄镰刀和链锯将入侵种移走。一些受过登山训练的雇工，周一乘直升飞机到Mpumalanga和西开普省部分步行不能到达的省份。在那儿，他们把外来植物从山顶和峡谷中清除掉，一直干到星期五再飞回家。

（下转第201页）

专栏 3.14 南非新水法：为了公平、经济发展和生态系统稳定而管理水

对水的管理方式进行改革是南非经济和政治重建的中心任务。自从1994年的民主选举以来，南非已经起草了一组水政策，包括1997年的水服务法案和1998年的国家水法案(NWA)，以改变过去的低效、不公平和环境退化。这些新的政策被认为处于世界上最先进之列。

和其他国家一样，南非已经起草了水利部门的改革方案。它强调了分散的水管理，鼓励地方参与决策，实行水价改革（Saleth和Dinar 1999：iii）。使得南非分散管理水务的原因是其远见和进行有效管理的切实的生态学承诺，同时，要确保平等地获得和持续地使用资源。这些目标的实现需要从根本上远离国家的旧的行为模式。

保护生态系统的整体性

南非新的水政策是建立在国家必须维持一个能确保其水资源的自然生态系统基础上的，如果它希望实现其宏伟的水供应目标的话。为此，NWA要求国家保证环境“储备”——保证淡水生态系统得以维持活力的水量 (NWA No. 36，第三章的第二、三部分)。该法律还鼓励一体化的、以分水岭为基础的水管理方法；那些包含在法律范围之内的行为包括：改变沿河地带的土地利用方式，清除非本土植物，以及减少产生污染的措施。

搞好水的分配以满足基本需求

NWA还为人们建立一个“基本需求储备” ——对用于饮用、食物加工和个人卫生的水进行分配。这一储备，先前的目标是每人每天25L，作为每一个市民的权利而有保障(DWAF 1994：15；水服务法案 No.108)。为了保证每个人都能够得到，法律指导水事务和林业部（DWAF）监督各省之间水的供应和卫生设施。

在满足人们基本需求的供水和环境储备得到保证之后，南非法律要求剩下的水作如下分配：(a)所有的人都有同等的权利获得资源用于生产性目的，特别是在农业部门之内；(b)所有的人对因使用水而得到的利益享有同等的权利，如工作。例如，在法律指导下，国家要针对诸如灌溉水分配不均之类不平等现象，寻求补救的方法。现在，灌溉用水占南非用水的一半以上，而黑人农民仅分到不足10%。NWA详细说明了政府可以对特定地区或群体收取水费（如下所说），以进一步达到平等的目标。

把水作为公共财产

1998年的水法使得所有的水成为公共财产，废除了以往基于财产所有权的水权分配惯例（NWA No.36，第四章）。例如，一名土地所有者，虽有河流流经其土地，但要得到许可才能大规模地从河流中抽水。其他受到控制的水的利用包括：蓄水、妨碍或改变河道中的水流、参加节水活动，诸如种植森林、利用废水灌溉土地，或改变河道的堤岸。

如果个人用水因家用、牲畜、紧急情况和娱乐，而超出合理的数量就必须申请临时的许可证（NWA No.36，第四章，第一部分和专栏1)。水务部门当局可为特殊用途（如灌溉)，以及在特殊时段授予许可证。最长的水权许可时间为40年，但无论多长，所有的许可证至少每5年就要复核一次，以保证在同一水域内的平等分配。复核用以保持水质、调整某些地方水分配过多的情况，或者是处理社会经济需求已经发生变化的情况。许可证可以买卖或拍卖。

新的政府结构

当在国家层次和流域层次上进行统一规划和综合水管理的能力保留下来后，在南非，地方参与水管理的机会就大大拓展了。

在国家层次上，DWAF负责制定国家水战略的细节；就水在流域间的调度进行决策；处理并满足流域的国际协议条款；确定水质标准。但是，在单个流域内，实际上进行水分配的责任却落在了当地的“流域管理机构”（CMAs）身上(NWA No.36，第七章，第一部分)。CMAs和其他机构被希望与所有的利益团体合作——例如，他们必须公开所有用水许可证的申请，判断所有使用者的反应。

还值得一提的是，南非的水法是世界上第一批赋予某一耕作地块的人对水的权利，而不管他是这块土地正式的所有者，或仅仅是土地的使用者的法律之一。这种安排在实质上有利于那些公共土地的占有者（国际水管理研究所 1999：8)。

平等和有效地收取水费

NWA把水费作为主要用以供水和鼓励有效利用的财政手段（NWA No.98，第五章，第一部分）。法律要求DWAF提出水的定价策略，给代理者们以相当大的自主权，可随地方和环境不同决定水价。例如代理者可以在国家或地区基础上，或在特定水管理地区内采用某一给定水价。DWAF可以使用三种水费：

- 费用包含供水所需的所有财政成本，包括开发、运营和基础设施维护。
- 分水岭管理费用，用来处理河流和其他水体的废弃物和水的消费。收取的资金可以用来支持水的管理、保护和研究。
- 资源保护费，可用于那些对该水域的其他人有显著影响的特殊用水地区。这些收费意在体现一些用水紧张地区水资源稀缺的价值。

应对挑战

南非的水改革赢得了世界范围的称赞，所有南非人都意识到了新的水政策中那些变化的好处。然而，要执行这一新的政策，还是充满挑战的。在过去的五年中，管理不力和训练不足困扰着许多输水项目。一些社区已经开始抵制支付新的水费。这些早期的经验说明，不管目标有多么美好、崇高，水资源管理方面的深刻变化需要时间，需要同时在广泛的水使用者中建立支持，并增强当地水务机构的能力和专业知识。

由新的水政策引发的一个同样重大的挑战是，要求南非政府就水管理问题采取多学科的方法。水文学和工程学方面（几十年来为水利部所关注）现在仅仅是庞大的管理框架中的一部分。这一框架还对经济、社会和生态系统问题给予了同等重要的考虑。

该计划的社会福利效益随着水的供应而不断扩展。通过把小孩送到日托中心去，实施水计划已经形成了一个包括50%以上女性的劳动力大军，包括许多单身母亲。该计划还努力为年轻人、乡村居民和残疾人创造就业机会。由政府机构、学校和非盈利组织联合提供的工人培训和教育，完善了雇佣计划。主题包括环境意识和健康教育——从急救到计划生育，到艾滋病病毒/艾滋病的防治。

调节水龙头

实施水计划在致力于将山地分水岭恢复到入侵发生前的状态的同时，还帮助唤醒市民们对南非水资源有限性的新的正确意识。二者相互配合的动机就是要激励人们采取各种保护措施，并使该计划获益。

一个主要的动力来自于南非新的水法，它明确地使人意识到保护“维持人们依赖的生态功能所必需的水质、水量和可靠性”的必要性。一些实施水计划的市政当局，利用水保护运动来帮助执行该项法律。各种预先付费的仪表鼓励市民们计划用水、“节约”用水。市民们在花园里使用“二次用水”（grey water）（废水）。使用节水厕所、低水流的莲蓬头。避免在上午11点到下午2点之间灌溉，因为那段时间60%的水都蒸发掉了。

另一个促进保护的因素是对曾经是世界上最廉价之一的水价的上调。收费标准对于家庭用水量的最初5m^3用水每立方米仅收0.007兰德。但是此后，每增加1m^3则要收取较高的费用——对于每月用水超过60m^3的家庭收费高达每立方米0.14兰德（van Wilgen 2000）。

结果是很惊人的。例如，在Hermanus，用水量减少了25%，而卖水的财政收入却增加了20%，这有助于资助当地的实施水计划项目。保护措施使得Hermanus可以暂缓建设额外的高花费的供水设施——比如一座新的大坝（实施水计划 1998:17）。

计算底线

目前，实施水计划每年耗资2亿～2.5亿兰德，主要用于工人的工资。财政支持主要来自政府的重建开发计划和贫困救济基金，约有40%来自水费（van Wilgen 1999）。许多合作机构为社会福利计划提供了很切实的培训、教材和职员。在Hermanus附近的Walker湾，土地所有者要付一半的清除费用和全部的维护费用。在东开普省的Cwili-Ker Mouth/Komga，农民们要支付清除他们土地所需费用的60%（Marais 2000；实施水计划 1998:17）。计划领导者希望能推广这些模式。

但是，依照现在的工作和效率比，那些植物扩散的速度还是要比该计划移走它们的速度快。假定某一外来种的扩展速度为每年5%，那么分水岭的恢复和植物控制就需要20年的工作——每年要投资约6亿兰德。总计约54亿兰德，还要加上长期每年约3000万兰德的维护费用（Verseld等 1998:iv～vi）。

结合其他可供选择的供水方法来考虑，清除植物的计划和实施分水岭保护仍是最划算的。一项研究表明，从西开普省的分水岭内清除外来植物所增加的额外的水，其成本只需要每立方米0.06兰德。比较起来，如果从西好望角最好的水坝取水，每立方米要耗费5.70兰德用于取水，1.50兰德用于处理污水，以及4.80兰德用于脱盐（van Wilgen等 1997:409；van Wilgen 2000）。研究还表明尽早投资清除入侵种在财政上是明智的。高山硬叶灌木群落地区入侵种的空间分布，在4～6次火烧之后，似乎会由轻微到密集地扩散和加强（50～80年）。清除入侵较轻微的地区的花费，每公顷约825兰德，而对于清除一个入侵植物密集的地区，每公顷则要花费5875兰德（Wersveld等 1998:vi）。

成功与失败

不仅政府要面对严峻的植物清除和杂草控制付出，而且私营公司和土地所有者也是同样的。许多被认为是“有害的”物种支撑着国家增长最快的经济部门：种植林业对南非的GDP贡献达2%，每年约18亿兰德；来自松树、桉树和金合欢树的产品每年再贡献另外的100亿兰德。然而，林业却是入侵的一个主要来源。南非38%的被非本土种侵占的面积是用于经济林业的，在30km的种植林范围内，差不多有80%受到松树的侵扰（Nel等 1999:i，1，19）。许多乡村的土地所有者不愿意出资恢复被侵占的地方，这些地方是他们所依赖的——在这些地方像金合欢树、桉树已不是农场原有的使用目的——防风、荫蔽和林地。植物养护人员也是有关出售入侵植物严格规则的宣传对象。

私有土地所有者和实施水计划之间已经取得了一定的共识。实施水计划的支持者不主张在种植场取缔入侵种，许多土地所有者急切地想要控制马樱丹属、bugweed、chromolaena这类野草，因为它们会妨碍种植园的经营，并增加火灾。遵照一项要求，森林产业已经答应，清除他们土地上河岸地带和非林地带中的外来植被。一些林业公司还帮助从河边地区清除杂草和经济物种等植物控制工作，或者协助种植、绘图、捐赠交通工具、培训工人。

但是，各林业公司和数以千计的小的独立农户们就各自对清除和控制入侵植物的经济责任还难以达成更广泛的一致。并不是所有的人都赞成实施水计划的支持者们的提议，在种植园附近或下游地区进行更多的清除工作，对在距离河岸地带20～30m以内的非法种植罚款。还有，该计划对种子污染提出污染者付费方法，让那些使用入侵种的人在植被扩散时负责清除的费用。私有土地拥有者对试图去衡量种子污染的实用性持怀疑态度。他们害怕由于其他人的原因而遭到指责，包括要在河岸地区移走的那些巨木，至少它们中有一部分很可能是在种植林业私有化之前由政府引起的。除非这些争论都消除后所有同仁能合作工作，否则实施水计划的努力将会被削弱。

林区居民也反对实施水计划的有关对“减少水流的行为”收税的倡议——一种有效的，为帮助清除流域内外来入侵者的活动提供基金，对其树木耗水所收的税。这些税收会迫使森林产业与一个水不再作为免费服务的系统紧密结合。行业害怕水控制会抑制它们

上个世纪中森林覆盖的扩展

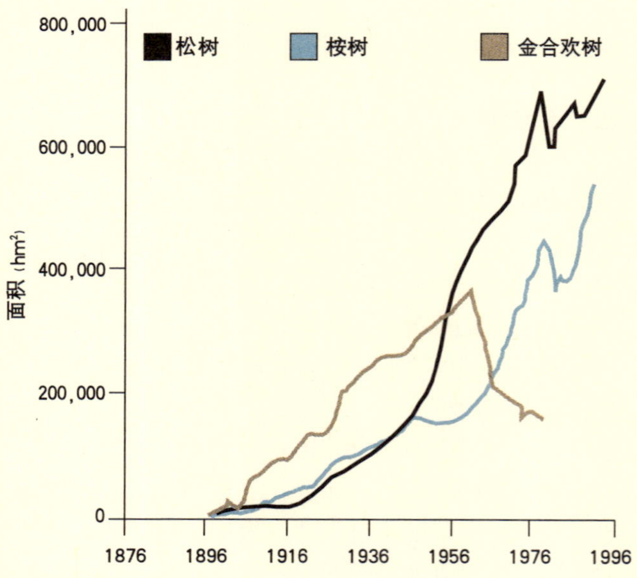

来源：Nel等 1999:20

专栏3.15 高山硬叶灌木群落生态系统评价

对南非生态系统在有与没有入侵种情况下估算其价值的能力，被证明对清除计划能否获得支持极为关键。例如，1997年对一个假定为4 km^2的高山硬叶灌木群落山地生态系统进行了估价，结果表明对外来植被不加管理时为1900万兰德，而实行有效管理则为3亿兰德。该分析仅考虑了生态系统提供的六种主要的产品和服务：水产、野花采摘、徒步和生态旅游观光、地方物种和基因储存（Higgins等 1997：165）。作者还确定用于清除外来植物的费用仅占该山地高山硬叶灌木群落生态系统价值的0.6%～5%。如果考虑到南非8个生物群系的非凡的物种丰度和地方种，以及入侵植物威胁到大约1 900个物种存在的事实，就可能是一个很保守的估计（van Wilgen和van Wyk 1999，来源Hilton—Taylor 1996）。

实际上，南非的生物多样性对于限制入侵种的范围可能是最有力的长期证明，但其生态系统的服务价值却是最难以评价的。例如，当高山硬叶灌木群落植被被开发作为食物和药材或园艺作物的时候，就可能估计它的“市场价值”。然而，对像开普糖鸟（Cape Sugarbird）这类物种进行估价却要困难得多，这种鸟在西开普省的栖息地受到入侵者的威胁；或者是侏羚羚羊，它受到那些破坏草地生境的入侵者的威胁。

南非与黑金合欢树（*Acacia mearnsii*）相关的效益和费用

黑金合欢树是一种具侵略性的入侵种，但具有显著的经济效益，是乡村社区的一种重要资源。但是近来有分析表明，它所引起的代价可能是其带来的效益的两倍。

金合欢树的效益	1998年净产值（6兰德=1美元）	金合欢树的代价和负面影响	1998年净产值（6兰德=1美元）
木材和其他商业性的木材副产品，包括丹宁酸、浆和木材碎片	3.63亿美元	差不多每年减少5.77亿cm^3的地表径流量	14.25亿美元
薪柴	1.43亿美元	生物多样性的丧失	未知，但相信一定很显著
建筑材料	0.22亿美元	增加火灾	100万美元
碳汇	0.24亿美元	增加侵蚀	未知
固氮作用	未知	动摇河岸	未知
药材	未知	丧失休憩的场所和美学价值	未知
抑制侵蚀	未知		
总计	>5.52亿美元		>14.26亿美元

来源：de Wit等 Forthcoming

的全球竞争力。把林业部门单列出来收取水费使得争论复杂化了。像农业和矿业等部门从河流中抽取的水要比林业多，但是它们在几年内还不可能要求收费。它们对水影响细节的了解远远落在林业之后，因而很难给他们发放许可证和清单。

实施水计划也给许多乡村社区带来了问题，他们依赖于入侵植物提供薪柴、屏障和诸如蜂蜜、刺梨和番石榴之类的食物。迄今为止，该计划已经避免了在一些地区进行清除工作，在那里入侵植物是那些贫穷社区的主要燃料来源，或者作为薪柴、木炭或野餐木材出售或捐出砍伐下来的物种。最后，有必要开发当地管理的、具有最小入侵潜势树种或者速生本地种的林地。

计划的未来

要确保获得土地所有者的同意和支持，仅仅是实施水计划所面临的所有令人沮丧的障碍中的一个。而要实践他们的允诺，让当地社区拥有权利、减缓贫穷，也许要比移走植物困难得多。如果计划的基金能够维持，在整个流域内进行清除工作将有大量的就业机会。但是对于计划能否为相当部分人提供有意义的和可持续的生计，人们就不甚清楚了。

成功也许要依赖于计划的宏伟目标的实现，即把现在从事移走植物工作中92%的人转变到报酬更高的消防管理、生态旅游和“二级”产业等永久性工作中去（与高山硬叶灌木群落 实施水计划相关的产业1998:4）。二级产业是指那些把清除出来的入侵物种转变为盈利性产品的买卖，如薪柴、处理加工过的木材和工艺品。例如，通过实施水计划和绿色木炭公司之间的合作，就有一座工厂正利用砍伐下来的外来入侵树木加工木炭。这种合作降低了该计划的清除成本，通过移走砍伐下来的木材简化了接下来的对已清除地区的处理工作。在Mpumalanga省，正用被砍下来的木材碎片与水泥相混合，制成廉价的嵌板和绝缘的家庭建筑材料。一种可能的合作就是“无家可归者联盟”，这是一种存贷款集体服务网络，帮助那些困苦的市民获得贷款建造家园或开始做买卖。也许那些二级产业的例子中，最让人觉得心酸的要数实施水计划正在建设的那些厂子，它们正在利用入侵树木生产低成本的棺材，而棺材从来就不缺购买者。在非洲，极具破坏性的艾滋病病毒/艾滋病的扩散，已迫使数以千计的贫困家庭把宝贵的金钱花在用昂贵的棺材埋葬亲人。

但是，要成功地运作二级产业需要有管理和商业的敏锐感，以及具有扎实的技术技能的劳动力。这也是实施水计划与那些已经建立的商业实体之间寻求合作的原因之一——为工作人员获得管理上的、市场的、产品开发的经验，以及为砍伐下来的木材或产品建立出口渠道。该计划的工作人员也会得到关键性的必要的培训。一项对实施水计划的评估发现，大约有70%的劳工缺乏相关技能：家具制造、锯木、产业化的木材生产以及生态旅游（高山硬叶灌木群落实施水计划相关的产业1998:8）。这使得大量未受培训过的劳动力转向了低报酬的薪柴、树皮和碎片产业。

二级产业中所显现出来的赤字也阻碍实施水计划成为一个整体。对计划的观点和看法很快被那些创始者实施起来，他们急于开始行动，而不总是规划。计划的快速拓展似乎在工作人员培训方面出现了不足。西开普省36%的项目都报告说有问题，例如移错了树木，使用了错误的剔除方法，或者不能正确地执行下一步指令等（Raddock 1999）。一些项目由缺乏经验、培训、辅导和监督能力的人领导。工人的生产力在按日付酬体制下逐渐低落，落后的管理又使问题进一步恶化。

为了加强质量控制和提高生产力，实施水计划正从按日付酬转向合同制。最好的工人被提升为合同工，他们可主动指定一些人，组成工作小组。经训练后，合同工可以就植物移走和恢复工作竞标，这些工作在该计划的赞助下，可以与私有产业签定合同，从铁路和公共设施或其他大的地面建筑上清除入侵物种。在试行合同制地区，生产力提高了30%~50%，在一些地区通过自己雇佣的队伍，工作提高了65%（Marais 1999；Botha 1999）。

该计划的环境目标也面临着挑战。一些人宣称，实施水计划太多地为政治所驱动，从而导致了过多强调劳动者的主动性，而不是被清除地区修复的研究、调控和保护等行动。作为被清除地区生态系统功能的充分复原，要求在土壤顶层覆盖上树根和本地植被以防止土壤侵蚀；于是营养开始循环，洁净水的供给能力得以提升。如果被砍伐下来的树没有被移走的话，野火就会熊熊燃烧（入侵的草地和灌丛比非入侵的生态系统的薪柴要多10倍），以致毁掉本土的种子库，引起土壤对水分的排斥。在此后的降雨中，将发生片状侵蚀

高山硬叶灌木群落植被具有灌丛化了的特征，由三个主要的生长类型混合而成：proteoids、似欧石南属植物和restioids。

和冲沟侵蚀。通过对最初的入侵路线和来源的精心的管理（道路、铁路、河流和私有土地者的行动），可以防止入侵的进一步发展，这一点也需要更多的关注。

计划的成功也有赖于财政问题的克服。直到政府最近承诺承担三年的资金，否则各个层次上合同工的收入可能在一个月里就出现短缺。同样，资金定时到位的情况与最佳的季节性工作安排也不总是相一致的。例如，砍伐金合欢树的理想时间是冬季。那时，严寒的气候有助于树木死亡，但是资金有时候只有在夏季才能获得，而当时的再生力却最为旺盛。另一个问题是，对于缺乏足够的管理来说，意外的来自贫困救济的资金也许会推动雇佣和清除工作。

解决方案的复杂结构

如果没有切实的社会福利效果，很少会有民主政府会进行像实施水计划这样规模的、对公共资源的投资。像南非这样一个穷人广泛分布的国家，即使有令人信服的证据说明生物多样性或水正濒临危险，也很难说服公众领导人相信，限制外来植物的扩散要比提供最低生活工资的需要更重要。

但是，实施水计划把生态系统保护与当地居民的生活联系起来，把社会关系不当作一个静态的背景来看待，而看做是生态系统恢复的一个极有希望的途径。该计划制订对所有问题的解决方法，而不是把一个个问题割裂开来。把剩余劳动力中的失业者转化成资源，而不是累赘。被砍伐下来的树木对企业家来说是一种投入、一个机遇，也是计划的一种资金来源，而不是废物。在社区内清除树木为教育计划提供了一个机会。

有许多人参与了解决实施水计划中的复杂问题。该计划在很大程度上得益于恰当的公众关系活动和无数政府机构的支持。计划的促进者已经赢得了国际上的盛赞和2300万兰德的国外资助（Gelderblom 2000）。计划管理者抓住市场机会，例如让工人们穿着印有计划标识语和资金赞助者名字、颜色鲜艳的T恤衫。政府机构、非盈利性组织和私人机构之间的合作，带来了管理建议、研究、观点、职工和材料。最重要的也许是对大宗买卖合作者的默许，使得实施水计划仅在五年内，就从一个理想变成了一个数百万美元的项目。该计划在国家、国际公众和决策者中赢得的盛誉，保证了在艰难的预算期内经费不会被削减。

实施水计划能否全面而有力地与入侵植物、水保护、贫穷、甚至工人的健康作斗争仍有待进一步观察。计划很有可能会达不到它的目标。尽管要完全控制住入侵者也许是不可能的，但是能取得部分成功仍然应得到赞扬。即使入侵物种的扩散速度仍然超过实施水计划的努力，该计划的开销还是转变成了更多的水。计划的社会福利战略已经使公众对生态系统价值有更多的了解，获得更好的健康教育和工人技能培训。这些投资都不能被抹煞掉。

对南非的分水岭恢复和生物多样性保护的进展过程而言，坚持不懈是至关重要的。维持必要的公众和政治热情，保证每年数百万足够的资金是一个繁重的任务。但是，对水的需要——法律授予所有人的权利，并且对经济增长是至关重要的——加上对工作机会的需求，可能会成为实施水计划取得成功的最终保证。

对湄公河的管理：区域性的管理方法有效吗？

湄公河代表了最后的机会—最后开发一个广阔的、相对原始的河流流域潜力的机会，以使其供给能量和水而不破坏其环境的整体性。湄公河的长度在全球排第12位，有4 880km，发源于青藏高原，在越南入海。从年径流量来看，是世界第8大河，就水坝和引水设施来说，可能是世界上开发程度最小的主要河道。但是湄公河79.5万km^2的流域范围内，分布了东南亚最富有和最贫穷的6个国家——柬埔寨、中国、老挝、缅甸、泰国和越南。所有的这些政府都急切地希望利用湄公河的水资源，促进经济发展（MRC 1997:14～15）。

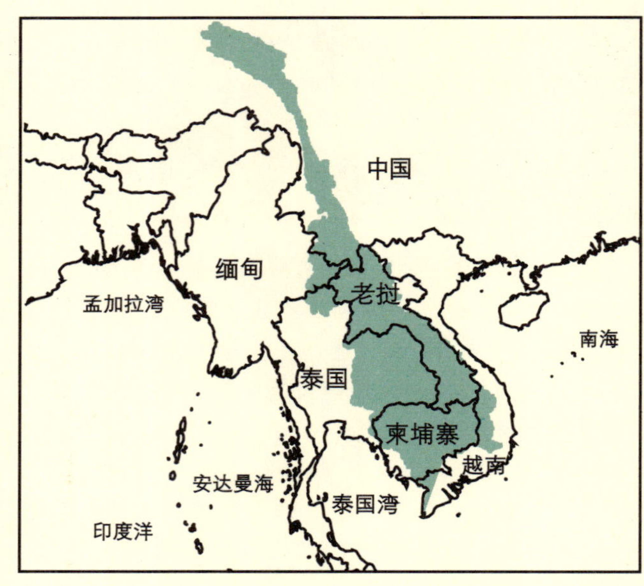

在湄公河上筑坝和分流威胁到了其传统的河流利用方式——作为渔业资源和阻止咸水侵入富饶的湄公河三角洲土地的屏障。理论上，一种新的协调的区域水管理模式可以保护那些利益，同时分享新的利益。湄公河委员会（MRC）（最初称作为湄公委员会），于1957年在流域国家之间建立，致力于解决水力开发问题上潜在的矛盾。MRC为联合管理河流及协调湄公河下游流域的开发战略提供了一个途径。1995年，在经过差不多40年的政治混乱，妨碍了委员会的效率以后，流域各国重申了合作的兴趣。柬埔寨、老挝、泰国和越南就湄公河流域持续开发签署了合作协议，该协议承认区域性行为的必要性。中国和缅甸持观望态度。

然而，MRC缺乏任何实际的权力去开发或者就流域中水的可持续利用强调联合的观点，在那个时期，沿岸各国独立地致力于其雄心勃勃的开发计划。人们能及时开创一个真正意义上的区域性湄公河管理方法，并影响流域未来的环境吗？

在湄公河上筑坝

湄公河及其支流拥有达30 000～58 000MW的水力发电潜力（MRC 1997:5～19）。尽管修筑大型的水电站计划已经进行了好多年，但到1997年，已经开发的潜能不超过5%。

然而现在，众多的大型水坝都在认真考虑之中，以应不断增长的区域电力之需和满足流域国家在国际上出售水电换取外汇的愿望。1997年爆发的亚洲金融危机对泰国的经济震撼尤其大，减慢了电力消费和延缓了电力交易协议和大坝启动，但是在经济不景气过去以后，能源需求有望再度迅速重新兴起（EIA 1999）。到2020年，湄公河地区对电力的需求要比1993年增长6倍（MRC 1997:5～9）。

水能潜力在沿河岸地带的国家间变化很大。像中国、老挝这些高地国家占了很大的份额，而像越南和柬埔寨这些位于湄公河流动较缓慢的下游沿岸国家，所占的份额就相对要少。目前，湄公河所面临的主要压力包括：

- 位于流域最上部的中国云南省正计划在湄公河上游地称为澜沧江的地方修建多达14个梯级大坝。这些大坝的总装机容量要达到7 700MW，相当于中国现在能量消耗的20%。由于云南远离中国的发达地区，对这个赚取外汇的机会，当局很可能向泰国出口电力。中国还计划从湄公河调水到黄河，以满足东北部日益增长的淡水需求。
- 泰国境内在入湄公河的许多支流上已经筑了很多大坝，用来提供动力和灌溉东部干旱省份。然而，泰国还有长期的计划从湄公河调水到缺水的披耶河，该河是泰国经济腹地的主要水源。

专栏3.16 湄公河水力资源的分配

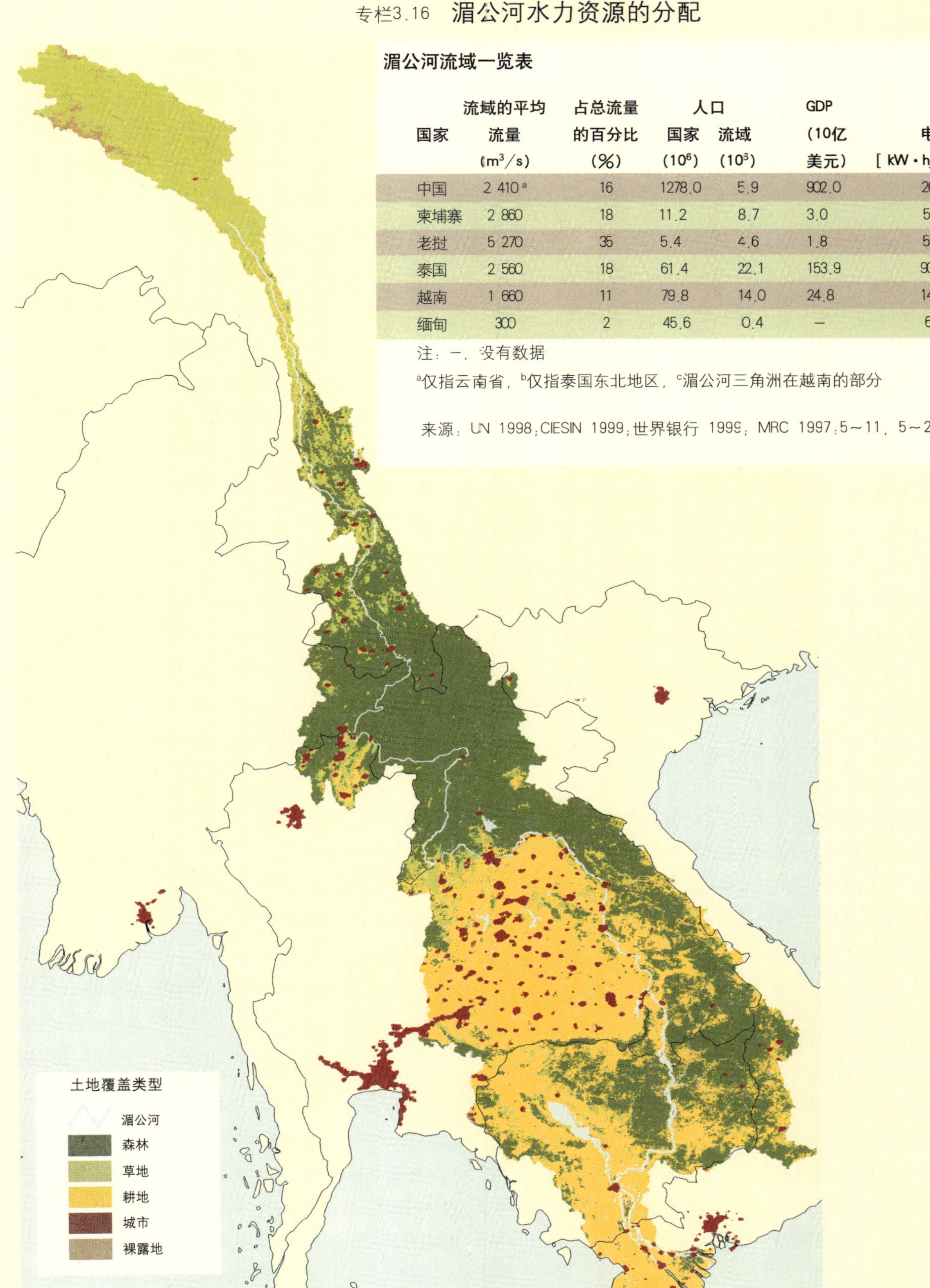

湄公河流域一览表

国家	流域的平均流量 (m^3/s)	占总流量的百分比 (%)	人口 国家 (10^6)	人口 流域 (10^3)	GDP (10亿美元)	消费 电力 [kW·h/(人·a)]	消费 鱼 [kg/(人·a)]
中国	2 410[a]	16	1278.0	5.9	902.0	260[c]	—
柬埔寨	2 860	18	11.2	8.7	3.0	55	13
老挝	5 270	35	5.4	4.6	1.8	55	7
泰国	2 560	18	61.4	22.1	153.9	900	15～27[c]
越南	1 660	11	79.8	14.0	24.8	140	21～30[c]
缅甸	300	2	45.6	0.4	—	60	—

注：—，没有数据

[a]仅指云南省，[b]仅指泰国东北地区，[c]湄公河三角洲在越南的部分

来源：UN 1998；CIESIN 1999；世界银行 1999；MRC 1997：5～11，5～20

- 湄公河总流量的1/3发源于老挝。丰富的降雨和粗糙的地表使该国的水能潜力估计达到了7 000MW，目前只有其中的一部分得到了开发。老挝已经计划在未来十年时间里建造多达17座新的大坝，以减少国家的贫穷。大多数的水电会卖给泰国和越南。泰国已经从老挝的Nam Ngum电站购买电能，并正在协商从规划中的Nam Ngum电站（二期）购买电力。

然而，并非所有规划的项目都会得到开发。只有少数在技术和经济上可行，公众和NGO大声疾呼的项目——像Nam Theun二期工程——才可能勉强建设。对于那些经济上确实有允诺的水力开发计划，私有部门才会坚持去投资。资金的来源常常来自项目的“建设—拥有—运行—转让”(BOOT)。在这样的项目中，外来投资者提供资金、建设和运行电站，在特许的开发期内偿还他们的投资并分担风险，然后把项目所有权转交给政府。

下游的脆弱性

尽管大坝和调水项目主宰了官方的开发态度，但长期以来，湄公河就给流域的5500万居民带来了许多其他的环境效益。湄公河三角洲大约有30%的家庭处于贫困线以下，大多数农村人口的生存都依赖于该河及其支流（MRC 1997:4～6）。

例如，捕鱼提供了湄公河下游流域中人口动物性蛋白消费的40%~60%。在柬埔寨，鱼类甚至维持了更高比例的人们的生活（人类学发展研究所 1998:87～88)。每年90万t的渔获量（Friederich 2000）和极其丰富的鱼的种类，都受到大坝的威胁，因为它阻碍了鱼类的迁移而妨碍到了它们的洄游产卵。

大坝还减少了季节性的洪水，这可以维持上游湿地和三角洲地区鱼类的产卵和保育场所。与季风降水紧密相关的洪水周期是地区内许多水生生物生命循环中的一个关键因素。洪峰即使有很轻微的变化也会威胁到当地的鱼产量和食物安全（MRC 1997:3～8)。在湄公河支流上建造的大坝处，已经观察到的所造成的影响可以说明该地区的脆弱性。在泰国东北部的Nam Pong水库，自从水被大坝截流以后，河流中的鱼类就从75种下降到了55种。泰国Tuk Thla和Kompol Tuol水坝建成后，其上游的渔夫眼看着他们每天所能捕到的鱼从5～10kg降到了1～2kg（MRC 1997:5～14)。

改变每年的洪水循环、减少水的含沙量或者是对湄公河进行分流也可能对湄公河三角洲的农业产生严重影响。洪水每年给越南、柬埔寨这些下游地区的洪泛平原带来1～3cm厚的肥沃的淤泥，维持了这些高强度的农耕地区（MRC 1997:2～17)。此外，旱季的河流对控制从海岸进入内部地区的咸水也很重要。根据越南水资源部门的报告，旱季时，海水可以渗入到距离海岸70km远的内陆地区。如果目前在三角洲地区袭水作用的趋势继续下去的话，受到咸水影响的地区就会从170万hm^2增加到220万hm^2（Xie 1995:10)。盐度增加已被论证是Tra Vinh省水稻产量在最近30年里下降50%~90%的主要原因（Nguyen 1998:4)。

在湄公河已经遭受到环境退化的情况下，大坝可能对生物多样性造成的威胁也必须考虑进去。毁林、不断增加的变化强度、化学农业、持续增长的人口和为养虾而清除红树林，这一切综合起来，已危及到了流域的环境健康。例如越南，已经丧失了约85%～90%的森林面积，在很大程度上是因为几十年的战争和重建工作。在泰国，为了发展农业和林木种植园，55%～65%的森林被砍伐了（WCMC 1994:106～107)。世界上一些最高的森林破坏率继续困扰着沿河两岸地区(FAO 1999:132)。留下来的许多森林质量都不高，影响了流域的储水能力，并促使高地上的土地退化和土壤流失（MRC 1997:3～5)。旱季时，通过调水打破洪水循环或者是减少基本的流量，都会显著地增加这些业已经存在的压力。

还有，国家将在何处安置成千上万的因大坝修建而搬迁的移民呢？仅仅是干流上拟建的9座大坝就要搬迁6万人（MRC 1997:5～24)。

是否在酝酿着矛盾？

尽管有着强大的水流，整个湄公河水系的生态系统还是有限的和脆弱的。河流上一批现有的需求和未来的规划已经导致了流域国家之间不断升级的竞争。MRC的建立就是为了减少跨国界河流管理中内在的矛盾，但是就区域协调的努力还远未成功（中国环境丛书 1998)。尽管从流域中收集了水文数据，但是MRC却很少对数据进行分析，以推动合作者就他们的开发行为对水带来的累积影响进行争论，或是精心研究一下应该如何分配水。结果导致柬埔寨、越南、老挝和泰国政府都在为他们的大坝建设项目竞争国际资金，且都已“采取了花言巧语的合作和可持续的开发，以掩饰潜在的矛盾和竞争”（中国环境丛书 1998）。

使得问题复杂化的一个事实是，中国不是MRC的成员之一，尽管它控制了河流上游区域，并且在当地有宏大的大坝建设计划。中国不愿意加入MRC，除非水的使用条例明晰，并保证在湄公河上游的大坝开发和调水计划不会受到干涉。协议特别指出，流域各国既无权反对，又无单方面享有对湄公河的使用权。这说明在干流上的大坝建设只能通过协商才能进行，这种体制是中国所不能接受的。

实际上，对所有的流域国家来说，妥协都是困难的，他们的谈判权限因各自在河流流域及其健康上的地方功能而有很大的差异。从经济规模来说，中国拥有最大的能力来动员资金和技术开发在湄公河“享有”的部分。对于中国，湄公河部分流经的地区人烟稀少，所以依赖河流灌溉和渔业生产的人口就相对要少一些。由此，大坝建设对中国而言会是利远大于弊。另一方面，由于柬埔寨和越南地处下游相对贫穷的地区，大量人口的生活直接依赖于湄公河，因而生态系统对河流开发表现得极度脆弱。老挝是世界最贫穷的国家之一。它极为迫切地要开发它的水力资源来刺激经济发展。泰国的态度则居中。虽然它是沿河岸地区在流域里拥有人口最多的国家，但是有经济实力和人力资源来应付上游潜在的负面变化。

区域观点

暂不提目前沿河岸国家之间权力的不平衡和潜在的矛盾，区域利益还是人们不得不追求的。例如，区域性的电力输送网络的发展，可以从流域水力潜能的协调开发计划中获益。区域网络促进了中国把水电卖给区内其他能源使用者的能力，为周围所有人带来利益。此外，帮助湄公河下游流域国家拓展经济和开放市场的区域经济增长计划，为中国和泰国提供了长期合作的动机。

探讨流域范围的水管理方法也明显有利于环境。准确地说，它会迫使沿河国家考察在上游地区建坝可能对下游的水流状况带来何种影响。当前，上游国家可以继续抽水和水电生产而忽略盐水入侵、渔获量下降和土壤侵蚀这类反响。

既然区域内各个政府对开发区域水力潜能没有异议，一种意味着产生较少能量的区域水管理方法就不必要了，但是，它可以提供一个机会来区分对环境“好”还是“坏”的大坝。所面临的挑战就是要按照严格的环境和经济标准来选择大坝。有些可以被证明。例如，澜沧江上和老挝高地上的大坝被认为是“好的”，因为它们产生大量的能量而不用搬迁许多人和淹没大片土地。因此，社会和环境代价就相对要小一些。大坝还可能在某些方面给当地的环境带来切实的利益。老挝Nam Theun二期大坝的规划者就建议，指定部分水力税收用于周围分水岭的森林保护。对大坝附近的森林进行保护是值得的，因为这样可以减少沉积物，降低维护成本，并延长大坝的寿命。

但是，考虑到快速变化的情况，应尽快采取行动，对湄公河地区水资源开发和利用，以便带来利益。水问题专家警告说，该是对流域范围内的水管理进行反思的时候了，而不应该等到大坝或调水系统方案已经建成，再留下各种环境或地缘政治影响。

MRC在促进区域合作中起着关键性的作用。它已经被批评没有严肃地强调拟建大坝和调水项目潜在的负面环境影响，没有建立预测容量的模型，而这在评价、权衡流域开发优先权时是必须的。但是MRC在1995年重申了它对环境分析和评价的责任，并作为湄公河环境和开发的区域信息中心提供服务。这些发展可以帮助流域国家更好地看清使用区域性方法管理湄公河流域和使受到的破坏定量化的好处（环境的、社会的），如果他们追求不协调的方式就有可能发生。

纽约市的水源地保护计划

为了保证城市饮用水的安全，1997年，纽约市选择发起一项宏伟的环境保护计划，而不是兴建一座造价昂贵的水过滤厂。通过保护其水源地，城市可以利用自然的能力去净化水，同时保护开阔的空间和节约金钱。但是，当这一广泛宣传的水源地保护的例子开始实施的时候，事实上，许多人却怀疑是否会实现它所承诺的一切。

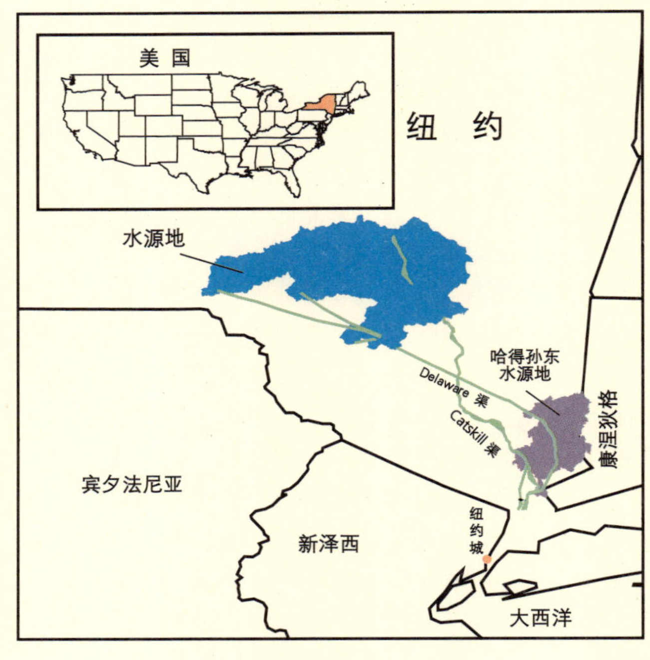

一个多世纪以来，纽约市的居民都在享受着如此纯净的水，以至于被誉为“自来水香槟”。大约每天13亿加仑的水——从州北部的一个水源地上流下来，包括1970平方英里和三个水库系统：Croton、Catskill和Delaware（NRC 1999:3，17）。长期以来，水还从Catskill山和Hudson河谷流过，在那里没有受到干扰的土壤、树木、湿地提供了过滤作用，然后才到达有900万居民的城市和郊区。唯一需要进行的例行处理工作就是标准的氯化处理，以便控制水中的疾病，如霍乱和伤寒。

但是在最近的几十年里，开发使得到水源地的人和污染物的数量不断增加，使得土地的缓冲和过滤能力变得不堪重负。超过3万个污泥处理场，以及41个集中化的废水处理厂排放的废水进入到州北部的水源地（NRC 1999:358）。来自道路、奶制品农场、草坪和高尔夫球场的径流，含有肥料、除草剂、农药、机车油和道路盐分。

对州北部水源地开发的压力给予的关注在1990年变得清晰起来。美国环境保护局（EPA）开始关注纽约市：保护Catskill和Delaware水库的源头——水源地，天然的处理厂，或者建造和运行一套水过滤系统。根据不同的估计，居民家庭用水量可能会翻一番，因此，净化要耗费30亿～80亿美元（Ryan 1998）。相比较而言，纽约市确定水源地保护只要15亿美元，每一个纽约居民的平均用水费用约提高1%～2%，或者每年7美元（Revkin 1995，纽约州 1998）。

EPA的警告在1989年被纳入地表水处理条例而强制执行了。该条例要求公众供水系统中的地表水要经过净化，除非它能满足严格的公众健康标准。而广泛的水源地保护战略减少了供水的风险。流域养分和细菌水平的增加，加上陈旧的污水处理厂和破败的管道系统的风险，使得纽约市的Catskill和Delaware的供水有违反条例的危险。Croton供给的哈得孙河以东地区已经处在更大的麻烦之中了：由于该区较大的污染压力，水被要求进行净化。既便与由Delaware和Catskill系统供给的90%相比，Croton系统供给的水仅占城市供水的10%，但要建设和维护一座工厂的代价也至少要7亿美元（Gratz 1999）。

由保护Delaware和Catskill供水节省下来的费用是很清楚的，但是要制订和实施一个大的生态系统保护计划则是一项重大的任务。在全国范围内，市政当局的饮水系统所供给的水不超过2%是经过EPA论证的地表水，它通过建立积极的水源地保护计划可以不要过滤（Gratz 1999）。绝大多数的地方比纽约要小得多，人口少，关键在于拥有更多的水源地土地。当保护协议起草时，纽约市仅拥有85 000英亩的水源地，不到全部的7%，包括位于水库下面的土地（Ryan 1998）；另外还有20%为州所有（NRC 1999）。

仅仅如此少的可以直接支配的水源地，却有数以百万计的用水人口依赖于此，因而纽约市就需要赢得州北部的土地所有者的支持，对开阔地域进行保护和更有力的土地利用保护措施。但是，从州北部社区的角度来看，对水源地的限制，如土地征用、限制在什么地方修路和建停车场，以及严格的污水处理标准，也就相当于局外人威胁到当地纳税人的经济能力。然而，经过多年的争议、协商，城市、州和联邦官员，一些环境学家和州北部城镇、村和县的联合，达成了1997年的水源地管理协议，说服了EPA把建造水净化系统的要求延期直到2002年。

也许该计划中最为关键的因素应该是，国家正式批准纽约市的计划，花2.5亿美元去获得和保护水源地上的土地，并优先保护水质敏感地区（NRC 1999:213）。当地的一个咨询团体帮助保护水源地社区的利益。其他的计划要素，包括新的水源地保护条例、城市对污水处理厂直接投资以减少污染，城市给农民志愿者减少径流的工作提供资金，付钱给州北部社区资助合理的环境开发（纽约州 1998）。

除了经济上的节约以外，生态系统保护计划还提供了一些额外的好处是净化设施所无法提供的。例如，降低了健康风险，这种风险即使有净化设施也会存在，污水处理厂会发生故障和事故，出现抗消毒剂的病原体*Cryptosporidium*产生的风险。征用土地和开发的限制也意味着更多的土地要用于公园、休憩和野生生物的栖息所。

重要水源地的拥有权

美国只有少数主要城市有无须过滤的供水系统——主要是那些可以长期确保水域保护的城市。因为绝大多数重要的水源地土地都归使用者所有，或在州、联邦的所有权之下被确定为受保护的开阔空间。纽约市是一个例外——相应地，它必须在很大程度上依赖于州北部的私有土地所有者来帮助保护饮用水。

城市	所有权百分比（%）		水源地面积（英亩）	服务人口（100万）
	公有	私有		
西雅图，华盛顿	100	0	103885	1.2
波特兰，俄勒冈州	100	0	65280	0.8
纽约，纽约	26	74	1279995	9.0
波士顿，马萨诸塞州	52	48	228100	2.4
旧金山，加利福尼亚	100	0	475000[a]	2.3

供应城市85%的用水；15%被过滤以及来自其他公有的水源地。

来源：NRC 1999；个人通讯

但是，这一引人注目的努力是否会被证明是一项成功的交易还有待进一步观察。未知因素包括，由农民承担的志愿环境保护的工作效率，用于控制道路、草坪、农场和其他仍在发展中的最优化的管理实践知识。环境组织注意到已经协商好的解决方法还有一些关于水源地条款和土地购买需要方面严重的漏洞。例如，协议没有给出在城市最清洁的水库盆地中，可以新建污水处理厂的限制数量。

协议也没有就城市在流域中购买的必须的土地数量，特别地给出一个直接的面积数，只是说要求每个城市购买35万英亩。纽约市建议道，这一方法会使其征得约12万英亩土地。在此后10年里，把它所有的重要土地增加到17%（Gratz 1999）。然而，纽约市的要求也许只会得到少得多的土地，因为计划取决于与州北部居民的合作——并且，即使拥有17%的所有权，城市在控制水源地时还是受限制的。另外一个问题就是，计划虽设定了获得土地类别的标准，但是却不能保证。从水质角度来看，“最好”的土地可以进行交易，因为土地的获得是基于自愿买卖的基础上的。从自然资源防御委员会（NRDC）的角度来看，计划可能会允许在敏感的水源地土地上进行过多的开发活动，而对水管理的科学方面不予重视，并由于在重压之下的协商而起草一份政治上可接受的计划（Izeman 1999，Revkin 1997）。其他关注包括没有足够的缓冲要求——某些不能进行污染物排放、开发的地带（NRC 1999:14）——协议未能够像强调污染控制那样强调污染预防。

只有经过若干年的广泛的水质监测，才能证明水源地保护计划是否有效地保护了公众的健康。此刻，水仍被认为是安全的，可以饮用。但是，一些人认为最终还是需要进行净化。

撇开缺点不谈，该协议还是值得称赞的。它正式承认了水源地地区居民的利益，强调了公正、平等的实施水源地保护计划的必要性。纽约市水源地协议的因素可以作为一种模式，为其他社区服务。越来越多的人意识到，就其本身而言，过滤不是万能的。它可以减少水生病原体的威胁，但是不能彻底消除其存在的威胁，尤其是在如果源头水很糟糕的情况下。水源地保护提供了一个经济有效的方法来净化饮用水，从整体上使环境受益。纽约市的这个例子的问题是，需要说服许多人和社区共同工作，抛开个人利益，共同向着挽救流域和节约资金的双重目标前进。

草 地 生 态 系 统

让大草原可持续：蒙古草原的未来

几千年来，中亚高地草原一直是游牧民族和他们的马、骆驼、山羊、绵羊和牛群的王国。当今，这片宽阔的草原——世界上现存最大的天然草原(世界保护监测中心 1992：287)——政治上分成俄罗斯、中国和蒙古人民共和国。整个地区有时称为“中亚”。

在蒙古，相当于西欧一样大的土地上，只有240万人口，对其3 000万头牲畜来说，似乎是一个巨大的牧场。但自然条件使中亚草原面对人类活动的破坏显得很脆弱，且恢复很慢。牧草的生长期只有四个月，年降水量从最干旱地区的区区100mm至北方地区有限的500mm，大部分地区少于350mm。视风的强度，大雪每年覆盖地面可达8个月之久，在干旱季节，草原和森林火灾经常发生。这种生态及气候因素抑制了草木的生长，加大了对该地区不受保护的土壤的严重侵蚀(Palmer 1995:55)。

面对严酷的环境，牧民们认识到季节性或更频繁地迁徙畜群的好处。畜群的迁移似乎可以保持土地肥沃，同时对牲畜的健康和食品的保障都有利。在封建社会，牧民们经常在牧场间迁徙他们的牧群，以进入茂盛的季节性牧场，或躲避严酷的气候。而这些草原的使用权均需经当局，诸如地主、活佛及其官员协调，有时牧民们还采用一种叫Otor的方法，即将牲畜牵至较远且很少利用的牧场。Otor便于集中喂养牲畜并为度过气候严酷缺草的冬季和早春作好准备。当缺少饲料和草场退化时也可以恢复草场。

在蒙古，许多大规模的且高度流放性的放牧方式一直延续到1950年代社会主义政府组织牧民进入集体合作社运动。1990年以来，蒙古由中央计划经济转向土地私有和自由市场经济，在一定程度上带来了新的机遇，但是所产生的社会和经济环境正在逐渐损害这种长期有效的游牧文化，还可能威胁到其继续存在。当集体所有制结束，并被较少移动的小规模放牧所取代时，大面积游牧制度很可能就瓦解了。这种趋势会对蒙古草原的可持续性造成严重威胁。

类似地，在中国和苏联的中亚地区也出现从游牧到较固定的牲畜饲养混以耕种制度的转变，其对环境影响是很令人担心的。与蒙古一样，这些国家首先试图组织牧民进行集体合作化——苏联是在1930年代，中国是在1950年代。而几十年以后，他们又将畜牧业私有化操作，以使其现代化并提高产量。虽然肉类和羊毛的产量增加了，但付出的代价是包括牧场的生态系统退化。对退化程度的估算差别很大，苏联的Buryatia和Chita以及中国内蒙古，当地的研究认为75%的草场遭到不同程度的退化(Humphrey和Sneath 1999:52；Gomboev 1996:21)。根据中国政府的数据，内蒙古的草地只有44%被视为是可利用且状况良好的(Neupert 1999:426)。

比较而言，蒙古的草场状况相对好些，官方计算表明：中度和严重退化影响到4%～20%的牧场（蒙古政府 1955：28)。

中国和苏联部分地区的生态问题，提醒蒙古保持游牧实践的长处。将游牧和蒙古的现代经济相结合，对地方经济和民族昌盛是至关重要的。蒙古有草原156.7万km^2，占土地面积的80%，1998年农业(主要是畜牧业)占蒙古整个国内生产总值的33%，全国劳动力大约一半在农业部门工作，主要是游动牧民(蒙古国家统计局 1993：6)。1989—1991年间自社会主义贸易集团解体后，蒙古畜产品出口接近崩溃。但在经济较好时期，畜牧业为蒙古的出口贸易和初加工部门提供了大量原材料如羊毛和皮革。蒙古未来经济增长，至少部分将依赖畜牧生产。蒙古将经济增长列于首位，其人均国民生产总值1998年为380美元，是亚洲最穷的国家之一(世界银行 2000：11)。

从个人和地方上来说，牲畜提供的肉类、牛奶及运输对许多生活在偏僻的和不易进入地区的牧民及其家庭是至关重要的。在当前向市场经济转轨时，价格上涨，燃料和商品短缺，牲畜对牧户的食品保障，显得格外重要。

“逐水草而居”

大规模且高度流动性的放牧方式是有古代渊源的，从17世纪到20世纪，蒙古划分成“Hoshuu”或叫“旗”的行政地区，被世袭的地主或活佛所统治，平民被束缚于一定的地理区域，被迫为当地统治者工作。寺院的僧侣、贵族、帝王统治者拥有上百万的牲畜，由其属下和仆人饲养，而通常他们只得到一部分畜产品作为回报。

牧人的移动方式比较复杂。牧民们自由组合，可以是一个或多个家庭，牧民及其家属一年中可将大量的马、羊、山羊及其他家畜或半驯化的动物转移到选好的季节性草场(Simukov 1936：49～55)。由于不同的动物有不同的吃草习性，按种类将动物分开，以便草场更有效地使用。例如，密集的羊啮草后，马和牛群就没有草可吃，迫使马刨食草根。牧民组中的一些成员可以专门从事一些特定形式的工作，其他的可剪羊毛、挤奶、毡帐篷制做；或帮助牧群迁移至新营地。

迁移的频率和距离变化很大，在水源较好的北部地区，畜群移动放牧一年两次。在其他地方，牧民可能会长途迁移三四次或更多。古代中国对这种游牧活动的描述是“逐水草而居”(Hasbagan和Shan 1996:26)。

地主和活佛对进入草场的牧畜总量进行协调并支持游牧，使牧民家庭通常可有效地分享季节性草场以避免草场的过度使用。这种灵活的放牧方式和集体共享方式可保证水源和最好的草场不被少数牧民控制，以防整个放牧制度被破坏(Mearns 1991:31)。

这样放牧的原理和技术，经受了时间的考验，世代相传。有些游动牧民仍然要将他们的牲畜在冬、夏草场间迁移150～200km。依社会和经济条件不同，有些要迁移25～50km，有些少于10km(Humphrey和Seath 1999:221～222)。很多放牧制度基本上是游动的。牧民仍然看重流动及合作放牧对草场和牧畜健康的好处。

科学也倾向于支持牧民们世代相传的知识。生态研究表明，牧畜在同一草场连续吃草会比轮换放牧对

(下转第216页)

专栏3.17 纵览：蒙古草原

上千年来，游牧部落在蒙古浩瀚而又脆弱的草原上放牧，以按季节和种类分离的模式，在共享的草原上轮流放牧。牧民能稳定蒙古国家经济发展，同时不使生态系统衰退。但近年来的政治和经济的变化可能损害这种可持续发展的方式。对相邻的中国和俄罗斯草原地区的分析警示我们：大规模的游牧方式减少，小范围固定放牧增加有可能导致草场退化。

生态系统问题	
草原 	对草场退化的估计有很大的争议，变化范围在4%～33%之间，但明显的进一步退化趋势应该引起警惕。草场是畜牧业生产的根本，将近一半的蒙古劳动力都依靠牧业和农业谋生和保障食品供应。在干旷的草原上过度放牧、采矿、车辆交通以及其他压力都威胁着草原的生物多样性。正处于危险状态中的动物有蒙古羚羊、野骆驼、马和亚洲野驴。
农业 	中亚的大部分地区不很适合农作物生长。蒙古所有耕地的半数被认为已经退化。定居的家畜需要更多的土地用于农业，以为人和牲畜提供食物和饲草。
淡水 	蒙古的牧业活动部分受制于蒙古的不均匀无规律的降水。牧民越来越集中以及靠近水源定居，加大了对这些地区自然资源的压力。同一水源要同时供给农业灌溉用水。2000年农业用水量预计为1970年的三倍。
森林 	森林主要分布在蒙古的较湿润的山区，森林对保护土壤、草原、水源和野生动物多样性至关重要，但伐木、作燃料以及森林火灾加速了森林面积的减少。
管理的挑战	
公平和使用权 	在蒙古，几个世纪以来，各种集体所有制的形式有助于草原持续和产出健康的牲畜。然而，近年来土地及牲畜的私有制的转变减少了诸如轮流放牧和分享牧场等制度的灵活性。有些地区，土地使用权含糊不清，另外一些地区，富裕的牧民圈起了大面积的优质草场。
经济学 	从中央计划经济到市场经济的重组，可能引发出环境问题和扩大收入差距，较穷的牧民不可能在经济上扩大投资规模，也不可能进入大面积优质草场。集体所有制解体后，政府减少了对牧民的支持性服务，只有很少的牧民能承受得起维持游牧所必需的燃料和其他必要投入。
涉益方 	私有化给牧业社会带来了分裂的因素。缺乏畜牧业经验的新牧民的加入，牧民贫富鸿沟的扩大，以及牲畜所有权的分离都弱化了相互信任及倾向游牧的制度，而这种游牧制度曾经有助于保护草原的状况。可持续的管理建议，需要一种促进和鼓励游动而不是固定生产的政府政策。
信息和监测 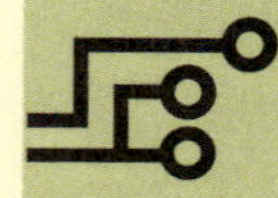	牧民的生态知识，对当地地理的了解以及动物饲养技术均需与管理政策有机结合。为帮助指导在向私有化转变的同时又不失去流动性放牧的优势，还需进行许多科学分析和研究。对草场状况、可耕地和牲畜使用的评估，以及对游动牧民有战略重要性的草场的鉴定，会大大有助于这种转变。

大事记

1691—1911年 蒙古成为中国的一个边疆省，牧民为活佛、高级喇嘛和贵族地主在公共土地上巡回迁移牲畜，放牧权由当地组织在氏族及家庭间按约定俗成的规矩调配。

1911年 蒙古北部驱逐了满族。取得了十年的蒙古自治。

1921年 俄国布尔什维克的起义，引发了蒙古革命。

1924年 在蒙古北部，成立了蒙古人民共和国，创建了继苏联之后的第二个社会主义国家。南部仍然由中国控制，并于1947年成为内蒙古自治区。

1929—1932年 蒙古政府试图强行将牧户集体化，上千的喇嘛被杀，私有财产被没收，牧民们宰杀了六七百万头牲畜以示抗议。

1932年 蒙古政府转为逐步组织集体化，鼓励牧户间的合作，此时苏联已在大部分农村居民中实现了集体化。

1949年 中华人民共和国成立。在新疆、内蒙古及其他地区把大片土地从地主、蒙古王子、喇嘛和贵族手中没收，实现国有化。

1950—1960年代 中国和苏联政府着重发展农业及高度机械化的耕作方法。

1950年代 蒙古政府的社会主义运动，推动了组织牧民转向集体化，开始扩大谷物和饲料的生产用地面积。

1950年代 中国和苏联鼓励用外国羊和其他牲畜品种增加产量，这种“改良”品种，最终被证明减弱和降低了牲畜的流动性。

1955年 蒙古限制牲畜私有权，以加快集体化进程。

1957年 中国开始在农村地区建立大型集体化组织（人民公社），并根除沿袭下来的草原使用权。草原因牲畜增加和耕地扩大而受到压力。

1960年代 所有的蒙古牧业家庭事实上都已成为集体的成员。所有土地都归国有，家庭照看一部分集体牲畜，尽管允许他们有一部分私有牲畜。蒙古开始扩展其耕种面积。

1980年代 中国开始从中央计划经济向自由市场经济过渡。农业公社解体，牲畜分配到牧民家中，农民和牧民租用了土地，但放牧权和地点未确定，因此抑制了流动性。在曾经无限制的大草场上，出现了围栏地。共产主义时代在苏联结束。受苏联和东欧政治变化的影响，蒙古开始转向民主政府和市场经济。

1990年代初 在俄罗斯尽管有新的中央政府政策，但农场仍保留着公社结构。很多农场领导勉强把土地和牲畜转给了个体私有农民。

1991年 价格不再由国家控制。蒙古政府机构承认土地私有原则，但专门把牧场排除在私有制之外，而发展了租赁制。蒙古开始取消集体所有制，牲畜数量不久即增加了20%。

1994年 90%以上的蒙古牲畜转为私有。很多归“新”牧民所有，这些新牧民在集体制瓦解时分得了牲畜，有些人选择了更固定的牲畜管理方式。牧民定居地附近出现土地退化。

2000年 随着前苏联的解体，出现了严重的经济危机，限制了蒙古经济的增长和重建。政府缺乏支持游牧的资源，牧民间贫富差距大。

牧场造成的损害更大(Tserendash和Erdenebaatar 1993:9～15)。密集的定居家畜将会损害草场的再生，有些植物物种将逐步消失，并被可导致牧畜生病或死亡的杂草所取代。一旦草场的土壤被严重破坏，则大风可使其荒漠化。

蒙古的新时代：1921–1990年

放牧文化经历了20世纪主要新思潮的影响。随着中国清王朝的崩溃，蒙古自治10年之后，权力斗争导致1921年布尔什维克引发的革命。在蒙古人民革命党领导下，1924年建立社会主义中央计划经济，这期间引进了诸如农业灌溉和农业机械一类的新技术。同时还采取了国家控制的放牧，随后，又开始工业化。这一时期，总的来说游牧方式得以延续，甚至有某种程度的改进。

苏式政府所采取的第一步，是组织牧民集体化。早期集体化的试点很难推广，不得不放弃。但在1950年代，蒙古的牧民被当作领工资的工人，由250“negdels”或称集体农庄和约50个国营农场雇用。每个集体农庄和国营农场在一个农村地区或“苏木”管理农牧业活动。一个苏木包括集中定居的几百个家庭和一大片用于牧场的草地，大多数牧民住在可移动的毡帐篷里，放牧集体的或国家的牲畜以及少数个人牲畜。虽然新的苏木一般小于早期的“旗”，但大多数牧民继续整年迁徙于其牧场并使用otor方式。但在某些地区，季节性的迁移距离缩短了(Humphrey和Sneach 1999:233～264)。

这种“集体”制度实际上在某些方面强化了游牧。集体农庄掌握机械以提供运输和割草服务。牧民家庭每年要用集体农庄的货车长距离迁移，早春和冬季供应草料，辅助喂养牧畜。一位牧民回忆道：“集体化时期，otor非常好，给牧民提供的服务也很出色，同时作为饲草的干草生产和Hashaa(围栏和棚子)的修理，也做得很好。”(Humphrey和Sneath 1999：39)提倡牧民家庭在一起工作，国家贷款用于改善基础设施，有利于牧民，如打井、购置制草设备和建设冬季性牲畜窝棚。

专栏 3.18 亚洲内陆的土地利用

亚洲大草原，包括蒙古和中国、苏联的部分地区，是世界上面积最大的天然草原（WCMC1992：280—292）。草原的气候是严酷的，某些地区大雪每年覆盖地面5～8个月，还可能出现酷热和干旱，特别是将蒙古与西藏隔开的南部沙漠地区。受其影响，亚洲内陆地区大多不宜开展大规模经济活动；例如俄罗斯联邦的大部分地区，都是高大山脉。

但几个世纪以来，牲畜在大草原上茁壮成长，事实上，人迹所至的亚洲内陆地区，大多用于放牧。尽管蒙古只有不到1%的土地被列为可耕地，但农业毕竟是土地的另一种重要用途（Mearns1991：26）。因此，大多数人生活在农村，牲畜作为食物、羊毛和运输动力的重要性是至高无上的。

冰川和裸岩区(6%)
居民点(包括农田和基本设施)(3%)
荒漠/沙化(3%)
水体(1%)
森林和灌木地(8%)
草原(包括牧场和饲草产区)(79%)

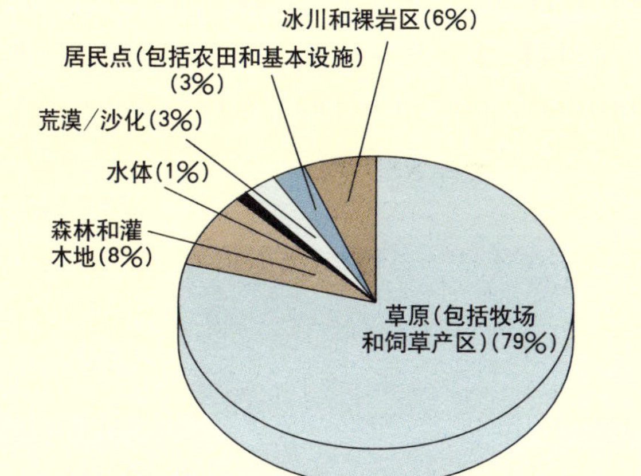

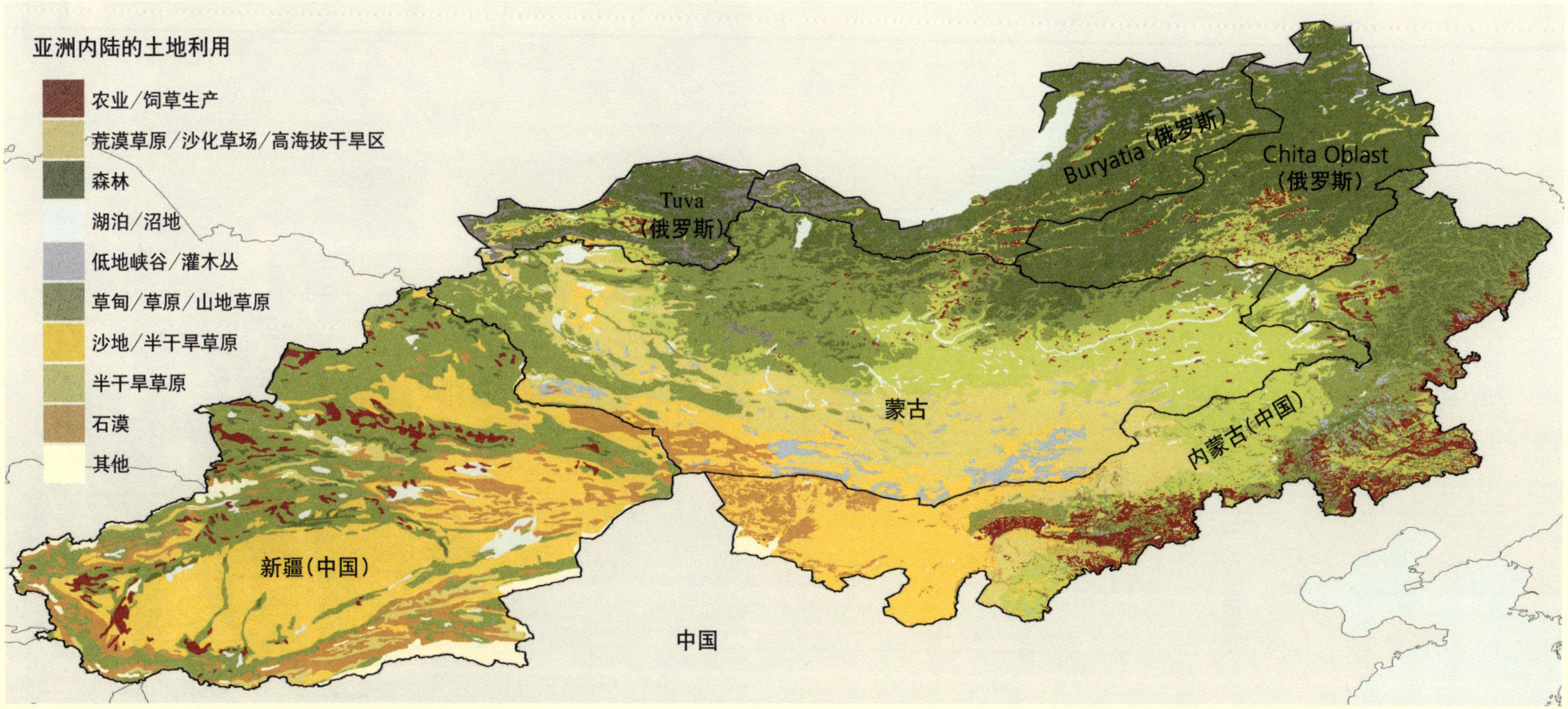

亚洲内陆的土地利用
农业/饲草生产
荒漠草原/沙化草场/高海拔干旱区
森林
湖泊/沼地
低地峡谷/灌木丛
草甸/草原/山地草原
沙地/半干旱草原
半干旱草原
石漠
其他
Tuva (俄罗斯)
Buryatia (俄罗斯)
Chita Oblast (俄罗斯)
蒙古
内蒙古(中国)
新疆(中国)
中国

来源：麦克阿瑟亚洲内陆环境及文化保护项目(MECCIA) 1995

专栏 3.19 游牧

在亚洲内陆，不同放牧制度的实践因环境、社会和经济条件而异。比如蒙古某些地区(Hovd苏木，乌希苏aimag)，很多牧民夏季利用海拔2 400m以上的高山牧场，秋季移至海拔1 600m左右的湖边，冬季在2200m左右的山坡上度过，春季在海拔稍低的2 000m处。但在蒙古的少山地区(Dashbalbar苏木，Dornod aimag)，牧民一般冬天和春天都在较低的河流谷地度过，夏秋则迁至较高草场，这些地区迁移距离一般平均在25km左右(Humph rey和Sneath 1999:236—247)。

游牧横断面示意图

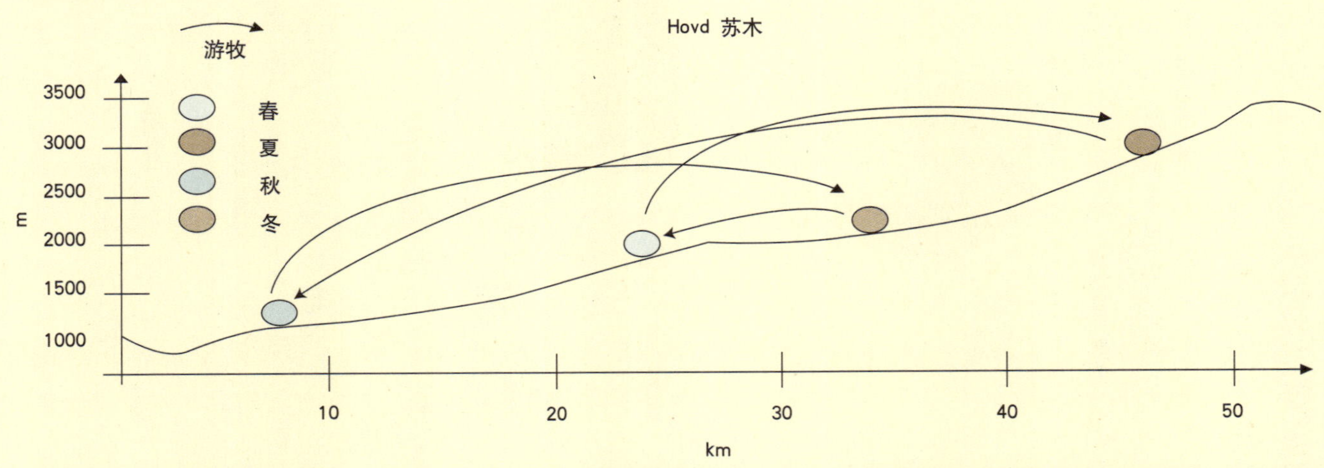

来源：数据取自Humphery和Sneath 1999:237

但是集体所有制不鼓励个人积极性。该牧民又提到："给牧民供应干草，同时又命令他们何时迁往何处，因此他们不自己选择地点放牧，只按领导指示工作，如割草、制干草、剪羊毛和给牲口洗澡等，所有这些工作，生产队或小组都在一起干。所以(集体化时期)人们只按指示并等着通知干什么"(Humphery和Sneath 1999:39～40)。

蒙古基本上仍保留了其游牧制度，以及相对较低的牲畜对草场的比率。这种土地利用模式似乎不会引起太多的草场退化(亚洲开发银行 PALD 1993)。

中国和前苏联草原管理的经验

比较大约（1920-1990年）同一时期的蒙古草原与邻国的中国和前苏联草原，可以看出：放弃大规模游牧方式是一种失策。即使蒙古地区牲畜密度与邻国中国和前苏联相当，但蒙古的草场，根据估计和牧民的观察，显然退化率较低。这可能是由于中国和俄罗斯更强调定居放牧，前苏联还十分依靠高度机械化耕作方式。

在1930年代，前苏联多数牧民加入到集体农庄，几十年内，前苏联的某些地区，牲畜在围栏圈起的草场内相对不移动。使用重型机械和化肥的种植饲料作物和谷物。

在1950年代，中国内蒙古同样地将家庭划入"人民公社"中，公社以某一村落为中心，在那里设置地方政府机构，而草原上的牧户则组成"生产队"。生产队保持一定的流动性，在季节性草场上，按领导的指示放牧公社的牲畜，同时也可带养少量的允许个人所有的牲畜。由于迁移范围缩小，就需要增加饲草生产设施和牲畜冬舍。

中国和前苏联一样，在1950—1960年代，奉命大力发展农业、大规模灌溉设施促进饲料的生产，因此牧民也不再需要在季节性的草场中游牧。

到1990年代，即使在中国内蒙古以前残余的少部分专业化畜牧制度也消失了。毛泽东时代以后的政府，作为其经济改革的一部分，解散了公社。由于最近政府在其他区域实施分配农业土地到农民家庭的政策相当成功，取得了经验，政府就考虑在牧区采用类似政策，牲畜分给了牧民，牲畜的生产指标也取消了。到1990年代，牧场也采用长期租赁的方式分配给个人或牧户小组(Humphery和Sneath 1999:165)。

20世纪这些政治经济的变化给中国和前苏联牧民带来了好处，但也产生了新的不平等和生态问题。生产增长是一大好处，在中国内蒙古，牲畜头数从1957年的1700万头增加到1980年的3200万头以上(内蒙古土地资源编辑委员会1987：519～520)，这种增加很大程度是由于转到饲养快速繁殖的绵羊和山羊，而舍弃牛、马和骆驼等大牲畜的结果。牧民也得到了中央政府供给的基本电力服务、道路和水井等设施。在前苏联的赤塔Oblast，Tuva，Buryatia等地，农场给农民提供工资、食宿、养老金和保险、医疗设施、幼儿园和学校、商店、集中供热、燃料和木柴、俱乐部、图书馆以及康体设施等保障(Humphrey和Sneath 1999:79)。

1980年代，随着经济改革和市场经济开始，中国的生活水平从人民公社时期普遍的极低水平提高了。一些牧民变富裕了，那些有较好市场渠道，或者可以购买农业机械和车辆的，通常也能通过关系从当地政府获得低息贷款。这些牧户也能雇用劳动力照管他们的大量牲畜，还能投资于饲料机械及其他产业。除了每个牧户分得的少量草场外，有些还能为使用优质的草场而支付额外费用。那些有财力的人围起了过去的公共土地，限制了他人的使用和穿过。

因此在带来上述好处的同时，传统文化和生态系统也付出了很高昂的代价。在季节性草场之间的大规模游牧因土地分配而大量减少，这也相应地降低了对otor牧业方式的应用。结果是增加了喂养牲畜的饲草量，加强了牲畜全年在某一处喂养的趋势，并在某些地区增加了牲畜的喂养密度，单个牧民不再采用在合适地区的放牧不同品种的牲畜的方式，例如，从前曾供全地区牲畜利用的河边草场，现在可能已经分给不同的牧户。在前苏联和中国的内蒙古，地方当局业已识别出强度放牧地区已经发生了草场退化，特别是在水源地和牧户周围地区。

凡是没有天然水源的全年圈养的牲畜的草场，必须用车辆运水，交通运输会破坏脆弱的草地表面。为增加喂养圈养牲畜干草和草料的产量，也会损坏草原的薄土层。在中亚的大片土地上，气候恶劣，土层薄，改作农田的草场，作物产量很低，却加剧了土壤的侵蚀和沙漠化(Humphrey和Sneath 1999:91)，犁过的草场，其表面土壤将很快被强风吹跑，致使土壤水分降低。

其他问题还有，在收割干草的草场，由于人们在同一草场反复割草，草的产量逐年降低。据悉中国内蒙古的牧民，因为负担不起市场上的高价谷物，春天必须犁耕草场，以播种饲草和谷物。新疆的草原专家估计，需经15～20年，犁过的草场才能恢复到以前的产量(Humphrey和Sneath 1999:106)，因为犁地将破坏支持多年生草类的强大根系。

另一个问题是引进外来畜种问题，如美利奴绵羊，在1950年代开始，与蒙古羊杂交，以增加产量和提高畜产品的质量，很多“改种”羊比本地羊弱，行走慢，需要有温暖的畜舍，以保冬季存活率，并进一步降低了羊群的活动性(Humphrey和Sneath 1999:239)。在俄罗斯的Buryatia，研究人员指出：外来种间接影响到森林生态系统。为牲畜建冬舍，为新定居的牧民建房和供暖都需要木材。结果是沿俄罗斯边界的森林，由于被过度开采而面积已大大缩小。相反，多数蒙古牧民仍住帐篷，以燃烧干牛粪为燃料，木屋只在中心村落才有，因此，蒙古牧民对森林的压力较小(humphrey和sneath 1999:12)。

随着游牧生活的减少，带来文化方面的影响。走访中亚不同地区的牧民，他们很多人仍然喜欢游牧生活，特别是中老年牧民。另一些人则承认，虽然游牧对草场的发展非常重要，但生活比较艰苦。在otor上所花的时间，相当于别人去从事社会活动如正规教育，医疗服务，邮递服务等。定居农业和牲畜饲养，使家庭可以种植蔬菜、饮用井水和更容易进入市场(Yenhu 1996：21)。

社会主义运动后的蒙古：与中国和俄罗斯相似

1990年，蒙古开始向自由市场经济转轨。在若干方面，牧民的生活及其经济趋势都与中国和俄罗斯相似，有了更固定的生活综合体，分配了的牧场，对草场和其他生态系统带来了压力。其后果是过度放牧，加速了土壤退化。纪录表明：在蒙古首都乌兰巴托，沙尘暴在1960—1969年间平均每年16次，到1980-1989年增加到每年41次(Whitten 1999:11)。“蒙古国家环境活动计划”警告说，在国家南部沙漠地区可能以每年500m的速度向北移动(蒙古政府1995：27～28)。

家畜数量增加

集体经济在蒙古已经解体，多数家畜及其他农业资源已经变成了社员们的财产，像1980年代在中国的内蒙古一样，向私有化和市场发展大大促进了蒙古的家牲头数的增加，牧民首先通过增加大牲畜致富，然后至少再得到一些辅助性收入，使经济得到根本性好转。从1990年至1998年，蒙古牲畜增加了20%以上，从2600万增加到3200万头(蒙古统计局 1993：28，蒙古工农业部 1998：2)。

草原公共财产减少

迄今为止，中国在由草原集体化使用转为个人使用的道路上走得最远，俄罗斯的赤塔和Buryatia紧随其后(Humphrey和Sneath 1999:97)，现在蒙古也在紧跟。所有的牧场仍然是“公有土地”，现由省或地区级政府进行管理，有人认为，蒙古仍然有几个世界上最大面积公共草原(Mearn 1996:308～309)。然而，实际上对公共草原的使用和管理没有明确规定。公共土地的所有权和使用权在蒙古仍是一争论议题，蒙古议会正在激烈辩论土地私有制的优点以及如何保证不让富人得到所有的好牧场。随着含糊不清的使用权以及集体管理和使用的减少，若干牧民家庭很少转移他们的畜群，因为他们害怕离开以后，他人会占用他们留下的好牧场。

同时，由于原来集体的机动车辆联营公司的解体，以及油价上涨，造成许多牧民家庭迁移困难。过去他们用卡车，现在只能依赖牲畜运输，otor迁移组织以及过去需经国家和集体农庄官员审查的草场使用规章制度现在也削弱了。

对畜牧的依赖增强

当国营集体农场解体后，牲畜分配给了过去的成员——分给牧民，分给以前从事商业、驾驶员、兽医等工作的人。在有些地区，大部分人的生活来源已经变为依靠分给他们的牲畜维持生计。1989年全国在册的牧民有135 420人，占全国劳动力的18%弱，自从1980年代经济改革以来，到1998年牧民总数已经超过三倍，达到414 433人(蒙古国家统计局 1995：95，45；蒙古统计局 1993：6)。

这些“新牧民”中很多人在地区中心拥有永久性住宅，与那些曾经是集体农庄专业化畜牧生产队成员的牧业户相比，他们对放牧不太熟悉，也缺乏传统游牧制度对他们的指导。有些人则将部分或全部牲畜交予能进入偏远草场的亲戚朋友代养。有的人则从城市迁出从事畜牧，他们被当地视为外来户，当地人因他们放牧增加了对当地牧场的压力而愤慨。这些移民的出现，减少了成功有效管理公共牧场的可能性(Mearns 1996:328)。

经济危机

在集体制时代，蒙古每年出口2.5万～4万t肉，2.5万～3万t家畜，6万多匹马，绝大部分供应原苏联及其他社会主义贸易集团。随着社会主义贸易集团的解体，这些出口市场几乎全部消失，蒙古在1998年仅出口7500t畜产品，家畜和马的出口量更是微不足道(蒙古国家统计局 1990：144)。与此同时，蒙古可接受的进口也在削减。1990年前，蒙古国民生产总值的1/3用于从原苏联的进口，包括全部石油产品，90%的进口机械和资本货物，以及70%的消费品(Mearns 1991：30)。

相应地，生活水平急剧降低，公共服务如兽医，农机的贮备都减少了。经济危机也使农业产量降低。自中央计划制结束以来，耕种面积每公顷耕地的产量，和粮食作物(如小麦和谷类)的总产量都下降了。很多农民无力购买农业机械、种子和化肥(亚洲和太平洋经济和社会委员会 1999：336)。

与现在的市场经济转轨时期的短缺和不确定相比，很多牧民回顾并强调在集体制时期还相对富有、安全和方便。一些牧民现正试图组成“合作社”，他们合伙经营旧集体制分给他们的那些资产，分摊运输和其他费用。但是，由于经济状况并没有改善，大部分这类合作社都破产了。

收入不平等

虽然经济自由化使一些人赚了钱，但是那些务农的人一直在为实现任何一点盈利而奋斗。与中国的内蒙古相似，蒙古也处在贫富牧民生活条件差异增大的时期。在1998年，大约37%的有牲畜的牧户在为从不到50头牲畜赚得收入而奋争，11.5%的牧户的牲畜少于10头(蒙古国家统计局1996：96)。1999—2000年的严冬可能使这种情况已进一步恶化，有220多万头牲畜死于饥饿(UNDP 2000)。

少数富有畜牧主阶层的出现其有利之处在于，他们有潜力建设一些大型牧场，能从规模经济和老式的大范围游牧获得效益。有1000头以上牲畜的牧户，从1992年的7户激增到1998年的955户，其中有33户拥有2000多头牲畜(蒙古国家统计局 1998：96；Zasagyn Gazar Medeel 1992)。最富的牧户雇用邻里帮助照管其牲畜，并有货车和吉普车，以及比其他多数牧户范围更大的游牧方式。贫困的牧民经不起这样的迁移，他们只有少量牲畜，游牧的积极性也不高。他们的瘦弱的羊群只能在牧户定居处周围勉强存活(Humphrey和Sneath 1999:254)。

现在贫穷牧民比过去集体制时代还面临更多的劳动力和受教育问题的困扰。对许多牧民来说，让孩子辍学在家帮助看护牲畜比雇人更经济(Ward 1996:33)。

依靠干草和饲料作物

与邻国俄罗斯和中国不同，蒙古大多继续采用当地种畜，整年在天然草场放牧，但干草供应在冬季和初春非常紧张(Humphrey、Sneath 1999:326)。事实上，

专栏3.20 亚洲内陆地区的畜群密度

亚洲内陆地区的畜群密度与邻国蒙古相比，特别在内蒙古部分地区和新疆是较高的，但这并不意味着高畜群密度一定要降低草场的生产率。事实上，对亚洲内陆地区个体牧户的研究表明：畜群的迁移以及畜群的结构是环境退化的主要决定因素。例如：1930年以来的记录表明：内蒙支持了与1990年代相同数额的牲畜（以相同的标准牲畜单位计），相当7000万头羊（Sneath 1998，引自 Chang 1933）。但在1930年代，畜群只有少量的羊和山羊，而且流动性较大。当地牧民主要靠常年在一定的草地喂他们的畜群时就可以察觉出环境问题。此时，天然草地就为成干草生产和家业耕地，这就加重了对草地的压力。

亚洲内陆畜群密度

来源：MECCIA 1995

蒙古政府不再像曾给集体农庄那样供应牧草，牲畜缺乏营养，特别当牧户游动少和放牧距离短时更为突出。

由于缺乏足够的干草生产，使畜群易受伤病与饥饿的侵扰，1999—2000年冬季就是例证。上千公顷的草场被大雪覆盖直到春天，但政府却不能提供补充饲料，主要原因是资金缺乏和前一年干旱所致，饲料贮备短缺以及运输困难（FAO 2000）。

另一个问题是有些草场用于饲草的生产从生态角度而言是不合适的，1990年134万hm^2种植的草场中可能有10%已受到土壤侵蚀的影响（Whitten 1999:14）。

蒙古牧民已经注意到当前其负面影响的趋势，有一位牧民评论道："在1970年代，所有的牧户都使用otor，并且牧民家庭之间都有一定距离，但现在，大多数牧户不离开其冬季营地，因此在冬季和秋季牲畜吃掉所有草场的植被，使草场遭受显著破坏，植被明显减少"（Sneath 1993）。

现代化和蒙古的未来

纵观中国的内蒙古，已经有人预见游牧时代的结束，经济的因素鼓励在农田而不是在草原催肥小牛小羊的生产制度。对有些牧民而言，这种转变的好处包括收入的增加，更多的休闲时间，较大的经济可靠性（Humphrey和Sneath 1999:93，引自李等1993）。

对蒙古，认为这种情况不可避免，或者说这个国家能找到一种方法来平衡旧的游牧方式与城市化和市

某些地区的人口与牲畜密度

国家/村	人口密度(人/km²)	牲畜密度(ssu[a]/km²)	已种植的有用土地[b]比例	退化化草场[c]比例(%)
中国				
Chinggel Bulag	0.70	54	0	54.4
Hosh Tolgoi	2.10	56	0.3	?
Handgat	3.25	54	0.44	12
Hargant	1.40	36	0	22.9
俄罗斯				
Argada	11.30	270	33	88.3
Gigant	4.00	125	18.8	76.9
Sholchur	1.80	65	0.9	[illegible].5
蒙古				
Hovd sum	0.96	48	0.008	0.07
Dashbalbar	0.40	22	0.17	0.03
Sumber[d]	1.56	36	1.2	2

注：a.ssu，标准牲畜单位：绵羊=1，山羊=0.9，牛=5，马=6，骆驼=7.
b.有用土地：是指不是特别不适用于农业经济的所有土地，包括可耕地和饲草地
c.草场：指专用于放牧的草地
d.数据不包括行政上分开的城镇或choir

来源：Humphrey and Sneath 1999:77.

蒙古牲畜数量的增长

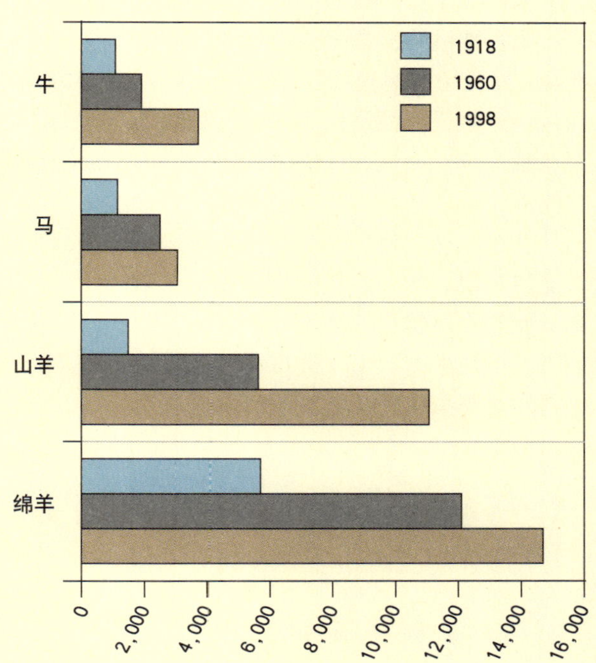

来源：Humphrey 和 Sneath 1999:44～45

场经济新影响力，还为时尚早。一方面，即使在中国内蒙古老的游牧方式仍然存在，牲畜在草原出栏；另一方面，这种在集体制时采用过的牧业模式，保留了一些老式土地使用方法，但是这些机构解散了，使大规模牧场运营减少，而牧户拥有的牲畜确增加了。

尽管试图为私有制立法，但目前，蒙古的草场仍然是公共资源。然而，对于贫穷的牧户，他们只有少量的牲畜和少量的劳动力，即使他们的土地尚未在各牧户中被分掉，但是如果没有帮助，他们也难以维持大范围的游牧方式。一种较固定的定居生活不一定会导致草场衰退，但有无草场可供游牧却与牧户有关。例如在蒙古的Dashalbar，人们过着相对定居的生活方式，在地区中心有房子，但牧民又有大量草场，可由自己支配，仍可用于季节性迁移，偶尔作为otor的使用场所（Humphrey和Sneath 1999:212）。

另外一种复杂的影响是人口在过去60年内增加了三倍，并预计在今后的几十年内，会出现高增长率，给畜牧经济的发展增加了压力。虽然蒙古用目前能得到的资源支持畜牧业，牲畜的数量也许会达到最高水平。但是人们总是愿意住在公路、市场、学校以及现代化设施附近，这样会导致人口和牲畜集中在已经存在退化问题的地区。

由于当前高通货膨胀、债务和萧条的贸易，这似乎使地方或中央政府不太可能鼓励大型畜牧企业通过恢复政府支持的运输联合企业和农机业，生产草饲料。当然，如果要保留包括广大牧民在内的大规模游牧系

统，这些投资和政府领导是很重要的。地方政府可以协调劳动力，以维护公共财产，例如水井以及干草的生产。或者说即使已经定居，小农场及协作组联合成小规模的合作社，以利于专业化和游牧。

蒙古富裕的畜群所有者，也有可能将积聚大量的牲畜，建立中等规模的牧场，使用贫苦牧户的劳动力。但是，可能还要经过几十年，这种牧场才能大到包括大多数草场，而这仍然需要地区政府协调放牧和土地的使用。

主要的投资将用于为牧民改善运输设施，这就可以支持可持续环境系统的大规模轮换草场放牧，以有竞争性的价格销售牲畜产品，也会有利于发展畜产品加工业。在中国，由于离市场较近，对畜产品的需求也较高，至少使一些牧民生活水平有所提高。但在蒙古和俄罗斯，离市场有一定距离，生产成本较高如燃料，而且需求低，就使畜牧经济萧条。在俄罗斯和蒙古，畜产品如羊毛、奶酪和肉的价格都很低，而糖、茶、面粉及其他食品又很贵(Humphrey和Sneath 1999：75)。

市场失灵可能掩盖了蒙古的能力只看到保持大规模牧业模式的短期利益。这的确是事实，一些牧民财富增加的同时，缺乏支持和鼓励牧民发展游牧和集体行动的政策，当地牧民的生活高度固定化，草场已明显被过度使用。牧业学家认为这将威胁到他们未来畜牧业的生产。从Tuva到西部的蒙古和新疆的蒙古居住区，环境问题深受牧民关注。不管当地的意识将转化成政治变革以及对生态脆弱的敏感性，还是将走什么样的现代化道路，都是很难预计的。

第四章

采用生态系统方法

采用“生态系统方法”是指我们对土地和资源利用的决策进行评价，评价其如何影响生态系统维持生命的能力，这不仅包括了人类福祉，而且包括了动植物和自然系统的健康和生产潜力。维护这一能力则成为人与自然发展的关键，成为我们摆脱贫困的希望所在，成为生物多样性的保障和通向可持续未来的道路。

——摘自本卷前言

正如生态系统维持着人类，人类同样必须维持生态系统。我们与生态系统同处于一张广布于世界范围的网中——一张正在破碎的生命之网。在第二章中，我们以科学的论据阐述了这一点，在第三章中，我们又以详实的例子论证了重新编织未来的必要性。

全球生态系统分析计划（PAGE）表明，生态系统提供产品和服务的整体能力正在下降。然而，人类对于生态系统产品——从水、粮食到木材的需求却在持续增长。在全球范围内，我们管理着从农业、森林、淡水生态系统，使粮食和纤维的产量有了显著的增长。但是当PAGE的研

专栏 4.1

何谓生态系统方法

生态系统方法广泛评价人类对生态系统的利用如何对生态系统的功能和生产力造成影响。

- 生态系统方法是一种综合方法。目前，管理生态系统的目的是为了获取一种主要的产品或服务，诸如，鱼、木材或水力，却完全没有意识到正在进行的交易。为此可能会牺牲一些产品或服务，它们比我们所得到的具有更高的价值。通常，这类产品和服务不能通过市场价值体现出来，例如生物多样性和洪水控制。生态系统方法考虑到所有可能的产品和服务种类，并努力使某一特定生态系统的综合效益最大化。这一方法的目标是使所做的交易变得高效、透明和可持续。

- 生态系统方法重新定义了传统定义的生态系统管理的边界。它强调了一种系统方法，意识到生态系统的功能具有整体性，必须进行整体管理而不是分而治之。因此，由于生态系统常常是跨越州界和国界的，此方法看来会超越传统的权力界限。

- 生态系统方法目光远大。它从小尺度上看待生态系统进程，然后把它们放到一个更大的时间和景观框架里去考虑，跨越各种空间和时间范围展开工作。

- 生态系统方法包含人的因素。它整合了有关生态系统的社会、经济和环境等多方面的信息，因此能很清晰地将人类需求和生态系统的生物能力联系起来，以满足人类需求。尽管它关注的是生态系统进程和生物的临界值，它也承认人类对生态系统的适当改造。

- 生态系统方法维护生态系统的生产潜力。生态系统方法不仅仅着眼于生产。它把生态系统提供的产品和服务看作是一个健康的生态系统的自然产物，而不是作为生态系统自身的终结。在这种方法的范围内，生态系统的管理若不能保持或增加该系统产生未来理想效益的能力，则是不成功的。

究者对5个主要生态系统的产品和服务进行全面调查时，发现某些产品和服务的产出增加实际上导致了其他各方面产出的急剧下降——从水质和水量到生物多样性和碳贮量。在许多情况下，这些交易是在无意识的状态下进行的。然而，即使我们对传统上受到忽视的生态系统服务的价值有了全新的认识，如生物多样性或碳贮量，也不能简单地推翻我们所进行的交易。例如，人类不能为了保护生物多样性或改善水质而减少粮食生产。这样的战略给人类带来的将会是贫穷和不利。

第三章的案例分析进一步强调了人类对生态系统的依赖程度。居住在印度Dhani森林附近的村民们没有现成的替代品，用来代替森林提供给的粮食和纤维；南佛罗里达的居民即使有着更强大的经济实力，也找不到替代品来代替沼泽地所提供的丰富的水。

幸运的是，案例分析也给了可以乐观的理由。对于沼泽地恶化的政治关注大幅度增加，就是对生态系统重要性的认识正在不断增强的一个迹象。社区对于Dhani森林退化的反应告诉人类，至少在某些地方，人类为了更好的生态环境正在改变行为。随着水计划的实施，南非政府同时正在与入侵植物、增长的用水需求和贫困进行斗争。该计划考察了生态系统所受的影响和压力，向政治利益团体和非正当的经济势力发出挑战，并和私营部门结成同盟。

然而，第三章中所描述的大多数管理方法，无论多么创新和难以实施，与真正的“生态系统方法”仍然有一段距离。一些方法仅仅着眼于生态系统的健康方面。它们包括修复行动，而往往不是预防行动。从蒙古到博利瑙，到纽约市，没有一种方法包含了大规模的变化，可以用来解决当前的环境退化和消费的必然增长之间的矛盾。

如何采用生态系统方法？

专栏4.1中所描述的生态系统方法的原则，正逐渐被资源管理者所认识。十几年来，生态系统管理的概念在理论和应用中逐渐成长。1992年，美国林业局正式采用生态系统为导向的管理方法，以管理美国国家森林。自此，它开始尽力向世人表现这种管理方式对其森林采伐政策、放牧活动、娱乐活动以及无人区和野生区的管理所具有的含义。专栏4.2提供了一个例子，专栏4.2 传统森林管理和采用生态系统方法进行森林管理之间的差异？

	传统森林管理	森林生态系统管理
目标	■ 商品生产最大化 ■ 净现有价值最大化 ■ 旨在维持森林产品的收获或利用低于或等于其生长或再生水平	■ 保持森林生态系统，使其作为相互连接的整体，同时允许可持续的商品生产 ■ 保持未来的选择 ■ 旨在生态系统生产力的持续发展，同时考虑短期因素，如森林美学和对森林采伐量的社会接受能力
尺度	■ 在政策或所有权界限范围内的固定标准下工作	■ 在生态系统和景观的尺度上展开工作
科学作用	■ 将森林管理视为应用学科	■ 将森林管理看做是融入科学和社会因素的学科
管理作用	■ 着眼于产出（人所需求的产品和服务），如木材、娱乐、野生生物和饲料 ■ 努力使管理适于工业生产 ■ 将木材视为头等重要的森林产出（木材首位） ■ 力求避免即将来临的木材饥荒 ■ 将森林看做农作物生产系统 ■ 评价其经济效益	■ 着眼于投入和过程，如土壤、生物多样性和生态过程，因为这些投入和过程产生了产品和服务 ■ 努力使管理模拟自然过程和生产力 ■ 重视所有物种——动植物，并平等对待产品（木材）和服务（保护水源地和娱乐等） ■ 力求避免生物多样性的丧失和土壤退化 ■ 将森林看做是自然系统，而不是各部分的简单相加 ■ 评价成本—效益和社会接受能力

来源：根据Bengston 1994改编

对地球生产系统的主宰，人类在承担了重大责任的同时也获得了极大的机遇。

说明林业管理中传统方法和生态系统方法之间的差异。对地球生产系统的主宰，使人类在承担了重大责任的同时也获得了极大的机遇。

欧洲联盟同样已经开始构想其环境问题，诸如森林的消失，普遍的河流营养物污染，生物多样性的丧失等大规模的生态系统影响。因此，在其定期环境评价中，欧洲环境局（EEA）报导，空气污染指数已经超过了生态系统的“临界负荷”，趋于造成欧洲森林生态系统落叶，并导致欧洲生态系统的破碎化（EEA 1999）。

在国际一级，生态系统方法也已经获得了更高的知名度和认同。在2000年5月举行的两年一次的会议上，《1992年生物多样性公约》的签署国正式阐述了界定生态系统方法的12条原则，并呼吁各国政府应用这些原则管理其土地、水和生物资源。各国政府在其宣言中指出，没有一种在所有国家实施生态系统方法的单一的方式，但是，管理的总框架必须着眼于生态系统进程，而不是政治权限和部门的划分（COP-5 2000：103～109）。

尽管将生态系统方法纳入土地管理决策的这些措施已取得进展，但是，围绕生态系统方法对商业活动、政府政策和个人消费习惯进行大范围的重新定向，距离现实还很遥远。在大多数国家和大多数地方活动中，生态系统作为触及日常生活和商务的基本生物要素的理念还依然鲜为人知。在国际一级，拟订贸易、农业、森林或用水问题的协议时，几乎不会用到生态系统方法。

PAGE的调查和案例分析所提供的教训，为采用生态系统方法提供了实际指导，建议分为四个主要部分：

- 弥补科学和信息之间的差距。
- 认识和衡量生态系统服务的价值。
- 参与公众关于目标、政策和交易的对话。
- 使所有利益相关者参与生态系统管理。

上述这些部分并非一系列连续的步骤，而是犹如行进中的舞蹈一样，可以同时在各个方面取得进步。遵循PAGE的实际指导和案例研究，可以在各个领域里走得更加轻快。人类已经有足够的知识和经验来驾驭这种“舞步”。

弥补科学和信息之间的差距

对生态系统进行整体的和持续的管理，需要对其功能和状况有详细的了解。如果缺乏地方、国家和全球各级更加坚实的科学知识基础和指示数字，人类便无法对生态系统的生产能力进行判断，不能意识到人类正在进行的各种交易，或不能对这些交易所可能引起的长期后果进行评价。

人类所做的弥补科学和信息之间差距的全部努力的基础是需要应用性更强的科学知识。例如，实验证据表明，生物多样性的丧失将削弱生态系统从暴风雨、虫灾或气候变化等外界扰动中恢复的能力。但是，科学家尚不能使生物多样性的丧失所造成的恢复能力的削弱定量化，甚至也不能使这种能力的降低会如何影响产品和服务生产的持续性定量化。对生态系统的承载能力和变化的“阈值”——有更好的科学认识会使管理工作获益匪浅。

在一些情况下，人类对生态系统的科学认识正在提高，从而可以建立起模型，帮助确定哪些资源形势最为险峻，并预测它们的未来。例如，在南非，先进的计算机模型揭示出，允许入侵树种的蔓延会严重干扰供水。在沼泽地，整个流域的模型显示出该地区的水循环如何变化。50年前，当人们决定改变沼泽地水流时，还没有掌握如此有力的科学工具。

但是，除了仅仅建立更好的科学基础和强化对生态学的理解外，还必须发展和坚持衡量那些指示生态系统范围、状况和运作情况的指标。PAGE强调，人类是如何地缺乏指示生态系统状况的指标。通常，PAGE的评价只能基于不同时期的数据，被不连贯的定义所左右，或因覆盖面中空白区域的存在而为难。即使对于农业生态系统，对其状况和生产已经做了大量的研究，但仍没有关于农业对水质影响的全球一致的衡量，也少有关于灌溉区面积和生产的作物特定信息。在这个被认为是信息膨胀的时代，PAGE的结果表明，在全球范围和做出土地利用决策最多的地方或国家范围，都难以确定对生态系统状况的一致而可信的衡量。

案例分析同时清晰地说明了改善指标、连贯的监测和报告生态系统状况的必要性。时间更长的案例记录了生态系统由于自然变化或过度使用而发生的渐变，这是个人和机构有时不能意识到生态系统衰退的早期警报，或不能对其选择的长期影响做出评价的阶段。部分挑战在于，生态系统的衰退是逐渐开始的，

（下转第232页）

专栏4.3 综合生态系统评价的必要性

如何来判断一个生态系统是否处于良好的状态呢？科学家们通常采用以下几种方法：

- 与天然系统相比较衡量。一些科学家建议，一个生态系统的状况可以通过以下方法来衡量，取生态系统的一个或若干特征（如生物量、物种数量或生态系统的营养流）与那些“天然的”或“未受干扰的”生态系统相比较，这样可以很有效地确定生态系统状况的非天然程度。但是，这种方法对于决策和管理决定有着明显的不足之处。例如，用这样一个“天然性”的指标来判断系统的状态就意味着，所有农业生态系统或造林系统都会被定为状况不佳，因为它们与其所取代的天然生态系统大相径庭，而且，在人类活动普遍影响全球环境的情况下，要定义一个“天然的”或“未受干扰的”生态系统愈加困难。

- 衡量部门状况。许多关于各国农业状况的报告仅仅注重粮食生产，而没有考虑到粮食生产对生物多样性、水质或碳吸收潜在的负面影响。或者，森林评价仅仅考察木材生产，而没有评价木材砍伐对区域降雨、下游水利设施的能量输出或生物多样性丧失的潜在影响。当产品和服务间的交易量不大或不重要时，这种严格按部门划分的方法是有意义的。但是在今天，当生态系统的管理必须满足相互冲突的多个目标和考虑到环境问题之间的联系时，这种方法则是不够的。一个国家可以通过把森林改造为农业用地来增加它的粮食供应，但是，与此同时，却可能减少了一些重要或更为重要的产品供应，如洁净水、木材、生物多样性或对洪水的控制能力。地方的资源管理者和国家决策者同样需要有权衡这些交易的某种手段，这需要以更加综合的眼光来看待这些交易所可能引起的后果。

- 最优化衡量。综合评价通过对系统提供各项产品和服务的能力分别进行评价，然后评价这些产品和服务间的交易来确定生态系统的状况。这样，即使交易是有意识的选择，综合评价也会表明系统提供多种服务的总体能力是不是最优的。例如，一个令人满意的生产性农业生态系统，它依赖于化学品投入，对各部分的分别评价会显示出，是否增加绿肥作物轮作会极大地减少营养投入、显著地提高水质或影响农业产量。这样，就可以据此判断出该系统是否被管理得很好，可以提供最优的粮食和洁净水的组合，抑或这些产品是否可以通过备选管理方法获得。

这种生态系统评价的方法被称为“综合评价”，因为它不仅考虑单个的生态系统产品，如作物生产，而是考察生态系统可能提供的所有产品。生态系统综合评价的主要益处在于它提供了考察各种产品和服务之间联系交易的框架。孤立地对每一部门进行评价，可能会掩盖从生态系统所产生的各种产品和服务中增加综合效益的机会。生态系统管理的目标可能仅促进一种服务，比如粮食生产，而不顾其他。但是，如果纵观所有服务的产生和状况，各种服务之间的交易则一目了然。

专栏4.4 利用信息支持生态系统方法

在本报告的合作中和对全球生态系统评价的支持中，联合国开发计划署（UNDP）、联合国环境规划署（UNEP）、世界银行和世界资源研究所（WRI）恪守其利用信息推动各种保持和恢复生态系统行动的承诺。各地政府、企业、组织和个人都有相当多的机会可以来配合这种承诺：

- 政府可以利用其获取信息的能力，推动利用、保护和恢复生态系统的决策。目前，由于科学、技术的进步，政府机构和官员比以往任何时候都拥有更多、更好的数据，它们可以很便利地综合卫星生境图像、空气、水质判读、生物数据、人口统计信息以及交通和土地利用地图。例如，政府管理者可以将生态系统阈值的科学研究结论，诸如SO_x和NO_x的“临界负荷”，运用到控制汽车和发电厂排放或水质标准的规章条例中。

- 企业可以通过收集和传播有关其加工、产品和服务的环境方面的信息，改善其有关生态系统的环境业绩。尽管政府条例是要求企业管理并报告其业绩的有力措施，但全世界日益增多的企业自愿采用环境管理制度并公开有关其业绩的信息。许多企业这样做是为了节省钱财，提高股东的价值，校正其业绩，或监督其对外承诺的遵守情况。

- 工业协会可以制订政策和守则来满足保持生态系统活力的需要。如何推行有利于生态系统的企业活动的一个典范是国际标准化组织（ISO）的ISO14000标准，该标准为那些想在一些方面改善其环境管理的公司提供指南，这些方面包括环境审计、贴标签、产品生命周期评价等。截至2000年7月，已经有84个国家的14106家公司采用了ISO14000标准。另一个范例是于1997年由环境责任经济联盟和联合国环境规划署发起的全球报告行动（GRI），其使命是为编写企业一级的可持续性报告制订全球适用的准则。GRI的准则可通过下列网址获取：http://www.globalreporting.org.

- 大学、环境团体和民间协会可以帮助解释大量已有的原始数据——以便于用户的、有索引的、非技术格式形式介绍数据，以便任何人都能很快地掌握大量的信息。这类组织可以编纂进行汇编的风险类别名册设施或生产方式，综合数据集，或根据可疑毒素的出现，创造出价格低廉的消费品系列。例如，还可以监督生态系统管理，以确保通过促进开放规划过程，组织和通告选民，要求政府、多边银行和公司履行责任，真正采用生态系统方法。

- 消费者可以通过寻找产品信息和利用其购买力驱使企业活动更有利于生态系统。可持续管理活动的证书或“生态标签”已使人类可以选择那些具有最小生态影响的木材、农产品和鱼类产品。例如，森林管理委员会（FSC）依据10条环境、社会、经济原则对森林管理活动进行评价，在世界范围内已经认证了超过1580万hm^2的生产性林地（Parker等 1999：12）。如世界最大的家具制造商宜家家居等带头企业既为了获取销售优势，又迎合消费者对于环境更加敏感产品的兴趣，正在转向那些森林产品。已经开展类似的认证过程，如能源之星定级，帮助消费者对用具的能源消耗进行评价，还可以发展环境敏感产品和服务的其他认证，诸如基于社区的公寓和生态导游。

- 各地的公民都可以去了解更多有关周围的环境状况和问题。通过互联网可以很方便地获取信息，例如，帮助在选举、利用地方的土地和资源、循环使用和处置家庭废物上做出决定。也可以获得与朋友、同事分享信息或表达自己观点的手段——有时，仅仅是在键盘上点击一下发出信息而已。

然后会随着压力的增加而迅速加剧。在佛罗里达中南部项目改变了沼泽地水流后的最初20年中，佛罗里达湾的退化是缓慢的，其后，在最近10年里迅速发生变化；在南非，人们差不多用了整整一个世纪的时间才确定了引进的植物和供水之间的联系。用来认识破坏和变化过程的时间，扩大了退化对于生态系统和那些依赖于受损害的产品和服务的物体二者的影响。

但是，当信息用来支持生态系统方法的时候，对所有信息的重要性不能一概而论。综合评价是一种最有效的方法，它鼓励利益相关者不仅仅为其直接的商业价值管理生态系统（专栏4.3综合评价的必要性）。此类评价对生态系统提供各种产品和服务的能力进行单独的判断，然后，评价这些产品和服务间的交易。更为狭隘的部门衡量方法，作为多数决策的原则和依据，仅着眼于单个成果，而不是整个生态系统的后果。因此，改造沼泽地的政府机构从农业生产和洪水控制上判断成功与否；那些在南非山地种植松林的机构所关注的是使木材产量最大化；还有政府在Dhani的所作所为，允许商业承包商采伐森林的冠层。而只有在危难时刻——当粮食或水等关键产品的供应中断时，才会引起人们对分析这些生态系统健康的其他指示数字的重视。如果更多的综合信息可以在开始的时候得到的话，也许危机将永远不会发生。

当然，这只是一个愿望。不管科学认识、计算机模型和原始统计数据有多么尖端，如果不是对生态系统进行连续的监测，人类仍然会对生态系统的结果感到惊讶。就像是人类对生态系统动力的认识迅速变化一样，改变生态系统的人口、经济与生物压力的规模具有同样迅速的变化。定期评价生态系统是避免意外后果的关键。在博利瑙，只有经过多年对各种环境指示数字的监测，才能显示出四个新的海岸带的管理计划是否有助于渔业资源的恢复，或者是否有超出计划以外的更为关键的因素存在。饮用未过滤水的纽约人必须依靠普遍的水质监测来确定生态系统保护计划是否适当，或者是耗资数十亿美元的过滤水厂是否必要。严谨的监测记录可以消除对需要新的生态系统管理的疑虑，并可以帮助一些最大和花费最高的工作，帮助我们阻挡住不可避免的来自公众和法律的挑战，如沼泽地恢复计划的实施一样。

健全的科学分析、模型、评价和监测可以增加生态系统管理决策的智慧性。弥补科学与信息之间差距的行动范围确实是很广泛的，它包括政府、企业、组织和个人（专栏4.4利用信息支持生态系统方法）。但这不是生态系统方法的惟一要求。

认识和衡量生态系统服务的价值

低估生态系统服务的价值，已经导致了许多管理活动上的短视行为。例如，PAGE对淡水系统的研究表明，对水价过多的补贴，特别是对农业用水，助长了水的低效使用。研究表明，自1900年以来，世界范围内水的消耗量增加了6倍，是同期人口增长率的一倍以上。PAGE对森林生态系统的研究表明，加拿大的那些年代久远的森林——在那里伐木公司的业务得到补贴，而被砍伐速度超过了其再生速度，全然不顾森林在生物多样性、碳存贮和流域保护上的价值。市场机制对这些公共产品进行货币价值的分配已经失灵，但是不仅仅是市场的失灵要对生态系统服务的开发利用负责，税收下调、贸易刺激、关税、公共投资战略，以及其他经济政策也扭曲了水、土地和其他生态系统的投入和产出的价格。

案例分析也提供了大量的实例，说明经济政策的意图尽管不错，但由于低估了基本生态系统服务的价值，却加重了生态系统状况和能力的下降。例如，政府对奥基乔比湖南部的近沼泽地1/4面积的排水区域进行补贴，以便开创沼泽地农业用地。这一排水区除造成野生生物生境的直接损害之外，还通过抽水、径流污染和农业生产造成的土壤下沉，给沼泽地带来了间接伤害。

生态系统方法中的一个基本要素就是要认识和衡量生态系统服务的价值，以便政府、工业和社区可以把这些价值作为其生产和消费选择的因子。要确定这些价值，第一步就是要计算补贴资源使用的经济政策所造成的代价，这可以通过补贴价格和市场价格的对比或通过计算政府补贴方案的费用得到。在全世界，用来支持诸如使用水、农业、能源和道路交通等不利于环境活动的补贴总计约7 000亿美元，其中近一半用于支持经合组织（OECD）国家的农业生产和农业收入（UNEP 1999：207）。把这一数额提炼或分解到国家、地方或部门各部分是可行的，并且，即使不很精确，也可以提供一些经验作为基础，来调整被扭曲的价格。进一步取消补贴和赋予生态系统服务明确的

价格可能会有政策上的困难，但是会直接导致有效的资源利用。

南非的水法就是一个例子，说明明确的价格会鼓励效能的提高（见专栏3.14）。南非允许水和森林事务部门对那些使用河流和其他水体处置废物和消费水的部门征收流域管理税。这些税收有望阻止浪费，加强保护和提供资金用于增强流域的健康。一些部门和社区抵制新的水费，但是其他一些则开始城市保护活动，减少了25%的用水量。

对于没有明确补贴的生态系统服务，需要制订或改进其他的评价方法（见专栏1.14）。环境经济学家应该继续磨炼测定生态系统产品和服务价值的能力，并且这类价值应该被传递到关于土地利用和工业生产方法的决策中。由加拿大环境部编制的环境评价参考目录（EVRI）就是一个例子，说明多少评价能够融入到更平常的使用中。这个评价研究数据库使得公司和政府机构迅速地要求开展关于各种环境服务的货币价值的有效研究。而这些价值，反过来可以用来估计项目或发展可能造成这些服务退化的影响（EVRI 2000）。

最终，创造生态系统保护的财政刺激手段要比为生态系统服务判定准确的价格更为重要。许多生态系统服务的价格，从任何供求等式中都是无法计算的。然而有一个事实不能忽视，即在每一个评价中，主观判断都在发挥作用，一个特定景观的美学鉴赏价值或精神意义，取决于观赏者的评价，就像一件特定商品的价格取决于购买者的支付意愿一样。在一场聚焦于科学和经济地衡量价值的争论中，社区和宗教领导人有特殊的机会提出指导利用生态系统的道德考虑。因此，对生态系统服务的评价，就像整个生态系统方法一样，当它加入到关于目标、政策和交易的公众对话中时，就会产生最大的效果。

参与公众关于目标、政策和交易的对话

以生态系统方法、有关生态系统进程和状况的认识作为公众谈论以下话题的基础，即想要和需要从生态系统中获得什么，所得利益如何分配、生态系统能承受何种程度的退化和能忍受什么样的代价等等。这种对话本身就是需要采取何种行动达成一致意见的基础。即使在纽约水源地和博利瑙珊瑚或沼泽地湿地的相互竞争的利益之间所达成的一致很微弱，也是促进转变的强有力的推动力，通常比任何工程师的技术、政府的指令或顾问的报告更为有力。

纽约市水源地管理计划的情形便是一个例子，该计划努力把所有与生态系统健康有利害关系的人集中到一起，定义使他们结合起来的共同主题——这个例子的主题是水。尽管纽约市这类例子的协商结果，从科学的角度来看还不很理想（该保护计划被批评为不当），但还是代表了在冗长的争吵或没有任何行动中的一种进步。而且，当所有的利益集团成为解决方法的一部分时，所得的结果往往要比那些没有利益相关者的广泛参与而得到的结果更具持续性。

当政府未能将生态系统管理对话的参与者扩大到包括所有利益相关者时，与当地社区有密切联系的非政府组织(NGO)可以成为强有力的推动变化的因子。NGO的价值在如曼科特红树林的恢复和博利瑙的沿海

（下转第236页）

专栏4.5 **填补信息空白**

生态系统	特性	主要的信息要求
所有生态系统	范围和土地利用	卫星图像增强了我们对各种生态系统范围的认识，但是目前可以得到的数据很少精确到可以应用于国家或国家以下各级，或者用来支持国际环境公约的全部需要。需要更频繁的解释，增强的数据精度，更加系统化的分类过程，以地面事实为基础的创新方法。
	土壤退化	惟一的全球综合土壤退化信息来源（GLASOD）开始于1980年代后期；使用更详细信息的一项补充研究，仅仅覆盖了亚洲（ASSOD）。信息要求包括长期的土壤有机物监测，更详细的关于土壤营养均衡的数据，和更多的关于指示数字的工作，它们可以显示土壤质量和生态系统产品和服务之间的联系。
	生物多样性	整个生态系统中关于生物多样性的信息很少。尽管全球分类行动（GTI）正在尝试解决这一问题，但仅有约15%～20%的物种被确定。即使对于那些已知的物种，关于其种群演化趋势和生物入侵的信息还很缺乏；全球入侵物种方案（GISP）和世界保护联盟正在开发关于生物入侵的数据库，大量的数据存在于各国科学家、博物馆或植物收集者当中，但是，还需要进行努力，将这些数据收集起来，变为能够为国家规划提供情况的形式。
	水质和水量	更好的关于水资源的信息可以立刻让各国受益，因为它和人类的健康和福利休戚相关。在世界的大多数地方（除了经合组织国家），水质监测还是刚刚起步，并且多数工作忽略了生物信息。全球或各洲的地下水数据还不能获得。
农业生态系统	状态	粮食生产和产量的统计信息是大量的，但是较少记录了农业系统的基本状况的信息，更少记录了农业系统和土地管理活动之间的差异。需要合理的详尽的土地利用数据，用来预测农业生产对土壤肥力、水质和生境的影响。关于土壤退化、水质和生物多样性的现有数据一般还是定性的，且常常存在争议。

生态系统	特性	主要的信息要求
海岸生态系统	生物多样性	全球海岸和海洋生物多样性数据的获取还很有限，对大多数地区来说，除了珊瑚礁和红树林，甚至缺乏生境种类的分布信息。因为大多数沿海生境都比较小或被淹没，所以地方性调查，如全球珊瑚礁监测网，在确定范围和状况方面比遥感更加可信。
	渔业	除北大西洋的渔业外，现仅有50%～70%的捕捞物有物种报告，其中还不包括评价渔业对特定物种影响的工作。需要用来评估捕获量是否超过了可持续利用水平的有关渔业资源的种群信息更加残缺不全。
	水质	遥感可以帮助填补关于藻类暴发、石油泄漏、浊流和海面温度的发生和持续时间的信息空白，但是需要现场监测来评价许多沿海水质参数诸如富营养化、大肠杆菌和难降解有机污染物，还可以监测海洋生物中疾病的暴发。联合国建立的全球海洋观察系统，可以对这些数据进行汇编。
森林生态系统	状况	有关薪柴的生产和消费的数据格外缺乏，并且由于监测费用对大多数发展中国家来说是很昂贵的，所以数据也很难补充。所需有关木材生产的关键数据是生产林中相对的生长率和砍伐率。毁林状况好转的估计同时要求更好的卫星图象和地面覆盖证据。
淡水生态系统	水量	世界上的雨水和溪流的测量正在消失，成为监测计划资金缺乏的牺牲品。关于河流径流、洪水频率、旱季水流、湿地状况和水坝位置的更好的基本水文信息，可以帮助规划者满足人类日益增长的水需求。
	渔业	完善内陆渔业的数据，对于确保渔业可持续性至关重要，这要求改进原有监测网络或建立新的监测网络，因为多数捕获的产品是就地消费和没有记录的。
草地生态系统	状况	结合径流的地面测量、载畜密度和管理系统，用来测量草地生产力的高分辨率的卫星数据，可以极大地增加我们对荒漠化的了解和帮助国家政府更好地管理牧场。

管理等情况下显示出来，在那里，NGO坚持无数次的协商，以在所有利益相关者中间结成联盟和在决策中体现更广泛的参与。

许多关于资源利用的公众对话都不仅仅是针对现状的——沼泽地堤圩的重新选址，或者南非工作人员抵制入侵物种范围——它们无疑也是针对未来的。关于人口拥挤的地区最佳增长过程的讨论，关于稀有资源分配的合理性的讨论，甚至关于可持续性本身属性的讨论，将在形形色色的参与者之中形成共同的价值观。因此，公众对话有助于社会对不同生态系统服务的重要性做出判断。这种对话同样增强了公众的意识和对他们的教育；它鼓励参与者学习更多关于社会、经济、自然趋势等的知识，这些知识可能会影响到对未来做出最好的计划。

因此，利益相关者目前正尝试着去保证生态系统——如湄公河流域或博利瑙的沿海资源的活力——并力求综合预计的未来社会和经济变化。在湄公河，飞速的经济增长和人口增长，将无情地推动多方面的需求：灌溉、饮用水、水力、渔业生产、盐度控制和交通；博利瑙的新的沿海管理计划对区域现有的5万人口也许是足够的，但是该区域的长期健康将部分地取决于该计划对一个潜在问题的处理能力，即未来30年里区域人口将增加一倍（McManus等 1995:195）。

对社区决策持鼓励态度的治理系统会对地方性保护产生强有力的刺激作用。但是地方性的解决方法可能不会总是很有效，不能跟得上快速增长和变化的压力。在那样的情形里，要求更加持久的努力，把最广泛的可能的利益相关者吸引过来，并使他们不仅仅是加入到对话当中，而且参加到实际行动中去。

使所有利益相关者参与生态系统管理

地方社区可以是生态系统最致命的侵犯者，也可以是生产系统最精明的管理者。通常由于贫穷或短期利益驱使，很可能会对生态系统的产品和服务过度使用。但同时，他们的生态系统知识和他们与生态系统健康直接的利害关系，都是一笔重要的财富，可以增加长期管理的可能性。

同样，国家机构、跨国公司和国际组织都显示了破坏力，及其对生态系统利用的广阔视角与开明政策的能力。国家的抑或跨国的目标也许和地方的相冲突，并且占据主导地位，正如它们在Dhani生态退化最严重时期一样。但是，国际资助示范项目日益增长的环境敏感性，诸如世界银行和联合国实施的一些最好的项目，可以鼓励地方和国家采纳生态系统方法的兴趣。

把所有重要的地方、国家甚至国际利益考虑到生态系统管理中，从而产生更好的结果。包容所有利益相关者可以带来更多的知识和经验来面对各种问题。这种包容的过程，可以平衡各种可能正当但有分歧的利益，可以对生态系统利用的费用和效益进行更公平的分配。

然而，地方利益相关者在生态系统的管理中通常得到的最多，或失去的最多。Dhani就是一个典型的例子，说明了社区的关注和行动可以使一个地方的生态恢复。出于对森林的依赖和对森林退化的了解，Dhani森林的村民们起草了一份有效的森林保护计划，后来国家——森林土地的所有者——对这一计划表示认同，这使得当地社区成为恢复工作中的伙伴，而不是对手。同样地，在马查科斯，政府支持的义务工作组1950年代的让位使Akamba人得以返回传统部落基地mwethya，并且自发地运用恢复其农业生态系统的保护技术和工作风格。

案例研究同样强调了拥有有保障的资源使用权的当地社区如何更持续地管理生态系统。作为参照，列举了1960——1970年代，当国家和商业砍伐，损害了他们的所有权时，Dhani的居民如何放弃了精心起草的森林进入和利用规则，促进了薪材的加速采伐。同样，蒙古的牧民，由于不确定自己对公共财产——牧场的所有权，很少会运用可持续的牧场轮作方法，只因为恐怕会在其他牧羊人和他们的羊群失去进入草地的机会。

可悲的是，生态系统的管理不当仍然是取代对当地人民，特别对于穷人来说，为了快速的资本积累而开发自然资源和未能认识到生态系统在可持续的生活发展中所发挥作用的政府政策的结果。所有权对千万人来说还是一个问题，即使经验反复表明有保障的使用权和管理资源的权利，促进在土地改善上的长期投资和精心的管理。

未来将会如何?

案例分析表明人们的确在学习和适应，生态系统

专栏4.6 呼吁千年生态系统评价

如果不是基于可靠的科学信息，制定有效的环境政策是不可能的。虽然许多领域在数据收集上取得了较大的进步，但我们的知识仍存在很大的空白。特别是，从来不曾有过一个对世界主要生态系统的全球综合评价。计划中的千年生态系统评价（MEA），是描绘我们这个星球健康状况的一个大型国际合作项目，就是对这一需求的响应。这一工作得到许多政府以及环境署、开发计划署、粮农组织和教科文组织的支持。我呼吁会员国为新世纪生态系统评价提供必要的财政支持，并积极参与其中。

——联合国秘书长科菲·安南

摘自《我们人类：21世纪联合国的作用》（2000年4月）

2000年9月以下会议与组织赞同千年生态系统评价：

- 防治荒漠化公约协作缔约方大会
- 保护生物多样性公约缔约方大会
- 国际农业研究磋商小组和国际农业研究中心
- 千年生态系统评价指导委员会，30个国际机构和研究机构代表
- 环境部长会议，1999年9月在加纳的Elmina，20个国家代表
- 第三世界科学院
- 第三世界科学组织网络
- 《世界资源报告》合作者联合国开发计划署、联合国环境规划署、世界银行和世界资源研究所

的确具有一定的自然恢复力。但是，还警告人类，生态系统的恢复能力是有限的。一个森林，如Dhani森林，失去的生物量和降低生境质量，只要其过度使用得到控制是可以在几年的时间里恢复的。而湿地如佛罗里达的湿地恢复健康的可能性就很小，那些破坏了的地方都已经变成了郊区、道路和林荫道。而且，像南非和佛罗里达这些地方，其恢复工作要求巨额的财政投资；在Dhani、马查科斯和古巴这些地方还要有大量的人力资源——费用取决于公众和政府强大的意愿。

案例研究并没有到此为止。只有时间可以揭示，这些退化的生态系统到底可能恢复到何种健康水平。"恢复"的湿地生态系统，在物种组成和功能上会与原来的生态系统有差别。南非永远不可能完全除掉那些入侵植物，尽管水计划工作尽了最大的努力。

气候变化、全球化和城市化的压力可以损坏长期的成就，即使是那些信息量最大、谨慎制定的管理和恢复计划也不例外。日益增加的全球碳排放已经影响到生态系统。温度的升高和降雨模式的变化，会激发非本地物种的迁徙和入侵，海平面上升会淹没许多低洼的地区，从珊瑚环礁到部分湿地生态系统。全球化和工业化可能会动摇注重生存和当地资源利用的许多传统经济模式。郊区的蔓延、生境的破碎、空气污染以及大规模的资源需求和废物产生，在开始更好的城市规划尽量减少这些压力之前会造成重创。

成功的生态系统管理愈发要求邻里合作——有时要求其目标存在巨大差异的人们之间进行合作。Dhani的居民只需和临近的村民一起工作；而南非必须与博茨瓦纳和津巴布韦协作来控制玫瑰、仙人掌等非本地物种的密集侵袭，这种仙人掌分布因大象和驴自由穿越边界而加速。但即使这样一个问题与某些越境问题相比还是属于地方问题，比如可持续开发和管理湄公河所做的努力中出现的越境问题。在那里，6个国家的愿望和需要都威胁着流域的水量和水质，以及湄公河下游的渔民和农夫的生计。

阻止平流层臭氧耗竭的国际协定（《蒙特利尔议定书》）说明：在可靠的科学的帮助下，一旦意识到其严峻性，可以就解决某一问题形成共识和做出承诺。但是，对一些生态系统服务，如生物多样性和碳存贮，目前对其重要性的一致认识还不足以形成全球合作管理。国际市场不评估生态系统服务的价值，也不把它

们，诸如生物多样性和碳存贮作为公共财产。然而，它们是具有全球重要性的基本财产，所以全球社会可能需要付出一定的代价来支持它们。提供公共资本和影响私营部门投资的国际努力将成为改变国家对生态系统的评价和保护的一个关键因素。

也许案例分析中最重要的信息就是，在管理生态系统方面能够比以往做得更好，今天就能够做到。人类往往强调解决问题的技术承诺：使恢复所需费用降低或提高生态系统的生产力。这些案例并没有削弱技术的承诺，只是提醒人类，已经拥有了许多人类需要的知识和技术。许多这些“修理”工作都是简单的非技术性的。在南非，人们用手把入侵树木连根拔起，以恢复生态系统；在Dhani，一个社区雇佣警卫和巡逻人员，利用简单的采伐计划和放牧禁令，发展那些可选择的地方职业；在马查科斯，Akamba人收集雨水和修建梯田，这是一种在世界许多地方可以追溯的古老的方法。

简言之，人类已经了解了足够的情况，可以开始更加合理地管理生态系统，可以对一些已经丧失了的自然生产力进行恢复。综合地方、国家和全球运用和拓展生态系统管理知识的承诺是一个挑战。

千年生态系统评价(MEA)

人类未能从生态系统的角度去思考问题的失误，根源在于大大缺乏关于生态系统如何影响我们和它们所处状况的信息。全球生态系统试点分析开始解决这一信息问题。但是，PAGE研究的最重要的一个结论是，目前缺乏大量基线知识。人类需要那些知识用来在全球、区域甚至有时在地方范围，充分评价生态系统状态。PAGE的研究人员指出，缺乏几十种关键数据组——从薪柴的利用水平到牲畜对草场饲料状况的影响（专栏4.5填补信息空白）。

考虑到技术的进步，令人惊讶的是获取用来评价生态系统状况的信息，在最近几年里几乎没有增加，也许实际上还在减少。一方面，遥感能获得有关生态系统特征的某些信息，比如说，它们的范围。另一方面，关于一些指示物的地面信息，如淡水水质、河流径流量等，今天比20年前能获得的还要少（Stokstad 1999:1199）。

要把这类信息收集起来，并把它变成一种使得政府、企业和当地居民可以很容易地理解和使用的形式，需要付出比PAGE更多、更全面的努力。这一努力标志着——千年生态系统评价——预定于2001年开始实施，由一系列政府、联合国机构和主要科学组织共同组织和支持（见专栏4.6呼吁千年生态系统评价）。PAGE研究本身提供了一些方法和观点的论证，这些将在MEA中应用，但是MEA将发展和拓宽这些方法，供全球不同的研究队伍在从地方到全球的各种范围内应用。

MEA和PAGE研究一样，将关注生态系统提供那些对人类发展至关重要的产品和服务的能力。因此，它会考虑这些产品和服务所依赖的基础生态系统进程。并且，它要明确考虑社会和经济属性，例如，就业和经济价值。MEA将包含比PAGE研究更加广泛的全球评价，在区域、国家和地方范围内开展大约10个评价。它也将会帮助国家发展更大的能力在将来过行自己的评价。

- MEA的全球部分将为未来的评价建立一个基线，帮助满足国际环境条约的信息需求，如《生物多样性公约》，建立综合的生态系统评价的方法，提高公众对于生态系统产品和服务重要性的意识。全球部分将特别适合于评价碳、氮和水的全球化学循环变化。
- MEA的区域、国家和地方部分将仅涵盖全球的一小部分，但是将会帮助促进更加广泛的使用综合评价，帮助发展这些评价所需的方法和模拟工具。这些部分也将提供信息，直接作用在进行这些评价的区域管理和决策上，它们将特别适合于评价各种产品和服务之间的交易和联系。描绘生态系统产品和服务的似乎合理的未来状态的开发情景，也会在区域一级进行，并在全球一级加以综合。
- 能力建设也是MEA进程的一个中心目标。MEA的区域、国家和地方部分将直接加强参与机构。通过MEA开发出的信息、方法和模拟工具将会在全世界的国家和国家以下各级的评价进程中发挥作用。最后，MEA将帮助促进满足所有范围的信息需求所需的数据收集和监测工作。

MEA仅仅是对现有生态系统观点和如何管理生态系统重新定位所必需的许多步骤中的一个，但是它是最初的和最基本的之一。如果MEA取得成功，它就可以提供有关生态系统的认识基础，为决策者处理诸如水的利用、沿海开发、农业政策和生物多样性保护等基本问题提供直接的利用和指导。在一个更加基础的水平上，它将标志着迈向生态系统方法的重要一步，通过开始为那些决策者用于生态系统产品和服务的环境信息制订框架来实现。如何衡量和分析环境变化的这一基本认识，将及时地把生态系统的概念应用到如何谈论和管理我们对地球的影响中去。

还有比现在更好的时机吗?

对地球生产系统的主宰使人类在承担了重大责任的同时也获得了极大的机遇。人类对生态系统的需求从未比现在更高，然而这些需求还会明显地增加，特别是在发展中国家，因为不断增长的人口意味着越来越多的人寻求更好的生活；人类对生态系统的了解也从没有像现在这样多，然而即使是处在一大堆数据的包围中，人类通常还是会面临对周围世界的不知所措。最为重要的是，人类对生态系统的干扰，在任何地方都相当明显，然而，很少去保护它们，以至于现在的形势对我们来说是刻不容缓的。

那么，21世纪的挑战就是，要协调好人类发展的需求和自然承受力之间的矛盾。因此，必须了解生态系统的脆弱性和弹性。下面的话摘自本卷前言：

> 面对新世纪的曙光，我们有能力去改变这个星球的生命系统，使之更好或相反。为了使它变得更好，我们必须认识到人类的幸福和生态系统的健康是交织在一起的，以及其间的结构正在遭受破坏。我们需要修补它，并且我们手上有这样的工具。还有比现在更好的时机吗?

第二部分 II

世界资源报告

2000-2001

数据表

生物多样性与保护区

森林与草地

海岸，海洋与内陆水域

农业与粮食

淡水

大气与气候

能源与资源使用

人口与人类发展

基础经济指标

小国与岛屿

关于2000-2001年世界资源报告数据表的有关信息

国家划分参照下列机构的标准：联合国粮农组织(FAO)(发达国家和发展中国家)，联合国儿童基金会(NUICEF)(工业国，发展中国家，欠发达国家和其他地区)，联合国开发计划署(UNPD)(发达国家，发展中国家和其他地区人口)，世界银行(World Bank)(高，中，低收入国家)和世界资源研究所(WRI)(地区)(见309～313页)。

注释适用于本报告中所有数据表(除了另有注明):

- “×”表示没有信息，或信息不适用(例如，国家性质已发生变化，如原捷克斯洛伐克和捷克共和国)。
- 圆括号中表示的是负数。
- “零”表示无或小于1/2计量单位;(0)表示小于0但大于负1/2。
- 除非另有脚注，地区总量计算以WRI指定的地区为准。这些地区列在本报告309页的“WRI 地区”表中。
- 除非另有脚注，世界总量的计算采用地区总量的计算(有可能包括没有列在此数据表中的国家);地区来源参见来源及技术注释。
- 除非另有脚注，发达国家和发展中国家的总量计算采用FAO的计算标准。这些标准列在本报告的后半部分“FAO 地区”表中。
- 数据表中的其他技术注释从314页开始。
- 一些表中，如淡水一章，可能有修改。最新修改情况，请查看我们的网址。

http:// www.wri.org

世界资源数据表及全球环境趋势分析正以一种新的、可查询的方式出现在因特网上。自2001年1月，世界资源中的重要组成部分将成为WRI网址上可携带的环境信息。获得新数据后，数据及趋势分析将继续修改和扩充。

与以前的版本一样，本数据表中的信息可以在网址上用.pdf格式下载和打印，也可通过http://www.wristore.com网址定购光盘。

第二部分　数据表

内　容

生物多样性与保护区

国家与国际自然保护区

	国家保护系统：保护区（IUCN 管理类 I—V）					海洋保护区数量（a）（IUCN 类 I—VI）			部分全球协议中的保护区：生物圈保护区（b）		世界遗产保护区（c）		国际重要湿地（d）	
	数量	面积 $10^3 hm^2$	占土地面积 %	保护区面积至少 10万 hm^2	保护区面积至少 100万 hm^2	总量	海岸	海洋	数量	面积 $10^3 hm^2$	数量	面积 $10^3 hm^2$	数量	面积 $10^3 hm^2$
世界(e)	**28,442**	**851,511**	**6.4**	**1,250**	**154**	**3,636**	**2,825**	**1,685**	**368**	**263,897**	**149**	**142,209**	**1,019**	**73,012**
亚洲（中亚除外）	**2,421**	**148,692**	**6.0**	**210**	**20**	**831**	**545**	**419**	**45**	**13,350**	**25**	**5,154**	**59**	**3,121**
亚美尼亚	5	213	7.6	1	0	X	X	X	0	0	0	0	2	492
阿塞拜疆	34	478	5.5	0	0	3	3	0	0	0	0	0	N/A	N/A
孟加拉国	10	98	0.7	0	0	6	6	0	0	0	1	595	1	596
不丹	9	998	21.2	3	0	X	X	X	0	0	N/A	N/A	N/A	N/A
柬埔寨	20	2,863	15.8	10	0	X	X	X	1	1,481	0	0	3	55
中国	407	59,840	6.2	40	10	56	41	28	16	2,645	7	352	7	588 f
格鲁吉亚	18	195	2.8	0	0	1	1	0	0	0	0	0	2	34
印度	493	14,312	4.4	22	0	115	113	12	0	0	5	292	6	193
印度尼西亚	331	19,253	10.1	35	5	102	93	40	6	1,329	3	2,845	2	243
日本	96	2,561	6.8	8	0	187	52	140	4	117	2	28	11	84
哈萨克斯坦	73	7,337	2.7	18	1	1	1	0	0	0	0	0	N/A	N/A
朝鲜	31	316	2.6	1	0	X	X	X	1	132	0	0	N/A	N/A
韩国	30	684	6.9	1	0	7	5	6	1	39	0	0	2	1
吉尔吉斯斯坦	78	694	3.5	0	0	X	X	X	1	24	0	0	N/A	N/A
老挝	0	0	0.0	0	0	X	X	X	0	0	0	0	N/A	N/A
马来西亚	143	1,507	4.6	5	0	111	108	12	0	0	0	0	1	38
蒙古	42	17,991	11.5	18	4	X	X	X	3	6,139	0	0	6	631
缅甸	3	174	0.3	1	0	3	3	1	0	0	0	0	N/A	N/A
尼泊尔	12	1,112	7.6	4	0	X	X	X	0	0	2	208	1	18
巴基斯坦	81	3,727	4.7	11	0	3	3	0	1	37	0	0	8	62
菲律宾	19	1,454	4.8	4	0	159	67	126	2	1,174	2	53	4	68
新加坡	5	3	4.7	0	0	3	3	2	0	0	N/A	N/A	N/A	N/A
斯里兰卡	110	869	13.3	0	0	16	12	6	2	9	1	9	1	6
塔吉克斯坦	19	587	4.1	1	0	X	X	X	0	0	0	0	N/A	N/A
泰国	158	7,077	13.8	19	0	18	18	17	4	56	1	622	1	<1
土库曼斯坦	23	1,977	4.1	5	0	1	0	1	1	35	0	0	N/A	N/A
乌兹别克斯坦	11	818	1.8	1	0	X	X	X	1	57	0	0	N/A	N/A
越南	54	995	3.0	1	0	2	2	2	1	76	1	150	1	12
欧洲	**12,356**	**109,297**	**4.7**	**212**	**12**	**760**	**667**	**246**	**139**	**103,149**	**28**	**19,292**	**632**	**19,838**
阿尔巴尼亚	48	84	2.9	0	0	7	7	0	0	0	0	0	1	20
奥地利	695	2,451	29.2	3	0	X	X	X	4	28	0	0	10	116
白俄罗斯	903	1,304	6.3	0	0	X	X	X	2	305	1 g	88	1	19
比利时	72	86	2.8	0	0	2	2	0	0	0	0	0	6	8
波斯尼亚和黑塞哥维那	21	27	0.5	0	0	X	X	X	0	0	0	0	N/A	N/A
保加利亚	127	500	4.5	2	0	2	2	0	17	25	2	41	5	3
克罗地亚	195	421	7.4	1	0	18	13	6	1	200	1	19	4	80
捷克	1,789	1,247	15.8	2	0	X	X	X	6 g	435	0	0	10	42
丹麦(h)	220	1,380	32.0	2	0	76	58	41	1 i	70,000	0	0	38	2,283 j
爱沙尼亚	219	500	11.1	0	0	3	3	3	1	1,560	0	0	10	216
芬兰	260	1,867	5.5	4	0	3	3	1	2	770	0	0	11	101
法国(k)	1,341	7,437	13.5	29	0	126	102	42	8 g	832	2 g	23	15	579
德国	1,398	9,620	26.9	26	0	49	48	15	14 g	1,559	1	<1	31	673
希腊	88	469	3.6	1	0	15	14	1	2	9	2	<1	10	164
匈牙利	186	649	7.0	0	0	X	X	X	5	129	1 g	X	19	150
冰岛	79	981	9.5	2	0	8	8	0	0	0	0	0	3	59
爱尔兰	72	65	0.9	0	0	9	9	0	2	11	0	0	45	67
意大利	422	2,204	7.3	2	0	59	36	23	5	204	0	0	46	57
拉脱维亚	158	807	12.5	1	0	2	2	1	1	398	0	0	3	43
立陶宛	79	645	9.9	0	0	3	2	3	0	0	0	0	5	50
马其顿	26	181	7.1	0	0	X	X	X	0	0	1	X	1	19
摩尔多瓦	63	47	1.4	0	0	X	X	X	0	0	N/A	N/A	N/A	N/A
荷兰(k)	82	232	5.7	0	0	19	18	5	1	260	0	0	18	325
挪威	180	2,093	6.5	7	0	11	8	7	0	0	0	0	23	70
波兰	522	2,929	9.1	4	0	6	5	1	8 g	320	1 g	5	8	90
葡萄牙	58	603	6.6	1	0	29	25	13	1	1	1	X	10	66
罗马尼亚	157	1,089	4.6	1	0	11	11	0	3 g	679	1	679	1	647
俄罗斯	219	52,907	3.1	92	12	16	12	10	20	23,386	5	17,343	35	10,324
斯洛伐克	1,039	1,085	22.1	1	0	X	X	X	4 g	241	1 g	X	11	37
斯洛文尼亚	32	120	5.9	0	0	1	1	0	0	0	1	<1	2	1
西班牙	328	4,240	8.4	7	0	34	32	5	16	1,008	4 g	110	38	158
瑞典	348	3,645	8.1	8	0	51	51	4	1	97	1	940	30	383
瑞士	257	1,063	25.7	0	0	X	X	X	1	169	0	0	8	7
乌克兰	28	944	1.6	1	0	5	3	2	5 g	294	0	0	22	716
英国(k)	515	5,000	20.4	15	0	192	189	62	13	47	4	11	140	664
南斯拉夫	104	339	3.3	0	0	2	2	1	1	183	1	32	4	40
中亚和北非	**518**	**25,863**	**2.1**	**25**	**5**	**126**	**90**	**54**	**21**	**15,019**	**5**	**10,772**	**48**	**1,748**
阿富汗	7	219	0.3	0	0	X	X	X	0	0	0	0	N/A	N/A
阿尔及利亚	18	5,891	2.5	2	2	8	6	3	3	7,294	1	8,000	3	5
埃及	16	794	0.8	1	0	18	16	6	2	2,456	0	0	2	106
伊朗	78	8,303	5.1	8	1	6	5	1	9	2,610	0	0	20	1,433
伊拉克	8	1	<0.1	0	0	X	X	X	0	0	0	0	N/A	N/A
以色列	188	326	15.5	1	0	25	18	8	1	27	0	0	2	<1
约旦	11	298	3.3	1	0	1	0	1	1	31	0	0	1	7
科威特	5	27	1.5	0	0	4	2	2	0	0	N/A	N/A	N/A	N/A
黎巴嫩	3	5	0.5	0	0	1	1	0	0	0	0	0	3	1
利比亚	8	173	0.1	1	0	5	2	3	0	0	0	0	N/A	N/A
摩洛哥	12	317	0.7	1	0	10	9	3	1	2,569	0	0	4	14
阿曼	3	3,428	16.1	1	0	2	1	2	0	0	1	2,750	N/A	N/A
沙特阿拉伯	71	4,973	2.3	8	2	4	3	4	0	0	0	0	N/A	N/A
叙利亚	0	0	0.0	0	0	X	X	X	0	0	0	0	1	10
突尼斯	7	45	0.3	0	0	7	5	4	4	32	1	13	1	13
土耳其	64	985	1.3	1	0	21	15	8	0	0	2	10	9	159
阿拉伯联合酋长国	2	X	X	0	0	4	3	1	0	0	N/A	N/A	N/A	N/A
也门	0	0	0.0	0	0	X	X	X	0	0	0	0	N/A	N/A

	国家保护系统								部分全球协议中的保护区					
	保护区（IUCN 管理类 I—V）												国际重要	
			占土地	保护区面积至少		海洋保护区数量（a）（IUCN 类 I—VI）			生物圈保护区（b）		世界遗产保护区（c）		湿地（d）	
	数量	面积 10^3hm^2	面积 %	10万 hm^2	100万 hm^2	总量	海岸	海洋	数量	面积 10^3hm^2	数量	面积 10^3hm^2	数量	面积 10^3hm^2
撒哈拉以南非洲	**1,005**	**146,904**	**6.0**	**202**	**33**	**150**	**128**	**93**	**40**	**39,757**	**32**	**29,373**	**70**	**14,348**
安哥拉	13	8,181	6.6	9	2	4	4	3	0	0	0	0	N/A	N/A
贝宁	2	778	6.9	2	0	X	X	X	1	623	0	0	2	139
博茨瓦纳	12	10,499	18.0	7	3	X	X	X	0	0	0	0	1	6,864
布基纳法索	12	2,855	10.4	6	[illegible]	X	X	X	1	186	0	0	3	299
布隆迪	13	146	5.3	0	0	1	1	1	0	0	0	0	N/A	N/A
喀麦隆	18	2,098	4.4	8	0	2	1	2	3	850	1	526	N/A	N/A
中非	13	5,110	8.2	11	2	X	X	X	2	1,640	1	1,740	N/A	N/A
乍得	9	11,494	9.0	9	2	X	X	X	0	0	0	0	1	195
刚果	9	1,545	4.5	5	0	1	1	1	2	246	0	0	1	439
刚果人民民主共和国	15	10,191	4.3	9	4	1	1	0	3	283	5	6,855	2	866
科特迪瓦	11	1,986	6.2	4	1	3	3	1	2	1,480	3 g	1,504	1	19
赤道几内亚	0	0	0.0	0	0	4	4	0	0	0	N/A	N/A	N/A	N/A
厄立特里亚	3	501	4.3	2	0	X	X	X	0	0	N/A	N/A	N/A	N/A
埃塞俄比亚	21	5,518	5.0	14	0	X	X	X	0	0	1	22	N/A	N/A
加蓬	5	723	2.7	1	0	4	4	1	1	15	0	0	3	1,080
冈比亚	6	23	2.0	0	0	5	5	3	0	0	0	0	1	20
加纳	10	1,104	4.6	3	0	X	X	X	1	8	0	0	6	178
几内亚	3	164	0.7	1	0	1	0	1	2	133	1 g	13	6	225
几内亚比绍	0	0	0.0	0	0	2	2	1	1	110	N/A	N/A	1	39
肯尼亚	50	3,507	6.0	7	1	14	13	10	5	891	2	300	2	49
莱索托	1	7	0.2	0	0	X	X	X	0	0	N/A	N/A	N/A	N/A
利比里亚	1	129	1.2	1	0	X	X	X	0	0	N/A	N/A	N/A	N/A
马达加斯加	40	1,121	1.9	1	0	3	3	1	1	140	1	152	2	53
马拉维	9	1,059	8.9	3	0	X	X	X	0	0	1	9	1	225
马里	13	4,532	3.7	8	2	X	X	X	1	2,349	1	400	3	162
毛里塔尼亚	9	1,746	1.7	3	1	5	5	2	0	0	1	1,200	2	1,216
莫桑比克	11	4,779	6.0	7	1	7	7	6	0	0	0	0	N/A	N/A
纳米比亚	20	10,616	12.9	7	3	4	4	0	0	0	N/A	N/A	4	630
尼日尔	6	9,694	7.7	4	2	X	X	X	2	25,128	2	7,957	1	220
尼日利亚	27	3,021	3.3	9	0	X	X	X	1	<1	0	0	N/A	N/A
卢旺达	6	362	13.8	1	0	X	X	X	1	15	N/A	N/A	N/A	N/A
塞内加尔	12	2,181	11.1	3	0	7	6	6	3	1,094	2	929	4	100
塞拉利昂	2	82	1.1	0	0	X	X	X	0	0	N/A	N/A	1	295
索马里	2	180	0.3	1	0	2	2	2	0	0	N/A	N/A	N/A	N/A
南非	390	6,619	5.4	6	1	20	17	8	1	104	1	X	16	493
苏丹	11	8,642	3.4	6	2	2	0	2	2	1,901	0	0	N/A	N/A
坦桑尼亚	39	13,817	14.6	19	3	9	8	8	2	2,338	4	6,860	N/A	N/A
多哥	9	429	7.6	2	0	1	0	1	0	0	0	0	2	194
乌干达	37	1,913	7.9	6	0	X	X	X	1	220	2	132	1	15
赞比亚	35	6,366	8.5	11	1	X	X	X	0	0	1 g	7	2	333
津巴布韦	48	3,071	7.9	6	1	X	X	X	0	0	2 g	733	N/A	N/A
北美洲	**6,146**	**213,822**	**11.1**	**255**	**46**	**525**	**357**	**263**	**52**	**22,350**	**18**	**20,405**	**53**	**14,229**
加拿大	3,083	90,702	9.1	102	20	139	102	76	8	1,512	8 g	10,664	36	13,051
美国(k)	3,063	123,120	13.1	153	26	386	255	187	44	20,838	12 g	9,741	17	1,178
中美洲和加勒比地区	**813**	**16,450**	**6.1**	**35**	**1**	**369**	**324**	**177**	**29**	**14,972**	**11**	**2,997**	**47**	**2,239**
伯利兹	32	479	20.9	2	0	19	18	8	0	0	1	96	2	X
哥斯达黎加	85	723	14.2	1	0	18	18	11	2	729	3 g	592	9	246
古巴	81	1,909	17.2	4	0	51	44	25	6	1,384	1	42	N/A	N/A
多米尼加共和国(L)	34	1,523	31.3	6	0	12	10	8	0	0	0	0	N/A	N/A
萨尔瓦多	2	5	0.2	0	0	2	2	0	0	0	0	0	1	2
危地马拉	38	1,827	16.8	4	0	4	4	0	2	3,141	1	58	4	503
海地	8	10	0.3	0	0	X	X	X	0	0	0	0	N/A	N/A
洪都拉斯	70	673	6.0	1	0	25	25	20	1	800	1	500	4	172
牙买加	5	2	0.1	0	0	6	4	6	0	0	0	0	1	6
墨西哥	166	6,637	3.4	12	1	56	48	24	11	5,393	2	899	6	1,095
尼加拉瓜	70	908	7.0	1	0	4	4	1	1	2,182	0	0	1	44
巴拿马	30	1,422	18.8	4	0	14	14	3	2	1,253	2 g	804	3	111
特立尼达和多巴哥	25	31	6.0	0	0	14	14	2	0	0	N/A	N/A	1	6
南美洲	**1,116**	**131,663**	**7.4**	**202**	**26**	**189**	**172**	**57**	**29**	**50,205**	**13**	**9,125**	**45**	**11,551**
阿根廷	147	4,909	1.8	11	0	32	30	4	7	2,235	3 g	861	7	1,000
玻利维亚	32	15,601	14.2	19	6	X	X	X	3	735	0	0	2	805
巴西	519	37,513	4.4	62	5	82	73	25	2	29,699	3 g	1,974	5	4,537
智利	87	14,142	18.7	19	5	28	24	4	7	2,407	0	0	7	100
哥伦比亚	94	9,363	8.2	18	2	11	10	9	3	2,514	1	72	1	400
厄瓜多尔(L)	22	12,077	42.6	12	1	4	4	3	2	1,446	2	1,038	3	95
圭亚那	1	59	0.3	0	0	X	X	X	0	0	0	0	N/A	N/A
巴拉圭	20	1,401	3.4	3	0	X	X	X	0	0	0	0	4	775
秘鲁	21	3,463	2.7	6	1	4	4	1	3	2,701	4	2,180	7	2,932
苏里南	13	736	4.5	3	0	5	5	0	0	0	0	0	1	12
乌拉圭	13	48	0.3	0	0	4	4	0	1	200	0	0	1	435
委内瑞拉	144	32,245	35.4	48	6	18	17	11	1	8,266	1	3,000	5	264
大洋洲	**4,056**	**60,784**	**7.1**	**109**	**11**	**519**	**412**	**275**	**13**	**5,094**	**17**	**45,091**	**60**	**5,882**
澳大利亚(L)	3,727	54,250	7.0	94	10	372	280	226	12	5,093	13	42,297	53	5,249
斐济	15	20	1.1	0	0	6	6	1	0	0	0	0	N/A	N/A
新西兰	233	6,334	23.4	15	1	88	81	13	0	0	3	2,756	5	39
巴布亚新几内亚	6	7	<0.1	0	0	12	10	9	0	0	0	0	2	595
所罗门群岛	0	0	0.0	0	0	6	6	0	0	0	1	37	N/A	N/A
发达国家	**23,397**	**405,509**	**7.2**	**617**	**71**	**1,983**	**1,477**	**905**	**212**	**130,955**	**65**	**84,778**	**776**	**40,458**
发展中国家	**5,045**	**446,002**	**5.8**	**633**	**83**	**1,486**	**1,218**	**679**	**156**	**132,941**	**84**	**57,431**	**238**	**32,498**

注：a．包括海岸边潜在陆地成分。一个地区可能同时是海洋的和海岸（见技术注释）。b．由几个国家共享的生物圈保护区在地区和世界总数中只算一次。c．未签署世界遗产保护公约的国家用N/A标识。由几个国家共享的保护区在地区和世界总数中只计算一次。d．未签署国际重要湿地公约的国家用N/A标识。e．世界总数不包括由WRI计算的海洋保护区和国际重要湿地。国家保护系统的世界总数不包括南极和格陵兰。f．包括香港一处遗址。g．包括两国或两国以上共享的遗址。h 国家保护系统类不包括格陵兰保护区。i．相当于格陵兰单独一处遗址。j．包括格陵兰11处遗址。k．不包括受全球公约保护的位于海外领土的保护区和遗址（如：瓜德罗普岛，凯曼岛，等）。l．保护区范围可包括海洋部分，这可能导致保护区面积意外增加。

来源：世界自然保护监测中心，联合国教科文组织和拉姆萨尔公约局

	哺乳类				鸟类				爬行类			
	已知物种总数			每1万km² 喂养鸟类 物种数	已知物种总数			每1万km² 喂养鸟类 物种数	已知物种总数			每1万km² 物种数
	所有物种	地方物种	受威胁物种	(a)	喂养物种	地方物种	受威胁物种	(a)	所有物种	地方物种	受威胁物种	(a)
世界(b)	**4,629 c**	**X**	**1,096**	**X**	**9,672 d**	**X**	**1,107**	**X**	**6,900 e**	**X**	**253**	**X**
亚洲（中亚除外）	**X**	**X**	**X**	**X**	**X**	**X**	**X**	**X**	**X**	**X**	**X**	**X**
亚美尼亚	84	3	4	59	242	0	5	169	51	0	3	36
阿塞拜疆	99	0	11	49	248	0	8	122	54	0	3	26
孟加拉国	109	0	18	45	295	0	30	122	119	2	13	49
不丹	99	0	20	59	448	0	14	269	19	2	1	11
柬埔寨	123	0	23	47	307	0	18	118	82	1	9	32
中国(f)	400	83	75	41	1,103	70	90	114	340	81	15	35
格鲁吉亚	107	2	10	56	X	0	5	X	52	0	7	27
印度	316	44	75	47	926	58	73	137	390	188	16	58
印度尼西亚	457	222	128	81	1,530	408	104	271	514	305	19	91
日本	188	42	29	57	250	21	33	75	87	33	8	26
哈萨克斯坦	178	4	15	28	396	0	15	62	49	0	1	8
朝鲜	X	0	7	X	115	1	19	51	19	2	0	8
韩国	49	0	6	23	112	0	19	53	25	1	0	12
吉尔吉斯斯坦	83	1	6	31	X	0	5	X	33	0	1	12
老挝	172	0	30	61	487	1	27	171	66	1	7	23
马来西亚	300	36	42	95	508	18	34	160	350	71	14	110
蒙古	133	0	12	25	426	0	14	80	22	0	0	4
缅甸	251	6	31	62	867	4	44	216	203	37	20	51
尼泊尔	181	2	28	75	611	2	27	252	100	1	5	41
巴基斯坦	151	4	13	36	375	0	25	88	172	23	6	41
菲律宾	158	102	49	51	196	186	86	64	190	159	7	62
新加坡	85	1	6	213	118	0	9	295	140	0	1	350
斯里兰卡	88	15	14	47	250	24	11	134	144	77	8	77
塔吉克斯坦	84	1	5	35	X	0	9	X	44	0	1	18
泰国	265	7	34	72	616	2	45	168	298	37	16	81
土库曼斯坦	103	0	11	29	X	0	12	X	82	0	2	23
乌兹别克斯坦	97	0	7	28	X	0	11	X	64	0	0	18
越南	213	9	38	67	535	10	47	168	187	46	12	59
欧洲	**X**	**X**	**X**	**X**	**X**	**X**	**X**	**X**	**X**	**X**	**X**	**X**
阿尔巴尼亚	68	0	2	48	230	0	7	162	31	0	1	22
奥地利	83	0	7	41	213	0	5	106	14	0	1	7
白俄罗斯	74	0	4	27	221	0	4	81	7	0	0	3
比利时	58	0	6	40	180	0	3	125	8	0	0	6
波斯尼亚和黑塞哥维那	72	0	10	42	218	0	2	127	27	0	0	16
保加利亚	81	0	13	37	240	0	12	108	33	0	1	15
克罗地亚	76	0	10	43	224	0	4	126	29	0	0	16
捷克	81	0	7	41	199	0	6	101	10	0	0	5
丹麦	43	0	3	27	196	0	2	121	5	0	0	3
爱沙尼亚	65	0	4	40	213	0	2	130	5	0	0	3
芬兰	60	0	4	19	248	0	4	78	5	0	0	2
法国	93	0	13	25	269	1	7	72	32	1	3	9
德国	76	0	8	23	239	0	5	73	12	0	0	4
希腊	95	3	13	41	251	0	10	107	56	8	6	24
匈牙利	83	0	8	40	205	0	10	98	15	0	1	7
冰岛	11	0	1	5	88	0	0	41	0	0	0	0
爱尔兰	25	0	2	13	142	0	1	75	1	0	0	1
意大利	90	3	10	29	234	0	7	76	40	1	4	13
拉脱维亚	83	0	4	45	217	0	6	117	7	0	0	4
立陶宛	68	0	5	37	202	0	4	109	7	0	0	4
马其顿	78	0	10	57	210	0	3	154	31	0	1	23
摩尔多瓦	68	0	2	46	177	0	7	119	9	0	1	6
荷兰	55	0	6	35	191	0	3	120	7	0	0	4
挪威	54	0	4	17	243	0	3	77	5	0	0	2
波兰	84	0	10	27	227	0	6	72	9	0	0	3
葡萄牙	63	1	13	30	207	2	7	100	29	3	0	14
罗马尼亚	84	0	16	29	247	0	11	87	25	0	2	9
俄罗斯	269	22	31	23	628	13	38	54	58	0	5	5
斯洛伐克	85	0	8	50	209	0	4	124	20	0	0	12
斯洛文尼亚	75	0	10	59	207	0	3	164	25	0	0	20
西班牙	82	4	19	22	278	5	10	76	53	11	6	15
瑞典	60	0	5	17	249	0	4	71	6	0	0	2
瑞士	75	0	6	47	193	0	4	121	14	0	0	9
乌克兰	108	1	15	28	263	0	10	68	21	1	2	5
英国	50	0	4	17	230	1	2	80	8	0	0	3
南斯拉夫	96	0	12	45	224	0	8	104	70	0	1	33
中亚和北非	**X**	**X**	**X**	**X**	**X**	**X**	**X**	**X**	**X**	**X**	**X**	**X**
阿富汗	123	2	11	31	235	0	13	59	103	4	1	26
阿尔及利亚	92	2	15	15	192	1	8	32	81	4	1	13
埃及	98	7	15	21	153	0	11	33	83	0	6	18
伊朗	140	6	20	26	323	1	14	60	167	29	8	31
伊拉克	81	2	7	23	172	1	12	49	81	1	2	23
以色列	116	4	13	91	180	0	8	141	97	1	5	76
约旦	71	0	7	34	141	0	4	68	73	0	1	35
科威特	21	0	1	17	20	0	3	17	29	0	2	24
黎巴嫩	57	0	5	56	154	0	5	152	42	1	2	41
利比亚	76	5	11	14	91	0	2	17	56	1	3	10
摩洛哥	105	4	18	30	210	0	11	60	90	11	2	26
阿曼	56	2	9	20	107	0	5	39	64	8	4	23
沙特阿拉伯	77	0	9	13	155	0	11	26	84	4	2	14
叙利亚	63	2	4	24	204	0	7	78	X	2	3	X
突尼斯	78	1	11	31	173	0	6	69	62	1	2	25
土耳其	116	2	15	28	302	0	14	72	105	7	12	25
阿拉伯联合酋长国	25	0	3	12	67	0	4	33	37	1	2	18
也门	66	1	5	18	143	8	13	39	77	30	2	21

	哺乳类				鸟类				爬行类			
	已知物种总数			每1万km²	已知物种总数			每1万km²	已知物种总数			每1万km²
	喂养物种	地方物种	受威胁物种	物种数(a)	喂养物种	地方物种	受威胁物种	喂养鸟类物种数(a)	所有物种	地方物种	受威胁物种	物种数(a)
撒哈拉以南非洲	**X**	**X**	**X**	**X**	**X**	**X**	**X**	**X**	**X**	**X**	**X**	**X**
安哥拉	276	7	17	56	765	12	13	156	X	19	5	X
贝宁	188	0	9	85	307	0	1	138	X	1	2	X
博茨瓦纳	164	0	5	43	386	1	7	101	157	2	0	41
布基纳法索	147	0	6	49	335	0	1	112	X	3	1	X
布隆迪	107	0	5	76	451	0	6	322	X	0	0	X
喀麦隆	409	14	32	114	690	8	14	193	183	21	3	51
中非	209	2	11	53	537	1	2	137	129	0	1	33
乍得	134	1	14	27	370	0	3	75	5	1	1	1
刚果	200	2	10	62	449	0	3	140	X	1	2	X
刚果人民民主共和国	450	28	38	74	929	24	26	153	377	35	3	62
科特迪瓦	230	0	16	73	535	2	12	170	X	3	4	X
赤道几内亚	184	1	12	131	273	3	4	194	X	4	2	X
厄立特里亚	112	0	6	50	319	0	3	141	85	1	3	38
埃塞俄比亚(g)	255	31	35	54	626	28	20	133	188	9	1	40
加蓬	190	3	12	64	466	1	4	157	X	3	3	X
冈比亚	117	0	4	112	280	0	1	269	47	1	1	45
加纳	222	1	13	78	529	0	10	186	X	1	4	X
几内亚	190	1	11	66	409	0	12	142	X	3	3	X
几内亚比绍	108	0	4	71	243	0	1	159	X	2	3	X
肯尼亚	359	23	43	94	847	9	24	222	190	18	5	50
莱索托	33	0	2	23	58	0	5	40	X	2	0	X
利比里亚	193	0	11	87	372	1	13	168	62	2	3	28
马达加斯加	141	93	46	37	202	105	28	53	363	259	17	95
马拉维	195	0	7	86	521	0	9	230	124	7	0	55
马里	137	0	13	28	397	0	6	81	16	4	1	3
毛里塔尼亚	61	1	14	13	273	0	3	59	X	1	3	X
莫桑比克	179	2	13	42	498	0	14	117	167	5	5	39
纳米比亚	250	3	11	58	469	3	8	109	250	25	3	58
尼日尔	131	0	11	27	299	0	2	60	X	0	1	X
尼日利亚	274	4	26	62	681	2	9	153	135	7	4	30
卢旺达	151	0	9	110	513	0	6	373	X	1	0	X
塞内加尔	192	0	13	72	384	0	6	144	100	1	7	37
塞拉利昂	147	0	9	77	466	1	12	243	X	1	3	X
索马里	171	12	18	43	422	11	8	107	193	49	2	49
南非	255	35	33	52	596	8	16	122	315	97	19	65
苏丹	267	11	21	43	680	1	9	110	X	8	3	X
坦桑尼亚	316	15	33	70	827	24	30	184	289	61	4	64
多哥	196	0	8	110	391	0	1	220	X	1	3	X
乌干达	338	6	18	118	830	3	10	290	149	2	1	52
赞比亚	233	3	11	56	605	2	10	145	145	3	0	35
津巴布韦	270	0	9	81	532	0	9	159	153	2	0	46
北美洲	**X**	**X**	**X**	**X**	**X**	**X**	**X**	**X**	**X**	**X**	**X**	**X**
加拿大	193	7	7	20	426	5	5	44	41	0	3	4
美国	432	105	35	45	650	67	50	68	287	79	28	30
中美洲和加勒比地区	**X**	**X**	**X**	**X**	**X**	**X**	**X**	**X**	**X**	**X**	**X**	**X**
伯利兹	125	0	5	95	356	0	1	271	107	2	5	81
哥斯达黎加	205	7	14	120	600	6	13	350	214	38	7	125
古巴	31	12	9	14	137	21	13	62	105	83	7	47
多米尼加共和国	20	0	4	12	136	0	11	81	117	34	10	69
萨尔瓦多	135	0	2	106	251	0	0	196	73	4	6	57
危地马拉	250	3	8	114	458	1	4	208	235	24	9	107
海地	3	0	4	2	75	1	11	54	108	35	6	77
洪都拉斯	173	2	7	78	422	1	4	190	162	22	7	73
牙买加	24	2	4	23	113	26	7	110	36	27	8	35
墨西哥	491	140	64	86	772	92	36	135	704	368	18	123
尼加拉瓜	200	2	4	86	482	0	3	207	161	6	7	69
巴拿马	218	16	17	112	732	9	10	376	226	25	7	116
特立尼达和多巴哥	100	1	1	125	260	1	3	324	70	3	5	87
南美洲	**X**	**X**	**X**	**X**	**X**	**X**	**X**	**X**	**X**	**X**	**X**	**X**
阿根廷	320	49	27	50	897	19	41	140	234	78	5	37
玻利维亚	316	16	24	67	X	18	27	X	211	20	3	45
巴西	417	119	71	45	1,500	185	103	162	491	201	15	53
智利	91	16	16	22	296	16	18	71	82	43	1	20
哥伦比亚	359	34	35	75	1,700	67	64	356	593	115	15	124
厄瓜多尔	302	25	28	100	1,388	37	53	460	380	120	12	126
圭亚那	193	1	10	70	678	0	3	246	X	2	8	X
巴拉圭	305	2	10	90	556	0	26	164	120	3	3	35
秘鲁	460	49	46	93	1,541	112	64	310	360	96	9	73
苏里南	180	2	10	72	603	0	2	240	151	0	6	60
乌拉圭	81	1	5	31	237	0	11	92	X	1	0	X
委内瑞拉	323	19	24	73	1,340	40	22	302	283	66	14	64
大洋洲	**X**	**X**	**X**	**X**	**X**	**X**	**X**	**X**	**X**	**X**	**X**	**X**
澳大利亚	260	206	58	29	649	350	45	72	748	641	37	83
斐济	4	1	4	3	74	24	9	61	25	11	6	20
新西兰	10	4	3	3	150	74	44	51	52	48	11	18
巴布亚新几内亚	222	65	57	63	653	94	31	184	280	80	10	79
所罗门群岛	53	21	20	37	163	43	18	115	61	11	4	43

注：a．用物种—面积曲线使数值标准化。b．世界总数包括未列入的国家。c．包括鲸类。世界总数来自：d．E.Wilson 和 D.M．Reeder 等 1993。d．世界总数来自C.G．Sibley 和 B.L．Monre，1993。e．世界总数由世界自然保护监测中心计算。f．所有物种，地方物种及每1万km²物种数计算包括香港特别行政区。g．哺乳类和鸟类所有物种及地方物种指前埃塞俄比亚人民民主共和国，包括厄立特里亚。

来源：世界自然保护监测中心，IUCN—世界自然保护联盟，联合国粮农组织，及其他多种来源

	两栖类				淡水鱼类		植物					
	已知物种总数			每1万km^2的物种数(a)	已知物种总数		已知物种总数			地方高等植物物种(c)	受威胁高等植物物种(c)	每1万km^2的物种数量(a)
	全部物种	地方物种	受威胁物种		全部物种	受威胁物种(b)	高等植物(c)	开花植物	蕨类植物			
世界(d)	**4,522 e**	**X**	**124**	**X**	**25,000 f**	**734**	**270,000 g**	**X**	**X**	**X**	**25,971 h**	**X**
亚洲（中亚除外）	**X**	**X**	**X**	**X**	**X**	**X**	**X**	**X**	**X**	**X**	**X**	**X**
亚美尼亚	7	0	0	5	41	0	3,300	3,300	X	X	19	X
阿塞拜疆	10	0	0	5	61	5	4,300	X	X	240	12	2,109
孟加拉国	19	0	0	8	260	0	5,000	5,000	X	X	18	2,074
不丹	24	0	0	14	44	0	5,468	5,446	X	75	5	3,281
柬埔寨	28	0	0	11	215	5	X	X	X	X	0	X
中国(i)	290	158	1	30	686	28	32,200	30,000	2,000	18,000	113	3,340
格鲁吉亚	13	0	0	7	84	3	4,350	X	X	380	12	2,292
印度	209	122	3	31	748	4	16,000	15,000	1,000	5,000	785	2,363
印度尼西亚	285	115	0	50	1,400	60	29,375	27,500	1,875	17,500	184	5,196
日本	61	45	10	18	186	7	5,565	4,700	630	2,000	537	1,679
哈萨克斯坦	12	0	1	2	104	5	X	X	X	X	36	X
朝鲜	14	2	0	6	X	0	2,898	2,898	X	107	0	1,274
韩国	14	0	0	7	130	0	2,898	2,898	X	224	52	1,359
吉尔吉斯斯坦	4	0	0	1	75	0	3,786	70	X	X	7	1,412
老挝	37	2	0	13	262	4	X	X	X	X	1	X
马来西亚	189	70	0	60	449	14	15,500	12,500	1,100	3,600	371	4,890
蒙古	6	0	0	1	75	0	2,823	2,272	X	229	0	533
缅甸	75	10	0	19	300	1	7,000	7,000	X	1,071	6	1,742
尼泊尔	43	11	0	18	185	0	6,973	5,160	380	315	7	2,871
巴基斯坦	17	4	0	4	156	1	4,950	4,929	X	372	5	1,168
菲律宾	92	73	2	30	230	26	8,931	8,000	900	3,500	320	2,907
新加坡	24	0	0	60	41	1	2,282	2,000	170	2	2	5,713
斯里兰卡	39	20	0	21	65	8	3,314	3,000	314	890	431	1,781
塔吉克斯坦	2	1	0	1	49	1	X	X	X	X	25	X
泰国	112	21	0	31	600	14	11,625	11,000	600	X	355	3,170
土库曼斯坦	5	0	0	1	107	5	X	X	X	X	13	X
乌兹别克斯坦	2	0	0	1	83	3	4,800	X	X	400	11	1,369
越南	80	27	1	25	450	3	10,500	7,000	X	1,260	297	3,306
欧洲	**X**	**X**	**X**	**X**	**X**	**X**	**X**	**X**	**X**	**X**	**X**	**X**
阿尔巴尼亚	13	0	0	9	39	7	3,031	2,965	45	24	17	2,139
奥地利	20	0	0	10	60	7	3,100	2,950	66	35	6	1,537
白俄罗斯	12	0	0	4	40	0	2,100	1,590	28	X	0	772
比利时	17	0	0	12	X	1	1,550	1,400	50	1	0	1,073
波斯尼亚和黑塞哥维那	16	0	1	9	56	6	X	X	X	X	1	X
保加利亚	17	0	0	8	X	8	3,572	3,505	52	320	59	1,615
克罗地亚	20	0	1	11	87	20	X	X	X	X	0	X
捷克	19	0	0	10	56	6	X	X	X	X	7	X
丹麦	14	0	0	9	41	0	1,450	1,200	50	1	1	895
爱沙尼亚	11	0	0	7	30	1	1,674	1,630	40	X	1	1,018
芬兰	5	0	0	2	66	1	1,102	1,040	58	X	0	345
法国	32	3	2	9	53	3	4,630	4,500	110	133	86	1,233
德国	20	0	0	6	71	7	2,682	2,600	72	6	3	824
希腊	15	2	1	6	98	16	4,992	4,900	71	742	446	2,131
匈牙利	16	0	0	8	81	11	2,411	2,343	60	38	8	1,155
冰岛	0	0	0	0	7	0	377	340	36	1	1	175
爱尔兰	3	0	0	2	25	1	950	892	56	X	0	499
意大利	41	12	4	13	45	9	5,599	5,463	106	712	202	1,820
拉脱维亚	13	0	0	7	109	1	1,205	1,153	48	X	0	651
立陶宛	13	0	0	7	X	1	1,796	1,328	21	X	0	967
马其顿	13	0	0	10	55	4	3,500	X	X	X	X	2,563
摩尔多瓦	13	0	0	9	82	9	1,752	X	X	X	0	1,173
荷兰	16	0	0	10	X	1	1,221	1,170	48	X	0	767
挪威	5	0	0	2	31	1	1,715	1,650	61	1	4	544
波兰	18	0	0	6	104	2	2,450	2,300	62	3	1	778
葡萄牙	17	0	1	8	28	9	5,050	2,500	65	150	186	2,428
罗马尼亚	19	0	0	7	87	11	3,400	3,175	62	41	34	1,194
俄罗斯	41	0	0	4	290	13	X	X	X	X	129	X
斯洛伐克	20	0	0	12	78	7	3,124	X	X	92	11	1,849
斯洛文尼亚	20	0	1	16	95	5	3,200	X	X	22	3	2,535
西班牙	28	4	3	8	50	10	5,050	4,916	114	941	822	1,383
瑞典	13	0	0	4	51	1	1,750	1,650	60	1	3	498
瑞士	18	0	0	11	48	4	3,030	2,927	87	1	2	1,898
乌克兰	17	0	0	4	90	12	5,100	X	X	X	20	1,318
英国	7	0	0	2	36	1	1,623	1,550	70	16	13	565
南斯拉夫	21	0	0	10	110	13	4,082	3,905	68	X	50	1,896
中亚和北非	**X**	**X**	**X**	**X**	**X**	**X**	**X**	**X**	**X**	**X**	**X**	**X**
阿富汗	6	1	1	2	84	0	4,000	3,500	X	800	0	1,008
阿尔及利亚	10	0	0	2	X	1	3,164	3,100	46	250	125	520
埃及	6	0	0	1	70	0	2,076	2,066	6	70	59	454
伊朗	11	5	2	2	269	7	8,000	X	X	X	0	1,489
伊拉克	6	0	0	2	X	2	X	X	X	X	X	X
以色列	7	0	0	5	36	0	2,805	2,780	25	X	19	2,194
约旦	X	0	0	X	26	0	2,200	2,200	X	X	4	1,069
科威特	2	0	0	2	X	0	234	234	X	X	X	193
黎巴嫩	8	0	0	8	60	0	3,000	2,863	35	X	3	2,961
利比亚	3	0	0	1	X	0	1,825	1,800	15	134	41	331
摩洛哥	11	1	0	3	X	1	3,675	3,600	56	625	182	1,049
阿曼	X	0	0	X	3	3	1,204	1,182	14	73	19	439
沙特阿拉伯	X	0	0	X	8	0	2,028	1,729	X	X	1	345
叙利亚	X	0	0	X	X	0	3,000	X	X	X	7	1,145
突尼斯	7	0	0	3	X	0	2,196	2,150	36	X	6	873
土耳其	18	3	2	4	152	18	8,650	8,472	85	2,675	1,610	2,059
阿拉伯联合酋长国	X	0	0	X	5	1	X	X	X	X	X	X
也门	X	1	0	X	5	0	1,650	X	X	135	124	446

	两栖类				淡水鱼类		植物					
	已知物种总数			每1万km²	已知物种总数		已知物种总数			地方高等	受威胁高等	每1万km²
	全部物种	地方物种	受威胁物种	的物种数(a)	全部物种	受威胁物种(b)	高等植物(c)	开花植物	蕨类植物	植物物种(c)	植物物种(c)	的物种数量(a)
撒哈拉以南非洲	**X**	**X**	**X**	**X**	**X**	**X**	**X**	**X**	**X**	**X**	**X**	**X**
安哥拉	X	22	0	X	X	0	5,185	5,000	185	1,260	20	1,055
贝宁	X	0	0	X	150	0	2,201	2,000	200	X	2	990
博茨瓦纳	38	0	0	10	92	0	2,151	X	15	17	0	563
布基纳法索	X	0	0	X	X	0	1,100	1,100	X	X	X	369
布隆迪	X	2	0	X	X	0	2,500	2,500	X	X	0	1,783
喀麦隆	190	66	1	53	354	26	8,260	8,000	257	156	67	2,310
中非	47	0	0	12	X	0	3,602	3,600	X	100	1	921
乍得	X	0	0	X	X	0	1,600	1,600	X	X	5	322
刚果	X	1	0	X	X	0	6,000	4,350	X	1,200	2	1,870
刚果人民民主共和国	80	53	0	13	X	1	11,007	2,867	381	1,100	69	1,818
科特迪瓦	X	3	1	X	X	0	3,660	3,517	143	62	42	1,163
赤道几内亚	X	2	1	X	X	0	3,250	3,000	250	66	6	2,312
厄立特里亚	19	2	0	8	X	0	X	X	X	X	X	X
埃塞俄比亚(j)	62	24	0	13	150	0	6,603	6,500	100	1,000	125	1,398
加蓬	X	4	0	X	X	0	6,651	6,500	150	X	78	2,248
冈比亚	30	0	0	29	79	0	974	966	8	X	0	935
加纳	X	4	0	X	X	0	3,725	3,600	124	43	22	1,308
几内亚	X	3	1	X	X	0	3,000	3,000	X	88	29	1,043
几内亚比绍	X	1	0	X	X	0	1,000	1,000	X	12	X	655
肯尼亚	88	10	0	23	X	20	6,506	6,000	500	265	130	1,703
莱索托	X	0	0	X	8	1	1,591	1,576	15	2	0	1,103
利比里亚	38	4	1	17	X	0	2,200	2,200	X	103	1	993
马达加斯加	179	155	2	47	121	13	9,505	9,000	500	6,500	255	2,479
马拉维	69	3	0	31	X	0	3,765	3,600	161	49	46	1,665
马里	X	1	0	X	X	0	1,741	1,741	X	11	5	355
毛里塔尼亚	X	0	0	X	X	0	1,100	1,100	X	X	2	239
莫桑比克	62	1	0	15	X	2	5,692	5,500	183	219	57	1,340
纳米比亚	51	2	1	12	114	3	4,040	3,978	61	687	14	942
尼日尔	X	0	0	X	X	0	1,178	1,170	8	X	X	238
尼日利亚	109	1	0	24	260	0	4,715	4,614	100	205	16	1,059
卢旺达	X	1	0	X	X	0	2,290	2,288	X	26	0	1,664
塞内加尔	2	1	0	1	79	0	2,086	2,062	24	26	15	780
塞拉利昂	X	2	0	X	X	0	2,090	2,090	X	74	8	1,091
索马里	27	3	0	7	X	3	3,028	3,000	26	500	57	768
南非	108	49	9	22	94	27	23,420	23,000	380	X	1,875	4,797
苏丹	X	1	0	X	X	0	3,137	3,132	X	50	2	507
坦桑尼亚	133	49	0	30	X	19	10,008	10,000	X	1,122	326	2,231
多哥	X	3	0	X	X	0	3,085	2,484	99	X	0	1,739
乌干达	50	1	0	17	291	28	5,406	5,000	400	X	8	1,891
赞比亚	65	1	0	16	106	0	4,747	4,600	146	211	5	1,141
津巴布韦	120	3	0	36	112	0	4,440	4,200	234	95	73	1,325
北美洲	**X**	**X**	**X**	**X**	**X**	**X**	**X**	**X**	**X**	**X**	**X**	**X**
加拿大	41	0	1	4	177	13	3,270	2,920	65	147	40	335
美国	263	152	24	28	822	123	19,473	16,302	549	4,036	2,449	2,036
中美洲和加勒比地区	**X**	**X**	**X**	**X**	**X**	**X**	**X**	**X**	**X**	**X**	**X**	**X**
伯利兹	32	1	0	24	63	4	2,894	2,750	134	150	10	2,200
哥斯达黎加	168	39	1	98	130	0	12,119	11,000	1,110	950	296	7,074
古巴	55	50	0	25	28	4	6,522	6,004	495	3,229	834	2,949
多米尼加共和国	35	15	1	21	16	0	5,657	5,000	650	1,800	62	3,354
萨尔瓦多	23	0	0	18	16	0	2,911	2,500	400	17	8	2,277
危地马拉	107	34	0	49	220	0	8,681	8,000	652	1,171	170	3,948
海地	56	27	1	40	16	0	5,242	4,685	550	1,623	36	3,743
洪都拉斯	81	34	0	36	46	0	5,680	5,000	650	148	34	2,559
牙买加	24	21	4	23	6	0	3,308	2,746	558	923	681	3,207
墨西哥	310	194	3	54	506	86	26,071	25,000	1,000	12,500	911	4,569
尼加拉瓜	59	2	0	25	50	0	7,590	7,000	576	40	29	3,256
巴拿马	164	22	0	84	101	1	9,915	9,000	900	1,222	1,018	5,088
特立尼达和多巴哥	26	3	0	32	76	0	2,259	1,982	277	236	11	2,816
南美洲	**X**	**X**	**X**	**X**	**X**	**X**	**X**	**X**	**X**	**X**	**X**	**X**
阿根廷	153	45	5	24	410	1	9,372	9,000	359	1,100	83	1,463
玻利维亚	122	28	0	26	389	0	18,316	17,000	1,300	4,000	107	3,885
巴西	581	375	5	63	3,000	12	56,215	55,000	1,200	X	751	6,058
智利	49	34	3	12	44	4	5,292	5,125	150	2,698	268	1,269
哥伦比亚	684	230	0	143	1,500	5	51,220	50,000	1,200	1,500	429	10,735
厄瓜多尔	426	162	0	141	706	1	19,362	18,250	1,100	4,000	642	6,421
圭亚那	X	14	0	X	X	0	6,409	6,000	407	X	54	2,329
巴拉圭	85	3	0	25	X	0	7,851	7,500	350	X	38	2,311
秘鲁	376	152	1	76	855	0	18,245	17,121	1,100	5,356	653	3,674
苏里南	95	8	0	38	300	0	5,018	4,700	315	X	33	1,997
乌拉圭	X	4	0	X	X	0	2,278	2,184	93	40	2	882
委内瑞拉	245	122	0	55	1,270	5	21,073	20,000	1,059	8,000	252	4,752
大洋洲	**X**	**X**	**X**	**X**	**X**	**X**	**X**	**X**	**X**	**X**	**X**	**X**
澳大利亚	205	183	25	23	216	37	15,638	15,000	400	14,074	1,871	1,741
斐济	2	2	1	2	X	0	1,628	1,307	310	760	64	1,334
新西兰	3	3	1	1	29	8	2,382	2,160	200	1,942	165	802
巴布亚新几内亚	225	128	0	63	282	13	11,544	10,000	X	X	66	3,257
所罗门群岛	17	9	0	12	X	0	3,172	2,780	370	30	21	2,235

注：a.用物种—面积曲线使数值标准化。B.包括一些海洋鱼类。c．高等植物包括开花植物，针叶树和苏铁属类，蕨类和蕨类群。d．世界总数包括未列入国家。e．世界总数来自D.R．Frost 等 1985。f．世界总数包括海洋和淡水鱼类。此计算中淡水鱼类占40%～45%。世界总数来自W.N．Eschmeyer 及其他地方 1998。g．世界总数来自K．S．Walter和 H．J．Gillett 等，1998。h．这是"1997IUCN濒危植物红名单"所列的31195濒危植物的子名单。此子名单中所记载的25971物种指某个国家的所有濒危物种（即不包括交叉濒危物种）。"国家"一词用于一般意义；如数字也为海外属地提供。i．物种总数，地方物种数量，每1万km² 物种数量的计算包括香港特别行政区。j．鱼类总量，高等植物总量及地方高等植物总量指前埃塞俄比亚人民民主共和国，包括厄立特里亚。

来源：世界自然保护监测中心，IUCN—世界自然保护联盟，联合国粮农组织，及其他多种来源

	CITES生效(年)	CITES报告达到要求的1997(a)(百分比)	由CITES报告的国家合法净交易，1997(b) 数量						数量			
			活灵长类	活鹦鹉	活乌龟	活蜥蜴	活蛇	野生兰花	猫皮	鳄鱼皮	蜥蜴皮	蛇皮
世界(c)	**X**	**X**	**25,733**	**235,336**	**76,079**	**948,497**	**258,715**	**343,801**	**21,864**	**850,198**	**1,637,973**	**1,457,767**
亚洲（中亚除外）	**X**	**X**	**(9,787)**	**20,748**	**26,799**	**79,529**	**(19,677)**	**(52,312)**	**(8,013)**	**448,884**	**(397,934)**	**(794,741)**
亚美尼亚	N/A	N/A	X	X	X	X	X	X	X	X	X	X
阿塞拜疆	1999	X	4	X	X	X	2	X	X	X	X	X
孟加拉国	1982	75	X	39	X	X	X	X	X	X	X	(4,301)
不丹	N/A	N/A	X	X	X	X	X	X	X	X	X	X
柬埔寨	1997	0	X	X	X	X	X	X	X	X	X	X
中国	1981	100	(5,966)	4,731	(1,271)	103	46,222	(100,210)	(17,999)	105,946	13,236	867
格鲁吉亚	1996	0	X	X	X	X	X	X	X	X	X	X
印度	1976	100	9	7	(1)	X	(1)	1	X	16	15	(510)
印度尼西亚	1979	95	(3,955)	(18,334)	(1,784)	(10,296)	(76,862)	(102)	X	(260)	(511,000)	(441,902)
日本	1980	94	3,556	9,413	30,670	39,255	4,772	128,911	(354)	82,166	318,159	120,999
哈萨克斯坦	2000	X	1	4	X	X	X	X	X	X	X	X
朝鲜	N/A	N/A	X	X	10	21	72	X	X	X	X	X
韩国	1993	100	62	661	31	45,448	279	100,300	9,550	70,332	20,140	36,416
吉尔吉斯斯坦	N/A	N/A	2	X	X	X	X	X	X	X	X	X
老挝	N/A	N/A	X	(1)	X	X	X	X	X	X	X	(2,657)
马来西亚	1978	90	74	1,603	(877)	1,408	(8,708)	(2,837)	X	2,702	(237,993)	(432,512)
蒙古	1996	100	X	X	X	X	X	X	(40)	X	X	X
缅甸	1997	0	X	X	X	X	X	X	X	X	X	X
尼泊尔	1975	78	X	574	X	X	X	X	X	X	X	X
巴基斯坦	1976	82	14	(702)	X	X	1	X	X	1	X	X
菲律宾	1981	82	(2,809)	772	10	475	15	197	X	X	X	0
新加坡	1987	100	17	9,277	60	99	2,376	5,043	X	5,327	(53,097)	10,082
斯里兰卡	1979	68	0	364	X	X	X	X	X	X	X	X
塔吉克斯坦	N/A	N/A	X	X	X	X	X	X	X	X	X	X
泰国	1983	73	(6)	3,449	1	1,809	X	(207,579)	X	146,613	(7,367)	(427,079)
土库曼斯坦	N/A	N/A	X	1	X	X	X	X	X	X	X	X
乌兹别克斯坦	1997	0	31	12	X	X	2	X	X	X	X	X
越南	1994	50	(819)	(246)	(394)	(81)	(7,416)	(1,951)	X	X	X	(55,718)
欧洲	**X**	**X**	**10,607**	**140,449**	**(8,283)**	**182,643**	**30,422**	**16,880**	**9,210**	**270,814**	**353,031**	**322,871**
阿尔巴尼亚	N/A	N/A	X	X	X	X	X	X	X	X	X	X
奥地利	1982	100	16	342	X	175	104	2,778	1	(331)	6,219	2
白俄罗斯	1995	67	X	9	3,430	X	(1)	X	X	X	X	X
比利时	1984	100	670	6,094	1,147	24,399	2,676	270	1	23	72	X
波斯尼亚和黑塞哥维那	N/A	N/A	X	X	X	X	X	X	X	X	X	X
保加利亚	1991	71	1	17	(1)	6	19	X	X	X	X	X
克罗地亚	2000	X	5	15	(1)	X	X	X	X	0	30	30
捷克	1992	100	66	(3,927)	987	9,802	(161)	541	X	X	X	X
丹麦	1977	95	0	45	607	5,130	476	202	(246)	81	133	0
爱沙尼亚	1992	83	7	X	X	1	1	X	(12)	X	X	X
芬兰	1976	82	X	6	295	129	44	142	X	X	X	X
法国	1978	100	3,332	7,508	4,730	13,870	6,767	1,791	150	143,202	58,271	3,040
德国	1976	100	812	8,182	788	23,809	4,135	3,157	112	(17,362)	35,051	(25,092)
希腊	1993	100	2	5,900	428	150	2	X	672	5	5	542
匈牙利	1985	85	8	(580)	(140)	445	(26)	X	2	X	X	143
冰岛	2000	X	X	X	X	X	X	X	X	X	X	X
爱尔兰(d)	N/A	N/A	(1)	(133)	8	(10)	X	50	X	X	X	X
意大利	1979	100	384	6,528	606	9,892	2,357	280	3,198	108,544	75,014	293,169
拉脱维亚	1997	100	0	(1)	X	4	0	X	10	X	X	X
立陶宛	N/A	N/A	10	5	X	X	3	X	X	X	X	X
马其顿	N/A	N/A	X	X	X	X	X	X	X	X	X	X
摩尔多瓦	N/A	N/A	X	X	X	X	X	X	X	X	X	X
荷兰	1984	100	412	(11,706)	2,081	20,164	3,087	6,100	X	0	(3)	(24)
挪威	1976	91	5	730	10	3	(4)	2	54	X	X	X
波兰	1990	88	48	254	64	1,068	62	105	4	1	X	50
葡萄牙	1981	71	16	37,429	54	2,127	2	X	X	4	23	4
罗马尼亚	1994	50	5	3	X	X	4	X	X	X	X	X
俄罗斯	1976	82	2,144	1,641	(28,547)	(1,098)	(312)	X	(1,627)	5	0	X
斯洛伐克	1992	100	(7)	(682)	556	689	308	104	X	X	X	X
斯洛文尼亚	2000	X	11	10	X	X	7	X	X	62	588	3
西班牙	1986	100	88	78,753	2,720	50,654	5,543	(38)	4	13,422	167,021	36,810
瑞典	1975	100	111	(181)	48	1,805	28	303	1	4	3	X
瑞士	1975	100	21	162	(455)	1,953	1,561	640	(126)	28,778	9,857	(19,872)
乌克兰	2000	X	14	3	3	1,123	54	X	X	X	X	X
英国	1976	100	2,424	3,297	1,684	16,326	3,652	453	7,000	(5,624)	747	34,066
南斯拉夫	N/A	N/A	3	79	X	X	X	X	X	X	X	X
中亚和北非	**X**	**X**	**(31)**	**8,552**	**(945)**	**904**	**1,131**	**1**	**0**	**469**	**3,590**	**4,112**
阿富汗	1986	0	X	X	X	X	X	X	X	X	X	X
阿尔及利亚	1984	64	X	5	(169)	(2)	10	X	X	X	X	X
埃及	1978	15	0	147	(2)	(40)	46	1	X	X	X	X
伊朗	1976	68	77	(3)	X	3	4	X	X	X	X	X
伊拉克	N/A	N/A	X	X	X	X	X	X	X	X	X	X
以色列	1980	44	(121)	3,011	1	3,734	944	X	X	(17)	10	X
约旦	1979	32	2	37	X	X	X	X	X	X	X	X
科威特(d)	N/A	N/A	3	1,046	X	X	2	X	X	X	X	X
黎巴嫩	N/A	N/A	X	194	(46)	(5)	2	X	X	483	3,540	4
利比亚	N/A	N/A	X	211	(669)	X	X	X	X	X	X	X
摩洛哥	1976	59	(30)	99	(160)	75	3	X	X	X	X	X
阿曼	N/A	N/A	1	1	(5)	X	X	X	X	X	X	X
沙特阿拉伯	1996	0	1	1,406	(9)	17	49	X	X	X	40	(2)
叙利亚	N/A	N/A	12	(2)	(2)	X	X	X	X	X	X	X
突尼斯	1975	100	X	132	(7)	X	8	X	X	X	X	X
土耳其	1996	50	1	113	158	34	3	X	X	X	X	4,110
阿拉伯联合酋长国	1990	63	24	919	(33)	(1,136)	58	X	X	3	X	X
也门	1997	0	X	1	(2)	(1,776)	X	X	X	X	X	X

	CITES生效（年）	CITES报告达到要求的1997（a）（百分比）	由CITES报告的国家合法净交易，1997(b) 数量 活灵长类	活鹦鹉	活乌龟	活蜥蜴	活蛇	野生兰花	数量 猫皮	鳄鱼皮	蜥蜴皮	蛇皮
撒哈拉以南非洲	**X**	**X**	**(9,902)**	**(102,051)**	**(38,501)**	**(201,723)**	**(123,359)**	**(7,026)**	**0**	**(60,482)**	**(253,211)**	**(25,700)**
安哥拉	N/A	N/A	(8)	5	X	X	X	X	X	X	X	(4)
贝宁	1984	29	X	X	(5,177)	(15,488)	(56,591)	X	X	X	X	(2)
博茨瓦纳	1978	90	X	11	X	X	X	X	X	(337)	X	X
布基纳法索	1990	63	X	(2)	X	X	X	X	X	X	X	X
布隆迪	1988	30	X	(1)	X	(200)	X	X	X	X	X	X
喀麦隆	1981	71	(85)	(1,083)	X	(5,781)	(39)	(50)	X	X	(40,410)	(9,900)
中非	1980	50	X	(13)	X	X	(1)	X	X	X	X	X
乍得	1989	56	X	(1)	X	X	X	X	X	X	(36,051)	X
刚果	1983	93	X	(493)	2	X	X	X	X	X	X	X
刚果人民民主共和国	1976	77	(8)	(13,431)	X	X	X	X	X	X	X	X
科特迪瓦	1995	0	X	(23)	(1)	X	1	41	X	X	X	(2)
赤道几内亚	1992	17	X	(2)	X	X	X	X	X	X	X	X
厄立特里亚	1995	0	X	X	X	X	X	X	X	X	X	X
埃塞俄比亚	1989	89	(144)	2	X	X	X	X	X	X	X	X
加蓬	1989	78	20	(5)	X	X	X	X	X	X	X	X
冈比亚	1977	43	X	X	X	X	X	X	X	X	X	X
加纳	1976	86	(70)	(6)	(5,176)	(17,809)	(25,481)	X	X	X	X	(10)
几内亚	1981	59	X	(14,279)	X	(46)	(576)	X	X	X	X	(1)
几内亚比绍	1990	0	(1)	(9)	X	X	X	X	X	X	X	X
肯尼亚	1979	58	(436)	(320)	3	X	X	35	X	(782)	X	X
莱索托(d)	N/A	N/A	X	X	X	X	X	X	X	X	X	X
利比里亚	1981	47	X	X	X	X	X	X	X	X	X	X
马达加斯加	1975	91	0	(3,633)	(9)	(83,029)	X	(7,070)	X	(6,748)	12	73
马拉维	1982	81	X	1	X	X	X	X	X	(400)	X	X
马里	1994	100	X	(4,326)	(720)	(14,480)	(2,101)	X	X	X	(132,820)	(8,754)
毛里塔尼亚	1998	X	X	X	X	X	X	X	X	X	X	X
莫桑比克	1981	82	(82)	(102)	(17,534)	(8,333)	(309)	X	X	(1,430)	X	X
纳米比亚	1991	86	0	416	(26)	5	1	X	X	(120)	X	(1)
尼日尔	1975	52	X	(68)	(46)	188	(5)	X	X	X	X	X
尼日利亚	1975	43	X	(157)	(20)	X	X	X	X	X	X	(4)
卢旺达	1981	18	X	X	X	310	25	X	X	X	X	X
塞内加尔	1977	86	(1)	(17,188)	129	X	X	X	X	20	X	(2)
塞拉利昂	1995	33	X	(98)	X	X	X	X	X	X	X	X
索马里	1986	8	X	X	X	X	X	X	X	X	X	X
南非	1975	96	(148)	(46,078)	(84)	(58)	109	789	X	(13,351)	3,894	935
苏丹	1983	60	(17)	X	X	X	X	X	X	X	(62,010)	(8,019)
坦桑尼亚	1980	89	(2,413)	3	(1,383)	(30,834)	(36)	X	X	(650)	(1)	(4)
多哥	1979	79	(15)	(470)	(4,771)	(26,356)	(38,358)	X	X	12	8	(5)
乌干达	1991	57	(2)	4	X	X	X	X	X	X	(9)	X
赞比亚	1981	65	2	5	(3,655)	X	X	X	X	(4,936)	X	X
津巴布韦	1981	76	(1)	(1,038)	3	X	X	(901)	X	(35,230)	X	X
北美洲	**X**	**X**	**10,877**	**(350)**	**23,633**	**651,939**	**152,004**	**61,923**	**(1,195)**	**(101,653)**	**401,997**	**108,818**
加拿大	1975	100	1,016	997	(122)	11,146	1,772	2,805	261	280	42	573
美国	1975	91	9,861	(1,347)	23,755	640,793	150,232	59,118	(1,456)	(101,933)	401,955	108,245
中美洲和加勒比地区	**X**	**X**	**(370)**	**(20,325)**	**(100)**	**(351,631)**	**(13,318)**	**(22,579)**	**(5)**	**27,640**	**438,368**	**402,754**
伯利兹	1981	71	X	1	X	X	X	(21,014)	X	X	X	X
哥斯达黎加	1975	83	3	773	4	(11,591)	14	(240)	X	(18)	X	X
古巴	1990	88	1	(22,802)	X	(19)	X	(159)	X	X	X	X
多米尼加共和国	1987	100	42	476	13	53	X	109	X	10	X	X
萨尔瓦多	1987	36	X	36	X	(295,723)	X	X	X	2	(500)	X
危地马拉	1980	89	5	608	X	(38,154)	(545)	(172)	X	X	X	X
海地	N/A	N/A	X	X	X	X	X	21	X	X	X	X
洪都拉斯	1985	23	X	37	X	(240)	(206)	X	X	11,682	X	X
牙买加	1997	0	X	10	X	X	X	(1,054)	X	X	X	X
墨西哥	1991	100	210	6,208	0	10,216	497	X	(5)	79,662	438,866	402,683
尼加拉瓜	1977	90	X	(8,022)	X	(16,255)	(13,074)	(338)	X	11,244	X	X
巴拿马	1978	85	4	33	X	53	1	(54)	X	(74,738)	X	X
特立尼达和多巴哥	1984	71	X	88	(42)	9	(5)	X	X	X	X	X
南美洲	**X**	**X**	**(1,065)**	**(44,941)**	**(2,520)**	**(358,813)**	**(27,051)**	**1,068**	**0**	**(580,056)**	**(547,191)**	**(18,465)**
阿根廷	1981	94	(22)	(18,834)	(5)	3,567	262	917	X	1	(377,055)	(21,579)
玻利维亚	1979	63	X	8	X	X	X	X	X	(14,806)	X	X
巴西	1975	57	(92)	2,861	(160)	12	(2)	134	X	(13,505)	1,942	3,119
智利	1975	74	4	5,431	24	1,703	211	X	X	X	X	X
哥伦比亚	1981	82	2	130	X	(340,840)	(23,227)	19	X	(517,712)	5,000	(1)
厄瓜多尔	1975	74	X	X	0	X	X	28	X	16	X	(2)
圭亚那	1977	76	(513)	(13,138)	(748)	(3,221)	(3,025)	X	X	(910)	X	X
巴拉圭	1977	71	X	(10)	(2)	2,510	138	(32)	X	(514)	(180,924)	(1)
秘鲁	1975	74	(300)	(3,269)	X	(5,900)	(65)	X	X	X	X	(1)
苏里南	1981	100	(137)	(11,413)	(1,046)	(16,844)	(1,343)	2	X	X	X	X
乌拉圭	1975	65	(2)	(7,600)	X	200	X	X	X	11	X	X
委内瑞拉	1978	80	(5)	893	(583)	X	X	X	X	(32,637)	3,846	X
大洋洲	**X**	**X**	**26**	**(1,815)**	**(43)**	**(2,834)**	**(151)**	**1,520**	**2**	**(6,253)**	**(1)**	**154**
澳大利亚	1976	95	26	(422)	X	2	83	1,498	2	(5,819)	(1)	144
斐济	1997	0	X	(10)	(43)	X	X	X	X	X	(1)	X
新西兰	1989	100	(22)	(770)	X	X	X	X	X	24	3	12
巴布亚新几内亚	1976	77	X	(28)	X	X	X	X	X	(458)	(2)	(1)
所罗门群岛	N/A	N/A	X	(593)	X	(2,836)	(234)	X	X	X	X	(1)

注：N/A 表示某个国家尚未签署CITES。a. 表示某个国家自成为公约国后，应向CITES 秘书处提交的年度报告占预期提交的年度报告的百分比。提供的数值到1997年止。报告要求下的"X"表示此国家于1997年后批准的CITES。b. 进口减去出口的余额。出口显示为负数（在圆括号中）。c. 世界总量反映了动物交易的总量在此情况下，余额代表总进口量。d. 这些国家已签署公约，但尚未批准。

来源：世界自然保护监测中心

	林区									由森林管理委员会和认证机构认定的林区		
	森林总和			天然林 (a)			人工林 (a)					
	1990年面积 (10³hm²)	1995年面积 (10³hm²)	1990—1995年均变化 (%)	1990年面积 (10³hm²)	1995年面积 (10³hm²)	1990—1995年均变化 (%)	1990年面积 (10³hm²)	1995年面积 (10³hm²)	1990—1995年均变化 (%)	天然林 (hm²)	人工林 (hm²)	混合林 (b) (hm²)
世界(c)	**3,510,728**	**3,454,382**	**(0.32)**	**X**	**X**	**X**	**X**	**X**	**X**	**5,621,629**	**1,002,230**	**10,907,593**
亚洲（中亚除外）	**503,969**	**490,266**	**(0.55)**	**394,877**	**375,606**	**(1.00)**	**55,787**	**52,821**	**(1.09)**	**55,083**	**76,074**	**10,000**
亚美尼亚	292	334	2.69	X	X	X	X	X	X	0	0	0
阿塞拜疆	990	990	0.00	X	X	X	X	X	X	0	0	0
孟加拉国	1,054	1,010	(0.85)	819	700	(3.14)	235	443	12.68	0	0	0
不丹	2,803	2,756	(0.34)	2,799	2,748	(0.37)	4	12	21.47	0	0	0
柬埔寨	10,649	9,830	(1.60)	10,642	9,823	(1.60)	7	X	X	0	0	0
中国(d)	133,756	133,323	(0.06)	101,925	99,523	(0.48)	31,831	21,373	(7.97)	0	0	0
格鲁吉亚	2,988	2,988	0.00	X	X	X	X	X	X	0	0	0
印度	64,969	65,005	0.01	51,739	50,385	(0.53)	13,230	20,252	8.52	0	0	0
印度尼西亚	115,213	109,791	(0.96)	109,088	103,666	(1.02)	6,125	4,956	(4.24)	0	62,278	10,000
日本	25,212	25,146	(0.05)	X	X	X	X	X	X	0	1,070	0
哈萨克斯坦	9,540	10,504	1.93	X	X	X	X	X	X	0	0	0
朝鲜	6,170	6,170	0.00	4,700	4,700	0.00	1,470	X	X	0	0	0
韩国	7,691	7,626	(0.17)	6,291	6,226	(0.21)	0	X	X	0	0	0
吉尔吉斯斯坦	730	730	0.00	X	X	X	X	X	X	0	0	0
老挝	13,177	12,435	(1.16)	13,173	12,431	(1.16)	4	22	33.64	0	0	0
马来西亚	17,472	15,471	(2.43)	17,391	15,371	(2.47)	81	170	14.83	55,083	0	0
蒙古	9,406	9,406	0.00	9,406	9,406	0.00	0	X	X	0	0	0
缅甸	29,088	27,151	(1.38)	28,853	26,875	(1.42)	235	543	16.75	0	0	0
尼泊尔	5,096	4,822	(1.11)	5,040	4,766	(1.12)	56	140	18.33	0	0	0
巴基斯坦	2,023	1,748	(2.92)	1,855	1,580	(3.21)	168	840	32.19	0	0	0
菲律宾	8,078	6,766	(3.54)	7,875	6,563	(3.65)	203	590	21.34	0	0	0
新加坡	4	4	0.00	4	4	(1.45)	0	X	X	0	0	0
斯里兰卡	1,897	1,796	(1.09)	1,758	1,657	(1.19)	139	138	(0.14)	0	12,726	0
塔吉克斯坦	410	410	0.00	X	X	X	X	X	X	0	0	0
泰国	13,277	11,630	(2.65)	12,748	11,101	(2.77)	529	868	9.90	0	0	0
土库曼斯坦	3,754	3,754	0.00	X	X	X	X	X	X	0	0	0
乌兹别克斯坦	7,989	9,119	2.65	X	X	X	X	X	X	0	0	0
越南	9,793	9,117	(1.43)	8,323	7,647	(1.69)	1,470	2,475	10.42	0	0	0
欧洲	**930,726**	**933,320**	**0.06**	**X**	**X**	**X**	**X**	**X**	**X**	**2,187,542**	**1,050**	**10,676,900**
阿尔巴尼亚	1,046	1,046	0.00	X	X	X	X	X	X	0	0	0
奥地利	3,877	3,877	0.00	X	X	X	X	X	X	0	0	0
白俄罗斯	7,028	7,372	0.96	X	X	X	X	X	X	0	0	0
比利时(e)	709	709	0.00	X	X	X	X	X	X	0	0	1,890
波斯尼亚和黑塞哥维那	2,710	2,710	0.00	X	X	X	X	X	X	0	0	0
保加利亚	3,237	3,240	0.02	X	X	X	X	X	X	0	0	0
克罗地亚	1,825	1,825	0.00	X	X	X	X	X	X	0	0	0
捷克	2,629	2,630	0.01	X	X	X	X	X	X	0	0	10,441
丹麦	417	417	0.00	X	X	X	X	X	X	36	0	0
爱沙尼亚	1,913	2,011	1.00	X	X	X	X	X	X	0	0	0
芬兰	20,112	20,029	(0.08)	X	X	X	X	X	X	0	0	0
法国	14,230	15,034	1.10	X	X	X	X	X	X	0	1,050	0
德国	10,740	10,740	0.00	X	X	X	X	X	X	2,209	0	82,971
希腊	5,809	6,513	2.29	X	X	X	X	X	X	0	0	0
匈牙利	1,675	1,719	0.52	X	X	X	X	X	X	0	0	0
冰岛	11	11	0.00	X	X	X	X	X	X	0	0	0
爱尔兰	500	570	2.62	X	X	X	X	X	X	0	0	0
意大利	6,467	6,496	0.09	X	X	X	X	X	X	11,000	0	0
拉脱维亚	2,757	2,882	0.89	X	X	X	X	X	X	0	0	0
立陶宛	1,920	1,976	0.57	X	X	X	X	X	X	0	0	0
马其顿	989	988	(0.02)	X	X	X	X	X	X	0	0	0
摩尔多瓦	357	357	0.00	X	X	X	X	X	X	0	0	0
荷兰	334	334	0.00	X	X	X	X	X	X	0	0	69,064
挪威	7,938	8,073	0.34	X	X	X	X	X	X	0	0	0
波兰	8,672	8,732	0.14	X	X	X	X	X	X	2,129,849	0	612,937
葡萄牙	2,755	2,875	0.85	X	X	X	X	X	X	0	0	0
罗马尼亚	6,252	6,246	(0.02)	X	X	X	X	X	X	0	0	0
俄罗斯	763,500	763,500	0.00	X	X	X	X	X	X	0	0	32,712
斯洛伐克	1,977	1,989	0.12	X	X	X	X	X	X	0	0	0
斯洛文尼亚	1,077	1,077	0.00	X	X	X	X	X	X	0	0	0
西班牙	8,388	8,388	0.00	X	X	X	X	X	X	0	0	0
瑞典	24,437	24,425	(0.01)	X	X	X	X	X	X	18,012	0	9,026,683
瑞士	1,130	1,130	0.00	X	X	X	X	X	X	4,252	0	0
乌克兰	9,213	9,240	0.06	X	X	X	X	X	X	0	0	0
英国	2,326	2,390	0.54	X	X	X	X	X	X	22,184	0	840,202
南斯拉夫	1,769	1,769	0.00	X	X	X	X	X	X	0	0	0
中亚和北非	**20,412**	**19,420**	**(1.00)**	**9,732**	**8,741**	**(2.15)**	**1,581**	**1,857**	**3.22**	**0**	**0**	**0**
阿富汗	1,990	1,398	(7.06)	1,982	1,390	(7.09)	8	X	X	0	0	0
阿尔及利亚	1,978	1,861	(1.22)	1,493	1,376	(1.63)	485	972	13.90	0	0	0
埃及	34	34	0.00	0	0	0.00	34	X	X	0	0	0
伊朗	1,686	1,544	(1.76)	1,607	1,465	(1.85)	79	X	X	0	0	0
伊拉克	83	83	0.00	69	69	0.00	14	X	X	0	0	0
以色列	102	102	0.00	X	X	X	X	X	X	0	0	0
约旦	51	45	(2.50)	28	22	(4.82)	23	X	X	0	0	0
科威特	5	5	0.00	0	0	0.00	5	X	X	0	0	0
黎巴嫩	78	52	(8.11)	65	39	(10.31)	13	X	X	0	0	0
利比亚	400	400	0.00	190	190	0.00	210	X	X	0	0	0
摩洛哥	3,894	3,835	(0.31)	3,573	3,514	(0.33)	321	565	11.31	0	0	0
阿曼	0	0	0.00	0	0	0.00	0	X	X	0	0	0
沙特阿拉伯	231	222	(0.79)	230	221	(0.79)	1	X	X	0	0	0
叙利亚	245	219	(2.24)	118	92	(4.98)	127	X	X	0	0	0
突尼斯	570	555	(0.53)	369	354	(0.80)	201	320	9.30	0	0	0
土耳其	8,856	8,856	0.00	X	X	X	X	X	X	0	0	0
阿拉伯联合酋长国	60	60	0.00	0	0	0.00	60	X	X	0	0	0
也门	9	9	0.00	9	9	0.00	0	X	X	0	0	0

	林区									由森林管理委员会和认证机构认定的林区		
	森林总和			天然林（a）			人工林（a）					
	1990年面积（10³hm²）	1995年面积（10³hm²）	1990—1995变化年均（%）	1990年面积（10³hm²）	1995年面积（10³hm²）	1990—1995变化年均（%）	1990年面积（10³hm²）	1995年面积（10³hm²）	1990—1995变化年均（%）	天然林（hm²）	人工林（hm²）	混合林（b）（hm²）
撒哈拉以南非洲	**532,001**	**513,551**	**(0.71)**	**528,602**	**510,021**	**(0.72)**	**3,168**	**4,955**	**8.94**	**581,571**	**323,516**	**1,458**
安哥拉	23,285	22,200	(0.95)	23,265	22,080	(1.05)	120	160	5.75	0	0	0
贝宁	4,923	4,625	(1.25)	4,909	4,611	(1.25)	14	30	15.24	0	0	0
博茨瓦纳	14,271	13,917	(0.50)	14,270	13,916	(0.50)	1	X	X	0	0	0
布基纳法索	4,431	4,271	(0.74)	4,411	4,251	(0.74)	20	28	6.73	0	0	0
布隆迪	324	317	(0.44)	232	225	(0.61)	92	120	5.31	0	0	0
喀麦隆	20,244	19,598	(0.65)	20,228	19,582	(0.65)	16	23	7.26	0	0	0
中非	30,571	29,930	(0.42)	30,565	29,924	(0.42)	6	X	X	0	0	0
乍得	11,496	11,025	(0.84)	11,492	11,021	(0.84)	4	8	13.86	0	0	0
刚果	19,745	19,537	(0.21)	19,708	19,500	(0.21)	37	64	10.96	0	0	0
刚果人民民主共和国	112,946	109,245	(0.67)	112,904	109,203	(0.67)	42	60	7.13	0	0	0
科特迪瓦	5,623	5,469	(0.56)	5,560	5,403	(0.57)	63	98	8.84	0	0	0
赤道几内亚	1,829	1,781	(0.53)	1,826	1,778	(0.53)	3	X	X	0	0	0
厄立特里亚	282	282	0.00	233	233	0.00	X	X	X	0	0	0
埃塞俄比亚(f)	13,891	13,579	(0.45)	13,751	13,439	(0.46)	189	220	3.04	0	0	0
加蓬	18,314	17,859	(0.50)	18,293	17,838	(0.50)	21	30	7.13	0	0	0
冈比亚	95	91	(0.86)	94	90	(0.91)	1	2	8.11	0	0	0
加纳	9,608	9,022	(1.26)	9,555	8,969	(1.27)	53	19	(20.52)	0	0	0
几内亚	6,741	6,367	(1.14)	6,737	6,363	(1.14)	4	11	19.49	0	0	0
几内亚比绍	2,361	2,309	(0.45)	2,360	2,308	(0.44)	1	X	X	0	0	0
肯尼亚	1,309	1,292	(0.26)	1,191	1,174	(0.28)	118	240	14.20	0	0	0
莱索托	6	6	0.00	0	0	0.00	7	6	0.00	0	0	0
利比里亚	4,641	4,507	(0.59)	4,635	4,501	(0.58)	6	8	5.75	0	0	0
马达加斯加	15,756	15,106	(0.84)	15,539	14,889	(0.85)	217	335	8.68	0	0	0
马拉维	3,612	3,339	(1.57)	3,486	3,213	(1.63)	126	122	(0.65)	0	0	0
马里	12,154	11,585	(0.96)	12,140	11,571	(0.96)	14	40	21.00	0	0	0
毛里塔尼亚	556	556	0.00	554	554	0.00	2	8	27.73	0	0	0
莫桑比克	17,443	16,862	(0.68)	17,415	16,834	(0.68)	28	45	9.49	0	0	0
纳米比亚	12,584	12,374	(0.34)	12,584	12,374	(0.34)	0	1	X	54,420	0	0
尼日尔	2,562	2,562	0.00	2,550	2,550	0.00	12	60	32.19	0	0	0
尼日利亚	14,387	13,780	(0.86)	14,235	13,629	(0.87)	151	250	10.08	0	0	0
卢旺达	252	250	(0.16)	164	162	(0.25)	88	247	20.64	0	0	0
塞内加尔	7,629	7,381	(0.66)	7,517	7,269	(0.67)	112	216	13.14	0	0	0
塞拉利昂	1,522	1,309	(3.02)	1,515	1,303	(3.03)	6	8	5.75	0	0	0
索马里	760	754	(0.16)	755	750	(0.15)	4	6	8.11	0	0	0
南非	8,574	8,499	(0.18)	7,279	7,204	(0.21)	965	1,429	7.85	502,301	275,862	1,458
苏丹	43,376	41,613	(0.83)	43,173	41,410	(0.83)	203	425	14.76	0	0	0
坦桑尼亚	34,123	32,510	(0.97)	33,969	32,356	(0.97)	154	200	5.23	0	0	0
多哥	1,338	1,245	(1.44)	1,317	1,224	(1.47)	17	34	14.04	0	0	0
乌干达	6,400	6,104	(0.95)	6,380	6,084	(0.95)	20	26	5.25	0	0	0
赞比亚	32,720	31,398	(0.82)	32,677	31,355	(0.83)	48	44	(1.92)	0	0	0
津巴布韦	8,960	8,710	(0.57)	8,876	8,626	(0.57)	84	110	5.39	24,850	47,654	0
北美洲	**453,270**	**457,086**	**0.17**	**X**	**X**	**X**	**X**	**X**	**X**	**1,782,470**	**0**	**35,477**
加拿大	243,698	244,571	0.07	X	X	X	X	X	X	212,189	0	0
美国	209,572	212,515	0.28	X	X	X	X	X	X	1,570,281	0	35,477
中美洲和加勒比地区	**84,609**	**79,425**	**(1.26)**	**84,124**	**78,940**	**(1.27)**	**485**	**813**	**10.34**	**295,037**	**14,298**	**115,758**
伯利兹	1,995	1,962	(0.33)	1,993	1,960	(0.34)	2	3	4.46	95,800	0	0
哥斯达黎加	1,455	1,248	(3.07)	1,427	1,220	(3.13)	28	129	30.49	8,246	14,275	17,632
古巴	1,960	1,842	(1.24)	1,715	1,597	(1.42)	245	470	13.03	0	0	0
多米尼加共和国	1,714	1,582	(1.60)	1,707	1,575	(1.61)	7	20	21.00	0	0	0
萨尔瓦多	124	105	(3.33)	120	101	(3.51)	4	8	13.86	0	0	0
危地马拉	4,253	3,841	(2.04)	4,225	3,813	(2.05)	28	68	17.63	100,026	0	0
海地	25	21	(3.49)	17	13	(5.25)	8	12	8.11	0	0	0
洪都拉斯	4,626	4,115	(2.34)	4,623	4,112	(2.34)	3	40	51.81	19,876	0	0
牙买加	254	175	(7.45)	239	160	(8.03)	15	6	(17.67)	0	0	0
墨西哥	57,927	55,387	(0.90)	57,818	55,278	(0.90)	109	X	X	71,089	0	98,126
尼加拉瓜	6,314	5,560	(2.54)	6,300	5,546	(2.55)	14	23	9.93	0	0	0
巴拿马	3,118	2,800	(2.15)	3,112	2,794	(2.16)	6	16	19.87	0	23	0
特立尼达和多巴哥	174	161	(1.55)	161	148	(1.65)	13	18	6.51	0	0	0
南美洲	**894,466**	**870,594**	**(0.54)**	**887,187**	**863,315**	**(0.55)**	**7,279**	**9,150**	**4.58**	**710,704**	**584,987**	**30,000**
阿根廷	34,389	33,942	(0.26)	33,842	33,395	(0.27)	547	830	8.34	0	0	0
玻利维亚	51,217	48,310	(1.17)	51,139	48,282	(1.17)	28	20	(6.73)	630,133	0	30,000
巴西	563,911	551,139	(0.46)	559,011	546,239	(0.46)	4,900	4,805	(0.39)	80,571	584,987	0
智利	8,038	7,892	(0.37)	7,023	6,877	(0.42)	1,015	1,747	10.86	0	0	0
哥伦比亚	54,299	52,988	(0.49)	54,173	52,862	(0.49)	126	300	17.35	0	0	0
厄瓜多尔	12,082	11,137	(1.63)	12,037	11,092	(1.64)	45	120	19.62	0	0	0
圭亚那	18,620	18,577	(0.05)	18,612	18,569	(0.05)	8	12	8.11	0	0	0
巴拉圭	13,160	11,527	(2.65)	13,151	11,518	(2.65)	9	18	13.86	0	0	0
秘鲁	68,646	67,562	(0.32)	68,452	67,378	(0.32)	184	349	12.80	0	0	0
苏里南	14,782	14,721	(0.08)	14,774	14,713	(0.08)	8	12	8.11	0	0	0
乌拉圭	816	814	(0.05)	660	658	(0.05)	156	348	16.05	0	0	0
委内瑞拉	46,512	43,995	(1.11)	46,259	43,742	(1.12)	253	589	16.90	0	0	0
大洋洲(g)	**91,143**	**90,689**	**(0.10)**	**42,501**	**41,746**	**(0.36)**	**X**	**1,250**	**X**	**9,222**	**2,305**	**38,000**
澳大利亚	40,823	40,908	0.04	X	X	X	X	1,068	X	0	0	0
斐济	853	835	(0.43)	775	757	(0.47)	78	103	5.56	0	0	0
新西兰	7,667	7,884	0.56	X	X	X	X	X	X	0	2,305	0
巴布亚新几内亚	37,605	36,939	(0.36)	37,575	36,909	(0.36)	30	50	10.22	4,310	0	0
所罗门群岛	2,412	2,389	(0.19)	2,394	2,371	(0.19)	16	29	11.89	4,912	0	38,000
发达国家	**2,017,529**	**1,952,577**	**(0.65)**	**1,939,744**	**1,871,165**	**(0.72)**	**67,484**	**68,350**	**0.25**	**1,149,316**	**721,943**	**193,758**
发展中国家	**1,493,067**	**1,501,774**	**0.12**	**X**	**X**	**X**	**X**	**X**	**X**	**4,472,313**	**280,287**	**10,713,835**

注：负数在圆括号中显示。a.除南非和澳大利亚外，发达国家的森林面积不再细分为天然林和人工林，因在许多国家区分这两者很困难。b.包括天然林和人工林的面积，也包括半天然林面积，混合半天然林人工林的面积。c.不包括世界总数，因没有发达国家的天然林和人工林的数据。d.包括中国的台湾省。e.比利时的森林总数包括卢森堡。f.人工林数据指前埃塞俄比亚人民民主共和国，包括厄立特里亚。g.人工林数据包括澳大利亚的数据，虽然它是一个发达国家。

来源：联合国粮农组织和森林管理委员会

森林与草地

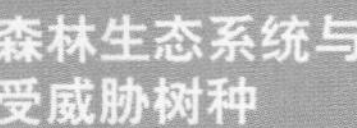

森林生态系统与受威胁树种

	土地面积 (10³hm²)	密林：原始林占土地面积(%)(a)	密林：各种林占原始林的(%)：当前森林(b) 1996	密林：各种林占原始林的(%)：边缘林(c) 1996	密林：受威胁的边缘林(%)(d) 1996	1990年代森林生态系统：热带森林：面积 (10³hm²)	热带森林：受保护(%)	非热带森林：面积 (10³hm²)	非热带森林：受保护(%)	稀疏林和公园：面积 (10³hm²)	稀疏林和公园：受保护(%)	1990年代受威胁的树类物种量
世界	**13,048,407**	**47.7**	**53.4**	**21.7**	**39.5**	**1,407,649**	**11.7**	**1,823,787**	**6.0**	**541,616**	**5.5**	**5,904 e**
亚洲（中亚除外）	**2,406,823**	**X**	**X**	**X**	**X**	**210,720**	**16.4**	**132,065**	**5.3**	**42,384**	**7.0**	**X**
亚美尼亚	2,820	45.6	21.1	0.0	0.0	0	0.0	355	10.1	0	0.0	0
阿塞拜疆	8,660	32.0	32.0	0.0	0.0	0	0.0	1,133	0.0	0	0.0	0
孟加拉国	13,017	100.0	7.9	3.8	100.0	862	3.7	0	0.0	0	0.0	12
不丹	4,700	67.3	61.8	24.0	100.0	966	22.9	1,129	37.6	0	0.0	4
柬埔寨	17,652	100.0	65.1	10.3	100.0	11,516	25.6	0	0.0	0	0.0	30
中国	932,641	51.8	21.6	1.8	92.8	109	13.0	82,710	3.9	26,715	4.7	190 f
格鲁吉亚	6,970	76.6	57.3	0.0	0.0	0	0.0	3,158	0.0	0	0.0	1
印度	297,319	79.0	20.5	1.3	57.2	44,450	8.9	9,260	8.3	0	0.0	266
印度尼西亚	181,157	100.0	64.6	28.5	53.8	88,744	20.9	0	0.0	0	0.0	426
日本	37,652	91.4	58.2	0.0	0.0	0	0.0	5,677	9.7	0	0.0	11
哈萨克斯坦	267,073	2.6	22.9	2.9	100.0	0	0.0	2,638	9.6	0	0.0	X
朝鲜	12,041	97.3	38.7	0.0	0.0	0	0.0	3,967	1.1	506	0.0	3
韩国	9,873	88.5	16.5	0.0	0.0	0	0.0	1,426	3.4	0	0.0	0
吉尔吉斯斯坦	19,180	8.4	14.0	0.0	0.0	0	0.0	785	0.2	0	0.0	1
老挝	23,080	99.9	30.0	2.1	100.0	3,639	23.0	849	5.0	0	0.0	20
马来西亚	32,855	99.5	63.8	14.5	48.5	13,007	11.7	0	0.0	0	0.0	737
蒙古	156,650	22.5	49.6	8.2	0.0	0	0.0	2,636	25.2	14,697	11.2	0
缅甸	65,755	100.0	40.6	0.0	0.0	20,661	0.8	9,574	2.0	0	0.0	44
尼泊尔	14,300	83.6	22.4	0.0	0.0	1,162	18.8	2,660	20.7	0	0.0	3
巴基斯坦	77,088	44.8	5.8	0.0	0.0	807	0.6	2,083	4.7	0	0.0	2
菲律宾	29,817	95.3	6.0	0.0	0.0	2,402	5.2	0	0.0	0	0.0	209
新加坡	61	78.8	3.1	0.0	0.0	X	X	X	X	X	X	61
斯里兰卡	6,463	94.7	18.1	11.9	76.2	1,581	27.6	0	0.0	466	19.4	294
塔吉克斯坦	14,060	50.7	4.2	0.0	0.0	X	X	X	X	X	X	1
泰国	51,089	100.0	22.2	4.9	100.0	16,237	31.2	361	11.3	0	0.0	91
土库曼斯坦	46,993	7.9	4.1	0.0	0.0	0	0.0	216	0.7	0	0.0	X
乌兹别克斯坦	41,424	2.8	10.2	0.0	0.0	0	0.0	231	0.0	0	0.0	0
越南	32,549	99.7	17.2	1.9	100.0	4,218	10.3	723	8.8	0	0.0	132
欧洲	**2,263,394**	**72.7**	**58.4**	**21.3**	**18.7**	**0**	**X**	**991,346**	**3.0**	**10,350**	**1.0**	**X**
阿尔巴尼亚	2,740	92.5	37.3	0.0	0.0	0	0.0	1,066	1.2	0	0.0	0
奥地利	8,273	95.1	52.8	0.0	0.0	0	0.0	3,593	20.9	0	0.0	X
白俄罗斯	20,748	91.1	27.2	0.0	0.0	0	0.0	6,280	6.5	0	0.0	X
比利时	3,023	95.2	21.0	0.0	0.0	0	0.0	687	7.8	0	0.0	X
波斯尼亚和黑塞哥维那	5,100	X	X	X	X	0	0.0	2,303	1.0	0	0.0	1
保加利亚	11,055	92.3	31.7	0.0	0.0	0	0.0	3,787	5.9	0	0.0	0
克罗地亚	5,592	X	X	X	X	0	0.0	1,391	9.9	0	0.0	1
捷克	7,728	X	X	X	X	0	0.0	2,481	27.5	0	0.0	X
丹麦	4,243	88.5	0.8	0.0	0.0	0	0.0	459	4.2	0	0.0	1
爱沙尼亚	4,227	96.0	29.4	0.0	0.0	0	0.0	1,524	6.7	0	0.0	X
芬兰	30,459	100.0	82.3	1.1	100.0	0	0.0	25,309	5.8	0	0.0	X
法国	55,010	95.3	16.5	0.0	0.0	0	0.0	10,831	13.7	0	0.0	1
德国	34,927	92.6	26.3	0.0	0.0	0	0.0	10,401	24.8	0	0.0	8
希腊	12,890	84.3	17.0	0.0	0.0	0	0.0	4,423	1.7	0	0.0	2
匈牙利	9,234	50.4	8.2	0.0	0.0	0	0.0	777	26.1	0	0.0	X
冰岛	10,025	43.7	0.0	0.0	0.0	X	X	X	X	X	X	X
爱尔兰	6,889	64.4	3.6	0.0	0.0	0	0.0	457	2.1	0	0.0	1
意大利	29,406	94.5	20.4	0.0	0.0	0	0.0	6,757	6.1	0	0.0	2
拉脱维亚	6,205	100.0	19.8	0.0	0.0	0	0.0	1,624	10.1	0	0.0	X
立陶宛	6,480	99.3	16.0	0.0	0.0	0	0.0	1,509	10.3	0	0.0	X
马其顿	2,543	X	X	X	X	0	0.0	1,091	9.9	0	0.0	X
摩尔多瓦	3,297	48.3	3.7	0.0	0.0	0	0.0	143	5.4	0	0.0	X
荷兰	3,392	46.2	4.8	0.0	0.0	0	0.0	235	7.4	0	0.0	X
挪威	30,683	33.8	90.4	0.0	0.0	0	0.0	8,139	2.0	0	0.0	X
波兰	30,442	95.6	22.2	0.0	0.0	0	0.0	8,939	12.9	0	0.0	2
葡萄牙	9,150	91.2	9.4	0.0	0.0	0	0.0	2,661	5.6	0	0.0	13
罗马尼亚	23,034	75.2	41.5	0.0	0.0	0	0.0	8,137	2.5	0	0.0	2
俄罗斯	1,688,850	69.6	68.7	29.3	18.6	0	0.0	815,551	1.8	10,350	1.0	2
斯洛伐克	4,808	X	X	X	X	0	0.0	2,308	29.6	0	0.0	X
斯洛文尼亚	2,012	X	X	X	X	0	0.0	696	8.9	0	0.0	0
西班牙	49,944	94.2	15.1	0.0	0.0	0	0.0	14,024	10.8	0	0.0	21
瑞典	41,162	93.3	86.0	2.9	100.0	0	0.0	29,364	1.6	0	0.0	1
瑞士	3,955	85.5	44.8	0.0	0.0	0	0.0	1,309	12.6	0	0.0	X
乌克兰	57,935	45.7	20.4	0.0	0.0	0	0.0	7,046	1.6	0	0.0	2
英国	24,160	77.5	6.0	0.0	0.0	0	0.0	2,303	20.7	0	0.0	10
南斯拉夫	10,200	X	X	X	X	0	0.0	3,664	3.4	0	0.0	0
中亚和北非	**1,253,551**	**X**	**X**	**X**	**X**	**134**	**0.0**	**17,950**	**3.3**	**1**	**76.9**	**X**
阿富汗	65,209	48.1	6.5	0.0	0.0	0	0.0	2,076	0.0	0	0.0	1
阿尔及利亚	238,174	4.6	12.0	0.0	0.0	0	0.0	2,694	3.7	1	83.3	2
埃及	99,545	0.6	0.0	0.0	0.0	134	0.0	4	0.0	0	0.0	2
伊朗	162,200	43.1	3.3	0.0	0.0	0	0.0	2,348	12.0	0	0.0	1
伊拉克	43,737	13.4	0.0	0.0	0.0	X	X	X	X	X	X	0
以色列	2,062	86.6	0.0	0.0	0.0	X	X	X	X	X	X	0
约旦	8,893	13.1	0.0	0.0	0.0	X	X	X	X	X	X	0
科威特	1,782	0.0	0.0	0.0	0.0	X	X	X	X	X	X	0
黎巴嫩	1,023	73.7	0.7	0.0	0.0	0	0.0	36	0.0	0	0.0	0
利比亚	175,954	0.8	0.0	0.0	0.0	0	0.0	53	0.0	0	0.0	1
摩洛哥	44,630	21.6	7.3	0.0	0.0	0	0.0	1,862	2.6	0	0.0	5
阿曼	21,246	0.0	0.0	0.0	0.0	X	X	X	X	X	X	7
沙特阿拉伯	214,969	0.0	0.0	0.0	0.0	X	X	X	X	X	X	3
叙利亚	18,378	19.2	0.0	0.0	0.0	0	0.0	47	0.0	0	0.0	0
突尼斯	15,536	18.1	4.7	0.0	0.0	0	0.0	300	2.2	0	0.0	0
土耳其	76,963	66.4	11.3	0.0	0.0	0	0.0	8,390	1.2	0	0.0	5
阿拉伯联合酋长国	8,360	0.0	0.0	0.0	0.0	X	X	X	X	X	X	X
也门	52,797	0.0	0.0	0.0	0.0	X	X	X	X	X	X	56

	土地面积 (10^3hm^2)	密林：原始林占土地面积(%)(a)	密林：各种林占原始林的(%)：当前森林(b) 1996	密林：各种林占原始林的(%)：边缘林(c) 1996	密林：受威胁的边缘林(%)(d) 1996	1990年代森林生态系统：热带森林：面积 (10^3hm^2)	热带森林：受保护(%)	非热带森林：面积 (10^3hm^2)	非热带森林：受保护(%)	稀疏林和公园：面积 (10^3hm^2)	稀疏林和公园：受保护(%)	1990年代受威胁的树类物种量
撒哈拉以南非洲	**2,363,090**	**X**	**X**	**X**	**X**	**448,063**	**9.1**	**52**	**26.4**	**69,709**	**11.3**	**X**
安哥拉	124,670	19.8	15.3	0.0	0.0	37,564	2.6	0	0.0	0	0.0	X
贝宁	11,062	15.5	3.5	0.0	0.0	1,516	18.2	0	0.0	585	2.3	12
博茨瓦纳	56,673	2.1	100.0	0.0	0.0	12,123	19.9	0	0.0	0	0.0	0
布基纳法索	27,360	0.0	0.0	0.0	0.0	0	0.0	0	0.0	5,667	15.9	2
布隆迪	2,568	46.3	3.5	0.0	0.0	219	18.2	0	0.0	139	2.6	1
喀麦隆	46,540	80.4	42.4	7.9	97.4	20,009	6.0	0	0.0	2,416	21.8	104
中非	62,298	51.8	15.9	4.4	100.0	17,101	20.1	0	0.0	1,451	47.7	9
乍得	125,920	0.0	0.0	0.0	0.0	3,516	3.6	0	0.0	2,857	0.7	2
刚果	34,150	100.0	67.8	28.7	64.6	24,321	4.4	0	0.0	0	0.0	X
刚果人民民主共和国	226,705	82.5	60.4	15.6	70.4	135,071	6.6	0	0.0	172	40.0	58
科特迪瓦	31,800	74.9	9.9	2.2	100.0	2,702	22.8	0	0.0	625	18.4	104
赤道几内亚	2,805	95.6	38.4	0.0	0.0	1,749	0.0	0	0.0	0	0.0	15
厄立特里亚	10,100	X	X	X	X	1	0.0	0	0.0	0	0.0	4
埃塞俄比亚(g)	100,000	24.5	17.3	0.0	0.0	11,937	18.8	0	0.0	4,804	21.4	24
加蓬	25,767	100.0	90.4	32.4	100.0	21,481	3.6	0	0.0	0	0.0	70
冈比亚	1,000	39.1	61.9	0.0	0.0	188	5.1	0	0.0	244	2.5	3
加纳	22,754	65.9	8.6	0.0	0.0	1,694	7.1	0	0.0	336	16.7	117
几内亚	24,572	75.6	5.0	0.0	0.0	3,073	1.1	0	0.0	2,723	1.2	21
几内亚比绍	2,812	100.0	33.7	0.0	0.0	1,141	0.0	0	0.0	550	0.0	4
肯尼亚	56,914	16.8	18.5	0.0	0.0	3,423	8.3	0	0.0	2,754	2.8	125
莱索托	3,035	2.4	0.0	0.0	0.0	89	8.7	0	0.0	0	0.0	X
利比里亚	9,632	99.6	44.2	0.0	0.0	3,149	2.9	0	0.0	1	0.0	47
马达加斯加	58,154	92.6	13.1	0.0	0.0	6,940	5.5	0	0.0	0	0.0	164
马拉维	9,408	12.2	0.0	0.0	0.0	3,830	8.5	0	0.0	0	0.0	23
马里	122,019	0.0	0.0	0.0	0.0	6,132	2.3	0	0.0	336	0.4	6
毛里塔尼亚	102,522	0.0	0.0	0.0	0.0	X	X	X	X	X	X	X
莫桑比克	78,409	33.2	13.6	0.0	0.0	20,863	7.5	0	0.0	14,414	6.6	43
纳米比亚	82,329	0.0	95.3	0.0	0.0	3,436	10.6	0	0.0	0	0.0	4
尼日尔	126,670	0.0	0.0	0.0	0.0	27	15.6	0	0.0	0	0.0	2
尼日利亚	91,077	45.1	10.7	0.6	100.0	11,634	7.4	0	0.0	10,588	4.0	112
卢旺达	2,467	36.1	16.1	0.0	0.0	291	77.0	0	0.0	162	1.8	X
塞内加尔	19,253	14.2	16.0	0.0	0.0	2,076	7.0	0	0.0	8,816	13.1	7
塞拉利昂	7,162	100.0	9.7	0.0	0.0	260	20.3	0	0.0	104	0.0	44
索马里	62,734	4.2	0.0	0.0	0.0	11,800	1.1	0	0.0	1,530	0.9	19
南非	122,104	12.8	0.2	0.0	0.0	10,333	5.2	52	26.4	0	0.0	37
苏丹	237,600	1.2	0.0	0.0	0.0	12,288	12.3	0	0.0	5,870	8.9	17
坦桑尼亚	88,359	22.4	9.1	0.0	0.0	14,356	15.8	0	0.0	583	3.3	317
多哥	5,439	32.9	7.0	0.0	0.0	224	2.6	0	0.0	91	9.1	9
乌干达	19,965	70.0	4.4	0.0	0.0	3,772	17.0	0	0.0	1,850	65.2	32
赞比亚	74,339	7.1	70.1	0.0	0.0	21,989	31.9	0	0.0	39	14.1	11
津巴布韦	38,685	7.0	67.3	0.0	0.0	15,397	12.2	0	0.0	0	0.0	18
北美洲	**1,838,009**	**59.7**	**77.3**	**34.1**	**26.2**	**443**	**6.7**	**683,700**	**8.9**	**148,827**	**5.7**	**X**
加拿大	922,097	65.8	91.2	56.5	20.9	0	0.0	404,313	7.9	143,573	5.6	1
美国	915,912	53.5	60.2	6.3	84.7	443	6.7	279,386	10.4	5,254	9.0	198
中美洲和加勒比地区	**264,711**	**67.2**	**54.5**	**9.7**	**87.0**	**70,812**	**12.0**	**21,293**	**3.1**	**4**	**1.2**	**X**
伯利兹	2,280	91.8	95.7	35.5	66.1	1,440	43.6	0	0.0	0	0.0	28
哥斯达黎加	5,106	98.4	34.9	9.5	100.0	1,464	44.8	0	0.0	0	0.0	114
古巴	10,982	90.4	28.8	0.0	0.0	1,761	15.3	0	0.0	0	0.0	169
多米尼加共和国	4,838	97.7	25.1	0.0	0.0	1,171	16.9	0	0.0	0	0.0	32
萨尔瓦多	2,072	99.4	9.9	0.0	0.0	111	4.5	0	0.0	0	0.0	28
危地马拉	10,843	98.7	46.2	2.2	100.0	3,862	31.9	0	0.0	0	0.0	83
海地	2,756	93.2	0.8	0.0	0.0	64	2.0	0	0.0	0	0.0	32
洪都拉斯	11,189	99.5	51.6	16.4	100.0	5,273	18.3	0	0.0	0	0.0	116
牙买加	1,083	96.7	35.6	0.0	0.0	399	20.5	0	0.0	0	0.0	229
墨西哥	190,869	55.7	63.4	8.1	77.0	45,765	4.3	21,293	3.1	0	0.0	186
尼加拉瓜	12,140	100.0	44.3	21.6	100.0	5,322	24.7	0	0.0	0	0.0	42
巴拿马	7,443	97.2	62.0	34.8	100.0	3,744	30.9	0	0.0	0	0.0	208
特立尼达和多巴哥	513	93.5	35.5	0.0	0.0	124	7.0	0	0.0	0	0.0	1
南美洲	**1,751,708**	**55.6**	**69.1**	**45.6**	**54.0**	**620,514**	**12.2**	**39,178**	**15.8**	**168,216**	**2.4**	**X**
阿根廷	273,669	5.5	59.5	6.3	99.9	4,360	5.5	19,094	10.1	6,392	9.4	42
玻利维亚	108,438	53.9	77.2	43.6	96.9	68,638	12.1	0	0.0	0	0.0	79
巴西	845,651	64.0	66.4	42.2	47.8	301,273	6.9	2,613	6.9	137,494	1.3	351
智利	74,880	39.7	40.6	54.5	76.0	0	0.0	14,526	27.1	263	0.6	40
哥伦比亚	103,870	92.2	53.5	36.4	18.7	53,186	10.8	0	0.0	0	0.0	227
厄瓜多尔	27,684	78.8	66.4	36.9	99.5	13,508	23.9	0	0.0	755	46.9	175
圭亚那	19,685	98.9	97.4	81.8	41.1	17,844	1.3	0	0.0	0	0.0	22
巴拉圭	39,730	21.9	44.5	0.0	0.0	9,290	2.6	2,848	4.9	16,253	2.7	13
秘鲁	128,000	74.4	86.6	56.7	99.6	75,636	5.1	0	0.0	2,660	3.0	281
苏里南	15,600	91.7	95.6	92.2	21.7	13,219	4.0	0	0.0	0	0.0	27
乌拉圭	17,481	1.6	0.0	0.0	0.0	2	0.0	97	1.0	325	1.6	0
委内瑞拉	88,205	74.7	83.6	59.3	37.3	55,615	59.0	0	0.0	3,997	18.6	70
大洋洲(h)	**848,870**	**16.9**	**64.9**	**22.3**	**76.3**	**53,560**	**9.1**	**27,088**	**18.7**	**102,126**	**6.1**	**X**
澳大利亚	768,230	9.3	64.3	17.8	62.8	14,088	7.3	22,877	14.1	101,485	6.1	34
斐济	1,827	84.1	49.9	0.0	0.0	641	1.0	0	0.0	0	0.0	67
新西兰	26,799	84.7	29.2	8.9	100.0	0	0.0	4,212	43.8	0	0.0	21
巴布亚新几内亚	45,286	96.0	85.4	39.6	83.5	35,791	10.7	0	0.0	0	0.0	165
所罗门群岛	2,799	82.1	93.9	0.0	0.0	2,669	0.0	0	0.0	0	0.0	18
亚洲	**3,085,414**	**49.1**	**28.2**	**5.3**	**63.1**	**210,720**	**16.4**	**145,101**	**5.1**	**42,384**	**7.0**	**X**
非洲	**2,963,568**	**22.9**	**33.9**	**7.8**	**76.8**	**448,197**	**9.1**	**8,249**	**2.0**	**69,710**	**11.3**	**X**

注：a.原始森林指假设在目前气候条件下8000年前覆盖地球的森林。b.包括边缘林和非边缘林。它们代表了前10年左右的密林。只有非洲和亚洲的潮湿密林显示。不包括木材林和灌木林。c.边缘林是面积大，相对未受干扰，保存完整的森林生态系统。d.受威胁的边缘林是目前正在进行或计划将进行的人类活动很可能导致生态系统完整性的重大损失(如：物种数量的下降或消失，森林年龄结构的变化，等)。c.世界总量来源于：S.Oldfield,C.Lusty and A.Msckinven等.World Conservation Press,1998（见来源）。f.中国包括香港特别行政区。g.密林面积指前埃塞俄比亚人民民主共和国，包括厄立特里亚。h.仅包括澳大利亚、巴布亚新几内亚和新西兰。

来源 ：世界自然保护监测中心，世界资源研究所和联合国粮农组织

	平均圆木生产 圆木总量 10^3m^3 1996–98	年均变化(%) 1986–88	燃料木材 10^3m^3 1996–98	年均变化(%) 1986–88	工业用圆木 10^3m^3 1996–98	年均变化(%) 1986–88	年均森林产品生产 锯木 10^3m^3 1996–98	年均变化(%) 1986–88	纸张和纸板 10^3m^3 1996–98	年均变化(%) 1986–88	森林产品交易(a) 进口价值(百万美元) 1996–98	出口价值(百万美元) 1996–98	出口总量(%) 1997
世界(b)	**3,261,621**	**1.5**	**1,742,064**	**10.4**	**1,522,116**	**(7.1)**	**151,390**	**24**	**288,285**	**34**	**142,935.0**	**135,313.0**	**1.97**
亚洲(中亚除外)	**1,111,958**	**X**	**863,316**	**X**	**268,470**	**X**	**39,057**	**X**	**82,277**	**X**	**37,114.7**	**16,434.0**	**X**
亚美尼亚(c)	X	X	X	X	19,828	X	X	X	X	X	1.2	0.1	0.02
阿塞拜疆(c)	X	X	X	X	X	X	X	X	X	X	21.6	0.4	0.03
孟加拉国	32,505	16.5	31,894	18.3	610	(35.1)	9	(9)	69	(39)	93.3	5.0	0.10
不丹	1,655	16.0	1,610	27.2	45	(72.1)	13	1,850	0	0	2.0	0.1	0.08
柬埔寨	7,852	37.4	6,812	32.3	1,040	83.4	51	2,103	0	0	5.6	130.3	14.53
中国(d)	305,787	10.9	199,669	12.4	106,118	8.1	12,015	257	31,670	123	11,792.2	3,600.4	0.83
格鲁吉亚(c)	X	X	X	X	X	X	10	X	X	X	X	X	0.00
印度	294,905	19.0	269,841	20.6	25,064	3.9	348	(43)	3,103	65	747.6	32.9	0.07
印度尼西亚	198,345	18.8	154,770	17.1	43,575	25.0	9,803	41	4,810	502	903.8	4,583.5	7.25
日本	21,878	(30.1)	768	112.3	21,110	(31.8)	6,765	(27)	30,305	33	15,499.1	1,521.2	0.32
哈萨克斯坦(c)	X	X	315	X	X	X	X	X	X	X	51.5	0.7	0.01
朝鲜	6,233	40.2	5,000	30.0	1,233	105.6	X	X	80	0	14.7	21.5	X
韩国	1,622	(69.1)	394	(89.9)	1,228	(8.3)	2,172	58	7,921	148	3,422.8	1,321.4	0.80
吉尔吉斯斯坦(c)	X	X	X	X	X	X	X	X	X	X	9.8	0.4	0.06
老挝	4,522	41.5	3,803	31.7	719	133.3	122	1,503	0	0	1.8	59.4	14.23
马来西亚	37,081	(11.4)	7,410	26.8	29,671	(17.6)	6,315	351	715	640	929.4	3,615.3	3.89
蒙古	631	(69.1)	186	(78.8)	445	(61.7)	2	(54)	0	0	2.5	16.5	3.28
缅甸	21,995	11.5	18,749	12.5	3,246	6.0	8	(45)	30	127	11.2	197.4	13.72
尼泊尔	20,993	27.7	20,373	28.3	620	10.7	30	X	13	550	1.4	1.0	0.08
巴基斯坦	31,528	41.0	29,312	38.4	2,217	86.0	109	36	487	352	144.8	0.0	0.00
菲律宾	41,676	13.8	38,233	25.1	3,443	(43.1)	486	(18)	613	107	636.8	65.6	0.16
新加坡	0	0.0	0	0.0	0	0.0	355	(27)	87	770	1,110.0	607.9	0.39
斯里兰卡	10,408	10.0	9,708	10.5	700	3.0	15	51	25	(5)	81.1	2.6	0.05
塔吉克斯坦(c)	X	X	X	X	X	X	X	X	X	X	1.8	0.0	0.00
泰国	35,960	6.0	33,117	12.7	2,843	(37.5)	421	105	2,225	373	1,480.3	597.6	0.83
土库曼斯坦(c)	X	X	X	X	X	X	X	X	X	X	2.6	0.3	0.04
乌兹别克斯坦(c)	X	X	X	X	X	X	X	X	X	X	20.2	0.1	0.00
越南	35,712	16.1	31,219	22.1	4,493	(13.3)	39	(3)	125	108	104.3	46.1	0.40
欧洲(b,c)	**498,720**	**X**	**92,609**	**X**	**394,704**	**X**	**48,023**	**X**	**87,019**	**X**	**63,934.6**	**64,797.8**	**X**
阿尔巴尼亚	409	(82.1)	346	(78.5)	64	(90.7)	16	35	44	211	13.1	3.8	1.70
奥地利	14,989	6.3	3,465	34.0	117	1.7	2,079	43	3,826	59	2,131.3	4,060.5	4.76
白俄罗斯(c)	17,012	X	809	X	16,203	X	386	X	131	X	52.2	74.0	0.89
比利时(e)	4,102	11.2	533	(2.9)	3,568	13.6	2,853	36	1,432	43	3,546.3	2,570.1	1.39
波斯尼亚和黑塞哥维那(c)	X	X	X	X	40	X	34	X	X	X	15.3	42.9	X
保加利亚	3,096	(19.0)	1,181	3.8	1,915	(28.6)	233	(58)	150	(68)	78.5	69.9	1.12
克罗地亚(c)	2,997	X	982	X	2,015	X	80	X	367	X	323.9	248.6	3.03
捷克(c)	13,291	X	646	X	12,645	X	939	X	751	X	612.1	842.4	2.82
丹麦	2,180	(0.9)	485	7.9	1,695	(3.2)	425	29	376	17	1,891.5	442.3	0.69
爱沙尼亚(c)	5,118	X	1,163	X	3,955	X	261	X	44	X	91.6	306.8	8.50
芬兰	50,532	18.9	4,056	36.0	46,476	17.6	1,637	18	11,765	46	750.4	10,577.9	21.93
法国	41,443	1.8	9,800	0.0	31,643	2.4	4,488	70	8,947	54	6,120.8	4,707.6	1.29
德国	38,091	(9.4)	2,602	(39.7)	35,489	(6.0)	11,522	37	15,658	38	11,163.0	9,784.2	1.66
希腊	1,816	(40.7)	1,257	(42.4)	559	(36.5)	321	(21)	574	104	702.3	70.7	0.48
匈牙利	4,020	(40.1)	1,878	(36.1)	2,143	(43.2)	497	35	684	30	506.9	273.8	1.12
冰岛	0	0.0	0	0.0	0	0.0	0	0	0	0	64.2	1.4	0.05
爱尔兰	2,246	72.8	67	42.3	2,178	73.9	545	139	0	(100)	799.5	222.8	0.36
意大利	9,272	0.7	5,121	12.1	4,151	(10.5)	4,097	33	7,744	55	7,369.4	2,921.6	0.94
拉脱维亚(c)	8,936	X	2,746	X	6,189	X	311	X	14	X	83.7	498.0	17.34
立陶宛(c)	5,189	X	1,183	X	4,006	X	245	X	31	X	99.7	186.3	3.57
马其顿(c)	774	X	616	X	158	X	2	X	21	X	56.7	17.7	1.33
摩尔多瓦(c)	397	X	346	X	51	X	10	X	X	X	17.7	2.8	0.27
荷兰	1,028	(13.4)	132	20.0	896	(16.8)	101	11	3,109	39	4,878.6	2,718.7	1.27
挪威	8,251	(21.0)	355	(61.4)	7,896	(17.1)	568	(15)	2,159	34	1,230.0	1,808.3	2.86
波兰	21,772	(6.7)	1,492	(58.8)	20,280	2.9	3,024	43	1,636	18	1,098.9	758.6	1.91
葡萄牙	8,978	(5.5)	550	10.0	8,428	(6.3)	1,215	31	1,081	71	1,162.6	1,420.4	4.39
罗马尼亚	12,476	(34.0)	3,174	(8.8)	9,302	(39.7)	390	(69)	317	(61)	147.6	315.0	3.20
俄罗斯(c)	115,693	X	36,670	X	79,023	X	3,286	X	3,368	X	630.0	2,947.7	2.88
斯洛伐克(c)	5,312	X	416	X	4,896	X	330	X	531	X	205.0	334.4	3.05
斯洛文尼亚(c)	2,111	X	482	X	1,628	X	437	X	459	X	355.3	485.3	4.64
西班牙	15,631	5.4	3,198	73.8	12,433	(4.3)	2,970	48	3,977	22	3,713.3	1,568.1	1.06
瑞典	58,200	9.5	3,800	(13.6)	54,400	11.6	940	(29)	9,551	23	1,430.0	10,442.7	10.34
瑞士	4,365	(5.8)	931	4.6	3,434	(8.3)	686	1	1,545	34	2,385.0	1,873.3	X
乌克兰(c)	10,176	X	1,832	X	8,344	X	289	X	270	X	264.2	118.1	0.58
英国	7,403	33.2	232	63.0	7,171	32.4	2,652	98	6,382	54	9,609.5	2,031.9	0.55
南斯拉夫(c)	1,320	X	50	X	1,270	X	132	X	78	X	166.4	45.0	X
中亚和北非(b)	**44,094**	**14.8**	**25,620**	**4.9**	**18,474**	**32.1**	**2,978**	**92**	**2,321**	**52**	**5,376.8**	**228.4**	**X**
阿富汗	7,928	39.8	6,210	46.9	1,717	19.1	1	0	0	0	1.3	0.2	X
阿尔及利亚	2,676	33.5	2,239	27.2	437	79.5	50	0	62	(48)	336.9	0.3	0.00
埃及	2,776	23.6	2,647	23.6	129	23.3	81	27	263	70	948.9	8.2	0.05
伊朗	6,881	7.5	1,997	0.0	4,884	10.8	444	117	180	100	344.4	1.3	0.01
伊拉克	134	106.7	81	442.2	53	6.0	4	22	19	(33)	1.1	0.1	X
以色列	118	0.3	13	15.2	105	(1.3)	230	55	275	72	694.2	23.8	0.08
约旦	11	33.3	7	66.7	4	0.0	0	0	32	164	125.9	16.3	0.42
科威特	0	0.0	0	0.0	0	0.0	0	0	0	0	94.0	0.4	0.00
黎巴嫩	400	17.8	393	20.9	7	(51.2)	46	0	42	4	172.1	5.1	0.33
利比亚	650	1.7	536	0.0	114	10.7	0	0	6	0	46.2	0.0	X
摩洛哥(f)	1,324	(7.4)	539	(31.2)	785	21.4	35	(75)	108	2	335.7	59.6	0.63
阿曼	0	0.0	0	0.0	0	0.0	0	0	0	0	27.1	0.7	0.01
沙特阿拉伯	0	0.0	0	0.0	0	0.0	0	0	0	0	631.6	6.9	0.01
叙利亚	50	(21.6)	16	53.9	35	(36.1)	27	0	1	(91)	117.0	0.3	0.00
突尼斯	2,770	22.6	2,559	20.1	211	64.5	104	16	97	58	203.2	17.3	0.21
土耳其	18,376	7.0	8,383	(20.1)	9,994	49.6	1,956	150	1,236	68	918.0	80.8	0.16
阿拉伯联合酋长国	0	0.0	0	0.0	0	0.0	0	0	0	0	290.1	6.7	X
也门	0	0.0	0	0.0	0	0.0	0	0	0	0	42.9	0.2	0.01

	平均圆木生产						年均森林产品生产				森林产品交易(a)		
	圆木总量		燃料木材		工业用圆木		锯木		纸张和纸板		进口价值(百万美元)	出口价值(百万美元)	出口总量(%)
	10^3m^3 1996–98	年均变化(%) 1986–88	10^3m^3 1996–98	年均变化(%) 1986–88	10^3m^3 1996–98	年均变化(%) 1986–88	10^3m^3 1996–98	年均变化(%) 1986–88	10^3m^3 1996–98	年均变化(%) 1986–88	1996–98	1996–98	1997
撒哈拉以南非洲(b)	**512,491**	**28.5**	**445,783**	**28.4**	**66,709**	**29.6**	**1,630**	**14**	**2,302**	**16**	**980.6**	**2,628.9**	**X**
安哥拉	6,272	37.3	5,220	38.5	1,052	31.5	11	(55)	0	0	4.6	1.2	0.02
贝宁	5,839	31.8	5,507	31.5	332	35.9	0	0	0	0	2.1	1.8	0.34
博茨瓦纳	1,641	33.4	1,540	33.4	101	33.3	0	0	0	0	0.0	0.0	X
布基纳法索	10,506	32.0	10,022	32.0	484	31.9	0	0	0	0	2.3	0.0	0.00
布隆迪	1,669	36.7	1,487	26.7	182	286.9	0	0	0	0	2.9	0.1	0.06
喀麦隆	15,191	29.1	11,869	31.9	3,323	20.2	124	42	2	(67)	22.5	426.6	17.46
中非	3,388	(1.4)	2,660	(12.3)	728	80.1	1	(67)	0	0	0.2	27.2	12.75
乍得	1,871	36.5	1,147	35.7	724	37.8	0	0	0	0	1.9	0.1	0.03
刚果	3,985	29.6	2,456	32.7	1,529	25.0	54	(5)	0	0	1.4	147.4	8.19
刚果人民民主共和国	48,372	40.9	44,814	42.0	3,557	27.9	21	(47)	3	13	6.0	63.3	4.38
科特迪瓦	12,983	21.1	9,970	32.8	3,013	(6.4)	306	42	0	0	36.7	280.1	5.68
赤道几内亚	811	27.4	447	0.0	364	92.3	9	13	0	0	1.0	56.8	13.18
厄立特里亚(c)	X	X	2,110	X	X	X	0	0	0	0	9.3	0.0	0.00
埃塞俄比亚(c)	48,990	X	46,522	X	2,468	X	13	X	9	X	15.9	0.1	0.01
加蓬	5,144	62.1	2,491	33.2	2,653	103.8	36	(80)	0	0	4.3	287.6	8.73
冈比亚	813	28.7	700	17.6	113	207.9	0	0	0	0	0.8	0.2	0.08
加纳	21,931	61.3	20,678	64.4	1,253	22.9	136	112	0	0	15.8	144.7	8.73
几内亚	8,643	137.5	7,977	154.5	666	32.1	0	0	0	0	5.6	8.7	1.17
几内亚比绍	586	4.5	422	0.0	164	18.0	0	0	0	0	0.2	3.1	5.55
肯尼亚	28,813	32.5	26,879	33.6	1,934	19.0	52	26	129	41	30.0	1.1	0.04
莱索托	1,556	27.4	1,556	27.4	0	0.0	0	0	0	0	0.0	0.0	0.00
利比里亚	2,936	(19.2)	2,700	0.0	236	(74.7)	45	644	0	0	1.0	11.9	X
马达加斯加	9,254	19.5	8,878	28.0	376	(53.4)	5	20	4	(62)	9.3	6.0	0.77
马拉维	9,449	25.2	8,950	24.2	499	44.6	18	213	0	0	4.5	2.3	0.38
马里	6,284	24.0	5,890	24.2	394	21.4	0	0	0	0	5.3	1.4	0.21
毛里塔尼亚	15	28.6	9	28.6	6	28.6	0	0	0	0	2.3	0.4	0.08
莫桑比克	17,973	18.2	16,724	17.0	1,249	37.2	3	(64)	0	(100)	1.4	9.6	1.92
纳米比亚	X	X	X	X	X	X	X	X	X	X	X	X	0.00
尼日尔	6,260	38.8	5,873	38.8	386	38.8	0	0	0	0	1.8	0.1	0.04
尼日利亚	95,993	17.6	87,001	18.0	8,992	14.3	38	(80)	59	(28)	79.8	29.8	0.19
卢旺达	3,020	(48.3)	3,000	(46.4)	20	(91.7)	0	(100)	0	0	1.9	0.1	0.05
塞内加尔	4,785	29.7	4,029	30.0	756	28.0	0	0	0	0	23.7	0.1	0.01
塞拉利昂	3,215	16.2	3,092	17.6	124	(11.7)	0	0	0	0	2.2	0.6	0.64
索马里	7,616	7.7	7,513	7.7	102	5.1	0	(100)	0	0	0.2	0.1	X
南非(g)	32,906	46.1	14,467	36.5	18,439	54.6	653	64	1,988	19	481.6	1,025.0	2.89
苏丹	9,289	23.0	7,207	23.1	2,082	22.5	2	0	3	(69)	34.4	0.1	0.02
坦桑尼亚	38,193	35.0	35,947	35.4	2,246	27.9	4	(67)	25	32	6.0	4.8	0.40
多哥	1,156	41.2	872	33.2	284	73.0	0	0	0	0	3.4	2.2	0.35
乌干达	15,236	30.1	13,080	29.7	2,156	32.8	5	47	3	50	3.3	0.0	0.00
赞比亚	8,051	31.2	7,219	28.7	832	57.8	18	(20)	3	(2)	5.0	0.6	0.05
津巴布韦	8,192	8.3	6,260	2.2	1,932	34.4	68	148	74	(7)	29.0	22.1	0.72
北美洲(b)	**679,734**	**(0.4)**	**79,960**	**(16.5)**	**599,774**	**2.3**	**50,958**	**27**	**97,608**	**17**	**27,786.9**	**43,315.3**	**X**
加拿大	190,711	2.3	5,319	(19.5)	185,392	3.1	11,154	79	19,530	22	3,663.6	25,202.6	10.19
美国	489,023	(1.3)	74,641	(16.3)	414,382	1.9	39,804	17	78,078	16	24,115.6	18,112.6	1.93
中美洲和加勒比地区(b)	**68,541**	**15.7**	**59,230**	**17.8**	**11,743**	**7.0**	**715**	**(31)**	**3,749**	**23**	**2,455.5**	**489.8**	**X**
伯利兹	188	5.5	126	0.0	62	19.0	X	X	0	0	3.6	2.6	0.81
哥斯达黎加	5,215	40.6	3,548	34.0	1,668	57.4	74	56	20	40	132.4	14.0	0.31
古巴	2,756	(5.9)	2,145	(7.9)	611	2.2	149	12	57	(61)	23.1	0.1	X
多米尼加共和国	562	0.0	556	0.0	6	0.0	406	563	57	497	161.9	0.6	0.01
萨尔瓦多	4,881	(11.0)	4,386	(18.6)	496	426.7	0	0	56	234	65.1	5.8	0.21
危地马拉	13,026	24.6	12,794	23.8	232	99.5	43	506	31	106	101.0	11.6	0.36
海地	6,295	26.9	6,056	28.3	239	0.0	X	X	0	0	12.8	0.0	0.00
洪都拉斯	6,929	24.9	6,209	34.3	720	(22.0)	17	92	96	100	76.7	35.7	1.63
牙买加	343	(64.0)	300	(60.4)	43	(78.0)	0	(100)	0	(100)	73.4	0.3	0.01
墨西哥	22,940	13.0	15,677	20.0	7,263	0.5	0	(100)	3,404	21	1,429.7	388.1	0.32
尼加拉瓜	4,105	34.1	3,864	40.0	241	(19.7)	5	(17)	0	0	11.8	21.4	2.48
巴拿马	1,080	15.0	985	20.6	95	(22.3)	21	320	28	17	83.3	7.0	0.08
特立尼达和多巴哥	71	45.8	2,559	20.1	61	57.6	0	0	0	0	72.6	0.7	0.03
南美洲(b)	**296,757**	**4.8**	**167,017**	**(7.9)**	**129,740**	**27.4**	**5,373**	**40**	**9,720**	**29**	**3,364.1**	**4,791.5**	**X**
阿根廷	11,428	19.4	3,741	24.7	7,687	16.9	619	67	1,098	10	822.5	269.0	0.94
玻利维亚	2,129	49.7	1,324	26.5	806	114.2	21	106	2	33	29.2	66.0	4.84
巴西	198,402	(6.0)	114,052	(18.7)	84,350	19.0	3,181	17	6,295	36	1,161.4	2,563.2	4.25
智利	30,493	70.9	10,404	51.6	20,089	83.0	985	305	645	51	256.0	1,393.6	6.76
哥伦比亚	18,622	14.6	16,402	30.6	2,221	(39.7)	118	(35)	703	46	365.8	65.5	0.41
厄瓜多尔	11,081	89.5	5,296	76.3	5,785	103.4	0	0	90	159	209.4	98.8	1.65
圭亚那	501	134.8	10	3.3	491	141.3	80	100	0	0	3.4	38.3	X
巴拉圭	8,097	12.4	4,220	6.3	3,877	19.9	161	58	13	35	28.4	81.0	1.87
秘鲁	8,494	(0.1)	7,044	(4.3)	1,450	27.4	66	38	114	(44)	150.2	38.4	0.46
苏里南	193	7.3	1	(46.4)	192	7.9	8	(13)	0	0	1.4	5.6	X
乌拉圭	5,058	56.7	3,588	40.0	1,470	120.9	6	(44)	88	40	84.1	77.1	1.81
委内瑞拉	2,140	34.1	876	26.0	1,264	40.3	127	(17)	672	2	249.5	92.5	0.37
大洋洲(b)	**49,325**	**27.6**	**8,529**	**(0.3)**	**32,503**	**31.5**	**2,657**	**74**	**3,290**	**42**	**1,921.8**	**2,627.2**	**X**
澳大利亚	22,528	14.8	2,700	0.0	11,524	0.1	1,440	48	2,427	48	1,560.4	765.1	0.91
斐济	670	133.7	37	0.0	633	153.5	16	(2)	0	0	9.9	28.9	2.41
新西兰	16,275	63.4	17	(66.7)	16,259	64.1	1,186	132	863	29	299.6	1,365.4	7.66
巴布亚新几内亚	8,772	8.1	5,533	0.0	3,239	25.3	15	(42)	0	0	8.8	339.3	13.78
所罗门群岛	872	83.5	138	6.7	734	112.1	0	0	0	0	0.3	122.8	51.39
非洲(b)	**522,687**	**28.3**	**454,303**	**28.1**	**68,384**	**29.8**	**1,899**	**7**	**2,838**	**17**	**2,851.4**	**2,714.3**	**X**
亚洲(b,c)	**1,145,856**	**X**	**880,416**	**X**	**285,268**	**X**	**41,765**	**X**	**84,062**	**X**	**40,620.7**	**16,577.0**	**X**
发展中国家(b)	**1,989,087**	**15.8**	**1,551,162**	**16.5**	**440,367**	**13.1**	**42,124**	**87**	**67,800**	**102**	**32,574.1**	**22,491.3**	**X**
发达国家(b)	**1,272,533**	**(14.9)**	**190,901**	**(22.6)**	**1,081,749**	**(13.3)**	**109,266**	**9**	**220,485**	**21**	**110,361.0**	**112,821.7**	**X**

注：负数在圆括号中显示。a.包括工业用圆木，燃料木材、锯末，锯木，纸浆，再生纸，纸条和纸屑及木渣。b.世界和地区总数由联合国粮农组织提供。包括未列入的国家。c.因近期的独立，前苏联、南斯拉夫、捷克斯洛伐克及埃塞俄比亚这些国家自1986–1988年到1996–1998年的数据无法显示，亚洲(不包括中东)、欧洲的地区总量也无法显示。d.包括中国大陆、香港特别行政区、台湾省和澳门。e.比利时的森林总数包括卢森堡。f.包括摩洛哥和西撒哈拉的数据。g.包括南非和纳米比亚的数据。

来源：联合国粮农组织和世界银行

	牛(a)		绵羊和山羊(a)		马(a)		水牛和骆驼(a)		饲料粮占总粮食消耗的(%)(a)		肉类生产(10^3t) 牛肉和羊肉		绵羊和山羊	
	年均变化(10^3) 1996–98	变化的(%) 1986–88	年均变化(10^3) 1996–98	变化的(%) 1986–88	年均变化(10^3) 1996–98	变化的(%) 1986–88	年均变化(10^3) 1996–98	变化的(%) 1986–88	1988	1998	年均变化 1996–98	变化的(%) 1986–88	年均变化 1996–98	变化的(%) 1986–88
世界	**1,328,037**	**4.7**	**1,760,712**	**5.9**	**119,121**	**2.3**	**180,281**	**12.1**	**38**	**37**	**53,921**	**6**	**10,954**	**26**
亚洲（中亚除外）	**424,516**	**X**	**652,805**	**X**	**37,216**	**X**	**158,580**	**X**	**X**	**X**	**8,785**	**138**	**4,357**	**116**
亚美尼亚	504	X	582	X	14	X	0	X	52	25	31	X	6	X
阿塞拜疆	1,768	X	5,429	X	54	X	322	X	47	17	48	X	26	X
孟加拉国	23,645	4.8	34,910	95.8	X	X	845	27.1	0	0	153	13	122	99
不丹	435	12.9	101	47.7	58	12.0	4	(18.9)	0	0	6	13	0	61
柬埔寨	2,867	57.9	X	X	22	57.1	761	14.0	0	0	41	84	X	X
中国(b)	95,493	35.2	256,879	53.2	24,166	(9.4)	21,706	3.0	18	26	3,775	506	2,038	185
格鲁吉亚	1,003	X	654	X	27	X	19	X	53	30	55	X	9	X
印度	209,156	4.9	176,279	14.2	2,190	5.1	92,240	18.5	2	4	1,383	31	680	18
印度尼西亚	12,029	23.8	22,307	38.8	634	(7.2)	3,143	(5.6)	5	8	350	78	101	30
日本	4,759	1.2	47	(36.0)	30	36.8	X	X	49	47	537	(5)	0	(12)
哈萨克斯坦	5,428	X	14,288	X	1,353	X	123	X	59	37	404	X	144	X
朝鲜	558	(53.5)	1,183	19.9	40	(4.8)	X	X	0	0	20	(52)	5	17
韩国	3,318	37.6	629	254.3	7	128.0	X	X	39	47	321	62	3	323
吉尔吉斯斯坦	849	X	3,836	X	323	X	49	X	69	25	92	X	47	X
老挝	1,175	66.8	149	81.1	26	(38.1)	1,176	15.7	0	0	13	156	0	99
马来西亚	723	13.7	575	31.1	4	(27.0)	150	(30.1)	37	41	18	59	1	0
蒙古	3,469	40.4	23,122	31.5	2,773	37.8	358	(35.1)	0	0	87	19	114	(4)
缅甸	10,306	3.8	1,626	9.9	130	(9.7)	2,300	4.7	0	0	99	4	8	10
尼泊尔	7,019	10.4	6,768	13.8	X	X	3,355	14.9	0	0	48	17	37	25
巴基斯坦	17,933	2.0	78,181	41.8	4,579	31.1	21,819	27.9	3	4	368	43	784	98
菲律宾	2,263	29.1	6,440	44.4	210	6.8	2,938	0.8	19	23	131	90	78	262
新加坡	0	(30.4)	0	(77.3)	X	X	0	(85.0)	42	14	0	(84)	0	(84)
斯里兰卡	1,607	(10.3)	536	(4.3)	2	0.0	736	(24.8)	0	0	25	3	2	(14)
塔吉克斯坦	1,090	X	2,335	X	78	X	45	X	36	10	25	X	11	X
泰国	6,959	39.9	173	(3.2)	14	(25.3)	3,470	(42.0)	25	31	213	34	1	2
土库曼斯坦	1,019	X	6,036	X	43	X	40	X	43	23	56	X	55	X
乌兹别克斯坦	5,240	X	9,222	X	316	X	26	X	40	12	381	X	79	X
越南	3,896	31.5	514	22.7	122	(9.9)	2,950	7.7	0	0	83	32	5	45
欧洲	**164,643**	**X**	**182,758**	**X**	**8,868**	**X**	**226**	**X**	**64**	**58**	**13,254**	**20**	**1,619**	**17**
阿尔巴尼亚	786	18.8	3,143	29.6	196	11.0	0	(94.0)	0	0	32	92	16	66
奥地利	2,265	(13.7)	432	51.5	73	64.9	X	X	70	69	208	(8)	7	60
白俄罗斯	4,903	X	221	X	239	X	X	X	75	58	269	X	3	X
比利时(c)	3,276	3.3	169	(4.4)	24	(0.9)	X	X	33	58	335	4	4	(40)
波斯尼亚和黑塞哥维那	278	X	276	X	50	X	1	X	X	X	13	X	3	X
保加利亚	609	(63.7)	3,966	(59.7)	466	(4.2)	12	(54.6)	59	49	70	(44)	52	(35)
克罗地亚	452	X	537	X	23	X	X	X	X	X	25	X	2	X
捷克	1,848	X	155	X	19	X	X	X	X	58	151	X	2	X
丹麦	2,032	(14.2)	151	63.9	33	5.1	X	X	80	78	172	(26)	2	65
爱沙尼亚	342	X	41	X	4	X	X	X	74	45	20	X	0	X
芬兰	1,158	(22.5)	113	63.2	54	44.3	X	X	66	70	97	(21)	1	1
法国	20,571	(7.3)	11,638	(11.0)	380	24.9	X	X	61	70	1,695	(11)	149	(17)
德国	15,626	(25.8)	2,443	(39.9)	680	44.0	X	X	X	64	1,519	(26)	43	(1)
希腊	557	(21.5)	15,253	13.7	162	(49.9)	1	(24.1)	59	59	70	(17)	130	0
匈牙利	903	(47.5)	1,004	(58.1)	75	(23.8)	X	X	73	76	64	(47)	1	(87)
冰岛	75	6.3	473	(24.8)	80	34.1	X	X	X	X	3	4	8	(35)
爱尔兰	6,947	21.8	5,550	47.6	65	(10.6)	X	X	63	67	563	16	84	76
意大利	7,198	(18.6)	12,215	(3.1)	369	(6.1)	161	56.7	49	53	1,150	(2)	76	8
拉脱维亚	474	X	51	X	25	X	X	X	72	54	26	X	0	X
立陶宛	1,062	X	46	X	80	X	X	X	80	60	90	X	1	X
马其顿	292	X	1,980	X	66	X	1	X	X	X	7	X	9	X
摩尔多瓦	619	X	1,304	X	64	X	X	X	69	55	34	X	3	X
荷兰	4,405	(9.3)	1,724	65.5	97	51.8	X	X	42	49	560	6	16	44
挪威	1,014	6.9	2,547	8.0	23	40.8	X	X	73	67	89	16	27	4
波兰	7,133	(32.6)	498	(89.4)	562	(51.4)	X	X	65	64	425	(41)	3	(90)
葡萄牙	1,310	(1.1)	6,933	17.5	228	(18.3)	X	X	49	60	101	(6)	26	(0)
罗马尼亚	3,389	(49.0)	10,317	(42.8)	846	17.6	0	0.0	76	66	182	(7)	64	(24)
俄罗斯	35,732	X	23,186	X	2,276	X	34	X	64	41	2,424	X	203	X
斯洛伐克	875	X	447	X	12	X	X	X	X	58	62	X	2	X
斯洛文尼亚	476	X	37	X	8	X	X	X	X	X	50	X	0	X
西班牙	5,759	16.4	26,094	16.5	410	(13.7)	X	X	71	76	596	33	243	9
瑞典	1,759	4.9	439	9.9	87	51.4	X	X	76	75	143	5	4	(27)
瑞士	1,694	(9.2)	485	10.1	57	13.3	X	X	65	59	153	(8)	6	31
乌克兰	15,210	X	3,169	X	768	X	X	X	65	42	920	X	24	X
英国	11,688	(4.2)	42,853	10.0	173	4.4	X	X	49	49	700	(33)	372	23
南斯拉夫	1,906	X	2,846	X	90	X	17	X	X	X	236	X	31	X
中亚和北非	**33,818**	**3.6**	**250,065**	**5.4**	**11,339**	**(6.3)**	**5,818**	**7.8**	**35**	**32**	**1,475**	**24**	**1,920**	**25**
阿富汗	1,500	(0.7)	16,500	16.1	1,483	(14.3)	265	(4.2)	0	0	65	(2)	141	17
阿尔及利亚	1,244	(11.1)	20,069	8.1	345	(36.9)	139	13.0	34	25	101	38	183	70
埃及	3,082	33.3	7,433	35.7	3,032	56.6	3,184	23.7	38	32	269	98	120	41
伊朗	8,564	31.4	78,419	22.3	1,787	(26.5)	605	11.6	25	20	297	70	401	33
伊拉克	1,274	(19.7)	7,900	(24.8)	436	(13.8)	71	(62.1)	31	12	43	(2)	26	(20)
以色列	379	15.2	420	(3.7)	11	0.0	5	(9.1)	57	60	42	26	6	12
约旦	63	110.3	2,924	81.3	25	(0.3)	18	15.0	40	50	3	224	14	125
科威特	21	(17.9)	542	83.8	1	(66.3)	9	14.2	57	46	1	(70)	40	19
黎巴嫩	75	28.4	798	32.2	35	46.0	1	76.9	46	50	12	(20)	15	46
利比亚	150	(31.8)	6,850	23.1	69	(19.4)	102	(20.3)	35	26	19	(34)	45	7
摩洛哥	2,519	(17.6)	21,002	5.8	1,609	4.0	36	(5.1)	25	27	109	(5)	124	42
阿曼	146	9.1	877	(5.1)	27	12.1	95	17.6	0	0	3	(3)	15	43
沙特阿拉伯	220	(5.0)	12,352	23.1	100	(9.1)	422	8.8	71	72	17	(24)	102	29
叙利亚	856	17.8	14,742	7.7	238	(6.8)	9	40.5	31	37	42	39	155	50
突尼斯	724	12.8	7,701	15.5	367	5.2	231	6.5	33	34	46	26	49	15
土耳其	11,620	(8.0)	41,180	(27.3)	1,261	(36.5)	230	(57.5)	34	34	347	(5)	374	(2)
阿拉伯联合酋长国	75	70.9	1,377	85.0	0	22.8	170	84.0	43	25	10	84	37	55
也门	1,215	8.6	8,081	22.0	503	(4.5)	180	18.3	X	0	43	21	42	17

	牛(a)		绵羊和山羊(a)		马(a)		水牛和骆驼(a)		饲料粮占总粮食消耗的(%)(a)		肉类生产(10³t) 牛肉和羊肉		绵羊和山羊	
	年均变化(10³)	变化的(%)	年均变化(10³)	变化的(%)	年均变化(10³)	变化的(%)	年均变化(10³)	变化的(%)			年均变化	变化的(%)	年均变化	变化的(%)
	1996–98	1986–88	1996–98	1986–88	1996–98	1986–88	1996–98	1986–88	1988	1998	1996–98	1986–88	1996–98	1986–88
撒哈拉以南非洲	**206,563**	**21.1**	**365,718**	**25.0**	**15,610**	**15.2**	**13,850**	**4.9**	**2**	**2**	**2,969**	**8**	**1,339**	**33**
安哥拉	3,455	4.7	1,713	0.3	6	10.4	X	X	0	0	62	9	5	18
贝宁	1,383	52.8	1,621	(7.9)	6	0.0	X	X	0	0	20	50	6	20
博茨瓦纳	2,383	2.1	2,090	20.1	270	57.1	X	X	0	0	41	8	6	26
布基纳法索	4,492	21.0	13,914	32.4	496	21.4	14	17.4	1	4	49	37	34	50
布隆迪	369	(16.9)	1,213	11.8	X	X	X	X	0	0	11	(5)	4	17
喀麦隆	5,717	31.0	7,600	41.6	51	10.1	X	X	0	0	88	43	31	48
中非	2,926	30.2	2,406	91.4	X	X	X	X	0	0	54	58	8	81
乍得	5,298	32.6	6,940	60.0	505	22.4	662	31.8	0	0	39	12	26	47
刚果	73	4.9	401	19.4	0	(18.8)	X	X	0	0	2	(10)	1	17
刚果人民民主共和国	1,083	(21.9)	5,144	29.3	X	X	X	X	5	0	16	(37)	24	65
科特迪瓦	1,303	39.9	2,380	25.8	X	X	X	X	4	3	40	42	10	15
赤道几内亚	5	6.7	44	4.1	X	X	X	X	X	X	0	7	0	13
厄立特里亚	1,320	X	2,930	X	X	X	69	X	X	X	11	X	10	X
埃塞俄比亚(d)	29,900	6.8	38,667	(6.5)	8,580	11.0	1,027	1.0	0	0	270	12	144	(2)
加蓬	39	85.6	259	14.0	X	X	X	X	0	0	1	61	1	26
冈比亚	339	10.8	415	11.8	53	(5.9)	X	X	0	0	3	5	1	22
加纳	1,183	2.8	4,382	15.6	15	1.7	X	X	4	4	21	7	12	24
几内亚	2,291	100.0	1,439	110.5	5	43.8	X	X	0	0	15	81	4	77
几内亚比绍	507	44.3	575	38.3	7	34.2	X	X	0	0	4	46	2	39
肯尼亚	13,789	8.0	13,133	0.5	2	0.0	822	4.4	3	1	258	18	52	10
莱索托	585	(1.2)	1,897	(28.6)	267	1.3	X	X	53	16	14	10	6	(4)
利比里亚	36	(14.3)	430	(10.0)	X	X	X	X	0	0	1	(25)	1	(0)
马达加斯加	10,329	1.1	2,093	3.7	1	(11.9)	X	X	0	0	145	5	10	5
马拉维	750	(23.1)	1,373	39.0	2	35.8	X	X	2	4	18	12	5	40
马里	5,719	24.3	14,279	34.2	777	64.3	352	51.5	1	1	88	40	54	56
毛里塔尼亚	1,312	7.0	10,332	39.3	174	5.4	1,164	38.0	0	0	10	(34)	24	38
莫桑比克	1,287	(4.7)	508	4.2	21	5.0	X	X	0	0	37	(2)	3	7
纳米比亚	2,079	7.6	4,011	(9.4)	132	8.1	X	X	X	X	50	38	11	(19)
尼日尔	2,079	39.0	10,070	43.3	532	16.1	390	(2.3)	0	0	36	42	37	22
尼日利亚	19,300	43.6	38,500	22.4	1,204	15.3	18	0.2	2	2	290	11	240	68
卢旺达	492	(17.0)	1,237	(10.3)	0	0.0	X	X	11	6	13	(3)	4	(10)
塞内加尔	2,887	15.6	7,791	46.0	880	43.9	7	(43.3)	1	0	46	17	29	50
塞拉利昂	397	19.1	535	28.0	X	X	X	X	0	0	6	28	1	12
索马里	5,433	13.8	26,533	(19.8)	40	(18.7)	6,200	(6.2)	2	7	59	37	61	(25)
南非	13,619	9.2	36,139	1.9	479	5.5	X	X	43	42	495	(20)	131	(15)
苏丹	33,119	67.8	76,000	131.1	725	7.6	3,063	12.9	0	0	230	4	247	165
坦桑尼亚	14,163	10.9	13,640	21.1	178	4.1	X	X	2	2	211	20	36	22
多哥	215	(10.5)	1,793	(24.4)	5	17.8	X	X	16	15	7	46	7	39
乌干达	5,345	20.0	5,525	34.8	18	6.0	X	X	0	0	90	47	25	41
赞比亚	3,150	21.8	669	27.2	2	41.0	X	X	4	4	31	(5)	3	65
津巴布韦	5,429	(7.0)	3,245	18.5	132	7.0	X	X	13	14	64	(19)	12	41
北美洲	**114,949**	**1.6**	**10,318**	**(19.4)**	**6,596**	**13.9**	**0**	**0.0**	**63**	**65**	**12,836**	**7**	**128**	**(19)**
加拿大	13,300	23.2	664	26.6	399	(14.9)	X	X	74	76	1,081	11	10	26
美国	101,649	(0.7)	9,655	(21.4)	6,197	16.5	X	X	66	66	11,755	7	118	(21)
中美洲和加勒比地区	**46,649**	**(10.9)**	**19,356**	**(2.3)**	**16,063**	**2.0**	**5**	**(37.2)**	**19**	**29**	**1,885**	**2**	**83**	**10**
伯利兹	62	25.4	4	(12.8)	9	0.0	X	X	X	X	1	27	0	0
哥斯达黎加	1,547	(31.7)	4	0.4	127	1.0	X	X	35	50	87	(5)	0	2
古巴	4,617	(7.7)	428	(12.7)	657	(13.0)	X	X	0	0	70	(51)	2	(23)
多米尼加共和国	2,482	18.6	705	16.3	609	5.9	X	X	44	57	79	13	3	16
萨尔瓦多	1,202	9.8	21	7.0	123	4.2	X	X	20	33	32	52	0	8
危地马拉	2,319	14.1	660	29.3	166	8.1	X	X	25	28	54	16	3	23
海地	1,272	6.0	1,580	29.7	780	7.8	X	X	2	2	29	(1)	5	30
洪都拉斯	2,091	(17.4)	42	21.6	267	2.4	X	X	37	44	27	(33)	0	30
牙买加	407	11.9	441	0.5	37	0.5	X	X	34	34	15	6	2	0
墨西哥	26,890	(14.8)	15,038	(6.0)	12,770	2.3	X	X	27	45	1,350	7	66	10
尼加拉瓜	1,736	(8.3)	10	6.1	299	(2.9)	X	X	0	10	51	52	0	4
巴拿马	1,415	(0.4)	5	(15.2)	169	17.1	X	X	31	44	66	15	X	X
特立尼达和多巴哥	37	(41.2)	71	2.3	5	0.0	5	(37.2)	43	33	1	(26)	0	(6)
南美洲	**300,552**	**16.3**	**109,840**	**(11.4)**	**23,006**	**9.8**	**1,701**	**57.0**	**46**	**50**	**10,214**	**23**	**352**	**4**
阿根廷	54,367	4.7	20,638	(35.8)	3,565	10.6	X	X	35	55	2,685	(1)	64	(34)
玻利维亚	6,248	19.4	9,723	16.0	1,034	3.1	X	X	33	40	147	20	20	9
巴西	163,000	20.0	30,667	(0.3)	9,750	7.1	1,700	57.0	54	55	5,113	35	130	36
智利	3,842	14.6	4,727	(23.0)	625	18.3	X	X	31	45	259	42	15	(17)
哥伦比亚	27,431	14.6	3,388	(3.0)	3,750	17.7	X	X	19	31	694	17	15	19
厄瓜多尔	5,195	33.8	2,209	48.0	943	32.5	X	X	25	35	156	64	7	67
圭亚那	230	89.0	209	3.0	4	0.0	X	X	3	4	3	71	1	5
巴拉圭	9,784	31.6	510	(5.6)	416	13.3	X	X	3	2	228	95	3	(1)
秘鲁	4,621	10.8	15,158	3.0	1,409	3.2	X	X	28	37	117	12	28	4
苏里南	92	21.6	16	14.9	0	(5.6)	1	24.8	0	0	2	39	0	21
乌拉圭	10,561	7.1	18,593	(22.6)	498	7.8	X	X	19	20	433	40	60	12
委内瑞拉	15,173	20.3	3,999	103.0	1,012	0.5	X	X	60	40	376	26	8	6
大洋洲	**36,313**	**16.5**	**168,187**	**(22.4)**	**401**	**(21.3)**	**0**	**X**	**50**	**62**	**2,497**	**22**	**1,135**	**(6)**
澳大利亚	26,622	18.8	120,545	(19.7)	232	(30.5)	X	X	53	66	1,839	23	600	1
斐济	360	38.5	223	19.2	44	5.7	X	X	0	0	9	(6)	1	35
新西兰	8,904	9.8	47,345	(28.8)	85	(12.4)	X	X	41	46	638	20	534	(13)
巴布亚新几内亚	87	(18.8)	7	38.6	2	28.4	X	X	0	0	2	(14)	0	43
所罗门群岛	10	(35.8)	X	X	0	3.4	X	X	X	X	0	(35)	X	X
发达国家	**350,777**	**(14.2)**	**439,954**	**(24.0)**	**18,509**	**(1.7)**	**855**	**1.9**	**X**	**X**	**30,733**	**(11)**	**3,395**	**(12)**
发展中国家	**977,228**	**13.7**	**1,319,094**	**22.0**	**100,590**	**3.1**	**179,325**	**12.2**	**X**	**X**	**23,183**	**40**	**7,538**	**57**

注：假设所有国家都已向联合国粮农组织报告他们的牲畜头数。a.世界和地区总数由美国农业部经济研究所提供。b.包括台湾省。c.比利时的数据包括卢森堡。d.埃塞俄比亚1993年前的数据包括厄立特里亚。

来源：联合国粮农组织和美国农业部

	国际地圈–生物圈计划(IGBP)分类(10^3km^2)			全球生态系统试点分析(PAGE)分类	碳贮量(e)			
	IGBP 土地面积	城市面积(a)	农业面积(a)	PAGE 土地面积(10^3km^2)(c)	数量(10^3)(d)	低估(10亿t)	高估(10亿t)	保护面积(10^3km^2)(e)
草地	**53,544**	**1,010**	**7,172**	**52,544**	**792,711**	**405**	**806**	**3,989**
亚洲(不包括中东)	9,033	141	1,281	8,892	249,495	46	102	586
欧洲	7,072	116	189	6,956	20,491	118	188	248
中东和北非	3,031	161	159	2,871	111,882	5	20	216
非洲次撒哈拉地区	14,546	83	3,531	14,464	312,935	97	218	1,329
北美	6,816	238	518	6,583	6,032	63	110	791
中美洲和加勒比地区	1,130	82	24	1,048	30,533	6	13	56
南美洲	5,017	150	1,416	4,872	57,529	36	78	307
大洋洲	6,898	40	54	6,859	3,814	33	78	457
森林	**29,905**	**930**	**1,727**	**28,974**	**446,470**	**471**	**929**	**2,453**
亚洲(不包括中东)	3,812	91	192	3,721	231,782	45	103	302
欧洲	6,957	226	338	6,731	43,713	137	224	155
中东和北非	100	10	44	90	6,724	1	1	1
非洲次撒哈拉地区	2,672	13	162	2,659	53,823	29	81	155
北美	7,564	449	965	7,115	30,764	166	258	711
中美洲和加勒比地区	997	59	1	939	33,940	11	23	88
南美洲	6,928	67	26	6,861	39,860	74	218	957
大洋洲	874	17	0	857	5,864	10	21	84
农业	**27,890**	**2,407**	**X**	**36,234**	**2,790,582**	**336**	**628**	**1,594**
亚洲(不包括中东)	8,874	683	X	10,370	1,991,214	82	158	268
欧洲	6,840	763	X	7,448	311,923	89	147	338
中东和北非	1,025	136	X	1,230	99,662	6	14	11
非洲次撒哈拉地区	2,141	38	X	5,837	204,901	45	99	476
北美	2,867	511	X	4,406	47,927	55	90	97
中美洲和加勒比地区	517	48	X	611	26,973	5	11	43
南美洲	4,991	216	X	5,642	105,083	49	101	317
大洋洲	635	13	X	690	2,899	5	9	45
其他	**18,136**	**395**	**180**	**22,343**	**1,812,688**	**91**	**223**	**X**
	129,476	**4,745**	**9,079**	**X**	**X**	**X**	**X**	**X**

注：a.用黑体字表示的面积为世界数据库每一项IGBP生态系统范围中的面积(如：草地，森林，其他)。b.面积以每一项PAGE生态系统范围分类(如：草地，森林，其他)中的30%～40%的耕地划分。c.因农业生态系统面积与草地和森林生态系统面积有重合部分，每一项PAGF生态系统范围的界限独立划分。草地和森林面积的计算不包括城市面积，城市面积在世界数据库中用黑体表示；农业面积的计算包括城市面积。d.草地和森林生态系统的计算依据PAGE生态系统范围的界限；农业生态系统面积的计算依据PAGE生态系统面积的定义，即世界数据中黑体字所显示的以农业面积减去城市面积，参见技 术注释中PAGE农业生态系统面积总数的计算。e.面积的计算依据PAGE生态系统范围的界限。f.因农业生态系统面积与草地和森林生态系统面积重合，PAGE范围的世界总数无法统计

来源 ：各种来源

	海洋捕捞量(a)		淡水鱼捕捞量(b)		软体和甲壳类捕捞量(c)		水产养殖总量		1995—97年的水产养殖(10^3t)				
		变化的		变化的		变化的		变化的					
	(10^3t)	(%)	(10^3t)	(%)	(10^3t)	(%)	(10^3t)	(%)	海鱼	洄游鱼	淡水鱼	软体和甲壳类	水生植物
	1995-97	1985-87	1995-97	1985-87	1995-97	1985-87	1995-97	1985-87					
世界	**73,218.7**	**7**	**6,384.5**	**19**	**11,404.2**	**39**	**33,684.7**	**166**	**653,112**	**1,695,983**	**14,590,897**	**9,679,120**	**7,065,544**
亚洲（中亚除外）	**{d} 28,352.1**	**X**	**3,333.2**	**X**	**7,392.4**	**X**	**30,577.6**	**X**	**558,786**	**649,822**	**13,895,613**	**8,507,320**	**6,966,058**
亚美尼亚(d)	X	X	0.5	X	X	X	3.1	X	X	1,433	1,630	X	X
阿塞拜疆(d)	X	X	8.6	X	X	X	0.5	X	0	0	502	X	X
孟加拉国	255.0	27	533.1	23	24.2	199	447.6	192	X	X	338,509	109,113	X
不丹	X	X	0.3	6	X	X	0.0	X	X	X	30	X	X
柬埔寨	22.5	118	69.6	14	8.0	396	10.3	301	X	X	9,771	532	X
中国	8,765.4	203	974.2	134	3,371.9	170	22,054.4	318	248,696	144,841	10,595,404	6,608,371	4,457,078
格鲁吉亚(d)	3.7	X	0.5	X	0.5	X	0.0	X	X	2	37	X	X
印度	2,423.3	68	608.0	25	341.5	29	1,748.8	149	X	X	1,666,100	82,656	X
印度尼西亚	2,864.9	72	313.3	21	310.3	77	843.3	106	10,763	171,472	371,310	154,117	135,667
日本	4,524.7	(53)	59.0	(23)	1,276.9	9	1,350.8	10	253,109	65,896	15,392	475,432	540,956
哈萨克斯坦(d)	X	X	44.3	X	X	X	1.1	X	X	0	1,133	X	X
朝鲜	219.9	(86)	20.0	(73)	32.2	184	670.0	(25)	X	X	3,995	71,011	595,032
韩国	1,635.3	(15)	7.2	(79)	654.5	47	961.9	13	19,622	5,323	17,040	307,892	611,979
吉尔吉斯斯坦(d)	X	X	0.2	X	X	X	0.2	X	X	10	153	X	X
老挝	X	X	25.9	20	X	X	14.3	185	X	X	14,267	X	X
马来西亚	927.6	46	4.0	34	180.0	30	115.2	131	3,182	7,094	18,342	86,586	X
蒙古	X	X	0.2	(51)	X	X	X	X	X	X	X	X	X
缅甸	616.3	19	159.5	11	22.0	215	76.6	1,305	X	X	76,558	12	X
尼泊尔	X	X	11.2	106	X	X	10.8	153	X	X	10,848	X	X
巴基斯坦	369.6	21	138.8	85	38.1	35	18.4	116	X	7	18,333	56	X
菲律宾	1,503.1	20	49.3	(39)	137.1	50	952.7	87	875	154,145	90,793	101,329	605,587
新加坡	7.9	(51)	0.0	(100)	1.8	(37)	3.8	156	314	388	90	2,968	X
斯里兰卡	207.3	46	17.7	(43)	6.8	34	6.5	48	X	X	2,516	3,961	X
塔吉克斯坦(d)	X	X	0.2	X	X	X	0.2	X	X	0	154	X	X
泰国	2,324.5	29	208.9	130	398.2	(9)	561.9	288	1,348	4,064	227,561	328,960	X
土库曼斯坦	X	X	9.0	X	X	X	0.4	X	X	X	414	X	X
乌兹别克斯坦	X	X	2.7	X	X	X	7.6	X	X	0	7,564	X	X
越南	646.5	42	66.7	(49)	317.3	171	435.1	227	X	X	333,005	92,600	9,500
欧洲(d)	**15,595.2**	**X**	**415.5**	**X**	**1,087.2**	**X**	**1,665.1**	**X**	**51,661**	**687,591**	**192,607**	**723,641**	**9,596**
阿尔巴尼亚	1.1	(85)	0.2	(90)	0.2	(31)	0.3	(87)	0	1	39	213	X
奥地利	X	X	0.4	(32)	X	X	3.0	(27)	X	2,201	760	3	X
白俄罗斯(d)	X	X	0.3	X	X	X	4.7	X	X	3	4,696	X	X
比利时	29.4	(24)	0.5	6	2.4	(8)	0.9	68	X	579	300	X	X
波斯尼亚和黑塞哥维那(d)	0.0	X	2.6	X	X	X	X	X	X	X	X	X	X
保加利亚	4.3	(95)	1.3	(26)	3.8	(39)	4.9	(58)	X	658	4,143	125	X
克罗地亚(d)	14.2	X	0.4	X	1.7	X	3.5	X	341	334	2,518	282	X
捷克(d)	X	X	3.6	X	X	X	18.1	X	X	778	17,368	X	X
丹麦	1,723.0	4	0.2	(42)	112.5	9	41.7	68	X	41,687	X	X	X
爱沙尼亚(d)	113.4	X	2.4	X	4.3	X	0.3	X	X	241	41	X	X
芬兰	115.1	18	47.7	(18)	X	X	17.1	52	X	17,100	44	X	X
法国	491.5	(11)	4.5	51	75.3	16	284.7	22	3,844	53,817	10,199	216,770	75
德国	203.0	(34)	23.0	187	17.7	(34)	64.3	(3)	0	25,034	12,667	26,555	X
希腊	116.8	15	16.7	119	32.4	144	38.9	1,497	26,722	2,538	438	9,246	X
匈牙利	X	X	13.0	(31)	X	X	8.9	(50)	X	6	8,918	X	X
冰岛	1,857.9	16	0.6	16	100.6	95	3.6	963	13	3,599	X	X	X
爱尔兰	306.3	46	3.8	2,779	27.0	102	33.0	128	X	15,234	X	17,723	X
意大利	234.8	(25)	9.8	(36)	124.1	(10)	219.3	99	10,883	53,200	4,100	146,122	5,000
拉脱维亚(d)	128.9	X	0.5	X	2.9	X	0.4	X	X	3	414	X	X
立陶宛(d)	36.4	X	1.4	X	2.6	X	1.6	X	X	0	1,589	X	X
马其顿(d)	X	X	0.1	X	X	X	1.1	X	X	525	547	X	X
摩尔多瓦(d)	X	X	0.0	X	X	X	1.2	X	X	X	1,230	X	X
荷兰	398.2	10	2.9	(34)	32.5	(41)	94.0	(7)	21	2,429	1,142	90,415	X
挪威	2,626.8	42	0.6	43	46.0	(50)	321.8	584	648	320,813	X	358	X
波兰	333.5	(40)	23.0	132	16.8	(78)	27.2	38	X	6,090	21,073	X	X
葡萄牙	224.0	(35)	X	X	23.6	44	5.8	(34)	1,088	1,182	0	3,570	X
罗马尼亚	18.7	(90)	6.5	(68)	0.0	0	15.0	(66)	X	408	14,558	X	X
俄罗斯(d)	4,164.4	X	223.9	X	155.0	X	60.5	X	97	3,657	50,865	1,386	4,522
斯洛伐克(d)	X	X	1.6	X	X	X	1.3	X	X	715	560	X	X
斯洛文尼亚(d)	2.0	X	0.3	X	0.0	X	0.9	X	71	513	241	33	X
西班牙	977.9	(9)	5.8	(11)	135.7	(9)	231.6	(14)	6,345	26,357	179	198,730	X
瑞典	371.6	75	1.9	(10)	3.7	31	7.5	52	X	5,917	0	1,599	X
瑞士	X	X	1.8	(59)	X	X	1.2	338	X	1,122	35	X	X
乌克兰(d)	349.6	X	7.5	X	31.8	X	32.7	X	155	108	32,251	179	X
英国	751.2	(4)	1.9	(2)	134.4	49	111.2	353	X	100,733	X	10,329	X
南斯拉夫(d)	0.3	X	5.0	X	0.0	X	1.6	X	X	6	1,600	1	X
中亚和北非	**2,049.2**	**23**	**375.5**	**112**	**176.6**	**64**	**167.0**	**85**	**35,704**	**23,607**	**105,069**	**2,634**	**0**
阿富汗	X	X	1.3	48	X	X	X	X	X	X	X	X	X
阿尔及利亚	98.7	42	0.0	(100)	2.8	(48)	0.3	155	37	18	256	27	X
埃及	82.3	99	215.1	67	7.9	155	70.4	58	19,799	X	50,569	X	X
伊朗	231.2	90	99.6	1,279	12.7	63	29.6	40	X	1,991	27,366	274	X
伊拉克	9.2	79	20.8	87	X	X	3.2	(33)	X	X	3,167	X	X
以色列	2.6	(78)	1.4	(12)	0.4	45	16.9	29	2,294	688	13,948	X	X
约旦	0.0	0	0.4	75	X	X	0.2	206	X	X	184	X	X
科威特	6.2	(4)	0.0	0	2.1	(1)	0.1	3,240	111	X	X	X	X
黎巴嫩	3.8	153	0.0	X	0.1	500	0.3	9	X	317	X	X	X
利比亚	33.7	108	0.0	0	0.0	(100)	0.1	900	X	X	100	X	X
摩洛哥	662.8	39	1.7	30	90.7	117	2.1	1,278	972	155	767	229	X
阿曼	120.1	10	0.0	0	5.4	117	0.0	(100)	X	X	X	X	X
沙特阿拉伯	39.1	(3)	0.0	0	8.5	65	3.7	6,579	0	X	3,330	411	X
叙利亚	2.3	95	3.5	90	0.1	110	4.3	77	X	X	4,336	X	X
突尼斯	70.3	(10)	0.7	X	13.7	(14)	1.5	539	886	138	380	111	X
土耳其	463.7	(13)	28.7	19	22.6	59	33.4	1,005	10,983	20,199	668	1,569	X
阿拉伯联合酋长国	109.0	38	0.0	0	0.1	36	0.0	(100)	0	X	0	0	X
也门	100.5	52	2.2	X	5.1	(10)	X	X	X	X	X	X	X

	海洋捕捞量(a)		淡水鱼捕捞量(b)		软体和甲壳类捕捞量(c)		水产养殖总量		1995—97年的水产养殖(10^3t)				
	(10^3t)	变化的(%)	(10^3t)	变化的(%)	(10^3t)	变化的(%)	(10^3t)	变化的(%)	海鱼	洄游鱼	淡水鱼	软体和甲壳类	水生植物
	1995-97	1985-87	1995-97	1985-87	1995-97	1985-87	1995-97	1985-87					
撒哈拉以南非洲	**2,389.9**	**9**	**1,690.9**	**21**	**136.7**	**11**	**41.4**	**285**	**399**	**1,069**	**31,040**	**5,297**	**3,609**
安哥拉	73.0	15	6.0	(23)	0.6	71	X	X	X	X	X	X	X
贝宁	8.6	2	25.0	(6)	0.1	X	X	X	X	X	X	X	X
博茨瓦纳	X	X	2.0	20	X	X	X	X	X	X	X	X	X
布基纳法索	X	X	8.0	5	X	X	0.0	(16)	X	X	25	X	X
布隆迪	X	X	14.8	26	X	X	0.0	46	X	X	23	X	X
喀麦隆	63.8	24	23.0	15	0.5	(37)	0.1	(58)	X	X	55	X	X
中非	X	X	12.7	(2)	X	X	0.4	95	X	X	370	X	X
乍得	X	X	91.7	49	X	X	X	X	X	X	X	X	X
刚果	18.7	(1)	23.9	67	0.5	591	0.1	46	X	X	115	X	X
刚果人民民主共和国	3.9	93	157.4	3	X	X	0.8	41	X	X	750	X	X
科特迪瓦	56.4	(28)	11.3	(54)	0.3	(23)	0.7	291	X	X	655	X	X
赤道几内亚	3.1	9	0.7	76	0.6	7	X	X	X	X	X	X	X
厄立特里亚(d)	2.6	X	0.0	X	0.0	X	X	X	X	X	X	X	X
埃塞俄比亚(d)	0.0	X	8.5	X	X	X	0.0	X	X	X	46	X	X
加蓬	32.8	89	8.8	365	1.4	(26)	0.1	1,875	X	X	53	X	X
冈比亚	25.7	211	2.5	(7)	0.7	(64)	0.0	X	X	X	3	X	X
加纳	352.1	29	67.9	35	5.5	66	0.5	36	X	X	500	X	X
几内亚	76.6	154	3.2	26	3.0	X	0.0	14	X	X	3	X	X
几内亚比绍	5.4	94	0.3	188	1.3	25	X	X	X	X	X	X	X
肯尼亚	4.3	(20)	172.1	53	1.4	51	0.6	168	X	71	506	0	X
莱索托	X	X	0.0	X	X	X	0.0	(43)	X	4	10	X	X
利比里亚	4.2	(62)	4.0	0	0.1	(73)	0.0	(100)	X	X	0	X	X
马达加斯加	71.0	101	30.0	(21)	12.7	49	6.3	2,767	X	0	4,153	2,146	X
马拉维	X	X	57.9	(22)	X	X	0.2	20	X	X	227	2	X
马里	X	X	114.8	102	X	X	0.1	686	X	X	73	X	X
毛里塔尼亚	52.0	14	5.8	(3)	28.5	(42)	X	X	X	X	X	X	X
莫桑比克	13.5	(47)	8.0	129	12.2	17	0.0	58	X	X	14	X	X
纳米比亚	281.6	1,466	1.3	51	0.6	(63)	0.0	X	X	X	5	43	0
尼日尔	X	X	4.7	112	X	X	0.0	103	X	X	20	X	X
尼日利亚	224.3	46	106.0	14	20.8	286	17.4	174	X	24	17,014	X	X
卢旺达	X	X	3.1	134	X	X	0.0	(13)	X	X	47	X	X
塞内加尔	351.9	66	54.4	262	25.6	30	0.1	104	X	X	49	22	X
塞拉利昂	48.2	38	14.7	(9)	1.2	2	0.0	107	X	X	28	X	X
索马里	14.8	(9)	0.3	(26)	0.9	92	X	X	X	X	X	X	X
南非	497.0	(50)	0.8	4	8.9	(33)	3.9	287	3	870	101	2,616	276
苏丹	4.5	382	40.8	64	X	X	1.0	2,595	X	X	1,000	24	X
坦桑尼亚	42.5	5	310.7	13	3.0	139	3.6	12,002	X	X	217	X	3,333
多哥	8.8	(24)	5.0	43	0.0	873	0.0	31	X	X	21	X	X
乌干达	X	X	207.3	11	X	X	0.2	479	X	X	205	X	X
赞比亚	X	X	64.6	(2)	X	X	4.6	535	X	X	4,550	1	X
津巴布韦	X	X	16.9	(8)	X	X	0.2	20	X	100	63	15	X
北美洲	**4,535.1**	**(11)**	**66.3**	**(41)**	**1,344.5**	**3**	**488.8**	**32**	**3,714**	**96,096**	**235,542**	**153,415**	**0**
加拿大	550.4	(57)	38.9	(15)	311.8	76	73.7	565	0	55,452	X	18,291	X
美国	3,984.8	5	27.4	(59)	1,032.7	(8)	415.0	15	3,714	40,644	235,542	135,125	X
中美洲和加勒比地区	**1,337.2**	**(8)**	**127.5**	**12**	**348.7**	**33**	**100.9**	**165**	**666**	**1,409**	**54,463**	**44,362**	**1**
伯利兹	0.1	(73)	0.0	(100)	1.0	6	1.1	14,470	X	X	146	971	X
哥斯达黎加	17.5	61	2.0	568	4.2	(48)	6.9	4,203	X	139	4,015	2,760	X
古巴	55.7	(69)	0.3	(27)	18.1	(35)	34.2	102	X	X	32,091	2,075	X
多米尼加共和国	11.1	(23)	1.5	(16)	2.9	31	1.2	357	215	13	888	129	X
萨尔瓦多	3.6	(30)	3.3	56	5.7	(49)	0.4	(43)	25	X	175	223	X
危地马拉	0.7	4	4.4	1,805	2.5	68	3.8	602	X	X	1,685	2,150	X
海地	3.7	(25)	0.5	67	1.5	97	X	X	X	X	X	X	X
洪都拉斯	7.7	71	0.1	X	8.0	(37)	9.1	683	X	X	229	8,898	X
牙买加	7.3	(18)	0.7	220	2.6	1,296	3.1	128	X	X	3,013	80	X
墨西哥	1,037.6	2	113.8	5	270.5	60	32.1	139	416	1,258	11,905	18,495	X
尼加拉瓜	5.4	324	0.9	766	6.9	175	2.7	7,297	X	X	4	2,733	X
巴拿马	145.2	(15)	0.1	(40)	14.4	(23)	5.9	83	X	X	220	5,713	X
特立尼达和多巴哥	13.5	176	0.0	0	0.7	(6)	0.0	X	X	X	5	7	X
南美洲	**17,755.0**	**49**	**361.0**	**8**	**656.2**	**80**	**530.1**	**588**	**161**	**207,309**	**76,210**	**160,582**	**85,875**
阿根廷	922.1	122	11.9	35	315.0	736	1.3	347	X	1,299	7	25	X
玻利维亚	X	X	5.1	58	X	X	0.5	2,973	X	377	84	X	X
巴西	460.8	(28)	202.2	0	64.5	(32)	58.7	404	X	1,036	49,317	8,382	X
智利	6,483.7	32	X	X	107.5	(13)	301.5	2,783	161	196,144	X	19,472	85,721
哥伦比亚	107.4	526	22.4	(59)	6.1	(19)	36.8	2,874	0	7,209	22,823	6,745	X
厄瓜多尔	565.6	(34)	0.3	(63)	15.1	8	116.8	143	X	X	587	116,218	X
圭亚那	36.5	9	0.7	(11)	14.0	362	0.2	311	X	X	150	43	X
巴拉圭	X	X	22.4	120	X	X	0.3	3,945	X	X	297	X	X
秘鲁	8,676.0	85	37.3	16	60.4	18	6.8	42	X	877	43	5,767	118
苏里南	12.7	278	0.1	(1)	0.2	(71)	0.0	X	X	X	1	0	X
乌拉圭	114.9	(15)	1.2	45	12.8	488	0.0	1,367	X	7	6	1	X
委内瑞拉	371.7	70	57.4	171	56.4	90	7.2	1,198	X	360	2,896	3,929	36
大洋洲	**741.5**	**78**	**14.5**	**(2)**	**141.9**	**52**	**99.4**	**276**	**2,016**	**15,097**	**186**	**81,694**	**405**
澳大利亚	126.8	21	1.7	(12)	69.6	6	24.7	163	2,016	9,783	28	12,920	X
斐济	24.2	0	0.0	24	5.2	194	0.3	70	0	X	146	107	25
新西兰	458.8	141	1.1	150	60.0	209	72.8	353	X	5,250	X	67,564	X
巴布亚新几内亚	24.8	161	11.7	(6)	1.6	34	0.0	X	X	9	10	4	X
所罗门群岛	58.1	21	0.0	0	0.1	170	0.0	433	X	X	X	11	X
发达国家	**25,743.9**	**(29)**	**611.7**	**(37)**	**3,348.0**	**(3)**	**3,636.0**	**21**	**312,797**	**867,620**	**469,203**	**1,435,587**	**550,828**
发展中国家	**47,011.4**	**47**	**5,772.8**	**32**	**7,436.2**	**79**	**30,034.3**	**211**	**340,310**	**814,380**	**14,121,527**	**8,243,359**	**6,514,716**

注：负数在圆括号中显示。a.包括海鱼及在海洋中捕获的洄游鱼。b.包括淡水鱼及在内陆水域或低盐海域捕获的洄游鱼。c.包括海水和淡水软体和甲壳类。d.因近期的独立，前苏联、南斯拉夫、捷克斯洛伐克及埃塞俄比亚这些国家自1985—1987年到1995—1997年的变化(%)无法显示.亚洲（不包括中东）及欧洲的地区总数无法显示。

来源 ：联合国粮农组织

	鱼及鱼类产品交易						来自鱼和海产品的食物供应					
	鱼及鱼产品（百万美元）		软体和甲壳类（百万美元）		鱼肉和鱼汁（百万美元）		总量（活时重量 10^3t）	年人均(a)（人·kg）	鱼蛋白占所有的%		渔船数	甲板船数(b)
	出口	进口	出口	进口	出口	进口			动物蛋白	蛋白供应		
	1996-98	1996-98	1996-98	1996-98	1996-98	1996-98	1997	1997	1997	1997	1996	1995
世界	**X**	**X**	**X**	**X**	**X**	**X**	**93,818**	**16.1**	**16.5**	**6.0**	**X**	**1,256,841**
亚洲（中亚除外）(c)	**8,239.29**	**11,665.98**	**8,480.36**	**8,686.44**	**49.21**	**1,229.40**	**61,872**	**18.8**	**X**	**X**	**X**	**1,057,966**
亚美尼亚	0.00	0.42	0.13	0.13	X	X	3	1.0	1.6	0.5	X	6
阿塞拜疆	0.90	0.55	0.00	0.05	X	X	8	1.1	1.7	0.5	X	X
孟加拉国	32.37	3.52	261.12	0.48	X	0.20	1,295	10.6	48.3	6.6	1,444,960	61
不丹	X	X	X	X	X	X	0	0.2	1.5	0.3	X	X
柬埔寨	21.85	3.90	4.77	0.11	0.01	0.04	90	8.6	28.3	5.2	78,345	X
中国	1,889.68	445.51	924.46	158.59	1.77	505.08	31,474	25.7	23.9	8.2	12,076,192	432,674
格鲁吉亚	0.15	2.40	0.11	0.05	0.00	X	11	2.1	3.6	1.0	X	82
印度	215.01	6.68	910.91	0.47	0.14	7.79	4,546	4.7	15.3	2.5	5,958,744 d	56,600
印度尼西亚	572.49	9.84	1,064.41	10.01	4.02	66.97	3,700	18.2	53.1	9.7	4,668,482	67,325
日本	464.11	8,209.70	293.38	6,598.09	6.17	281.51	8,374	66.4	45.8	25.3	287,370	360,747
哈萨克斯坦	18.45	12.74	0.01	0.22	0.92	0.11	47	2.9	2.5	0.9	16,000 d	1,970
朝鲜	6.47	1.00	47.14	0.98	0.00	0.45	405	17.6	55.7	7.7	X	2,900
韩国	893.43	553.69	468.38	286.59	13.86	27.16	2,320	50.7	43.3	17.7	343,869	76,801
吉尔吉斯斯坦	X	2.04	X	0.01	X	X	3	0.6	0.5	0.2	154 d	X
老挝	0.01	1.16	0.07	0.05	X	0.02	43	8.5	29.7	4.8	X	X
马来西亚	110.43	226.00	210.41	68.87	3.59	10.01	1,178	56.2	34.5	19.8	100,666	17,965
蒙古	0.10	0.11	0.00	0.00	X	X	0	0.1	0.1	0.0	X	X
缅甸	10.62	0.54	95.18	0.04	0.28	0.01	769	17.5	45.4	6.0	X	140
尼泊尔	0.05	0.20	0.00	0.01	X	0.02	23	1.1	3.6	0.5	263,175	X
巴基斯坦	49.57	0.06	101.03	0.00	0.00	0.02	299	2.1	3.2	1.0	401,407	5,064
菲律宾	219.07	69.41	219.79	3.93	0.07	49.10	2,161	30.3	42.8	19.9	990,872	3,220
新加坡	313.00	311.61	162.38	247.90	1.26	1.79	116	34.0	17.0	9.2	611	110
斯里兰卡	21.27	65.16	59.35	1.62	0.00	4.30	369	20.2	54.3	13.4	83,776	2,990
塔吉克斯坦	0.05	0.12	0.01	0.06	X	X	1	0.1	0.2	0.0	X	X
泰国	1,255.39	578.87	2,896.91	189.60	6.19	66.60	2,013	33.7	41.5	18.5	438,934 d	17,600
土库曼斯坦	0.13	0.22	0.00	0.02	0.00	X	9	2.2	2.9	1.0	716	45
乌兹别克斯坦	0.24	1.46	X	0.05	0.00	0.05	12	0.5	0.6	0.2	5,800	X
越南	93.08	3.68	493.01	1.20	0.76	2.36	1,329	17.4	39.4	8.8	3,030,000 e	140
欧洲(c)	**13,738.82**	**14,573.29**	**3,543.49**	**6,290.59**	**714.47**	**952.64**	**13,655**	**18.5**	**10.3**	**5.7**	**X**	**105,324**
阿尔巴尼亚	3.08	2.26	2.08	0.20	X	0.00	4	1.3	0.8	0.3	1,402	2
奥地利	7.61	157.68	0.42	27.49	0.92	9.85	90	11.2	4.1	2.7	2,300	X
白俄罗斯	4.25	50.39	3.66	3.95	X	3.68	11	1.0	0.6	0.3	X	X
比利时	205.86	523.88	222.73	435.42	5.17	33.33	X	X	X	X	600	156
波斯尼亚和黑塞哥维那	X	2.67	X	0.25	X	0.26	5	1.3	2.6	0.6	X	X
保加利亚	7.79	7.37	5.32	5.59	1.66	3.05	28	3.4	2.6	1.3	1,483 e	30
克罗地亚	45.57	19.74	5.28	9.69	0.01	10.61	19	4.3	4.4	1.9	50,227	305
捷克	29.99	78.97	0.25	2.58	0.16	9.95	91	8.8	6.0	3.4	2,065	X
丹麦	1,956.15	1,153.44	516.69	374.03	220.95	66.29	124	23.5	10.1	6.2	4,792	4,285
爱沙尼亚	91.34	34.55	2.18	1.39	1.21	1.16	27	18.8	12.6	6.9	10,468	186
芬兰	19.09	90.01	0.91	18.38	0.10	20.61	170	33.1	14.7	9.9	6,373	3,838
法国	778.66	2,085.62	267.49	1,093.53	9.87	54.46	1,606	27.5	8.6	5.7	26,522	6,586
德国	796.02	1,959.05	83.09	368.93	144.51	161.21	1,038	12.7	6.9	4.1	3,894	2,406
希腊	173.17	168.37	36.19	92.92	0.69	28.31	280	26.5	12.1	6.5	22,192	18,375
匈牙利	6.87	22.52	0.33	0.97	1.06	25.84	43	4.2	2.6	1.4	4,200	X
冰岛	943.08	32.90	242.15	13.31	158.36	0.17	25	91.1 f	25.6	16.8	5,635	826
爱尔兰	287.01	72.91	94.57	22.09	12.86	16.27	56	15.3	6.3	3.9	7,500	1,353
意大利	241.18	1,653.86	124.70	932.40	8.05	56.15	1,272	22.2	10.8	5.8	40,236	16,000
拉脱维亚	90.08	35.75	0.05	1.01	0.93	0.68	27	11.1	9.2	4.5	4,751 d	351
立陶宛	55.90	59.45	2.85	3.73	1.46	4.19	56	15.0	10.8	4.6	X	131
马其顿	0.04	6.54	0.00	0.08	0.00	1.25	9	4.3	4.5	1.6	8,446	X
摩尔多瓦	0.52	8.90	0.00	0.00	X	0.00	4	0.9	1.1	0.4	X	X
荷兰	939.43	730.94	441.08	331.20	21.38	55.18	236	15.1	7.4	5.0	3,810	1,008
挪威	3,218.80	334.99	159.19	75.19	70.17	82.95	223	50.7	24.8	15.3	28,129	8,664
波兰	219.25	259.31	21.59	13.88	17.23	1.43	445	11.5	11.0	5.5	9,178	445
葡萄牙	207.11	645.25	54.94	166.30	0.43	7.69	577	58.5	22.8	13.1	28,458	9,265
罗马尼亚	0.62	25.54	1.68	2.23	0.00	13.40	38	1.7	1.5	0.7	19,249	33
俄罗斯	1,068.02	340.49	332.55	16.08	1.80	5.55	3,240	21.9	15.3	7.7	X	3,584
斯洛伐克	2.52	37.25	0.02	0.37	0.02	6.50	28	5.2	3.3	1.6	X	X
斯洛文尼亚	5.36	18.70	0.35	7.94	0.00	2.49	13	6.5	3.3	1.9	175	11
西班牙	993.62	1,729.12	469.96	1,459.71	11.69	50.45	1,618	40.9	18.5	11.3	83,731	15,243
瑞典	341.70	445.02	21.00	153.70	3.92	2.58	231	26.1	12.2	8.0	3,287 e	1,240
瑞士	2.88	282.12	0.37	89.81	0.36	7.16	101	13.9	6.5	4.1	432	X
乌克兰	67.45	40.77	7.86	5.99	0.05	0.00	435	8.5	8.6	3.5	X	444
英国	922.40	1,421.98	421.70	555.85	19.38	173.50	1,240	21.1	10.0	5.7	19,044	9,562
南斯拉夫	0.73	21.04	0.26	1.05	0.06	34.81	31	2.9	1.5	0.8	1,429 d	5
中亚和北非(c)	**552.54**	**537.78**	**628.28**	**46.47**	**5.43**	**115.76**	**2,473**	**6.5**	**X**	**X**	**X**	**21,990**
阿富汗	X	X	X	X	X	X	1	0.1	0.2	0.0	X	X
阿尔及利亚	0.64	7.80	2.40	0.32	X	0.00	103	3.5	6.7	1.5	24,190 d	2,184
埃及	1.15	109.58	1.70	2.17	X	7.88	648	10.0	18.4	3.3	237,496	X
伊朗	44.96	7.85	21.19	0.11	X	44.49	310	4.8	7.7	1.9	108,398	900
伊拉克	X	0.81	X	0.00	0.00	0.18	35	1.7	8.3	0.9	X	8
以色列	9.73	119.29	0.06	2.87	0.00	9.67	135	23.1	9.3	4.7	1,408 d	384
约旦	1.17	28.39	0.03	0.62	0.00	0.60	13	2.9	4.0	1.0	504	X
科威特	0.23	9.18	7.18	7.95	X	0.07	20	11.3	5.0	2.6	2,994	917
黎巴嫩	X	25.49	X	1.73	0.00	2.64	20	6.5	7.4	2.1	9,825	5
利比亚	31.47	10.07	0.30	0.39	X	1.85	31	6.0	6.8	2.0	9,500 d	93
摩洛哥	275.50	5.88	438.86	1.86	5.39	3.23	210	7.8	15.1	2.8	109,062	3,052
阿曼	62.27	3.31	5.43	0.72	X	0.23	55	24.1	21.5	9.8	25,575	390
沙特阿拉伯	4.25	85.20	2.29	6.94	0.00	3.67	129	6.6	5.4	2.2	22,213	23
叙利亚	0.11	29.40	0.00	0.34	X	4.77	15	1.0	1.4	0.3	X	5
突尼斯	19.95	12.45	77.29	0.42	0.00	0.07	84	9.1	13.7	3.1	60,741	17
土耳其	71.73	40.16	35.12	3.20	0.02	29.80	454	7.2	8.8	2.3	33,614 e	9,710
阿拉伯联合酋长国	16.92	13.92	16.18	5.65	0.01	1.10	66	28.8	13.7	7.2	13,411	4,050
也门	7.44	4.61	11.60	0.02	0.00	X	113	7.0	23.2	4.1	12,134 d	71

	鱼及鱼类产品交易						来自鱼和海产品的食物供应					
	鱼及鱼产品（百万美元）		软体和甲壳类（百万美元）		鱼肉和鱼汁（百万美元）		总量（活时重量 10^3t）	年人均(a)（人·kg）	鱼蛋白占所有的%		渔船数	甲板船数(b)
	出口	进口	出口	进口	出口	进口			动物蛋白	蛋白供应		
	1995-97	1995-97	1995-97	1995-97	1995-97	1995-97	1997	1997	1997	1997	1996	1995
撒哈拉以南非洲(c)	**1,255.82**	**799.93**	**503.30**	**48.76**	**33.11**	**46.79**	**4,122**	**6.9**	**X**	**X**	**X**	**3,637**
安哥拉	4.15	12.08	3.35	0.30	0.47	X	78	6.6	27.1	6.3	30,364 e	580
贝宁	0.00	5.34	1.83	0.00	X	0.00	53	9.4	28.5	4.6	53,025	5
博茨瓦纳	0.12	5.03	0.02	0.33	0.02	0.12	9	5.7	6.4	2.3	X	X
布基纳法索	0.00	3.06	0.02	0.01	X	0.00	14	1.2	5.0	0.6	8,000	X
布隆迪	0.22	0.28	0.00	0.00	X	X	20	3.2	29.6	1.9	14,077 d	X
喀麦隆	0.15	22.49	1.88	0.08	0.00	0.28	128	9.2	25.0	5.8	24,136 e	25
中非	X	0.36	X	0.01	X	0.00	13	3.9	8.4	2.6	5,400 e	X
乍得	X	0.62	0.00	0.00	0.00	X	48	6.8	19.3	2.9	350,000	X
刚果	0.92	27.55	6.99	0.03	X	0.01	68	25.3	48.8	18.5	2,129	26
刚果人民民主共和国	0.90	51.32	X	0.09	X	0.00	272	5.7	31.0	5.6	100,000	23
科特迪瓦	218.31	182.92	6.96	2.46	0.13	0.05	157	11.1	36.9	6.7	19,707	63
赤道几内亚	1.95	1.71	0.09	0.01	X	X	10	22.6	61.9	33.2	6,731	5
厄立特里亚	0.15	0.01	0.01	0.01	X	X	1	0.3	1.2	0.1	14,500	X
埃塞俄比亚	0.06	0.16	X	0.00	X	X	10	0.2	0.8	0.1	4,000	X
加蓬	0.83	9.70	6.63	0.10	X	0.01	51	44.6	35.0	17.5	X	39
冈比亚	1.97	1.05	2.62	0.03	X	0.00	28	23.7	61.7	15.0	1,877	X
加纳	81.40	16.97	2.22	0.15	X	0.63	420	22.5	63.2	14.9	230,749	500
几内亚	18.24	9.79	4.74	0.04	0.00	0.02	117	16.0	60.2	9.4	10,707	15
几内亚比绍	6.27	0.57	2.89	0.02	X	0.00	3	2.7	8.7	1.6	X	8
肯尼亚	42.07	8.88	5.17	0.02	0.01	0.46	135	4.8	9.7	2.9	43,488 d	32
莱索托	X	X	X	0.00	X	X	X	X	X	X	X	X
利比里亚	0.01	1.94	0.00	0.07	X	X	12	4.9	23.0	4.2	4,239	14
马达加斯加	24.81	11.43	76.84	0.03	0.39	0.03	111	7.6	16.9	4.8	142,666	65
马拉维	0.30	0.26	0.08	0.02	0.00	0.36	57	5.7	37.7	3.1	42,271	57
马里	0.42	1.00	X	0.00	X	X	99	9.5	16.1	4.2	70,000	X
毛里塔尼亚	23.26	1.16	104.59	0.02	X	0.00	35	14.2	13.0	5.1	6,700 d	126
莫桑比克	1.67	7.11	73.54	0.01	X	0.16	36	2.0	19.2	1.8	X	291
纳米比亚	220.45	X	X	X	24.71	X	20	12.4	16.8	5.4	X	218
尼日尔	0.13	1.03	0.08	0.04	X	0.01	8	0.8	2.9	0.4	X	X
尼日利亚	3.36	211.77	19.89	0.24	X	1.02	602	5.8	21.6	2.8	437,702	318
卢旺达	X	0.07	X	0.00	X	X	3	0.6	4.2	0.4	4,500	X
塞内加尔	221.85	15.94	73.36	0.20	3.46	0.02	318	36.3	47.4	16.1	60,417	180
塞拉利昂	16.28	3.18	9.90	0.01	X	X	59	13.4	63.0	11.6	16,722 d	27
索马里	4.08	0.02	3.55	X	X	X	12	1.3	1.3	0.9	X	12
南非	150.75	48.92	68.00	25.31	2.34	39.40	304	7.8	9.2	3.1	X	600
苏丹	0.10	0.08	0.00	0.01	X	0.08	48	1.7	1.9	0.7	22,950	X
坦桑尼亚	53.63	1.95	8.94	0.00	0.17	0.15	323	10.3	33.6	7.0	62,593	30
多哥	1.95	24.46	4.98	0.22	X	0.00	74	17.3	50.2	8.3	17,060	3
乌干达	38.49	0.04	X	0.00	0.00	X	195	9.8	30.0	6.5	X	X
赞比亚	0.33	0.68	0.06	0.00	0.00	0.21	71	8.2	22.8	4.6	23,833	235
津巴布韦	1.84	16.56	0.01	1.20	0.00	0.88	37	3.3	10.0	1.9	X	X
北美洲(c)	**3,139.97**	**4,047.00**	**1,814.10**	**4,927.18**	**66.15**	**77.48**	**6,313**	**20.9**	**X**	**X**	**X**	**45,480**
加拿大	1,200.30	583.14	1,063.81	515.72	6.63	40.91	657	21.7	9.9	5.6	84,775 d	18,280
美国	1,939.68	3,463.86	750.29	4,410.46	59.52	36.57	5,657	20.8	6.8	4.3	X	27,200
中美洲和加勒比地区(c)	**397.82**	**286.10**	**1,185.90**	**65.28**	**13.74**	**15.23**	**1,472**	**8.9**	**X**	**X**	**X**	**7,161**
伯利兹	0.26	0.23	15.23	0.52	X	0.00	2	7.2	6.8	2.9	X	12
哥斯达黎加	175.74	33.44	69.80	3.49	0.11	0.32	24	6.4	5.9	2.3	X	1,003
古巴	1.88	20.45	105.69	0.43	1.09	0.00	140	12.6	16.4	6.1	X	1,250
多米尼加共和国	0.16	44.61	1.02	0.48	X	0.01	70	8.6	10.6	5.1	X	X
萨尔瓦多	2.94	5.08	34.35	0.34	0.00	0.11	14	2.3	3.9	1.0	X	80
危地马拉	1.03	3.43	22.35	0.76	0.00	1.53	13	1.2	2.6	0.6	25,975	85
海地	5.97	6.35	3.83	0.01	X	0.00	20	2.6	12.1	1.8	X	1
洪都拉斯	3.66	2.47	58.19	5.31	0.03	1.63	21	3.5	5.5	1.8	X	280
牙买加	4.54	34.59	13.44	1.34	X	0.03	29	11.7	12.6	6.1	8,204	5
墨西哥	124.65	39.85	626.44	27.99	8.02	10.99	1,025	10.9	9.5	3.9	257,206	3,100
尼加拉瓜	14.92	2.44	54.88	0.32	0.03	0.06	6	1.3	3.2	0.8	13,608	280
巴拿马	44.76	12.08	119.77	1.74	4.45	0.49	36	13.3	11.8	6.3	9,374	695
特立尼达和多巴哥	9.49	6.17	1.99	0.21	X	0.00	16	12.4	16.0	6.3	13,646	19
南美洲(c)	**2,201.34**	**688.25**	**1,782.32**	**48.23**	**1,290.72**	**37.09**	**3,307**	**10.0**	**7.3**	**3.6**	**X**	**13,106**
阿根廷	521.24	63.32	397.30	18.36	6.49	0.06	349	9.8	4.7	2.9	12,320	800
玻利维亚	0.09	3.09	X	0.27	X	0.02	13	1.7	1.9	0.8	7,754 d	X
巴西	49.81	463.08	76.68	9.11	1.23	0.46	1,120	6.8	4.7	2.4	X	1,450
智利	967.87	27.61	200.06	5.00	504.59	0.35	296	20.2	12.4	6.1	80,730	563
哥伦比亚	113.64	80.42	96.58	7.63	0.03	22.45	204	5.1	5.8	2.6	200,410	167
厄瓜多尔	282.75	8.67	789.49	1.62	29.45	5.91	91	7.6	9.0	4.1	162,870	515
圭亚那	5.38	1.01	21.81	0.03	X	X	54	64.2	51.4	24.5	4,563 d	55
巴拉圭	0.09	3.13	X	0.43	0.00	0.00	31	6.0	4.3	2.3	5,500 d	X
秘鲁	115.80	6.82	109.46	1.21	747.56	0.00	652	26.8	26.1	10.1	63,973	7,710
苏里南	9.86	3.30	3.07	0.41	X	0.01	9	22.0	26.7	10.9	X	22
乌拉圭	97.83	9.21	14.87	1.67	0.49	0.70	26	8.0	5.2	3.3	3,404 d	958
委内瑞拉	34.58	17.06	61.63	2.24	0.89	7.10	458	20.1	20.4	10.1	39,621	866
大洋洲(c)	**751.92**	**350.07**	**943.58**	**212.88**	**24.28**	**23.77**	**579**	**19.9**	**9.1**	**5.5**	**X**	**1,917**
澳大利亚	151.27	271.66	667.48	130.01	4.52	13.06	338	18.4	6.5	4.1	15,800 e	246
斐济	31.68	20.07	3.95	0.80	0.06	0.34	26	32.9	21.4	9.1	59,500 d	X
新西兰	501.57	20.09	247.49	14.80	19.59	9.95	91	24.1	9.8	6.3	2,499	1,375
巴布亚新几内亚	3.76	17.48	12.88	0.29	0.05	0.32	63	13.9	28.0	9.0	16,000	35
所罗门群岛	45.79	0.08	1.04	0.03	0.06	0.00	14	34.5	73.4	24.3	51,250	130
发达国家(c)	**18,176.14**	**27,309.92**	**6,634.26**	**18,049.45**	**814.17**	**1,383.87**	**29,304**	**22.5**	**12.3**	**6.9**	**X**	**516,259**
发展中国家(c)	**12,101.39**	**5,638.48**	**12,247.08**	**2,277.39**	**1,382.95**	**1,114.30**	**64,490**	**14.2**	**20.0**	**5.7**	**X**	**740,322**

注：a.人均值的表示以活时重量为准，即鱼体的所有部分，包括鱼骨，在计算鱼及海产品消耗时都考虑在内。b.包括渔船，如：拖网渔船，长班船等；及非渔船，如：母船，渔业运输船等。c.鱼及海产品的食物供应地区总量由联合国粮农组织提供。d.指1994年数据。e.指1995年数据。f.冰岛的人均鱼消费包括预定供应出口市场的鱼及鱼类产品。

来源：联合国粮农组织

	海岸长度(a)(km)	大陆架面积(深度200m以上)(10^3km^2)	大陆海(12nm以上)(10^3km^2)	专属经济区(10^3km^2)	独有渔业区(10^3km^2)	离海岸100km以内的人口(%)	海岸生物多样性(1990年代) 美洲红树(b) 面积(km^2)	保护面积(km^2)	物种数量	海草物种数量	珊瑚种类数量(c)	1997年活珊瑚国际合法净交易(d)(物种数量)
世界	**1,634,701**	**24,287.1**	**18,816.9 e**	**102,108.4**	**12,885.2**	**39.0**	**181,077**	**22,617**	**70**	**58 f**	**X**	**1,045,123**
亚洲（中亚除外）	**288,459**	**5,515.4**	**5,730.9**	**11,844.2**	**249.5**	**X**	**75,173**	**10,705**	**51**	**27**	**79**	**(773,430)**
亚美尼亚	0	0.0	X	X	X	0.0	X	X	X	X	X	X
阿塞拜疆(g)	871	78.0	X	X	X	55.7	X	X	X	X	X	X
孟加拉国	3,306	59.6	40.3	39.9	X	54.8	5,767	367	21	X	X	X
不丹	0	0.0	X	X	X	0.0	X	X	X	X	X	X
柬埔寨	1,127	34.6	19.9	X	X	23.8	851	310	5	1	X	X
中国	30,017	810.4 h	348.1	X	X	24.0	366	0	23 i	5	36	X
格鲁吉亚	376	2.7	6.1	18.9	X	38.8	X	X	X	X	X	X
印度	17,181	372.4	193.8	2,103.4	X	26.3	6,700	1,506	28	12	59	X
印度尼西亚	95,181	1,847.7	3,205.7	2,915.0	X	95.9	42,550	7,834	45	12	77	(787,045)
日本	29,020	304.2	373.8	3,648.4	X	96.3	4	0	11	8	75	38,636
哈萨克斯坦(g)	4,528	139.1	X	X	X	3.6	X	X	X	X	X	X
朝鲜	4,009	26.3	12.7	72.8	X	92.9	X	X	X	X	X	X
韩国	12,478	226.3	81.1	202.6	X	100.0	X	X	X	X	X	13,609
吉尔吉斯斯坦	0	0.0	X	X	X	0.0	X	X	X	X	X	X
老挝	0	0.0	X	X	X	5.6	X	X	X	X	X	X
马来西亚	9,323	335.9	152.4	198.2	X	98.0	6,424	109	36	9	72	(130)
蒙古	0	0.0	X	X	X	0.0	X	X	X	X	X	X
缅甸	14,708	216.4	154.8	358.5	X	49.0	3,786	0	24	3	67	X
尼泊尔	0	0.0	X	X	X	0.0	X	X	X	X	X	X
巴基斯坦	2,599	43.7	31.4	201.5	X	9.1	1,683	290	4	X	X	X
菲律宾	33,900	244.5	679.8	293.8	X	100.0	1,607	0	30	19	74	(3,785)
新加坡	268	0.7	0.7	X	0.7	100.0	6	X	31 j	11	66	X
斯里兰卡	2,825	19.2	30.5	500.8	X	100.0	89	8	23	7	45	X
塔吉克斯坦	0	0.0	X	X	X	0.0	X	X	X	X	X	X
泰国	7,066	185.4	75.9	176.5	X	38.7	2,641	256	35	14	68	(41,448)
土库曼斯坦(g)	1,289	72.4	X	X	X	8.1	X	X	X	X	X	X
乌兹别克斯坦	1,707	26.1	X	X	X	2.6	X	X	X	X	X	X
越南	11,409	352.4	158.6	237.8	X	82.8	2,525	16	29	9	1	(37)
欧洲	**325,892**	**6,316.0**	**2,589.4**	**11,447.1**	**1,783.0**	**X**	**0**	**0**	**0**	**9**	**X**	**162,425**
阿尔巴尼亚	649	6.1 h	6.2	X	6.2	97.1	X	X	X	X	X	X
奥地利	0	0.0	X	X	X	2.2	X	X	X	X	X	1,081
白俄罗斯	0	0.0	X	X	X	0.0	X	X	X	X	X	X
比利时	76	3.6	1.5	X	2.1	83.0	X	X	X	X	X	1,122
波斯尼亚和黑塞哥维那	23	0.0	X	X	X	46.6	X	X	X	X	X	X
保加利亚	457	10.9	6.5	25.7	X	29.2	X	X	X	1	X	X
克罗地亚	5,663	44.9 h	31.7	X	X	37.9	X	X	X	X	X	X
捷克	0	0.0	X	X	X	0.0	X	X	X	X	X	520
丹麦(k)	5,316	102.4	24.8	80.4	X	100.0	X	X	X	X	X	2,101
爱沙尼亚	2,956	36.2	24.3	11.6	X	85.9	X	X	X	X	X	X
芬兰	31,119	82.5 h	55.1	X	55.1	72.8	X	X	X	1	X	490
法国	7,330	160.7	73.4	706.4	73.4	39.6	X	X	X	4	X	60,779
德国	3,624	55.5	18.4	37.4	X	14.6	X	X	X	X	X	50,198
希腊	15,147	94.3 h	114.9	X	114.9	99.2	X	X	X	4	X	X
匈牙利	0	0.0	X	X	X	0.0	X	X	X	X	X	132
冰岛	8,506	108.7	73.0	678.7	X	99.9	X	X	X	X	X	X
爱尔兰	6,437	151.9	39.4	X	358.9	99.9	X	X	X	X	X	X
意大利	9,226	110.8 h	155.6	X	155.6	79.1	X	X	X	3	X	13,475
拉脱维亚	565	28.0	12.6	15.6	X	75.2	X	X	X	X	X	X
立陶宛	258	5.7	2.0	3.6	X	22.9	X	X	X	X	X	X
马其顿	0	0.0	X	X	X	14.3	X	X	X	X	X	X
摩尔多瓦	0	0.0	X	X	X	9.1	X	X	X	X	X	X
荷兰	1,914	64.0	13.2	X	50.3	93.4	X	X	X	1	X	16,294
挪威	53,199	218.5	111.2	1,095.1	X	95.4	X	X	X	2	X	470
波兰	1,032	30.0	10.6	19.4	X	13.5	X	X	X	1	X	X
葡萄牙	2,830	20.1	64.1	1,656.4	X	92.7	X	X	X	3	X	X
罗马尼亚	696	18.6	5.3	18.0	X	6.3	X	X	X	X	X	X
俄罗斯(g)	110,310	4,137.0	1,318.1	6,255.8	X	14.9	X	X	X	X	X	(18)
斯洛伐克	0	0.0	X	X	X	0.0	X	X	X	X	X	X
斯洛文尼亚	41	0.2	0.2	X	X	60.6	X	X	X	X	X	X
西班牙	7,268	62.1	115.8	683.2	205.2	67.9	X	X	X	3	1	2,383
瑞典	26,384	153.8	85.3	73.2	X	87.7	X	X	X	2	X	1,577
瑞士	0	0.0	X	X	X	0.0	X	X	X	X	X	3,016
乌克兰	4,953	78.0	53.9	86.4	X	20.9	X	X	X	7	X	X
英国	19,717	522.6	168.1	X	753.8	98.6	X	X	X	2	X	8,805
南斯拉夫	X	3.1 h	X	X	X	8.1	X	X	X	X	X	X
中亚和北非	**47,282**	**786.5**	**649.7 e**	**2,016.0**	**196.0**	**X**	**1,492**	**0**	**3**	**13**	**63**	**2**
阿富汗	0	0.0	X	X	X	0.0	X	X	X	X	X	X
阿尔及利亚	1,557	9.7	27.9	X	60.5	68.8	X	X	X	3	X	X
埃及	5,898	50.1	57.0	185.3	X	53.1	861	0	2	9	57	X
伊朗(g)	5,890	160.2	76.4	129.7	X	23.9	207	0	2	X	27	X
伊拉克	105	1.0 h	0.7	X	X	5.7	X	X	X	X	X	X
以色列	205	3.2 h	4.1	X	X	96.6	X	X	X	4	51	2
约旦	27	0.1	0.1	X	0.1	29.0	X	X	X	X	44	X
科威特	756	6.5 h	5.4	X	X	100.0	X	X	X	2	23	X
黎巴嫩	294	1.2	4.7	X	X	100.0	X	X	X	X	X	X
利比亚	2,025	63.6 h,l	38.1 e	222.4	20.9	78.7	X	X	X	1	X	X
摩洛哥	2,008	70.4	37.5	328.4	X	65.1	X	X	X	1	X	X
阿曼	2,809	46.7	51.8	487.4	X	88.5	20	X	1	X	40	X
沙特阿拉伯	7,572	95.6 h	82.0	X	X	30.2	292	X	3	5	54	X
叙利亚	212	0.9 l	3.9 e	X	X	34.5	X	X	X	1	X	X
突尼斯	1,927	65.3 h	36.8	X	X	84.0	X	X	X	3	X	X
土耳其	8,140	53.3	81.0	176.6	81.0	57.5	X	X	X	3	X	X
阿拉伯联合酋长国	2,871	51.4	31.0	21.2	X	84.9	30	X	1	1	28	X
也门	3,149	65.3	82.4	465.0	X	63.5	81	X	2	8	51	X

国家/地区	海岸长度(a)(km)	大陆架面积(深度200m以上)(10^3km^2)	大陆海(12nm以上)(10^3km^2)	专属经济区(10^3km^2)	独有渔业区(10^3km^2)	离海岸100km以内的人口(%)	海岸生物多样性(1990年代) 美洲红树(b) 面积(km^2)	保护面积(km^2)	物种数量	海草物种数量	珊瑚种类数量(c)	1997年活珊瑚国际合法净交易(d)(物种数量)
撒哈拉以南非洲	**63,124**	**987.0**	**871.9 e**	**7,865.1**	**3,111.1**	**X**	**36,512**	**548**	**17**	**15**	**68**	**(202)**
安哥拉	2,252	44.2 l	34.7 e	X	438.0	29.4	1,250	0	7	X	2	X
贝宁	153	2.8 l	2.5 e	X	26.8	62.4	17	0	6	X	X	X
博茨瓦纳	0	0.0	X	X	X	0.0	X	X	X	X	X	X
布基纳法索	0	0.0	X	X	X	0.0	X	X	X	X	X	X
布隆迪	0	0.0	X	X	X	0.0	X	X	X	X	X	X
喀麦隆	1,799	13.1 l	8.5 e	10.9	X	21.9	2,494	44	8	X	1	X
中非	0	0.0	X	X	X	0.0	X	X	X	X	X	X
乍得	0	0.0	X	X	X	0.0	X	X	X	X	X	X
刚果	205	7.4 l	3.5 e	X	41.4	24.5	120	143	2	X	X	X
刚果人民民主共和国	177	0.8	1.0	X	121.0	2.7	226	0	6	X	X	X
科特迪瓦	797	8.6	12.3	157.4	X	39.7	644	0	4	X	1	X
赤道几内亚	603	8.6	12.9	291.4	X	72.3	277	0	2	X	2	X
厄立特里亚	3,446	47.5 h	39.2	X	X	73.5	581	0	3	X	56	X
埃塞俄比亚	0	0.0	X	X	X	1.4	X	X	X	X	X	X
加蓬	2,019	36.8	19.6	180.7	X	62.8	2,500	44	7	X	2	X
冈比亚	503	5.7	2.3	20.5	X	90.8	497	24	7	X	X	X
加纳	758	18.1	11.9	216.9	X	42.5	100	0	6	X	1	X
几内亚	1,614	49.7	14.2	97.0	X	40.9	2,963	0	7	X	1	X
几内亚比绍	3,176	37.2	19.5	86.7	X	94.6	2,484	0	6	X	X	X
肯尼亚	1,586	8.5	12.4	104.1	X	7.6	530	0	8	9	54	X
莱索托	0	0.0	X	X	X	0.0	X	X	X	X	X	X
利比里亚	842	14.9 l	12.7 e	X	239.1	57.9	190	0	5	X	1	X
马达加斯加	9,935	96.7	124.9	1,079.7	X	55.1	3,403	6	9	8	58	(155)
马拉维	0	0.0	X	X	X	0.0	X	X	X	X	X	X
马里	0	0.0	X	X	X	0.0	X	X	X	X	X	X
毛里塔尼亚	1,268	28.4	19.5	141.3	X	39.6	1	X	3	1	X	X
莫桑比克	6,942	73.3	70.9	493.7	X	59.0	925	211	10	8	49	X
纳米比亚	1,754	95.0	32.7	536.8	X	4.7	X	X	X	X	X	(30)
尼日尔	0	0.0	X	X	X	0.0	X	X	X	X	X	X
尼日利亚	3,122	41.8	19.3 e	154.1	X	25.7	10,515	2	8	X	X	X
卢旺达	0	0.0	X	X	X	0.0	X	X	X	X	X	X
塞内加尔	1,327	21.0	11.5	147.2	X	83.2	1,853	45	7	X	2	X
塞拉利昂	1,677	23.2 l	11.2 e	X	155.9	54.7	1,838	14	6	1	1	X
索马里	3,898	40.4	68.8	X	759.3	54.8	910	0	6	4	50	X
南非	3,751	160.9	74.7	X	1,450.6	38.9	11	0	6	3	8	(1)
苏丹	2,245	15.9	32.6	X	X	2.8	937	0	3	2	56	X
坦桑尼亚	3,461	17.9	36.6	204.3	X	21.1	1,155	14	10	7	57	X
多哥	53	0.6	1.0 e	10.8	X	44.6	26	0	2	X	X	(16)
乌干达	0	0.0	X	X	X	0.0	X	X	X	X	X	X
赞比亚	0	0.0	X	X	X	0.0	X	X	X	X	X	X
津巴布韦	0	0.0	X	X	X	0.0	X	X	X	X	X	X
北美洲	**398,835**	**5,107.5**	**3,484.1**	**11,084.4**	**X**	**X**	**1,990**	**1,195**	**X**	**10**	**37**	**819,118**
加拿大	265,523	2,877.6	2,687.7	3,006.2	X	23.9	X	X	X	2	X	11,430
美国	133,312	2,229.9	796.4	8,078.2	X	43.3	1,990	1,195	6	10	37	807,688
中美洲和加勒比地区	**73,703**	**806.6**	**1,050.0 e**	**6,489.0**	**197.2**	**X**	**22,759**	**2,149**	**13**	**9**	**30**	**616**
伯利兹	1,996	8.7	18.5	12.8	X	100.0	719	29	5	X	24	X
哥斯达黎加	2,069	14.8	24.2	542.1	X	100.0	370	10	9	1	28	X
古巴	14,519	51.0	122.8	222.2	X	100.0	7,848	538	5	4	25	X
多米尼加共和国	1,612	5.9	14.0	246.5	X	100.0	325	362	6	4	25	49
萨尔瓦多	756	17.7 l	6.6 e	X	87.5	98.8	268	0	6	X	X	X
危地马拉	445	13.0	7.7	104.5	X	61.2	161	27	5	X	X	(1)
海地	1,977	5.9	40.1	86.4	X	99.6	134	0	6	X	25	X
洪都拉斯	1,878	58.8	36.5	201.2	X	65.5	1,458	974	5	1	25	X
牙买加	895	5.6	16.0	234.8	X	100.0	106	9	5	3	25	X
墨西哥	23,761	393.3	291.6	2,997.7	X	28.7	5,315	0	5	6	25	558
尼加拉瓜	1,915	68.6 l	31.6 e	X	94.9	71.6	1,718	140	9	1	25	X
巴拿马	5,637	44.2 l	57.8 e	274.6	X	100.0	1,814	38	12	3	24	X
特立尼达和多巴哥	704	22.6	13.0	60.7	X	100.0	>70	3	7	2	25	X
南美洲	**144,567**	**2,203.0**	**1,030.0 e**	**9,358.8**	**1,814.1**	**X**	**24,084**	**9,397**	**12**	**2**	**32**	**(389)**
阿根廷	8,397	798.5	142.5	925.4	X	45.1	X	X	X	X	X	116
玻利维亚	0	0.0	X	X	X	0.0	X	X	X	X	X	X
巴西	33,379	711.5	218.1	3,442.5	X	48.6	13,400	3,811	7	1	19	3,187
智利	78,563	218.9	271.9	3,415.9	X	81.5	X	X	X	1	7	X
哥伦比亚	5,874	16.2	44.0	706.1	X	29.9	3,659	817	11	X	X	8
厄瓜多尔	4,597	31.5 l	107.3 e	X	957.0	60.5	2,469	337	7 m	X	10	(3,700)
圭亚那	1,154	48.8	10.9	122.0	X	76.6	800	0	5	X	X	X
巴拉圭	0	0.0	X	X	X	0.0	X	X	X	X	X	X
秘鲁	3,362	84.8 l	59.6 e	X	746.5	57.2	51	0	5	X	X	X
苏里南	620	56.9	9.0	119.1	X	87.0	1,150	391	4	X	X	X
乌拉圭	1,096	68.8 l	22.5 e	110.5	110.5	78.5	X	X	X	X	X	X
委内瑞拉	6,762	123.6	136.0	385.7	X	73.1	2,500	4,041	7	4	25	X
大洋洲	**137,772**	**2,565.0**	**2,830.4**	**30,155.0**	**X**	**X**	**18,788**	**3,614**	**46**	**22**	**76**	**(208,359)**
澳大利亚	66,530	2,065.2	773.1	6 664.1	X	89.8	11,500	2,544	39	21	75	292
斐济	4,637	19.5	162.2	1 055.0	X	99.9	385	0	9	5	56	(131,221)
新西兰	17,209	247.8	176.6	3 887.4	X	100.0	287	0	1	1	16	248
巴布亚新几内亚	20,197	132.4	752.3	1 613.8	X	61.2	5,399	1,063	44	7	73	X
所罗门群岛	9,880	25.9	212.3	1 377.1	X	100.0	642	0	22	3	68	(49,192)
发达国家	**850,213**	**14,523.2**	**7,482.0**	**36 750.3**	**3,233.6**	**X**	**13,792**	**3,739**	**X**	**X**	**X**	**1,020,720**
发展中国家	**629,421**	**9,763.8**	**10,754.3 e**	**53 510.2**	**4,117.3**	**X**	**167,007**	**23,868**	**X**	**X**	**X**	**(1,020,939)**

注：a.因测量海岸线长度的困难，海岸线长度的数量应理解为约数。数据可能与其他出版资料有差异。b．“X”表示或者是这个国家没有美洲红树，或者是没有获得数据。c．“Scleractina”珊瑚指长在礁石上的珊瑚(如：真珊瑚或硬珊瑚)。D.指CITES报告的贸易。数字表示进口减出口差额。出口逆差表示在括号中。世界总量反映了珊瑚群贸易的总数。e.不包括过分领海要求。全世界约有2867050km²的领海面积有争议。f.总数来自J.E.Maragos及其他地方，1995年。g.不包括里海面积。h.包括虽然这个国家尚未宣称但可能为独有的大陆架面积。i.包括台湾。j.这个数据的来源较旧，因此有可能这些物种现在在新加坡已灭绝。k:不包括格陵兰岛。L.大陆海的宽度有争议。M.厄瓜尔多的美洲红树物种数量不包括Gaiapagos，Galapagos有4种。

来源：各种来源

	年均海洋鱼产量（a）（10^3t）								年均海洋产量（a，b）（10^3t）				渔业状况（e）	充分捕捞	抛弃量占总捕捞量的（%）（f）
	海底鱼类（b）				远洋鱼类（c）										
	1965-67	1975-77	1985-87	1995-97	1965-67	1975-77	1985-87	1995-97	1965-67	1975-77	1985-87	1995-97	1994		1988-92
世界	**12,391**	**18,507**	**20,856**	**19,499**	**25,293**	**27,358**	**37,835**	**42,917**	**47,480**	**60,102**	**79,061**	**93,643**	**X**	**1999**	**25**
大洋洲（g）	**7,816**	**9,009**	**8,718**	**7,445**	**9,181**	**12,305**	**9,864**	**10,528**	**19,420**	**24,427**	**23,179**	**22,625**	**I-F**	**1983**	**25**
东北部	3,771	5,732	5,318	5,064	5,345	5,945	4,074	5,466	9,875	12,578	10,667	11,748	Ov	1983	19
西北部	2,664	1,385	1,353	330	640	1,160	677	666	3,941	3,351	2,964	2,031	Ov	1971	27
东中部	219	447	385	347	671	2,419	2,100	2,532	1,257	3,434	3,051	3,412	Ov	1984	10
西中部	129	166	142	182	629	757	1,123	866	1,200	1,502	2,137	1,832	Ov	1987	14
东南部	525	788	606	351	1,716	1,780	1,607	744	2,372	2,671	2,325	1,138	Ov	1978	27
西南部	508	490	914	1,172	179	245	283	255	775	891	2,035	2,464	I	1997	14
太平洋（g）	**3,953**	**8,481**	**10,910**	**10,078**	**14,638**	**13,044**	**24,783**	**28,356**	**24,969**	**30,783**	**48,276**	**60,824**	**I-F**	**1999**	**24**
东北部	979	1,590	2,470	2,158	168	130	84	88	1,362	1,961	2,803	2,512	Ov	1990	26
西北部	2,395	5,814	7,002	5,584	3,548	5,213	9,345	7,587	10,375	17,613	25,142	30,327	I	1998	22
东中部	40	68	66	96	366	946	1,312	921	568	1,151	1,678	1,632	Ov	1988	27
西中部	339	612	763	1,124	942	2,076	3,051	4,467	2,680	4,659	6,489	9,275	I	2003	33
东南部	153	229	305	642	9,538	4,566	10,822	15,160	9,826	5,022	11,546	16,248	I	2001	21
西南部	45	167	304	475	76	113	170	132	159	377	616	830	Ov	1991	15
印度洋（g）	**423**	**754**	**871**	**1,554**	**953**	**1,270**	**1,945**	**2,966**	**2,147**	**3,512**	**5,215**	**7,968**	**I**	**X**	**26**
东部	100	196	293	523	250	376	720	1,148	875	1,500	2,536	3,938	I	2037	30
西部	323	557	578	1,031	703	894	1,225	1,817	1,272	2,012	2,679	4,030	I	2051	22
地中海和黑海	**193**	**180**	**282**	**337**	**518**	**724**	**1,207**	**984**	**933**	**1,216**	**1,887**	**1,827**	**F**	**X**	**25**
南极（g）	**5**	**83**	**73**	**11**	**0**	**0**	**1**	**0**	**5**	**136**	**414**	**113**	**Ov**	**1980**	**10**
北极	**0**	**0**	**0**	**0**	**X**	**X**	**X**	**X**	**0**	**0**	**0**	**0**	**X**	**X**	**X**

注：a.产量包括捕捞量和养殖量。b.海底鱼类包括比目鱼，庸鲽，鳕，无须鳕，黑线鳕，鲑鱼，鲈鱼，大海鳗，鲨鱼，鹞鱼和chimeras。c.远洋鱼类指那些生活在海洋水体表面或开阔海域的鱼类。远洋鱼类包括幼雄鲑鱼，鲻鱼，长颌竹刀鱼，鲱鱼，沙丁鱼，鳀，金枪鱼，鲣，喙鱼，鲐鱼，军曹鱼和刀鱼。d.海洋生产包括海鱼（不包括洄游鱼），海洋软体和海洋甲壳类。e.由FAO评价的现状：OV＝过度捕捞，F＝充分捕捞，I＝捕捞上升。f.指总捕捞量（全部加丢弃的）的%，包括非目标种或低价值物种和不达标的目标物种。g.除了南极洲外的海洋总量，不南极地区。大洋洲，印度洋和太平洋的南极部分包括在南极洲地区总量中。

来源：联合国粮农组织

	农业生产指数 (1989—91=100) 总数		人均		谷物平均产量	变化的	谷物平均生产	变化的	块根、块茎作物平均产量	变化的	块根、块茎作物平均生产	变化的	肉类平均生产	变化的
					(kg/hm²)	(%)	(10³t)	(%)	(kg/hm²)	(%)	(10³t)	(%)	(10³t)	(%)
	1986-88	1996-98	1986-88	1996-98	1996-98	1986-88	1996-98	1986-88	1996-98	1986-88	1996-98	1986-88	1996-98	1986-88
世界	**94**	**115**	**98**	**104**	**2,949**	**17**	**2,074,498**	**17**	**12,958**	**3.1**	**638,438**	**13**	**214,557**	**46**
亚洲（中亚除外）	**X**	**X**	**X**	**X**	**X**	**X**	**932,868**	**X**	**X**	**X**	**259,954**	**X**	**77,147**	**X**
亚美尼亚	X	76	X	74	1,772	X	335	X	12,529	X	403	X	45	X
阿塞拜疆	X	57	X	53	1,647	X	1,017	X	9,328	X	249	X	92	X
孟加拉国	91	111	96	100	2,705	23	29,883	23	10,870	4.5	1,930	12	409	72
不丹	101	107	108	95	1,097	(8)	112	(16)	10,750	26.7	56	2	8	21
柬埔寨	87	131	95	108	1,785	24	3,496	60	5,114	(9.8)	108	(25)	164	103
中国(a)	88	149	92	139	4,837	23	448,904	27	17,308	14.6	170,478	22	53,747	191
格鲁吉亚	X	72	X	73	X	X	730	X	X	X	331	X	125	X
印度	87	121	93	107	2,204	34	220,841	31	16,906	16.3	29,909	59	4,604	57
印度尼西亚	89	120	93	108	3,915	10	59,029	27	11,663	6.9	18,804	9	1,974	113
日本	103	95	104	93	6,023	6	12,995	(12)	26,265	2.9	4,937	(17)	3,081	(20)
哈萨克斯坦	X	56	X	56	670	X	9,985	X	8,255	X	1,464	X	740	X
朝鲜	X	X	103	63	2,251	(50)	3,142	(59)	11,213	(16.4)	684	(32)	146	(76)
韩国	95	123	98	115	6,589	12	7,748	(12)	21,346	(1.2)	997	(7)	1,614	158
吉尔吉斯斯坦	X	93	X	91	X	X	1,609	X	X	X	655	X	187	X
老挝	83	122	92	99	2,642	26	1,670	32	7,055	(16.1)	197	(10)	71	103
马来西亚	86	118	93	100	X	X	2,019	14	X	X	488	(0)	989	160
蒙古	95	89	104	77	687	(45)	218	(72)	7,636	(27.6)	55	(57)	243	6
缅甸	110	139	116	123	2,947	4	17,938	26	9,667	0.0	317	13	382	26
尼泊尔	86	117	93	97	1,959	18	6,416	37	7,958	41.5	1,101	89	220	40
巴基斯坦	86	129	95	107	2,077	21	25,787	32	13,578	22.5	1,556	78	2,083	133
菲律宾	93	121	99	104	2,336	24	14,563	10	6,728	1.0	2,767	2	1,848	182
新加坡	123	32	131	28	X	X	X	X	X	X	0	(94)	151	11
斯里兰卡	101	111	105	103	3,103	5	2,366	(3)	8,508	(8.4)	379	(41)	91	107
塔吉克斯坦	X	57	X	50	1,682	X	510	X	10,268	X	118	X	36	X
泰国	92	114	96	107	2,481	18	27,652	17	14,314	4.2	17,348	(10)	1,709	69
土库曼斯坦	X	72	X	62	1,138	X	735	X	6,917	X	28	X	117	X
乌兹别克斯坦	X	94	X	81	2,279	X	3,690	X	11,908	X	694	X	494	X
越南	88	143	94	125	3,760	38	29,330	76	7,009	(8.8)	3,894	(25)	1,530	89
欧洲	**X**	**87 b**	**X**	**86 b**	**3,030 b**	**X**	**404,660**	**X**	**15,986 b**	**X**	**150,050**	**X**	**52,170**	**X**
阿尔巴尼亚	101	125	106	119	2,584	(12)	592	(42)	10,949	71.0	131	52	59	X
奥地利	100	101	101	95	5,659	11	4,746	(8)	29,014	3.4	703	(26)	886	15
白俄罗斯	X	66	X	65	2,204	X	5,327	X	13,112	X	9,274	X	642	X
比利时(c)	96	114	97	111	X	X	2,502	X	X	X	2,776	X	X	X
波斯尼亚和黑塞哥维那	X	39	X	45	2,382	X	479	X	6,744	X	241	X	34	X
保加利亚	108	66	106	68	2,644	(31)	5,006	(36)	9,677	(5.9)	415	7	470	(58)
克罗地亚	X	60	X	60	4,733	X	3,050	X	10,063	X	650	X	107	X
捷克	X	80	X	80	4,178	X	6,832	X	20,379	X	1,567	X	841	X
丹麦	92	103	93	101	6,130	23	9,351	21	39,017	10.0	1,569	41	1,904	40
爱沙尼亚	X	47	X	51	1,978	X	630	X	11,717	X	417	X	57	X
芬兰	94	94	95	91	3,381	41	3,772	33	22,477	33.6	758	7	343	2
法国	100	105	102	102	7,109	25	64,578	22	37,017	8.2	6,378	(11)	6,533	27
德国	102	92	104	89	6,366	26	44,067	21	39,841	40.3	12,446	(35)	6,069	(27)
希腊	95	102	97	99	3,535	(5)	4,621	(15)	18,712	2.0	915	(10)	512	(1)
匈牙利	102	76	101	79	4,275	(15)	12,317	(15)	19,410	9.5	1,153	(8)	1,068	(52)
冰岛	113	90	117	84	X	X	X	X	X	X	9	(37)	20	(15)
爱尔兰	97	107	96	105	6,721	12	1,984	(3)	27,384	20.9	562	(15)	981	46
意大利	101	101	101	100	4,920	27	20,486	13	22,997	22.5	2,113	(14)	4,061	11
拉脱维亚	X	46	X	49	2,123	X	988	X	13,048	X	907	X	73	X
立陶宛	X	70	X	70	2,474	X	2,808	X	15,692	X	1,925	X	193	X
马其顿	X	100	X	94	2,721	X	605	X	11,794	X	165	X	37	X
摩尔多瓦	X	55	X	54	2,860	X	2,658	X	X	X	412	X	120	X
荷兰	99	99	101	94	7,445	12	1,489	24	43,664	2.4	7,919	13	2,864	23
挪威	97	101	98	98	4,041	19	1,346	17	25,195	6.3	453	9	260	31
波兰	99	87	100	85	2,937	(3)	25,911	3	18,741	(1.0)	24,647	(33)	2,904	1
葡萄牙	85	98	85	98	2,398	38	1,476	(9)	13,867	14.8	1,198	(22)	689	73
罗马尼亚	111	93	112	96	2,868	(7)	17,122	(8)	13,157	(1.2)	3,372	(22)	1,168	(39)
俄罗斯	X	63	X	63	1,295	X	67,064	X	10,668	X	35,664	X	4,953	X
斯洛伐克	X	78	X	77	4,159	X	3,515	X	16,289	X	564	X	386	X
斯洛文尼亚	X	100	X	99	5,357	X	542	X	22,081	X	498	X	181	X
西班牙	95	109	96	108	3,156	22	21,281	5	21,382	23.2	3,483	(32)	4,355	63
瑞典	96	101	98	98	4,707	24	5,893	12	35,375	16.1	1,226	7	584	23
瑞士	99	96	102	90	6,709	22	1,271	21	45,385	23.8	0	X	429	(17)
乌克兰	X	55	X	55	2,214	X	27,867	X	11,183	X	17,537	X	1,905	X
英国	98	100	99	99	6,880	21	23,585	5	41,105	10.4	6,952	4	3,658	14
南斯拉夫	X	102	X	100	3,797	X	8,894	X	8,896	X	1,012	X	1,046	X
中亚和北非	**X**	**X**	**X**	**X**	**X**	**X**	**91,441**	**23**	**X**	**X**	**15,862**	**37**	**7,430**	**57**
阿富汗	100	112	105	75	1,363	3	3,694	17	16,786	7.3	235	5	231	X
阿尔及利亚	88	127	95	108	980	35	2,934	60	13,835	59.5	1,071	23	511	X
埃及	91	138	98	121	6,681	37	17,328	86	19,278	(11.4)	2,439	29	1,221	116
伊朗	90	141	101	117	1,863	X	16,714	X	X	X	3,242	X	1,437	X
伊拉克	101	98	110	84	835	(9)	2,497	13	15,813	3.0	403	176	111	(93)
以色列	99	107	105	86	1,776	(22)	144	(43)	40,704	8.0	305	41	323	86
约旦	91	166	106	123	1,037	22	100	6	28,742	41.8	125	184	115	89
科威特	163	163	179	200	X	X	3	(6)	X	X	31	1,664	74	14
黎巴嫩	80	140	80	115	2,456	43	94	48	22,839	28.0	308	48	101	26
利比亚	88	129	98	102	820	26	185	(34)	7,323	(1.0)	205	71	170	49
摩洛哥	83	107	88	93	1,215	(6)	6,947	4	18,694	5.4	1,195	50	510	77
阿曼	95	112	108	83	X	X	6	40	X	X	6	89	27	63
沙特阿拉伯	77	85	88	69	3,880	(4)	2,273	(25)	14,482	(21.0)	250	649	574	75
叙利亚	109	147	121	122	1,543	27	5,182	48	18,879	15.1	419	16	296	63
突尼斯	77	120	82	105	1,240	55	1,863	97	14,165	22.4	311	73	173	49
土耳其	97	111	103	99	2,196	1	30,758	3	24,556	13.4	5,122	21	1,206	12
阿拉伯联合酋长国	66	206	74	172	X	X	1	(19)	X	X	4	17	86	118
也门	95	122	106	87	974	12	714	(5)	12,712	(21.9)	192	24	144	11

	农业生产指数 (1989–91=100)				谷物平均产量		谷物平均生产		块根、块茎作物平均产量		块根、块茎作物平均生生产		肉类平均生产	
	总数		人均		(kg/hm²)	变化的 (%)	(10^3t)	变化的 (%)	(kg/hm²)	变化的 (%)	(10^3t)	变化的 (%)	(10^3t)	变化的 (%)
	1986-88	1996-98	1986-88	1996-98	1996-98	1986-88	1996-98	1986-88	1996-98	1986-88	1996-98	1986-88	1996-98	1986-88
撒哈拉以南非洲	**91 b**	**122 b**	**99 b**	**100 b**	**997 b**	**2**	**86,990**	**25**	**7,694 b**	**11.3**	**132,744**	**54**	**7,568**	**55**
安哥拉	102	127	111	101	642	76	539	55	5,102	32.1	2,909	73	105	X
贝宁	82	159	90	130	1,096	37	816	68	9,385	10.6	3,019	84	70	42
博茨瓦纳	89	98	99	82	258	5	41	(18)	6,167	14.5	10	38	67	45
布基纳法索	95	129	103	106	729	6	2,167	16	5,664	(29.4)	65	(52)	122	60
布隆迪	98	94	106	80	1,337	10	279	0	6,602	(4.6)	1,378	1	26	3
喀麦隆	96	120	104	99	1,274	1	1,222	35	5,777	0.7	2,588	32	202	47
中非	95	128	103	110	1,002	(8)	145	(3)	3,724	0.9	1,002	29	85	83
乍得	88	140	93	116	647	4	1,140	71	4,262	(11.5)	611	1	74	35
刚果	99	111	108	91	707	(13)	4	(82)	7,138	0.5	859	10	24	22
刚果人民民主共和国	91	97	101	76	746	(7)	1,468	16	7,393	(6.7)	17,560	(0)	239	27
科特迪瓦	91	125	101	102	1,102	28	1,775	62	5,752	(0.6)	4,987	24	143	34
赤道几内亚	101	94	108	79	X	X	X	X	X	X	85	17	0	20
厄立特里亚	X	101	X	85	451	X	131	X	2,828	X	110	X	28	X
埃塞俄比亚(d)	94	121	103	97	1,206	9	8,683	56	3,704	2.9	2,058	11	622	153,747
加蓬	92	108	100	88	1,742	11	31	34	5,617	4.8	414	22	30	24
冈比亚	106	86	120	67	1,006	(16)	104	6	3,000	0.0	6	0	7	29
加纳	93	152	102	125	1,365	36	1,751	71	11,027	66.6	11,109	127	140	4
几内亚	85	135	94	103	1,297	32	931	55	6,277	(10.3)	989	99	27	95
几内亚比绍	92	117	98	101	1,410	(9)	180	16	7,171	1.5	77	10	17	36
肯尼亚	92	108	102	89	1,535	(11)	2,850	(10)	7,583	(6.7)	1,976	42	401	26
莱索托	96	112	104	94	1,011	44	197	15	15,838	4.6	75	118	29	11
利比里亚	X	X	137	86	1,262	0	158	(46)	6,840	(12.4)	327	(24)	18	4
马达加斯加	95	107	106	85	1,961	7	2,679	14	6,417	0.2	3,333	8	264	23
马拉维	94	115	107	106	1,224	13	1,718	25	4,692	5.2	579	17	49	29
马里	86	124	94	99	1,004	11	2,203	38	5,003	20.9	30	43	195	55
毛里塔尼亚	90	104	97	87	743	(13)	168	12	2,077	8.4	5	(6)	58	6
莫桑比克	95	131	98	102	827	86	1,533	135	5,290	28.6	5,375	43	81	8
纳米比亚	92	123	100	103	315	(18)	105	34	8,570	(1.6)	240	17	71	33
尼日尔	91	126	100	100	339	(17)	2,263	20	7,541	2.9	268	11	118	57
尼日利亚	78	137	85	111	1,207	(1)	22,107	41	10,310	10.7	53,717	157	1,187	89
卢旺达	99	78	104	91	1,188	(3)	210	(29)	6,314	(13.9)	1,386	(13)	29	1
塞内加尔	99	102	107	85	719	(7)	847	(9)	3,037	(28.6)	51	(35)	159	96
塞拉利昂	97	100	103	90	1,223	(8)	460	(16)	4,667	14.9	352	165	21	25
索马里	X	X	111	85	410	(47)	269	(53)	9,988	(6.3)	56	21	160	15
南非	94	100	100	85	2,220	36	12,104	1	22,068	49.4	1,633	49	1,212	(3)
苏丹	107	156	115	134	602	16	5,458	54	2,707	(4.4)	166	(24)	588	71
坦桑尼亚	94	101	103	82	1,261	5	4,026	5	7,436	(9.3)	6,603	(16)	306	37
多哥	87	138	95	113	876	12	679	64	7,064	(9.1)	1,251	58	39	99
乌干达	85	109	92	88	1,248	(8)	1,660	35	4,781	(24.7)	4,397	(12)	220	83
赞比亚	93	107	100	91	1,585	(21)	1,171	(23)	5,311	(3.8)	774	98	107	38
津巴布韦	97	112	106	95	1,283	(7)	2,543	(1)	4,599	(7.6)	190	64	134	10
北美洲	**93 b**	**117 b**	**96 b**	**109 b**	**4,744 b**	**24**	**394,005**	**25**	**35,487 b**	**16.0**	**26,397**	**31**	**38,405**	**44**
加拿大	93	116	97	108	2,737	22	53,020	10	27,091	6.3	4,005	41	3,320	27
美国	94	117	96	110	5,352	22	340,985	28	37,570	18.7	22,392	30	35,085	46
中美洲和加勒比地区	**X**	**X**	**X**	**X**	**2,465 b**	**15**	**34,246**	**22**	**8,063 b**	**19.9**	**4,234**	**15**	**5,526**	**41**
伯利兹	87	157	93	131	2,096	22	53	99	21,765	(0.5)	4	6	10	79
哥斯达黎加	85	124	92	105	3,162	35	219	(31)	23,673	86.9	227	158	178	63
古巴	99	65	102	62	1,973	(23)	501	(17)	5,783	(1.7)	815	(9)	210	(52)
多米尼加共和国	96	105	102	92	3,851	5	544	(2)	6,118	4.2	230	8	299	105
萨尔瓦多	95	107	100	91	1,906	12	821	18	16,719	19.7	92	208	87	51
危地马拉	90	117	98	96	1,882	7	1,152	(17)	5,568	2.3	72	5	191	85
海地	106	93	113	81	969	(0)	442	(6)	3,796	0.1	734	(3)	74	17
洪都拉斯	88	117	97	95	1,528	9	772	37	9,316	7.6	33	46	98	68
牙买加	95	120	96	113	1,227	(15)	3	(39)	16,612	33.8	327	33	82	67
墨西哥	99	119	105	105	2,653	18	28,839	27	21,290	52.5	1,441	41	3,911	44
尼加拉瓜	97	117	103	96	1,611	(9)	637	33	11,295	(4.4)	82	4	90	75
巴拿马	97	99	103	87	2,164	26	243	(18)	5,816	(24.4)	79	(8)	132	58
特立尼达和多巴哥	93	102	96	97	3,628	41	15	58	10,322	10.6	12	38	29	5
南美洲	**93 b**	**122 b**	**98 b**	**109 b**	**2,740 b**	**34**	**96,761**	**20**	**12,334 b**	**5.5**	**45,027**	**5**	**21,435**	**80**
阿根廷	101	122	105	112	3,260	31	33,639	41	22,822	19.5	3,084	6	3,643	6
玻利维亚	85	133	91	112	1,592	21	1,180	39	5,668	(7.2)	1,123	(14)	359	89
巴西	92	123	97	112	2,458	36	44,725	8	12,754	4.4	26,476	(1)	12,184	124
智利	84	128	89	115	4,455	32	2,824	2	14,669	4.2	918	12	815	167
哥伦比亚	85	104	90	92	2,798	9	3,378	(1)	12,848	15.0	4,830	29	1,325	59
厄瓜多尔	88	145	95	125	1,746	14	1,858	44	7,650	16.6	678	34	420	129
圭亚那	117	185	117	174	3,982	27	551	120	10,280	26.5	46	49	16	154
巴拉圭	77	107	85	88	2,365	29	1,470	133	13,762	(11.8)	3,110	(12)	385	82
秘鲁	100	135	106	120	2,731	12	2,582	17	9,456	13.4	3,662	34	715	66
苏里南	106	88	110	81	3,746	(3)	221	(21)	16,392	73.4	7	142	6	(66)
乌拉圭	92	124	94	119	3,370	55	2,090	95	11,627	101.0	194	4	574	63
委内瑞拉	97	114	105	97	2,952	46	2,212	(7)	11,343	35.0	886	37	991	34
大洋洲	**96 b**	**118 b**	**101 b**	**107 b**	**2,032 b**	**29**	**33,494**	**46**	**12,116 b**	**10.8**	**3,214**	**11**	**4,786**	**25**
澳大利亚	93	120	98	111	1,995	30	32,534	48	31,061	14.7	1,304	27	3,335	31
斐济	91	98	93	100	2,094	(3)	19	(32)	11,141	107.0	86	87	24	57
新西兰	104	117	106	108	5,637	26	930	(6)	42,676	44.2	480	69	1,334	11
巴布亚新几内亚	100	104	106	89	3,840	116	9	272	5,870	(18.6)	1,005	(18)	67	54
所罗门群岛	104	116	116	92	X	(100)	X	(100)	17,236	3.3	126	27	3	7
发达国家	**98 b**	**98 b**	**100 b**	**94 b**	**3,372 b**	**16**	**875,983**	**6**	**17,436 b**	**1.7**	**189,047**	**(10)**	**101,697**	**38**
发展中国家	**90 b**	**129 b**	**96 b**	**114 b**	**2,701 b**	**20**	**1,198,482**	**26**	**11,688 b**	**7.8**	**448,585**	**26**	**112,771**	**117**

注：负数在圆括号中显示。“零”表示无或小于1/2的计量单位。(0)指小于0但大于负1/2的值。a.包括台湾。b.地区总量由联合国粮农组织提供。c.包括卢森堡。d.1993年前的数据包括厄立特里亚。

来源：联合国粮农组织

	耕地 总数(10³hm²)		耕地 每1000人占地(hm²)		灌溉土地占耕地的%		化肥年均使用量(kg/hm²)		农药的用量(kg/hm²)	拖拉机 数量	拖拉机 变化的%
	1987	1997	1987	1997	1987	1997	1985-87	1995-97	1996	1997	1987
世界	**1,489,051**	**1,510,442**	**297**	**259**	**15**	**18**	**97**	**97**	**X**	**26,334,690**	**3**
亚洲(中亚除外)	**X**	**482,752**	**X**	**147**	**X**	**34**	**X**	**139**	**X**	**5,757,829**	**X**
亚美尼亚	X	559	X	157	X	52	X	14	2	17,500	X
阿塞拜疆	X	1,935	X	253	X	75	X	14	X	32,917	X
孟加拉国	9,248	8,241	89	67	24	45	73	138	176 a	5,400	8
不丹	130	160	83	82	26	25	1	1	670 a	X	X
柬埔寨	3,080	3,807	391	363	7	7	0	2	X	1,190	(1)
中国(b)	128,786	135,365	117	109	35	38	150	265	X	703,117	(21)
格鲁吉亚	X	1,066	X	208	X	44	X	33	X	16,600	X
印度	169,770	169,850	212	176	25	34	52	89	436 c	1,450,000	108
印度尼西亚	30,644	30,987	176	152	14	16	73	92	88 a	70,000	296
日本	4,708	4,295	39	34	62 d	63 d	492	440	X	2,210,000	16
哈萨克斯坦	X	30,135	X	1,840	X	7	X	4	X	108,121	X
朝鲜	1,980	2,000	101	87	67	73	397	63	X	75,000	7
韩国	2,143	1,924	51	42	63 d	60 d	448	693	13,829 a	131,358	561
吉尔吉斯斯坦	X	1,425	X	308	X	75	X	22	1,860 c	19,000	X
老挝	850	852	224	169	14	19	1	5	57 a	890	9
马来西亚	5,920	7,605	358	362	6	4	125	158	5,982 c	43,300	155
蒙古	1,336	1,320	658	520	5	6	16	2	X	7,000	(40)
缅甸	10,060	10,151	259	231	11	15	16	19	16 a	8,036	(24)
尼泊尔	2,341	2,968	135	133	36	38	24	35	21 e	4,600	28
巴基斯坦	20,920	21,600	193	150	78	81	77	114	365 e	320,500	60
菲律宾	9,020	9,520	158	133	17	16	44	82	X	11,500	59
新加坡	3	1	1	<1	0	0	1,325	3,247	X	65	12
斯里兰卡	1,895	1,888	115	103	28 d	32 d	102	111	6,261 a	6,672	(11)
塔吉克斯坦	X	890	X	150	X	81	X	65	X	30,000	X
泰国	20,490	20,445	387	342	20	25	28	75	1,116 f	149,500	270
土库曼斯坦	X	1,695	X	400	X	106	X	82	6,744 a	50,000	X
乌兹别克斯坦	X	4,850	X	209	X	88	X	109	X	170,000	X
越南	6,387	7,202	102	94	28	32	76	206	X	115,487	412
欧洲	**X**	**311,205**	**X**	**427**	**X**	**8**	**X**	**89**	**X**	**11,197,796**	**X**
阿尔巴尼亚	714	702	229	224	57	48	133	7	435 e	7,900	(26)
奥地利	1,513	1,479	199	183	0	0	258	168	2,710 c	352,375	8
白俄罗斯	X	6,319	X	610	X	2	X	157	X	96,300	X
比利时(g)	681	785	69	78	3	4	1,531	1,475	X	106,667	(9)
波斯尼亚和黑塞哥维那	X	650	X	185	X	0	X	11	X	29,000	X
保加利亚	4,131	4,511	465	538	30	18	220	43	966	25,000	(53)
克罗地亚	X	1,442	X	322	X	0	X	161	3,060 e	2,985	X
捷克	X	3,331	X	323	X	1	X	107	1,169 e	86,000	X
丹麦	2,588	2,373	506	451	16	20	267	167	2,200 e	141,293	(14)
爱沙尼亚	X	1,143	X	790	X	0	X	29	105	50,607	X
芬兰	2,292	2,129	464	414	3	3	265	147	410 e	194,750	(19)
法国	19,459	19,468	349	333	6	9	303	262	X	1,312,000	(11)
德国	12,390	12,060	159	147	4	4	413	250	2,085 a	1,215,700	(26)
希腊	3,942	3,915	392	370	30	35	178	133	X	236,100	16
匈牙利	5,289	5,047	504	497	3 h	4 h	279	83	2,863 e	92,250	72
冰岛	7	6	28	22	0	0	3,491	3,429	X	10,519	(19)
爱尔兰	983	1,346	278	368	0	0	713	533	X	167,500	3
意大利	12,070	10,927	212	190	20	25	191	227	19,288 a	1,480,000	13
拉脱维亚	X	1,830	X	744	X	1	X	30	208 e	56,938	X
立陶宛	X	3,006	X	811	X	0	X	41	312 a	77,871	X
马其顿	X	658	X	331	X	8	X	67	7,718 a	54,000	X
摩尔多瓦	X	2,183	X	499	X	14	X	54	1,434 a	49,000	X
荷兰	890	935	61	60	61	60	951	821	11,842 a	173,000	(5)
挪威	869	902	208	205	11	14	413	218	941 i	148,000	(2)
波兰	14,817	14,424	394	373	1	1	237	122	490 e	1,310,500	26
葡萄牙	3,163	2,900	320	294	20	22	90	84	2,584 c	150,000	23
罗马尼亚	10,686	9,900	465	439	31	31	150	41	1,617 c	163,016	(11)
俄罗斯	X	127,962	X	867	X	4	X	17	407 c	886,490	X
斯洛伐克	X	1,605	X	299	X	12	X	77	4,148 e	25,726	X
斯洛文尼亚	X	285	X	143	X	1	X	258	6,389 e	104,751	X
西班牙	20,390	19,164	525	484	16	19	95	123	X	841,932	24
瑞典	2,890	2,799	343	316	4	4	164	113	509 a	165,000	(8)
瑞士	412	444 j	62	61 j	6	6 j	450	258 j	4,576 e	112,000	4
乌克兰	X	34,081	X	667	X	7	X	26	2,001 c	349,000	X
英国	7,004	6,425	123	110	2	2	372	343	4,745 c	500,000	(4)
南斯拉夫	X	4,058	X	382	X	2	X	44	887 c	423,130	X
中亚和北非	**95,025**	**102,320**	**320**	**270**	**24**	**27**	**58**	**59**	**X**	**1,593,873**	**34**
阿富汗	8,054	8,054	570	385	35	35	10	1	X	840	2
阿尔及利亚	7,624	8,040	330	274	4	7	39	8	835 i	92,893	1
埃及	2,547	3,300	49	51	100	100	362	343	1,293 a	90,000	72
伊朗	16,530	19,400	322	300	42	37	57	55	1,881 c	235,000	X
伊拉克	5,520	5,540	336	262	32	64	35	61	X	49,600	24
以色列	433	437	99	75	48	46	381	360	X	24,500	(15)
约旦	365	390	84	64	17	19	16	52	2,495 a	4,773	(16)
科威特	4	7	2	4	50	71	1,886	(855) k	X	100	(9)
黎巴嫩	304	308	117	98	28	38	81	188	X	5,610	87
利比亚	2,130	2,115	525	406	17	22	36	36	X	34,000	24
摩洛哥	8,532	9,595	378	357	15	13	41	32	X	43,226	29
阿曼	53	63	34	27	91	98	45	122	24,125 i	150	15
沙特阿拉伯	2,980	3,830	212	197	47	42	152	98	X	9,500	116
叙利亚	5,630	5,521	503	369	12	21	42	68	X	87,442	67
突尼斯	4,860	4,900	634	532	6	8	25	25	X	35,100	35
土耳其	27,927	29,162	530	460	12	14	58	66	1,145 a	874,995	38
阿拉伯联合酋长国	38	81	22	35	158	89	28	421	X	272	56
也门	1,479	1,555	143	95	21	31	10	9	X	5,800	(0)

	耕地 总数(10³hm²) 1987	1997	每1000人占地(hm²) 1987	1997	灌溉土地占耕地的% 1987	1997	化肥年均使用量(kg/hm²) 1985-87	1995-97	农药的用量(kg/hm²) 1996	拖拉机 数量 1997	变化的% 1987
撒哈拉以南非洲	**159,495**	**171,384**	**349**	**288**	**4**	**4**	**13**	**12**	**X**	**261,984**	**(10)**
安哥拉	3,400	3,500	403	299	2	2	4	1	42 a	10,300	0
贝宁	1,490	1,595	349	283	0	1	7	22	X	142	18
博茨瓦纳	410	346	354	225	0	0	2	9	40 c	6,000	90
布基纳法索	3,140	3,440	377	313	1	1	5	10	1 e	1,993	564
布隆迪	1,180	1,100	235	173	1	1	2	3	268	170	13
喀麦隆	7,210	7,160	684	514	0	0	7	5	253 e	500	0
中非	2,005	2,020	733	591	0	0	1	0	12 e	65	8
乍得	3,205	3,256	599	460	0	1	2	3	223 c	170	3
刚果	179	185	88	68	1	1	17	20	216 f	700	1
刚果人民民主共和国	7,850	7,880	233	164	0	0	1	1	X	2,430	6
科特迪瓦	5,400	7,350	511	523	1	1	7	16	X	3,800	12
赤道几内亚	230	230	690	547	0	0	0	0	X	100	0
厄立特里亚	X	393	X	114	X	7	X	11	X	440	X
埃塞俄比亚	13,930 l	10,500	299 l	170	1 l	2	5 l	16	34	3,000 l	(23)
加蓬	452	495	530	435	1	1	5	1	X	1,500	7
冈比亚	184	200	228	168	1	1	21	5	46	45	5
加纳	4,000	4,550	290	244	0	0	3	4	2,333 e	3,570	(13)
几内亚	1,196	1,485	229	203	8	6	1	3	274	542	126
几内亚比绍	335	350	367	308	5	5	1	1	83 a	19	6
肯尼亚	4,490	4,520	211	159	1	1	25	27	X	14,400	20
莱索托	326	325	203	161	1	1	12	19	X	2,000	18
利比里亚	371	327	154	136	1	1	6	0	X	325	2
马达加斯加	3,067	3,108	287	213	29	35	3	4	28 e	3,550	26
马拉维	1,610	1,710	199	170	1	2	25	31	X	1,420	4
马里	2,076	4,650	250	446	3	2	8	8	136 c	2,550	59
毛里塔尼亚	345	502	185	204	14	10	4	8	X	380	15
莫桑比克	3,090	3,180	225	172	3	3	2	2	X	5,750	0
纳米比亚	662	820	532	506	1	1	0	0	X a	3,150	9
尼日尔	3,592	5,000	511	512	1	1	1	2	X	180	14
尼日利亚	31,482	30,738	393	296	1	1	10	5	X	30,000	50
卢旺达	1,142	1,150	172	193	0	0	1	0	260 c	90	5
塞内加尔	2,350	2,266	348	258	4	3	11	12	183	550	17
塞拉利昂	539	546	143	124	5	5	5	6	X	81	(84)
索马里	1,035	1,061	147	120	17	19	3	0	X	1,845	(11)
南非	13,500	16,300	422	421	9	8	63	51	57 e	100,000	(38)
苏丹	12,900	16,900	573	610	15	12	5	4	106	10,500	7
坦桑尼亚	3,501	4,000	151	127	4	4	14	9	X	7,600	5
多哥	2,360	2,430	735	567	0	0	4	6	95	80	(18)
乌干达	6,705	6,810	436	340	0	0	0	0	17 e	4,700	18
赞比亚	5,208	5,265	775	613	1	1	13	10	317	6,000	7
津巴布韦	2,814	3,210	313	286	3	5	57	59	531	26,000	63
北美洲	**233,766**	**224,700**	**855**	**744**	**8**	**10**	**102**	**134**	**X**	**5,511,335**	**(0)**
加拿大	45,990	45,700	1,726	1,510	2	2	51	67	644 i	711,335	(4)
美国	187,776	179,000	761	659	10	12	114	151	1,599 a	4,800,000	0
中美洲和加勒比地区	**39,467**	**43,408**	**287**	**263**	**17**	**19**	**78**	**58**	**X**	**295,669**	**7**
伯利兹	57	89	327	397	4	3	67	50	17,804 c	1,170	15
哥斯达黎加	526	505	188	135	22	25	181	322	18,726 e	7,000	11
古巴	3,670	4,450	356	402	24 m	20 m	186	52	X	78,000	5
多米尼加共和国	1,437	1,500	216	185	16	17	58	59	X	2,350	3
萨尔瓦多	777	816	159	138	15	15	103	106	2,642	3,430	1
危地马拉	1,785	1,905	220	181	6	7	68	99	574 c	4,300	4
海地	903	910	140	116	8	10	3	9	23 e	136	(35)
洪都拉斯	1,785	2,045	401	342	4	4	16	50	6,521 c	4,900	45
牙买加	220	274	94	109	15	12	81	85	X	3,080	2
墨西哥	25,500	27,300	325	290	20	24	71	54	X	172,000	6
尼加拉瓜	1,949	2,746	546	587	4	3	33	14	357 e	2,700	9
巴拿马	615	655	272	241	5	5	54	54	X	5,000	(4)
特立尼达和多巴哥	120	122	100	96	18	18	53	203	11,827 a	2,700	3
南美洲	**106,536**	**116,186**	**381**	**351**	**7**	**9**	**53**	**66**	**X**	**1,291,323**	**14**
阿根廷	27,200	27,200	872	763	6	6	6	28	1,266 e	280,000	14
玻利维亚	2,205	2,100	359	270	5	4	3	5	1,514 a	5,700	14
巴西	54,000	65,300	384	399	4	5	71	78	836 e	805,000	17
智利	3,313	2,297	266	157	38	55	83	210	3,240 e	53,710	30
哥伦比亚	5,371	4,430	163	111	9	24	83	125	6,134 c	21,000	(39)
厄瓜多尔	2,836	3,001	297	251	11	8	23	48	1,696 e	8,900	9
圭亚那	495	496	623	588	26	26	32	29	X	3,630	2
巴拉圭	2,088	2,285	543	449	3	3	6	13	1,542 c	16,500	30
秘鲁	3,790	4,200	186	172	32	42	45	43	X	13,191	6
苏里南	68	67	173	163	84	90	177	93	4,877 f	1,330	8
乌拉圭	1,304	1,307	428	400	8	11	45	89	1,316 a	33,000	(5)
委内瑞拉	3,860	3,490	214	153	4	6	156	86	1,403 c	49,000	7
大洋洲	**52,148**	**57,766**	**2,065**	**1,972**	**4**	**5**	**32**	**53**	**X**	**401,025**	**(2)**
澳大利亚	47,106	53,100	2,918	2,896	4	5	26	43	2,535 c	315,000	(2)
斐济	210	285	295	362	0	1	93	66	2,333 c	7,000	17
新西兰	3,844	3,280	1,171	872	7	9	108	216	2,215 e	76,000	(5)
巴布亚新几内亚	571	670	159	149	0	0	21	19	1,750 e	1,160	1
所罗门群岛	57	60	197	148	0	0	0	0	X	X	X
发达国家	**487,736**	**476,872**	**397**	**369**	**13**	**14**	**188**	**136**	**X**	**19,878,769**	**(5)**
发展中国家	**812,966**	**853,994**	**215**	**189**	**20**	**24**	**64**	**96**	**X**	**6,448,965**	**36**

注：负数在圆括号中显示。“零”表示无或小于1/2的计量单位。(0)指小于0但大于负1/2的值。a.1993年数据。b.包括台湾。c.1992年数据。d.数据仅指水稻。e.1995年数据。g.包括卢森堡。h.不包括补偿性的农场小块土地和单独的农场。i.1994年数据。j.因统计方法的变化，1992年前的数据不应与1992年后的数据相比较。k.存储化肥的出口会引起贸易方式平衡的变化，并导致负值的产生。l.1993年前的数据包括厄立特里亚。M.灌溉土地仅指土地的状态。

来源：联合国粮农组织和世界银行

	人均谷物总产量 (10^3t/1000人)		国内谷物总产量的变化（平均值的变化%）		谷物净进口和粮食援助占总谷物消费的%(a)		粮食援助占总进口的%		人均每日卡路里数(kcal)		人均每日动物产品摄入量(kcal)		体重不足儿童的%(b)
	1986-88	1996-98	1979-88	1989-98	1985-87	1995-97	1985-87	1995-97	1987	1997	1987	1997	
世界	**355**	**356**	**5**	**3**	**1**	**0**	**6**	**2**	**2,667**	**2,782**	**408**	**441**	**29**
亚洲（中亚除外）	**257**	**283**	**X**	**5**	**6**	**7**	**X**	**2**	**X**	**X**	**X**	**X**	**X**
亚美尼亚	X	94	X	14 c	X	55	X	X	X	2,371	X	404	X
阿塞拜疆	X	133	X	43 c	X	29	X	X	X	2,236	X	367	10
孟加拉国	235	244	5	3	13	8	45	27	2,062	2,086	60	69	56
不丹	85	58	10	4	12	32	14	7	X	X	X	X	38 d
柬埔寨	276	334	21	17	4	3	24	47	1,868	2,048	133	163	52
中国	321 e	361 e	9 e	5 e	2 e	3 e	3 e	1 e	2,608 e	2,897 e	255 e	510 e	16
格鲁吉亚	X	143	X	22 c	X	42	X	X	X	2,614	X	316	X
印度	210	229	9	4	(0)	(1)	52	40	2,228	2,496	149	174	53
印度尼西亚	267	290	12	5	4	10	11	0	2,458	2,886	97	134	34
日本	121	103	6	8	64	67	X	X	2,870	2,932	578	598	X
哈萨克斯坦	X	609	X	41 c	X	(52)	X	X	X	3,085	X	609	8
朝鲜	388	136	8	38	2	35	0	42	2,509	1,837	252	150	X
韩国	210	169	6	6	47	62	0	0	3,110	3,155	328	502	X
吉尔吉斯斯坦	X	348	X	16 c	X	9	X	X	X	2,447	X	543	X
老挝	333	332	12	8	1	3	41	44	2,102	2,108	107	136	40
马来西亚	107	96	7	4	54	66	0	0	2,616	2,977	449	570	19
蒙古	390	86	32	43	(4)	28	0	10	2,034	1,917	841	845	10
缅甸	367	408	6	10	(4)	(1)	0	11	2,697	2,862	119	119	43
尼泊尔	269	288	12	7	0	2	43	35	2,144	2,366	153	152	47
巴基斯坦	180	179	5	8	3	3	39	3	2,224	2,476	290	370	38
菲律宾	231	204	8	5	11	16	22	1	2,244	2,366	243	364	28
新加坡	0	0	X	X	100	100	0	0	X	X	X	X	X
斯里兰卡	149	129	9	9	31	36	31	7	2,253	2,302	119	143	34
塔吉克斯坦	X	86	X	35 c	X	50	X	X	X	2,001	X	143	X
泰国	446	463	9	7	(45)	(19)	26	1	2,133	2,360	212	282	19
土库曼斯坦	X	173	X	19	X	31	X	X	X	2,306	X	417	X
乌兹别克斯坦	X	159	X	21	X	31	X	X	X	2,433	X	432	19
越南	267	384	11	13	2	(9)	11	9	2,193	2,484	173	226	41
欧洲	**394**	**556**	**X**	**12**	**(5)**	**(3)**	**X**	**0**	**3,383**	**3,208 f**	**1,058**	**906 f**	**X**
阿尔巴尼亚	329	189	5	20	6	32	0	9	2,556	2,961	410	682	X
奥地利	677	586	7	7	(17)	(7)	X	X	3,419	3,536	1,243	1,256	X
白俄罗斯	X	515	X	12 c	X	16	X	X	X	3,226	X	919	X
比利时(g)	222	237	X	X	47	60	X	X	3,454	3,619	1,223	1,151	X
波斯尼亚和黑塞哥维那	X	137	X	40 c	X	30	X	X	X	2,266	X	228	X
保加利亚	885	597	10	20	13	(1)	0	1	3,699	2,686	871	617	X
克罗地亚	X	680	X	8 c	X	(0)	X	X	X	2,445	X	459	1
捷克	X	663	X	29 c	X	(5)	X	X	X	3,244	X	816	1
丹麦	1,512	1,779	7	8	(23)	(25)	X	X	3,211	3,407	1,191	1,259	X
爱沙尼亚	X	435	X	11 c	X	22	X	X	X	2,849	X	797	X
芬兰	576	734	14	9	(16)	(10)	X	X	2,941	3,100	1,228	1,195	X
法国	952	1,104	8	7	(98)	(86)	X	X	3,543	3,518	1,360	1,334	X
德国	466	537	6	8	9	(16)	X	X	3,478	3,382	1,165	1,050	X
希腊	544	437	8	9	(4)	12	X	X	3,481	3,649	733	798	X
匈牙利	1,380	1,213	6	17	(14)	(28)	0	0	3,768	3,313	1,419	1,046	2 d
冰岛	0	0	X	X	100	100	0	0	3,208	3,117	1,371	1,224	X
爱尔兰	579	543	5	7	7	10	0	X	3,623	3,565	1,293	1,126	X
意大利	319	357	3	5	20	20	0	X	3,512	3,507	906	902	X
拉脱维亚	X	402	X	12 c	X	11	X	X	X	2,864	X	705	X
立陶宛	X	758	X	14 c	X	5	X	X	X	3,261	X	794	X
马其顿	X	304	X	37 c	X	23	X	X	X	2,664	X	488	X
摩尔多瓦	X	607	X	22 c	X	(1)	X	X	X	2,567	X	388	X
荷兰	82	95	5	6	76	76	X	X	3,076	3,284	1,009	1,135	X
挪威	276	306	8	9	27	31	X	X	3,304	3,357	1,220	1,124	X
波兰	670	670	11	8	8	8	0	0	3,441	3,366	1,115	884	X
葡萄牙	163	150	12	10	54	61	0	0	3,400	3,667	676	995	X
罗马尼亚	811	759	6	14	1	(6)	0	0	2,944	3,253	705	697	6
俄罗斯	X	454	X	21 c	X	4	X	X	X	2,904	X	726	3
斯洛伐克	X	654	X	29 c	X	(11)	X	X	X	2,984	X	786	X
斯洛文尼亚	X	272	X	11 c	X	48	X	X	X	3,101	X	841	X
西班牙	524	537	21	15	8	24	X	X	3,150	3,310	780	860	X
瑞典	623	666	7	11	(28)	(17)	X	X	2,898	3,194	1,053	1,075	X
瑞士	157	175	11	4	52	29	X	X	3,358	3,223	1,277	1,119	X
乌克兰	X	546	X	14 c	X	(4)	X	X	X	2,795	X	583	X
英国	394	403	8	5	(18)	(13)	X	X	3,215	3,276	1,128	1,024	X
南斯拉夫	X	837	X	12 c	X	(3)	X	X	X	3,031	X	1,041	2
中亚和北非	**249**	**241**	**9**	**7**	**37**	**35**	**7**	**1**	**X**	**X**	**X**	**X**	**X**
阿富汗	223	177	9	11	13	9	74	37	2,281	1,745	180	138	48
阿尔及利亚	80	100	26	45	64	68	0	0	2,757	2,853	315	265	13
埃及	178	268	5	10	53	34	19	2	3,120	3,287	238	221	15
伊朗	236	259	11	10	27	31	0	0	2,659	2,836	268	279	16
伊拉克	134	118	19	16	61	37	1	6	3,418	2,619	264	95	23
以色列	57	25	29	27	89	94	0	0	3,075	3,278	652	589	X
约旦	22	16	42	13	91	94	4	8	2,780	3,014	385	266	9 d
科威特	2	2	84	35	99	99	X	X	3,021	3,096	707	728	6
黎巴嫩	24	30	32	8	93	90	9	0	3,040	3,277	431	448	3
利比亚	69	35	14	20	83	91	0	0	3,308	3,289	464	341	5
摩洛哥	297	259	27	41	30	43	16	0	3,047	3,078	190	210	9
阿曼	3	2	36	5	99	99	X	X	X	X	X	X	23
沙特阿拉伯	214	116	70	29	74	72	X	X	2,488	2,783	446	415	X
叙利亚	310	347	29	26	29	(9)	4	2	3,166	3,352	395	399	13
突尼斯	124	203	33	42	49	58	21	1	3,067	3,283	275	279	9
土耳其	566	485	7	6	2	5	0	0	3,496	3,525	419	397	10
阿拉伯联合酋长国	1	0	29	57	100	100	X	X	3,038	3,390	793	827	14
也门	73	44	22	13	64	73	11	2	2,126	2,051	166	144	39

	人均谷物总产量（10^3t/1000人）		国内谷物总产量的变化（平均值的变化%）		谷物净进口和粮食援助占总谷物消费的%(a)		粮食援助占总进口的%		人均每日卡路里数（kcal）		人均每日动物产品摄入量（kcal）		体重不足儿童的%(b)
	1986-88	1996-98	1979-88	1989-98	1985-87	1995-97	1985-87	1995-97	1987	1997	1987	1997	
撒哈拉以南非洲	**152**	**146**	**12**	**8**	**16**	**13**	**29**	**14**	**2,063 f**	**2,183 f**	**149 f**	**143 f**	**31 f**
安哥拉	41	46	8	26	49	59	31	29	1,864	1,903	251	138	42
贝宁	113	145	17	15	15	14	11	13	1,961	2,487	105	104	29
博茨瓦纳	43	27	68	36	92	77	25	0	2,337	2,183	339	396	17
布基纳法索	225	197	22	13	13	6	26	18	2,181	2,121	106	109	30
布隆迪	56	44	10	7	10	9	14	6	2,023	1,685	56	44	37
喀麦隆	86	88	10	15	24	15	4	1	2,178	2,111	146	125	14
中非	55	42	15	18	23	15	27	3	1,914	2,016	171	190	27
乍得	124	161	21	20	15	6	45	31	1,596	2,032	116	113	39
刚果	10	1	24	53	82	96	2	8	2,326	2,144	162	144	17 d
刚果人民民主共和国	37	31	12	7	31	17	20	6	2,132	1,755	64	47	34
科特迪瓦	103	126	11	14	36	29	0	5	2,677	2,610	160	97	24
赤道几内亚	X	0	X	X	100	100	28	8	X	X	X	X	X
厄立特里亚	X	38	X	26	X	58	X	X	X	1,622	X	92	44
埃塞俄比亚	127 h	150	10 h	20	25 h	11	57 h	50	1,677 h	1,858	107 h	101	48
加蓬	27	28	31	11	79	79	0	0	2,460	2,556	383	327	X
冈比亚	122	88	17	5	44	51	23	4	2,498	2,350	121	126	26
加纳	74	94	22	17	22	18	35	15	1,979	2,611	107	84	27
几内亚	115	127	8	15	23	27	29	2	2,060	2,232	63	62	X
几内亚比绍	170	158	16	6	24	28	33	5	2,378	2,430	172	165	23 d
肯尼亚	149	100	16	9	6	17	36	10	2,025	1,977	272	241	23
莱索托	106	98	20	36	55	67	24	6	2,216	2,244	158	136	16
利比里亚	123	64	6	46	35	73	26	28	2,344	2,044	98	65	X
马达加斯加	220	183	3	3	12	5	39	19	2,292	2,022	239	194	40
马拉维	169	170	6	22	3	12	45	26	2,027	2,043	73	56	30
马里	192	211	15	8	16	4	25	21	1,967	2,030	192	214	40
毛里塔尼亚	81	69	49	27	69	59	29	10	2,509	2,622	540	443	23
莫桑比克	48	83	8	42	55	30	53	30	1,785	1,832	68	44	27
纳米比亚	63	65	8	32	56	56	0	4	2,199	2,183	273	272	26
尼日尔	268	232	12	9	12	4	24	36	2,033	2,097	118	113	43
尼日利亚	196	213	28	7	10	6	0	0	2,103	2,735	84	103	36
卢旺达	45	35	5	22	13	71	33	56	2,042	2,057	57	60	27
塞内加尔	139	97	22	9	37	43	18	1	2,104	2,418	207	193	22
塞拉利昂	146	104	4	10	26	43	31	14	2,126	2,035	73	66	29
索马里	82	31	24	38	43	28	43	11	1,995	1,566	635	737	X
南非	374	313	16	22	(8)	1	0	0	2,976	2,990	458	409	9
苏丹	157	197	35	32	32	7	51	16	2,208	2,395	373	473	34
坦桑尼亚	166	128	11	10	7	6	23	18	2,288	1,995	143	129	27
多哥	128	159	15	12	18	12	12	5	1,946	2,469	92	102	19
乌干达	80	83	10	8	3	2	46	51	2,113	2,085	128	138	26
赞比亚	224	137	20	26	19	13	43	15	2,017	1,970	107	113	24
津巴布韦	285	227	34	30	(17)	(19)	23	1	2,112	2,145	205	180	16
北美洲	**1,156**	**1,305**	**12**	**9**	**(38)**	**(43)**	**X**	**X**	**3,398 f**	**3,641 f**	**1,921 f**	**1,837 f**	**X**
加拿大	1,807	1,753	13	6	(86)	(72)	X	X	3,105	3,119	942	843	X
美国	1,086	1,255	14	10	(32)	(40)	X	X	3,430	3,699	979	995	1
中美洲和加勒比地区	**205**	**208**	**9**	**6**	**24**	**30**	**9**	**1**	**2,798 f**	**2,794 f**	**436 f**	**428 f**	**X**
伯利兹	152	235	11	24	32	28	3	0	2,565	2,907	720	648	6
哥斯达黎加	114	58	8	11	44	75	42	0	2,717	2,649	425	469	2
古巴	59	45	6	23	78	77	X	X	3,125	2,480	671	301	9
多米尼加共和国	83	67	12	8	47	66	X	X	2,330	2,288	271	339	6
萨尔瓦多	142	139	8	8	41	35	51	2	2,312	2,562	259	297	11
危地马拉	171	110	8	10	22	31	44	5	2,384	2,339	164	205	27
海地	73	56	5	8	31	47	X	X	1,848	1,869	123	99	28
洪都拉斯	127	129	10	7	32	30	52	10	2,206	2,403	255	332	18
牙买加	2	1	17	12	98	99	X	X	2,630	2,553	438	455	10
墨西哥	290	306	11	7	14	22	0	0	3,022	3,097	493	520	14 d
尼加拉瓜	134	136	8	13	34	26	44	15	2,330	2,186	268	165	12
巴拿马	132	90	8	14	30	51	0	0	2,302	2,430	483	537	7
特立尼达和多巴哥	8	11	34	19	97	95	X	X	2,975	2,661	544	382	7 d
南美洲	**288**	**293**	**7**	**9**	**(5)**	**1**	**6**	**1**	**2,654 f**	**2,800 f**	**487 f**	**561 f**	**X**
阿根廷	764	943	15	17	(148)	(117)	X	X	3,096	3,093	1,004	886	X
玻利维亚	138	152	16	12	41	24	42	33	2,153	2,174	356	406	16
巴西	295	273	12	9	12	15	0	0	2,745	2,974	443	585	6
智利	222	193	22	5	11	29	4	0	2,518	2,796	409	612	1
哥伦比亚	103	84	5	7	22	47	3	0	2,341	2,597	342	428	8
厄瓜多尔	135	156	27	12	24	15	8	2	2,430	2,679	349	471	17 d
圭亚那	316	654	8	33	5	(42)	42	40	2,469	2,530	200	343	12
巴拉圭	164	289	13	21	2	(18)	8	0	2,564	2,566	455	594	4
秘鲁	108	106	16	15	47	51	15	3	2,276	2,302	377	339	8
苏里南	711	536	7	7	(31)	(21)	0	26	2,435	2,665	313	332	X
乌拉圭	352	640	9	20	(34)	(75)	0	0	2,613	2,816	962	944	5
委内瑞拉	132	97	21	8	51	48	X	X	2,602	2,321	433	361	5
大洋洲	**910**	**1,144**	**16**	**18**	**(857)**	**(150)**	**0**	**0**	**2,980 f**	**3,054 f**	**960 f**	**902 f**	**X**
澳大利亚	1,360	1,775	17	18	(1,735)	(194)	X	X	3,159	3,224	1,093	1,021	X
斐济	39	24	18	17	77	87	0	0	2,626	2,865	496	589	8
新西兰	301	247	16	9	(36)	24	X	X	3,201	3,395	1,291	1,303	X
巴布亚新几内亚	1	2	20	28	99	98	0	0	2,137	2,224	268	247	30 d
所罗门群岛	3	0	58	X	86	100	3	0	2,195	2,122	239	197	21 d
发达国家	**675**	**677**	**6**	**4**	**(9)**	**(15)**	**0**	**0**	**3,324 f**	**3,240 f**	**940 f**	**854 f**	**X**
发展中国家	**252**	**265**	**8**	**5**	**8**	**9**	**11**	**3**	**2,453 f**	**2,650 f**	**234 f**	**322 f**	**31 f**

注："零"表示无或小于1/2的计量单位。(0)指小于0但大于负1/2的值。a.负值指粮食净出口。b.指所给年份内最近年的数据。c.1992–1998年数据。d.指非表头所示年份，不同于标准定义或仅指国家某个部分的数据。e.包括台湾。f.地区总量由数据来源计算。g.包括卢森堡。h.1993年前的数据包括厄立特里亚。

来源：联合国粮农组织，联合国人口处和联合国儿童基金会

	国内年均可再生水资源		每年河水流量		每年开采量				部门开采量		
	总量 (km³)	2000年人均 (m³)	流自其他国家 (km³)	流向其他国家 (km³)	数据年份	总量 (km³)	占水资源的 %	人均 (km³)	民用	工业用	农用
世界(a)	**42,650.00**	**7,044**	**X**	**X**	**1990**	**3,414.00**	**8**	**648**	**9**	**20**	**71**
亚洲（中亚除外）	**X**	**X**	**X**	**X**	**X**	**X**	**X**	**X**	**X**	**X**	**X**
亚美尼亚	9.07	2,577	1.5	3.2	1994	2.93	32	817	30	4	66
阿塞拜疆	8.12	1,049	22.2	X	1995	16.53	204	2,186	5	25	70
孟加拉国	104.99	813	1,105.6	X	1990	14.64	14	134	12	2	86
不丹	95.00	44,728	X	X	1987	0.02	0	13	36	10	54
柬埔寨	120.56	10,795	355.6	471.4	1987	0.52	0	66	5	1	94
中国	2,812.40	2,201	17.2	719.0	1993	525.46	19	439	5	18	77
格鲁吉亚	58.13	11,702	5.2	14.4	1990	3.47	6	635	21	20	59
印度	1,260.56	1,244	647.2	1,307.0	1990	500.00	40	588	5	3	92
印度尼西亚	2,838.00	13,380	X	X	1990	74.34	3	407	6	1	93
日本	430.00	3,393	0.0	0.0	1992	91.40	21	735	19	17	64
哈萨克斯坦	75.42	4,649	34.2	51.7	1993	33.67	45	2,019	2	17	81
朝鲜	67.00	2,787	10.1	4.9	1987	14.16	21	726	11	16	73
韩国	64.85	1,384	4.9	X	1994	23.67	36	531	26	11	63
吉尔吉斯斯坦	46.45	9,884	X	25.9	1994	10.09	22	2,219	3	3	94
老挝	190.42	35,049	91.2	424.8	1987	0.99	1	260	8	10	82
马来西亚	580.00	26,074	X	X	1995	12.73	2	633	11	13	76
蒙古	34.80	13,073	X	25.0	1993	0.43	1	182	20	27	53
缅甸	880.59	19,306	128.2	X	1987	3.96	0	102	7	3	90
尼泊尔	198.20	8,282	12.0	133.2	1994	29.00	15	1,397	1	0	99
巴基斯坦	84.73	541	170.3	X	1991	155.60	184	1,269	2	2	97
菲律宾	479.00	6,305	X	X	1995	55.42	12	811	8	4	88
新加坡	X	X	0.0	X	X	X	X	X	X	X	X
斯里兰卡	50.00	2,656	X	X	1990	9.77	20	573	2	2	96
塔吉克斯坦	66.30	10,714	13.3	63.6	1994	11.87	18	2,095	4	4	92
泰国	210.00	3,420	199.9	X	1990	33.13	16	596	5	4	91
土库曼斯坦	1.36	305	44.1	26.4	1994	23.78	1,748	5,947	1	1	98
乌兹别克斯坦	16.34	672	X	21.8	1994	58.05	355	2,626	4	2	94
越南	366.51	4,591	524.7	X	1990	54.33	15	815	4	10	86
欧洲(a)	**2,900.00**	**3,981**	**X**	**X**	**1990**	**476.10**	**16**	**660**	**14**	**45**	**41**
阿尔巴尼亚	26.92	8,646	15.7	X	1995	1.40	5	441	29	0	71
奥地利	55.00	6,699	29.0	X	1995	2.23	4	278	31	60	9
白俄罗斯	37.20	3,634	20.8	58.0	1990	2.73	7	266	22	43	35
比利时	12.00	1,181	4.0	X	1980	9.03	75	917	X	X	X
波斯尼亚和黑塞哥维那	35.50	8,938	2.0	37.0	X	X	X	X	X	X	X
保加利亚	18.00	2,188	X	X	X	X	X	X	X	X	X
克罗地亚	37.70	8,429	33.7	39.3	1996	0.76	2	170	50	50	X
捷克	15.00	1,464	1.0	X	1995	2.52	17	244	39	57	1
丹麦	6.00	1,134	X	X	1995	0.89	15	170	53	9	16
爱沙尼亚	12.71	9,105	0.1	X	1995	0.16	1	106	56	39	5
芬兰	107.00	20,673	3.0	X	1995	2.44	2	477	17	82	0
法国	180.00	3,047	11.0	20.5	1995	40.64	23	700	15	73	12
德国	107.00	1,301	71.0	X	1990	46.27	43	583	14	86	0
希腊	54.00	5,073	15.0	3.0	1990	7.03	13	688	16	3	81
匈牙利	6.00	598	114.0	X	1995	6.26	104	612	14	70	5
冰岛	170.00	605,049	X	X	1995	0.16	0	611	50	6	0
爱尔兰	49.00	13,136	3.0	X	1995	1.18	2	326	40	21	15
意大利	160.68	2,804	6.8	0.0	1993	57.54	36	1,005	18	37	45
拉脱维亚	16.74	7,104	18.7	0.7	1994	0.29	2	111	55	32	13
立陶宛	15.56	4,239	9.3	24.7	1995	0.25	2	68	81	16	3
马其顿	6.00	2,965	1.0	7.0	X	X	X	X	X	X	X
摩尔多瓦	1.00	228	10.7	11.7	1992	2.96	296	677	9	65	26
荷兰	11.00	697	80.0	X	1990	7.81	71	522	16	68	0
挪威	382.00	85,560	11.0	X	1985	2.03	1	488	27	68	3
波兰	55.00	1,419	8.0	X	1995	12.07	22	313	20	67	3
葡萄牙	37.00	3,747	35.0	0.0	1990	7.29	20	739	8	40	53
罗马尼亚	37.00	1,657	X	X	X	X	X	X	X	X	X
俄罗斯	4,313.70	29,358	184.5	X	1994	77.10	2	520	19	62	20
斯洛伐克	13.00	2,413	70.0	X	1995	1.41	11	263	39	50	8
斯洛文尼亚	18.50	9,317	0.0	17.3	1994	0.50	3	250	50	50	X
西班牙	111.80	2,821	0.3	29.0	1997	35.52	32	897	13	18	68
瑞典	178.00	19,977	0.0	X	1995	2.73	2	310	35	30	4
瑞士	40.00	5,416	13.0	X	1995	2.60	6	363	42	58	0
乌克兰	53.10	1,052	86.5	5.8	1992	25.99	49	501	18	52	30
英国	145.00	2,465	2.0	X	1995	9.34	6	160	65	8	2
南斯拉夫	44.00	4,135	144.0	182.0	X	X	X	X	X	X	X
中亚和北非	**X**	**X**	**X**	**X**	**X**	**X**	**X**	**X**	**X**	**X**	**X**
阿富汗	55.00	2,421	10.0	X	1987	26.11	47	1,846	1	0	99
阿尔及利亚	13.90	442	0.4	0.4	1990	4.50	32	180	25	15	60
埃及	2.30	34	56.0	0.0	1993	55.10	2,396	920	6	8	86
伊朗	128.50	1,898	X	55.9	1993	70.03	55	1,165	6	2	92
伊拉克	35.20	1,523	X	0.0	1990	42.80	122	2,368	3	5	92
以色列	0.75	121	0.3	0.0	1997	1.71	228	292	29	7	64
约旦	0.68	102	X	X	1993	0.98	145	187	22	3	75
科威特	0.02	10	0.0	0.0	1994	0.54	2,690	307	37	2	60
黎巴嫩	4.80	1,463	0.0	0.7	1994	1.29	27	444	28	4	68
利比亚	0.80	143	0.0	0.0	1995	3.89	486	783	9	4	87
摩洛哥	30.00	1,058	0.0	0.2	1991	11.05	37	454	5	3	92
阿曼	0.99	388	X	X	1991	1.20	122	646	5	2	94
沙特阿拉伯	2.40	111	0.0	X	1992	17.00	708	1,002	9	1	90
叙利亚	7.00	434	37.7	32.0	1993	14.41	206	1,069	4	2	94
突尼斯	3.52	367	0.6	0.0	1996	2.83	80	312	13	2	86
土耳其	196.00	2,943	7.6	60.4	1997	35.50	18	560	16	11	73
阿拉伯联合酋长国	0.15	61	0.0	X	1995	2.11	1,405	954	24	9	67
也门	4.10	226	X	X	1990	2.93	72	253	7	1	92

	国内年均可再生水资源		每年河水流量		每年开采量				部门开采量			
	总量 (km^3)	2000年人均 (m^3)	流自其他国家 (km^3)	流向其他国家 (km^3)	数据年份	总量 (km^3)	占水资源的 %	人均 (km^3)	民用	工业用	农用	
撒哈拉以南非洲	**X**	**X**	**X**	**X**	**X**	**X**	**X**	**X**	**X**	**X**	**X**	
安哥拉	184.00	14,288	X	X	1987	0.48	0	57	14	10	76	
贝宁	10.30	1,689	15.5	X	1994	0.15	1	28	23	10	67	
博茨瓦纳	2.90	1,788	11.8	X	1992	0.11	4	81	32	20	48	
布基纳法索	17.50	1,466	X	X	1992	0.38	2	39	19	0	81	
布隆迪	3.60	538	X	X	1987	0.10	3	20	36	0	64	
喀麦隆	268.00	17,766	0.0	0.0	1987	0.40	0	38	46	19	35	
中非	141.00	39,001	X	X	1987	0.07	0	26	21	6	73	
乍得	15.00	1,961	28.0	X	1990	0.19	1	33	16	2	82	b
刚果	221.90	75,387	610.0	X	1987	0.04	0	20	62	27	11	
刚果人民民主共和	935.00	18,101	84.0	X	1994	0.36	0	8	61	16	23	
科特迪瓦	76.70	5,187	1.0	X	1987	0.70	1	66	22	11	67	
赤道几内亚	30.00	66,275	0.0	X	1987	0.01	0	30	81	13	6	
厄立特里亚	2.80	727	6.0	X	X	X	X	X	X	X	X	
埃塞俄比亚	110.00	1,758	0.0	X	1987	2.20	2	50	11	3	86	
加蓬	164.00	133,754	0.0	X	1987	0.06	0	70	72	22	6	
冈比亚	3.00	2,298	5.0	X	1990	0.03	1	33	7	2	91	c
加纳	30.30	1,499	22.9	X	1970	0.30	1	35	35	13	52	
几内亚	226.00	30,416	0.0	X	1987	0.74	0	141	10	3	87	
几内亚比绍	16.00	13,189	11.0	X	1991	0.02	0	17	60	4	36	
肯尼亚	20.20	672	10.0	X	1990	2.05	10	87	20	4	76	
莱索托	5.23	2,430	0.0	X	1987	0.05	1	31	22	22	56	
利比里亚	200.00	63,412	32.0	X	1987	0.13	0	54	27	13	60	
马达加斯加	337.00	21,139	0.0	X	1990	19.70	6	1,694	1	0	99	d
马拉维	17.54	1,605	1.1	X	1994	0.94	5	98	10	3	86	
马里	60.00	5,341	40.0	X	1987	1.36	2	164	2	1	97	
毛里塔尼亚	0.40	150	11.0	X	1990	16.30	4,075	8,046	6	2	92	e
莫桑比克	100.00	5,081	116.0	X	1992	0.61	1	40	9	2	89	
纳米比亚	6.20	3,592	39.3	X	1990	0.25	4	185	29	3	68	
尼日尔	3.50	326	29.0	X	1990	0.50	14	65	16	2	82	f
尼日利亚	221.00	1,982	59.0	X	1990	4.00	2	46	31	15	54	b
卢旺达	6.30	815	X	X	1993	0.77	12	134	5	1	94	
塞内加尔	26.40	2,784	13.0	X	1990	1.50	6	205	5	3	92	b
塞拉利昂	160.00	32,960	0.0	X	1987	0.37	0	98	7	4	89	
索马里	6.00	594	9.7	X	1987	0.81	14	115	3	0	97	
南非	44.80	1,110	5.2	X	1990	13.30	30	391	17	11	72	
苏丹	35.00	1,187	119.0	X	1995	17.80	51	669	5	1	94	
坦桑尼亚	80.00	2,387	9.0	X	1994	1.17	1	40	9	2	89	
多哥	11.50	2,484	0.5	X	1987	0.09	1	28	62	13	25	
乌干达	39.00	1,791	27.0	X	1970	0.20	1	20	32	8	60	
赞比亚	80.20	8,747	35.8	X	1994	1.71	2	214	16	7	77	
津巴布韦	14.10	1,208	5.9	X	1987	1.22	9	136	14	7	79	
北美洲(a)(g)	**7,770.00**	**25,105**	**X**	**X**	**1990**	**617.10**	**8**	**2,189**	**11**	**42**	**47**	
加拿大	2,740.00	87,971	52.0	X	1990	45.10	2	1,623	11	80	9	
美国	2,460.00	8,838	18.0	0.0	1995	447.71	18	1,677	8	65	27	
中美洲和加勒比地区	**X**	**X**	**X**	**X**	**X**	**X**	**X**	**X**	**X**	**X**	**X**	
伯利兹	16.00	66,470	X	X	1993	0.10	1	469	12	88	0	
哥斯达黎加	112.40	27,936	X	X	1997	5.77	5	1,540	13	7	80	
古巴	38.00	3,393	X	X	1995	5.21	14	475	49	0	51	
多米尼加共和国	21.00	2,472	X	X	1994	8.34	40	1,085	11	0	89	
萨尔瓦多	17.70	2,820	X	X	1992	0.73	4	137	34	20	46	
危地马拉	134.40	11,805	X	X	1992	1.16	1	126	9	17	74	
海地	12.11	1,473	X	X	1991	0.98	8	139	5	1	94	
洪都拉斯	96.10	14,818	X	X	1992	1.52	2	293	4	5	91	
牙买加	9.40	3,640	X	X	1993	0.90	10	371	15	7	77	
墨西哥	409.00	4,136	49.0	X	1998	77.81	19	812	17	5	78	
尼加拉瓜	190.20	37,484	X	X	1998	1.29	1	267	14	2	84	
巴拿马	147.40	51,616	X	X	1990	1.64	1	685	28	2	70	
特立尼达和多巴哥	X	X	X	X	X	X	X	X	X	X	X	
南美洲(a)	**12,030.00**	**34,791**	**X**	**X**	**1990**	**140.70**	**1**	**477**	**20**	**11**	**69**	
阿根廷	360.00	9,721	X	X	1995	28.58	8	822	16	9	75	
玻利维亚	316.00	37,941	X	X	1990	1.38	0	210	32	20	48	b
巴西	5,418.00	31,849	X	X	1992	54.87	1	359	21	18	61	
智利	928.00	61,007	X	X	1990	21.40	2	1,634	5	11	84	b
哥伦比亚	2,133.00	50,400	X	X	1996	8.94	0	228	59	4	37	
厄瓜多尔	442.00	34,952	X	X	1997	16.99	4	1,423	12	6	82	
圭亚那	241.00	279,799	X	X	1992	1.46	1	1,811	1	0	98	
巴拉圭	94.00	17,102	X	X	1987	0.43	0	112	15	7	78	
秘鲁	1,746.00	68,039	X	X	1992	18.97	1	849	7	7	86	
苏里南	200.00	479,467	X	X	1990	0.49	0	1,220	6	5	89	b
乌拉圭	59.00	17,680	X	X	1990	4.20	7	1,352	6	3	91	h
委内瑞拉	846.00	35,002	X	X	1970	4.10	0	382	44	10	46	
大洋洲(a)	**2,400.00**	**78,886**	**X**	**X**	**1990**	**24.30**	**1**	**919**	**57**	**14**	**30**	
澳大利亚	352.00	18,638	0.0	X	1995	15.06	4	839	12	6	70	
斐济	X	X	X	X	X	X	X	X	0	0	0	
新西兰	327.00	84,673	X	X	1995	2.00	1	545	9	13	55	
巴布亚新几内亚	801.00	166,644	X	X	1987	0.10	0	28	29	22	49	
所罗门群岛	X	X	X	X	X	X	X	X	X	X	X	
非洲	**4,040.00**	**5,152**	**X**	**X**	**1990**	**148.80**	**4**	**242**	**9**	**6**	**85**	
亚洲	**13,508.00**	**3,949**	**X**	**X**	**1990**	**2,007.00**	**15**	**675**	**7**	**9**	**84**	

注：“零”表示无或小 1/2的计量单位。由于地下水位下降，自河流中采水，以及启用脱盐装置等原因，总开采量可能超过100%。a.世界和地区总量由LA.Shiklomanov提供。b.部门开采量估计数系指1987年。c.部门开采量估计数系指1982年。d.部门开采量估计数系指1984年。e.部门开采量估计数系指1985年。f.部门开采估计数系指1988年。g.数据包括中美洲和加勒比海。h.部门开采量估计数系指1965年。

来源：各种来源

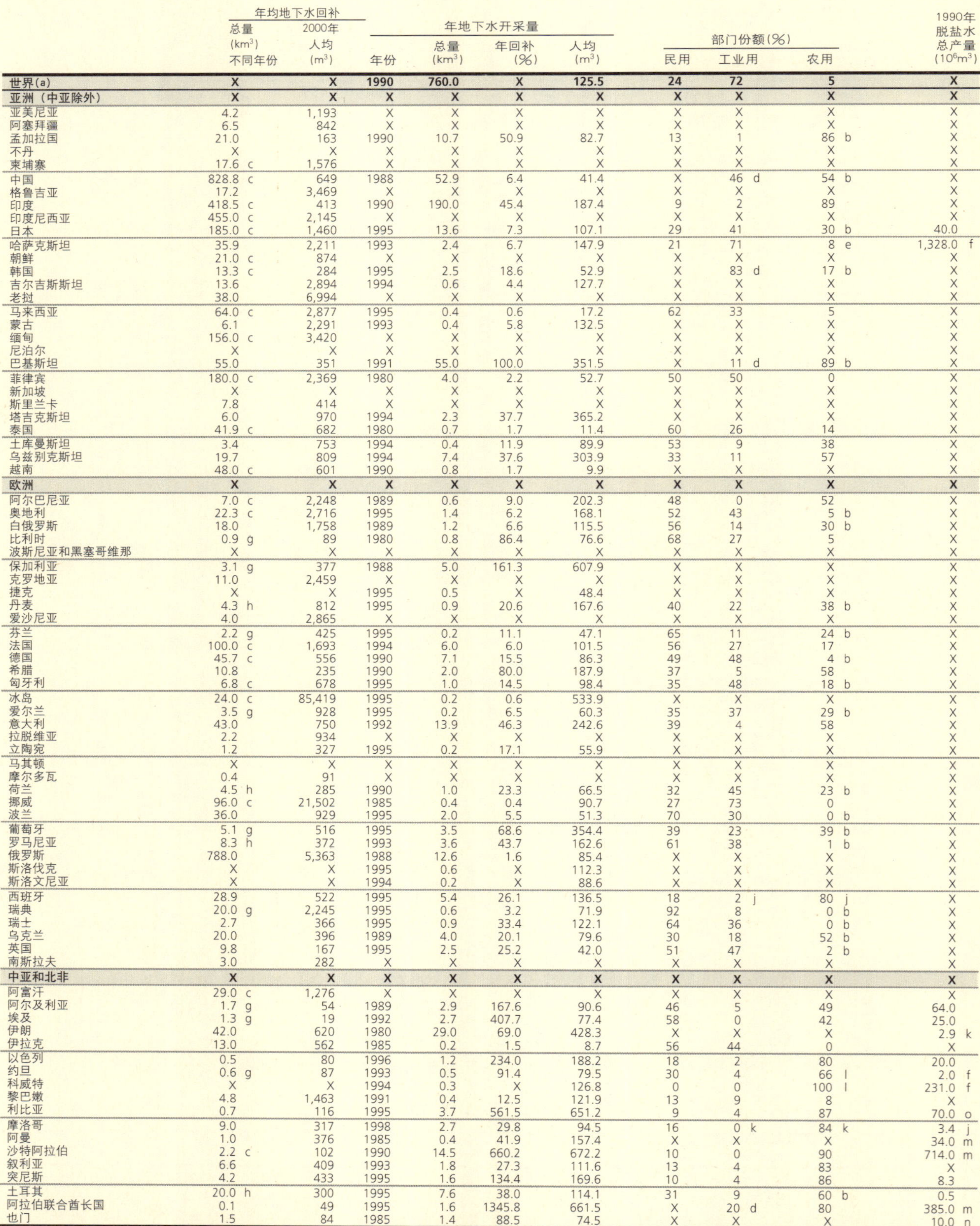

	年均地下水回补		年地下水开采量				部门份额(%)			1990年脱盐水总产量
	总量 (km³) 不同年份	2000年人均 (m³)	年份	总量 (km³)	年回补 (%)	人均 (m³)	民用	工业用	农用	(10⁶m³)
世界(a)	**X**	**X**	**1990**	**760.0**	**X**	**125.5**	**24**	**72**	**5**	**X**
亚洲(中亚除外)	**X**	**X**	**X**	**X**	**X**	**X**	**X**	**X**	**X**	**X**
亚美尼亚	4.2	1,193	X	X	X	X	X	X	X	X
阿塞拜疆	6.5	842	X	X	X	X	X	X	X	X
孟加拉国	21.0	163	1990	10.7	50.9	82.7	13	1	86 b	X
不丹	X	X	X	X	X	X	X	X	X	X
柬埔寨	17.6 c	1,576	X	X	X	X	X	X	X	X
中国	828.8 c	649	1988	52.9	6.4	41.4	X	46 d	54 b	X
格鲁吉亚	17.2	3,469	X	X	X	X	X	X	X	X
印度	418.5 c	413	1990	190.0	45.4	187.4	9	2	89	X
印度尼西亚	455.0 c	2,145	X	X	X	X	X	X	X	X
日本	185.0 c	1,460	1995	13.6	7.3	107.1	29	41	30 b	40.0
哈萨克斯坦	35.9	2,211	1993	2.4	6.7	147.9	21	71	8 e	1,328.0 f
朝鲜	21.0 c	874	X	X	X	X	X	X	X	X
韩国	13.3 c	284	1995	2.5	18.6	52.9	X	83 d	17 b	X
吉尔吉斯斯坦	13.6	2,894	1994	0.6	4.4	127.7	X	X	X	X
老挝	38.0	6,994	X	X	X	X	X	X	X	X
马来西亚	64.0 c	2,877	1995	0.4	0.6	17.2	62	33	5	X
蒙古	6.1	2,291	1993	0.4	5.8	132.5	X	X	X	X
缅甸	156.0 c	3,420	X	X	X	X	X	X	X	X
尼泊尔	X	X	X	X	X	X	X	X	X	X
巴基斯坦	55.0	351	1991	55.0	100.0	351.5	X	11 d	89 b	X
菲律宾	180.0 c	2,369	1980	4.0	2.2	52.7	50	50	0	X
新加坡	X	X	X	X	X	X	X	X	X	X
斯里兰卡	7.8	414	X	X	X	X	X	X	X	X
塔吉克斯坦	6.0	970	1994	2.3	37.7	365.2	X	X	X	X
泰国	41.9 c	682	1980	0.7	1.7	11.4	60	26	14	X
土库曼斯坦	3.4	753	1994	0.4	11.9	89.9	53	9	38	X
乌兹别克斯坦	19.7	809	1994	7.4	37.6	303.9	33	11	57	X
越南	48.0 c	601	1990	0.8	1.7	9.9	X	X	X	X
欧洲	**X**	**X**	**X**	**X**	**X**	**X**	**X**	**X**	**X**	**X**
阿尔巴尼亚	7.0 c	2,248	1989	0.6	9.0	202.3	48	0	52	X
奥地利	22.3 c	2,716	1995	1.4	6.2	168.1	52	43	5 b	X
白俄罗斯	18.0	1,758	1989	1.2	6.6	115.5	56	14	30 b	X
比利时	0.9 g	89	1980	0.8	86.4	76.6	68	27	5	X
波斯尼亚和黑塞哥维那	X	X	X	X	X	X	X	X	X	X
保加利亚	3.1 g	377	1988	5.0	161.3	607.9	X	X	X	X
克罗地亚	11.0	2,459	X	X	X	X	X	X	X	X
捷克	X	X	1995	0.5	X	48.4	X	X	X	X
丹麦	4.3 h	812	1995	0.9	20.6	167.6	40	22	38 b	X
爱沙尼亚	4.0	2,865	X	X	X	X	X	X	X	X
芬兰	2.2 g	425	1995	0.2	11.1	47.1	65	11	24 b	X
法国	100.0 c	1,693	1994	6.0	6.0	101.5	56	27	17	X
德国	45.7 c	556	1990	7.1	15.5	86.3	49	48	4 b	X
希腊	10.8	235	1990	2.0	80.0	187.9	37	5	58	X
匈牙利	6.8 c	678	1995	1.0	14.5	98.4	35	48	18 b	X
冰岛	24.0 c	85,419	1995	0.2	0.6	533.9	X	X	X	X
爱尔兰	3.5 g	928	1995	0.2	6.5	60.3	35	37	29 b	X
意大利	43.0	750	1992	13.9	46.3	242.6	39	4	58	X
拉脱维亚	2.2	934	X	X	X	X	X	X	X	X
立陶宛	1.2	327	1995	0.2	17.1	55.9	X	X	X	X
马其顿	X	X	X	X	X	X	X	X	X	X
摩尔多瓦	0.4	91	X	X	X	X	X	X	X	X
荷兰	4.5 h	285	1990	1.0	23.3	66.5	32	45	23 b	X
挪威	96.0 c	21,502	1985	0.4	0.4	90.7	27	73	0	X
波兰	36.0	929	1995	2.0	5.5	51.3	70	30	0 b	X
葡萄牙	5.1 g	516	1995	3.5	68.6	354.4	39	23	39 b	X
罗马尼亚	8.3 h	372	1993	3.6	43.7	162.6	61	38	1 b	X
俄罗斯	788.0	5,363	1988	12.6	1.6	85.4	X	X	X	X
斯洛伐克	X	X	1995	0.6	X	112.3	X	X	X	X
斯洛文尼亚	X	X	1994	0.2	X	88.6	X	X	X	X
西班牙	28.9	522	1995	5.4	26.1	136.5	18	2 j	80 j	X
瑞典	20.0 g	2,245	1995	0.6	3.2	71.9	92	8	0 b	X
瑞士	2.7	366	1995	0.9	33.4	122.1	64	36	0 b	X
乌克兰	20.0	396	1989	4.0	20.1	79.6	30	18	52 b	X
英国	9.8	167	1995	2.5	25.2	42.0	51	47	2 b	X
南斯拉夫	3.0	282	X	X	X	X	X	X	X	X
中亚和北非	**X**	**X**	**X**	**X**	**X**	**X**	**X**	**X**	**X**	**X**
阿富汗	29.0 c	1,276	X	X	X	X	X	X	X	X
阿尔及利亚	1.7 g	54	1989	2.9	167.6	90.6	46	5	49	64.0
埃及	1.3 g	19	1992	2.7	407.7	77.4	58	0	42	25.0
伊朗	42.0	620	1980	29.0	69.0	428.3	X	X	X	2.9 k
伊拉克	13.0	562	1985	0.2	1.5	8.7	56	44	0	X
以色列	0.5	80	1996	1.2	234.0	188.2	18	2	80	20.0
约旦	0.6 g	87	1993	0.5	91.4	79.5	30	4	66 l	2.0 f
科威特	X	X	1994	0.3	X	126.8	0	0	100 l	231.0 f
黎巴嫩	4.8	1,463	1991	0.4	12.5	121.9	13	9	8	X
利比亚	0.7	116	1995	3.7	561.5	651.2	9	4	87	70.0 o
摩洛哥	9.0	317	1998	2.7	29.8	94.5	16	0 k	84 k	3.4 j
阿曼	1.0	376	1985	0.4	41.9	157.4	X	X	X	34.0 m
沙特阿拉伯	2.2 c	102	1990	14.5	660.2	672.2	10	0	90	714.0 m
叙利亚	6.6	409	1993	1.8	27.3	111.6	13	4	83	X
突尼斯	4.2	433	1995	1.6	134.4	169.6	10	4	86	8.3
土耳其	20.0 h	300	1995	7.6	38.0	114.1	31	9	60 b	0.5
阿拉伯联合酋长国	0.1	49	1995	1.6	1345.8	661.5	X	20 d	80	385.0 m
也门	1.5	84	1985	1.4	88.5	74.5	X	X	X	10.0 n

	年均地下水回补		年地下水开采量				部门份额(%)			1990年脱盐水总产量 (10^6m^3)
	总量 (km^3) 不同年份	2000年人均 (m^3)	年份	总量 (km^3)	年回补 (%)	人均 (m^3)	民用	工业用	农用	
撒哈拉以南非洲	**X**	**X**	**X**	**X**	**X**	**X**	**X**	**X**	**X**	**X**
安哥拉	72.0 c	5,591	X	X	X	X	X	X	X	0.1
贝宁	1.8 g	295	X	X	X	X	X	X	X	X
博茨瓦纳	1.7 g	1,048	X	X	X	X	X	X	X	X
布基纳法索	9.5 g	796	X	X	X	X	X	X	X	X
布隆迪	2.1 c	314	X	X	X	X	X	X	X	X
喀麦隆	100.0 c	6,629	X	X	X	X	X	X	X	X
中非	56.0 c	15,490	X	X	X	X	X	X	X	X
乍得	11.5 c	1,503	1990	0.1	0.8	11.8	29	0	71	X
刚果	198.0 c	67,268	X	X	X	X	X	X	X	0.2
刚果人民民主共和国	421.0 c	8,150	X	X	X	X	X	X	X	X
科特迪瓦	37.7 g	2,550	X	X	X	X	X	X	X	X
赤道几内亚	10.0 c	22,092	X	X	X	X	X	X	X	X
厄立特里亚	X	X	X	X	X	X	X	X	X	X
埃塞俄比亚	44.0 c	703	X	X	X	X	X	X	X	X
加蓬	62.0 c	50,566	1989	0.0	0.0	0.4	100	0	0	X
冈比亚	0.5 c	383	X	X	X	X	X	X	X	X
加纳	26.3 g	1,301	X	X	X	X	X	X	X	X
几内亚	38.0 c	5,114	X	X	X	X	X	X	X	X
几内亚比绍	14.0 c	11,541	X	X	X	X	X	X	X	X
肯尼亚	3.0 g	100	X	X	X	X	X	X	X	X
莱索托	0.5 c	232	X	X	X	X	X	X	X	X
利比里亚	60.0 c	19,023	X	X	X	X	X	X	X	X
马达加斯加	55.0 c	3,450	1984	4.8	8.7	298.6	100	0	0	X
马拉维	1.4 c	128	X	X	X	X	X	X	X	X
马里	20.0 g	1,780	1989	0.1	0.5	8.9	7	0	93	X
毛里塔尼亚	0.3 g	112	1985	0.9	293.3	329.6	X	X	X	1.7
莫桑比克	17.0 c	864	X	X	X	X	X	X	X	0.1
纳米比亚	2.1 c	1,217	X	X	X	X	X	X	X	3.0
尼日尔	2.5 g	233	1988	0.1	5.2	12.1	58	4	39	X
尼日利亚	87.0 c	780	X	X	X	X	X	X	X	3.0
卢旺达	3.6 c	466	X	X	X	X	X	X	X	X
塞内加尔	7.6 c	802	1985	0.3	3.3	26.4	25	0	75	0.1
塞拉利昂	50.0 c	10,300	X	X	X	X	X	X	X	X
索马里	3.3 c	327	1985	0.3	9.1	29.7	X	X	X	0.1
南非	4.8	119	1980	1.8	37.3	44.3	11	6	84	17.5
苏丹	7.0	237	1985	0.3	4.0	9.5	X	X	X	0.4
坦桑尼亚	30.0 c	895	X	X	X	X	X	X	X	X
多哥	5.7 g	1,231	X	X	X	X	X	X	X	X
乌干达	29.0 c	1,332	X	X	X	X	X	X	X	X
赞比亚	47.1	5,137	X	X	X	X	X	X	X	X
津巴布韦	5.0 c	428	X	X	X	X	X	X	X	X
北美洲	**X**	**X**	**X**	**X**	**X**	**X**	**X**	**X**	**X**	**X**
加拿大	370.0	11,879	1990	1.0	0.3	33.3	43	14	43 b	X
美国	660.0	2,371	1995	109.8	16.2	384.5	24	10	66	X
中美洲和加勒比地区	**X**	**X**	**X**	**X**	**X**	**X**	**X**	**X**	**X**	**X**
伯利兹	X	X	X	X	X	X	X	X	X	X
哥斯达黎加	21.0 c	5,219	X	X	X	X	X	X	X	X
古巴	8.0 c	714	1975	3.8	47.5	339.3	X	X	X	X
多米尼加共和国	3.0 c	353	X	X	X	X	X	X	X	X
萨尔瓦多	X	X	X	X	X	X	X	X	X	X
危地马拉	31.0 c	2,723	X	X	X	X	X	X	X	X
海地	2.5 h	304	X	X	X	X	X	X	X	X
洪都拉斯	39.0 c	6,013	X	X	X	X	X	X	X	X
牙买加	X	X	X	X	X	X	X	X	X	X
墨西哥	139.0 c	1,406	1995	25.1	18.1	253.8	13	23	64 b	X
尼加拉瓜	59.0 c	11,627	X	X	X	X	X	X	X	X
巴拿马	42.0 c	14,708	X	X	X	X	X	X	X	X
特立尼达和多巴哥	X	X	X	X	X	X	X	X	X	X
南美洲	**X**	**X**	**X**	**X**	**X**	**X**	**X**	**X**	**X**	**X**
阿根廷	128.0 c	3,456	1975	4.7	3.7	126.9	11	19	70	X
玻利维亚	130.0 c	15,609	X	X	X	X	X	X	X	X
巴西	1,874.0 c	11,016	1987	8.0	0.4	47.0	38	25	38	X
智利	140.0 c	9,204	X	X	X	X	X	X	X	X
哥伦比亚	510.0 c	12,051	X	X	X	X	X	X	X	X
厄瓜多尔	134.0 c	10,596	X	X	X	X	X	X	X	X
圭亚那	103.0 c	119,582	X	X	X	X	X	X	X	X
巴拉圭	41.0 c	7,459	X	X	X	X	X	X	X	X
秘鲁	303.0 c	11,807	1973	2.0	0.7	77.9	25	15	60	X
苏里南	80.0 c	191,787	X	X	X	X	X	X	X	X
乌拉圭	23.0 c	6,892	X	X	X	X	X	X	X	X
委内瑞拉	227.0 c	9,392	X	X	X	X	X	X	X	X
大洋洲	**X**	**X**	**X**	**X**	**X**	**X**	**X**	**X**	**X**	**X**
澳大利亚	72.0 g	3,812	1985	2.2	3.1	118.6	X	23 d	77 b	X
斐济	X	X	X	X	X	X	X	X	X	X
新西兰	198.0 c	51,270	X	X	X	X	X	X	X	X
巴布亚新几内亚	X	X	X	X	X	X	X	X	X	X
所罗门群岛	X	X	X	X	X	X	X	X	X	X

注：“零”表示无或小于1/2的计量单位。a．世界总量由 I.A．Shiklomanov提供。b．部门数据的日期比其他开采量数据日期早。c．所有地下水流量的总和(是地表水的组成部分)。d．民用和工业用之和。E．．开采量和部门数据的估计数均来自FAO线条图(联合国粮农组织[FAO]水报告)。f．1993年数据。g．所有回补流量的总和。h．所有可开采地下水的总和。i．由水道和直接排入大海的地下水之和。j．1992年数据。k．1991年数据。L．部门数据的估计数均来自FAO线条图(FAO水报告)。m．1995年数据。n．1989年数据。o．1994年数据。

来源：各种来源

主要河流流域	模型化流域面积(a)(km²)	流域内的国家数	人口密度(人/km²)	占流域的百分比(%) 耕地	森林	草地	人造土地面积(b)	灌溉面积	贫瘠土地	湿地	拉姆萨尔遗址数(c)	人均可获水量(人/年·m³)	建设中的大坝数	河流断流程度(d)
亚洲														
阿姆河	534,739	5	39	22.4	0.1	57.3	3.7	7.5	72.0	0.0	0	3,211	2	高
阿穆尔河	1,929,955	3 e	34	18.4	53.8	8.8	2.6	0.8	15.1	4.4	7	4,917	4	中
布拉马普特拉河	651,335	4 e	178	29.4	18.5	44.7	2.4	3.7	0.0	20.7	1	X	3	X
昭披耶河	178,785	1	122	44.7	35.4	11.1	9.2	12.5	0.0	8.4	0	1,237	0	高
恒河	1,016,124	4 e	398	72.4	4.2	13.4	6.3	22.7	26.0	17.7	4	X	5	X
戈达瓦里河	319,810	1	203	64.0	6.8	22.5	6.7	11.7	42.9	1.2	0	1,602	0	X
红河	170,888	2	191	36.3	43.2	15.5	2.1	3.9	0.0	5.4	0	3,083	3	X
黄河	944,970	1	157	29.5	1.5	60.0	5.9	7.2	37.5	1.1	0	361	7	高
因迪吉尔卡河	274,818	1	<1	0.0	2.4	69.7	0.1	0.0	0.0	3.0	0	973,515	0	低
印度河	1,081,718	4	163	30.0	0.4	46.4	4.6	24.1	62.6	4.2	10	830	3	X
依洛瓦底江	413,710	3	78	30.5	56.2	9.7	1.9	3.4	0.0	6.3	0	18,614	0	X
克孜勒河	122,277	1	55	38.0	1.6	52.0	6.4	4.1	84.9	3.4	2	1,171	9	X
科累马河	679,934	1	<1	0.0	0.7	45.3	0.3	0.0	0.0	1.0	0	722,456	1	中
克里希纳河	226,037	1	263	66.4	2.8	22.7	8.8	16.2	41.3	16.2	0	786	2	X
库拉-阿拉克斯河	205,037	5	75	54.0	7.1	30.6	6.3	10.7	25.4	0.9	2	1,121	4	高
巴尔喀什湖	512,015	2	11	23.2	4.0	61.1	1.5	1.9	91.6	4.7	0	439	0	X
勒那河	2,306,743	1	1	1.7	64.7	11.4	0.4	0.0	0.7	0.6	0	161,359	0	中
马哈那迪河	145,816	1	198	59.5	8.1	26.7	4.9	17.4	0.0	0.2	0	2,171	1	X
湄公河	805,604	6	71	37.8	41.5	17.2	2.1	2.9	0.0	8.7	0	8,934	3	中
纳尔默达河	96,271	1	177	76.5	0.8	15.8	6.1	24.0	25.8	0.8	0	2,159	2	X
鄂毕河	2,972,493	4	10	36.9	33.9	16.0	3.0	0.5	42.5	11.2	4	14,937	0	中
萨尔温河	271,914	3	22	5.5	43.4	48.3	0.5	0.4	0.0	9.5	0	23,796	1	X
锡尔河	782,617	4	28	22.2	2.4	67.4	3.2	5.4	88.5	2.0	1	1,171	4	高
塔布提河	74,627	1	239	78.3	0.2	14.7	7.6	13.3	63.7	0.8	0	1,107	1	X
塔里木河	1,152,448	2	7	2.3	0.0	35.3	0.3	0.6	61.4	16.3	0	754	0	高
底格里斯河和幼发拉底河	765,742	4	57	25.4	1.2	47.7	6.2	9.1	90.9	2.9	0	2,189	19	X
浔江	409,480	2	194	66.5	9.6	6.1	5.3	5.2	0.0	1.3	0	3,169	10	X
雅鲁藏布江	48,331	2	102	41.6	51.2	2.2	2.9	4.4	0.0	1.0	0	3,628	0	高
长江	1,722,193	1	212	47.6	6.3	28.2	3.0	7.1	0.0	3.0	2	2,265	38	中
叶尼塞河	2,554,388	2	3	12.8	39.7	32.4	1.3	0.0	10.9	2.7	1	79,083	1	高
欧洲														
达尔河	30,410	1	10	2.3	71.6	3.4	13.5	0.0	0.0	19.1	1	18,476	0	高
多瑙河	795,656	13 e	102	66.9	18.2	3.2	10.7	5.2	2.6	1.4	47	2,519	11	高
第聂伯河	533,966	3	62	86.5	2.2	1.3	8.8	1.8	3.4	5.9	0	1,552	0	高
德涅斯特河	68,627	3	106	82.8	5.2	1.9	9.3	3.8	5.8	1.1	0	1,621	0	X
顿河	458,694	2	46	83.1	1.4	5.4	8.8	3.2	33.1	0.5	1	1,422	0	高
杜罗河	98,258	2	43	67.4	0.6	21.5	9.9	5.6	9.7	0.4	1	4,093	2	高
埃布罗河	82,587	1 e	34	58.2	5.1	22.1	13.7	10.0	39.8	0.9	4	8,235	5	高
易北河	148,919	4	170	75.7	2.0	3.2	18.2	1.3	0.0	1.7	11	1,195	0	高
加龙河	53,540	3	61	75.9	6.4	2.1	15.4	4.0	0.0	0.1	0	5,504	0	高
格罗马河	41,795	1	27	1.3	46.0	25.0	15.4	0.7	0.0	1.8	3	17,907	0	高
瓜达尔基维尔河	52,664	1	73	52.7	0.5	27.2	18.9	10.4	34.6	3.2	3	2,645	1	X
凯米河	52,456	3	3	0.3	77.8	11.6	6.2	0.0	0.0	2.9	1	132,939	0	高
卢瓦河	115,282	1	65	83.7	1.6	0.1	14.3	0.7	0.0	0.9	3	3,386	0	中
北德维纳河	357,075	1	6	11.7	83.4	0.4	3.0	0.0	0.0	1.5	0	48,450	0	中
奥得河	124,164	3	121	82.3	0.7	2.7	13.3	0.4	0.0	0.3	4	1,271	0	中
伯朝拉河	289,532	1	2	0.2	49.5	45.1	1.2	0.0	0.0	5.0	0	215,057	0	低
波河	76,997	2	214	50.2	13.0	12.7	20.0	16.2	0.0	1.8	9	2,731	1	X
莱茵·马斯河	198,735	8	310	64.7	6.8	1.4	25.7	3.3	0.0	1.0	20	1,396	0	中
罗纳河	100,543	2	100	62.0	11.0	5.3	20.1	4.1	0.0	1.0	3	5,401	0	高
塞纳河	78,919	1 e	199	79.0	1.6	0.0	19.2	1.4	0.0	0.1	1	965	0	中
特茹河	78,467	2	118	46.8	0.1	34.8	16.6	5.2	31.4	1.6	2	2,248	0	高
乌拉尔河	244,334	2	14	59.3	2.3	33.4	4.2	0.9	99.6	0.2	0	2,003	0	X
维斯图拉河	180,156	4 e	139	83.2	1.8	2.2	11.7	0.2	0.0	3.2	2	1,367	0	中
伏尔加河	1,410,951	2 e	42	60.2	22.5	7.3	8.2	0.4	19.6	1.1	2	4,260	0	高
西维纳河	79,389	3	29	84.8	7.2	0.0	5.5	0.2	0.0	3.4	0	6,626	0	高
威悉河	45,138	1	203	78.7	1.8	1.0	18.3	1.7	0.0	0.1	4	1,567	0	高

主要河流流域	模型化流域面积(a)(km^2)	流域内的国家数	人口密度(人/km^2)	占流域的百分比(%)							拉姆萨尔遗址数(c)	人均可获水量(人/年·m^3)	建设中的大坝数	河流断流程度(d)
				耕地	森林	草地	人造土地面积(b)	灌溉面积	贫瘠土地	湿地				
非洲														
刚果河	3,730,881	9	15	7.2	44.0	45.4	0.2	0.0	0.0	9.0	3	22,752	0	中
宽扎河	149,688	1	24	2.8	16.2	79.6	0.3	0.0	5.8	2.1	0	17,126	0	中
库内内河	109,832	2	10	2.6	3.3	90.9	0.1	0.1	15.8	2.9	0	13,216	0	X
朱马河	497,626	3	12	6.6	2.7	87.9	0.2	0.1	71.5	3.5	2	1,076	0	X
乍得湖(g)	2,497,738	8	12	3.1	0.2	45.2	0.2	0.0	82.8	8.2	1	7,922	0	低
图尔卡湖	209,096	4	60	20.8	11.9	50.2	0.1	0.3	33.0	5.9	0	4,450	0	X
林波玻河	421,123	4	32	26.3	0.7	67.7	4.5	0.9	47.3	2.8	1	716	0	高
曼戈基河	58,851	1	18	4.5	3.3	90.8	0.1	2.3	39.1	0.2	0	19,059	0	低
马尼亚河	56,118	1	25	2.5	5.7	89.8	0.2	2.6	0.1	0.9	0	25,913	0	低
尼日尔河	2,261,741	10	32	4.4	0.9	68.6	0.5	0.1	65.4	4.1	6	4,076	1	高
尼罗河	3,254,853	10	44	10.7	2.0	53.0	1.0	1.4	67.4	6.1	2	2,207	0	高
奥果维河	223,946	4	2	0.8	75.1	21.7	0.5	0.0	0.0	6.2	1	289,401	0	X
奥卡万戈河	721,258	4	2	5.5	1.7	91.1	0.2	0.0	75.8	4.1	1	X	0	X
奥兰治河	941,351	4	11	6.0	0.2	85.0	2.2	0.5	77.0	0.8	1	1,050	1	高
德拉河	114,544	3	10	0.3	0.2	12.0	0.5	3.2	95.3	0.2	0	2	1	X
鲁菲吉河	204,780	1	21	19.7	2.1	77.4	0.2	0.1	0.0	7.8	0	6,466	0	低
塞内加尔河	419,575	4	10	4.8	0.1	68.2	0.1	0.0	82.0	3.6	4	5,775	0	高
谢贝利河	336,604	2	30	7.1	1.2	87.9	0.1	0.5	80.5	1.8	0	X	0	X
沃尔特河	407,093	6	42	10.4	0.7	85.6	0.5	0.1	59.9	4.6	3	2,054	0	高
赞比西河	1,332,412	8	18	19.9	4.0	72.0	0.7	0.1	8.8	7.6	1	X	0	高
北美洲和中美洲														
亚拉巴马–汤比格河	138,139	1	31	9.1	73.0	0.2	17.4	0.0	0.0	4.0	0	15,832	0	高
马尔萨斯河	117,095	1	85	4.1	37.6	46.6	11.5	3.1	12.4	0.0	0	1,650	0	高
布拉索斯河	137,098	1	18	25.0	1.9	58.8	13.8	5.6	80.2	14.8	0	1,288	0	X
科罗拉多河	703,148	2	10	0.9	17.0	74.9	6.9	2.0	89.1	2.5	0	2,105	1	高
哥伦比亚河	657,501	2	9	6.4	50.0	35.5	7.3	3.6	48.7	6.3	1	39,474	0	高
弗来塞河	248,016	2	5	0.4	85.7	6.2	4.1	0.0	2.5	1.7	0	60,950	0	中
哈得逊河	41,906	1	133	0.3	76.3	0.0	22.8	0.0	0.0	15.0	0	3,335	0	中
马更些河	1,706,388	1	<1	2.6	66.0	14.7	1.9	0.0	0.0	48.9	3	408,243	0	中
密西西比河	3,202,185	2	22	35.8	22.2	28.5	12.6	3.1	35.5	20.0	6	8,973	0	高
尼尔逊–萨斯克彻温河	1,093,141	2	5	47.4	31.9	6.1	7.1	0.5	21.5	86.8	5	15,167	0	高
里约–格兰德河	607,965	2	18	5.2	7.5	80.9	6.0	2.6	96.0	2.1	1	621	0	X
圣地亚哥–里约–格兰德河	136,694	1	111	4.2	36.3	45.0	13.9	9.0	24.9	0.0	0	655	0	高
圣佩罗河	78,720	3	28	30.5	58.7	7.6	2.6	0.2	2.8	0.0	1	30,120	0	中
乌苏马辛塔河	78,757	1	32	6.0	48.6	33.3	11.5	11.5	26.5	3.0	0	3,474	0	高
圣劳伦斯河(h)	1,049,636	2	43	16.4	43.5	0.1	14.5	0.2	0.0	47.2	7	9,095	0	高
萨斯奎汉纳河	78,672	1	57	7.0	73.3	0.0	19.2	0.0	0.0	4.0	0	9,029	0	中
塞龙河	239,245	1	<1	0.0	5.6	21.1	0.0	0.0	0.0	11.0	0	14,641,336	0	低
亚基河	79,162	2	8	1.9	61.5	33.0	3.0	2.1	99.9	0.0	0	173	0	X
育空河	847,620	2	<1	0.0	64.0	27.6	0.4	0.0	0.0	27.8	1	1,249,832	0	低
南美洲														
亚马孙河	6,145,186	7	4	14.1	73.4	10.2	0.6	0.1	4.0	8.3	3	273,767	0	中
丘布特河	182,622	2	1	0.6	24.8	67.7	0.6	0.0	61.4	0.0	0	171,362	0	X
的的喀喀湖和乌尤泥盐沼	193,090	3	7	0.6	0.1	89.4	0.9	0.4	65.4	0.0	5	15,980	0	X
马格达雷纳河	263,773	1	78	35.8	37.2	14.8	10.3	2.4	7.2	0.2	0	10,191	3	中
奥里诺科河	953,675	2	17	7.6	50.5	37.8	2.6	0.2	8.5	15.3	0	90,482	3	中
巴拉那河	2,582,704	4	27	43.3	18.1	33.0	4.2	0.5	9.9	10.9	7	8,025	4	高
巴纳伊巴河	322,887	1	10	44.8	5.8	47.4	1.8	0.1	41.7	18.8	0	7,729	0	中
里约科罗拉多河	403,005	2	6	9.7	1.1	71.2	2.0	1.3	71.0	2.0	1	3,196	0	X
圣弗兰西斯科河	617,814	1	19	60.2	3.1	31.8	2.8	0.3	32.0	9.7	0	8,261	0	高
托坎廷斯河	764,213	1	5	61.5	9.9	26.2	1.3	0.0	0.0	19.1	1	103,383	1	中
乌拉圭河	297,211	3	18	42.7	8.2	44.4	3.5	0.3	0.0	3.9	0	32,731	1	高
大洋洲														
贝尔洋多河	146,219	1	1	2.2	3.6	93.5	0.6	1.3	42.6	0.3	1	239,338	0	X
道森河	152,375	1	1	3.1	20.8	73.2	2.6	1.8	28.3	0.3	0	39,587	0	X
弗莱河	78,855	2	4	2.4	75.8	18.3	0.3	0.0	0.0	41.7	0	555,800	0	X
卡普阿斯河	88,781	1	20	33.2	64.8	0.2	0.3	0.0	0.0	1.7	1	105,159	0	X
马哈坎河	98,194	1	22	17.2	79.4	0.5	1.3	0.0	0.0	7.7	0	135,955	0	X
墨罗–达令河	1,050,116	1	2	28.4	8.0	62.1	1.2	1.6	67.1	3.4	9	11,549	0	X
塞皮克河	80,321	2	10	6.6	76.3	15.1	0.1	0.0	0.0	33.8	0	143,175	0	X

注：因估计流域内土地覆盖和土地使用的资料来源不同，土地覆盖类型重叠，及非所有土地使用类型都考虑在内等原因，此表所列百分数不到100。"零"表示无或小于1/2的计量单位。a.流域面积在数字上从标高数据推导而得，因此，可能不同于其他出版资料。b.根据稳定夜间灯光记录这些数字表明对实际照亮面积估计高了。c.根据湿地公约中"国际重要湿地"条款指定的地区。d.指河流因大坝，水库，流域的转移及灌溉消耗等原因而改变的程度。e.不包括流域面积小于1%的国家。f.流域包括乍得北部，尼日尔和阿尔及利亚的间隙性支流。g.流域包括博茨瓦纳间隙性到支(卡拉哈迪沙漠北部)。h.流域不包括圣劳伦斯河有潮汐的区域。

来源：各种来源

	二氧化碳(CO_2)排放量(10^3t)									人均CO_2排放量(kg)	国内生产总值每百万国际美元(PPP)所排放的CO_2(t)(a)		京都议定书签约国
	固体燃料	液体燃料	气体燃料	排放火炬	水泥制造	总排放量	总排放量	自1995年的总排放量					
	1996	1996	1996	1996	1996	1990	1996			1996	1990	1996	1999(是/否)
世界	**9,013,440**	**9,497,088**	**4,382,144**	**245,488**	**740,128**	**22,361,392**	**23,881,952**	**718,514,064**		**4,157**	**X**	**X**	**X**
亚洲(中亚除外)	**4,251,273**	**2,201,364**	**555,697**	**10,936**	**423,960**	**5,194,233**	**7,452,030**	**145,131,386**		**2,296**	**X**	**X**	**X**
亚美尼亚	15	1,528	2,015	0	141	X	3,697	130,452	b	1,037	X	425	否
阿塞拜疆	15	18,166	11,736	0	100	X	30,019	1,637,062	b	3,945	X	2,621	否
孟加拉国	0	8,537	14,279	0	142	15,359	22,959	269,033		190	189	187	否
不丹	62	121	0	0	80	128	260	2,015		137	X	X	否
柬埔寨	0	498	0	0	0	451	498	14,759		49	56	37	否
中国	2,597,109	483,740	38,520	0	244,169	2,401,741	3,363,541	57,580,606		2,729	1,523	949	是
格鲁吉亚	509	645	1,762	0	50	X	2,968	503,077	b	572	X	308	X c,d
印度	677,411	229,213	50,230	2,549	37,981	675,261	997,385	15,516,498		1,050	710	652	否
印度尼西亚	42,026	108,290	74,643	7,641	12,458	165,210	245,056	3,538,050		1,223	447	365	是
日本	341,239	651,020	128,321	0	47,086	1,070,665	1,167,666	31,157,964		9,284	463	389	是
哈萨克斯坦	122,968	31,913	17,715	0	1,246	X	173,846	10,119,364	b	10,577	X	3,134	是
朝鲜	234,741	11,113	0	0	8,471	244,634	254,326	4,954,149		11,249	X	X	否
韩国	125,459	229,436	24,596	0	28,570	241,179	408,060	4,988,074		8,999	X	X	是
吉尔吉斯斯坦	1,905	1,957	2,023	0	249	X	6,134	401,943	b	1,335	X	X	否
老挝	4	330	0	0	5	231	337	9,413		69	X	X	否
马来西亚	6,698	64,354	36,252	6	6,147	55,279	119,069	1,185,652	e	5,794	637	725	是
蒙古	7,159	1,667	0	0	53	9,981	8,882	219,349		3,560	2,751	2,368	否
缅甸	169	3,851	3,026	15	252	4,148	7,310	177,209		168	X	X	否
尼泊尔	132	1,312	0	0	171	630	1,612	21,160		74	42	69	否
巴基斯坦	9,358	49,904	30,638	0	4,435	67,872	94,333	1,188,653		674	516	468	否
菲律宾	6,046	51,215	0	0	5,980	44,305	63,241	1,228,649		905	246	256	是
新加坡	117	64,076	0	0	1,644	41,920	65,835	981,736		19,505	958	801	否
斯里兰卡	4	6,625	0	0	451	3,855	7,079	155,068		391	137	163	否
塔吉克斯坦	267	3,422	2,132	0	25	X	5,844	700,550	b	1,001	X	898	否
泰国	45,932	117,658	24,329	0	17,441	95,740	205,360	1,899,256		3,471	433	501	是
土库曼斯坦	264	13,015	20,738	0	225	X	34,244	1,219,985	b	8,240	X	3,623	是
乌兹别克斯坦	3,158	19,427	69,902	0	2,492	X	94,978	3,772,482	b	4,157	X	1,656	是
越南	14,777	16,821	15	X	2,840	22,464	37,644	766,842	f	501	X	318	是
欧洲	**2,131,682**	**2,076,872**	**1,768,290**	**50,808**	**128,310**	**X**	**6,124,896**	**264,991,558**		**8,414**	**X**	**X**	**X**
阿尔巴尼亚	147	1,649	44	0	100	8,380	1,942	164,854		616	1,225	255	否
奥地利	12,835	29,037	15,436	0	1,993	57,393	59,302	2,130,213		7,364	422	334	是
白俄罗斯	5,382	30,686	24,945	0	731	X	61,742	3,241,636	b	5,949	X	1,380	否
比利时	31,888	43,118	27,040	0	3,986	97,437	106,032	4,923,287		10,489	538	467	是
波斯尼亚和黑塞哥维那	942	1,583	484	0	100	X	3,111	X		909	X	X	否
保加利亚	28,748	14,770	10,710	0	1,046	75,339	55,271	2,537,228		6,543	1,920	1,539	是
克罗地亚	458	11,205	4,961	0	918	X	17,543	X		3,909	X	770	是
捷克	88,431	18,518	17,257	0	2,497	X	126,701	6,499,129	b	12,282	X	X	是
丹麦	23,512	23,336	8,035	372	1,310	50,724	56,561	2,244,068		10,792	560	467	是
爱沙尼亚	12,241	2,627	1,323	0	199	X	16,389	742,658	b	11,180	X	2,378	是
芬兰	28,488	23,424	6,789	0	472	51,072	59,174	1,658,982		11,544	605	600	是
法国	62,185	214,868	74,801	0	9,966	353,184	361,820	16,826,436		6,211	348	286	是
德国	350,956	322,066	167,350	919	19,932	X	861,223	42,689,711	g	10,514	X	499	是
希腊	35,215	39,311	110	3	5,980	72,199	80,615	1,712,436		7,655	714	617	是
匈牙利	17,067	17,617	23,402	0	1,383	64,120	59,470	2,868,938		5,834	955	848	否
冰岛	242	1,913	0	0	40	2,019	2,195	70,547		8,099	431	370	否
爱尔兰	12,025	16,067	6,068	0	747	29,847	34,907	959,653		9,606	731	505	是
意大利	42,821	238,043	105,421	0	16,942	398,852	403,231	12,319,486		7,029	427	349	是
拉脱维亚	967	6,379	1,799	0	134	X	9,281	454,055	b	3,714	X	1,015	是
立陶宛	967	8,116	4,466	0	299	X	13,850	733,527	b	3,728	X	932	是
马其顿	8,028	4,411	0	0	274	X	12,714	X		6,438	X	2,006	否
摩尔多瓦	2,466	2,876	6,723	0	35	X	12,099	742,909	b	2,765	X	X	否
荷兰	35,021	32,796	85,302	399	1,644	138,891	155,163	5,192,482		9,984	578	484	是
挪威	3,807	20,819	7,357	34,232	797	47,669	67,015	1,787,369		15,327	670	640	是
波兰	280,761	47,251	21,852	0	6,916	347,585	356,782	14,369,915		9,229	1,947	1,506	是
葡萄牙	12,879	30,920	0	0	4,136	42,327	47,932	996,652		4,862	405	351	是
罗马尼亚	40,330	35,537	40,000	0	3,417	155,071	119,282	5,528,382		5,270	1,610	1,142	是
俄罗斯	484,546	338,865	732,393	9,859	13,853	X	1,579,514	68,412,659	b	10,681	X	X	是
斯洛伐克	19,489	7,878	11,036	0	1,246	X	39,644	1,967,818	b	7,389	X	X	是
斯洛文尼亚	3,257	7,786	1,502	0	498	X	13,040	X		6,537	X	575	是
西班牙	69,843	130,328	19,767	12	12,536	211,710	232,484	6,183,432		5,872	442	382	是
瑞典	11,564	39,688	1,667	0	1,219	48,537	54,139	2,797,548		6,130	336	311	是
瑞士	550	36,046	5,437	0	2,193	42,689	44,224	1,525,906		6,144	281	250	是
乌克兰	184,112	51,197	159,494	0	2,492	X	397,291	21,708,318	b	7,751	X	3,441	是
英国	169,427	207,983	168,778	5,013	5,780	563,281	556,983	27,167,794		9,532	606	472	是
南斯拉夫	23,831	6,126	5,141	0	1,099	X	36,197	3,299,234	h	3,413	X	X	否
中亚和北非	**104,241**	**765,021**	**399,574**	**72,170**	**67,379**	**1,057,086**	**1,408,390**	**24,846,874**		**3,792**	**X**	**X**	**X**
阿富汗	11	780	308	11	58	2,620	1,176	68,000		58	X	X	否
阿尔及利亚	3,188	22,651	50,567	14,400	3,488	80,443	94,297	1,725,913		3,283	755	728	否
埃及	3,419	57,778	27,707	0	8,969	75,434	97,873	1,856,890		1,541	X	X	是
伊朗	3,873	153,936	77,549	23,082	8,222	212,354	266,662	5,056,708		4,201	X	X	否
伊拉克	0	84,023	6,221	96	1,046	49,262	91,387	1,493,703		4,435	X	X	否
以色列	21,068	28,847	26	0	2,392	34,628	52,329	907,258		9,145	557	503	是
约旦	0	11,989	0	0	1,744	10,182	13,733	203,696		2,313	1,142	908	否
科威特	0	23,145	17,463	986	997	42,206	42,590	981,102		25,257	2,614	X	否
黎巴嫩	542	11,879	0	0	1,744	9,094	14,165	263,654		4,594	855	597	否
利比亚	15	25,348	9,966	3,482	1,769	37,772	40,579	855,830		7,978	X	X	否
摩洛哥	6,225	18,426	40	0	3,189	23,486	27,879	558,859		1,055	345	301	否
阿曼	0	4,752	9,065	726	598	11,538	15,143	228,051		6,791	831	X	否
沙特阿拉伯	0	156,343	79,351	23,948	8,191	177,096	267,831	4,107,234		14,225	1,168	1,338	否
叙利亚	11	32,782	5,016	4,437	2,043	35,845	44,290	738,717		3,040	X	X	否
突尼斯	238	9,167	4,250	254	2,276	13,260	16,184	318,035		1,782	428	364	否
土耳其	65,600	80,901	15,649	0	16,195	143,819	178,342	3,212,251		2,861	554	474	否
阿拉伯联合酋长国	0	21,460	56,645	750	2,990	58,433	81,843	1,202,675		36,220	1,534	X	否
也门	0	16,488	0	0	518	9,603	17,008	247,111	i	1,085	X	X	否

	二氧化碳(CO_2)排放量(10^3t)								人均CO_2排放量(kg)	国内生产总值每百万国际美元(PPP)所排放的CO_2(t)(a)		京都议定书签约国
	固体燃料	液体燃料	气体燃料	排放火炬	水泥制造	总排放量	总排放量	自1995年的总排放量				
	1996	1996	1996	1996	1996	1990	1996		1996	1990	1996	1999 是/否
撒哈拉以南非洲	**268,395**	**170,270**	**14,070**	**54,136**	**12 685**	**466,991**	**519,548**	**12,928,091**	**894**	**X**	**X**	**X**
安哥拉	0	2,151	344	2,465	149	4,650	5,108	145,552	450	291	288	否
贝宁	0	465	0	0	189	564	656	14,762	120	122	94	否
博茨瓦纳	6,383	12,579	4	9	691	2,415	19,665	51,505	13,035	337	1,778	否
布基纳法索	0	967	0	0	0	1,008	967	14,682	90	146	96	否
布隆迪	18	202	0	0	0	194	220	3,975	35	46	54	否
喀麦隆	4	3,213	0	0	299	1,488	3,517	86,507	260	65	139	否
中非	0	234	0	0	0	198	234	5,866	70	X	X	否
乍得	0	99	0	0	0	143	99	5,027	14	35	15	否
刚果	0	4,741	7	167	50	2,037	4,961	40,161	1,884	X	X	否
刚果人民民主共和国	854	1,436	0	0	5	4,096	2,294	142,475	49	X	X	否
科特迪瓦	0	12,817	0	0	249	9,907	13,066	185,109	946	X	X	否
赤道几内亚	0	143	0	0	0	117	143	2,862	349	X	X	否
厄立特里亚	X	X	X	X	X	X	X	X	X	X	X	否
埃塞俄比亚	0	3,048	0	0	320	2,964	3,367	66,509	59	144	117	否
加蓬	0	2,041	1,587	0	65	6,112	3,690	135,432	3,333	1,019	437	否
冈比亚	0	216	0	0	0	191	216	4,481	188	X	X	否
加纳	7	3,342	0	0	698	3,539	4,045	109,271	223	187	142	否
几内亚	0	1,092	0	0	0	1,011	1,092	32,445	150	126	88	否
几内亚比绍	0	231	0	0	0	209	231	4,477	208	X	X	否
肯尼亚	267	5,760	0	0	747	5,822	6,775	180,020	243	228	203	否
莱索托	X	X	X	X	X	X	X	X	X	X	X	否
利比里亚	0	326	0	0	0	465	326	33,189	148	X	X	否
马达加斯加	44	1,121	0	0	30	945	1,198	37,860	84	87	94	否
马拉维	44	616	0	0	70	601	733	18,184	75	127	105	否
马里	0	462	0	0	10	421	473	12,025	46	81	66	是
毛里塔尼亚	15	2,876	0	0	60	2,634	2,950	40,648	1,232	943	720	否
莫桑比克	158	821	0	0	15	997	997	89,149	56	132	91	否
纳米比亚	X	X	X	X	X	X	X	X	X	X	X	否
尼日尔	458	649	0	0	15	1,048	1,121	20,863	119	162	139	是
尼日利亚	150	21,596	8,596	51,494	1,495	88,665	83,330	1,944,327	822	1,196	802	否
卢旺达	0	484	0	2	5	528	491	9,167	90	96	105	否
塞内加尔	0	2,770	0	0	294	2,895	3,063	76,142	358	263	211	否
塞拉利昂	0	447	0	0	0	333	447	19,844	104	128	182	否
索马里	0	0	0	0	15	18	15	13,747	2	X	X	否
南非	227,707	56,821	3,532	0	4,684	291,108	292,746	8,541,575	7,678	1,236	986	否
苏丹	0	3,283	0	0	189	3,459	3,473	137,001	128	148	83	否
坦桑尼亚	15	2,030	0	0	399	2,272	2,444	61,694	80	166	146	否
多哥	0	575	0	0	174	689	751	17,023	180	140	121	否
乌干达	0	986	0	0	50	846	1,033	32,837	53	67	46	否
赞比亚	773	1,499	0	0	174	2,444	2,444	111,151	291	344	277	是
津巴布韦	13,623	4,217	0	0	573	16,646	18,412	369,232	1,667	818	705	否
北美洲	**2,012,492**	**2,279,862**	**1,354,255**	**18,726**	**45,005**	**5,233,610**	**5,710,344**	**200,969,374**	**19,074**	**X**	**X**	**X**
加拿大	94,927	148,293	156,434	4,190	5,506	409,628	409,353	14,855,347	13,669	790	622	是
美国	1,917,565	2,131,569	1,197,820	14,535	39,499	4,823,982	5,300,991	186,114,027	19,674	858	706	是
中美洲和加勒比地区	**20,196**	**367,202**	**81,885**	**6,560**	**16,832**	**411,973**	**499,033**	**11,518,037**	**3,078**	**X**	**X**	**X**
伯利兹	0	355	0	0	0	311	355	7,478	1,624	469	368	否
哥斯达黎加	0	4,192	0	0	493	2,917	4,683	85,756	1,282	188	209	是
古巴	509	29,854	84	0	724	31,818	31,170	1,018,401	2,829	X	X	是
多米尼加共和国	341	11,805	0	0	747	9,435	12,890	237,779	1,619	X	X	否
萨尔瓦多	0	3,572	0	0	472	2,616	4,045	82,535	699	254	245	是 d
危地马拉	0	6,210	22	0	543	5,086	6,775	138,961	661	181	163	是 d
海地	0	1,048	0	0	25	993	1,070	25,238	139	107	114	否
洪都拉斯	0	3,550	0	0	479	2,590	4,027	72,591	692	268	315	是
牙买加	169	9,603	0	0	277	7,958	10,050	234,650	4,029	1,069	1,113	X c,d
墨西哥	17,910	248,104	67,165	3,549	11,376	294,974	348,106	7,760,957	3,754	525	470	是
尼加拉瓜	0	2,686	0	0	174	2,601	2,862	70,015	629	455	322	是
巴拿马	150	6,240	174	0	174	3,129	6,679	129,933	2,495	259	357	是 d
特立尼达和多巴哥	0	4,536	14,385	3,010	307	16,924	22,237	489,957	17,508	2,521	2,570	是 d
南美洲	**73,514**	**460,568**	**143,413**	**24,600**	**33,789**	**572,181**	**735,885**	**17,875,788**	**2,260**	**X**	**X**	**X**
阿根廷	3,019	63,853	54,502	5,929	2,550	109,729	129,852	3,853,154	3,687	519	381	是
玻利维亚	0	4,639	3,239	1,759	465	5,500	10,102	159,637	1,330	377	468	是
巴西	44,642	197,585	10,622	3,284	17,240	202,612	273,371	5,706,610	1,692	273	266	是
智利	11,439	31,573	3,635	321	1,811	36,263	48,779	1,076,150	3,383	383	278	是
哥伦比亚	11,871	38,901	9,658	719	4,159	55,850	65,307	1,589,993	1,662	313	246	否
厄瓜多尔	0	20,918	1,271	960	1,334	16,569	24,487	421,888	2,093	408	428	是
圭亚那	0	953	0	0	0	1,132	953	51,915	1,138	848	379	否
巴拉圭	0	3,386	0	0	309	2,261	3,697	53,960	746	163	204	是 d
秘鲁	1,447	22,416	352	43	1,917	22,175	26,176	771,034	1,093	357	244	是
苏里南	0	2,074	0	0	25	1,810	2,099	63,647	5,115	X	X	否
乌拉圭	4	5,298	0	0	341	3,909	5,643	217,601	1,741	200	196	是
委内瑞拉	1,092	68,055	60,134	11,584	3,638	113,569	144,501	3,897,477	6,477	798	765	否
大洋洲	**198,424**	**92,047**	**48,061**	**0**	**3,833**	**295,524**	**342,360**	**8,582,495**	**11,842**	**X**	**X**	**X**
澳大利亚	192,774	72,723	37,897	0	3,239	266,010	306,633	7,622,743	16,902	1,011	820	否
斐济	59	660	0	0	46	813	762	23,058	981	326	230	是 d
新西兰	5,141	14,110	10,003	0	498	23,596	29,752	791,083	7,997	508	463	是
巴布亚新几内亚	4	2,246	161	0	0	2,429	2,407	56,202	547	X	X	是
所罗门群岛	0	161	0	0	0	161	161	3,488	412	263	171	是

注：负数在圆括号中表示。“零”表示无或小于1/2的计量单位。(0)指小于0但大于负1/2的值。a.国内生产总值数用平价购买力并以当前国际元价计算。b.数据指原苏联各国及1992年前的捷克斯洛伐克(详细解释参见技术注释)。c.国家直接认可。d.国家已批准京都议定书。e.到1957年都包括新加坡。f.1970年前数据指越南民主共和国和南越南。g.1991年前数据指德意志民主共和国和德意志联邦共和国。h.数据包括波斯尼亚和黑山共和国，克罗地亚，马其顿(FRY)，斯洛文尼亚，南斯拉夫及原南斯拉夫社会主义联邦共和国。i.1991年前数据指也门人民民主共和国和也门共和国。

来源：二氧化碳信息分析中心

	二氧化硫 (10^3t)			二氧化氮 (10^3t)			一氧化碳 (10^3t)			易挥发有机化合物 (10^3t)		
	1980	1990	1996	1980	1990	1996	1980	1990	1996	1980	1990	1996
亚洲（中亚除外）	**X**	**X**	**X**	**X**	**X**	**X**	**X**	**X**	**X**	**X**	**X**	**X**
亚美尼亚	X	72	2	X	46	11	X	304	125	X	81	18
欧洲	**X**	**X**	**X**	**X**	**X**	**X**	**X**	**X**	**X**	**X**	**X**	**X**
奥地利	400	91	52	231	194	163	1,690	1,287	1,021	355	351	261
白俄罗斯	740	637	246	234	285	173	X	1,722	1,242	549	533	328
比利时	828	322	240	442	343	334	X	1,631	1,434	X	358	324
波斯尼亚和黑塞哥维那	X	480	X	X	X	X	X	X	X	X	X	X
保加利亚	2,050	2,020	1,420	X	376	259	X	891	613	X	217	147
克罗地亚	150	180	58	X	87	67	X	651	375	X	105	79
捷克	2,257	1,876	946	937	742	432	894	1,055	886	X	435	284
丹麦	450	182	186	282	282	288	681	794	597	203	178	136
芬兰	584	260	105	295	300	267	660	556	430	X	209	173
法国	3,338	1,298	1,031	1,823	1,585	1,641	9,216	10,736	8,850	X	2,404	2,570
德国(a)	7,514	5,313	1,543	3,334	2,693	1,887	14,046	11,165	6,717	3,224	3,195	1,877
希腊	400	509	543	X	343	374	X	1,338	1,334	X	373	409
匈牙利	1,633	1,010	673	273	238	196	1,019	767	727	215	205	150
冰岛	18	24	X	X	20	X	X	26	X	X	6	X
爱尔兰	222	178	147	73	115	121	X	429	307	X	197	103
意大利	3,757	1,651	X	1,638	1,938	X	7,588	8,003	X	2,179	2,213	X
拉脱维亚	X	119	59	X	93	35	X	388	176	X	152	41
立陶宛	311	222	93	152	158	65	541	521	312	108	111	87
马其顿	X	X	X	X	X	X	X	X	X	X	X	X
摩尔多瓦	308	231	X	58	39	X	136	193	X	X	11	X
荷兰	490	202	135	583	580	501	X	1,143	903	X	502	362
挪威	140	53	34	189	222	223	896	858	720	176	301	369
波兰	4,100	3,210	2,368	1,229	1,280	1,154	X	7,406	4,837	1,036	831	766
葡萄牙	266	362	X	X	348	X	X	1,020	X	X	640	X
罗马尼亚	1,055	1,311	X	523	546	X	3,245	3,186	X	673	616	X
俄罗斯	7,161	4,460	2,685	1,734	3,600	2,467	13,520	13,174	9,312	2,843	3,566	2,576
斯洛伐克	780	543	227	X	225	130	X	487	346	X	149	105
斯洛文尼亚	234	194	110	51	62	70	68	79	95	X	42	X
西班牙	3,319	2,266	X	950	1,177	X	X	4,752	X	X	1,134	X
瑞典	491	119	83	404	338	302	X	1,210	1,082	X	526	446
瑞士	116	43	30	170	166	130	1,280	707	485	323	292	203
乌克兰	3,849	2,782	1,293	1,145	1,097	467	X	8,141	2,567	X	1,369	718
英国	4,862	3,731	2,017	2,511	2,686	2,029	7,642	7,111	5,000	2,309	2,552	2,046
南斯拉夫	406	508	434	47	66	57	X	X	X	X	X	X
中亚和北非	**X**	**X**	**X**	**X**	**X**	**X**	**X**	**X**	**X**	**X**	**X**	**X**
土耳其	860	X	X	275	497	X	X	X	X	X	X	X
北美	**X**	**X**	**X**	**X**	**X**	**X**	**X**	**X**	**X**	**X**	**X**	**X**
加拿大	4,643	3,236	2,722	1,959	2,104	2,011	10,273	10,596	X	2,099	2,880	X
美国	23,501	20,989	17,339	22,501	21,584	21,222	105,872	87,576	80,579	23,596	19,037	17,315

注：a.1980年的数字是原德意志民主共和国和德意志联邦共和国的和。
来源：欧洲空气污染物长距离排放监测和评价合作计划

温室气体与耗损臭氧气体的大气浓度

年份	二氧化碳 (CO_2) ppm	甲烷 (CH_4) ppb	一氧化二氮 (N_2O) ppb	四氯化氮 (CCl_4) ppt	甲基化碳 (CH_4CCl_4) ppt	CFC-11 (CCl_3F) ppt	CFC-12 (CCl_2F_2) ppt	CFC-13 ($C_2Cl_3F_3$) ppt	总气态氯 ppt
前工业期(1860)	**286-288 a**	**848 b**	**285 c**	**0**	**0**	**0**	**0**	**0**	**0**
1965	320	X	X	X	X	X	X	X	X
1966	321	X	X	X	X	X	X	X	X
1967	322	X	X	X	X	X	X	X	X
1968	323	X	X	X	X	X	X	X	X
1969	324	X	X	X	X	X	X	X	X
1970	326	X	X	X	X	X	X	X	X
1971	326	X	X	X	X	X	X	X	X
1972	327	X	X	X	X	X	X	X	X
1973	330	X	X	X	X	X	X	X	X
1974	330	X	X	X	X	X	X	X	X
1975	331	X	X	X	X	X	X	X	X
1976	332	X	X	X	X	X	X	X	X
1977	334	X	X	X	X	X	X	X	X
1978	335	X	298 d	88 d	57 d	139 d	257 d	X	1,453 e, f
1979	337	X	298	87	62	147	272	X	1,522 f
1980	339	X	299	89	69	158	293	X	1,624 f
1981	340	X	299	90	75	166	305	X	1,692 f
1982	341	X	301	92	81	175	325	26 g	1,865 h
1983	343	X	302	93	85	182	341	28	1,939
1984	344	X	303	94	88	190	355	31	2,016
1985	346	X	304	96	92	200	376	36	2,121
1986	347	1,600 i	305	97	96	210	394	40	2,216
1987	349	1,610	305	99	98	221	413	48	2,322
1988	351	1,619	306	100	103	231	433	53	2,425
1989	353	1,641	306	100	107	240	452	59	2,524
1990	354	1,645	306	101	110	249	470	66	2,620
1991	355	1,657	307	101	113	254	484	71	2,685
1992	356	1,673	308	101	116	259	496	77	2,751
1993	357	1,671	308	101	112	260	503	80	2,764
1994	359	1,674	309	100	106	261	512	81	2,769
1995	361	1,681	309	99	97	261	518	82	2,753
1996	363	1,684	310	98	85	261	523	82	2,725
1997	364	1,690	311	97	73	260	528	83	2,693
1998	367	1,693 j	311 j	96	64 j	259 j	530 j	82 j	2,664 j

注：所有估算均按体积计：ppb：十亿分之一，ppm：百万分之一，ppt：万亿分之一。a.历史上CO_2记录来自斯普勒站和劳多姆的冰核记录。b.历史上CH_4的记录来自劳多姆(东部，"DE08"点)，南级冰核。c.历史上N_2O的记录来自劳多姆(最高点，"BHD"点)冰核。d.年平均仅包括从7月以12月这几个月份。e.四氯化碳，甲基氯仿，CFC-11及CFC-12的年平均仅包括7月到12月这几个月份。f.年平均仅包括四氯化碳，甲基氯仿，CFC-11及CFC-12。g.年平均仅包括从7月到12月这几个月份。h.年平均仅包括四氯化碳，甲基氯仿，CFC-11，CFC-12及CFC-13。CFC-13的数字仅包括从6月到12月的数据。i.年平均仅包括5月到12月这几个月份。j.年平均仅包括从1月到9月这几个月份。

来源：二氧化碳信息分析中心

	能源总产量								总发电量	
	来自各种能源			来自不可再生能源						
	(1000toe)(b) 1997	自1987年的变化 %	人均(相当于kg石油) 1997	固体燃料 (1000toe)(b) 1997	液体燃料 (1000toe)(b) 1997	气体燃料 (1000toe)(b) 1997	核燃料 (1000toe)(b) 1997	其他能源 (1000toe)(b) 1997	(1000toe)(b) 1997	自1987年的变化 %
世界	**9,664,837**	**17**	**1,660**	**2,274,208**	**3,530,469**	**1,916,758**	**624,162**	**X**	**1,199,591**	**32**
亚洲(中亚除外)	**2,321,274**	**28**	**705**	**938,270**	**389,545**	**248,231**	**119,586**	**X**	**313,682**	**80**
亚美尼亚	537	(57)	151	0	0	0	417	0	518	(60)
阿塞拜疆	14,027	(42)	1,836	0	9,066	4,829	0	0	1,445	(27)
孟加拉国	21,894	27	179	0	7	5,794	0	0	1,020	112
不丹	X	X	X	X	X	X	X	X	X	X
柬埔寨	X	X	X	X	X	X	X	X	X	X
中国	1,097,160	36	882	686,410	160,741	21,134	3,757	0	97,565	128
格鲁吉亚	694	(59)	136	2	135	2	0	0	617	(51)
印度	404,503	35	419	147,233	37,586	17,815	2,632	0	39,853	112
印度尼西亚	221,549	52	1,089	33,888	77,291	63,043	0	0	6,436	236
日本	106,895	48	848	2,356	795	2,009	83,148	83	88,536	44
哈萨克斯坦	64,784	(30)	3,957	32,009	25,568	6,574	0	0	4,472	(41)
朝鲜	20,461	(38)	890	17,564	0	0	0	X	2,923	(32)
韩国	24,037	10	526	2,030	0	0	20,089	0	20,987	230
吉尔吉斯斯坦	1,408	(36)	305	320	85	34	0	0	1,084	35
老挝	X	X	X	X	X	X	X	X	X	X
马来西亚	73,979	78	3,526	153	38,039	33,096	0	0	4,977	241
蒙古	X	X	X	X	X	X	X	X	X	X
缅甸	12,249	14	279	9	400	1,428	0	0	362	81
尼泊尔	6,559	25	294	0	0	0	0	0	105	120
巴基斯坦	42,048	39	292	1,413	2,918	13,434	90	0	5,085	106
菲律宾	16,616	14	233	446	16	5	0	0	3,424	76
新加坡	61	X	18	0	0	0	0	0	2,313	126
斯里兰卡	4,345	9	238	0	0	0	0	0	442	90
塔吉克斯坦	1,253	(38)	211	4	26	34	0	0	1,204	(12)
泰国	46,166	124	773	6,785	5,707	12,406	0	0	8,020	225
土库曼斯坦	18,739	(76)	4,427	0	4,723	14,016	0	0	808	(29)
乌兹别克斯坦	49,054	33	2,113	1,037	7,798	39,722	0	0	3,961	(16)
越南	43,525	108	570	6,550	9,875	3,311	0	0	1,647	216
欧洲	**2,221,880**	**(10)**	**3,051**	**416,434**	**648,575**	**720,694**	**300,479**	**X**	**352,135**	**1**
阿尔巴尼亚	912	(69)	291	16	357	15	0	0	482	27
奥地利	8,007	0	989	294	1,018	1,215	0	0	4,777	12
白俄罗斯	3,275	0	316	553	1,831	204	0	0	2,241	(30)
比利时	12,933	(8)	1,277	219	0	0	12,355	219	6,713	25
波斯尼亚和黑塞哥维那	626	143	178	348	0	0	0	0	189	(84)
保加利亚	9,981	(1)	1,189	4,895	28	28	4,633	0	3,574	(4)
克罗地亚	4,011	122	894	29	1,800	1,402	0	0	833	3
捷克	30,989	(30)	3,008	26,955	439	163	3,256	550	5,523	3
丹麦	20,260	152	3,855	14	11,587	6,956	0	14	3,809	50
爱沙尼亚	3,421	X	2,364	2,795	367	0	0	367	793	(49)
芬兰	15,039	41	2,925	2,627	64	0	5,445	20	5,949	30
法国	127,520	33	2,181	4,432	2,198	2,126	103,065	323	42,904	33
德国	139,678	(30)	1,702	70,224	3,461	16,074	44,406	56	47,127	3
希腊	9,645	20	913	7,709	476	45	0	0	3,723	44
匈牙利	12,747	(24)	1,255	3,299	1,992	3,355	3,640	0	3,044	19
冰岛	1,481	20	5,414	0	0	0	0	0	480	33
爱尔兰	2,871	(5)	785	740	0	1,906	0	0	1,694	56
意大利	29,311	23	511	12	6,175	15,775	0	0	21,200	24
拉脱维亚	1,636	343	665	78	0	0	0	0	387	(24)
立陶宛	3,970	62	1,072	18	213	0	3,196	0	1,237	(37)
马其顿	1,700	70	856	1,423	0	0	0	0	578	88
摩尔多瓦	98	362	22	0	0	0	0	0	453	(69)
荷兰	65,298	5	4,182	0	3,040	60,574	628	0	7,453	27
挪威	212,653	145	48,378	259	160,788	41,007	0	0	9,501	6
波兰	99,474	(21)	2,571	92,033	366	3,203	0	1,461	12,119	(2)
葡萄牙	2,317	19	235	0	0	0	0	0	2,934	70
罗马尼亚	31,013	(41)	1,375	6,229	6,579	11,905	1,407	0	4,915	(23)
俄罗斯	927,261	(25)	6,280	101,118	305,520	461,124	28,774	80	71,644	(20)
斯洛伐克	4,688	(14)	873	1,146	65	225	2,814	0	2,092	5
斯洛文尼亚	2,870	0	1,438	1,052	1	9	1,308	0	1,132	5
西班牙	31,316	12	791	9,796	378	163	14,411	42	15,975	40
瑞典	33,067	12	3,734	252	0	0	18,224	0	12,850	2
瑞士	10,993	12	1,516	0	0	0	6,640	0	5,299	5
乌克兰	81,175	(45)	1,590	39,590	4,588	15,204	20,701	0	15,293	(37)
英国	268,119	11	4,580	29,611	134,242	77,457	25,577	867	29,572	14
南斯拉夫	11,481	543	1,080	8,668	1,000	557	0	0	3,467	230
中亚和北非	**1,497,312**	**55**	**3,952**	**13,938**	**1,241,839**	**223,169**	**X**	**X**	**50,805**	**84**
阿富汗	X	X	X	X	X	X	X	X	X	X
阿尔及利亚	125,576	37	4,272	0	61,670	63,381	0	0	1,865	70
埃及	57,997	9	896	0	44,640	11,070	0	0	4,958	52
伊朗	224,935	68	3,480	567	184,550	38,398	0	0	8,238	107
伊拉克	62,088	(45)	2,931	0	58,311	3,701	0	0	2,542	31
以色列	601	66	103	42	26	13	0	0	3,018	101
约旦	193	698	31	0	0	189	0	0	539	80
科威特	116,087	52	67,022	0	111,633	4,455	0	0	2,330	50
黎巴嫩	207	31	66	0	0	0	0	0	732	85
利比亚	78,942	43	15,151	0	73,067	5,750	0	0	1,563	17
摩洛哥	836	3	31	211	242	23	0	231	1,129	64
阿曼	51,620	64	22,391	0	46,921	4,699	0	0	629	116
沙特阿拉伯	487,095	96	25,006	0	449,511	37,584	0	0	8,927	105
叙利亚	32,794	154	2,194	0	29,860	2,066	0	0	1,544	125
突尼斯	6,655	2	723	0	4,013	1,466	0	0	686	75
土耳其	27,556	11	435	13,118	3,525	208	0	0	8,883	133
阿拉伯联合酋长国	153,555	68	66,553	0	123,003	30,552	0	0	1,769	51
也门	19,105	X	1,173	0	19,028	0	0	0	203	102

	能源总产量								总发电量	
	来自各种能源			来自不可再生能源						
	(1000toe) (b) 1997	自1987年的变化 %	人均(相当于kg石油) 1997	固体燃料 (1000toe) (b) 1997	液体燃料 (1000toe) (b) 1997	气体燃料 (1000toe) (b) 1997	核燃料 (1000toe) (b) 1997	其他能源 (1000toe) (b) 1997	(1000toe) (b) 1997	自1987年的变化 %
撒哈拉以南非洲	**X**	**X**	**X**	**X**	**X**	**X**	**X**	**X**	**X**	**X**
安哥拉	41,430	89	3,537	0	35,700	465	0	0	95	37
贝宁	1,897	8	337	0	67	0	0	0	4	92
博茨瓦纳	X	X	X	X	X	X	X	X	X	X
布基纳法索	X	X	X	X	X	X	X	X	X	X
布隆迪	X	X	X	X	X	X	X	X	X	X
喀麦隆	11,250	(7)	808	0	6,357	0	0	0	269	25
中非	X	X	X	X	X	X	X	X	X	X
乍得	X	X	X	X	X	X	X	X	X	X
刚果	13,540	89	4,998	0	12,638	3	0	0	37	53
刚果人民民主共和国	14,364	29	299	56	1,315	0	0	0	517	11
科特迪瓦	4,908	31	349	0	803	0	0	0	276	55
赤道几内亚	X	X	X	X	X	X	X	X	X	X
厄立特里亚	X	X	X	X	X	X	X	X	X	X
埃塞俄比亚	16,316	27	280	0	0	0	0	0	115	50
加蓬	19,786	129	17,403	0	18,794	68	0	0	87	13
冈比亚	X	X	X	X	X	X	X	X	X	X
加纳	5,843	48	313	0	361	0	0	0	529	26
几内亚	X	X	X	X	X	X	X	X	X	X
几内亚比绍	X	X	X	X	X	X	X	X	X	X
肯尼亚	11,651	20	410	0	0	0	0	0	364	60
莱索托	X	X	X	X	X	X	X	X	X	X
利比里亚	X	X	X	X	X	X	X	X	X	X
马达加斯加	X	X	X	X	X	X	X	X	X	X
马拉维	X	X	X	X	X	X	X	X	X	X
马里	X	X	X	X	X	X	X	X	X	X
毛里塔尼亚	X	X	X	X	X	X	X	X	X	X
莫桑比克	6,994	(1)	379	0	0	0	0	0	86	199
纳米比亚	X	X	X	X	X	X	X	X	X	X
尼日尔	X	X	X	X	X	X	X	X	X	X
尼日利亚	191,034	55	1,839	86	117,249	4,429	0	0	1,305	35
卢旺达	X	X	X	X	X	X	X	X	X	X
塞内加尔	1,654	32	189	0	0	20	0	0	108	52
塞拉利昂	X	X	X	X	X	X	X	X	X	X
索马里	X	X	X	X	X	X	X	X	X	X
南非	142,139	27	3,667	124,678	401	1,543	3,296	0	17,866	38
苏丹	9,881	18	356	0	259	0	0	0	169	43
坦桑尼亚	13,529	23	431	3	0	0	0	0	166	52
多哥	X	X	X	X	X	X	X	X	X	X
乌干达	X	X	X	X	X	X	X	X	X	X
赞比亚	5,556	16	647	106	0	0	0	0	689	(8)
津巴布韦	8,152	9	727	2,712	0	0	0	0	628	15
北美洲	**2,046,512**	**11**	**6,776**	**604,959**	**516,778**	**579,512**	**195,194**	**0**	**365,125**	**32**
加拿大	362,701	44	11,986	43,032	120,156	137,397	21,536	0	49,453	16
美国	1,683,811	6	6,196	561,928	396,622	442,115	173,658	0	315,672	35
中美洲和加勒比地区	**259,862**	**18**	**1,575**	**4,970**	**181,633**	**35,102**	**2,725**	**X**	**20,028**	**64**
伯利兹	X	X	X	X	X	X	X	X	X	X
哥斯达黎加	1,157	14	309	0	0	0	0	0	482	79
古巴	7,255	48	655	0	1,685	18	0	0	1,211	4
多米尼加共和国	1,423	(0)	176	0	0	0	0	0	631	57
萨尔瓦多	2,649	34	448	0	0	0	0	0	313	90
危地马拉	4,433	47	421	0	1,080	0	0	0	421	148
海地	1,298	4	166	0	0	0	0	0	54	27
洪都拉斯	2,003	28	335	0	0	0	0	0	283	81
牙买加	595	133	237	0	0	0	0	0	538	237
墨西哥	223,132	16	2,367	4,970	172,149	28,255	2,725	0	15,054	68
尼加拉瓜	1,529	23	327	0	0	0	0	0	164	47
巴拿马	808	37	297	0	0	0	0	0	357	47
特立尼达和多巴哥	13,579	17	10,635	0	6,719	6,828	0	0	429	43
南美洲	**529,055**	**58**	**1,600**	**26,396**	**320,514**	**73,038**	**2,883**	**X**	**53,576**	**55**
阿根廷	80,134	90	2,246	148	44,801	28,059	2,057	0	6,187	46
玻利维亚	5,953	33	766	0	1,876	3,003	0	0	295	99
巴西	120,236	23	734	2,162	45,988	5,288	826	0	26,428	51
智利	8,168	18	558	709	520	1,619	0	0	2,923	117
哥伦比亚	67,524	70	1,686	19,934	34,164	5,339	0	0	3,966	47
厄瓜多尔	22,792	118	1,909	0	21,072	0	0	0	825	78
圭亚那	X	X	X	X	X	X	X	X	X	X
巴拉圭	6,960	90	1,368	0	0	0	0	0	4,353	172
秘鲁	12,225	(14)	502	29	5,946	768	0	0	1,544	28
苏里南	X	X	X	X	X	X	X	X	X	X
乌拉圭	1,086	(14)	332	0	0	0	0	0	615	(6)
委内瑞拉	203,979	77	8,955	3,414	166,146	28,962	0	0	6,438	38
大洋洲	**213,325**	**38**	**7,282**	**140,939**	**31,034**	**30,254**	**0**	**X**	**18,861**	**36**
澳大利亚	199,167	37	10,864	138,967	27,885	25,550	0	0	15,700	39
斐济	X	X	X	X	X	X	X	X	X	X
新西兰	14,158	44	3,764	1,972	3,149	4,704	0	0	3,161	25
巴布亚新几内亚	X	X	X	X	X	X	X	X	X	X
所罗门群岛	X	X	X	X	X	X	X	X	X	X
发达国家	**4,881,847**	**(0)**	**3,774**	**1,322,778**	**1,245,011**	**1,399,236**	**582,534**	**X**	**859,650**	**17**
发展中国家	**4,712,931**	**44**	**1,042**	**950,711**	**2,277,537**	**517,294**	**41,628**	**X**	**337,357**	**99**

注：负数在圆括号中显示。“零”表示无或小于1/2的计算单位。(0)指小于0但大于负1/2的值。a.可再生能源数据参见ERC4。b.相当于石油的吨。关于toe的详细解释参见技术注释。

来源：国际能源机场(IEA)

	能源消费								能源交易	
	来自各种能源			来自不可再生能源						
	(1000toe)(b) 1997	自1987年的变化 %	人均(相当于kg石油) 1997	固体燃料(1000toe)(b) 1997	液体燃料(1000toe)(b) 1997	气体燃料(1000toe)(b) 1997	核燃料(1000toe)(b) 1997	最终电力消费(1000toe)(b) 1997	进口(1000toe)(b) 1997	出口(1000toe)(b) 1997
世界	**9,521,506**	**16**	**1,635**	**2,254,969**	**3,409,241**	**1,911,171**	**624,162**	**986,677**	**3,454,233**	**3,419,104**
亚洲(中亚除外)	**2,958,844**	**36**	**899**	**1,028,240**	**926,399**	**258,379**	**119,586**	**254,119**	**1,076,015**	**392,653**
亚美尼亚	1,804	(77)	508	2	155	1,110	417	371	1,267	0
阿塞拜疆	11,987	(63)	1,568	3	6,951	4,829	0	1,099	461	2,502
孟加拉国	24,327	28	198	0	2,440	5,794	0	813	2,440	0
不丹	X	X	X	X	X	X	X	X	X	X
柬埔寨	X	X	X	X	X	X	X	X	X	X
中国	1,098,931	42	883	658,083	193,761	18,825	3,757	72,534	66,531	53,769
格鲁吉亚	2,295	(63)	448	2	955	767	0	533	1,841	176
印度	461,032	45	477	153,279	87,937	17,815	2,632	30,018	59,162	2,376
印度尼西亚	138,779	71	682	9,545	50,503	31,506	0	5,674	23,282	106,647
日本	514,898	37	4,085	86,532	271,600	54,948	83,148	78,524	427,020	10,557
哈萨克斯坦	38,418	(65)	2,346	21,888	9,119	6,201	0	3,515	4,673	31,038
朝鲜	23,323	(39)	1,015	18,959	1,466	0	0	468	X	301
韩国	176,351	166	3,856	32,799	108,245	13,326	20,089	19,172	190,773	31,247
吉尔吉斯斯坦	2,793	45	605	959	500	512	0	547	2,218	833
老挝	X	X	X	X	X	X	X	X	X	X
马来西亚	48,473	161	2,310	1,581	25,026	19,191	0	4,383	13,718	39,025
蒙古	X	X	X	X	X	X	X	X	X	X
缅甸	13,009	23	296	9	1,307	1,281	0	215	953	7
尼泊尔	7,160	30	321	71	531	0	0	75	610	22
巴基斯坦	56,818	51	394	2,045	17,056	13,434	90	3,673	15,110	241
菲律宾	38,251	55	536	2,648	19,449	5	0	2,734	22,269	1,344
新加坡	26,878	202	7,843	0	25,541	1,275	0	2,120	90,301	47,725
斯里兰卡	7,159	35	392	1	2,813	0	0	362	3,288	203
塔吉克斯坦	3,384	61	571	48	1,228	851	0	1,127	2,512	381
泰国	79,963	157	1,339	8,631	37,595	12,406	0	7,089	40,546	5,830
土库曼斯坦	12,181	(84)	2,878	0	3,659	8,750	0	374	845	7,403
乌兹别克斯坦	42,553	1	1,833	984	6,953	34,039	0	3,349	3,361	10,346
越南	39,306	68	515	4,435	7,770	3,311	0	1,316	7,730	11,949
欧洲	**2,553,858**	**(20)**	**3,507**	**499,633**	**851,600**	**762,970**	**300,479**	**283,538**	**1,341,347**	**961,926**
阿尔巴尼亚	1,048	(63)	335	16	476	15	0	242	135	0
奥地利	27,761	14	3,428	3,624	12,087	6,537	0	4,201	21,501	2,239
白俄罗斯	25,142	(40)	2,429	1,011	9,013	13,775	0	2,302	25,705	3,371
比利时	57,125	21	5,641	8,482	24,167	11,261	12,355	6,177	71,574	22,701
波斯尼亚和黑塞哥维那	1,750	134	497	348	896	211	0	150	1,140	16
保加利亚	20,616	(33)	2,457	7,492	4,713	3,699	4,633	2,290	12,916	1,972
克罗地亚	7,650	178	1,706	258	4,027	2,246	0	948	5,621	1,884
捷克	40,576	(18)	3,939	21,111	7,920	7,667	3,256	4,269	19,105	9,347
丹麦	21,107	4	4,016	6,579	9,570	3,861	0	2,739	18,975	15,267
爱沙尼亚	5,556	(1,713)	3,839	3,168	1,262	618	0	435	2,691	925
芬兰	33,075	10	6,433	6,854	10,288	2,906	5,445	6,051	23,294	4,362
法国	247,534	19	4,233	14,631	88,035	31,330	103,065	30,545	150,764	27,667
德国	347,272	(5)	4,232	86,264	139,311	71,928	44,406	39,709	233,959	23,769
希腊	25,556	36	2,418	8,450	15,322	171	0	3,153	23,462	3,984
匈牙利	25,311	(18)	2,492	4,354	6,975	9,696	3,640	2,480	15,730	2,609
冰岛	2,330	22	8,516	56	793	0	0	408	882	0
爱尔兰	12,491	31	3,415	2,955	6,541	2,771	0	1,435	11,068	1,353
意大利	163,315	14	2,846	11,302	93,533	47,472	0	21,346	157,047	21,677
拉脱维亚	4,460	505	1,812	160	1,744	1,065	0	373	2,883	242
立陶宛	8,806	(40)	2,377	139	3,229	2,001	3,196	579	9,118	4,178
马其顿	2,841	184	1,430	1,496	1,064	0	0	454	1,147	5
摩尔多瓦	4,436	(54)	1,014	151	899	3,127	0	451	4,440	2
荷兰	74,910	15	4,798	9,228	27,590	35,323	628	7,698	119,534	96,357
挪威	24,226	12	5,511	1,029	8,345	3,921	0	8,900	6,888	194,412
波兰	105,155	(20)	2,718	71,277	19,323	9,415	0	8,148	29,990	21,824
葡萄牙	20,400	58	2,068	3,529	14,218	87	0	2,742	21,261	2,441
罗马尼亚	44,135	(36)	1,957	9,169	12,727	15,934	1,407	3,305	17,325	3,113
俄罗斯	591,982	(52)	4,009	97,216	127,422	309,719	28,774	50,428	20,163	353,530
斯洛伐克	17,216	(23)	3,204	4,694	3,284	5,634	2,814	1,964	15,001	2,457
斯洛文尼亚	6,380	19	3,197	1,269	2,705	715	1,308	846	3,850	292
西班牙	107,328	43	2,709	18,154	57,113	11,305	14,411	13,184	89,804	8,765
瑞典	51,934	6	5,864	2,498	16,135	719	18,224	10,687	31,362	10,992
瑞士	26,218	12	3,616	110	13,394	2,294	6,640	4,197	17,903	2,875
乌克兰	150,059	(24)	2,939	43,532	18,431	66,314	20,701	10,677	73,701	4,818
英国	227,977	9	3,894	40,010	82,489	76,378	25,577	26,596	76,963	112,399
南斯拉夫	15,842	319	1,491	8,706	3,650	2,230	0	2,872	X	0
中亚和北非	**525,927**	**58**	**1,388**	**30,732**	**301,815**	**174,602**	**0**	**41,487**	**129,890**	**1,075,597**
阿富汗	X	X	X	X	X	X	X	X	X	X
阿尔及利亚	26,497	23	901	272	8,780	16,919	0	1,426	763	99,278
埃及	39,581	41	611	644	25,598	11,070	0	4,170	2,677	11,838
伊朗	108,289	83	1,676	927	67,626	38,316	0	6,094	12,079	128,389
伊拉克	27,091	33	1,279	0	23,314	3,701	0	2,542	0	34,997
以色列	17,591	70	3,002	5,478	11,669	13	0	2,544	18,942	2,146
约旦	4,795	52	783	0	4,602	189	0	456	4,602	0
科威特	16,165	29	9,332	0	11,706	4,455	0	2,005	5	99,742
黎巴嫩	5,244	76	1,669	132	4,852	0	0	688	5,038	0
利比亚	15,090	33	2,896	0	10,424	4,541	0	1,563	29	63,795
摩洛哥	9,275	61	345	2,019	6,631	23	0	994	8,714	320
阿曼	6,775	265	2,939	0	2,482	4,294	0	507	340	45,030
沙特阿拉伯	98,449	60	5,054	0	60,861	37,584	0	7,049	4	386,792
叙利亚	14,642	46	979	1	11,706	2,066	0	995	737	18,890
突尼斯	6,805	43	739	69	3,470	2,087	0	562	4,236	3,685
土耳其	71,273	54	1,124	21,176	30,863	8,339	0	6,853	44,674	1,333
阿拉伯联合酋长国	30,874	62	13,381	0	7,149	23,708	0	1,769	12,575	124,913
也门	3,355	30	206	0	3,278	0	0	129	1	13,785

	能源消费								能源交易	
	来自各种能源			来自不可再生能源						
	(1000toe) (b) 1997	自1987年的变化 %	人均(相当于kg石油) 1997	固体燃料 (1000toe) (b) 1997	液体燃料 (1000toe) (b) 1997	气体燃料 (1000toe) (b) 1997	核燃料 (1000toe) (b) 1997	最终电力消费 (1000toe) (b) 1997	进口 (1000toe) (b) 1997	出口 (1000toe) (b) 1997
撒哈拉以南非洲	**X**	**X**	**X**	**X**	**X**	**X**	**X**	**X**	**X**	**X**
安哥拉	6,848	37	585	0	1,118	465	0	64	65	33,997
贝宁	2,182	36	388	0	331	0	0	22	340	70
博茨瓦纳	X	X	X	X	X	X	X	X	X	X
布基纳法索	X	X	X	X	X	X	X	X	X	X
布隆迪	X	X	X	X	X	X	X	X	X	X
喀麦隆	5,756	24	413	0	863	0	0	216	15	5,454
中非	X	X	X	X	X	X	X	X	X	X
乍得	X	X	X	X	X	X	X	X	X	X
刚果	1,242	(12)	459	0	331	3	0	46	24	12,312
刚果人民民主共和国	14,539	36	303	241	1,317	0	0	484	1,271	1,063
科特迪瓦	5,597	39	398	0	1,489	0	0	222	2,073	1,218
赤道几内亚	X	X	X	X	X	X	X	X	X	X
厄立特里亚	X	X	X	X	X	X	X	X	X	X
埃塞俄比亚	17,131	25	294	0	815	0	0	110	962	79
加蓬	1,635	10	1,438	0	643	68	0	75	218	18,116
冈比亚	X	X	X	X	X	X	X	X	X	X
加纳	6,896	44	370	2	1,447	0	0	427	1,316	236
几内亚	X	X	X	X	X	X	X	X	X	X
几内亚比绍	X	X	X	X	X	X	X	X	X	X
肯尼亚	14,138	19	497	57	2,418	0	0	312	2,863	170
莱索托	X	X	X	X	X	X	X	X	X	X
利比里亚	X	X	X	X	X	X	X	X	X	X
马达加斯加	X	X	X	X	X	X	X	X	X	X
马拉维	X	X	X	X	X	X	X	X	X	X
马里	X	X	X	X	X	X	X	X	X	X
毛里塔尼亚	X	X	X	X	X	X	X	X	X	X
莫桑比克	7,664	1	416	12	641	0	0	67	777	43
纳米比亚	X	X	X	X	X	X	X	X	X	X
尼日尔	X	X	X	X	X	X	X	X	X	X
尼日利亚	88,652	36	853	86	14,867	4,429	0	850	43	102,342
卢旺达	X	X	X	X	X	X	X	X	X	X
塞内加尔	2,770	27	316	0	1,116	20	0	81	1,192	65
塞拉利昂	X	X	X	X	X	X	X	X	X	X
索马里	X	X	X	X	X	X	X	X	X	X
南非	107,220	15	2,766	80,492	10,459	1,543	3,296	13,292	12,525	43,715
苏丹	11,480	21	414	0	1,858	0	0	116	1,601	0
坦桑尼亚	14,258	21	454	3	725	0	0	146	781	29
多哥	X	X	X	X	X	X	X	X	X	X
乌干达	X	X	X	X	X	X	X	X	X	X
赞比亚	5,987	13	697	102	564	0	0	457	606	175
津巴布韦	9,926	17	885	2,636	1,504	0	0	906	1,893	88
北美洲	**2,400,174**	**16**	**7,947**	**540,674**	**935,332**	**578,709**	**195,194**	**313,067**	**673,759**	**285,889**
加拿大	237,983	17	7,864	27,376	80,826	70,738	21,536	40,854	59,098	180,771
美国	2,162,191	16	7,956	513,299	854,506	507,971	173,658	272,213	614,662	105,118
中美洲和加勒比地区	**198,317**	**26**	**1,202**	**6,801**	**117,549**	**35,678**	**2,725**	**15,838**	**58,677**	**115,951**
伯利兹	X	X	X	X	X	X	X	X	X	X
哥斯达黎加	2,663	48	710	0	1,517	0	0	403	1,631	133
古巴	14,273	(5)	1,290	47	8,656	18	0	993	6,977	0
多米尼加共和国	5,453	25	673	85	3,945	0	0	432	4,021	0
萨尔瓦多	4,095	49	693	1	1,438	0	0	274	1,450	65
危地马拉	5,633	47	535	0	2,279	0	0	365	2,328	1,015
海地	1,779	16	227	0	480	0	0	27	480	0
洪都拉斯	3,182	44	532	1	1,178	0	0	212	1,150	0
牙买加	3,963	104	1,575	41	3,326	0	0	477	3,352	67
墨西哥	141,520	24	1,501	6,592	88,214	28,832	2,725	11,831	15,103	95,567
尼加拉瓜	2,573	26	550	0	1,030	0	0	115	991	16
巴拿马	2,328	44	855	35	1,490	0	0	269	3,092	564
特立尼达和多巴哥	8,196	77	6,419	0	1,336	6,828	0	370	2,140	7,003
南美洲	**379,732**	**35**	**1,148**	**20,679**	**179,005**	**72,463**	**2,883**	**42,975**	**91,009**	**236,800**
阿根廷	61,710	36	1,730	856	24,425	28,857	2,057	5,012	4,766	22,951
玻利维亚	4,254	67	547	0	2,095	1,085	0	261	244	1,918
巴西	172,030	31	1,051	12,315	85,673	5,288	826	24,540	59,393	3,282
智利	23,012	121	1,573	4,240	11,288	2,164	0	2,529	15,030	150
哥伦比亚	30,481	29	761	2,704	14,332	5,339	0	3,047	1,427	38,000
厄瓜多尔	8,513	44	713	0	6,794	0	0	627	924	14,890
圭亚那	X	X	X	X	X	X	X	X	X	X
巴拉圭	4,191	49	824	0	1,162	0	0	332	1,118	3,948
秘鲁	15,127	20	621	305	8,572	768	0	1,272	5,721	3,453
苏里南	X	X	X	X	X	X	X	X	X	X
乌拉圭	2,883	30	883	1	1,809	0	0	480	2,189	93
委内瑞拉	57,530	32	2,526	258	22,855	28,962	0	4,873	196	148,115
大洋洲	**118,305**	**31**	**4,038**	**43,703**	**41,892**	**21,613**	**0**	**15,950**	**30,122**	**122,289**
澳大利亚	101,626	30	5,543	42,346	35,607	16,908	0	13,239	24,483	119,382
斐济	X	X	X	X	X	X	X	X	X	X
新西兰	16,679	39	4,434	1,357	6,285	4,705	0	2,711	5,638	2,906
巴布亚新几内亚	X	X	X	X	X	X	X	X	X	X
所罗门群岛	X	X	X	X	X	X	X	X	X	X
发达国家	**5,827,461**	**(4)**	**4,505**	**1,280,399**	**2,152,070**	**1,476,854**	**582,534**	**717,830**	**2,520,891**	**1,479,201**
发展中国家	**3,631,617**	**49**	**803**	**973,694**	**1,244,028**	**434,089**	**41,628**	**267,035**	**908,491**	**1,931,077**

注：负数在圆括号中显示。"零"无或小于1/2的计算单位。(0)指小于0但大于负1/2的值。a.可再生能源数据参见ERC4。b.相当于石油的吨。关于toe的详细解释参见技术注释。

来源：国际能源机构(IEA)

经济部门能源消费(占总消费的%)

	工业				交通						农业		商业和公共服务		住宅	
	所有工业		钢和铁		总量		航空		公路							
	1987	1997	1987	1997	1987	1997	1987	1997	1987	1997	1987	1997	1987	1997	1987	1997
世界	**38.2**	**32.2**	**2.7**	**4.1**	**24.7**	**24.8**	**3.1**	**3.1**	**18.8**	**19.6**	**3.8**	**2.8**	**8.3**	**7.4**	**19.1**	**27.1**
亚洲(中亚除外)	**48.6**	**37.4**	**7.7**	**5.6**	**16.4**	**15.9**	**1.5**	**1.8**	**11.9**	**12.3**	**4.0**	**3.0**	**5.1**	**5.4**	**21.2**	**33.6**
亚美尼亚	X	27.1	X	0.0	X	7.2	X	2.7	X	2.8	X	4.7	X	3.7	X	34.9
阿塞拜疆	X	39.0	X	0.0	X	15.3	X	6.7	X	7.4	X	11.5	X	1.1	X	24.6
孟加拉国	X	36.2	X	0.0	X	5.1	X	0.5	X	3.3	X	2.1	X	0.5	X	5.1
不丹	X	X	X	X	X	X	X	X	X	X	X	X	X	X	X	X
柬埔寨	X	X	X	X	X	X	X	X	X	X	X	X	X	X	X	X
中国	X	42.5	X	8.1	X	8.8	X	0.5	X	5.7	X	3.4	X	4.4	X	36.8
格鲁吉亚	X	20.6	X	3.5	X	22.3	X	2.2	X	19.1	X	3.4	X	12.6	X	17.6
印度	X	29.7	X	3.4	X	11.7	X	0.7	X	10.1	X	2.4	X	0.7	X	54.2
印度尼西亚	11.7	22.8	0.8	2.5	12.9	18.9	1.1	1.7	11.6	15.4	1.1	1.8	0.5	1.1	67.9	54.1
日本	42.8	39.8	8.1	6.9	24.2	27.0	2.3	3.1	19.4	22.1	3.5	3.2	11.0	12.2	14.1	14.1
哈萨克斯坦	X	X	X	X	X	X	X	X	X	X	X	X	X	X	X	X
朝鲜	81.2	83.9	0.0	0.0	8.2	6.1	0.0	0.0	8.2	6.1	X	X	0.0	0.0	0.9	0.7
韩国	37.9	44.9	6.4	7.1	18.8	23.2	1.5	2.3	13.8	17.3	2.4	2.8	8.5	16.6	28.3	8.5
吉尔吉斯斯坦	82.0	35.3	0.0	0.0	0.5	8.2	0.0	2.8	0.0	5.0	8.4	8.7	0.0	0.0	2.9	5.6
老挝	X	X	X	X	X	X	X	X	X	X	X	X	X	X	X	X
马来西亚	38.3	40.4	0.0	0.5	35.9	33.4	4.0	5.5	31.9	27.9	X	1.9	3.7	4.3	17.8	13.4
蒙古	X	X	X	X	X	X	X	X	X	X	X	X	X	X	X	X
缅甸	X	11.0	X	0.0	X	7.2	X	0.5	X	6.6	X	0.1	X	0.4	X	81.1
尼泊尔	2.1	4.2	0.0	0.0	1.9	2.8	0.4	0.4	1.5	2.4	0.1	0.2	0.9	1.2	94.9	91.4
巴基斯坦	X	26.1	X	0.2	X	16.6	X	1.3	X	14.8	X	1.9	X	2.3	X	52.4
菲律宾	19.6	39.3	1.7	2.3	12.2	19.7	2.6	4.5	8.3	13.0	5.1	8.6	2.5	3.7	48.9	23.6
新加坡	34.8	36.7	0.6	0.8	46.5	47.0	24.3	28.2	22.2	18.6	0.0	0.0	6.1	6.6	4.7	4.6
斯里兰卡	13.5	20.0	0.0	0.0	16.2	20.6	2.4	4.5	13.3	15.4	0.0	0.2	1.8	3.3	67.7	55.3
塔吉克斯坦	57.2	19.6	0.0	0.0	0.6	37.8	0.0	0.2	0.0	37.3	19.4	13.0	0.0	0.0	6.1	5.8
泰国	26.8	33.1	1.0	1.2	33.4	38.9	5.9	5.2	25.6	33.3	6.7	2.8	2.9	4.6	29.0	19.1
土库曼斯坦	X	X	X	X	X	X	X	X	X	X	X	X	X	X	X	X
乌兹别克斯坦	X	18.5	X	0.0	X	11.5	X	0.9	X	6.0	X	7.5	X	8.9	X	42.5
越南	X	19.0	X	0.0	X	13.6	X	0.8	X	12.3	X	1.2	X	0.0	X	64.9
欧洲	**37.9**	**32.9**	**4.7**	**4.9**	**20.9**	**23.0**	**2.1**	**2.8**	**16.5**	**17.3**	**3.1**	**4.0**	**8.0**	**7.3**	**23.1**	**27.1**
阿尔巴尼亚	31.8	13.5	1.3	0.0	14.0	41.2	0.0	0.0	14.0	41.2	X	0.6	0.0	2.8	17.3	31.1
奥地利	27.1	23.9	6.3	5.6	24.2	29.0	1.2	2.4	21.5	24.8	2.8	3.9	3.7	3.4	32.3	29.8
白俄罗斯	X	36.9	X	0.8	X	10.8	X	0.0	X	7.8	X	5.8	X	1.3	X	35.4
比利时	36.2	36.9	8.7	7.6	21.6	23.3	1.9	3.4	18.6	18.4	1.4	2.6	9.4	9.4	28.2	24.7
波斯尼亚和黑塞哥维那	X	7.8	X	3.1	X	48.3	X	5.1	X	30.5	X	0.0	X	0.0	X	20.8
保加利亚	51.6	58.9	3.9	9.1	9.4	10.4	2.0	1.9	6.7	7.5	1.3	3.3	2.3	1.6	13.2	21.6
克罗地亚	X	33.4	X	1.4	X	24.3	X	1.5	X	20.8	X	3.5	X	7.8	X	27.8
捷克	53.1	48.5	8.7	10.4	6.5	14.5	0.6	0.6	5.0	12.6	4.2	2.2	5.8	7.5	25.0	22.3
丹麦	18.4	19.3	1.0	0.7	31.3	31.0	5.2	5.4	21.4	23.6	4.7	6.5	9.9	11.7	31.5	28.7
爱沙尼亚	X	30.1	X	0.0	X	18.7	X	0.8	X	16.1	X	2.6	X	8.1	X	38.6
芬兰	42.3	45.0	4.1	4.6	18.0	18.2	1.4	2.0	15.7	15.3	4.0	3.0	3.6	6.0	24.5	21.9
法国	30.6	28.1	3.8	3.3	27.2	29.7	2.3	3.3	23.5	25.1	2.2	2.0	13.1	13.1	24.1	23.2
德国	33.7	29.6	5.0	4.1	20.7	26.6	1.9	2.7	17.7	22.8	1.2	1.1	12.1	10.4	28.2	28.3
希腊	28.6	24.6	1.3	0.6	36.9	38.3	8.4	6.9	25.8	27.9	7.1	5.9	3.5	6.0	19.5	22.9
匈牙利	39.3	28.3	7.8	4.0	13.5	16.4	0.7	1.1	10.9	14.2	5.9	4.1	16.7	17.4	17.4	30.1
冰岛	25.5	27.4	6.0	5.5	16.3	15.9	4.0	5.6	10.9	9.6	15.4	17.8	3.2	4.1	36.4	29.3
爱尔兰	34.9	26.4	0.8	0.5	23.9	31.2	4.4	4.8	18.9	25.1	2.7	2.7	8.4	14.0	28.1	23.6
意大利	34.0	32.7	5.2	4.2	29.2	32.4	1.9	2.5	25.8	28.7	2.4	2.6	2.5	3.7	28.1	25.4
拉脱维亚	X	26.3	X	3.9	X	21.4	X	0.9	X	16.1	X	3.0	X	10.3	X	38.8
立陶宛	X	28.5	X	0.1	X	24.5	X	0.6	X	21.8	X	3.5	X	11.0	X	29.2
马其顿	X	31.0	X	10.6	X	30.6	X	1.8	X	26.7	X	4.4	X	4.1	X	27.4
摩尔多瓦	X	20.3	X	0.0	X	15.7	X	0.7	X	11.5	X	9.2	X	20.6	X	28.4
荷兰	38.7	32.9	2.0	3.2	18.4	23.8	2.9	5.4	14.2	16.9	5.8	7.1	2.8	4.8	21.2	18.3
挪威	41.9	37.4	7.1	6.0	21.7	24.3	3.0	3.4	14.0	16.3	1.5	3.8	10.6	11.0	20.1	19.6
波兰	43.9	36.9	9.4	6.4	11.0	14.7	0.4	0.7	8.3	13.0	3.7	7.2	8.7	7.4	22.6	31.5
葡萄牙	45.1	38.3	1.7	1.2	29.7	33.9	5.0	3.9	23.4	29.1	4.0	3.4	5.4	6.5	12.6	12.5
罗马尼亚	55.2	44.0	9.8	10.3	4.2	14.4	0.0	0.5	3.8	11.1	2.2	3.1	0.7	0.0	20.4	32.4
俄罗斯	X	34.9	X	7.7	X	13.5	X	1.9	X	4.7	X	8.1	X	2.0	X	32.8
斯洛伐克	58.9	48.2	2.0	11.1	7.4	10.1	0.0	0.3	6.7	9.1	5.3	3.2	10.0	14.0	8.8	19.0
斯洛文尼亚	X	28.4	X	4.0	X	33.7	X	0.4	X	32.7	X	0.0	X	14.9	X	23.0
西班牙	38.5	32.8	5.9	4.0	34.5	38.1	4.4	5.0	26.0	29.9	5.3	2.9	6.2	6.7	11.6	14.1
瑞典	37.4	38.2	3.5	3.1	21.5	22.0	2.1	2.5	17.7	18.4	2.0	1.5	13.0	13.5	23.6	22.5
瑞士	19.7	18.6	0.0	0.0	29.3	33.3	5.4	7.2	22.7	25.0	1.0	1.3	16.8	16.5	28.9	27.9
乌克兰	X	42.4	X	4.2	X	7.6	X	0.8	X	3.9	X	4.2	X	10.8	X	30.5
英国	28.0	25.6	3.4	2.9	28.4	32.2	4.3	5.7	22.6	25.0	0.9	0.8	9.4	9.1	27.5	26.2
南斯拉夫	X	33.8	X	0.3	X	12.2	X	1.1	X	11.0	X	0.2	X	0.3	X	16.2
中亚和北非	**31.7**	**30.4**	**1.1**	**1.0**	**31.2**	**25.7**	**3.7**	**3.1**	**27.0**	**22.1**	**2.7**	**2.5**	**2.7**	**3.5**	**17.5**	**21.2**
阿富汗	X	X	X	X	X	X	X	X	X	X	X	X	X	X	X	X
阿尔及利亚	21.2	20.6	4.3	2.3	39.1	18.7	3.3	2.2	34.9	12.2	0.3	0.0	1.5	0.0	23.0	29.2
埃及	49.6	47.8	0.7	0.5	19.8	20.6	2.9	3.6	16.9	16.9	0.5	0.6	0.0	0.0	23.2	22.9
伊朗	37.7	31.4	0.1	0.1	24.6	23.2	1.2	0.8	23.5	22.4	7.3	5.5	7.0	7.6	12.9	28.0
伊拉克	28.2	28.6	0.0	0.0	47.1	44.4	4.8	2.2	42.3	42.3	0.0	0.0	0.0	0.0	16.1	11.2
以色列	29.9	26.5	0.8	0.7	36.8	32.2	8.4	7.4	28.0	24.1	1.0	1.1	4.7	4.6	14.8	16.2
约旦	22.8	19.3	0.1	0.0	51.6	41.3	8.5	10.1	43.2	31.2	1.6	2.9	1.4	2.2	15.1	18.1
科威特	53.5	27.0	0.0	0.0	27.9	38.3	4.4	7.0	23.5	31.2	0.0	0.0	0.2	0.0	12.3	33.3
黎巴嫩	X	27.9	X	0.0	X	37.6	X	2.8	X	34.7	X	0.0	X	2.8	X	23.9
利比亚	32.5	33.8	0.0	0.0	36.8	38.0	6.1	3.4	30.7	34.6	0.0	0.0	0.0	0.0	7.2	9.5
摩洛哥	31.4	23.7	0.1	0.0	28.0	11.8	5.2	3.7	19.7	5.7	4.9	0.7	6.5	2.4	25.7	24.7
阿曼	16.8	37.9	0.0	0.0	42.7	29.1	10.2	5.3	32.5	23.8	0.0	0.0	6.5	5.2	12.7	20.9
沙特阿拉伯	20.6	19.0	0.0	0.0	32.3	23.6	5.0	4.8	27.2	18.8	0.0	0.3	3.1	3.9	6.9	9.2
叙利亚	30.3	19.4	0.0	0.0	38.2	12.6	3.6	2.1	34.6	10.6	3.3	0.0	0.0	0.0	9.5	10.8
突尼斯	31.7	22.7	1.2	0.6	33.1	28.0	5.8	5.7	21.9	21.9	5.5	6.2	7.5	7.7	22.0	32.9
土耳其	27.7	33.7	3.9	3.8	22.9	22.8	0.8	2.9	20.3	18.9	4.9	5.3	1.3	2.8	40.0	31.4
阿拉伯联合酋长国	X	29.1	X	0.0	X	41.7	X	2.6	X	39.1	X	0.0	X	0.0	X	6.0
也门	15.0	6.1	0.0	0.0	62.5	63.4	8.3	3.7	54.2	59.7	0.0	0.0	0.4	0.0	13.8	22.6

	经济部门能源消费(占总消费的%)															
	工业				交通						农业		商业和公共服务		住宅	
	所有工业		钢和铁		总量		航空		公路							
	1987	1997	1987	1997	1987	1997	1987	1997	1987	1997	1987	1997	1987	1997	1987	1997
撒哈拉以南非洲	**X**	**X**	**X**	**X**	**X**	**X**	**X**	**X**	**X**	**X**	**X**	**X**	**X**	**X**	**X**	**X**
安哥拉	X	11.6	X	0.0	X	12.3	X	6.1	X	6.2	X	X	X	0.0	X	75.6
贝宁	X	17.1	X	0.0	X	12.6	X	2.4	X	10.1	X	X	X	0.0	X	70.3
博茨瓦纳	X	X	X	X	X	X	X	X	X	X	X	X	X	X	X	X
布基纳法索	X	X	X	X	X	X	X	X	X	X	X	X	X	X	X	X
布隆迪	X	X	X	X	X	X	X	X	X	X	X	X	X	X	X	X
喀麦隆	X	17.0	X	0.0	X	11.6	X	1.0	X	10.6	X	X	X	0.5	X	69.7
中非	X	X	X	X	X	X	X	X	X	X	X	X	X	X	X	X
乍得	X	X	X	X	X	X	X	X	X	X	X	X	X	X	X	X
刚果	X	14.2	X	0.0	X	18.4	X	6.3	X	12.1	X	X	X	0.0	X	65.7
刚果人民民主共和国	X	21.8	X	0.1	X	5.4	X	1.2	X	4.2	X	X	X	0.0	X	70.9
科特迪瓦	X	7.0	X	0.0	X	16.0	X	3.1	X	12.5	X	1.2	X	12.1	X	62.0
赤道几内亚	X	X	X	X	X	X	X	X	X	X	X	X	X	X	X	X
厄立特里亚	X	X	X	X	X	X	X	X	X	X	X	X	X	X	X	X
埃塞俄比亚	X	X	X	X	X	X	X	X	X	X	X	X	X	X	X	X
加蓬	X	23.2	X	0.0	X	19.6	X	6.7	X	11.0	X	X	X	0.9	X	51.5
冈比亚	X	X	X	X	X	X	X	X	X	X	X	X	X	X	X	X
加纳	16.0	14.1	0.0	0.0	11.0	13.2	1.4	1.2	9.0	11.4	0.7	1.0	0.5	0.7	69.8	69.9
几内亚	X	X	X	X	X	X	X	X	X	X	X	X	X	X	X	X
几内亚比绍	X	X	X	X	X	X	X	X	X	X	X	X	X	X	X	X
肯尼亚	X	11.4	X	0.0	X	12.6	X	4.5	X	7.7	X	6.5	X	0.7	X	67.7
莱索托	X	X	X	X	X	X	X	X	X	X	X	X	X	X	X	X
利比里亚	X	X	X	X	X	X	X	X	X	X	X	X	X	X	X	X
马达加斯加	X	X	X	X	X	X	X	X	X	X	X	X	X	X	X	X
马拉维	X	X	X	X	X	X	X	X	X	X	X	X	X	X	X	X
马里	X	X	X	X	X	X	X	X	X	X	X	X	X	X	X	X
毛里塔尼亚	X	X	X	X	X	X	X	X	X	X	X	X	X	X	X	X
莫桑比克	X	7.8	X	0.0	X	1.5	X	0.4	X	1.1	X	0.6	X	3.4	X	85.0
纳米比亚	X	X	X	X	X	X	X	X	X	X	X	X	X	X	X	X
尼日尔	X	X	X	X	X	X	X	X	X	X	X	X	X	X	X	X
尼日利亚	X	10.9	X	0.1	X	6.7	X	0.7	X	5.9	X	X	X	0.3	X	79.7
卢旺达	X	X	X	X	X	X	X	X	X	X	X	X	X	X	X	X
塞内加尔	X	17.0	X	0.0	X	24.0	X	10.0	X	12.6	X	2.3	X	0.6	X	55.3
塞拉利昂	X	X	X	X	X	X	X	X	X	X	X	X	X	X	X	X
索马里	X	X	X	X	X	X	X	X	X	X	X	X	X	X	X	X
南非	48.4	36.6	17.6	7.8	21.0	23.5	1.3	2.5	17.9	19.2	2.6	3.4	4.1	5.2	19.3	21.3
苏丹	X	7.4	X	0.0	X	17.8	X	1.0	X	16.9	X	0.1	X	2.0	X	70.9
坦桑尼亚	X	11.7	X	0.0	X	1.7	X	0.3	X	1.4	X	3.2	X	0.3	X	79.1
多哥	X	X	X	X	X	X	X	X	X	X	X	X	X	X	X	X
乌干达	X	X	X	X	X	X	X	X	X	X	X	X	X	X	X	X
赞比亚	X	23.6	X	0.1	X	5.1	X	0.9	X	4.2	X	0.7	X	2.0	X	66.6
津巴布韦	X	12.2	X	2.0	X	10.0	X	1.5	X	8.3	X	9.2	X	3.6	X	61.8
北美洲	**30.1**	**26.3**	**1.4**	**1.9**	**35.1**	**38.1**	**5.0**	**5.2**	**27.9**	**30.3**	**1.3**	**1.2**	**11.6**	**12.6**	**16.0**	**17.3**
加拿大	37.9	36.3	3.2	2.5	26.9	27.8	2.7	2.7	20.8	20.2	1.8	2.3	12.7	13.5	16.9	16.6
美国	29.2	25.0	1.1	1.8	36.0	39.5	5.2	5.6	28.7	31.7	1.2	1.1	11.4	12.5	15.9	17.3
中美洲和加勒比地区	**41.1**	**39.4**	**4.2**	**4.8**	**30.0**	**31.8**	**2.0**	**2.5**	**26.3**	**28.3**	**2.9**	**2.4**	**2.8**	**3.4**	**20.6**	**21.3**
伯利兹	X	X	X	X	X	X	X	X	X	X	X	X	X	X	X	X
哥斯达黎加	24.4	24.0	0.0	0.0	29.0	49.1	1.7	5.3	10.7	42.5	X	3.8	0.4	7.6	45.3	14.4
古巴	49.7	70.9	2.0	0.4	27.7	10.5	2.1	2.9	21.8	7.5	6.2	3.1	2.5	2.1	10.0	7.5
多米尼加共和国	28.8	20.5	0.0	0.0	36.3	29.9	3.6	1.7	24.4	14.0	0.6	1.0	0.0	0.0	34.4	46.3
萨尔瓦多	22.0	20.5	0.0	0.0	19.0	24.0	1.1	1.6	17.9	22.4	0.1	X	2.3	3.0	56.2	51.6
危地马拉	10.6	13.9	0.0	0.0	14.8	21.2	1.3	1.0	13.6	20.1	0.9	0.7	2.1	4.0	70.4	58.8
海地	14.7	11.7	0.0	0.0	10.7	15.9	1.7	1.5	4.2	6.8	X	X	1.3	4.4	73.3	67.3
洪都拉斯	23.8	27.3	0.0	0.0	15.1	17.4	1.3	0.8	13.8	16.5	0.1	0.2	4.3	4.9	56.7	50.3
牙买加	43.3	26.1	0.0	0.0	33.6	41.7	10.5	12.1	23.1	21.0	3.1	11.9	0.2	6.4	13.5	13.2
墨西哥	43.0	38.6	5.4	6.4	32.0	36.4	1.9	2.5	29.0	33.3	3.0	2.7	3.1	3.6	16.1	17.6
尼加拉瓜	19.1	11.4	0.0	0.0	21.0	23.2	2.4	1.6	18.0	20.1	2.6	1.0	2.3	6.1	52.8	56.7
巴拿马	26.9	20.5	0.0	0.0	29.3	35.3	0.1	0.2	29.2	34.7	X	X	1.7	2.4	41.6	39.3
特立尼达和多巴哥	X	85.6	X	7.4	X	10.9	X	1.3	X	9.6	X	X	X	1.1	X	2.1
南美洲	**37.8**	**37.3**	**5.7**	**5.2**	**29.5**	**32.7**	**2.3**	**2.4**	**26.1**	**29.0**	**4.9**	**4.8**	**3.2**	**5.0**	**20.9**	**16.8**
阿根廷	31.6	29.2	0.4	0.5	32.1	33.8	2.3	3.1	29.6	30.4	5.8	6.7	2.2	6.6	23.8	19.8
玻利维亚	12.9	28.7	0.0	0.0	38.0	34.9	4.6	5.0	32.8	28.6	0.7	1.6	0.0	1.6	47.9	32.7
巴西	42.4	41.4	8.3	7.1	27.3	32.3	2.2	2.0	23.8	28.7	5.9	5.2	3.7	4.8	17.5	13.5
智利	36.8	41.8	3.5	2.1	29.2	30.0	2.7	3.2	24.5	24.3	X	1.3	1.8	0.8	30.8	25.4
哥伦比亚	28.3	29.6	1.4	1.6	29.6	33.0	2.5	2.7	26.8	29.4	5.9	6.7	3.6	4.2	26.6	18.1
厄瓜多尔	21.6	18.5	0.0	0.0	39.6	42.4	3.3	3.3	26.5	30.6	5.6	5.4	2.4	6.6	24.9	24.8
圭亚那	X	X	X	X	X	X	X	X	X	X	X	X	X	X	X	X
巴拉圭	30.0	38.0	0.0	0.0	19.0	25.5	1.3	0.1	17.2	24.9	X	X	0.9	1.7	49.6	34.5
秘鲁	20.8	22.5	0.5	4.4	25.8	27.2	2.8	3.8	21.6	23.0	7.5	6.2	2.2	3.0	42.4	40.0
苏里南	X	X	X	X	X	X	X	X	X	X	X	X	X	X	X	X
乌拉圭	28.0	21.0	0.0	0.0	23.9	33.3	0.8	0.3	21.8	33.0	6.6	8.1	5.7	7.5	32.1	26.8
委内瑞拉	46.1	44.2	10.3	9.8	35.4	34.7	2.0	2.3	33.1	32.4	0.1	1.7	3.1	7.6	9.4	7.8
大洋洲	**35.5**	**35.5**	**4.5**	**3.9**	**39.1**	**39.0**	**4.6**	**6.3**	**30.9**	**29.2**	**2.6**	**2.3**	**6.0**	**6.7**	**13.2**	**12.4**
澳大利亚	35.1	34.3	4.1	3.6	39.8	39.5	4.3	6.2	32.4	31.2	2.5	2.3	5.6	6.7	13.3	12.8
斐济	X	X	X	X	X	X	X	X	X	X	X	X	X	X	X	X
新西兰	37.6	41.7	6.9	5.9	35.0	36.4	6.2	6.9	22.0	18.4	3.1	2.5	8.3	6.7	12.4	10.7
巴布亚新几内亚	X	X	X	X	X	X	X	X	X	X	X	X	X	X	X	X
所罗门群岛	X	X	X	X	X	X	X	X	X	X	X	X	X	X	X	X
发达国家	**34.8**	**30.7**	**3.6**	**3.8**	**27.9**	**29.8**	**3.5**	**3.9**	**22.2**	**23.3**	**2.3**	**2.8**	**9.7**	**9.8**	**18.6**	**21.4**
发展中国家	**44.4**	**34.9**	**6.1**	**4.5**	**21.2**	**17.8**	**1.9**	**1.8**	**17.0**	**14.5**	**3.8**	**2.9**	**3.2**	**3.9**	**22.2**	**34.4**

注："零"表示无或小于1/2的计量单位。

来源：国际能源机构(IEA)

	所有可再生资源的可再生能源总量		可再生能源消费：所有可再生资源		燃料和废弃物		水力发电		地热	太阳能	风能
	(1000toe) (a) 1997	自1987年的变化 %	(1000toe) (a) 1997	来自所有资源总消费的 % 1997	(1000toe) (b) 1997	自1987年的变化 % 1987	(1000toe) (b) 1997	自1987年的变化 % 1987	(1000toe) (a) 1997	(1000toe) (a) 1997	(1000toe) (a) 1997
世界	**1,323,051**	**19**	**1,321,093**	**14**	**1,061,775**	**16**	**220,656**	**26**	**36,659**	**1,015**	**989**
亚洲（中亚除外）	**623,784**	**18**	**625,537**	**21**	**569,937**	**15**	**43,653**	**46**	**11,926**	**16**	**5**
亚美尼亚	120	(4)	120	7	1	X	119	(5)	0	0	0
阿塞拜疆	132	92	135	1	4	X	131	90	0	0	0
孟加拉国	16,093	14	16,093	66	16,031	14	62	39	0	0	0
不丹	X	X	X	X	X	X	X	X	X	X	X
柬埔寨	X	X	X	X	X	X	X	X	X	X	X
中国	225,117	12	225,117	20	208,262	8	16,855	96	0	0	0
格鲁吉亚	555	(28)	555	24	35	X	520	(32)	0	0	0
印度	199,237	15	199,237	43	192,801	14	6,431	58	0	0	5
印度尼西亚	47,327	19	47,226	34	44,493	15	515	16	2,217	0	0
日本	18,669	38	18,669	4	7,461	27	7,723	20	3,485	0	0
哈萨克斯坦	633	28	633	2	74	X	559	13	0	0	0
朝鲜	1,019	10	2,898	12	1,019	10	1,878	(25)	0	0	0
韩国	1,917	317	1,892	1	1,634	X	242	(47)	0	16	0
吉尔吉斯斯坦	969	135	969	35	4	X	965	134	0	0	0
老挝	0	X	0	X	X	X	X	X	X	X	X
马来西亚	2,690	14	2,673	6	2,390	22	283	(33)	0	0	0
蒙古	0	X	0	X	X	X	X	X	X	X	X
缅甸	10,412	18	10,412	80	10,270	18	142	62	0	0	0
尼泊尔	6,559	25	6,559	92	6,464	24	95	102	0	0	0
巴基斯坦	24,192	31	24,192	43	22,398	30	1,794	37	0	0	0
菲律宾	16,149	17	16,149	42	9,403	(0)	522	16	6,224	0	0
新加坡	X	X	X	0	0	X	0	X	0	0	0
斯里兰卡	4,345	9	4,345	61	4,049	7	296	58	0	0	0
塔吉克斯坦	1,189	(5)	1,189	35	0	X	1,189	(5)	0	0	0
泰国	21,268	69	21,275	27	20,656	69	619	77	0	0	0
土库曼斯坦	X	X	X	X	X	X	X	X	X	X	X
乌兹别克斯坦	497	(15)	497	1	0	X	497	(15)	0	0	0
越南	23,790	34	23,790	61	22,398	27	1,392	1,069	0	0	0
欧洲	**139,258**	**56**	**139,247**	**5**	**76,996**	**154**	**57,645**	**1**	**3,691**	**236**	**630**
阿尔巴尼亚	523	(21)	523	50	60	(84)	464	61	0	0	0
奥地利	5,479	7	5,578	20	2,483	13	3,095	(0)	0	0	0
白俄罗斯	687	X	687	3	685	X	2	17	0	0	0
比利时	578	147	578	1	549	178	26	(29)	1	1	1
波斯尼亚和黑塞哥维那	277	X	277	16	155	X	122	(53)	0	0	0
保加利亚	396	(8)	385	2	240	14	146	(33)	0	0	0
克罗地亚	779	X	779	10	324	X	456	(9)	0	0	0
捷克	686	X	686	2	540	X	146	(31)	0	0	0
丹麦	1,714	67	1,714	8	1,538	52	2	(31)	1	7	166
爱沙尼亚	625	X	592	11	592	X	0	X	0	0	0
芬兰	6,923	39	6,923	21	5,869	48	1,053	(11)	0	0	1
法国	16,022	X	16,098	7	10,564	X	5,351	(10)	116	16	2
德国	5,569	(4)	5,569	2	3,816	(5)	1,493	(15)	0	3	258
希腊	1,415	92	1,415	6	952	90	334	40	4	123	3
匈牙利	461	(5)	461	2	443	(5)	19	28	0	0	0
冰岛	1,481	20	1,481	64	1	X	448	32	1,032	0	0
爱尔兰	225	X	225	2	162	X	58	(0)	0	0	4
意大利	7,290	19	7,610	5	1,562	54	3,578	5	2,452	8	10
拉脱维亚	1,557	X	1,335	30	1,081	X	254	(20)	0	0	0
立陶宛	543	X	544	6	519	X	25	(18)	0	0	0
马其顿	277	X	280	10	190	X	77	X	13	0	0
摩尔多瓦	100	X	94	2	61	X	33	55	0	0	0
荷兰	1,038	X	1,038	1	979	X	8	X	0	11	41
挪威	10,597	8	10,600	44	1,160	26	9,439	6	0	0	1
波兰	5,333	86	5,328	5	5,160	89	169	18	0	0	0
葡萄牙	2,317	26	2,317	11	1,126	7	1,127	43	45	16	3
罗马尼亚	4,893	X	4,880	11	3,374	X	1,506	56	0	0	0
俄罗斯	30,806	X	30,546	5	17,023	X	13,499	(3)	24	0	0
斯洛伐克	438	44	439	3	83	(40)	356	114	0	0	0
斯洛文尼亚	500	64	528	8	263	X	266	(13)	0	0	0
西班牙	6,609	133	6,609	6	3,539	X	2,976	26	3	28	64
瑞典	14,271	22	14,271	27	8,313	51	5,936	(4)	0	4	18
瑞士	4,353	15	4,361	17	1,414	72	2,928	(2)	0	19	0
乌克兰	1,093	32	1,093	1	246	X	848	3	0	0	0
英国	2,097	X	2,097	1	1,685	X	355	(0)	0	0	57
南斯拉夫	1,256	20	1,256	8	210	X	1,046	(0)	0	0	0
中亚和北非	**18,597**	**19**	**18,613**	**4**	**11,562**	**(0)**	**6,275**	**72**	**179**	**597**	**0**
阿富汗	0	X	0	X	X	X	X	X	X	X	X
阿尔及利亚	525	16	525	2	519	27	6	(85)	0	0	0
埃及	2,286	30	2,268	6	1,238	22	1,031	38	0	0	0
伊朗	1,420	4	1,420	1	786	21	634	(12)	0	0	0
伊拉克	76	(69)	76	0	26	21	50	(78)	0	0	0
以色列	519	66	522	3	6	126	6	X	0	511	0
约旦	4	48	5	0	3	42	2	16	0	0	0
科威特	X	X	4	0	4	(37)	0	X	0	0	0
黎巴嫩	207	31	208	4	125	16	77	48	0	6	0
利比亚	125	0	125	1	125	0	0	X	0	0	0
摩洛哥	592	56	592	6	415	35	177	150	0	0	0
阿曼	X	X	X	0	0	X	0	X	0	0	0
沙特阿拉伯	X	X	4	0	4	(54)	0	X	0	0	0
叙利亚	868	366	868	6	5	56	863	373	0	0	0
突尼斯	1,176	19	1,176	17	1,172	20	4	(61)	0	0	0
土耳其	10,705	12	10,705	15	7,022	(11)	3,424	114	179	80	0
阿拉伯联合酋长国	X	X	17	0	17	X	0	X	0	0	0
也门	77	6	77	2	77	6	0	X	0	0	0

	所有可再生资源的可再生能源总量		可再生能源消费								
			所有可再生资源		燃料和废弃物		水力发电				
	(1000toe) (a) 1997	自1987年的变化%	(1000toe) (a) 1997	来自所有资源总消费的 % 1997	(1000toe) (b) 1997	自1987年的变化 % 1987	(1000toe) (b) 1997	自1987年的变化 % 1987	地热 (1000toe) (a) 1997	太阳能 (1000toe) (a) 1997	风能 (1000toe) (a) 1997
撒哈拉以南非洲	**X**	**X**	**X**	**X**	**X**	**X**	**X**	**X**	**X**	**X**	**X**
安哥拉	5,264	28	5,264	77	5,178	28	87	44	0	0	0
贝宁	1,830	26	1,830	84	1,830	26	0	X	0	0	0
博茨瓦纳	X	X	X	X	X	X	X	X	X	X	X
布基纳法索	X	X	X	X	X	X	X	X	X	X	X
布隆迪	X	X	X	X	X	X	X	X	X	X	X
喀麦隆	4,893	31	4,893	85	4,627	31	266	26	0	0	0
中非	X	X	X	X	X	X	X	X	X	X	X
乍得	X	X	X	X	X	X	X	X	X	X	X
刚果	899	28	899	72	862	27	37	55	0	0	0
刚果人民民主共和国	12,993	37	12,993	89	12,488	38	506	12	0	0	0
科特迪瓦	4,105	40	4,105	73	3,931	38	174	131	0	0	0
赤道几内亚	X	X	X	X	X	X	X	X	X	X	X
厄立特里亚	X	X	X	X	X	X	X	X	X	X	X
埃塞俄比亚	16,316	27	16,316	95	16,126	27	101	62	89	0	0
加蓬	924	24	924	57	860	26	64	6	0	0	0
冈比亚	X	X	X	X	X	X	X	X	X	X	X
加纳	5,482	39	5,482	79	4,953	40	529	31	0	0	0
几内亚	X	X	X	X	X	X	X	X	X	X	X
几内亚比绍	X	X	X	X	X	X	X	X	X	X	X
肯尼亚	11,651	20	11,651	82	11,013	19	300	83	338	0	0
莱索托	X	X	X	X	X	X	X	X	X	X	X
利比里亚	X	X	X	X	X	X	X	X	X	X	X
马达加斯加	X	X	X	X	X	X	X	X	X	X	X
马拉维	X	X	X	X	X	X	X	X	X	X	X
马里	X	X	X	X	X	X	X	X	X	X	X
毛里塔尼亚	X	X	X	X	X	X	X	X	X	X	X
莫桑比克	6,993	(1)	6,993	91	6,925	(1)	68	339	0	0	0
纳米比亚	X	X	X	X	X	X	X	X	X	X	X
尼日尔	X	X	X	X	X	X	X	X	X	X	X
尼日利亚	69,270	32	69,270	78	68,789	32	481	70	0	0	0
卢旺达	X	X	X	X	X	X	X	X	X	X	X
塞内加尔	1,634	31	1,634	59	1,634	31	0	X	0	0	0
塞拉利昂	X	X	X	X	X	X	X	X	X	X	X
索马里	X	X	X	X	X	X	X	X	X	X	X
南非	12,221	32	11,999	11	11,819	31	180	29	0	0	0
苏丹	9,622	15	9,622	84	9,532	15	90	16	0	0	0
坦桑尼亚	13,526	23	13,526	95	13,402	23	125	26	0	0	0
多哥	0	X	0	X	X	X	X	X	X	X	X
乌干达	0	X	0	X	X	X	X	X	X	X	X
赞比亚	5,450	20	5,450	91	4,765	26	685	(8)	0	0	0
津巴布韦	5,441	21	5,441	55	5,288	20	153	60	0	0	0
北美洲	**150,068**	**8**	**150,027**	**6**	**78,240**	**(5)**	**58,590**	**23**	**12,820**	**77**	**297**
加拿大	40,581	12	40,581	17	10,377	16	30,196	11	0	0	5
美国	109,487	6	109,446	5	67,863	(7)	28,395	39	12,820	77	292
中美洲和加勒比地区	**35,432**	**21**	**35,432**	**18**	**25,641**	**16**	**3,815**	**46**	**5,968**	**0**	**7**
伯利兹	0	X	0	X	X	X	X	X	X	X	X
哥斯达黎加	1,157	14	1,157	43	269	(64)	413	60	468	0	7
古巴	5,552	39	5,552	39	5,544	39	8	112	0	0	0
多米尼加共和国	1,423	(0)	1,423	26	1,308	2	115	(21)	0	0	0
萨尔瓦多	2,649	34	2,649	65	1,926	43	103	30	620	0	0
危地马拉	3,353	18	3,353	60	3,030	13	323	113	0	0	0
海地	1,298	4	1,298	73	1,281	5	17	(38)	0	0	0
洪都拉斯	2,003	28	2,003	63	1,724	22	279	85	0	0	0
牙买加	595	133	595	15	585	138	10	(3)	0	0	0
墨西哥	15,033	15	15,033	11	8,059	4	2,273	44	4,701	0	0
尼加拉瓜	1,529	23	1,529	59	1,314	32	35	(17)	180	0	0
巴拿马	808	37	808	35	570	38	238	36	0	0	0
特立尼达和多巴哥	32	(37)	32	0	32	(37)	0	X	0	0	0
南美洲	**106,225**	**16**	**104,699**	**28**	**62,052**	**(3)**	**42,600**	**57**	**0**	**0**	**48**
阿根廷	5,069	34	5,069	8	2,647	39	2,422	29	0	0	0
玻利维亚	1,074	44	1,074	25	876	34	198	117	0	0	0
巴西	65,972	7	64,448	37	40,448	(11)	24,000	50	0	0	0
智利	5,320	53	5,320	23	3,691	53	1,629	54	0	0	0
哥伦比亚	8,088	11	8,088	27	5,267	0	2,821	41	0	0	0
厄瓜多尔	1,720	21	1,720	20	1,137	10	583	48	0	0	0
圭亚那	X	X	X	X	X	X	X	X	X	X	X
巴拉圭	6,960	90	6,957	166	2,619	27	4,339	172	0	0	0
秘鲁	5,482	15	5,482	36	4,297	12	1,136	21	0	0	48
苏里南	X	X	X	X	X	X	X	X	X	X	X
乌拉圭	1,086	(14)	1,086	38	529	(17)	558	(11)	0	0	0
委内瑞拉	5,456	71	5,456	9	541	(0)	4,915	85	0	0	0
大洋洲	**11,098**	**32**	**11,098**	**9**	**5,924**	**41**	**3,437**	**12**	**1,646**	**89**	**1**
澳大利亚	6,765	39	6,765	7	5,237	45	1,439	23	0	89	1
斐济	X	X	X	X	X	X	X	X	X	X	X
新西兰	4,332	23	4,332	26	687	14	1,998	5	1,646	0	1
巴布亚新几内亚	X	X	X	X	X	X	X	X	X	X	X
所罗门群岛	X	X	X	X	X	X	X	X	X	X	X
发达国家	**335,929**	**27**	**335,661**	**6**	**180,564**	**37**	**131,561**	**12**	**21,643**	**913**	**929**
发展中国家	**924,052**	**19**	**924,291**	**25**	**821,322**	**15**	**87,792**	**58**	**15,016**	**102**	**60**

注：负数在圆括号中显示。"零"表示无或小于1/2的计量单位。(0)指小于0但大于负1/2的值。a.相当于石油的吨。关于toe的详细解释参见技术注释。

来源：国际能源机构(IEA)

能源与资源使用

	客车(每1000人)		年汽车气油消费(L/人)		年肉类消费(kg/人)		年纸张消费(kg/人)		年咖啡消费(kg/人)
	1990	1996	1987	1997	1988	1998	1988	1998	1997
世界	**77** a	**84** a	**186**	**182**	**33**	**37**	**44.6**	**49.2**	**X**
亚洲(中亚除外)	**16**	**23**	**30**	**50**	**15**	**25**	**18.1**	**26.0**	**X**
亚美尼亚	1	0	261	8	X	22	X	X	X
阿塞拜疆	36	36	X	86	X	16	X	X	X
孟加拉国	0	0	1	2	3	3	0.9	1.3	X
不丹	X	X	X	X	X	X	X	X	X
柬埔寨	0	5	X	X	14	15	X	0.4	X
中国(b)	1	3	20	35	23	47	14.6	29.8	0.0
格鲁吉亚	89	79	X	123	X	X	X	X	X
印度	2	4	5	7	4	4	2.7	3.7	0.1
印度尼西亚	7	12	27	49	7	9	5.0	17.1	0.6
日本	283	373	308	422	38	42	204.0	238.6	2.9
哈萨克斯坦	50	63	X	155	X	41	X	X	X
朝鲜	X	X	X	X	15	7	4.2	3.6	X
韩国	48	151	39	245	21	38	83.0	113.7	1.4
吉尔吉斯斯坦	44	32	X	33	X	38	X	X	X
老挝	6	3	X	X	10	14	X	X	X
马来西亚	101	139	176	305	33	52	30.7	69.1	0.4
蒙古	5	12	X	X	94	90	X	X	X
缅甸	X	1	6	8	9	9	0.7	0.8	X
尼泊尔	X	X	1	2	10	10	0.3	0.6	X
巴基斯坦	4	5	11	10	11	14	3.3	3.2	X
菲律宾	7	10	28	47	16	27	8.7	12.4	0.7
新加坡	101	120	205	268	75	76	129.2	167.7	X
斯里兰卡	6	6	11	14	3	5	7.7	6.9	0.1
塔吉克斯坦	0	0	X	224	X	X	X	0.2 c	X
泰国	14	28	48	120	21	26	13.7	22.6	0.4
土库曼斯坦	X	X	X	140	X	X	X	X	X
乌兹别克斯坦	X	X	X	81	X	29	X	X	X
越南	X	X	9	28	15	21	0.9	3.3	0.2
欧洲	**224**	**289**	**232**	**303**	**58**	**72**	**80.0**	**111.5**	**X**
阿尔巴尼亚	2	20	47	76	16	25	8.7	17.7	X
奥地利	387	458	438	345	104	106	133.0	243.3	8.1
白俄罗斯	59	101	X	159	X	63	X	18.3	X
比利时	385	424	383	334	X	X	X	X	X
波斯尼亚和黑塞哥维那	101	43	X	11	X	X	X	X	X
保加利亚	146	204	183	95	75	63	63.9	27.2	2.0
克罗地亚	X	X	X	202	X	22	X	107.4	4.8
捷克	228	325	137	238	X	83	X	78.5	2.8
丹麦	320	331	398	502	103	127	247.9	245.2	9.0
爱沙尼亚	154	277	X	281	X	59	X	34.5	X
芬兰	386	379	469	488	63	69	302.1	419.9	11.0
法国	405	437	443	334	98	100	141.0	180.9	5.7
德国	386	500	482	491	100	87	176.6	205.2	7.1
希腊	171	223	265	383	70	82	50.4	97.1	4.3
匈牙利	188	239	191	178	110	79	68.9	107.7	3.5
冰岛	470	463	638	658	70	70	119.1	107.6 c	X
爱尔兰	227	272	314	428	101	111	95.4	104.3	1.6
意大利	476	533	288	434	82	88	112.4	167.1	5.1
拉脱维亚	106	153	X	203	X	37	X	36.3	X
立陶宛	132	212	X	237	X	48	X	23.1	1.7
马其顿	X	X	X	144	X	30	X	29.6	X
摩尔多瓦	48	39	268	74	X	19	X	3.3 c	X
荷兰	368	370	310	353	81	106	187.8	246.8	9.2
挪威	380	379	559	505	51	60	146.6	173.8	9.2
波兰	138	209	104	170	75	72	40.5	53.8	3.4
葡萄牙	162	269	141	263	53	85	70.1	106.1	3.9
罗马尼亚	56	107	106	92	59	56	32.3	14.8	1.7
俄罗斯	X	107	X	201	X	45	X	14.9	0.4
斯洛伐克	163	198	116	132	X	77	X	116.2	2.6
斯洛文尼亚	289	365	339	610	X	88	X	141.5	4.8
西班牙	309	376	235	302	89	111	100.2	156.2	4.6
瑞典	426	413	649	621	59	71	242.2	212.8	8.5
瑞士	449	462	668	703	82	71	X	X	6.0
乌克兰	63	93	X	84	X	30	X	7.9	X
英国	341	360	519	507	72	76	159.2	201.0	2.5
南斯拉夫	133	150	X	84	X	100	X	19.6	1.7
中亚和北非	**X**	**43**	**127**	**149**	**21**	**22**	**9.9**	**15.5**	**X**
阿富汗	X	1	X	X	X	X	X	X	X
阿尔及利亚	X	25	113	79	17	18	13.0	7.9	3.1
埃及	21	23	54	43	17	21	7.9	12.7	0.2
伊朗	25	30	123	171	19	24	5.0	7.3	X
伊拉克	1	36	204	185	27	6	6.6	1.0	X
以色列	174	208	381	433	60	65	85.0	107.2	4.3
约旦	X	50	96	116	30	21	11.5	18.4	X
科威特	X	317	803	1,309	61	82	X	X	X
黎巴嫩	300	299	349	556	45	40	37.1	46.8	3.5
利比亚	X	159	322	454	35	33	5.9	2.8	X
摩洛哥	28	38	21	19	17	19	7.7	10.2	0.8
阿曼	83	97	343	392	37	36	7.0	5.5 c	X
沙特阿拉伯	98	90	587	660	44	44	X	X	0.7
叙利亚	10	10	112	101	19	20	6.8	9.2	0.9
突尼斯	23	30	38	49	17	20	15.3	20.9	1.1
土耳其	34	55	63	96	20	19	14.5	31.9	0.2
阿拉伯联合酋长国	97	82	652	677	69	100	X	X	X
也门	14	15	61	86	16	10	0.1	2.3 c	X

	客车（每1000人）		年汽车气油消费（L/人）		年肉类消费（kg/人）		年纸张消费（kg/人）		年咖啡消费（kg/人）
	1990	1996	1987	1997	1988	1998	1988	1998	1997
撒哈拉以南非洲	**11**	**14**	**31**	**31**	**12**	**13**	**5.3**	**4.8**	**X**
安哥拉	15	18	12	11	16	11	2.5	0.2	0.2
贝宁	2	7	13	30	13	15	X	X	<0.1
博茨瓦纳	10	15	X	X	23	32	X	X	X
布基纳法索	2	4	X	X	11	11	X	X	X
布隆迪	X	X	X	X	X	X	X	X	<0.1
喀麦隆	6	7	38	22	16	15	4.5	2.7	0.4
中非	1	0	X	X	21	24	X	X	0.2
乍得	1	2	X	X	11	10	X	X	X
刚果	12	14	40	26	16	17	X	X	0.1
刚果人民民主共和国	13	17	7	7	7	5	0.3	0.1	0.3
科特迪瓦	16	21	24	14	15	11	X	X	0.2
赤道几内亚	3	4	X	X	X	X	X	X	0.0
厄立特里亚	1	2	X	X	X	X	X	X	X
埃塞俄比亚	1	1	4	3	X	10	0.2	0.4	1.6
加蓬	19	22	45	48	53	49	X	X	0.1
冈比亚	7	8	X	X	9	7	0.4	0.1 c	X
加纳	X	5	21	26	10	8	X	X	0.0
几内亚	2	2	X	X	X	X	X	X	0.4
几内亚比绍	4	6	X	X	15	15	X	X	X
肯尼亚	10	10	26	18	16	13	5.6	6.2	0.1
莱索托	3	6	X	X	20	16	X	X	X
利比里亚	7	3	X	X	9	8	X	X	0.1
马达加斯加	4	5	X	X	21	18	0.6	0.9	0.7
马拉维	2	3	X	X	5	5	X	X	0.0
马里	2	3	X	X	18	19	X	X	X
毛里塔尼亚	6	8	X	X	30	23	X	X	X
莫桑比克	3	0	3	3	6	5	1.1	0.1	X
纳米比亚	40	47	X	X	29	36	X	X	X
尼日尔	5	4	X	X	13	12	X	X	X
尼日利亚	X	7	51	42	9	12	2.4	1.9	0.0
卢旺达	1	2	X	X	X	X	X	X	0.0
塞内加尔	8	10	17	12	15	18	X	X	X
塞拉利昂	7	4	X	X	5	5	X	X	0.1
索马里	1	0	X	X	22	18	X	X	X
南非	97	100	219	267	41	34	51.5	53.5	0.4
苏丹	8	10	8	11	17	21	1.8	0.9	X
坦桑尼亚	1	1	5	4	11	10	1.9	1.3	0.0
多哥	15	19	X	X	12	11	X	X	0.0
乌干达	1	2	X	X	9	11	0.5	0.5	0.2
赞比亚	8	17	21	17	13	12	1.5	1.6	0.0
津巴布韦	X	29	24	52	12	11	9.0	8.7	0.0
北美洲	**563**	**484**	**1,618**	**1,637**	**113**	**120**	**300.3**	**295.0**	**X**
加拿大	468	441	1,222	1,178	99	99	224.2	316.7	4.5
美国	573	489	1,660	1,688	114	122	308.5	292.6	4.0
中美洲和加勒比地区	**X**	**69**	**182**	**204**	**32**	**39**	**31.1**	**34.7**	**X**
伯利兹	36	42	X	X	52	52	X	X	X
哥斯达黎加	55	81	80	159	37	42	21.1	72.3	4.1
古巴	X	20	137	50	37	24	30.0	7.3	1.1
多米尼加共和国	21	28	125	97	28	37	13.9	32.4	2.4
萨尔瓦多	17	29	42	69	14	17	10.4	18.6	1.9
危地马拉	X	10	43	70	15	20	7.4	18.9	1.7
海地	X	4	10	14	10	10	X	X	2.5
洪都拉斯	X	X	37	48	14	17	27.3	34.2	1.6
牙买加	X	41	113	216	40	55	23.3	16.8	0.5
墨西哥	82	93	260	303	39	51	42.7	46.2	0.6
尼加拉瓜	10	16	45	33	12	15	X	X	1.6
巴拿马	60	76	117	167	39	48	26.8	27.2	1.8
特立尼达和多巴哥	X	94	448	322	29	28	25.0	40.8 c	0.7
南美洲	**X**	**32**	**122**	**148**	**48**	**61**	**26.5**	**34.9**	**X**
阿根廷	134	127	202	161	93	98	30.9	48.0	1.2
玻利维亚	25	29	82	78	40	47	1.6	12.9	0.3
巴西	X	X	47	97	46	69	27.3	39.8	4.2
智利	52	71	117	204	34	62	28.0	53.2	0.6
哥伦比亚	X	19	168	191	31	34	20.2	24.6	2.4
厄瓜多尔	31	40	137	146	24	32	21.5	34.7	1.5
圭亚那	X	X	X	X	10	25	X	X	X
巴拉圭	X	14	38	44	64	67	7.0	11.5	0.2
秘鲁	X	59	86	60	28	32	17.0	9.8	0.5
苏里南	90	122	X	X	X	X	X	X	X
乌拉圭	122	150	81	131	103	110	20.3	38.9	X
委内瑞拉	X	68	567	539	47	44	51.5	27.4	2.2
大洋洲	**344**	**364**	**710**	**692**	**98**	**93**	**126.9**	**133.7**	**X**
澳大利亚	450	485	970	950	114	110	161.1	176.1	2.6
斐济	X	37	X	X	35	45	X	X	0.3
新西兰	445	451	695	755	150	137	179.3	176.5	2.6
巴布亚新几内亚	X	7	X	X	26	25	X	X	0.0
所罗门群岛	X	X	X	X	X	X	X	X	X
发达国家	**296**	**326**	**548**	**626**	**66**	**77**	**137.9**	**160.2**	**X**
发展中国家	**9**	**15**	**39**	**55**	**18**	**26**	**11.0**	**17.5**	**X**

注：“零”表示无或小于1/2的计量单位。a.世界总量由世界资源研究所计算。b.不包括香港或台湾。c.总产量估计为0；因此，净进口量相当于消费量。详情参见技术注释。

来源：联合国粮农组织，国际咖啡组织，国际能源机构(TEA)，世界银行

	人口(10³)			年均人口变化(%)		特定年龄组人口的% 2000{a}			总人口出生率(平均每位育龄妇女拥有孩子)	
	1950	2000{a}	2025{a}	1975-80	1995-00 {a}	<15	15-65	>65	1975-80	1995-00 {a}
世界	**2,521,495**	**6,055,049**	**7,823,703**	**1.7**	**1.3**	**30**	**63**	**7**	**3.9**	**2.7**
亚洲（中亚除外）	**1,333,740**	**3,420,234**	**4,307,665**	**X**	**X**	**48**	**47**	**5**	**X**	**X**
亚美尼亚	1,354	3,520	3,946	1.8	(0.3)	25	67	9	2.5	1.7
阿塞拜疆	2,896	7,734	9,403	1.6	0.4	29	64	7	3.6	2.0
孟加拉国	41,783	129,155	178,751	2.8	1.7	35	62	3	6.7	3.1
不丹	734	2,124	3,904	2.3	2.8	43	53	4	5.9	5.5
柬埔寨	4,346	11,168	16,526	(1.8)	2.2	41	56	3	4.1	4.6
中国	554,760	1,277,558	1,480,412	1.5	0.9	58	37	5	3.3	1.8
格鲁吉亚	3,527	4,968	5,178	0.7	(1.1)	22	65	13	2.4	1.9
印度	357,561	1,013,662	1,330,449	2.1	1.6	33	62	5	4.8	3.1
印度尼西亚	79,538	212,107	273,442	2.1	1.4	31	65	5	4.7	2.6
日本	83,625	126,714	121,150	0.9	0.2	55	34	12	1.8	1.4
哈萨克斯坦	6,703	16,223	17,698	1.1	(0.3)	28	65	7	3.1	2.3
朝鲜	9,488	24,039	29,388	1.6	1.6	60	36	4	3.3	2.1
韩国	20,357	46,844	52,533	1.6	0.8	57	37	5	2.9	1.7
吉尔吉斯斯坦	1,740	4,699	6,096	1.9	0.6	35	59	6	4.1	3.2
老挝	1,755	5,433	9,653	1.2	2.6	44	53	3	6.7	5.8
马来西亚	6,110	22,244	30,968	2.3	2.0	34	62	4	4.2	3.2
蒙古	761	2,662	3,709	2.8	1.6	61	36	3	6.6	2.6
缅甸	17,832	45,611	58,120	2.1	1.2	28	67	5	5.3	2.4
尼泊尔	7,862	23,930	38,010	2.5	2.4	41	55	4	6.2	4.5
巴基斯坦	39,513	156,483	263,000	2.6	2.8	42	55	3	7.0	5.0
菲律宾	20,988	75,967	108,251	2.3	2.1	37	60	4	5.0	3.6
新加坡	1,022	3,567	4,168	1.3	1.4	22	71	7	1.9	1.7
斯里兰卡	7,678	18,827	23,547	1.7	1.0	26	67	7	3.8	2.1
塔吉克斯坦	1,532	6,188	8,857	2.8	1.5	40	55	5	5.9	4.2
泰国	20,010	61,399	72,717	2.4	0.9	25	69	6	4.3	1.7
土库曼斯坦	1,211	4,459	6,287	2.5	1.8	38	58	4	5.3	3.6
乌兹别克斯坦	6,314	24,318	33,355	2.6	1.6	37	58	5	5.1	3.4
越南	29,954	79,832	108,037	2.2	1.6	33	61	5	5.6	2.6
欧洲	**547,053**	**728,416**	**701,734**	**0.5** b	**0.0** b	**17**	**68**	**15**	**2.0** b	**1.4** b
阿尔巴尼亚	1,230	3,113	3,820	1.9	(0.4)	29	64	6	4.2	2.5
奥地利	6,935	8,211	8,186	(0.1)	0.5	17	68	15	1.6	1.4
白俄罗斯	7,745	10,236	9,496	0.6	(0.3)	19	68	14	2.1	1.4
比利时	8,639	10,161	9,918	0.1	0.1	17	66	17	1.7	1.6
波斯尼亚和黑塞哥维那	2,661	3,972	4,324	0.9	3.0	19	71	10	2.2	1.4
保加利亚	7,251	8,225	7,023	0.3	(0.7)	16	68	16	2.2	1.2
克罗地亚	3,850	4,473	4,193	0.5	(0.1)	17	68	15	2.0	1.6
捷克	8,925	10,244	9,512	0.6	(0.2)	17	70	14	2.3	1.2
丹麦	4,271	5,293	5,238	0.2	0.3	18	67	15	1.7	1.7
爱沙尼亚	1,101	1,396	1,131	0.6	(1.2)	17	69	14	2.1	1.3
芬兰	4,009	5,176	5,254	0.3	0.3	18	67	15	1.6	1.7
法国	41,829	59,080	61,662	0.4	0.4	19	65	16	1.9	1.7
德国	68,376	82,220	80,238	(0.1)	0.1	16	68	16	1.5	1.3
希腊	7,566	10,645	9,863	1.3	0.3	15	67	18	2.3	1.3
匈牙利	9,338	10,036	8,900	0.3	(0.4)	17	68	15	2.1	1.4
冰岛	143	281	328	0.9	0.9	23	65	12	2.3	2.1
爱尔兰	2,969	3,730	4,404	1.4	0.7	21	67	11	3.5	1.9
意大利	47,104	57,298	51,270	0.4	(0.0)	14	68	18	1.9	1.2
拉脱维亚	1,949	2,357	1,936	0.4	(1.5)	18	68	14	2.0	1.3
立陶宛	2,567	3,670	3,399	0.7	(0.3)	19	67	13	2.1	1.4
马其顿	1,230	2,024	2,258	1.4	0.6	23	67	10	2.7	2.1
摩尔多瓦	2,341	4,380	4,547	0.9	0.0	23	67	10	2.4	1.8
荷兰	10,114	15,786	15,782	0.7	0.4	18	68	14	1.6	1.5
挪威	3,265	4,465	4,817	0.4	0.5	20	65	15	1.8	1.9
波兰	24,824	38,765	39,069	0.9	0.1	19	69	12	2.3	1.5
葡萄牙	8,405	9,875	9,348	1.4	0.0	16	68	16	2.4	1.4
罗马尼亚	16,311	22,327	19,945	0.9	(0.4)	18	69	13	2.6	1.2
俄罗斯	102,192	146,934	137,933	0.6	(0.2)	18	69	13	1.9	1.3
斯洛伐克	3,463	5,387	5,393	1.0	0.1	20	69	11	2.5	1.4
斯洛文尼亚	1,473	1,986	1,818	1.0	(0.0)	16	70	14	2.2	1.3
西班牙	28,009	39,630	36,658	1.1	0.0	15	68	17	2.6	1.2
瑞典	7,014	8,910	9,097	0.3	0.2	18	64	17	1.6	1.6
瑞士	4,694	7,386	7,587	(0.1)	0.7	17	68	15	1.5	1.5
乌克兰	36,906	50,456	45,688	0.4	(0.4)	18	68	14	2.0	1.4
英国	50,616	58,830	59,961	0.0	0.2	19	65	16	1.7	1.7
南斯拉夫	7,131	10,640	10,844	0.9	0.1	20	67	13	2.4	1.8
中亚和北非	A **111,706**	**403,793**	**613,894**	**X**	**X**	**36**	**60**	**4**	**X**	**X**
阿富汗	8,958	22,720	44,934	0.9	2.9	44	53	3	7.2	6.9
阿尔及利亚	8,753	31,471	46,611	3.1	2.3	37	60	4	7.2	3.8
埃及	21,834	68,470	95,615	2.4	1.9	35	61	4	5.3	3.4
伊朗	16,913	67,702	94,463	3.3	1.7	36	59	4	6.5	2.8
伊拉克	5,158	23,115	41,014	3.3	2.8	41	56	3	6.6	5.3
以色列	1,258	6,217	8,277	2.3	2.2	28	62	10	3.4	2.7
约旦	1,237	6,669	12,063	2.3	3.0	42	55	3	7.4	4.9
科威特	152	1,972	2,974	6.2	3.1	34	64	2	5.9	2.9
黎巴嫩	1,443	3,282	4,400	(0.7)	1.7	33	61	6	4.3	2.7
利比亚	1,029	5,605	8,647	4.4	2.4	38	59	3	7.4	3.8
摩洛哥	8,953	28,351	38,670	2.3	1.8	33	63	4	5.9	3.1
阿曼	456	2,542	5,352	5.0	3.3	44	53	3	7.2	5.9
沙特阿拉伯	3,201	21,607	39,965	5.6	3.4	41	57	3	7.3	5.8
叙利亚	3,495	16,125	26,292	3.1	2.5	41	56	3	7.4	4.0
突尼斯	3,530	9,586	12,843	2.6	1.4	30	64	6	5.7	2.6
土耳其	20,809	66,591	87,869	2.1	1.7	28	66	6	4.5	2.5
阿拉伯联合酋长国	70	2,441	3,284	14.0	2.0	28	69	3	5.7	3.4
也门	4,316	18,112	38,985	3.2	3.7	48	49	2	7.6	7.6

	人口(10³)			年均人口变化(%)		特定年龄组人口的%			总人口出生率(平均每位育龄妇女拥有孩子)	
	1950	2000 {a}	2025 {a}	1975-80	1995-00 {a}	2000 {a} <15	15-65	>65	1975-80	1995-00 {a}
撒哈拉以南非洲	**176,816**	**640,663**	**1,095,448**	**X**	**X**	**44**	**53**	**3**	**X**	**X**
安哥拉	4,131	12,878	25,107	2.7	3.2	48	50	3	6.8	6.8
贝宁	2,046	6,097	11,109	2.5	2.7	46	51	3	7.1	5.8
博茨瓦纳	389	1,622	2,242	3.5	1.9	42	55	2	6.4	4.4
布基纳法索	3,654	11,937	23,321	2.5	2.7	47	50	3	7.8	6.6
布隆迪	2,456	6,695	11,569	2.3	1.7	46	51	3	6.8	6.3
喀麦隆	4,466	15,085	26,484	2.8	2.7	43	53	4	6.5	5.3
中非	1,314	3,615	5,704	2.3	1.9	43	54	4	5.9	4.9
乍得	2,658	7,651	13,908	2.1	2.6	46	51	3	6.6	6.1
刚果	808	2,943	5,689	2.9	2.8	46	50	3	6.3	6.1
刚果人民民主共和国	12,184	51,654	104,788	3.0	2.6	48	49	3	6.5	6.4
科特迪瓦	2,776	14,786	23,345	3.9	1.8	43	54	3	7.4	5.1
赤道几内亚	226	453	795	(0.7)	2.5	43	53	4	5.7	5.6
厄立特里亚	1,140	3,850	6,681	2.6	3.8	44	53	3	6.4	5.7
埃塞俄比亚	18,434	62,565	115,382	2.4	2.4	46	51	3	6.8	6.3
加蓬	469	1,226	1,981	3.1	2.6	40	54	6	4.4	5.4
冈比亚	294	1,305	2,151	3.1	3.2	0	95	5	6.5	5.2
加纳	4,900	20,212	36,876	1.9	2.7	43	54	3	6.5	5.2
几内亚	2,550	7,430	12,497	1.5	0.8	44	53	3	7.0	5.5
几内亚比绍	505	1,213	1,946	4.7	2.2	43	53	4	5.6	5.8
肯尼亚	6,265	30,080	41,756	3.8	2.0	43	54	3	8.1	4.5
莱索托	734	2,153	3,506	2.5	2.2	40	56	4	5.7	4.8
利比里亚	824	3,154	6,618	3.1	8.2	42	55	3	6.8	6.3
马达加斯加	4,230	15,942	28,964	2.5	3.0	44	53	3	6.6	5.4
马拉维	2,881	10,925	19,958	3.3	2.4	47	50	3	7.6	6.8
马里	3,520	11,234	21,295	2.1	2.4	46	50	4	7.1	6.6
毛里塔尼亚	825	2,670	4,766	2.5	2.7	43	53	3	6.5	5.5
莫桑比克	6,198	19,680	30,612	2.8	2.5	45	52	3	6.5	6.3
纳米比亚	511	1,726	2,338	2.7	2.2	42	55	4	6.0	4.9
尼日尔	2,400	10,730	21,495	3.2	3.2	48	49	2	8.1	6.8
尼日利亚	30,703	111,506	183,041	2.8	2.4	43	54	3	6.9	5.2
卢旺达	2,120	7,733	12,427	3.3	7.7	45	52	2	8.5	6.2
塞内加尔	2,500	9,481	16,743	2.8	2.6	45	53	2	7.0	5.6
塞拉利昂	1,944	4,854	8,085	2.0	3.0	44	53	3	6.5	6.1
索马里	2,264	10,097	21,211	7.0	4.2	48	50	2	7.3	7.3
南非	13,683	40,377	46,015	2.2	1.5	35	61	4	4.5	3.3
苏丹	9,190	29,490	46,264	3.1	2.1	39	57	3	6.7	4.6
坦桑尼亚	7,886	33,517	57,918	3.1	2.3	45	52	3	6.8	5.5
多哥	1,329	4,629	8,482	2.7	2.6	46	51	3	6.6	6.1
乌干达	4,762	21,778	44,435	3.2	2.8	50	48	2	6.9	7.1
赞比亚	2,440	9,169	15,616	3.4	2.2	47	51	2	7.2	5.6
津巴布韦	2,730	11,669	15,092	3.0	1.4	41	56	3	6.6	3.8
北美洲	**171,550**	**309,504**	**363,469**	**0.9 b**	**0.8 b**	**21**	**66**	**13**	**1.8 b**	**1.9 b**
加拿大	13,737	31,147	37,896	1.2	1.0	19	68	13	1.8	1.6
美国	157,813	278,357	325,573	0.9	0.8	21	66	13	1.8	2.0
中美洲和加勒比地区	**53,958**	**173,292**	**235,662**	**X**	**X**	**34**	**61**	**5**	**X**	**X**
伯利兹	69	241	370	1.7	2.4	40	56	4	6.2	3.7
哥斯达黎加	862	4,023	5,929	3.0	2.5	32	63	5	3.9	2.8
古巴	5,850	11,201	11,798	0.9	0.4	21	69	10	2.1	1.6
多米尼加共和国	2,353	8,495	11,164	2.4	1.6	33	62	4	4.7	2.8
萨尔瓦多	1,951	6,276	9,062	2.1	2.0	36	59	5	5.6	3.2
危地马拉	2,969	11,385	19,816	2.5	2.6	44	53	4	6.4	4.9
海地	3,261	8,222	11,988	2.1	1.7	41	56	4	6.0	4.4
洪都拉斯	1,380	6,485	10,656	3.4	2.7	42	55	3	6.6	4.3
牙买加	1,403	2,583	3,245	1.2	0.9	31	62	7	4.0	2.5
墨西哥	27,737	98,881	130,196	2.7	1.6	33	62	5	5.3	2.8
尼加拉瓜	1,134	5,074	8,696	3.1	2.7	43	54	3	6.4	4.4
巴拿马	860	2,856	3,779	2.5	1.6	31	63	6	4.1	2.6
特立尼达和多巴哥	636	1,295	1,493	1.3	0.5	25	68	7	3.4	1.7
南美洲	**112,992**	**345,779**	**460,864**	**2.3 b**	**1.5 b**	**30**	**64**	**6**	**4.3 b**	**2.6 b**
阿根廷	17,150	37,032	47,160	1.5	1.3	28	63	10	3.4	2.6
玻利维亚	2,714	8,329	13,131	2.4	2.3	40	56	4	5.8	4.4
巴西	53,975	170,115	217,930	2.4	1.3	29	66	5	4.3	2.3
智利	6,082	15,211	19,548	1.5	1.4	28	64	7	3.0	2.4
哥伦比亚	12,568	42,321	59,758	2.3	1.9	33	63	5	4.3	2.8
厄瓜多尔	3,387	12,646	17,796	2.8	2.0	34	61	5	5.4	3.1
圭亚那	423	861	1,045	0.7	0.7	30	66	4	3.9	2.3
巴拉圭	1,488	5,496	9,355	3.2	2.6	40	57	3	5.2	4.2
秘鲁	7,632	25,662	35,518	2.7	1.7	33	62	5	5.4	3.0
苏里南	215	417	525	(0.5)	0.4	30	64	6	4.2	2.2
乌拉圭	2,239	3,337	3,907	0.6	0.7	25	62	13	2.9	2.4
委内瑞拉	5,094	24,170	34,775	3.4	2.0	34	62	4	4.5	3.0
大洋洲	**12,605**	**30,424**	**39,686**	**1.1 b**	**1.3 b**	**25**	**65**	**10**	**2.8 b**	**2.4 b**
澳大利亚	8,219	18,886	23,098	0.9	1.0	21	67	12	2.1	1.8
斐济	289	817	1,104	1.9	1.2	31	64	5	4.0	2.7
新西兰	1,908	3,862	4,695	0.2	1.0	23	66	12	2.2	2.0
巴布亚新几内亚	1,613	4,807	7,460	2.5	2.2	39	58	3	5.9	4.6
所罗门群岛	90	444	817	3.5	3.1	43	54	3	7.1	4.9
发达国家	**852,572**	**1,306,083**	**1,359,258**	**0.6 b**	**0.3 b**	**31**	**57**	**12**	**1.9 b**	**1.6 b**
发展中国家	**1,667,848**	**4,746,022**	**6,459,163**	**2.1 b**	**1.6 b**	**45**	**50**	**5**	**4.7 b**	**3.0 b**

注：负数在圆括号中表示。“零”表示无或小于¹/2的计量单位。(0)指小于0但大于负1/2的值。a.数据包括基于1990年人口数据。详情参见技术注释。b.地区总数由数据库计算。

来源：联合国人口处

	婴儿死亡率(a)(每千活婴) 1995-00	5岁以下儿童死亡率(每千活婴) 1997	出生时的预期寿命(年) 女性 1975-80	女性 1995-00	男性 1975-80	男性 1995-00	经专业培训人员接生的(%) 1995-97 {b}	受HIV/AIDS感染的成人和儿童(人数) 1997	感染HIV/AIDS的成人%(c) 1997	从AIDS开始传播后成为孤儿的儿童数量
世界	**57**	**87**	**61**	**68**	**58**	**63**	**60**	**30,600,000**	**0.97**	**8,200,000**
亚洲（中亚除外）	**X**	**X**	**X**	**X**	**X**	**X**	**X**	**6,220,900**	**X**	**202,170**
亚美尼亚	26	30	75	74	69	67	96	<100	0.01	X
阿塞拜疆	36	45	72	74	64	66	99	<100	<0.005	X
孟加拉国	79	109	46	58	47	58	8	21,000	0.03	810
不丹	63	121	47	62	45	60	15	<100 d, e	<0.005 e	X
柬埔寨	103	167	33	55	30	51	31	130,000	2.40	7,300
中国	41	47	66	72	64	68	89	400,000	0.06	720
格鲁吉亚	20	29	74	77	67	69	X	<100	<0.005	X
印度	72	108	52	63	53	62	34	4,100,000	0.82	120,000
印度尼西亚	48	68	54	67	52	63	54	52,000	0.05	1,000
日本	4	6	78	83	73	77	100 f	6,800	0.01	<100
哈萨克斯坦	35	44	70	72	60	63	100	2,500	0.03	X
朝鲜	22	30	69	75	62	69	100 f	X	X	X
韩国	10	6	68	76	61	69	98	3,100	0.01	<100
吉尔吉斯斯坦	40	48	68	72	60	63	98	<100	<0.005	X
老挝	93	122	45	55	42	52	X	1,100	0.04	150
马来西亚	11	11	67	74	64	70	99	68,000	0.62	1,500
蒙古	51	150	58	67	55	64	100	<100	0.01	X
缅甸	79	114	53	62	50	59	56	440,000	1.79	14,000
尼泊尔	83	104	45	57	47	58	9	26,000	0.24	750
巴基斯坦	74	136	54	65	53	63	18	64,000	0.09	5,000
菲律宾	36	41	61	70	58	67	64	24,000	0.06	480
新加坡	5	4	73	79	69	75	100 f	3,100	0.15	<100
斯里兰卡	18	19	69	75	65	71	94	6,900	0.07	450
塔吉克斯坦	57	76	67	70	62	64	79	<100	<0.005	X
泰国	29	38	63	72	59	66	71 f	780,000	2.23	48,000
土库曼斯坦	55	78	65	69	58	62	96	<100	0.01	X
乌兹别克斯坦	44	60	68	71	62	64	98	<100	<0.005	X
越南	38	43	58	70	54	65	85	88,000	0.22	1,900
欧洲	**12** g	**X**	**75** g	**77** g	**67** g	**69** g	**X**	**662,650** g	**X**	**X**
阿尔巴尼亚	30	40	71	76	67	70	99 f	<100	0.01	X
奥地利	6	5	76	80	69	74	100	7,500	0.18	X
白俄罗斯	23	18	76	74	66	62	100 f	9,000	0.17	X
比利时	7	7	76	81	69	74	100 f	7,500	0.14	X
波斯尼亚和黑塞哥维那	15	16	72	76	67	71	97	750 d	0.04	X
保加利亚	17	19	74	75	69	68	100 f	300 d	0.01	X
克罗地亚	10	9	74	77	67	69	X	300 d	0.01	X
捷克	6	7	74	77	67	70	X	2,000	0.04	X
丹麦	7	6	77	78	71	73	100 f	3,100	0.12	X
爱沙尼亚	19	14	74	75	65	63	X	<100	0.01	X
芬兰	6	4	77	81	68	73	100	500	0.02	X
法国	6	5	78	82	70	74	99	110,000	0.37	X
德国	5	5	76	80	69	74	99	35,000	0.08	X
希腊	8	8	76	81	72	76	97 f	7,500	0.14	X
匈牙利	10	11	73	75	66	67	99 f	2,000	0.04	X
冰岛	5	5	79	81	73	77	100 f	200	0.14	X
爱尔兰	7	7	75	79	70	74	X	1,700	0.09	X
意大利	7	6	77	81	70	75	X	90,000	0.31	X
拉脱维亚	18	20	74	74	64	62	X	<100	0.01	X
立陶宛	21	15	75	76	66	64	X	<100	0.01	X
马其顿	23	23	71	75	68	71	95	<100	0.01	X
摩尔多瓦	29	31	69	72	62	64	X	2,500	0.11	X
荷兰	6	6	79	81	72	75	100 f	14,000	0.17	X
挪威	5	4	79	81	72	75	100 f	1,300	0.06	X
波兰	15	11	75	77	67	68	99 f	12,000	0.06	X
葡萄牙	9	8	74	79	67	72	90 f	35,000	0.69	X
罗马尼亚	23	26	72	74	67	66	100 f	5,000	0.01	X
俄罗斯	18	25	73	73	62	61	99	40,000	0.05	X
斯洛伐克	11	11	74	77	67	69	X	<100	<0.005	X
斯洛文尼亚	7	6	75	78	67	71	X	<100	0.01	X
西班牙	7	5	77	82	71	75	96 f	120,000	0.57	X
瑞典	5	4	78	81	72	76	100 f	3,000	0.07	X
瑞士	6	5	79	82	72	75	99 f	12,000	0.32	X
乌克兰	19	24	74	74	64	64	100	110,000	0.43	X
英国	7	7	76	80	70	75	100 f	25,000	0.09	X
南斯拉夫	18	21	73	75	68	70	93	5,000 d	0.10	X
中亚和北非	**X**	**X**	**X**	**X**	**X**	**X**	**X**	**210,000**	**0.13**	**14,000**
阿富汗	152	257	40	46	40	45	9 f	<100 d, e	<0.005 f	X
阿尔及利亚	44	39	59	70	57	68	77	11,000 d	0.07	X
埃及	51	73	55	68	53	65	56	8,100 d	0.03	750
伊朗	35	35	59	70	58	69	86	1,000 d	<0.005 f	X
伊拉克	95	122	62	64	61	61	54 f	300 d	<0.005 f	X
以色列	8	6	75	80	71	76	99 f	2,100 d	0.07	X
约旦	26	24	63	72	59	69	97	660 d	0.02	X
科威特	12	13	72	78	68	74	99 f	1,100 d	0.12	X
黎巴嫩	29	37	67	72	63	68	98	1,500 d	0.09	X
利比亚	28	25	59	72	56	68	76 f	1,400 d	0.05	X
摩洛哥	51	72	58	69	54	65	43	5,000 d	0.03	X
阿曼	25	18	56	73	54	69	93	1,200 d	0.11	X
沙特阿拉伯	23	28	60	73	58	70	90	1,100 d	0.01	X
叙利亚	33	33	62	71	58	67	67	800 d	0.01	X
突尼斯	30	33	61	71	60	68	81	2,200 d	0.04	X
土耳其	45	45	63	72	58	67	76	2,000 d	0.01	X
阿拉伯联合酋长国	16	10	69	76	65	74	96 f	2,400 d	0.18	X
也门	80	100	44	58	44	57	43	900 d	0.01	X

	婴儿死亡率(a)(每千活婴) 1995-00	5岁以下儿童死亡率(每千活婴) 1997	出生时的预期寿命(年) 女性 1975-80	女性 1995-00	男性 1975-80	男性 1995-00	经专业培训人员接生的(%) 1995-97 (b)	受HIV/AIDS感染的成人和儿童(人数) 1997	感染HIV/AIDS的成人%(c) 1997	从AIDS开始传播后成为孤儿的儿童数量
撒哈拉以南非洲	**X**	**170 g**	**X**	**X**	**X**	**X**	**37 g**	**21,014,160**	**7.41**	**7,771,690**
安哥拉	125	292	42	48	38	45	15 f	110,000	2.12	19,000
贝宁	88	167	49	55	45	52	60	54,000	2.06	11,000
博茨瓦纳	59	49	58	48	55	46	78 f	190,000	25.10	28,000
布基纳法索	99	169	44	45	42	44	42	370,000	7.17	200,000
布隆迪	119	176	48	44	44	41	19 f	260,000	8.30	160,000
喀麦隆	74	99	50	56	47	53	64	320,000	4.89	74,000
中非	98	173	47	47	42	43	46	180,000	10.77	65,000
乍得	112	198	43	49	39	46	15	87,000	2.72	55,000
刚果	90	108	51	51	46	46	X	100,000	7.78	64,000
刚果人民民主共和国	90	207	50	52	46	49	X	950,000	4.35	410,000
科特迪瓦	87	150	50	47	46	46	45	700,000	10.06	320,000
赤道几内亚	108	172	44	52	40	48	58 f	2,400	1.21	1,600
厄立特里亚	91	116	47	52	44	49	21	49,000 d	3.17	X
埃塞俄比亚	116	175	44	44	40	42	14 f	2,600,000	9.31	840,000
加蓬	87	145	49	54	45	51	80 f	23,000	4.25	4,800
冈比亚	122	87	41	49	37	45	44	13,000	2.24	8,400
加纳	66	107	54	62	50	58	41	210,000	2.38	130,000
几内亚	124	201	39	47	38	46	31	74,000	2.09	18,000
几内亚比绍	130	220	39	46	36	43	27 f	12,000	2.25	990
肯尼亚	66	87	55	53	51	51	45	1,600,000	11.64	440,000
莱索托	93	137	54	57	50	55	50	85,000	8.35	9,500
利比里亚	116	235	51	49	48	46	58 f	44,000	3.65	21,000
马达加斯加	83	158	51	59	48	56	47	8,600	0.12	1,300
马拉维	138	215	44	40	42	39	55	710,000	14.92	360,000
马里	118	239	46	55	44	52	25	89,000	1.67	33,000
毛里塔尼亚	92	183	47	55	44	52	40	6,100	0.52	1,400
莫桑比克	114	208	45	47	42	44	44	1,200,000	14.17	170,000
纳米比亚	65	75	53	53	50	52	68	150,000	19.94	7,800
尼日尔	115	320	42	50	39	47	15	65,000	1.45	20,000
尼日利亚	81	187	47	52	43	49	31	2,300,000	4.12	410,000
卢旺达	124	170	47	42	43	39	26	370,000	12.75	120,000
塞内加尔	63	124	46	54	42	51	47	75,000	1.77	49,000
塞拉利昂	170	316	37	39	34	36	25 f	68,000	3.17	47,000
索马里	122	211	44	49	40	45	2 f	11,000 d	0.25	X
南非	59	65	59	58	52	52	82	2,900,000	12.91	200,000
苏丹	71	115	48	56	45	54	69	140,000 d	0.99	X
坦桑尼亚	82	143	51	49	47	47	38	1,400,000	9.42	730,000
多哥	84	125	50	50	46	48	54 f	170,000	8.52	110,000
乌干达	107	137	49	40	45	39	38	930,000	9.51	1,700,000
赞比亚	82	202	51	41	48	40	47	770,000	19.07	470,000
津巴布韦	69	80	56	45	52	44	69	1,500,000	25.84	450,000
北美洲	**7 g**	**X**	**77 g**	**80 g**	**70 g**	**74 g**	**X**	**864,000**	**0.55 g**	**71,000**
加拿大	6	7	78	82	71	76	99 f	44,000	0.33	1,000
美国	7	8	77	80	69	73	99 f	820,000	0.76	70,000
中美洲和加勒比地区	**X**	**X**	**X**	**X**	**X**	**X**	**X**	**599,000**	**X**	**76,330**
伯利兹	29	43	71	76	69	73	79	2,100	1.89	340
哥斯达黎加	12	14	73	79	69	74	98	10,000	0.55	940
古巴	9	8	75	78	71	74	99	1,400	0.02	160
多米尼加共和国	34	53	64	73	60	69	96	83,000	1.89	3,700
萨尔瓦多	32	36	62	73	52	67	87	18,000	0.58	2,200
危地马拉	46	55	58	67	54	61	35	27,000	0.52	3,600
海地	68	132	52	56	49	51	21	190,000	5.17	40,000
洪都拉斯	35	45	60	72	56	68	61	43,000	1.46	6,100
牙买加	22	11	72	77	68	73	91	14,000	0.99	180
墨西哥	31	35	69	75	62	70	91	180,000	0.35	16,000
尼加拉瓜	43	57	60	71	55	66	61	4,100	0.19	120
巴拿马	21	20	71	76	67	72	86	9,000	0.61	1,000
特立尼达和多巴哥	15	17	71	76	66	72	98 f	6,800	0.94	760
南美洲	**37 g**	**X**	**65 g**	**72 g**	**60 g**	**65 g**	**X**	**983,800**	**X**	**9,600**
阿根廷	22	24	72	77	65	70	97	120,000	0.69	2,400
玻利维亚	66	96	52	63	48	60	47	2,600	0.07	150
巴西	42	44	64	71	60	63	92	580,000	0.63	X
智利	13	13	71	78	64	72	100	16,000	0.20	530
哥伦比亚	30	30	66	74	62	67	85	72,000	0.36	1,500
厄瓜多尔	46	39	63	72	60	67	64	18,000	0.28	1,100
圭亚那	58	82	63	68	58	61	95	10,000	2.13	660
巴拉圭	39	33	69	72	64	67	61	3,200	0.13	340
秘鲁	45	56	60	71	57	66	56	72,000	0.56	990
苏里南	29	30	68	73	63	68	91 f	2,800	1.17	390
乌拉圭	18	21	73	78	66	70	96 f	5,200	0.33	340
委内瑞拉	21	25	71	76	65	70	69 f	82,000	0.69	1,200
大洋洲	**24 g**	**X**	**71 g**	**76 g**	**66 g**	**71 g**	**X**	**17,060**	**X**	**1,420**
澳大利亚	6	6	77	81	70	75	100	11,000	0.14	X
斐济	20	24	69	75	66	71	96 f	260	0.06	<100
新西兰	7	7	76	80	69	74	99 f	1,300	0.07	120
巴布亚新几内亚	61	112	50	59	50	57	53	4,500	0.19	1,300
所罗门群岛	23	28	67	74	63	70	87 f	X	X	X
发达国家	**9 g**	**7 g**	**76 g**	**79 g**	**68 g**	**71 g**	**99 g**	**4,450,350**	**X**	**271,120**
发展中国家	**63 g**	**96 g**	**58 g**	**65 g**	**56 g**	**62 g**	**55 g**	**25,954,780**	**X**	**7,861,840**

注：a.1岁以下。b.指定范围内最近的数据。c.由数据库报告重新计算的值，包括小于0.5%的值。d.数据仅指成人(15～49岁)。e.1994年数据。f.数据指没有在题头指定，有别于标准定义的年份或时期，或仅指国家的某部分。g.地区总数由资料库计算。

来源：联合国人口处，联合国儿童基金会，世界卫生组织，联合国关于HIV/AIDS的联合行动计划。

	可获得安全饮用水的人口（%）			可获得卫生设施的人口（%）			净小学入学率（%）		净中等学校入学率（%）		第三级学校入学毛数		成人文化率（%）			
	农村	城市	总计	农村	城市	总计	女性	男性	女性	男性	总数（%）	女性（占总数的%）	女性		男性	
	1990-97 {a}	1990-97 {a}	1990-97 {a}	1990-97 {a}	1990-97 {a}	1990-97 {a}	1996-97 {a}	1996-97 {a}	1996-97 {a}	1996-97 {a}	1996-97	1996-97	1985	1995	1985	1995
世界	**62**	**90**	**72**	**25**	**78**	**44**	**X**	**X**	**X**	**X**	**X**	**X**	**X**	**X**	**X**	**X**
亚洲（中亚除外）	**X**	**X**	**X**	**X**	**X**	**X**	**X**	**X**	**X**	**X**	**X**	**X**	**X**	**X**	**X**	**X**
亚美尼亚	X	X	X	X	X	X	X	X	X	X	12	56	96	97	99	99
阿塞拜疆	X	X	X	X	X	X	X	X	X	X	18	50	X	X	X	X
孟加拉国	95	99	95	38	83	43	70	80	16	27	6	X	22	29	45	51
不丹	54	75	58	66	90	70	X	X	X	X	0	X	X	X	X	X
柬埔寨	25	X	30	9	X	19	100	100	31	47	1	19	13	20	48	57
中国	56	97	67	7	74	24	100	100	65	74	6	X	65	75	85	91
格鲁吉亚	X	X	X	X	X	X	89	89	75	76	41	51	X	X	X	X
印度	79	85	81	14	70	29	71	83	48	71	7	36	34	44	61	67
印度尼西亚	66	91	75	49	77	59	99	100	53	59	11	X	70	81	86	91
日本	X	X	X	X	X	X	100	100	100	100	43	X	X	X	X	X
哈萨克斯坦	84	99	93	98	100	99	X	X	X	X	32	X	X	X	X	X
朝鲜	X	X	81	X	X	X	X	X	X	X	X	X	X	X	X	X
韩国	76	100	93	100	100	100	100	100	100	100	100	68	37	96	98	99
吉尔吉斯斯坦	X	X	71	X	X	94	99	100	79	77	12	X	X	X	X	X
老挝	X	X	44	X	X	18	69	77	53	74	3	30	18	30	50	62
马来西亚	66	96	78	94	94	94	100	100	69	60	11	X	73	82	86	91
蒙古	3	73	40	74	99	86	88	83	64	48	19	68	38	51	63	72
缅甸	50	78	60	36	56	43	99	100	53	55	6	X	73	80	87	89
尼泊尔	68	93	71	14	28	16	63	93	40	68	5	X	13	22	46	57
巴基斯坦	73	89	79	39	93	56	X	X	X	X	4	X	20	29	48	58
菲律宾	80	93	84	63	89	75	100	100	79	77	35	X	91	95	93	95
新加坡	X	100 b	100 b	X	X	X	91	92	75	76	39	X	82	88	94	96
斯里兰卡	52	88	57	62	68	63	100	100	79	73	5	X	84	88	93	94
塔吉克斯坦	49	82	60	X	46	X	X	X	X	X	20	X	97	99	99	100
泰国	73	88	81	94	97	96	89	87	47	48	21	X	88	93	95	97
土库曼斯坦	X	X	74	X	X	91	X	X	X	X	20	X	X	X	X	X
乌兹别克斯坦	88	99	90	99	100	100	X	X	X	X	36	X	76	83	88	93
越南	42	47	43	15	43	21	100	100	54	56	7	X	86	91	94	95
欧洲	**X**	**X**	**X**	**X**	**X**	**X**	**X**	**X**	**X**	**X**	**X**	**X**	**X**	**X**	**X**	**X**
阿尔巴尼亚	X	X	X	X	X	X	X	X	X	X	11	57	66	76	85	91
奥地利	X	X	X	X	X	X	100	100	97	98	48	49	X	X	X	X
白俄罗斯	X	X	X	X	X	X	X	X	X	X	44	55	99	99	100	100
比利时	X	X	X	X	X	X	100	100	100	100	57	X	X	X	X	X
波斯尼亚和黑塞哥维那	X	X	X	X	X	X	X	X	X	X	X	X	X	X	X	X
保加利亚	X	X	X	X	X	X	99	97	75	80	41	61	96	98	98	99
克罗地亚	X	X	X	X	X	X	100	100	73	72	28	51	94	97	99	99
捷克	X	X	X	X	X	X	100	100	100	100	24	48	X	X	X	X
丹麦	X	X	X	X	X	X	100	100	95	94	X	X	X	X	X	X
爱沙尼亚	X	X	X	X	X	X	100	100	87	85	45	53	X	X	X	X
芬兰	X	X	X	X	X	X	100	100	96	95	74	53	X	X	X	X
法国	X	X	X	X	X	X	100	100	99	99	51	55	X	X	X	X
德国	X	X	X	X	X	X	100	100	95	96	47	46	X	X	X	X
希腊	X	X	X	X	X	X	100	100	93	90	47	48	91	96	98	98
匈牙利	X	X	X	X	X	X	97	98	98	96	25	X	99	99	99	99
冰岛	X	X	X	X	X	X	100	100	88	87	36	58	X	X	X	X
爱尔兰	X	X	X	X	X	X	100	100	100	100	41	52	X	X	X	X
意大利	X	X	X	X	X	X	100	100	96	94	47	54	97	98	98	99
拉脱维亚	X	X	X	X	X	X	100	100	81	81	33	60	100	100	100	100
立陶宛	X	X	X	X	X	X	X	X	X	X	31	59	99	99	100	100
马其顿	X	X	X	X	X	X	95	96	55	57	20	54	X	X	X	X
摩尔多瓦	18	98	55	8	90	50	X	X	X	X	27	55	95	98	99	100
荷兰	X	X	X	X	X	X	100	100	100	100	47	48	X	X	X	X
挪威	X	X	X	X	X	X	100	100	98	97	62	56	X	X	X	X
波兰	X	X	X	X	X	X	99	100	89	85	24	X	99	100	100	100
葡萄牙	X	X	X	X	X	X	100	100	91	88	38	X	83	89	90	94
罗马尼亚	X	X	X	X	X	X	100	100	76	75	23	53	95	97	99	99
俄罗斯	X	X	X	X	X	X	100	100	91	85	41	X	99	99	100	100
斯洛伐克	X	X	X	X	X	X	X	X	X	X	22	50	X	X	X	X
斯洛文尼亚	X	X	X	X	X	X	94	95	X	X	36	56	100	100	100	100
西班牙	X	X	X	X	X	X	100	100	93	91	53	53	94	97	98	98
瑞典	X	X	X	X	X	X	100	100	100	100	50	56	X	X	X	X
瑞士	X	X	X	X	X	X	100	100	80	87	34	X	X	X	X	X
乌克兰	X	X	X	X	X	X	X	X	X	X	42	X	99	99	100	100
英国	X	X	X	X	X	X	100	100	93	91	52	52	X	X	X	X
南斯拉夫	57	98	76	49	92	69	X	X	X	X	22	54	X	X	X	X
中亚和北非	**X**	**X**	**X**	**X**	**X**	**X**	**X**	**X**	**X**	**X**	**X**	**X**	**X**	**X**	**X**	**X**
阿富汗	5	39	12	1	38	8	33	66	14	30	2	X	6	19	36	50
阿尔及利亚	64	91	78	80	99	91	93	99	64	73	13	X	38	54	65	77
埃及	79	97	87	79	98	88	91	100	70	80	23	X	32	42	59	66
伊朗	82	98	90	74	86	81	89	91	76	86	18	36	52	67	71	82
伊拉克	48	96	81	31	93	75	70	80	34	52	11	X	31	43	55	64
以色列	X	X	X	X	X	X	X	X	X	X	44	X	90	94	96	98
约旦	X	X	98	X	X	77	X	X	X	X	19	47	68	83	88	94
科威特	X	X	X	X	100 b	X	64	66	63	63	19	62	72	79	80	83
黎巴嫩	88	96	94	8	81	63	X	X	X	X	27	X	71	79	87	92
利比亚	97	97	97	94	99	98	100	100	100	100	20	X	48	65	81	90
摩洛哥	34	98	65	24	94	58	67	86	32	43	11	41	23	34	51	60
阿曼	X	X	85	57	90	78	67	69	65	68	8	45	34	58	65	78
沙特阿拉伯	74 b	100 b	95 b	30 b	100 b	86 b	58	62	53	64	16	47	47	64	77	83
叙利亚	77	95	86	31	96	67	91	99	39	45	15	X	45	58	80	87
突尼斯	95	100	98	52	96	80	100	100	72	76	14	45	44	58	69	79
土耳其	25	66	49	56	95	80	98	100	49	68	21	35	65	75	88	93
阿拉伯联合酋长国	X	X	97	X	X	92	81	83	80	76	12	X	69	77	70	73
也门	55	88	61	17	47	24	X	X	X	X	4	13	10	23	51	66

	可获得安全饮用水的人口（%）			可获得卫生设施的人口（%）			净小学入学率（%）		净中等学校入学率（%）		第三级学校入学毛数		成人文化率（%）			
	农村 1990-97 {a}	城市 1990-97 {a}	总计 1990-97 {a}	农村 1990-97 {a}	城市 1990-97 {a}	总计 1990-97 {a}	女性 1996-97 {a}	男性 1996-97 {a}	女性 1996-97 {a}	男性 1996-97 {a}	总数（%）	女性（占总数的%）	女性 1985	女性 1995	男性 1985	男性 1995
撒哈拉以南非洲	**39 c**	**75 c**	**50 c**	**34 c**	**66 c**	**44 c**	**X**	**X**	**X**	**X**	**X**	**X**	**X**	**X**	**X**	**X**
安哥拉	22	46	31	27	62	40	34	35	28	34	1	X	X	X	X	X
贝宁	71	46	56	8	57	27	50	85	18	38	3	19	15	23	38	54
博茨瓦纳	88	100	90	41	91	55	83	78	91	86	6	47	68	78	64	73
布基纳法索	37	66	42	33	41	37	25	39	9	16	1	23	7	13	24	32
布隆迪	49	92	52	50	60	51	33	38	14	20	1	X	25	38	49	55
喀麦隆	43	57	50	36	64	50	59	64	35	45	4	X	50	67	70	80
中非	21	55	38	16	38	27	38	55	13	26	1	X	19	32	45	58
乍得	17	48	24	7	73	21	35	61	10	26	1	X	17	31	34	49
刚果	7	53	34	X	X	69	76	81	74	94	8	X	54	72	75	86
刚果人民民主共和国	26	89	42	6	53	18	48	69	29	46	2	X	31	47	59	71
科特迪瓦	32	56	42	17	71	39	50	66	24	45	5	X	21	36	41	53
赤道几内亚	100	88	95	48	61	54	80	79	65	72	2	X	59	72	85	91
厄立特里亚	8	60	22	0	48	13	28	31	34	41	1	13	26	38	57	66
埃塞俄比亚	19	91	25	7	97	19	27	44	18	32	1	20	18	31	34	42
加蓬	30	80	67	X	72	X	X	X	X	X	8	X	X	X	X	X
冈比亚	65	80	69	23	83	37	58	74	25	42	2	X	17	28	29	42
加纳	52	88	65	44	62	55	X	X	X	X	1	X	44	60	68	79
几内亚	36	69	46	19	54	31	33	58	7	22	1	11	X	X	X	X
几内亚比绍	67	32	43	X	X	46	39	66	16	32	X	X	11	17	44	57
肯尼亚	49	67	53	81	69	77	67	63	57	65	2	X	57	74	79	88
莱索托	57	91	62	35	56	38	74	63	80	66	2	54	88	93	64	71
利比里亚	13	79	46	4	56	30	X	X	X	X	3	X	25	34	55	67
马达加斯加	12	68	26	30	68	40	X	X	X	X	2	45	48	58	65	72
马拉维	40	95	47	1	18	3	100	97	54	91	1	X	36	44	68	73
马里	55	87	66	3	12	6	31	45	13	23	1	20	17	31	30	46
毛里塔尼亚	59	88	74	19	44	32	X	X	X	X	4	X	25	31	46	52
莫桑比克	X	X	63	X	X	54	34	45	17	28	1	24	16	27	47	58
纳米比亚	71	100	83	20	93	62	94	89	84	77	9	X	71	80	76	82
尼日尔	44	76	48	5	79	17	19	30	7	12	1	X	4	7	17	22
尼日利亚	40	58	49	32	50	41	X	X	X	X	4	X	35	53	57	70
卢旺达	79	X	X	85	X	X	X	X	X	X	1	X	44	57	63	72
塞内加尔	44	90	63	15	71	39	54	65	16	24	3	X	17	26	37	45
塞拉利昂	21	58	34	8	17	11	X	X	X	X	2	X	X	X	X	X
索马里	X	X	26	X	X	X	X	X	X	X	2	X	X	X	X	X
南非	70	99	87	80	92	87	100	100	97	93	X	X	79	84	81	85
苏丹	X	X	73	X	X	51	X	X	X	X	4	X	29	43	59	68
坦桑尼亚	58	92	66	83	98	86	49	48	X	X	1	20	48	64	75	83
多哥	41	82	55	22	76	41	70	94	40	77	4	17	27	38	62	73
乌干达	41	77	46	55	75	57	X	X	X	X	2	33	41	54	68	76
赞比亚	10	84	38	57	94	71	72	73	35	49	3	X	56	69	77	84
津巴布韦	69	99	79	32	96	52	92	94	56	62	7	36	73	83	85	92
北美洲	**X**	**X**	**X**	**X**	**X**	**X**	**X**	**X**	**X**	**X**	**X**	**X**	**X**	**X**	**X**	**X**
加拿大	X	X	X	X	X	X	100	100	94	96	90	X	X	X	X	X
美国	X	X	X	X	X	X	100	100	96	97	81	X	X	X	X	X
中美洲和加勒比地区	**X**	**X**	**X**	**X**	**X**	**X**	**X**	**X**	**X**	**X**	**X**	**X**	**X**	**X**	**X**	**X**
伯利兹	69	100	83	87	23	57	100	100	63	65	1	X	87	92	89	93
哥斯达黎加	92	100	96	70	95	84	89	89	X	X	33	X	94	95	94	95
古巴	85	96	93	51	71	66	100	100	73	67	12	60	95	96	95	97
多米尼加共和国	X	80	65	83	76	78	94	89	82	75	23	57	78	83	79	83
萨尔瓦多	40	84	66	80	98	90	89	89	37	36	18	50	67	75	75	81
危地马拉	78	76	77	74	95	83	70	77	32	38	8	X	52	60	68	75
海地	28	50	37	17	49	25	X	X	X	X	1	X	35	46	41	50
洪都拉斯	62	X	76	57	X	74	89	86	38	34	11	X	66	74	68	73
牙买加	X	X	86	80	100	89	96	96	72	68	8	X	85	90	77	82
墨西哥	X	X	85	X	X	72	100	100	64	68	16	48	84	89	90	93
尼加拉瓜	32	88	62	35	34	35	80	77	53	49	12	53	65	69	63	66
巴拿马	X	X	93	X	X	83	90	90	72	71	32	X	88	91	89	92
特立尼达和多巴哥	91	99	97	98	99	79	100	100	72	71	8	X	88	92	94	95
南美洲	**X**	**X**	**X**	**X**	**X**	**X**	**X**	**X**	**X**	**X**	**X**	**X**	**X**	**X**	**X**	**X**
阿根廷	29	77	71	37	73	68	100	100	80	74	42	X	95	97	96	97
玻利维亚	32	86	63	37	74	58	95	100	37	43	24	X	68	78	86	91
巴西	25	88	76	30	80	70	94	100	67	65	15	X	79	85	81	85
智利	41	99	91	X	90	X	89	92	87	83	31	46	93	95	94	96
哥伦比亚	56	97	85	56	97	85	89	89	78	75	17	52	88	91	88	91
厄瓜多尔	49	80	68	49	95	76	100	100	51	51	26	X	84	89	89	93
圭亚那	85	96	91	85	90	88	93	93	76	73	11	51	96	98	98	99
巴拉圭	X	X	60	14	65	41	97	96	60	62	10	55	87	92	92	94
秘鲁	33	84	67	37	89	72	93	94	81	87	26	X	78	84	91	94
苏里南	X	X	X	43	X	X	X	X	X	X	14	X	X	X	X	X
乌拉圭	X	95	X	X	98	X	95	94	89	79	30	X	97	98	96	97
委内瑞拉	75	80	79	30	64	58	84	81	54	44	25	X	87	91	90	93
大洋洲	**X**	**X**	**X**	**X**	**X**	**X**	**X**	**X**	**X**	**X**	**X**	**X**	**X**	**X**	**X**	**X**
澳大利亚	X	X	X	X	X	X	100	100	96	96	80	51	X	X	X	X
斐济	X	X	77	85	100	92	100	100	84	84	13	X	84	90	91	94
新西兰	82	100	97	X	X	X	100	100	94	92	63	57	X	X	X	X
巴布亚新几内亚	23	78	32	80	93	83	X	X	X	X	3	X	47	55	65	71
所罗门群岛	62	80	X	9	60	X	X	X	X	X	X	X	X	X	X	X
发达国家	**X**	**X**	**X**	**X**	**X**	**X**	**X**	**X**	**X**	**X**	**X**	**X**	**X**	**X**	**X**	**X**
发展中国家	**62 c**	**89 c**	**71 c**	**25 c**	**78 c**	**44 c**	**X**	**X**	**X**	**X**	**X**	**X**	**X**	**X**	**X**	**X**

注：“零”表示无或小于1/2的计量单位。a.指定范围内可获得的最近年份的数据。b.数据指没有在题头指定，有别于标准定义的年份或时期，或仅指国家的某部分。c.总数由数据库计算。

来源：联合国儿童基金会和联合国教科文组织

	国内生产总值(GDP) 购买力平价(PPP)(当前国际元) 总计(百万国际元)	人均(国际元)	汇率据(GDP)(1995年美元) 总计(百万美元)	人均(美元)	GDP年均增长率(%)(a)		分布(%)(b) 农业	工业	服务业	商品和劳务出口(百万美元)	商品和劳务进口(百万美元)
	1997	1997	1997	1997	1978-87	1988-97	1997	1997	1997	1997	1997
世界	X	X	30,643,610	5,262	2.5	2.2	4 b	32 b	61 b	6,869,405	6,760,876
亚洲（中亚除外）	X	X	X	X	X	X	X	X	X	X	X
亚美尼亚	8,939	2,518	3,149	887	X	X	41	36	23	330	952
阿塞拜疆	11,771	1,540	3,651	478	X	(11.6)	22	18	60	1,154	1,900
孟加拉国	129,666	1,057	41,816	341	4.2	4.1	24	27	49	5,096	7,677
不丹	X	X	X	X	X	X	38	38	25	121	162
柬埔寨	13,494	1,288	3,175	303	X	4.2	51	15	34	896	1,252
中国	3,837,794	3,085	834,973	671	8.3	8.2	19	49	32	207,251	166,754
格鲁吉亚	10,650	2,080	3,716	726	2.6	(13.7)	32	23	45	622	1,192
印度	1,609,656	1,666	377,811	391	3.7	5.0	25	30	45	44,102	59,236
印度尼西亚	699,784	3,441	228,639	1,124	5.4	6.7	16	43	41	63,238	62,830
日本	3,035,467	24,084	5,384,154	42,719	3.2	2.2	2 b	38 b	60 b	478,542	431,094
哈萨克斯坦	56,223	3,434	20,365	1,244	X	(5.7)	12	27	61	7,611	8,279
朝鲜	X	X	X	X	X	X	X	X	X	X	X
韩国	624,914	13,665	515,527	11,273	6.5	6.4	6	43	51	164,922	171,297
吉尔吉斯斯坦	10,423	2,256	3,913	847	X	(4.7)	45	23	33	676	817
老挝	6,317	1,255	2,007	399	X	6.4	52	21	26	417	715
马来西亚	176,444	8,409	102,258	4,873	4.7	7.5	12	47	41	92,897	91,522
蒙古	3,318	1,308	1,014	400	X	(0.7)	37	24	40	504	535
缅甸	X	X	X	X	X	X	59	10	31	1,439	2,415
尼泊尔	24,270	1,088	4,813	216	3.0	4.3	41	22	36	1,295	1,855
巴基斯坦	199,960	1,388	63,835	443	5.8	3.7	25	25	50	9,956	14,677
菲律宾	258,882	3,624	82,555	1,156	1.2	3.0	19	32	49	40,365	50,477
新加坡	88,317	25,772	98,071	28,619	5.9	7.3	0	35	65	156,252	144,168
斯里兰卡	46,205	2,528	14,376	787	4.2	4.4	22	26	52	5,514	6,569
塔吉克斯坦	6,505 b	1,115 b	1,601 b	274 b	X	X	X	X	X	804	801
泰国	405,587	6,790	176,648	2,957	5.1	6.8	11	40	49	72,415	72,437
土库曼斯坦	9,453 b	2,275 b	4,197 b	1,010 b	X	X	X	X	X	759	1,004
乌兹别克斯坦	57,347 b	2,510 b	24,026	1,035	X	(0.8)	31	27	42	3,980	4,417
越南	125,332	1,641	24,081	315	X	6.9	26	31	43	11,485	13,465
欧洲	X	X	X	X	X	X	X	X	X	X	X
阿尔巴尼亚	7,046	2,250	2,460	785	X	(1.3)	63	18	19	222	809
奥地利	178,176	22,000	244,751	30,220	1.9	2.4	1 b	30 b	68 b	85,323	87,821
白俄罗斯	49,758	4,807	20,976	2,026	X	(2.5)	14	44	42	8,306	9,103
比利时	231,822	22,892	285,386	28,182	1.4	1.7	1 b	27 b	72 b	185,404 c	174,267 c
波斯尼亚和黑塞哥维那	X	X	X	X	X	X	X	X	X	X	X
保加利亚	33,303	3,968	10,960	1,306	X	(4.4)	23	26	50	6,251	5,685
克罗地亚	22,797 b	5,080 b	18,859 b	4,202 b	X	X	12 d	25 d	62 d	8,198	11,402
捷克	108,298	10,514	53,385	5,183	X	(0.6)	6 e	40 e	54 e	29,869	32,713
丹麦	125,197	23,819	193,417	36,799	2.0	1.9	4 d	27 d	69 d	63,680	57,971
爱沙尼亚	7,647	5,284	5,547	3,833	X	(2.8)	7	28	65	3,609	4,142
芬兰	103,572	20,145	138,237	26,888	3.2	1.2	4 b	34 b	62 b	48,228	37,976
法国	1,290,861	22,077	1,594,793	27,275	1.7	1.6	2 b	26 b	72 b	365,342	319,781
德国	1,744,929	21,265	2,486,982	30,308	X	X	1 b	X	44 b	590,985	558,836
希腊	131,946	12,485	117,760 b	11,182 b	1.3	X	11 d	18 d	71 d	14,863	25,601
匈牙利	73,095	7,197	47,343	4,662	2.1	(0.9)	6	34	60	24,514	25,067
冰岛	5,932 b	21,889 b	7,346 b	27,105 b	3.6	X	11 d	26 d	63 d	2,687	2,650
爱尔兰	75,805	20,725	77,112	21,083	2.3	6.0	6 d	X	62 d	61,447	51,711
意大利	1,167,362	20,345	1,111,646	19,374	2.2	1.3	3 b	31 b	66 b	310,550	261,885
拉脱维亚	9,705	3,944	6,883	2,797	3.1	(5.6)	7	31	62	2,871	3,348
立陶宛	15,653	4,225	7,624	2,058	X	(3.2)	13	32	55	5,224	6,237
马其顿	6,407	3,225	2,124	1,069	X	X	12	27	61	1,330	1,862
摩尔多瓦	6,470	1,478	2,889	660	X	(9.5)	31	35	34	1,023	1,430
荷兰	329,522	21,104	424,445	27,183	1.4	2.6	3 d	27 d	70 d	213,503	191,173
挪威	107,688	24,499	159,952	36,389	3.0	3.0	2 b	32 b	66 b	63,213	52,286
波兰	252,121	6,516	134,724	3,482	X	1.1	6 d	39 d	55 d	39,717	46,367
葡萄牙	141,897	14,386	112,328	11,388	2.5	2.5	4 d	32 d	64 d	32,339	40,684
罗马尼亚	97,102	4,306	31,874	1,414	2.0	(2.6)	20	45	36	9,853	12,448
俄罗斯	644,202	4,363	338,180	2,290	X	X	8	37	55	102,196	90,065
斯洛伐克	42,575	7,925	19,746	3,675	X	(0.4)	5	33	62	10,959	12,367
斯洛文尼亚	23,444	11,749	20,062	10,055	X	X	5	39	57	10,449	10,631
西班牙	626,346	15,812	593,347	14,979	1.8	2.1	3 b	32 d	25 b	148,357	142,478
瑞典	175,145	19,777	237,042	26,766	1.9	0.9	2 d	30 d	68 d	100,989	84,779
瑞士	178,919	24,677	312,634	43,120	1.6	0.9	X	X	X	121,737 a	109,063 a
乌克兰	111,126	2,176	74,762	1,464	X	(9.1)	12	40	48	20,355	21,891
英国	1,223,547	20,900	1,172,327	20,025	2.0	1.5	2 b	31 b	67 b	366,505	371,843
南斯拉夫	X	X	X	X	X	X	X	X	X	X	X
中亚和北非	X	X	X	X	X	X	X	X	X	X	X
阿富汗	X	X	X	X	X	X	X	X	X	X	X
阿尔及利亚	130,735	4,448	43,381	1,476	3.2	0.9	11	49	39	14,890	10,280
埃及	184,009	2,843	65,469	1,011	5.3	3.7	18	32	51	16,171	18,296
伊朗	X	X	X	X	(0.6)	X	25 d	34 d	40 d	18,978	17,446
伊拉克	X	X	X	X	X	X	X	X	X	X	X
以色列	105,912	18,073	92,603	15,802	3.9	4.6	X	X	X	30,320	38,810
约旦	15,305	2,499	6,757	1,103	6.1	2.5	4	25	71	3,893	5,652
科威特	28,684 d	16,978 d	26,558 d	15,750 d	(1.8)	X	0 d	54 d	46 d	16,044	12,998
黎巴嫩	24,609	7,830	X	X	X	X	12	27	61	1,557	8,053
利比亚	X	X	X	X	X	X	X	X	X	X	X
摩洛哥	90,313	3,359	36,232	1,347	3.5	2.0	15	33	51	9,510	10,627
阿曼	21,307 d	9,887 d	12,102 d	5,427 d	7.9	X	X	X	X	7,649	5,815
沙特阿拉伯	203,149	10,429	129,884	6,668	0.5	2.5	6	45	49	64,168	51,632
叙利亚	48,392	3,237	17,596	1,177	2.6	4.0	X	X	X	5,661	5,092
突尼斯	48,857	5,305	20,302	2,204	3.9	4.1	13	29	58	8,081	8,644
土耳其	404,498	6,380	194,681	3,071	3.9	3.9	15	28	57	52,004	56,536
阿拉伯联合酋长国	42,385 d	19,181 d	X	X	X	X	2 e	57 e	40 e	X	X
也门	12,951	795	4,063	249	X	X	18	49	34	2,522	3,005

	国内生产总值(GDP)									商品和劳务出口(百万美元)	商品和劳务进口(百万美元)
	购买力平价(PPP)(当前国际元)		汇率据(GDP)(1995年美元)		GDP年均增长率(%)(a)		分布(%)(b)				
	总计(百万国际元)	人均(国际元)	总计(百万美元)	人均(美元)			农业	工业	服务业		
	1997	1997	1997	1997	1978-87	1988-97	1997	1997	1997	1997	1997
撒哈拉以南非洲	X	X	X	X	X	X	X	X	X	X	X
安哥拉	16,704	1,426	6,075	519	X	(0.1)	9	62	29	5,286	4,681
贝宁	7,377	1,311	2,241	398	3.6	3.5	38	14	48	530	696
博茨瓦纳	11,796	7,657	5,243	3,403	8.8	5.3	3	48	49	2,381 a	1,770 a
布基纳法索	10,543	958	2,626	239	3.1	2.7	35	27	38	332	723
布隆迪	4,040	635	918	144	3.7	(1.5)	53	17	30	96	139
喀麦隆	26,406	1,896	8,790	631	5.3	(0.8)	41	21	38	2,443	2,041
中非	4,546	1,329	1,182	346	0.2	0.7	54	18	28	213	237
乍得	6,918	976	1,588	224	(1.3)	3.6	39	15	46	271	587
刚果	4,397	1,623	2,206	815	6.7	1.0	10	57	33	1,800	1,368
刚果人民民主共和国	40,882	852	5,923	123	1.9	(5.2)	58	17	25	1,445	1,385
科特迪瓦	26,134	1,858	11,206	797	(0.5)	2.3	27	21	51	4,927	3,694
赤道几内亚	X	X	373	887	X	11.8	23	67	10	431	694
厄立特里亚	3,097	902	661	193	X	X	9	30	61	201	583
埃塞俄比亚(f)	30,194	519	6,750	116	X	2.7	55	7	38	1,017	1,683
加蓬	8,704	7,655	5,358	4,712	(0.4)	3.6	7	55	37	3,295	2,165
冈比亚	1,731	1,455	412	346	2.7	2.7	30	15	55	229	282
加纳	29,494	1,581	7,042	377	0.6	3.8	36	26	39	1,657	2,641
几内亚	13,016	1,777	4,026	550	X	3.9	23	35	42	741	834
几内亚比绍	X	X	279	246	1.7	3.7	54	11	35	56	107
肯尼亚	33,917	1,192	9,625	338	3.8	2.3	29	16	56	2,994	3,771
莱索托	3,751	1,861	1,037	514	1.4	6.4	11	42	47	309	1,214
利比里亚	X	X	X	X	X	X	X	X	X	X	X
马达加斯加	13,109	897	3,343	229	0.5	1.1	32	14	55	772	1,063
马拉维	7,278	723	1,703	169	1.6	3.5	36	18	46	615	1,153
马里	7,637	732	2,735	262	1.6	3.5	49	17	34	644	897
毛里塔尼亚	4,265	1,733	1,168	475	2.0	3.0	25	29	46	463	387
莫桑比克	12,324	668	2,332	126	X	4.2	31	24	45	499	1,007
纳米比亚	8,137	5,017	3,494	2,154	X	2.9	11	33	56	1,726	1,908
尼日尔	8,292	849	2,009	206	(0.3)	1.0	38	18	44	301	442
尼日利亚	107,959	1,039	31,080	299	(0.3)	3.7	33	47	20	15,994	14,213
卢旺达	5,172	868	1,647	276	3.8	(2.3)	37	26	36	152	488
塞内加尔	15,230	1,736	4,998	570	2.7	2.0	18	22	59	1,475	1,716
塞拉利昂	1,954	442	726	164	0.8	(3.7)	50	21	29	92	146
索马里	X	X	X	X	X	X	X	X	X	X	X
南非	299,577	7,729	140,257	3,619	2.0	1.1	5	39	57	35,440	34,625
苏丹	43,389	1,565	8,089	292	0.4	5.1	X	X	X	613	1,614
坦桑尼亚(g)	18,091	576	5,013	160	X	2.8	47	21 b	31 b	1,200	1,962
多哥	6,463	1,509	1,496	349	0.9	1.6	42	21	37	632	724
乌干达	23,622	1,181	6,622	331	X	6.0	44	17	39	825	1,651
赞比亚	9,087	1,058	3,855	449	0.6	0.7	16	31	52	1,276	1,474
津巴布韦	26,931	2,401	7,902	705	4.1	2.5	19	25	56	3,045	3,873
北美洲	X	X	X	X	X	X	X	X	X	X	X
加拿大	680,923	22,502	612,021	20,225	2.6	1.7	3 e	30 e	67 e	247,438	236,225
美国	7,765,237	28,573	7,786,572	28,651	2.0	2.5	2 b	27 b	71 b	937,434	1,043,477
中美洲和加勒比地区	X	X	X	X	X	X	X	X	X	X	X
伯利兹	986	4,396	616	2,749	3.8	4.7	23	28	49	317	362
哥斯达黎加	23,049	6,149	9,256	2,470	1.7	3.4	15	23	62	4,478	4,667
古巴	X	X	X	X	X	X	X	X	X	X	X
多米尼加共和国	39,097	4,828	13,843	1,710	3.5	3.4	12	32	55	6,420	7,124
萨尔瓦多	17,085	2,890	10,058	1,702	(2.8)	4.1	13	28	60	2,706	3,885
危地马拉	43,091	4,096	15,734	1,496	0.6	3.5	24	20	56	3,187	4,193
海地	9,485	1,213	2,738	350	0.8	(1.2)	30	20	50	218	809
洪都拉斯	13,274	2,219	4,273	714	2.0	2.8	20	28	52	2,191	2,511
牙买加	8,776	3,488	4,011	1,594	0.2	1.3	8	35	57	3,177	3,984
墨西哥	790,026	8,380	321,957	3,415	2.0	2.8	5	26	69	121,829	122,424
尼加拉瓜	8,877 b	1,950 b	2,371 b	521 b	(2.7)	X	34 b	22 b	44 b	863	1,609
巴拿马	18,713 b	6,991 b	8,106 b	3,028 b	2.4	X	8 b	18 b	73 b	8,276	8,581
特立尼达和多巴哥	8,936	6,999	5,670	4,441	1.6	1.4	2	46	52	2,698	2,857
南美洲	X	X	X	X	X	X	X	X	X	X	X
阿根廷	367,487	10,302	319,501	8,957	1.1	3.2	7	33	61	28,494	34,758
玻利维亚	22,399	2,881	7,284	937	X	3.6	16	33	51	1,362	2,049
巴西	1,059,971	6,475	746,778	4,562	3.2	2.0	8	35	57	60,256	79,817
智利	186,067	12,723	68,220	4,665	3.2	6.9	7	31	61	20,608	22,218
哥伦比亚	272,847	6,814	84,695	2,115	3.1	3.5	11	20	69	15,861	18,784
厄瓜多尔	58,979	4,941	18,913	1,584	1.7	2.5	12	35	53	6,000	5,787
圭亚那	2,721	3,226	X	X	(2.3)	X	36 d	37 d	27 d	629 b	699
巴拉圭	20,246	3,979	9,415	1,850	3.7	2.9	23	22	55	4,343	4,960
秘鲁	114,080	4,682	64,906	2,664	2.5	2.2	7	36	57	8,356	10,842
苏里南	X	X	X	X	(4.2)	X	26 e	26 e	48 e	519 b	454 b
乌拉圭	30,046	9,201	19,956	6,111	0.9	3.0	8	27	64	4,256	4,450
委内瑞拉	201,843	8,862	80,843	3,549	0.1	1.9	4	41	55	25,120	18,282
大洋洲	X	X	X	X	X	X	X	X	X	X	X
澳大利亚	374,536	20,430	382,114	20,843	2.8	2.4	3 b	26 b	71 b	83,705	81,877
斐济	3,249	4,132	1,983	2,522	1.0	2.9	18	26	56	1,202	1,242
新西兰	65,488	17,412	63,317	16,834	2.0	2.0	7 d	26 d	67 d	17,835	18,434
巴布亚新几内亚	X	X	4,901	1,089	1.4	3.0	28	36	36	2,462	2,656
所罗门群岛	932	2,306	328	810	6.7	3.7	X	X	X	239	292
低收入(h)	**X**	**X**	**737,334**	**X**	**3.1**	**3.4**	**28**	**28**	**43**	**140,087**	**180,867**
中收入(h)	**X**	**X**	**5,053,564**	**X**	**3.0**	**2.3**	**11**	**37**	**52**	**1,382,960**	**1,393,256**
高收入(h)	**X**	**X**	**24,848,389**	**X**	**2.4**	**2.2**	**2 b**	**31 b**	**63 b**	**5,346,334**	**5,186,801**

注：负数在圆括号中表示。"零"示无或小于1/2的计量单位。a.数字用1995年美元的GDP计算。b.1996年数据。c.包括卢森堡。d.1995年数据。e.1993年数据。f.1993年前的数据包括厄立特里亚。g.数据仅指大陆。h.由世界银行定义(1999年世界发展指标)。

来源：联合国人口处，世界银行

	年均官方发展援助(ODA)和官方资助(OA)(百万美元)(a)		ODA和OA占国内生产总值(GDP)的%(b)	人均ODA和OA(美元)(a)	外国直接投资(百万美元)		外债总额(百万美元)		还款付息占总出口额的%	国际旅游收入(百万美元)	
	1985-87	1995-97	1995-97	1995-97	1985-87	1995-97	1985-87	1995-97	1995-97	1985-87	1995-97
世界	**41,778**	**63,183**	**X**	**11**	**88,182**	**339,354**	**X**	**X**	**X**	**140,488**	**427,057**
亚洲(中亚除外)	**X**	**X**	**X**	**X**	**X**	**X**	**X**	**X**	**X**	**14,830**	**65,888**
亚美尼亚	X	229	2.7	64	X	28	X	529	7	X	8
阿塞拜疆	X	136	1.2	18	X	509	X	420	3	X	154
孟加拉国	1,470	1,182	1.0	10	2	51	8,433	15,819	12	16	33
不丹	35	69	X	36	0	0	23	88	6	1	6
柬埔寨	166	465	3.5	45	X	216	X	2,088	1	X	121
中国	1,140	2,751	0.1	2	1,949	40,088	25,252	131,201	9	1,548	10,336
格鲁吉亚	X	259	2.7	50	X	33	X	1,331	4	X	X
印度	1,881	1,787	0.1	2	145	2,640	48,199	94,076	24	1,223	2,908
印度尼西亚	812	1,123	0.2	6	318	5,073	44,042	129,837	32	651	5,968
日本	(5,591)	(11,095)	(0.4)	(88)	675	1,147	X	X	X	1,566	3,875
哈萨克斯坦	X	108	0.2	7	X	1,141	X	3,717	5	X	X
朝鲜	63	86	X	4	0	4 c	X	X	X	X	X
韩国	(5)	(82)	X	(2)	436	2,315	52,318	130,048	9	1,544	5,406
吉尔吉斯斯坦	X	253	X	55	X	64	X	767	9	X	4
老挝	156	331	X	68	0	94	883	2,249	6	X	52
马来西亚	262	(193)	(0.1)	(9)	535	4,772	21,663	40,415	8	651	3,895
蒙古	674	223	6.3	89	X	7	X	585	10	X	21
缅甸	373	91	X	2	(1)	98	3,768	5,343	13	14	34
尼泊尔	300	418	1.8	19	1	17	782	2,409	7	57	118
巴基斯坦	744	765	0.4	5	122	783	15,072	29,879	29	181	126
菲律宾	704	831	0.3	12	149	1,406	28,209	41,136	13	1,010	2,662
新加坡	26	11	0.0	3	1,864	7,820	X	X	X	1,838	8,111
斯里兰卡	500	467	1.1	26	38	202	4,125	7,957	7	82	203
塔吉克斯坦	X	93	X	16	X	17	X	745	2	X	X
泰国	465	775	0.2	13	259	2,716	18,823	89,040	13	1,513	8,343
土库曼斯坦	X	21	X	5	X	64	X	975	23 d	X	7 d
乌兹别克斯坦	X	101	X	4	X	152	X	2,304	9	X	X
越南	1,696	933	0.8	12	X	1,567	X	24,437	6	28 e	87
欧洲	**X**	**X**	**X**	**X**	**X**	**X**	**X**	**X**	**X**	**72,752**	**203,888**
阿尔巴尼亚	X	194	2.7	62	X	69	X	674	4	X	9
奥地利	(216)	(617)	(0.4)	(77)	256	2,951	X	X	X	6,967	13,659
白俄罗斯	X	113	0.2	11	X	98	X	1,308	2	X	40
比利时	(558)	(904)	(0.4)	(89)	X	X	X	X	X	2,305	5,870
波斯尼亚和黑塞哥维那	X	884	X	256	X	X	X	X	X	X	13
保加利亚	X	168	0.5	20	0	232	5,994	10,072	17	398	417
克罗地亚	X	77	X	17	X	341	X	5,168	7	X	1,843
捷克	X	129	X	12	0	1,763	4,347	19,166	10	X	3,550
丹麦	(665)	(1,677)	(1.4)	(320)	120	2,568	X	X	X	1,768	3,419
爱沙尼亚	X	62	0.9	42	X	206	X	450	1	X	433
芬兰	(319)	(392)	(0.4)	(76)	242	1,430	X	X	X	655	1,616
法国	(4,142)	(7,400)	(0.6)	(127)	3,664	22,917	X	X	X	9,845	28,067
德国	(3,722)	(6,994)	(0.4)	(85)	1,110	3,469	X	X	X	6,240	17,338
希腊	21	X	X	0	534	1,032	X	X	X	1,843	3,886
匈牙利	X	39	0.1	4	0	2,860	16,817	27,641	37	375	2,180
冰岛	X	X	X	0	12	66	X	X	X	62	159
爱尔兰	(51)	(173)	(0.2)	(48)	71	2,264	X	X	X	670	2,980
意大利	(2,039)	(1,768)	(0.2)	(31)	1,692	4,034	X	X	X	10,262	29,247
拉脱维亚	X	75	0.8	30	X	361	X	480	3	X	128
立陶宛	X	125	0.8	34	X	193	X	1,177	3	X	276
马其顿	X	111	1.8	56	X	12	X	1,546	5	X	X
摩尔多瓦	X	56	X	13	X	36	X	855	8	X	41
荷兰	(1,657)	(3,140)	(1.0)	(202)	2,554	9,328	X	X	X	2,192	6,205
挪威	(754)	(1,287)	(1.2)	(294)	259	3,048	X	X	X	1,023	2,429
波兰	X	1,860	0.8	48	14	4,355	37,517	42,542	8	146	7,900
葡萄牙	(24)	(242)	(0.2)	(25)	326	1,035	X	X	X	1,605	4,288
罗马尼亚	X	250	0.2	11	0	632	6,857	8,764	13	X	556
俄罗斯	X	1,193	X	8	0	3,579	32,447	123,752	7	X	5,952
斯洛伐克	X	104	X	19	0	210	1,289	7,786	12	X	609
斯洛文尼亚	X	77	0.3	39	X	227	X	X	X	X	1,196
西班牙	(201)	(1,278)	(0.2)	(32)	3,330	6,070	X	X	X	11,656	26,553
瑞典	(1,102)	(1,811)	(1.0)	(205)	705	10,100	X	X	X	1,592	3,633
瑞士	(424)	(1,007)	(0.6)	(140)	1,903	3,558 c	X	X	X	4,239	8,739
乌克兰	X	296	0.3	6	X	470	X	9,597	6	X	199
英国	(1,713)	(3,278)	(0.3)	(56)	9,925	28,061	X	X	X	8,503	19,473
南斯拉夫	X	88	X	8	X	0	22,074 f	14,128	X	X	42
中亚和北非	**X**	**X**	**X**	**X**	**X**	**X**	**X**	**X**	**X**	**9,207**	**21,428**
阿富汗	260	241	X	12	0	0 c	X	X	X	1	1
阿尔及利亚	148	290	0.2	10	3	5	21,771	32,386	30	98	24
埃及	1,677	2,061	X	32	1,114	708	40,018	31,471	11	1,091	3,245
伊朗	2	187	X	3	(153)	31	6,009	16,801	30	27	227
伊拉克	42	336	X	16	5	0 c	X	X	X	109	13
以色列	1,722	1,248	1.2	218	156	2,115	X	X	X	1,138	2,893
约旦	561	506	3.4	85	29	17	5,080	8,138	12	544	721
科威特	4	4	X	3	0 g	124	X	X	X	88	135
黎巴嫩	86	221	0.9	72	6	88	895	3,999	9	X	808
利比亚	8	9	X	X	(59)	95 c	X	X	X	2	6
摩洛哥	521	537	0.6	20	27	600	18,011	21,219	29	765	1,248
阿曼	59	47	X	21	112	68	2,711	3,399	8	49	100
沙特阿拉伯	27	22	0.0	1	234	(1,503) c	X	X	X	2,326	1,313
叙利亚	815	262	X	18	36	90	13,093	21,201	6	228	1,265
突尼斯	217	131	0.3	14	88	273	5,881	11,234	16	570	1,464
土耳其	286	183	0.0	3	113	804	33,297	82,269	23	1,473	5,973
阿拉伯联合酋长国	51	7	X	3	X	X	X	X	X	X	X
也门	457	267	X	17	3	(139)	3,935	5,478	3	64	48

	年均官方发展援助(ODA)和官方资助(OA)(百万美元)(a)		ODA和OA占国内生产总值(GDP)的%(b)	人均ODA和OA(美元)(a)	外国直接投资(百万美元)		外债总额(百万美元)		还款付息占总出口额的%	国际旅游收入(百万美元)	
	1985-87	1995-97	1995-97	1995-97	1985-87	1995-97	1985-87	1995-97	1995-97	1985-87	1995-97
撒哈拉以南非洲	**X**	**X**	**X**	**X**	**X**	**X**	**X**	**X**	**X**	**1,676**	**5,338**
安哥拉	133	466	2.3	41	210	300	4,035	10,739	14	X	9
贝宁	125	267	3.8	49	0	2	1,012	1,611	8	30	28
博茨瓦纳	120	99	0.9	66	79	87	438	626	4 c	38	174
布基纳法索	256	428	4.3	40	1	0	659	1,286	11	6	32
布隆迪	178	204	4.9	33	1	1	598	1,117	37	1	1
喀麦隆	192	453	1.8	33	116	29	4,003	9,394	21	39	38
中非	142	144	X	43	8	5	474	921	7	5	5
乍得	183	257	3.9	37	30	15	275	975	10	6	10
刚果	99	274	X	104	26	7	3,625	5,439	14	6	5
刚果人民民主共和国	469	177	X	4	7	1	7,373	12,799	2	13	4
科特迪瓦	178	875	X	63	62	248	11,562	18,010	26	49	78
赤道几内亚	34	30	X	73	0	174	162	286	2	X	2
厄立特里亚	X	145	5.0	44	X	0	X	52	0	X	67
埃塞俄比亚	784	793	2.8	14	(1)	6	6,234 h	10,155	24	10	30
加蓬	77	104	1.2	94	72	(93)	1,923	4,318	13	9	7
冈比亚	86	43	X	37	1	10	281	437	13	19	22
加纳	320	602	2.1	33	5	119	2,779	5,992	27	28	249
几内亚	174	365	2.9	50	7	9	1,767	3,334	20	X	4
几内亚比绍	82	143	X	128	1	1	390	918	41	X	X
肯尼亚	482	602	1.8	22	31	22	4,841	6,922	26	302	440
莱索托	96	105	3.2	53	4	27	211	669	6	8	19
利比里亚	90	143	X	64	2	18	1,461	2,091	X	X	X
马达加斯加	290	502	3.9	35	6	11	3,073	4,191	15	7	64
马拉维	195	429	6.3	43	0	1	1,182	2,253	19	7	7
马里	377	502	7.0	49	(4)	17	1,749	2,970	14	31	19
毛里塔尼亚	236	252	6.2	105	4	5	1,740	2,405	23	9	11
莫桑比克	571	996	8.9	56	3	36	3,496	5,833	26	X	X
纳米比亚	13	182	2.3	115	0	153	X	X	X	X	214
尼日尔	337	292	3.6	31	17	1	1,411	1,567	18	7	17
尼日利亚	54	202	0.2	2	416	1,404	23,292	31,318	12	86	75
卢旺达	212	659	14.1	118	17	1	474	1,061	18	7	1
塞内加尔	512	560	3.9	66	(9)	36	3,275	3,725	16	110	147
塞拉利昂	79	178	7.9	41	(44)	3	870	1,169	43	10	9
索马里	486	129	X	15	22	0	1,816	2,628	X	X	X
南非	X	418	0.1	11	X	1,159	X	25,543	11	476	1,962
苏丹	1,000	219	0.5	8	(1)	0	9,945	16,967	9	32	8
坦桑尼亚	698	913	5.4	30	2	143	6,506	7,345	17	20	313
多哥	137	161	2.6	39	10	0	1,078	1,427	7	31	13
乌干达	226	787	3.6	40	(1)	141	1,522	3,652	21	3	94
赞比亚	403	1,089	12.5	130	51	65	5,655	6,933	76	7	57
津巴布韦	261	398	1.5	36	(7)	58	2,631	5,006	22	29	208
北美洲	**X**	**X**	**X**	**X**	**X**	**X**	**X**	**X**	**X**	**24,467**	**78,050**
加拿大	(1,737)	(1,969)	(0.3)	(66)	4,107	7,722	X	X	X	3,897	8,597
美国	(9,361)	(7,874)	(0.1)	(29)	37,955	76,241	X	X	X	20,570	69,453
中美洲和加勒比地区	**X**	**X**	**X**	**X**	**X**	**X**	**X**	**X**	**X**	**8,633**	**20,145**
伯利兹	23	18	1.9	84	5	18	126	311	11	33	85
哥斯达黎加	237	11	0.0	3	70	293	4,566	3,612	14	129	700
古巴	750	67	X	6	0	11 c	X	X	X	137	1,182
多米尼加共和国	152	103	X	13	58	401	3,704	4,339	6	453	1,841
萨尔瓦多	376	310	1.9	54	18	15	1,900	2,935	9	42	51
危地马拉	153	246	0.6	24	94	81	2,768	3,838	11	82	295
海地	181	480	5.1	62	5	5	757	920	26	72	81
洪都拉斯	272	363	2.8	62	32	87	3,002	4,600	26	26	105
牙买加	171	79	0.9	32	13	218	4,349	4,052	17	506	1,097
墨西哥	184	262	0.0	3	1,753	10,396	102,400	158,106	32	3,130	6,902
尼加拉瓜	279	681	X	150	0	113	6,803	7,323	32	8	61
巴拿马	54	90	X	34	18	482	5,083	6,227	10	200	342
特立尼达和多巴哥	20	25	0.3	20	7	320	1,724	2,380	17	91	96
南美洲	**X**	**X**	**X**	**X**	**X**	**X**	**X**	**X**	**X**	**4,304**	**12,494**
阿根廷	75	241	0.1	7	491	5,506	53,951	107,439	46	1,119	4,649
玻利维亚	280	768	3.6	101	19	483	5,405	5,243	31	37	162
巴西	197	421	0.0	3	964	11,904	110,816	177,392	45	1,507	2,389
智利	18	167	0.1	12	153	4,373	21,006	28,135	26	163	962
哥伦比亚	68	252	0.1	6	672	3,858	15,544	28,575	30	306	908
厄瓜多尔	171	227	0.4	19	69	498	9,504	14,469	27	157	275
圭亚那	28	168	6.7	201	1	82	1,623	1,782	17	20	41
巴拉圭	66	124	0.7	25	2	218	2,142	2,151	5	125	874
秘鲁	295	443	0.4	18	18	2,419	15,082	30,229	27	202	581
苏里南	16	88	X	215	(31)	(6) c	X	X	X	9	18
乌拉圭	16	64	0.2	20	29	151	4,041	5,958	18	234	696
委内瑞拉	15	40	0.0	2	35	2,752	34,748	35,577	23	425	940
大洋洲	**X**	**X**	**X**	**X**	**X**	**X**	**X**	**X**	**X**	**2,525**	**13,799**
澳大利亚	(709)	(1,110)	(0.3)	(61)	4,221	9,183	X	X	X	1,489	8,503
斐济	38	45	1.4	58	14	30	451	227	4	144	297
新西兰	(72)	(133)	(0.2)	(36)	1,254	2,016	X	X	X	657	2,368
巴布亚新几内亚	278	369	X	84	89	255	2,124	2,380	16	16	67
所罗门群岛	36	44	4.7	113	5	20	80	146	3	5	11
低收入(i)	**19,150**	**25,007**	**X**	**13**	**1,304**	**9,070**	**216,402**	**400,398**	**19**	**2,607**	**6,143**
中收入(i)	**18,356**	**30,189**	**X**	**11**	**9,521**	**120,361**	**889,428**	**1,708,726**	**16**	**25,547**	**107,526**
高收入(i)	**2,607**	**2,257**	**X**	**3**	**77,357**	**209,923**	**52,318 j**	**130,048 j**	**X**	**112,335**	**313,388**

注："零"示无或小于1/2的计量单位。a.ODA和OA流入接受国家的数据以正数表示；捐助国流出的数据以负数表示(在圆括号内)。b.GDP数据以购买力平均计算。c.1995–1996年数据。d.1986–1987年数据。e.1986–1987年数据。f.1993年前数据指原南斯拉夫社会主义联邦共和国。g.1985–1986年数据。h.1993年前的数据包括厄立特里亚。i.由世界银行定义(1999年世界发展指标)。j.数据仅指韩国。

来源：经济合作与发展组织和世界银行

	调查年份	Gini系数(a)	收入分布：每个人群的收入百分比 最穷 0–20	20–40	40–60	60–80	最富 80–100	贫困人口：国际贫困线（<1国际元/天）(b) 年份	(%)	国家贫困线(%) 年份	全国	农村	城市
世界	X	X	X	X	X	X	X	X	X	X	X	X	X
亚洲（中亚除外）	X	X	X	X	X	X	X	X	X	X	X	X	X
亚美尼亚	X	X	X	X	X	X	X	X	X	X	X	X	X
阿塞拜疆	X	X	X	X	X	X	X	X	X	1995	68.1	X	X
孟加拉国	1992 c	28	9.4	13.5	17.2	22.0	37.9	X	X	1995-96	35.6	39.8	14.3
不丹	X	X	X	X	X	X	X	X	X	X	X	X	X
柬埔寨	X	X	X	X	X	X	X	X	X	1997	36.1	40.1	21.1
中国	1995 d	42	5.5	9.8	14.9	22.3	47.5	1995	22.2	1996	6.0	7.9	<2.0 e
格鲁吉亚	X	X	X	X	X	X	X	X	X	X	X	X	X
印度	1994 c	30	9.2	13.0	16.8	21.7	39.3	1994	47.0	1994	35.0	36.7	30.5
印度尼西亚	1996 d	37	8.0	11.3	15.1	20.8	44.9	1996	7.7	1990	15.1	14.3	16.8
日本	X	X	X	X	X	X	X	1992	0.2 f	1992	6.9	X	X f
哈萨克斯坦	1993 d	33	7.5	12.3	16.9	22.9	40.4	X	X	1996	34.6	39.0	3.0
朝鲜	X	X	X	X	X	X	X	X	X	X	X	X	X
韩国	X	X	X	X	X	X	X	X	X	X	X	X	X
吉尔吉斯斯坦	1993 d	35	6.7	11.5	16.4	23.1	42.3	1993	18.9	1993	40.0	48.1	28.7
老挝	1992 c	30	9.6	12.9	16.3	21.0	40.2	X	X	1993	46.1	53.0	24.0
马来西亚	1989 d	48	4.6	8.3	13.0	20.4	53.7	1995	4.3	1989	15.5	X	38.5
蒙古	1995 c	33	7.3	12.2	16.6	23.0	40.9	X	X	1995	36.3	33.1	38.5
缅甸	X	X	X	X	X	X	X	X	X	X	X	X	X
尼泊尔	1995-96 c	37	7.6	11.5	15.1	21.0	44.8	1995	50.3	1995-96	42.0	44.0	23.0
巴基斯坦	1996 c	31	9.4	13.0	16.0	20.3	41.2	1991	11.6	1991	34.0	36.9	28.0
菲律宾	1994 c	43	5.9	9.6	13.9	21.1	49.6	1994	26.9	1997	37.5	51.2	22.5
新加坡	X	X	X	X	X	X	X	X	X	X	X	X	X
斯里兰卡	1990 c	30	8.9	13.1	16.9	21.7	39.3	1990	4.0	1991	22.4	24.4	18.3
塔吉克斯坦	X	X	X	X	X	X	X	X	X	X	X	X	X
泰国	1992 c	46	5.6	8.7	13.0	20.0	52.7	1992	<2.0 e	1992	13.1	15.5	10.2
土库曼斯坦	1993 d	36	6.7	11.4	16.3	22.8	42.8	1993	4.9	X	X	X	X
乌兹别克斯坦	X	X	X	X	X	X	X	X	X	X	X	X	X
越南	1993 c	36	7.8	11.4	15.4	21.4	44.0	X	X	1993	50.9	57.2	25.9
欧洲	X	X	X	X	X	X	X	X	X	X	X	X	X
阿尔巴尼亚	X	X	X	X	X	X	X	X	X	1996	X	X	19.6
奥地利	1987 d	23	10.4	14.8	18.5	22.9	33.3	X	X	X	X	X	X
白俄罗斯	1995 d	29	8.5	13.5	17.7	23.1	37.2	1993	<2.0 e	1995	22.5	X	X
比利时	1992 d	25	9.5	14.6	18.4	23.0	34.5	1992	0.9 f	1992	2.6	X	X e
波斯尼亚和黑塞哥维那	X	X	X	X	X	X	X	X	X	X	X	X	X
保加利亚	1992 d	31	8.3	13.0	17.0	22.3	39.3	1992	2.6	X	X	X	X
克罗地亚	X	X	X	X	X	X	X	X	X	X	X	X	X
捷克	1993 d	27	10.5	13.9	16.9	21.3	37.4	1993	3.1	X	X	X	X
丹麦	1992 d	25	9.6	14.9	18.3	22.7	34.5	1992	0.9 f	1992	4.1	X	X e
爱沙尼亚	1995 d	35	6.2	12.0	17.0	23.1	41.8	1993	6.0	1994	8.9	14.7	6.8
芬兰	1991 d	26	10.0	14.2	17.6	22.3	35.8	1991	0.1 f	1991	2.8	X	X e
法国	1989 d	33	7.2	12.7	17.1	22.8	40.1	1984	0.8 f	1984	4.3	X	X e
德国	1989 d	28	9.0	13.5	17.5	22.9	37.1	1989	0.7 f	1989	5.2	X	X e
希腊	X	X	X	X	X	X	X	X	X	X	X	X	X
匈牙利	1993 d	28	9.7	13.9	16.9	21.4	38.1	1993	0.7	1993	25.3	X	X
冰岛	X	X	X	X	X	X	X	X	X	X	X	X	X
爱尔兰	1987 d	36	6.7	11.6	16.4	22.4	42.9	1987	1.4 f	1987	4.4	X	X e
意大利	1991 d	31	7.6	12.9	17.3	23.2	38.9	X	X	1991	2.7	X	X e
拉脱维亚	1995 d	29	8.3	13.8	18.0	22.9	37.0	1993	<2.0 e	X	X	X	X
立陶宛	1993 d	34	8.1	12.3	16.2	21.3	42.1	1993	<2.0 e	X	X	X	X
马其顿	X	X	X	X	X	X	X	X	X	X	X	X	X
摩尔多瓦	1992 d	34	6.9	11.9	16.7	23.1	41.5	1992	6.8	X	X	X	X
荷兰	1991 d	32	8.0	13.0	16.7	22.5	39.9	1991	1.9 f	1991	4.3	X	X e
挪威	1991 d	25	10.0	14.3	17.9	22.4	35.3	1991	0.4 f	1991	2.4	X	X e
波兰	1992 c	27	9.3	13.8	17.7	22.6	36.6	1993	6.8	1993	23.8	X	X
葡萄牙	X	X	X	X	X	X	X	X	X	X	X	X	X
罗马尼亚	1994 d	28	8.9	13.6	17.6	22.6	37.3	1992	17.7	1994	21.5	28.0	15.6
俄罗斯	1996 c	48	4.2	8.8	13.6	20.7	52.8	1993	<2.0 e	1994	30.9	X	X
斯洛伐克	1992 d	20	11.9	15.8	18.8	22.2	31.4	1992	12.8	X	X	X	X
斯洛文尼亚	1993 d	29	9.3	13.3	16.9	21.9	38.6	1993	<2.0 e	X	X	X	X
西班牙	1990 d	33	7.5	12.6	17.0	22.6	40.3	1990	0.5 f	1990	5.5	X	X e
瑞典	1992 d	25	9.6	14.5	18.1	23.2	34.5	1992	0.3 f	1992	4.2	X	X e
瑞士	1982 d	36	7.4	11.6	15.6	21.9	43.5	X	X	X	X	X	X
乌克兰	1995 d	47	4.3	9.0	13.8	20.8	52.2	1992	<2.0 e	1995	31.7	X	X
英国	1986 d	33	7.1	12.8	17.2	23.1	39.8	1991	0.5 f	1991	6.7	X	X e
南斯拉夫	X	X	X	X	X	X	X	X	X	X	X	X	X
中亚和北非	X	X	X	X	X	X	X	X	X	X	X	X	X
阿富汗	X	X	X	X	X	X	X	X	X	X	X	X	X
阿尔及利亚	1995 c	35	7.0	11.6	16.1	22.7	42.6	1995	<2.0 e	1995	22.6	30.3	14.7
埃及	1991 c	32	8.7	12.5	16.3	21.4	41.1	1990-91	7.6	X	X	X	X
伊朗	X	X	X	X	X	X	X	X	X	X	X	X	X
伊拉克	X	X	X	X	X	X	X	X	X	X	X	X	X
以色列	1992 d	36	6.9	11.4	16.3	22.9	42.5	X	X	X	X	X	X
约旦	1991 c	43	5.9	9.8	13.9	20.3	50.1	1992	2.5	1991	15.0	X	X
科威特	X	X	X	X	X	X	X	X	X	X	X	X	X
黎巴嫩	X	X	X	X	X	X	X	X	X	X	X	X	X
利比亚	X	X	X	X	X	X	X	X	X	X	X	X	X
摩洛哥	1990-91 c	39	6.6	10.5	15.0	21.7	46.3	1990-91	<2.0 e	1990-91	13.1	18.0	7.6
阿曼	X	X	X	X	X	X	X	X	X	X	X	X	X
沙特阿拉伯	X	X	X	X	X	X	X	X	X	X	X	X	X
叙利亚	X	X	X	X	X	X	X	X	X	X	X	X	X
突尼斯	1990 c	40	5.9	10.4	15.3	22.1	46.3	1990	3.9	1990	14.1	21.6	8.9
土耳其	X	X	X	X	X	X	X	X	X	X	X	X	X
阿拉伯联合酋长国	X	X	X	X	X	X	X	X	X	X	X	X	X
也门	1992 c	40	6.1	10.9	15.3	21.6	46.1	X	X	1992	19.1	19.2	18.6

续表

	调查年份	Gini系数(a)	收入分布：每个人群的收入百分比 最穷 0–20	20–40	40–60	60–80	最富 80–100	贫困人口：国际贫困线（<1国际元/天）(b) 年份	(%)	国家贫困线(%) 年份	全国	农村	城市
撒哈拉以南非洲	**X**	**X**	**X**	**X**	**X**	**X**	**X**	**X**	**X**	**X**	**X**	**X**	**X**
安哥拉	X	X	X	X	X	X	X	X	X	X	X	X	X
贝宁	X	X	X	X	X	X	X	X	X	1995	33.0	X	X
博茨瓦纳	X	X	X	X	X	X	X	1985-86	33.0	X	X	X	X
布基纳法索	1994 c	48	5.5	8.7	12.0	18.7	55.0	X	X	X	X	X	X
布隆迪	X	X	X	X	X	X	X	X	X	1990	36.2	X	X
喀麦隆	X	X	X	X	X	X	X	X	X	1984	40.0	32.4	44.4
中非	X	X	X	X	X	X	X	X	X	X	X	X	X
乍得	X	X	X	X	X	X	X	X	X	1995-96	64.0	67.0	63.0
刚果	X	X	X	X	X	X	X	X	X	X	X	X	X
刚果人民民主共和国	X	X	X	X	X	X	X	X	X	X	X	X	X
科特迪瓦	1988 c	37	6.8	11.2	15.8	22.2	44.1	1988	17.7	X	X	X	X
赤道几内亚	X	X	X	X	X	X	X	X	X	X	X	X	X
厄立特里亚	X	X	X	X	X	X	X	X	X	X	X	X	X
埃塞俄比亚	1995 c	40	7.1	10.9	14.5	19.8	47.7	1981-82	46.0	X	X	X	X
加蓬	X	X	X	X	X	X	X	X	X	X	X	X	X
冈比亚	1992 c	48	4.4	9.0	13.5	20.4	52.8	X	X	1992	64.0	X	X
加纳	1997 c	33	8.4	12.2	15.8	21.9	41.7	X	X	1992	31.4	34.3	26.7
几内亚	1994 c	40	6.4	10.4	14.8	21.2	47.2	1991	26.3	X	X	X	X
几内亚比绍	1991 c	56	2.1	6.5	12.0	20.6	58.9	1991	88.2	1991	48.8	60.9	24.1
肯尼亚	1994 c	45	5.0	9.7	14.2	20.9	50.2	1992	50.2	1992	46.4	46.4	29.3
莱索托	1986-87 c	56	2.8	6.5	11.2	19.4	60.1	1986-87	48.8	1993	49.2	53.9	27.8
利比里亚	X	X	X	X	X	X	X	X	X	X	X	X	X
马达加斯加	1993 c	46	5.1	9.4	13.3	20.1	52.1	1993	72.3	X	X	X	X
马拉维	X	X	X	X	X	X	X	X	X	1990-91	54.0	X	X
马里	1994 c	51	4.6	8.0	11.9	19.3	56.2	X	X	X	X	X	X
毛里塔尼亚	1995 c	39	6.2	10.8	15.4	22.0	45.6	1988	31.4	1990	57.0	X	X
莫桑比克	X	X	X	X	X	X	X	X	X	X	X	X	X
纳米比亚	X	X	X	X	X	X	X	X	X	X	X	X	X
尼日尔	1995 c	51	2.6	7.1	13.9	23.1	53.3	1992	61.5	1989-93	63.0	66.0	52.0
尼日利亚	1992-93 c	45	4.0	8.9	14.4	23.4	49.4	1992-93	31.1	1992-93	34.1	36.4	30.4
卢旺达	1983-85 c	29	9.7	13.2	16.5	21.6	39.1	1983-85	45.7	1993	51.2	X	X
塞内加尔	1991 c	54	3.1	7.4	12.1	19.5	57.9	1991-92	54.0	1991	33.4	40.4	16.4
塞拉利昂	1989 c	63	1.1	2.0	9.8	23.7	63.4	X	X	1989	68.0	76.0	53.0
索马里	X	X	X	X	X	X	X	X	X	X	X	X	X
南非	1993-94 c	59	2.9	5.5	9.2	17.7	64.8	1993	23.7	X	X	X	X
苏丹	X	X	X	X	X	X	X	X	X	X	X	X	X
坦桑尼亚	1993 c	38	6.8	11.0	15.1	21.6	45.5	X	X	1991	51.1	X	X
多哥	X	X	X	X	X	X	X	X	X	1987-89	32.3	X	X
乌干达	1992-93 c	39	6.6	10.9	15.2	21.3	46.1	1989-90	69.3	1993	55.0	X	X
赞比亚	1996 c	50	4.2	8.2	12.8	20.1	54.8	1993	84.6	1993	86.0	X	X
津巴布韦	1990 c	57	4.0	6.3	10.0	17.4	62.3	1990-91	41.0	1990-91	25.5	X	X
北美洲	**X**	**X**	**X**	**X**	**X**	**X**	**X**	**X**	**X**	**X**	**X**	**X**	**X**
加拿大	1994 d	32	7.5	12.9	17.2	23.0	39.3	1991	0.3 f	1991	7.0	X	X e
美国	1994 d	40	4.8	10.5	16.0	23.5	45.2	1994	1.4 f	1994	13.2	X	X e
中美洲和加勒比地区	**X**	**X**	**X**	**X**	**X**	**X**	**X**	**X**	**X**	**X**	**X**	**X**	**X**
伯利兹	X	X	X	X	X	X	X	X	X	X	X	X	X
哥斯达黎加	1996 d	47	4.0	8.8	13.7	21.7	51.8	1989	18.9	X	X	X	X
古巴	X	X	X	X	X	X	X	X	X	X	X	X	X
多米尼加共和国	1989 d	51	4.2	7.9	12.5	19.7	55.7	1989	19.9	1992	20.6	29.8	10.9
萨尔瓦多	1995 d	50	3.7	8.3	13.1	20.5	54.4	X	X	1992	48.3	55.7	43.1
危地马拉	1989 d	60	2.1	5.8	10.5	18.6	63.0	1989	53.3	X	X	X	X
海地	X	X	X	X	X	X	X	X	X	1987	65.0	X	X
洪都拉斯	1996 d	54	3.4	7.1	11.7	19.7	58.0	1992	46.9	1992	50.0	46.0	56.0
牙买加	1991 c	41	5.8	10.2	14.9	21.6	47.5	1993	4.3	1992	34.2	X	X
墨西哥	1995 d	54	3.6	7.2	11.8	19.2	58.2	1992	14.9	1988	10.1	X	X
尼加拉瓜	1993 c	50	4.2	8.0	12.6	20.0	55.2	1993	43.8	1993	50.3	76.1	31.9
巴拿马	1995 d	57	2.3	6.2	11.3	19.8	60.4	1989	25.6	X	X	X	X
特立尼达和多巴哥	X	X	X	X	X	X	X	X	X	1992	21.0	X	X
南美洲	**X**	**X**	**X**	**X**	**X**	**X**	**X**	**X**	**X**	**X**	**X**	**X**	**X**
阿根廷	X	X	X	X	X	X	X	X	X	1991	25.5	X	X
玻利维亚	1990 d	42	5.6	9.7	14.5	22.0	48.2	X	X	X	X	X	X
巴西	1995 d	60	2.5	5.7	9.9	17.7	64.2	1995	23.6	1990	17.4	32.6	13.1
智利	1994 d	57	3.5	6.6	10.9	18.1	61.0	1992	15.0	1994	20.5	X	X
哥伦比亚	1995 d	57	3.1	6.8	10.9	17.6	61.5	1991	7.4	1992	17.7	31.2	8.0
厄瓜多尔	1994 c	47	5.4	8.9	13.2	19.9	52.6	1994	30.4	1994	35.0	47.0	25.0
圭亚那	1993 c	40	6.3	10.7	15.0	21.2	46.9	X	X	X	X	X	X
巴拉圭	1995 d	59	2.3	5.9	10.7	18.7	62.4	X	X	1991	21.8	28.5	19.7
秘鲁	1996 d	46	4.4	9.1	14.1	21.3	51.2	X	X	1997	49.0	64.7	40.4
苏里南	X	X	X	X	X	X	X	X	X	X	X	X	X
乌拉圭	X	X	X	X	X	X	X	X	X	X	X	X	X
委内瑞拉	1995 d	47	4.3	8.8	13.8	21.3	51.8	1991	11.8	1989	31.3	X	X
大洋洲	**X**	**X**	**X**	**X**	**X**	**X**	**X**	**X**	**X**	**X**	**X**	**X**	**X**
澳大利亚	1989 d	34	7.0	12.2	16.6	23.3	40.9	1989	0.8 f	1989	7.0	X	X e
斐济	X	X	X	X	X	X	X	X	X	X	X	X	X
新西兰	X	X	X	X	X	X	X	X	X	X	X	X	X
巴布亚新几内亚	1996 c	51	4.5	7.9	11.9	19.2	56.5	X	X	X	X	X	X
所罗门群岛	X	X	X	X	X	X	X	X	X	X	X	X	X

注：a.Gini系数计算的人口中收入分配的不平均数(0表示绝对平均，100表示绝对不平均)。b.以基于购买力平价的GDP计算。c.指人口百分比值的支出份额。按人均支出排列。d.指人口百分比值的收入份额。按人均收入排列。e.世界银行报告。f.卢森堡收入研究估算(国家贫困在这里相当于国家中等收入的40%)。

来源：卢森堡收入研究和世界银行

	人口 (10³) 2000	土地面积 (10³hm²) 1998	天然森林 范围 (10³hm²) 1995	天然森林 年均变化 % 1990-95	耕地面积 (10³hm²) 1997	Scleractinia 珊瑚物种(a) 数量 (number)	专属经济区 (10³hm²) 2000	海洋鱼类捕捞(10³t) 平均总捕捞量 1995-97	海洋鱼类捕捞(10³t) 变化的 % 1985-87	由鱼及鱼类产品提供的食品 人均(b) (kg/人) 1997	由鱼及鱼类产品提供的食品 鱼蛋白占所有鱼蛋白的 % 1997	5岁以下儿童死亡率 (每千活婴) 1997	国内生产总值(PPP) (百万国际元) 1997
小国与岛屿													
安提瓜(岛)和巴布达	68	44	9	(0.4)	8	25	103	377	(82)	24	9	21	X
阿鲁巴	103	19	X	X	2	X	X	162	(77)	9	X	X	X
马哈马斯群岛	307	1,001	158	(2.6)	10	24	369	1,510	(15)	20	7	21	X
巴林	617	69	0	0.0	5	29	X	6,861	16	14	4	22	9,665
巴巴多斯	270	43	0	0.0	145	26	183	3,162	(20)	32	11	12	X
百慕大群岛	65	5	0	0.0	X	16	447	435	(41)	40	13	X	X
文莱	328	527	434	(0.7)	7	64	6	5,204	67	21	7	10	X
佛得角	428	403	6	(1.3)	41	6	742	9,231	19	25	11	73	1,201
科摩罗斯群岛	694	223	9	(4.9)	118	47	162	12,882	149	20	16	93	791
塞浦路斯	786	924	X	X	145	X	X	2,122	(8)	20	5	9	X
吉布提	638	2,318	22	(0.4)	X	55	2	350	(12)	3	2	156	X
多米尼加	71	75	46	0.2	15	25	25	843	42	27	8	20	319
格林纳达	94	34	4	2.1	11	25	20	1,350	(39)	20	10	29	451
基里巴蒂	83	73	0	0.0	37	40	3,388	19,387	(21)	74	33	75	X
卢森堡	431	259	X	X	X	X	X	X	X	X	X	7	12,524
马尔代夫	286	30	X	X	3	63	871	105,563	78	165 c	54	74	945
马耳他	389	32	X	X	11	X	X	825	(42)	30	7	10	4,942
马绍尔群岛	64	18	X	X	3	61	1,877	397	86	9	X	92	X
毛里求斯	1,158	203	3	1.4	106	56	1,275	13,968	0	21	9	23	10,689
密克罗尼西亚	543	70	X	X	X	68	2,906	9,199	163	40	20	24	X
卡塔尔	599	1,100	0	0.0	17	27	X	4,593	103	10	3	20	X
圣卢西亚	154	61	5	(1.9)	17	25	11	1,222	46	18	7	29	837
圣文森特和格林纳丁斯	114	39	11	(0.4)	11	25	32	1,338	125	15	7	21	464
萨摩亚	180	283	127	(1.2)	122	55	110	3,636	13	63	23	52	619
圣多美和普林西比	147	96	56	0.0	41	5	143	2,988	(6)	21	16	78	X
塞舌尔	77	45	3	(1.9)	7	62	1,289	4,246	4	66	26	18	X
斯威尔卡	1,008	1,720	74	0.0	180	X	X	X	X	0	0	94	3,208
汤加	99	72	0	0.0	48	45	845	2,563	(9)	32	14	23	X
瓦努阿提	190	1,219	893	(0.8)	120	65	530	1,636	(23)	23	10	50	617
海外领土													
法属圭亚那	181	8,815	7,990	(0.0)	13	X	132	3,611	69	28	9	X	X
法属波利尼西亚	235	366	0	0.0	28	44	4,553	10,148	344	64	20	14 d	X
瓜德罗普	456	169	80	(1.7)	25	25	116	9,243	15	28	11	11 d	X
马提尼克	395	106	38	(1.1)	22	25	11	4,413	16	26	10	9 d	X
荷属安的列斯群岛	217	80	0	0.0	8	25	X	1,027	(3)	19	7	16 d	X
新喀里多尼亚	214	1,828	689	(0.1)	13	65	1,348	1,833	11	24	8	16 d	X
波多黎各	3,869	887	272	(0.9)	78	25	188	2,128	89	1	1	14 d	X
留尼旺	699	250	82	0.1	38	54	310	4,933	278	10	4	10 d	X
维尔京群岛(美)	93	34	0	0.0	X	25	X	793	6	10	44	X	X

注：负数在圆括号中表示。” 零 ”表示无或小于1/2的计量单位。a.Scleractina珊瑚指长在礁石上的珊瑚(如：真珊瑚或硬珊瑚)。b.人均值的表示以活时重量为准，即鱼体的所有部分，包括鱼骨，在计算鱼及渔业产品消耗时都考虑在内。这个值是高估值。在马尔代夫，鱼类消费是按居民及当前的人口(包括游客)计算的。d.数据来自联合国人口处。指1995—2000期间。

来源：各种来源

不同组织排列的国家地区编组

世界资源研究所——地区
联合国粮农组织——发达和发展中
世界银行——高、中、低收入
UNICEF——工业化、发展中、欠发达、其他地区
UNPD——地区，发达和发展中

世界资源研究所——地区

亚洲（中东除外，但不包括前苏联）
亚美尼亚
阿塞拜疆
孟加拉国
不丹
文莱
柬埔寨
中国
格鲁吉亚
中国香港特区
印度
印度尼西亚
日本
哈萨克斯坦
朝鲜
韩国
吉尔吉斯斯坦
老挝
中国澳门
马来西亚
东帝汶
蒙古
缅甸
尼泊尔
巴基斯坦
菲律宾
新加坡
斯里兰卡
中国台湾
塔吉克斯坦
泰国
土库曼斯坦
乌兹别克斯坦
越南

欧洲(但不包括前苏联)
阿尔巴尼亚
奥地利
白俄罗斯
比利时
比利时/卢森堡
波斯尼亚和黑塞哥维那
保加利亚
克罗地亚
捷克
捷克斯洛伐克(前)
丹麦
爱沙尼亚
芬兰
法国
联邦德国(前)
德国
民主德国(前)
希腊
匈牙利
冰岛
爱尔兰
意大利
拉脱维亚
立陶宛
马其顿
马耳他
摩尔多瓦
荷兰
挪威
波兰
葡萄牙
罗马尼亚
俄罗斯
斯洛伐克
斯洛文尼亚
西班牙
瑞典
瑞士
乌克兰
英国
南斯拉夫
前南斯拉夫

中东和北非
阿富汗
阿尔及利亚
巴林
塞浦路斯
埃及
伊朗
伊拉克
以色列
约旦
科威特
黎巴嫩
利比亚
摩洛哥
阿曼
卡塔尔
沙特阿拉伯
叙利亚
突尼斯
土耳其
阿拉伯联合酋长国
也门

撒哈拉以南非洲
安哥拉
贝宁
博茨瓦纳
布基纳法索
布隆迪
喀麦隆
佛得角
中非
乍得
科摩罗
刚果
刚果人民民主共和国
科特迪瓦
吉布提
赤道几内亚
厄立特里亚
埃塞俄比亚
加蓬
冈比亚
加纳
几内亚
几内亚比绍
肯尼亚
莱索托
利比里亚
马达加斯加
马拉维
马里
毛里塔尼亚
毛里求斯
莫桑比克
纳米比亚
尼日尔
尼日利亚
留尼汪
卢旺达
圣多美和普林西比
塞内加尔
塞舌尔群岛
塞拉利昂
索马里
南非
苏丹
斯威士兰
坦桑尼亚
多哥
乌干达
赞比亚
津巴布韦

北美洲
加拿大
美国

中美洲和加勒比地区
安提瓜和巴布达
阿鲁巴
巴哈马
巴巴多斯
伯利兹
百慕大
哥斯达黎加
古巴
多米尼加
多米尼加共和国
萨尔瓦多
格林那达
瓜德罗普
危地马拉
海地
洪都拉斯
牙买加
马提尼克
墨西哥
荷属安的列斯
尼加拉瓜
巴拿马
波多黎各
圣卢西亚
圣文森特和格林纳丁斯
特立尼达和多巴哥
美属维尔群岛（美）

南美洲
阿根廷
玻利维亚
巴西
智利
哥伦比亚
厄瓜多尔
法属圭亚那
圭亚那
巴拉圭
秘鲁
苏里南
乌拉圭
委内瑞拉

大洋洲
澳大利亚
斐济
法属波利尼西亚
基里马巴斯
马绍尔群岛
密克罗尼西亚
新喀里多尼亚
新西兰
巴布亚新几内亚
西萨摩亚
所罗门群岛
汤加
瓦努阿图

联合国粮农组织——发达国家和发展中国家

发展中国家

阿富汗
阿尔及利亚
安哥拉
安提瓜和巴布达
阿根廷
阿鲁巴
巴哈马
巴林
巴巴多斯
孟加拉国
伯利兹
贝宁
百慕大
不丹
玻利维亚
博茨瓦纳
巴西
文莱
布基纳法索
布隆迪
柬埔寨
喀麦隆
佛得角
中非
乍得
智利
中国
哥伦比亚
科摩罗
刚果
刚果人民民主共和国
哥斯达黎加
科特迪瓦
古巴
塞浦路斯
吉布提
多米尼加
多米尼加共和国
厄瓜多尔
埃及
萨尔瓦多
赤道几内亚
厄立特里亚
埃塞俄比亚
斐济
法属圭亚那
法属波利尼西亚
加蓬
冈比亚
加纳
格林纳达
瓜德罗普
危地马拉
几内亚
几内亚比绍
圭亚那
海地
洪都拉斯
中国香港
印度
印度尼西亚
伊朗
伊拉克
牙买加
约旦
肯尼亚
基里巴斯
朝鲜
韩国
科威特
老挝
黎巴嫩
莱索托
利比里亚
利比亚
中国澳门
马达加斯加
马拉维
马来西亚
东帝汶
马里
马绍尔群岛
马提尼克
毛里塔尼亚
毛里求斯
墨西哥
密克罗尼西亚
蒙古
摩洛哥
莫桑比克
缅甸
纳米比亚
尼泊尔
荷属安的列斯
新喀里多尼亚
尼加拉瓜
尼日尔
尼日利亚
阿曼
巴基斯坦
巴拿马
巴布亚新几内亚
巴拉圭
秘鲁
菲律宾
波多黎各
卡塔尔
留尼汪
卢旺达
西萨摩亚
圣多美和普林西比
沙特阿拉伯
塞内加尔
塞舌尔群岛
塞拉利昂
新加坡
所罗门群岛
索马里
斯里兰卡
圣卢西亚
圣文森特和格林纳丁斯
苏丹
苏里南
斯威士兰
叙利亚
中国台湾省
坦桑尼亚
泰国
多哥
汤加
特立尼达和多巴哥
突尼斯
土耳其
乌干达
阿拉伯联合酋长国
乌拉圭
瓦努阿图
委内瑞拉
越南
美属维尔京群岛（美）
也门
赞比亚
津巴布韦

发达国家(包括前苏联)

阿尔巴尼亚
亚美尼亚
澳大利亚
奥地利
阿塞拜疆
白俄罗斯
比利时
比利时/卢森堡
波斯尼亚和黑塞哥维那
保加利亚
加拿大
克罗地亚
捷克
捷克斯洛伐克（前）
丹麦
爱沙尼亚
芬兰
法国
格鲁吉亚
民主德国（前）
德国
联邦德国（前）
希腊
匈牙利
冰岛
爱尔兰
以色列
意大利
日本
哈萨克斯坦
吉尔吉斯斯坦
拉脱维亚
立陶宛
卢森堡
马其顿
马耳他
摩尔多瓦
荷兰
新西兰
挪威
波兰
葡萄牙
罗马尼亚
俄罗斯
斯洛伐克
斯洛文尼亚
南非
西班牙
瑞典
瑞士
塔吉克斯坦
土库曼斯坦
乌克兰
英国
美国
苏联（前）
乌兹别克斯坦
南斯拉夫
南斯拉夫（前）

世界银行——高、中低收入国家

高收入

安道尔
阿鲁巴（荷兰）
澳大利亚
奥地利
巴哈马
比利时
百慕大群岛（英）
文莱
加拿大
开曼群岛（英）
海峡群岛
塞浦路斯
丹麦
法罗群岛
芬兰
法国
法属圭亚那
法属波利尼西亚
德国
希腊
格陵兰（丹）
关岛（美国）
中国香港
冰岛
爱尔兰
以色列
意大利
日本
韩国
科威特
列支敦士登
卢森堡
中国澳门
马提尼克（法）
摩纳哥
荷兰
荷属安的列斯（荷）
新喀里多尼亚（法）
新西兰
北马里亚纳群岛(美)
挪威
葡萄牙
卡塔尔
留尼汪（法国）
新加坡
斯洛文尼亚
西班牙
瑞典
瑞士
阿拉伯联合酋长国
英国
美国
美属维尔京群岛(美)

中收入

阿尔及利亚
东萨摩亚（美）
安提瓜和巴布达
阿根廷
巴林
巴巴多斯
白俄罗斯
玻利维亚
博茨瓦纳
巴西
保加利亚
佛得角
智利
中国
哥伦比亚
哥斯达黎加
克罗地亚
古巴
捷克
朝鲜
吉布提
多米尼加
多米尼加共和国
厄瓜多尔
埃及
萨尔瓦多
赤道几内亚
爱沙尼亚
斐济
加蓬
格鲁吉亚
格林纳达
瓜德罗普（法）
圭亚那
海地
匈牙利
印度尼西亚
伊朗
伊拉克
马恩岛
牙买加
约旦
哈萨克斯坦
基里巴斯
朝鲜
拉脱维亚
黎巴嫩
利比亚
立陶宛
马其顿
马来西亚
马尔代夫
马耳他
马绍尔群岛
毛里求斯
马约特岛
墨西哥
密克罗尼西亚
摩洛哥
纳米比亚
阿曼
贝劳
巴拿马
巴比亚新几内亚
巴拉圭
秘鲁
菲律宾
波兰
波多黎各
罗马尼亚
俄罗斯
西萨摩亚
沙特阿拉伯
塞舌尔群岛
斯洛伐克
所罗门群岛
南非
斯里兰卡
圣基茨和尼维斯
圣卢西亚
圣文森特和格林纳丁斯
苏里南
斯威士兰
叙利亚
泰国
汤加
特立尼达和多巴哥
突尼斯
土耳其
乌克兰
乌拉圭
乌兹别克斯坦
瓦努阿图
委内瑞拉
西岸和加沙
南斯拉夫

低收入

阿富汗
阿尔巴尼亚
安哥拉
亚美尼亚
阿塞拜疆
孟加拉国
贝宁
不丹
波斯尼亚和黑塞哥维那
布基纳法索
布隆迪
柬埔寨
喀麦隆
中非
乍得
科摩罗
刚果
刚果共和国
科特迪瓦
厄立特里亚
埃塞俄比亚
冈比亚
加纳
几内亚
几内亚比绍
海地
洪都拉斯
印度
肯尼亚
吉尔吉斯斯坦
老挝
莱索托
利比里亚
马达加斯加
马拉维
马里
毛里塔尼亚
摩尔多瓦
蒙古
莫桑比克
缅甸
尼泊尔
尼加拉瓜
尼日尔
尼日利亚
巴基斯坦
卢旺达
圣多美和普林西比
塞内加尔
塞拉利昂
索马里
苏丹
塔吉克斯坦
坦桑尼亚
多哥
土库曼斯坦
乌干达
越南
也门
赞比亚
津巴布韦

工业化国家

安道尔
澳大利亚
奥地利
比利时
加拿大
丹麦
芬兰
法国
德国
希腊
罗马教廷
冰岛
爱尔兰
以色列
意大利
日本
列支敦士登
卢森堡
马耳他
摩纳哥
荷兰
新西兰
挪威
葡萄牙
圣马力诺
斯洛文尼亚
西班牙
瑞典
瑞士
英国
美国

发展中国家

阿富汗
阿尔及利亚
安哥拉
安提瓜和巴布达
阿根廷
亚美尼亚
阿塞拜疆
巴哈马
巴林
孟加拉国
巴巴多斯
伯利兹
贝宁
不丹
玻利维亚
博茨瓦纳
巴西
文莱
布基纳法索
布隆迪
柬埔寨
喀麦隆
佛得角
中非
乍得
智利
中国
哥伦比亚
科摩罗
刚果
刚果人民民主共和国
库克群岛
哥斯达黎加
科特迪瓦
古巴
塞浦路斯
吉布提
多米尼加
多米尼加共和国
厄瓜多尔
埃及
萨尔瓦多
赤道几内亚
厄立特里亚
埃塞俄比亚
斐济
加蓬
冈比亚
格鲁吉亚
加纳
格林纳达
危地马拉
几内亚
几内亚比绍
圭亚那
海地
洪都拉斯
印度
印度尼西亚
伊朗
伊拉克
牙买加
约旦
哈萨克斯坦
肯尼亚
基里巴斯
朝鲜
韩国
科威特
吉尔吉斯斯坦
老挝
黎巴嫩
莱索托
利比里亚
利比亚
马达加斯加
马拉维
马来西亚
东帝汶
马里
马绍尔群岛
毛里塔尼亚
毛里求斯
墨西哥
密克罗尼西亚
蒙古
摩洛哥
莫桑比克
缅甸
纳米比亚
瑙鲁
尼泊尔
尼加拉瓜
尼日尔
尼日利亚
纽埃
阿曼
巴基斯坦
贝劳
巴拿马
巴布亚新几内亚
巴拉圭
秘鲁
菲律宾
卡塔尔
卢旺达
圣基茨和尼维斯
圣卢西亚
圣文森特和格林纳丁斯
西萨摩亚
圣多美和普林西比
沙特阿拉伯
塞内加尔
塞舌尔群岛
塞拉利昂
新加坡
所罗门群岛
索马里
南非
斯里兰卡
苏丹
苏里南
斯威士兰
叙利亚
塔吉克斯坦
坦桑尼亚
泰国
多哥
汤加
特立尼达和多巴哥
突尼斯
土耳其
土库曼斯坦
图瓦卢
乌干达
阿联酋
乌拉圭
乌兹别克斯坦
瓦努阿图
委内瑞拉
越南
也门
赞比亚
津巴布韦

欠发展国家

阿富汗
安哥拉
孟加拉国
贝宁
不丹
布基纳法索
布隆迪
柬埔寨
佛得角
中非共和国
乍得
科摩罗
刚果共和国
吉布提
赤道几内亚
厄立特里亚
埃塞俄比亚
冈比亚
几内亚
几内亚比绍
海地
基里巴斯
老挝
莱索托
利比里亚
马达加斯加
马拉维
马尔代夫
马里
毛里塔尼亚
莫桑比克
缅甸
尼泊尔
尼日尔
卢旺达
西萨摩亚
圣多美和普林西比
塞拉利昂
所罗门群岛
索马里
苏丹
坦桑尼亚
多哥
图瓦卢
乌干达
瓦努阿图
也门
赞比亚

撒哈拉以南非洲
安哥拉
贝宁
博茨瓦纳
布基纳法索
布隆迪
喀麦隆
佛得角
中非
乍得
科摩罗
刚果
刚果人民民主共和国
科特迪瓦
赤道几内亚
厄立特里亚
埃塞俄比亚
加蓬
冈比亚
加纳
几内亚
几内亚比绍
肯尼亚
莱索托
利比里亚
马达加斯加
马拉维
马里
毛里塔尼亚
毛里求斯
莫桑比克
纳米比亚
尼日尔
尼日利亚
卢旺达
圣多美和普林西比
塞内加尔
塞舌尔群岛
塞拉利昂
索马里
南非
斯威士兰
坦桑尼亚
多哥
乌干达
赞比亚
津巴布韦

中东和北非
阿尔及利亚
巴林
塞浦路斯
吉布提
埃及
伊朗
伊拉克
约旦
科威特
黎巴嫩
利比亚
摩洛哥
阿曼
卡塔尔
沙特阿拉伯
苏丹
叙利亚
突尼斯
阿拉伯联合酋长国
也门

南亚
阿富汗
孟加拉国
不丹
印度
东帝汶
尼泊尔
巴基斯坦
斯里兰卡

东亚和太平洋
文莱
柬埔寨
中国
库克群岛
斐济
印度尼西亚
基里巴斯
朝鲜
韩国
老挝
马来西亚
马绍尔群岛
密克罗尼西亚
蒙古
缅甸
瑙鲁
纽埃
贝劳
巴布亚新几内亚
菲律宾
西萨摩亚
新加坡
所罗门群岛
泰国
汤加
图瓦卢
瓦努阿图
越南

拉丁美洲和加勒比
安提瓜和巴布达
阿根廷
巴哈马
巴巴多斯
伯利兹
玻利维亚
巴西
智利
哥伦比亚
哥斯达黎加
古巴
多米尼加
多米尼加共和国
厄瓜多尔
萨尔瓦多
格林纳达
危地马拉
圭亚那
海地
洪都拉斯
牙买加
墨西哥
尼加拉瓜
巴拿马
巴拉圭
秘鲁
圣基茨和尼维斯
圣卢西亚
圣文森特和格林纳丁斯
苏里南
特立尼达和多巴哥
乌拉圭
委内瑞拉

中欧(CEE)独立国家的联邦(CIS)和波罗的海国家
阿尔巴尼亚
亚美尼亚
阿塞拜疆
白俄罗斯
波斯尼亚和黑塞哥维那
保加利亚
克罗地亚
捷克
爱沙尼亚
格鲁吉亚
匈牙利
哈萨克斯坦
吉尔吉斯斯坦
立陶宛
摩尔多瓦
波兰
罗马尼亚
俄罗斯
斯洛伐克
塔吉克斯坦
马其顿
土耳其
土库曼斯坦
乌克兰
乌兹别克斯坦
南斯拉夫

联合国人口司

发达地区包括整个欧洲地区和北美、澳大利亚/新西兰和日本。

欠发达地区包括整个非洲地区、亚洲(除日本外)、拉丁美洲和加勒比地区、美拉尼西亚、密克罗尼西亚和波利尼西亚。

最不发达国家由1998年联合国大会定义，包括48个国家，非洲33个，亚洲9个，拉丁美洲和加勒比1个，大洋洲5个：阿富汗、安哥拉、孟加拉、贝宁、不丹、布基纳法索、布隆迪、柬埔寨、佛得角、中非、乍得、科摩罗、刚果共和国、吉布提、赤道几内亚、厄里特里亚、埃塞俄比亚、冈比亚、几内亚、几内亚比绍、海地、基里巴斯、老挝、莱索托、利比里亚、马达加斯加、马拉维、马尔代夫、马里、毛里塔尼亚、莫桑比克、缅甸、尼泊尔、尼日尔、卢旺达、西萨摩亚、圣多美和普林西比、塞拉利昂、所罗门群岛、索马里、苏丹、多哥、图瓦卢、乌干达、坦桑尼亚、瓦努阿图、也门、赞比亚。它们属于最不发达地区。

数据表BI.1
国家与国际自然保护区

资料来源：国家保护系统：世界自然保护监测中心（WCMC）的保护区资料部，未发表的数据（WCMC，英国，剑桥，1999,05/08）。生物圈保护区：联合国教科文组织（UNESCO）、人与生物圈计划、《生物圈保护区目录》，资料可网上查询，网址：http：//www.unesco.org/mab/wnbr.htm。

世界遗址：UNESCO、世界遗产中心、《世界遗产目录》,资料可网上查询，网址：http：//www.unesco.org/whc/nwhc/pages/sites/main.htm。国际重要湿地：拉姆萨尔公约局,《国际重要湿地目录》，资料可网上查询，网址：http：//ramsar.org/sitelist.pdf。

保护区（IUCN管理目录I-V）把6个世界自然保护联盟（IUCN）管理目录中5个面积至少在1000hm^{2}的自然区结合起来。IUCN对“保护区”的定义如下：“一片专门用于保护和维持生物多样性，自然及其相关的文化资源，并通过法律的或其他有效的途径进行管理的陆地和/或海域。”IUCN管理目录I-V的定义如下：

I类a：严格的自然保护区，主要供科学研究用的一个保护区；拥有极好的，或有代表性的生态系统，地质或生理特征和/或物种的一片陆地和/或海洋，主要用于科学研究和/或环境监测。

I类b：保留自然环境面貌的保护区：主要用于野生保护的一个保护区；一大片基本上未受到人类所作的实质性的改变或仅作细微改变的陆地和/或海域，保持其原貌和影响，无永久性居住或重要居住，以保持其自然状态。

II类：国家公园：主要用于生态系统保护和娱乐的一个保护区；一片自然陆地和/或海域指定用于：a）为当代和后代保护一个或多个生态系统的生态完整性；b）排除不友好的开发或占有，以保护其指定的目的；及c）为人们提供精神的、科学的、教育的、娱乐的和参观的基地，所有这些活动都应与环境和文化相和谐。

III类：自然遗址：一片主要用于保护特有的自然特征的保护区：包括因原本稀有的，具有代表性的或有美学价值的，或具文化特征等极好的或独一无二价值的特定自然保护区或自然/文化保护区。

IV类：栖息地/物种管理区：一片通过管理干预,达到保护目的的保护区：一片陆地和/海域经人类积极干预，以达到确保维持栖息地并/或满足具体物种的需求。

V类：受保护的陆地风景和海上风景：一片主要用于陆地风景和海上风景的保护及娱乐的保护区；一片陆地，有适当的海岸和海域，随着长时间人类和自然的互相作用，产生了具有重要美学、生态学和/或文化价值的鲜明特征，并通常具有生态多样性。保护这种人与自然共同作用的完整性，对保护、维持和进化这类地区具有重大意义。

除上述5个管理目录外，IUCN还有第VI个目录，它包括“主要用于自然生态系统可持续使用的自然保护区。”这些地区包括主要未经人类改变的自然系统，通过管理以确保生物多样性的长期保护和维持，同时，也提供自然产品和服务的可持续流动，以满足社区需求。这类保护区不包括在此表中。

世界总数不包括南极和格陵兰岛的保护区。格陵兰岛有两个保护区，总面积为9825万hm^2，南极有55个保护区，总面积为30.28万hm^2。

一些国家的保护区范围有可能包括两个不同标示（在委内瑞拉，在不同IUCN目录中的一些保护区相互重叠，因此，这些地区有可能算了两次）的重叠部分或有可能包括海洋部分（如：澳大利亚、厄瓜多尔），这可能导致保护区土地面积的百分比数字出乎意料的高。

保护区面积至少为10万hm^{2}和面积至少100万hm^2，是指归入这两大分类的所有IUCN目录I-V的保护区。这些数据没有计入合计起来面积会超过10万或100万hm^{2}保护区的总体之中。

海洋保护区包括IUCN目录（I-VI）中任何涉及海洋或海洋组成的部分。IUCN对“海洋保护区”的定义如下：“任何一片潮汐间或海底潮汐的区域，并包括覆盖其上的水体及其植物群和动物群，历史的和文化的特征，这些特征通过法律或其他有效手段得以保存下来以包括所涉及的部分或整个环境。”海洋保护区（MPAs）包括完全是海洋的区域，也包括潮汐间小范围陆地。许多这些MPAs都有大片的陆地面积。

绝大部分的海洋保护区的海洋部分范围都没有文献记载。每个国家的保护程度也各不相同，而且，与任何其他地区的合法地位没有关系。目录也包括海洋及海岸。某一个保护区可能同时是海岸的和海洋的保护区，因此，这两项不同目录下的数字相加，其得数可能会比MPAs的总数高。海岸的定义是至少包括一些潮汐间区的任何一个地区。这类地区也可包括海洋和/或陆地成分。所有生长着美洲红树和含有盐碱滩的地区都被看成是海岸。海洋的定义是至少包括一些永久性沉没在海洋底部的海底潮汐区的任何一个地区。这类地区也可包括海洋和/或陆地成分。所有生长着珊瑚礁和海草的地区都被看成是海洋。

国际保护系统通常包括列于国家保护系统项下的地区。生物圈保护区代表了根据联合国教科文组织人与生物圈计划，在国际上被认可的陆地和海洋环境。它们因其保护价值而被选中，旨在培养为改善人与自然的平衡，支持可持续发展所必需的科学知识和技能。每个保护区都必须含有一个特定生物地理的多样性自然生态系统，它大到足以形成一个有效的保护单位。每个保护区还必须包括一个受到最低干扰的保护和研究核心区，其周围可以为缓冲区所环绕，在那里允许按传统方法使用土地，进行生态系统实验研究和生态系统恢复工作。此外，还可以有一个过渡区，随着时间的推移，当合作不断扩大时，过渡区也可随之扩大。只有核心保护区需要法律保护。生物圈保护区由国家政府提名，由生物圈保护区所在的当地最高司法部门监管。保护区在被生物圈保护区世界网认可之前，必须要达到一系列最低的标准，符合一系列最低的条件。几个国家可共享生物圈保护区。这些保护区在地区和世界总量中只计算一次。根据法令框架，过渡区不需要限定，因此，表中的生物圈保护区可能与实际所涉及的面积并不相符。

世界遗址是在自然特点、文化价值或两个方面均有“突出的全世界价值”的地区。表中只列了自然和自然与文化混合的两种地区。世界遗产公约（1972年采用）的任何缔约方均可提名。被提名的自然保护区有下列实际情况的特点：“处于地球进化史的某一重大阶段；一个突出的物理的、生态的和地理的变化过程；一个独特的或上等的自然现象、自然结构或自然特点；一个受威胁物种的栖息地，或具有科学的、美学的研究价值的地区，或从保护的角度，具有研究价值的地区。”公约缔约方承认所列的保护区地址。有时几个国家共同享有世界遗址。这些被称为国际遗址的地区仅有一次计入大陆和世界遗产总数中。

《关于特别是水禽生境的国际重要湿地公约》（拉姆萨尔，伊朗，1971）是政府间为保护和可持续使用湿地而签订的条约。当一个国家成为公约的缔约方时，意味着它同意指定至少将一块湿地列入《国际重要湿地目录》（“拉姆萨尔目录”）并促进其保护工作。拉姆萨尔地区指“在生态学、植物学、动物学、湖沼学或水文学等方面具有国际重要性。”1976年由前苏联指定的拉姆萨尔地区中，有3个位于现在的俄罗斯联邦境内，4个在乌克兰，1个在爱沙尼亚。其余5个由拉姆萨尔列在前苏联项下的地址，1个在阿塞拜疆，2个在哈萨克，1个在克鲁吉亚，1个在图库曼斯坦。拉姆萨尔公约局仍在等待俄联邦独立共同体各国就其公约国缔约方地位的确认；因此，数据表BI. 1中的这些地址包括在欧洲总数中。摩纳哥和列支敦士登的地址也包括在欧洲总数中。

一些国际保护区同时也属于其他系统项目下的保护区（如：国家公园，或自然保护区）和其他国际承认的保护区。例如，54个生物圈保护区完全是或部分是世界遗产保护区；52个地区既是拉姆萨尔保护区，也是生物圈保护区，20个地区同时是拉姆萨尔保护区和世界遗产保护区。资料可网上查询，网址：

http：//www.unesco.org/mab/BR-WH.htm，

http：//ramsar.org/world_heritage.htm，

http：//ramsar.org/mab_sites.htm。

数据表BI.2
全球受威胁的物种：哺乳类、鸟类和爬行类

资料来源：哺乳类、鸟类和爬行类动物全球和地方物种：世界自然保护监测中心（WCMC）物种库，未发表数据（WCMC，英国，剑桥1999，12）。哺乳类，鸟类和爬行类受威胁物种：世界自然保护联盟（IUCN），《1996年IUCN受威胁动物红皮书》（IUCN，瑞士，格兰德，1999）。每1万km²的物种数：由世界资源研究所按联合国粮农组织（FAO），《FAOSTAT在线统计服务》（FAO，罗马，1999）所提供的土地面积数字计算。网址是：http：//www. fao.org。已知哺乳类动物的数字来自D. E. Wilson和D. M. Reeder 等人的《世界哺乳类动物：分类学和地理学参考》（第2版）（Smithsonian研究所出版社，华盛顿特区，1993）。已知鸟类物种世界总数来自C.G. Sibley 和B. L. Monroe的《世界鸟类分布和分类》（耶鲁大学出版社，New Haven，1993）及C.G. Sibley 和B. L. Monroe的《世界鸟类分布和分类增刊》（耶鲁大学出版社，New Haven，1993）。已知爬行类物种的世界总数由WCMC根据每种爬行类物种最新的地方参考资料计算。目前，爬行类动物尚未有标准的物种核对清单。

已知物种的总数有时可能包括引种。除非另有提示，哺乳动物的数据在大多数情况下，不包括海洋鲸目动物。表中列出的鸟类物种总数只包括在那个国家繁殖的鸟类，不包括在那里迁徙或过冬的鸟类。

地方物种的数量指只能在被列出国家境内找到的已知物种。

由于分类学概念和知识范围不断变化，各国间的数字未必具有可比性。因此国家物种和地方物种的总数有可能被低估了。一般对哺乳类和鸟类的数量理解得相当清楚，而对爬行类尚未作过清查。

为所有国家列出的受威胁物种数量包括极其濒危、濒危或脆弱，不包括引进物种，未能充分了解状态的物种（IUCN把此物种分类为“数据不足者[DD]），已知灭绝物种和状态尚未评估过的物种（IUCN归类为“未评估者”[NE]）。数据表BI.2和数据表BI.3提出受威胁动物物种数据，反映了在《1996 IUCN受威胁动物红皮书》中提出的估计。国际鸟生活汇编了《IUCN红皮书》中的鸟类部分。受威胁的鸟类

物种的数据来自《鸟类观察2》(Collar等人，国际鸟生活，英国，剑桥，1994)。受威胁的鸟类物种数量按有关国家鸟类繁殖或过冬范围排列。受威胁的海洋龟类不包括在国家总量中。

《1996 IUCN受威胁动物红皮书》是第一次对所有已知哺乳类和鸟类物种作了评估，也是首次将IUCN的新分类法和新标准试用于物种灭绝危险程度的评估。下面简单介绍这项新的制度。详细情况请参见原始资料。

IUCN对危险分类的定义：

极度濒危："根据分类准则A-E（见下文）中任何一条，某野生分类种群立即面临着甚高灭绝危险性的。"

濒危："根据分类准则A-E中任何一条，某野生分类种群不是极度濒危，但即将面临很高灭绝危险性的。"

脆弱："根据分类准则A-E中任何一条，某野生分类种群不是极度濒危，但在不久的将来面临灭绝危险的。"

对于每一种受威胁的种类，下面五条准则（A-E）用于评价物种所处状态。与IUCN准则修改前相比，这种分法更为严格。物种只需满足五条中的一条，就被列入那个威胁类别。五条准则如下：

A. 种群增长率在下降；

B. 种群数量少，并且在下降或波动；

C. 种群规模小，并在下降；

D. 种群数量甚少，分布十分有限；

E. 定量分析表明有野生灭绝的可能（如种群生存性分析）。

另外准则下面还列出细则，用于提供更详细的信息，如排列某种物种的理由、威胁的潜在原因等。

每1万km^2的物种数量，为面积不同国家之间进行物种数量比较提供了一个相对的估计数。由于面积和物种数量之间的关系是非线性的（即随着被取样面积的增大，查明的新物种数量便减少），所以已经用一种物种—面积曲线来使这些物种数量标准化。已知某国现有的物种数量，它的面积又是均匀的1万km^2，那么该曲线就能预测出该国有多少物种。用下式计算这个数量：$S=cA^z$，这里S为物种数量，A为面积，c和z均为常数。数量—面积曲线斜率由常数z决定，对于栖息地较多的大面积地区，z大约为0.33。此常数是以先前对物种数量—面积之间关系研究的数据为依据的。实际上，由于物种分布区不同（在热带分布区较小）和栖息地种类不同，常数z因此随国家而异，例如，栖息地种类繁多的热带国家，因为其单位面积的物种数量更多，所以同气候温和的同类国家相比，它的物种数量—面积曲线斜率更大。岛屿与大陆国家相比，其物种数量—面积曲线斜率也更大。目前，没有足够的地区数据来估计各国的不同斜率。

数据表BI.3
全球受威胁的物种：两栖类、淡水鱼类和植物

资料来源：全球和地方物种数据：世界自然保护监测中心（WCMC）物种数据库，未发表数据（WCMC，英国，剑桥1999，12）。受威胁的两栖和淡水鱼物种：世界自然保护联盟（IUCN），《1996年IUCN受威胁动物红皮书》（IUCN，瑞士，格兰德，1999）。受威胁植物物种和世界植物总量：WCMC物种数据库，未发表数据（WCMC，英国，剑桥1999，12）。这些数据来源于K. S. Walter和H. J. Gillett 出版的数据库下的数据组，及由WCMC汇编的《1997 IUCN受威胁植物红皮书》（IUCN，瑞士，格兰德和英国，剑桥，1998）。每1万km^2的物种数：由世界资源研究所按联合国粮农组织（FAO），《FAOSTAT在线统计服务》（FAO，罗马，1999）所提供的土地面积数字计算。网址是：http：//www.fao.org。已知两栖类物种世界总数来自D. R. Frost等人的《世界两栖类物种：分类学和地理学参考》（艾伦出版社和系统收集协会，堪萨斯，劳伦斯，1985），及W. E. Duellman的《世界两栖类物种：增补与修订》（堪萨斯大学，自然历史博物馆，特刊，第21期，劳伦斯，1993）。已知鱼类物种世界总数来自W. N. Eschmeyer，C. J. Ferraris，M. Dang Hoang和D. Long的《鱼类目录，I-3卷》（加利福尼亚科学院，旧金山，1998）。资料可网上查询，网址：http：//www.calacademy.org/ research/ichhyology/ catalog/ index.html。

已知物种的总数有时可能包括引种。高等植物包括开花植物、针叶树和苏铁科植物及蕨类植物。

地方物种的数量指只能在被列出国家境内找到的已知物种。已知淡水鱼类数量的世界总量包括在海洋物种中。其中，约40%～45%估计是淡水鱼种类。绝大多数海洋鱼类不包括在国家总数中。

由于分类学概念和知识范围不断变化，各国间的数字未必具有可比性。因此，国家物种和地方物种的总数有可能被低估了。

受威胁的两栖和淡水鱼物种数量按《1996IUCN受威胁动物红皮书》的分类为各国列出。详情请参见数据表BI.2的资料来源及技术注释。受威胁淡水鱼目录的国家总数有可能包括一些海洋物种。虽然海洋物种在IUCN红皮书中提及甚少，但仍有100多种海洋鱼类被列为受威胁物种；其余14000已知海洋鱼类物种尚未得到评估。这是《IUCN红皮

书》第一次将红皮书标准用于海洋鱼类。因此，应把海洋鱼类的分类当作是初步评估,还需要进一步的评估。

受威胁的高等植物物种数量列入了蕨类及蕨类植物，针叶树及苏铁科植物和按1994年前的目录已经被IUCN列为受威胁植物的开花植物，这个目录已经修改（见下文）。因此，植物物种的受威胁分类不同与动物物种的分类。IUCN把列入的所有受威胁物种划分为濒危、脆弱、稀有的和尚未确定的四类。不包括引进物种、状态未能充分了解的物种、已知灭绝物种、怀疑近期将灭绝的物种和状态尚未评估过的物种。此表中的受威胁物种数据反映了在《1997 IUCN受威胁植物红皮书》提出的估计的一个子集合。这个子集合省略了次物种，只包括有记载出现在一个国家的物种。“国家”用于一般含义，例如由海外属国提供的数据（如：阿鲁巴）。这个有25971种记录的子集合包括了《1997IUCN红皮书》中公布的31195种记录的83%。这是第一次公布全球有记录的受威胁维管植物的名单。

下面简单介绍1994年前的受威胁物种分类。详细资料请见原资源来源。

IUCN把受威胁的植物物种划分成：“濒危，脆弱，稀有的或尚未确定的”四大类。每类的定义如下：

濒危：“某类植物已面临灭绝的威胁，如不采取措施，将没有存活的可能。”包括在此类别的植物还有“可能已灭绝，但在过去的50年中，肯定有人在野外见过的。”

脆弱：“如不采取措施，将有可能成为‘濒危’物种。”

稀有的：“目前尚未到‘濒危’或‘脆弱’程度，但世界拥有量很少，情况危险。”尚未确定的：“已知处于‘濒危’，‘脆弱’或‘稀有的’，但尚未有足够的资料确定它们属于这三类中的哪一类更合适。”

每1万km^2的物种数量，为面积不同国家之间进行物种数量比较提供了一个相对的估计数。详细情况请见数据表BI.2中的资料来源和技术注释。

数据表BI.4
CITES 报告的野生生物与野生生物制品交易

资料来源：交易数据：濒危野生动植物物种国际贸易公约（CITES）年报告数据，世界自然保护监测中心（WCMC）CITES贸易数据库，（WCMC，英国，剑桥，1999，12）。

野生生物与野生生物产品国际贸易的年贸易额为数亿美元，导致了许多种类动物和植物数量的严重下降。为交易而过度开发致使物种受影响的程度已引起对物种生存的广泛关注，以至于1973年制定了CITES以保护野生生物免遭过度开发，并防止受威胁濒危物种的国际贸易。此公约于1975年7月1日正式生效。这是现有的世界最大的保护协议之一，到2000年2月，它已拥有151个成员国。

CITES生效是公约在某个国家生效之年。CITES成员国同意禁止就达成协议的受威胁物种进行国际商业贸易，并对可能成为受威胁物种的贸易实行监管。根据物种稀有程度及贸易带来的威胁，CITES附录中列出了受威胁物种名单。附录中所列物种或源于这些物种的国际贸易须有出口，进口和再出口许可证或资格证。

下面是目录和许可规则的简单介绍：

1. 极度濒危列在附录I。附录I中包括“所有濒危物种，其濒危是或可能是贸易导致的”。此类物种的国际贸易要受到尤为严格的规定，而且必须有相应国家CITES管理和科学权威机构的授权。对这些物种的贸易许可证只有在例外的情况下才可颁发。

2. 其他受严重威胁类物种列在附录II。附录II中包括“虽然目前不一定受灭绝威胁，但有可能受灭绝威胁，除非其贸易受到严格管制的所有物种”。此类物种的任何国际贸易都需要进出口许可证和再出口资格证，并满足公约中所制定的条件。许可证有国家CITES管理和科学权威机构颁发。

3. 附录III中所列的物种是“任何一方为防止或限制开发而确认为受管制的所有物种。因此，需要其他各方的合作”。此类物种的任何国际贸易都需要出口许可证，原产地资格证，有时还需要有再出口资格证。许可证和资格证均需国家CITES管理和科学权威机构授权，并满足公约中所制定的条件。

其他有关条件和贸易规则的信息可在以下网址查询：http://www.cites.org/CITES/eng/text.shtml#II。

公约缔结方需向CITES秘书处提交年报告，包括贸易记录。这些贸易记录由WCMC根据CITES贸易数据库进行汇编。1997 CITES年报告需达到的要求表明一个国家向CITES秘书处提交的年度报告数符合自其成为公约缔结方以来预计应提交的年度报告数的百分比。所列的数字是到1997年提交的报告中的数字。因此，1997年后批准CITES的国家，在报告的达标一栏中标有“X”符号。

1997年净贸易指进口减去出口的余额。数字是1997年报告中的贸易数字。由CITES报告的关于净出口和净进口数据与合法的国际贸易相符，并且根据的是颁发的许可证的数据，而不是实际的贸易项目。假如那一年没有使用所有的许可证，数字有可能被估算高了。一些在某一年颁发的许可证有可能以后才用，因此，进出口数量可能与那一年所给的数量不完全相符。因计算世界贸易余额将导致删除绝大多数的数字，所以，世界总量显示的是进口总数量。

野生动物和野生动物产品的境内贸易及非法贸易在这些数字中并没有体现。野生动物产品的非法年贸易额估计达数亿万美元。此外，在捕猎或收购，过境转移或检疫中出现的个别死亡数据在这些数据中也没有得到体现。

活的灵长类动物数量包括1997年CITES名单下活体贸易的所有物种的猴子和猿。

活的鹦鹉数量包括1997年CITES名单下活体贸易的所有物种的鹦鹉。

活的乌龟数量包括1997年CITES名单下活体交易的所有物种的龟。

活的蜥蜴数量包括1997年CITES名单下活体交易的每种蜥蜴及蜥蜴类爬行物。

活的蛇类数量包括1997年CITES名单下活体交易的每种蛇类物种。

野生兰花数量包括1997年从野生状态中收集并进行交易的所有兰科物种中的每一种。

猫皮数量包括1997年CITES名单下交易的所有猫科类物种的整张猫皮。

鳄鱼皮数量包括1997年CITES名单下交易的所有鳄鱼类物种的整张鳄鱼皮。

蜥蜴皮的数量包括1997年CITES名单下交易的所有蜥蜴和蜥蜴类爬行物种的整张蜥蜴皮。

蛇皮的数量包括1997年CITES名单下交易的所有蛇类物种的整张蛇皮。

数据表FG.1
森林覆盖和变化与有证林区

资料来源：关于1990年的自然林范围的数据：联合国粮农组织（FAO）森林资源处，未发表的数据（FAO，罗马，1997）。1999年所有森林和种植林的范围数据：《1990年森林资源评估：全球综合报告》（FAO，罗马，1995）。1995年总自然林范围：《1999年世界森林状态》〔FAO，罗马，1995）。1995年种植林范围数据：D. Pandey的《1995年热带森林种植面积》（FAO项目GCP/INT/628/英国报告，草稿，1997,11）。年平均百分比的变化由世界自然资源研究所计算。有证森林数据来自《森林管理委员会（FSC）在线数据数据库》，网址：http：//www.fscoax.org（FSC，墨西哥，瓦哈卡，2000，2）。

森林总和面积是温带发达国家所有林区和热带及温带发展中国家自然林和人造林区面积之和构成。发达国家森林覆盖数据来自官方对联合国欧洲经济委员会和FAO驻日内瓦联络处（UN－ECE－FAO）问卷调查的回答。被调查的国家有：欧洲各国、北美各国、前苏联以及日本、澳大利亚和新西兰。发达国家森林面积指树冠覆盖达20%土地面积，其中包括开阔森林，林中道路和防火带，临时清理区，成材后能达到至少20%树冠覆盖率的幼树林。发达国家的林区没有再区分为自然林和人工林两个小类，因为许多国家难以分清这两类。

FAO将热带和温带发展中国家的自然林定义为：主要由本土（本地）树种构成的森林。自然林包括密林和疏林；密林系指树木覆盖了大部分的土，而草地不能在地面上形成连续的草层（例如，阔叶林、针叶林和竹林），FAO定义疏林为混合的森林/草地上树木覆盖率至少为10%，在林地上的草地成片生长。温带和热带发展中国家的自然林包括除人工林以外的所有林段，并包括由于农业、火灾、采伐和其他因素而遭受某种程度退化的林段。所有区域的树木都是根据高度与灌木区别：一株成熟树木有一个轮廓分明的主干，高于7m，而成年灌木通常低于7m。

年平均变化百分率指1990—1995年森林覆盖的提高或下降。它以指数成长率的百分数表示。如果圆括号内是负数，那么这些数字反映净森林砍伐，它定义为砍伐林地用于各种形式的农业用途（轮种，连作和永久牧场）和诸如住宅，其他基础设施和采矿等其他土地用途。在热带国家，这包括造成树冠覆盖率低于10%的砍伐。应当注意的是，正如在此定义的，砍伐不反映林段或地点的变动，如选择性伐木（除使森林覆盖率永远减少到低于10%以外）。这些变化都叫做“森林退化”，它们能严重地影响森林，森林土壤，野生动物及其栖息地，以及全球碳循环。这样一来，报告的砍伐林数字的影响有可能小于包括所有的森林变化类型在内的全部砍伐森林数字的影响。年变化正数反映了一个国家或地区内的净造林。

FAO的森林评估为共同的基准年份（1990年和1995年）得出了连贯的估算数，为这些年份期间得出了森林面积的变化数。作这些估算时使用了一个模型，把各国森林存量的基础数据调整为一个共同的基准年份。该模型将一个国家每一属区单位的森林覆盖份额同人口密度和人口增长，最初森林面积和生态区关联起来。对现有的森林存量按国家一级或属区一级重新审核，并按一组共同的分类和概念作调整，最后合并到数据库中。为了这个目的，FAO使用了地理信息系统将统计数据和地图数据结合在一起。这些模型估算的可靠性，部分地取决于输入模型中的原始数据源的质量。森林信息的质量，全面性和时间性的变化很大，很容易让人们看出有关森林资源信息严重不足。一般而言，绝大多数发展中国家1990年森林覆盖率的评估接近于10年前的数字。作为最近的进展（1995年），现有的森林存量数据同1990年评估用的数据一起在下列国家得到应用：玻利维亚、巴西、柬埔寨、科特迪瓦、几内亚比绍、墨西哥、巴布亚新几内亚、菲律宾和塞拉利昂。

虽然森林砍伐模型可将各国数据标准化成共同的基础数据，但是其他一些因素可能会促成各国森林面积和变化估计的偏差。干性林潜在的森林覆盖估计值和相关的调节函数，其可靠性尚未确知。此外，对某些国家而言，社会经济因素可能在森林砍伐中起更大的作用，例如，中美洲的家畜项目和印度尼西亚的重新定居计划。FAO无疑也承认这些不足，并指出各国估计值并不想取代各国的原始信息，这些信息仍然是唯一的参考材料来源。

鉴于上述缺点，鼓励读者在估计森林覆盖和森林砍伐时，参照使用卫星数据或大量的地面数据得到的原始资料和最近存量。

FAO目前正资助《2000年全球森林资源评估》项目，此项目报告预计于2000年出版。这个评估计划包括每个国家关于其森林资源的简要及新的全球观察和森林覆盖及变化地图。鼓励读者核查一下这本新报告，网址：http：//www.fao.org。

人工林指由人工建立的，用于工业和非工业用途的造林和重新造林的林段。重新造林不包括老树的更生（通过自然更生或人工管理），尽管有些国家可能将树木更生作为重新造林来报道。许多树木的种植不是为了用于工业，如村庄的小片林。非工业造林包括那些指定用于薪材生产、土壤保护或其他用途。它们不包括农林庄稼种植，如橡胶树和油棕榈树。重新造林数据通常不考虑这个因素。这里所列的数据反映了FAO估算的人工林成活率。人工林面积与报道的面积相符，即由政府、企业或一些其他资料来源报告的现存面积。报告的面积通常是“积累的植树面积”，并有可能不同于地面上现有的实际植树面积。因在许多发达国家（个别除外），区分自然林和人工林存在困难，所以此表中没有体现。

1995年的人造林范围涉及90个热带和亚热带国家所有物种的森林造林面积。热带国家的定义是：那些50%以上的国土位于北回归线和南回归线之间的国家，而亚热带国家则是与热带国家相邻的国家。

森林管理委员会（FSC）是一个非赢利性的国际组织，它成立于1993年，其目的是支持“对世界森林实行环境适宜性、社会有益性和经济可行性的管理”。这是对森林和森林产品的唯一独立的第三方资格团体。FSC成员国资格包括社会和环境团体的代表、木材交易和森林专业、土著人组织、社区森林团体及森林产品资格认证组织。FSC委任资格认证组织或团体，由它们具体执行森林管理的实际评估。

FSC正为森林产品引进一项国际标签计划，这项计划将提供可靠的保证，即产品来自管理良好的林区。根据FSC，“所有带标签的森林产品，从林区出来时，就已经经过独立的资格认证，证明它们符合国际承认的FSC原则和标准”。

只有符合下列FSC原则和标准，才有可能获得资格认证：

1.森林管理操作应尊重该国所有相应的国家法律及该国签约的相关的国际协议。

2.土地和森林资源的长期租用和使用权应经合法程序，明确定义并用文字记录下来。

3.土著居民对其土地、领土和资源的合法的和传统的拥有、使用和管理应受到承认和尊重。

4.森林管理操作应维护或促进林业工人和当地居民长期的、社会的和经济的福利。

5.森林管理操作应鼓励森林多种产品和服务的有效利用，以确保经济可行性和广泛的环境及社会效益。

6.森林管理操作应保护生态多样性及相关价值，并维护生态功能和森林的完整性。

7.森林管理操作应以书面文件的形式，明确说明其管理计划的目的和目标。

8.森林条件、产量和管理活动及其社会的和环境的影响，都应实行监测。

9.具有高度保护价值的森林的管理活动应维护或促进此类森林的品质。

10.除上述原则外，人工林还应符合第10条原则及标准，即：人工林应补足自然林的管理，减少自然林的压力，促进自然林的恢复于保护。

森林产品的完全资格认证涉及对当地的森林管理评估，以确保管理行为符合资源可持续性和为环境服务的条款；而且，它还涉及一系列监护资格认证，因此，森林产品的运输渠道，从有证森林到加工商，再到经销商，最后到消费者手中的整个过程，都应经过核实。许多拥有有证森林的公司，同时拥有有证加工厂，而且，还是有证木材的经销商。

有证自然林的定义是：拥有当地生态系统的许多主要特征和关键因素的区域，这些因素包括复杂性、结构和多样性，并且达到经FSC认同的国家及地区森林管理标准。

有证人工林的定义是：缺少当地生态系统中绝大多数主要特征和关键因素的区域，这一生态系统是经FSC认同的国家及地区森林管理委员会的资格，这种缺少是因人类的活动，如种植、耕耘、或其他密集型的造林而引起的。根据FSC，有证人工林应“减少自然林的压力；树的种类和树龄应有多样性；如有可能，当地品种应超过引进品种；人工林还应服务于改良土壤的结构、繁殖能力和结构；其面积还应有一定的比例用于自然林的恢复”。

标着混合林的有证林包括自然林和人工林的面积、半自然林的面积、及半自然林与人工林混合的森林面积。

FSC目前正在重新修订这些分类标准，并把它们列为3类：自然林、人工林和有很高保护价值的森林。详细情况请参见原始资料。

数据表FG.2
森林生态系统与受威胁树种

资料来源：土地面积：联合国粮农组织（FAO），《FAOSTAT在线统计数据库》，网址：http：//www.fao.org。密林数据：D.Bryant，D. Nielsen和L. Tangley，《最后的边缘森林：处于危险中的生态系统和经济》（世界资源研究所，华盛顿特区，1997）。森林生态系统数据：S. Iremmonger，C. Ravilious和T. Quinton，《世界森林资源保护统计分析》，收集在上述三人编辑的《世界森林资源保护综述CD-ROM》中（世界自然资源保护监测中心（WCMC）和国际森林研究中心（CIFOR）,英国，剑桥，1997）。濒危树种数据：树种保护数据库，WCMC。这个数据库用于产生《世界濒危树种名单》，由WCMC，S. Oldfeild，C. Lusty和A. MacKinven共同编辑，世界自然资源保护出版社，1998，查询网址：http：//www.wcmc.org.uk/tress/Background/country_stats.htm。《世界濒危树种名单》是全世界科学家共同努力的结晶，它

汇集了3个地区研讨会和许多组织——最突出的是WCMC和IUCN物种存活委员会——世界自然保护联盟（IUCN）专家的观点。

原始林占有土地面积的百分数系指人类社会开始大规模干扰之前，也就是大约8000年前当时气候条件下被密林覆盖的土地面积百分比估计值。这一类森林覆盖估计数据是WCMC根据许许多多全球和地区生物地理图开发的。但是，在北极附近，尤其是俄罗斯，因为把那里处于冻土带过渡区的森林也当成了原始林，所以，上述估计数有可能偏高。原始林覆盖图并不是直接测量森林的覆盖面积；它是根据气候、地形和其他变数，描绘了现在无人居住，但可能有森林出现的地区。详细情况请参见：C.Billington,V.Kapos,M.Edwards,S.Blyth和 S.Iremonger的《原始森林覆盖估计图——第一次尝试》（WCMC，英国，剑桥，1996）。

当前森林指在过去的10年左右为密林覆盖的面积估计数（因国家而异）。非洲和亚洲在地图上只有密湿林。不包括木材林和灌木林。当前森林覆盖数字来自《世界森林地图》（WCMC,英国，剑桥，1996）。这幅地图是由WCMC与世界自然基金会，CIFOR的WRI森林边境评估共同努力，并根据国家和国际资料汇编而成。

边缘森林属于大范围，相对比较完好的森林生态系统。这种森林代表了未被干扰的林区，它的面积大得足以维持所有的生物多样性，足以容纳能适应每种森林生存的各种生物种。作为边缘林必须满足以下标准：

- 它首先是长满了森林。
- 它大得足以维系那种森林特有的所有生物物种的生存，即使遭遇自然灾害（如飓风等）时也是如此。
- 其结构和成分主要决定于自然现象（如火灾等），而且，一直没经过人类的管理，尽管人类传统活动引起的有限干扰是可以接受的。
- 自然地出现不同年龄的小片林地的森林，其外观显示这种多样性。
- 本地树种占支配地位。
- 是只在这种森林生长的几乎所有其他动植物的家园。

受威胁的边缘林百分比指处在以下状况中的边缘森林所占的百分数：由于人类当前正在进行计划中的活动，如伐木、采矿和其他大规模的干扰，生态系统最终会因物种退化或灭绝，树木年龄结构巨变而遭破坏，而且干扰继续下去会导致对上述标准之一的破坏。

森林覆盖的森林生态系统数据是指1996年的数据。WCMC的分析方法是启用一个地理信息系统（GIS），将森林图覆盖在被保护区地图上。WCMC根据许多国家和地区数据，如土地覆盖、森林或植被地图编制出森林图。为这项研究还专门确定了森林图的图例，这些图例统一归纳到全球15个不同热带和11个不同非热带森林类型中。一般而言，WCMC认为原始地图例示的陆地覆盖类别是正确的，并直接将图例翻译成全球25种分类，不用设法评估原始数据的精确度。

WCMC的出版物中不包括以灌木为主的林地，但包括生长稀疏树木的地区。稀疏林和公园绿地是指树冠覆盖率在10%～30%之间的自然林，如世界上的热带大草原和干旷大草原。森林类别划分为“热带”和“非热带”两大类。“热带”森林包括位于“北回归线”和“南回归线”之间所有的森林。其他所有森林都划入“非热带”类。原始地图把有些热带划成“温带”，那里生长的山地林在我们的研究中登记到“热带”林大类中。WCMC的研究对大多数人工林没作记录，因而包括在自然林大类中。比如，欧洲所有的森林都划在“自然林”中。

受保护的百分比指保护区内的森林面积，这些保护区被IUCN列在其管理目录I－VI。对这些管理目录的描述请参见原始资料或数据表BI.1技术资料来源。

为所有国家罗列出的受威胁的树种数量包括极度濒危、濒危或脆弱，这些分类与IUCN受威胁的新定义相吻和。对这些分类的描述请参见原始资料或数据表BI.2技术资料来源。这些数字代表了世界树种保护状况第一次调查的结果，这一结果公布在《世界受威胁树种名单》中。

由于分类学概念和知识范围不断变化，各国间的数字未必有可比性。世界树种估计在10万种左右。

一些树种分类没有得到评估，如桫椤科和蚌壳蕨科中的蕨类，苏铁科和Zamiaceae中的苏铁属树类，及仙人掌科的树状成员。

除数据标中所列的受威胁树种之外，《世界受威胁树种》还有几条附录，提供了如下名单：

1. 141种全球受威胁的澳大利亚树种；
2. 202种全球受威胁的日本树种；及
3. 列在《1997年IUCN濒危植物红皮书》“濒危类”的1022种树种。1994年前的分类描述，请参见数据表BI.3资料来源和技术注释。

数据表FG.3
木材生产与交易

资料来源：木材生产与木材进出口价值：联合国粮农组织（FAO），《FAOSTAT在线统计数据库》（FAO，罗马，1999），查询网址：http：//www.fao.org。物资和劳务出口总量数据：世界银行，《1999世界发展指数CD-ROM》（发展数据组，世界银行，华盛顿特区，1999）。

圆木生产总和指所有未加工的木材，不管作为工业还是燃料用途。包括从森林及其森林以外的树木所砍伐或收获的所有木材，带皮或不带皮的，圆形的，劈开的，大致方形的或树根和树桩等其他形式的。

燃料木材生产包括用于烹调、采暖和发电的所有粗木材。用于木炭生产、窑炉和便携式炉的木材也包括在内。FAO数据只包括来自直接来源的木材，如自然林、人工林及其他有木材的土地，如家庭院落和道路旁。FAO数据目前并不包括来自非直接来源的燃料木材，如来自原始和初级木材加工的副产品，回收资源（如建设工地拆毁的木材废弃物，包装用木材废弃物等）及黑色液体（来自纸浆工业的副产品）。关于燃料木材生产的统计资料总是缺许多国家。FAO燃料木材生产估计数部分来自1960年代以来家庭消费的调查和1980年代以来人均消费的估算。估计数与人口增长同步修订，因此，建议谨慎使用这些数字。

工业用圆木生产包括除燃料和木炭以外的所有圆木产品，包括锯材圆木、单板原木、柱杆、坑木、纸浆木和其他工业圆木产品。

锯木生产包括下列产品：胶合板、层压木板、碎料板、经压缩或未经压缩纤维板。自1995年，压缩纤维板已经被分离，并归类到硬质纤维板和中等密度纤维板，而未经压缩的纤维板则被贴上了“绝缘板”的标签。

木材生产数据是以1000m^3表示的全国三年期总平均。

纸张和纸板生产包括新闻纸、印刷和书写用纸，包装纸、家庭和卫生用纸以及其他纸张和纸板。不包括再生纸。表中数据是以1000m^3表示的全国三年期总平均。

森林产品交易包括工业用圆木、燃料木材、锯木、木制板、纸浆、纸和纸板、再生纸、碎木片和木材残渣。进出口数字是三年期全国总平均数，以百万美元表示。进口通常用成本、保险加运费的CIF价计算。出口一般用离岸价（即不包括保险费和运费）。“中途转运”一般不包括在内。

所有的木材生产和交易既是针叶树的又是非针叶树的。FAO根据每年向各国发送的调查表对森林产品数据进行汇编。也使用了如各国的统计年鉴等其他来源的数据。在有些情况下，FAO也作出自己的统计值。FAO不断用新的信息来修正其数据；最新的数据正在修正。

1997年出口总量百分比指森林产品的出口值占所有出口的百分比（如所有物资和其他市场服务）。此价值也包括制造、装运、保险、运输等其他非因素服务在内。但不包括代理和财产收入（原称为代理服务），如投资收入、利息收入和劳力收入。

详情请参见原始资料。

数据表FG.4
牲畜数量，饲料粮与肉类生产

资料来源：畜牧数量和肉类生产数据：联合国粮农组织（FAO），《FAOSTAT在线统计数据库》（FAO，罗马，1999），查询网址：http：//www.fao.org。饲料粮数据：美国农业部（USDA）经济研究所，《生产、供应与分配观察》（USDA，华盛顿特区，1999）。查询网址：http：//usda.mannlib.cornell.edu data-sets/ international/ 93002/。

畜牧数据包括一个国家所有的饲养动物，而不管其饲养的地点或目的。数据每年由FAO收集。指定年份的数据反映了每一个国家所报告的头年10月到指定年9月中任何一天的数据。那些没有报告数据或只报告了部分数据的国家由FAO估计。

牛的数字包括一般牛（*Bos taurus*），犎牛、驼峰牛（*Bos indicus*），亚洲牛（*Subgenus bibos*）和西藏牦牛（*Poephagus grunniens*）。绵羊（*Ovis spp.*）数字包括乌列羊、盘羊、加拿大盘羊、卡拉库耳大尾绵羊和阿斯特拉罕羔羊。山羊（*Capra spp.*）的数字包括Hircus、野山羊、Nubiana、Pyrenaica、藏羊、克什米尔羊和安哥拉羊。马科动物的数字包括马（*Equus caballus*）、驴（*Equus asinus*），及马和驴的杂交。水牛数字包括亚洲的、俾格米的水牛（*Bubalus bubalus*，*B.arnee*和*B.depressicoornis*）、非洲水牛（*Syncerus spp.*）、美洲犎犎(*Bison bison*)、欧洲犎犎(*B. bonasus*)及犎犎与牛的杂交。野生犎犎和水牛不包括在内。骆驼的数字包括双峰骆驼(*Cammelus bactrianus*)和阿拉伯骆驼(*C.dromedarius*)。

饲养牲畜的谷物占谷物总消费量的百分比是通过用饲养牲畜的谷物总量除以国内谷物消费总量来计算的。谷物包括小麦、大米（脱壳后重量）、玉米、大麦、高粱、小米、裸麦、燕麦和混合谷物。谷物消费量是指每一个国家在当地销售年期间，国内享用的总量，包括饲料、粮食、种子和工业用粮的总和。

牛肉和小牛肉的生产指产自牛类动物的食品，不管是腌制的、用盐水浸泡的、风干的还是熏制的。绵羊和山羊肉类生产包括小羊肉和小山羊肉。这些数字指新鲜的，轻度冷冻的和冷冻的，带骨头的或不带骨头的。

FAO对“肉类”的定义是用于食物的动物肉。肉类生产数据通常包括骨头，但不包括不适合人们消费的肉类。由于是各个国家报告的，这些数据既可能指商业生产（进入市场销售渠道的肉类），接受检查的生产（在卫生检查监督下屠宰的动物），也可能指总生产（上述种类的总量加上个人消费屠宰量）。生产数字指国境线内屠宰的动物量，而不涉及其原产地，是本土的还是外国的。

更多详情，请参见原始资料。

数据表FG.5
PAGE生态系统：面积，人口，碳贮量与保护区

资料来源：地貌：全球地貌特征数据库1.2版（T. R. Loveland，B. C. Reed，J. F. Brown，D. O. Ohlen，Z. Zhu，L. Yang，J. Merchant. 2000. “全球地貌特征数据库建设和IGBP 1km外发现的AVHRR数据。”《国际遥感杂志第21期[6]：1303-1330》）。查询网址：http：//edcdaac.usgs.gov/glcc/glcc.html。美国地质测量（USGS）地区资源观察系统（EROS）数据库中心（USGS/EDC）1km地貌特征数据库，拉丁美洲修订版（USGS/EDC，Sioux Falls，SD,1999）。国家边境：环境系统研究所（ESRI），《世界数字表CD-ROM》（ESRI，加拿大，Redlands，1993）。市区面积：国家海洋与大气部——地球物理数据中心（NOAA/NGDC）世界稳定光线和辐射校准光线 CD-ROM（NOAA/NGDC，Boulder，CO.世界数据库阴影光线部分评论，网址：http：//julius.ngdc.noaa.gov：8080/production/html/ BIOMASS/ night.html。数量：国际地球科学信息网中心（CIESIN）；国际粮食政策研究所（IFPRI）；及世界资源研究所（WRI）《世界人口栅格表，第二版》（CIESIN，哥伦比亚大学，纽约，佩里赛迪斯，2000）。查询网址：http：//sedac.ciesin.org/plue/gpw。植被中的碳贮存量：根据1999年USGS/EDC未发表的地图，适用于以前研究的碳浓度数量（J. S. Olson，J.A. Watts和L. J. Allison，“世界主要生态系统活植被中的碳”报告ORNL－5862[橡树岭国家实验室，橡树岭，田纳西州，1983]），这个报告是关于近期全球植被地图的（全球地貌特征数据库1.2版[Loveland，等，2000]）。土壤中的碳贮存量：N. H. Batjes. 1996。“世界土壤中碳和氮总量。”《欧洲土壤科学杂志 47：151～163》和N. H. Batjes和 E.M. Bridges，1994。“从土壤到大气辐射性活动气体的可能排放，特别关注沼气：全球数据库的建设WISE”《地球物理研究杂志99（D8）：16479—16489》。查询网址：http：//www.isric.nl/WISE.html。保护区面积：世界保护监测中心（WCMC）数据库，未发表数据（WCMC，英国，剑桥，1999，5～8）。

此表为《2000—2001年世界资源报告》第二章的生态系统提供了总结性统计数据。所有估算的面积采用了统一的全球地貌特征数据库，此数据库由IGBP倡导，由USGS和内布拉斯加—林肯大学共同完成。数据库中的地貌区是根据先进的、分辨力非常高的的辐射仪（AVHRR）卫星图像与1992年4月到1993年3月间的每月地球合成物相结合绘制成的。

全球地貌特征数据库能分辨每个洲约130~260个季节性地貌区（SLCRs）（如南美洲167个，北美洲205个）。每个SLCR代表了类似的地貌集合和有特色的生物量生产，如绿色的开始，高峰和延续。作为全球地貌特征过程更广泛的一部分，通过把这些SLCR地图的具体单位相结合，绘制了7幅不同主题的全球地图，每一幅地图都有自己的图例。这7副地图的图例都与传统的图例相匹配，以便于实际使用，如制作环境模型、土地管理和监测。全球生态系统分析计划研究（PAGE）人员直接应用SLCR单位，来描绘农业生态系统范围的外形。他们用了7幅图例中的2个来描绘森林和草地边界，及计算碳贮存：1〕IGBP图例，用以辅助全球变化研究，2〕Olson图例，用于碳循环研究。

IBGP土地面积是根据IGBP图例测算的，它不包括草地。17个不同的IGBP地貌类别被综合成4个大类：草地、森林、农业及其他。草地由开阔的灌木地、密集的灌木地、长着树木的热带大草原、热带大草原，及IGBP图例下的草地等组成。它还包括另一种地貌类型，冻原。冻原在IGBP图例中未作具体定义。此类用Olson图例来定义，与IGBP中的灌木地，不毛之地，和雪/冰地相重叠。IGBP森林类包括常绿针叶林、常绿阔叶林及混合林。农业类则汇集了耕地和耕地/自然植被相间的土地。其他类则包括IGBP中的湿地、雪/冰地、市区及不毛之地。

虽然IGBP图例包括单独描述市区范围的图例，在表中列在“其他”一栏中，但用于描述市区范围（世界数据图）的数据却是旧的，它低估了市区的面积。因此，PAGE研究

人员用了一套不同的数据来描述市区。它是根据世界夜光数据库，用美国线性扫描操作系统（OLS）气象防御卫星计划（DMSP）中的夜时图象1km分辨能力地图绘制而成。这套数据含稳定光线的位置，包括经常观测到的光源，如火、闪电。因探测器的分辨率和诸如水的倒影及其他表面特征等原因，"被照亮"的范围可能会稍有过高估算。这对于居住区和基础设施的空间分布是一个好的指数，但不可理解为人口密度的衡量指数。发展中国家产生足以被监测到光线的中等居住区的面积比工业国要大得多，因为能源消费存在差异。市区面积估算来自IGBP土地面积与世界数据库阴影光线的重叠部分，如此表中第一栏所示。面积估算以草地、森林、农业及其他分离，并用于定义PAGE范围。

农业成块面积PAGE定义中用于农业的（定义如下）IGBP草地和森林范围中有30%～40%是农业类的。它为IGBP森林和草地面积与PAGE的农业面积的重叠部分提供了一个指数。

PAGE面积的边境用不同的图例，单独标示草地、森林和农业。

PAGE的森林和草地面积用IGBP和Olson的图例来表示。PAGE的草地和森林范围通过从IGBP地图中的草地和森林范围，如此表中第一栏所示，减去地图中的市区面积，如此表中第二栏所示。

PAGE用于农业的面积直接取决于SLCR地图单位。原始的SLCR地图单位分类系统留有完善用于农业目的的数据的机会，通常用IGBP和Olson的图例来绘制完善的全球范围的主题地图。这些全球地貌解释并不能精确地识别农业中所发生的所有现象，因为所占的比例在SLCR分类中少于60%。

经与USGS/EDC协商，对所有SLCR所定义的全球性的961个潜在的农业内容进行了再评估。

例如，一片拥有60%森林的面积，用IGBP分类标准可归类为"落叶阔叶林"，但再仔细检查其命名惯例，却发现它还有农业组成部分（即细致的分类应归为"带有耕地的落叶阔叶林"）。再评估的目的是区分所有这类农业成分，即便它们是微小的，而且还受SLCR命名惯例的限制，因为根据这个命名惯例，一片少于30%的SLCR地区是不能确认为含农业成分的。

再评估的结果产生了一幅有三个主要农业目录的全球地图，其农业面积的密度分别是30%～40%，40%～60%和大于60%。这样，PAGE农业面积把所有1km×1km格内的地貌特征的数据库全概括在内，其农业面积密度大于30%。与IGBP相对应，PAGE分类也扩大了农业地理范围，包括了主要不是用于农业的地貌。除IGBP农业面积外，它还包括6%的IGBP森林面积和13%的IGBP草地面积，如此表第二栏所示。此外，PAGE农业面积还包括市区面积（含至少30%的农业），因为在SLCR地图单位中没有详细的市区分类。这使得PAGE农业面积与PAGE的草地和森林范围没有直接的可比性，因后者还得减去市区面积。

然而，农业范围的再解释并不能说明原地貌特征数据库的一些缺点，如卫星数据解释地区变化的可靠性，这反映了地貌结构与可靠的真实数据可获得性之间的差别。认为其解释有问题的具体农业地貌类型包括灌溉面积、永久性耕地面积（尤其是森林境内的树类作物），及广袤的牧场。同样，为获得市区面积更好的估算所作的调整，也未能克服原始地貌特征数据库的内在限制，即粗略的分辨能力和缺乏所选地区（如非洲）精确协调卫星图像解释所需的辅助数据。因此，所有面积的估算在描述相应的广泛生态目录时最为有用，而不是提供一个覆盖着树、草和其他植被类型全球地表的绝对估计数。

人口数据来自国家人口普查目录，此目录由各行政单位汇编而成。这些数据以1995年的为标准，并转换成包括4.6km×4.6km格的全球地图坐标，每一格都精确地反映了相应格行政单位的人口计算。PAGE范围地图的绘制与人口数据的分辨率相吻和，即从1km×1km格都转换为4.6km×4.6km格。为了用生态系统目录计算人口，人口被指定给主要的生态系统类型，例如，人口在拥有51%的森林和49%的草地的单位被编制在森林目录中。

此表中所有人口估算都是以PAGE范围界限为依据的。然而，PAGE农业面积中的人口不包括市区，如世界夜光数据库部分所示，使之可与草地及森林人口估算相比较。PAGE农业总面积中的人口估算（不包括市区）如下：农业总人口40.02386亿；亚洲（不包括中东）26.08216亿，欧洲6.16663亿，中东和北非1.48567亿，非洲次撒哈拉地区2.32742亿，北美1.79263亿，中美洲和加勒比4.0527亿，南美1.71869亿，大洋洲453万。因为PAGE目录中有重叠部分，故不能把此表中PAGE的人口估算相加，以得出全球总数。

碳存储量指储存在土壤和植被中的碳的总数量。这个估算是根据用两组全球数据绘制的地图得出的，其中一幅是按目前植被覆盖的最佳估算修订的。

储存在地表上下活植被（1km×1km分辨率）的碳存储地图是根据Olson等人的估算（1983）绘制的。PAGE研究人员与USGS/EDC共同努力，把Olson的估算应用于IGBP地貌特征图例。尽管Olson关于植被中碳存储量的估算在一些情况下被国家和地区更先进的研究所取代，但它们仍是最广泛使用的生物量碳浓度全球图，而且为此范围的植被类型提供了唯一相符的碳存储估算。

储存在土壤中（0.5分辨率）中的碳储存地图是根据推知土壤特性全球数据组，由国际土壤参考资料和信息中心（ISRIC）为世界土壤排放潜质目录（WISE）绘制的。根据中值石头成分和所谓的"无石头"土壤，ISRIC－WISE数据组还提供了不同土壤类型中的碳储存低高估算。这里所使用的ISRIC估算在大多数情况下，是根据地表下100cm深度的土壤样品作出的，这个深度是传统的取样深度。地表下100cm深度的土壤被认为是与大气相互作用最直接，而且对土地使用和环境变化最敏感的部分。为此表计算碳存量，这两幅地图被第一次结合起来，并绘制了一幅0.5度分辨率的（需概括显示植被中碳贮存）全球图，然后再与PAGE面积相交叉。低高估算是分别根据综合Olson等人的低高估算（地表上下植被）与ISRIC－WISE数据库（土壤）得出的。冻土生态系统中的碳存储总量从（1213～2433）×10^9t不等。（此数据不可能从表中直接算出，因为生态系统目录的重叠。）虽然这些研究与其他研究相符，但低高估算间的巨大差别说明下面数据的不稳定性。

保护区面积指IUCN指定的保护区范围内的每个PAGE分类的总面积。包括大于1000hm^2的公园，而且在IUCN管理目录I～VI的全球图被用于此分析。对仅有小数点代表的保护区面积，则产生了相应于保护区面积的弧形缓冲带。这样，保护区全球地图与PAGE地图相交叉，对所有分别拥有50%的草地、森林和农业的每个生态系统目录的面积估算都进行了总结。

数据表CMI.1
海洋和淡水捕捞及水产养殖

资料来源：海洋、淡水和水产养殖捕捞量数据：联合国粮农组织（FAO）《1984—1997年全球捕捞数据组》和《1984—1997年水产养殖量数据组》，渔业统计数据库，可用Fishstat-Plus软件下载，网址：http://www.fao.org/WAICENT/FAOINFO/FISHERY/statist/FISOFT/FISHPLUS.HTM。

海洋和淡水捕捞量数据指为用于商业、工业和生计（可能的话也包括为娱乐活动而进行的捕捞）而抓的或网住的。海水养殖、淡水养殖和其他方式养殖的鱼，其统计数字都不包括在国家总量中。海鱼包括在海洋中捕捞的栖息水底的、浮游的和洄游与海水和淡水之间的鱼（如鲟鱼、白鲟、河鳗、鲑鱼、真鳟、胡瓜鱼、美洲河鲱及混杂的洄游鱼）。关于栖息水底的和浮游的鱼种名单，请参见数据表CMI. 4的资料来源和技术注释。淡水鱼类包括在内陆水域捕捞的鱼类（如鲤鱼、鲈鱼、鲇鱼、罗非鱼和其他混杂淡水鱼等）及在内陆水域捕捞的洄游鱼。

软体和甲壳类捕捞数据指为用于商业、工业和生计而抓的或网住的软体和甲壳鱼类。海水养殖、淡水养殖和其他方式养殖的贝壳类鱼，其统计数字都不包括在国家总量中。关于这些鱼种的排列，请参见数据表CMI. 4的资料来源和技术注释。

捕捞数字指全国3年期的总量平均数；它们包括一个国家的船队在世界任何地方捕捞的鱼。在低盐海域捕捞的淡水鱼捕捞量包括在相应海域统计中。

表中所列数据是名义捕捞量，即把上市量换算为活鱼的重量，也就是捕捞时的重量。捕捞量不包括丢弃量。一些国家的上市量与捕捞时的重量完全相同。各国渔业办公室和区域性渔业委员会向FAO渔业司提供捕捞数据。一些国家的数据是最近一年暂定的。如果没有提供数据，FAO就用前一年的数据或根据其他资料进行估计。关于数据的质量，详见数据表CM. 4的注释。

FAO对水产养殖所下的定义是：“水生有机体的养殖，包括鱼、软体动物、甲壳动物和水生植物。养殖意指为提高产量而在饲养过程中某种形式的介入，例如定期储藏、喂养和防止捕食动物的危害等。它还指对正在养殖鱼群的所有权……。”可以被公众作为共同财产资源而利用的水生有机体，包括在渔场捕捞量中。

从1984年起，FAO通过发放询问表的方式，在全世界收集水产养殖统计数字。FAO的水产养殖数据库有337个“鱼种项目”，全都归入六个类目中。《水产养殖生产总量》包括海洋鱼，淡水鱼和洄游鱼，软体动物，甲壳动物和在海洋，内陆或稍咸环境中养殖的水产植物。海鱼包括许多鱼种分类，例如，鲽、普鳕、海鲂、鲱鱼、金枪鱼、鲭鱼等。洄游于海水和淡水之间的有：鲟鱼、河鳗、鲑鱼、真鳟等。淡水鱼包括鲤鱼、鲈鱼、鲇鱼、罗非鱼、河鲈等。软体动物包括牡蛎、贻贝、扇贝、青蛤、鲍、乌贼和淡水软体动物。甲壳类包括淡水甲壳动物、蟹、龙虾、小虾和对虾。水产植物包括棕色、红色和绿色海草及其他混杂水生植物。详细的物种清单，请参见原始资料。

数据表CMI.2
鱼及鱼类产品交易，鱼类消费，渔民和船队信息

资料来源：鱼及鱼类产品交易数据：联合国粮农组织（FAO），《1976—1997年交易和生产数据组》，渔业统计数据库，可用Fishstat-Plus软件下载，网址：http://www.fao.org/WAICENT/FAOINFO/FISHERY/statist/FISOFT/FISHPLUS.HTM。

来自鱼和海产品的食物供应：E. Laureti，《鱼和渔业产品：以粮食平衡清单为依据的世界明显消费统计》，FAO渔业通告第821期，第5号（FAO，罗马，1999）。渔民和船队数据：FAO，渔业信息，数据和统计单位（FIDI），1999，12。

鱼和鱼产品交易包括活的、新鲜的、冷藏的、冷冻的、风干的、腌制的、熏的或罐头的，及其他鱼产品和制品。软体动物和甲壳类动物交易包括活的、新鲜的、冷藏的、冷冻的、风干的、腌制的、熏的或罐头的，以及其他派生产品和制品。鱼肉和鱼汁交易包括来自鱼和其他水生动物的所有肉类和鱼汁类。数字是三年期间全国总平均，以百万美元计。出口一般用离岸价（即不包括保险和运费）。进口一般用成本、保险加运费价（即保险和运费成本都包括在内）。

地区总量是把那个地区的每个国家的进口和出口加起来计算的。考虑到地区内还有交易发生，因此不应把地区总量看成是那个地区的净交易量。为核对国家数据，FAO使用了《渔业产品国际标准统计分类法》。鱼产品目录包括为商业、工业和生计而捕捞的鱼、软体动物、甲壳动物和其他水生动物及残余物。交易产品也包括水生养殖和其他方式养殖的鱼。

鱼和海产品的食物供应总量指人类消费可得到的淡水鱼、海鱼以及海产品和派生出来的产品的总量。数据用活的重量（即捕捞或捕获时的鱼和贝类重量）10^3t来表示。海产品的食物供应数字的计算是把一个国家的鱼类生产加鱼和渔业产品进口，然后减去非食品用途（即减去鱼肉）的渔业生产量，如有可能，再加上或减去存储中的变量。

每人每年鱼和海产品的食物供应量是供人类消费可得到的总供应量的估计数除以实际人口（即那些居住在一个国家境内或地区内的人）。数据用相当于活时的重量来表示。

鱼和海产品的食物供应数据代表活时重量的消费，也就是说所消费的鱼和海产品数量包括鱼的全身，包括鱼刺。实际消费的鱼和海产品数量可能低于所提供的数字，这取决于在储藏、制作和烹调时损失了多少，以及丢弃了多少。

鱼蛋白占所有动物蛋白的百分比和鱼蛋白占所有蛋白供应的百分比指供人类消费可得到的淡水鱼和海鱼，海产品和派生产品蛋白数量占所有动物蛋白和可获得的所有蛋白的百分比。

FAO编制的关于220个国家的鱼和渔业产品的明显消费所依据的是FAOSTAT所维持的供应/应用账户（SUA），及FAO世界农业信息中心所提供的统计成分。SUA包括不同来源所提供的估算，与这些资料来源是如何使用的估算相配。食物平衡表来自SUA系列每一种基本的和加工的商品。目前，FAO使用了SUA源之渔业商品的八组基本渔业商品和九组加工商品。在准备SUA过程中，使用了国家渔业统计办公室的官方数据，也使用了各种资料来源的非官方数据。详细信息，请参见原始资料。

渔民的数量包括从事商业和生计渔业（在渔船上和在岸上人员），在淡水、低盐区和海洋上作业，及从事水产养殖活动的人员。关于渔民数量的数据由FAO向成员国渔业办公室发放年询问表收集。此表中的数量是个大概数。许多国家没有递交关于渔民的数据表，或所交表不完整，因此，这些数据的质量欠佳。FAO也认识到这些统计不完整，因此，并不能精确地反映目前从事渔业的就业水平。有关变化的进一步信息和正确方法，请参阅原始资料或《1970—1996年渔民的数量》，FAO渔业通告第929期，第1号（FAO，罗马，1999）。

FAO对“渔船”的定义是“任何种类，任何大小的移动漂移物，在淡水区、低盐区或海洋中作业，用于捕捞、捕获、搜寻、运输、上岸、保存和加工鱼、贝类和其他水生动物、残余物和植物。”甲板船指那些在最深的可作业水平线上，有覆盖整个船体的固定结构甲板的船只。

有甲板渔业船的数量包括拖网渔船、大型渔网轮、刺网轮、长班船、撒网船、其他渔网轮或班轮、多种用途船、捕捞船和其他渔船，以及一些非渔船，如母舰、渔业运输船和渔业搜寻船。无甲板船的数据有FAO收集，但目前尚未获得。最近的一些国际协议，如FAO1995年的《负责任的渔业行为规范》，有可能会促进渔业船队统计数据的收集和报告。

由FAO通过向成员国国家报告办公室发放询问表来收集船队数据。其他国家或地区的出版资料也用于船队规模的估算。船上的旗用来表示这艘船的国籍，然而，在许多情况下，船旗是一个国家，而船的主人、靠岸地点和交易则属于另一个国家。这种方法被称为“方便旗帜”法，渔民或企业用这种方法来简化船只的登记手续（即一些国家登记限制要少一些），获得专属经济区的捕捞权，或其他原因，如避免执行自己国家规定的捕捞限量。

FAO也认识到这些船队的统计不完整，因此，并不能精确地反映目前世界渔业的捕捞能力。这些数据有可能包括已不再使用的船只。这些估算的质量也不同，因为许多国家缺少精确地监测和报告船队规模的资料。更多详情，请参阅原始资料或《渔业船队统计，1970，1975，1980，1985，1989—1995》，《渔业统计公报第35期》（FAO，罗马，1998）。

数据表CMI.3
海岸统计，海岸生物多样性与珊瑚交易

资料来源：海岸线长度、大陆架面积、大陆海、专属经济区和独有的渔业区：数据由L. Pruett 和 J. Cimino计算，未发表的数据，《全球近海边境数据库》（Veridian-MRJ技术解决方法，Fairfax,弗吉尼亚，2000，1）。离海岸100km以内的人口百分比：国际地球科学信息网中心（CIESIN），世界资源研究所和国际粮食政策研究所，《世界人口坐标 第二卷，A》（哥伦比亚大学，纽约，Paalisades，2000），查询网址：http：//sedac.ciesin.org/plue/gwp。美洲红树范围和物种：M. Spalding，F. Blasco和C. Field等，《世界红树地图集》（红树生态系统国际团体，日本，Okinawa，1997）。红树林保护面积：S. Iremonger，C. Ravilious和T. Quinton等，在他们写的《全球森林保护评论CD－ROM》（世界保护监测中心[WCMC]和国际林业研究中心，英国，剑桥，1997）中的《全球森林保护统计分析》一文。海草物种和珊瑚礁种群：未发表数据（WCMC，英国，剑桥，1997）。海草物种量世界总数：J. E. Maragos等《太平洋地球热带岛屿海洋和海岸

生物多样性，第1卷》（东西中心，夏威夷，火奴鲁鲁，1995）。珊瑚交易：濒危野生动植物物种的国际交易公约（CITES）年报告数据，WCMC CITES交易数据库（WCMC，英国，剑桥，1999，12）。

海岸线长度来自拥有专利权的Veridian-MRJ技术解决方法软件及地理信息系统（GIS）按球体表面1:250000的比例编制的世界矢量海岸线数据库。因不存在更高分辨率的全球海岸线数据库，这些数字应理解为最大值，并谨慎使用。海岸线长度的度量随尺度标准而变。例如，每一个岛屿的单独的地图总是标得很详细，而地区地图则把复杂的海岸线用几条简单的线条概括表示。海岸线的长度还受是否有以下海岸特征，如海湾、环礁湖和河口等的影响。获取关于海岸线长度全球可比性统计数据的唯一方法是使用不变尺度单一资料来源。此表中的数据就尝试了这种方法；尽管如此，极其复杂的海岸线在更高分辨率的情况下会更长。这些估算与出版的其他资料来源可能会有差别。一般而言，如果岛屿是国家的一部分，但不是海外领土，其海岸线的长度这个国家海岸线的估算中（如加那利群岛就包括在西班牙的估算内）。海外领土及其属国的海岸线长度没有加在国家海岸线总长度中（如关岛的海岸线就没有包括在美国的海岸线长度中）。除非另有说明，有争议的范围不包括在国家或地区总数中。

《联合国海洋法公约》（UNCLOS）是一项国际协议，它规定了利用和开发海洋的条件和限制。此公约还规定了不同成员国如何确定其海域管辖范围边境的规则。UNCLOS于1982年12月10日在牙买加的蒙特哥贝湾举行了签字仪式，并于1994年11月16日生效。到2000年1月，已有132个国家签署了UNCLOS。

根据UNCLOS，沿海各国对国家所管辖范围内的大陆架享有主权，可勘探、可开发。大陆架的主权范围可延伸到距离领海低线200多海里的范围，并可包括地文大陆架（深达200m），大陆斜坡及大陆高地，还可延伸至深不可测的海底平原。此表中不包括一个国家或多个国家相交的有争议的大陆架。由一个或多个国家“共同合作开发”的面积也不包括在内。此表中的大陆架数据指地文大陆架。UNCLOS对大陆海的定义是沿海岸离底线或低水平线12海里的区域为大陆海。沿海国的领土主权延伸至大陆海，包括海床，海底底土及其上空。外国船只可以“无害通过”这些水域。虽然大陆海的规定面积最大是12海里，但许多国家要求的都更大。除非有特别的注释，因各国声称的面积有交叉而产生争议的大陆海不包括在此表中。超过UNCLOS准则的领海部分不包括在此表中。

根据UNCLOS，沿海国可享有200海里专属经济区（EEZ）的领土主权。这个区域就称“享有所有权的独有经济区”。UNCLOS允许享有EEZ主权的国家，在海床、海底底土及相交叉的区域，进行开发，保护并管理其所有的自然资源。UNCLOS允许其他国家在EEZ航行和飞越，也允许铺设海底电缆和管线。EEZ的内限始于大陆海的外部边境（离沿海低水平线12海里）。如果两个国家的低水平线相互在400海里以内，那么，EEZ边境通常以条约的形式来确定，但在多数情况下，这些边境仍存在争议。一些国家尚未批准UNCLOS，另有许多国家则未要求EEZ特权。当一个国家要求的大陆海范围超过12海里时，EEZ的内限是从12海里线将存在的点开始计算的。

UNCLOS声明“为陆地围住的，地理位置处于劣势的国家，根据平等基础的原则，有权参加同地区或分区沿海国EEZ活资源适当剩余部分的开发”。

独有渔业区指超过大陆海最外端边界的范围（离海岸12海里），在此区域，海岸国有权捕鱼，有权批准外国渔民享有特权。一些国家对大陆海之外的区域没有要求所有权，而其他一些国家在要求独有渔业区，而不是包含内容更广的EEZ。

考虑到大陆海定界周围的许多不稳定性，EEZ和独有渔业区这些数字都应谨慎使用。

离海岸100km范围以内的人口指根据1995年的数字估算的居住在沿海地区人口的百分比。这些估算是用提供按2.5分精确度的栅格计算的世界人口分布信息的数据组进行的，人口分布根据行政区划分，各国行政区的规模，水平和大小相差甚远。在GIS中则用了100km缓冲区来计算每个国家沿海区的人口数量。沿海区域的人口百分比是根据1995年联合国人口处统计的每个国家的总数来计算的。

美洲红树和灌木生长在热带和亚热带国家的河口湾和沿海地区。它们的主要特征是能适应咸的和微咸的水环境。Spalding等人首次汇编了有关全球红树面积的数据。原始数据是由WCMC根据各种地图和其他已出版的资料来源汇编而成的，这些资料来源包括政府、地图绘制局、非政府组织、科学家及国际机构。数据被收编到GIS，面积估算就来自这些GIS。如认为已出版的红树林范围的原始估算比GIS的估算更精确，则提供原始估算。这些数据的年份和质量各个国家不尽相同，因此，各国间的数字没有严格意义上的可比性。这是首次估算全球红树林范围，因此，数字应谨慎使用。

保护区面积包括国际自然资源保护联盟（IUCN）保护区管理目录I～VI中的红树林保护区。对这些目录的详细描述，请参见原始资料或数据表BI. 1中的资料来源和技术注释。WCMC通过覆盖GIS森林和保护区面积所包括的范围，进行此项分析。WCMC利用国家和地区数据，如土地覆盖，森林和植被地图，制作了GIS森林覆盖图。一般而言，WCMC认为，这些资料来源地图中所显示的土地覆盖目录是正确的，因此未经评估资料来源数据的精确性，就把图例直接引用到世界森林类型分类中。资料来源数据的文件由Iremonger等人（1997）完全提供。物种数量包括每个国家已知现存红树物种。

海草指生活在海水中的海洋被子植物。它们不是真正意义上的草，但有草一般的外表。它们生长在像沙土之类的柔软的底层，在世界沿海地区形成了大范围的水下草地。所有已知的海草物种仅属于两大类，而且，尽管世界范围的海草物种总数很低，仅有58种，它们在发挥生态系统的功能方面却起着举足轻重的作用，如为鱼类和贝类物种提供栖息地，繁殖基地和饲养基地。热带和温带海洋中都生长着海草。海草物种的数量包括每个国家已知现存海草物种。

珊瑚礁是所有已知近1/4海洋鱼类物种的家。一般而言，珊瑚礁生长在南、北回归线。大多数珊瑚礁属于Scleractinia族，也称为真珊瑚或硬珊瑚。它们或独居，或寄居，并且有厚重的外部钙质骨架。寄居类生活在热带清澈的浅水区，而独居类则可生活在深水和高纬度区域。珊瑚礁种类的数量只包括真珊瑚，每个国家已知现存的寄居Scleractinia族种类。

关于物种数量和种类数据的年份和质量每个国家各不相同，因此，这些数字在各国间没有严格的可比性。

活珊瑚国际合法净交易包括列在1997年CITES交易目录中的珊瑚物种。数字指进口减去出口的差额。出口在圆括号中以负数显示。CITES监测着2000多种珊瑚的交易。交易中活珊瑚的典型尺寸是交叉部分10cm × 6cm、高度6cm、重达200g。有关珊瑚交易的详细信息，请参见E. P. Green和F. Shirly的《全球珊瑚交易》，WCMC生物多样性丛书第9卷（WCMC－世界保护出版社，英国，剑桥，1999）。

由CITES报告关于净出口和净进口数据与国际合法交易相吻和，而且它是根据允许出版的数据，不是交易的实际内容。如果那一年的许可量没有用完，那么数字可能被高估。一些当年的许可量可能来年才使用，因此，任何一年的进出口数量都不能完全吻和。世界总量显示了进口总数量，因计算世界交易额已经删除了大多数数字。

野生动物与野生动物产品的境内交易和非法交易在这些数字中没有体现。野生动物产品的非法交易额估计每年达几亿美元。此外，在捕获或收集，运输，或检疫过程中死亡的单个动物在这些数字中也没有体现。有关CITES的更多详情，请参阅数据表BI.4中的资料来源和技术注释。

数据表CMI.4
海洋渔业，产量与开发现状

资料来源：海洋渔业生产数据：联合国粮农组织（FAO），《1950—1997年全球生产数据组》，渔业统计数据库，可用Fishstat-Plus软件下载，网址：http://www.fao.org/WAICENT/FAOINFO/FISHERY/statist/FISOFT/FISHPLUS.HTM。

渔业现状：R. J. R. Grainger 和S. M. Garcia，《趋势分析和渔业潜力》，FAO渔业技术文件第359号（FAO，罗马，1996）。抛弃量：D. L. Alverson，M. H. Freeberg，J. G. Pope和S. A. Murawski，《渔业副捕捞和抛弃》，FAO渔业技术文件第339号（FAO，罗马，1994）和FAO的《关于消减渔业损耗量的技术协商报告》日本，东京，1996年10月28日—11月1日，FAO渔业报告第547号，第27页及增刊第388页（FAO，罗马，1996）。

FAO把世界区分成27个主要渔业区（其中19个海洋渔业区，8个内陆渔业区），并按1167个“物种项目”组织年“捕捞量”数据（物种项目就是按科、属、种划分的种群）。有时项目的分类从比科更高的水平开始（如不包括在其他地方的海洋鱼类则被分类为Osteichthyes）。数据表CMI.4只表示海洋捕鱼区的数据。南极总量包括南极洲、印度洋和太平洋的南极部分。

平均海洋渔业生产数据指为用于商业、工业和生计（可能也包括为娱乐活动而进行的捕捞）而捕捞或养殖的海洋鱼。海水养殖、淡水养殖和其他方式养殖的鱼，其统计数字也包括在内。FAO对鱼类目的鱼种分类如下：比目鱼类：大比目鱼、鳎、鲽等；鳕、长鳍鳕、黑绒鳕等；鲑、鲈、海鳗等；以及鲨、鳐、chimeras 等等。深海鱼类：大狗鱼、鲻鱼、针鱼等；鲱、沙丁鱼、凤尾鱼等；金枪鱼、鲣、喙鱼等；以及鲭、军曹鱼、刀鱼等等。

平均海洋生产包括比目类、深海类和其他各种海鱼（除洄游鱼类）；海洋甲壳类（海蜘蛛、蟹等；龙虾、刺龙虾等；蹲龙虾；小虾、对虾等；磷虾、浮游甲壳类等和各种海洋甲壳类）；以及海洋软体类（鱿鱼、墨斗鱼、章鱼等；鲍鱼、海螺、大海螺等；牡蛎；贻贝；扇贝、虾夷扇贝等；蛤、乌蛤、蚶等；以及其他杂性海洋软体类）。表中年份系指三年平均。

海洋捕捞数字指平均上市量，不包括抛弃量（见下文）。表中所列数据指名义上的捕捞量，也就是说把上市量换算为活鱼的重量，即捕捞时的重量。在含盐量低的海中捕捞到的淡水鱼量包括在相应海域的统计数字中。

各国渔业办公室和区域性渔业委员会向FAO渔业司提供捕捞数据。一些国家的数据是最近一年暂定的。如果没有提供数据，FAO就用前一年的数字或根据其他资料进行估计。因许多国家缺少精确地监测其境内上市量的资料来源，所以生产估算的质量相差甚远。此外，渔民有时少报他们的捕捞量，因为他们没有遵守渔业管理所制定的最高捕捞限定。在某些情况下，捕捞统计数量被抬高了，旨在增加渔业对国民经济的重要性。

除南极的渔业数据外，其余使用的年份都是公历年，对南极使用的是对分年份（从7月1日到来年的6月30日）。南极渔业数据是在对分年结束的那一公历年提供的。

鱼类资源状态：充分捕捞（F），过度捕捞（Ov）或捕捞量上升（I）衡量到1994年为止，表示在FAO的海洋统计区内渔类资源被开发的程度。FAO用1950—1994年间，从前200个鱼种—捕鱼区组合收集的上市量数据评估鱼类资源状态。这200个鱼种—捕鱼区组合代表全世界海洋生产量的77%。比较1990—1994年平均上市量和每个渔区预计最高潜在上船量以确定开发程度。FAO根据一个综合渔业开发模型得到潜在上市量估计值。这个模型显示，渔业经历四个发展阶段，即未开发阶段（渔业尚为被开发），发展阶段（渔业开始得到发展），成熟阶段（渔业产出量达到高峰，其年增长率为零），和衰退阶段（产出下降）。按这个模型，FAO估计出充分捕捞年份，也就是已经或将会达到开发成熟期的年份（即：增长率为零）。关于这方面分析的详细信息，请参阅原始资料。

抛弃量占总捕捞量的百分比指1988—1992年间，由非捕捞对象的鱼种或低价值鱼种以及捕捞对象鱼种中尺寸不足鱼种构成的总捕捞量（抛弃量加上市量）。全球范围内海洋渔业副捕捞（即抛弃捕捞量加附带捕捞量）估算达每年2000万t或者说占全球海洋渔业捕捞总量的25%。在某些渔场中，副捕捞量有可能超过目标物种的捕捞量。例如，渔场抛弃的小虾捕捞量超过目标物种的捕捞量，其比例为5：1。关于副捕捞和抛弃量的更多详情，请参见原始资料或下面的出版物《1988年世界渔业和淡水养殖状态》（FAO，罗马，1999）。

数据表AF.1
粮食与农业生产

资料来源：联合国粮农组织（FAO），《FAOSTAT在线统计服务》（FAO，罗马，1999）。

农业生产总量和人均指数表示某一指定年份的农业生产是如何与基准年份1989—1991年的平均生产相比较的。这一指数显示了可自由支配的产量（扣除饲料和种子以后），而且是以价格—称重的农业生产和粮食生产的数量为依据的。

一个国家指定年份的指数计算如下：1）以重量或容积计算的两种商品，用该年可自由支配的产量乘以相关年份1989—1991年平均国际商品价格；2）把包括列在利润项下的所以商品的价值加起来；3）把这个价值总和除以1989—1991年的平均总和，然后，再乘以100，就得到生产指数。这个过程每年重复一次。

指定年份地区和世界价值指数的计算是，把所有有关国家的每一种农业商品的可支配产量加在一起。这些合计的每一种乘以各自1989—1991年的国际平均生产者价格，再加在一起，就得到该地区或世界按1989—1991年价格计算的农业总产值。这个计算方法避免了由于使用国际汇率而引起的误差。

可支配产量与1989—1991年单位值的乘积，可以消除通货膨胀或通货紧缩的偏差。不过，仍然保留了每一种商品基准年期间的相对价格。特别在经济高度通货膨胀的国家，农产品之间的价格模式过一段时间会有很大变化。

农业生产指数包括每个国家所有的农作物和牲畜产品。

谷物平均产量包括用作饲料和用作种子的谷物产量。谷物包括收获起来晒干做粮食用的所有谷物，不包括收获起来用作干草的谷物或没有成熟收割谷物。谷物平均生产包括用作饲料和用作种子的谷物。

块根和块茎作物平均产量包括主要为人类消费而种植的所有根茎作物，如土豆、木薯、丝兰花、芋头和山药；主要作为饲料而种植的有根作物不包括在内。根茎平均生产包括这些作物的生产。

肉类平均生产指不包括鱼在内的所有肉类生产。所有显示数据与肉类生产总量相关，从商业到农场屠宰。所示数据指净胴体重量，不包括内脏。

关于这些数据的更多信息，请参见FAO网址：http://www.fao.org。

数据表AF.2
农业用地与投入

资料来源：联合国粮农组织（FAO），《FAOSTAT在线统计服务》（FAO，罗马，1999）。杀虫剂使用：FAO，由世界银行报告，《1999世界发展指数CD－ROM》（发展数据组，世界银行，华盛顿特区，1999）。

耕地和每千人可耕地指暂时和永久种植的土地，临时放牧的草地，供应市场和家用的菜园和暂时休闲的农田。永久耕地指作物每次收获后，不需要重新种植的土地。此类作物有可可、咖啡、果树、橡胶和葡萄。用来计算每千人人均可耕地的人口资料，系1987年和1997年的资料。

灌溉土地占可耕地的百分比，指特意用水浇灌的土地，包括为了农作物生产或改善牧场用河水淹没的土地，无论一年内浇灌几次，还是只浇灌一次。

化肥年均使用量指使用氮（N）、磷（P_2O_5）和钾（K_2O）营养物的量。化肥使用是用交易余额方法来计算的。因有时每个国家在某个指定的年份会增加或减少其化肥的存储量，所以，实际使用的化肥量比表中的数字或高或低。假如化肥存储量的销售特别大，有可能化肥使用值是负数。大多数化肥使用数据的汇报时间是每年的7月1日到来年的6月30日。对那些不在每年的7月1日到来年的6月30日范围内汇报其数据的国家，有关信息请参见以下FAO网址。

农药的使用指实质性的农业部门为减少或消灭不想要的植物或动物，尤其是昆虫，每公顷所平均使用或销售的农药。它们包括主要的杀虫剂一族，如杀虫药剂、矿物油、除草剂、植物生长调节剂、细菌和种子处理剂及其他活性成分。

拖拉机通常指农用轮式或履带式拖拉机。不包括园林式拖拉机。

有关拖拉机的更多详情，请参见FAO的网址：http://www.fao.org。

数据表AF.3
粮食安全性

资料来源：谷物生产、粮食援助和交易和发热量数据：联合国粮农组织（FAO），《FAOSTAT在线统计服务》（FAO，罗马，1999）。人口数据：联合国（U.N.）人口处，《世界人口展望（1950—2050）》（1998年修订版），软盘存储（U.N.，纽约，1998）。体重不达标儿童数据：联合国儿童基金会（NUICEF），《1999世界儿童状况》（NUICEF，纽约，1998），也包括来自世界卫生组织，人口统计与健康调查，及多项指标群调查的信息。

此表涉及的是国家粮食安全（而不是国内的家庭粮食安全）。变数是根据FAO关于食品安全的定义和食品不安全的原因来选择的。FAO对食品安全定义是所有的人在所有所时间能获得健康的、积极的生活所需要的粮食。FAO认为不能获得粮食安全的原因是：1）农业生产力低（有关产量的信息，请参见数据表AF.1）；2）粮食供应的高度季节性和年与年的高度变化性，和3）缺少克服上述问题的经济机遇（请参见经济数据表EI.1-EI.3）。

人均谷物产量是一个粗略的指数，指一个国家是否能生产足够其国民所需的粮食。此指数包括用于饲料和种子的谷物生产。谷物包括收获起来晒干做粮食用的所有谷物，不包括收获起来用作干草的谷物或没有成熟收割谷物。所使用的人口数字是由联合国人口处出版的年中估计数。

国内谷物生产变数是指谷物生产是否有足够的稳定性，能确保可预见的粮食供应。此变数是年平均差，用百分比表示，从所给时间跨度的平均生产中得出。

谷物净进口和粮食援助占总谷物消费的百分比指国家是否有能力生产国内消费所需的足够的谷类粮食。粮食援助占总进口的百分比指是否有能力购买进口谷类，以提高粮食安全性，或他们是否必须依赖援助。这两个数据都是按交易数据得出的。此数字反映的净进口数，减去进口数得出出口数。消费量的计算是把进口和收到的粮食援助相加，然后减去出口数和捐赠的粮食援助。出口比进口更多的国家所显示的是负数。

粮食援助指商品粮食的捐赠或让价销售。谷物包括小麦、稻米、粗粮、烘干磨碎的小麦、小麦粉，以及由谷物混合的杂粮。粮食援助数据由捐赠国和国际组织报告。不定期提供粮食捐赠或捐赠数量甚小的捐赠国没有单独列出。

每人每天平均供卡路里数和每人每天平均供动物产品卡路里数指粮食生产和进口是否能为人类维持健康提供足够的卡路里数。这些指数是分别来自所有粮食和动物产品卡路里的人均总数。把所有初级产品和加工产品的适当的因素加起来就得到这些数值。人均供应来自人类消费可获得的食品卡路里总量除以总人口实际吃掉的粮食供应的卡路里量。居住在国外的人口不计算在内，但住在境内的外国人包括在内。对居住部分时间或部分时间没有居住的人口，如临时移民、旅客和避难者，在可能的情况下作了一些调整。人均供应数字指的仅仅是总人口可获得的供应的数，不一定就是每个人实际消费的数量。有一点应牢记，即使这些指数是人均消费的最大值，每个人之间的消费也存在相当大的差别。在多数情况下，所用的人口数字是联合国人口处出版的年中估算。卡路里供应用千卡表示（1cal＝4.19 kJ）。

体重不达标儿童百分比指一个国家是否已获得足够的粮食安全，以保证人口的健康。体重不达标儿童百分比指5岁以下儿童，其体重—年龄比低于参考人口体重—年龄比标准指数的—2（中度体重不足）或低于标准指数的—3（严重体重不足）。

数据表FW.1
淡水资源与开采

资料来源：水资源和开采量数据：J. Margat,《世界水资源》（地质与采矿研究所[BRGM]，水生态局，法国，奥尔良，1990，12）；J. Margat 和D. Vallee,《地中海国家的水资源及其使用》（蓝图，Sophia Antipolis,1999）；I. A. Shiklomanov,《世界淡水资源综合评估》（斯德哥尔摩环境所，斯德哥尔摩，1997）；经济合作与发展组织（OECD），《1997年OECD环境数据纲要》（OECD，巴黎，1997）；联合国粮农组织（FAO），《以数字说明非洲的灌溉，水报告，第7期》（FAO，罗马，1995）；FAO，《非洲的灌溉潜力，土地和水公报，第4号》（FAO，罗马，1997）；FAO，《以数字说明近东地区的灌溉，水报告，第9期》（FAO，罗马，1997）；FAO，《以数字说明前苏联的灌溉，水报告，第15期》，（FAO，罗马，1997）；FAO，《以数字说明亚洲的灌溉，水报告，第18期》（FAO，罗马，1999）；FAO，《以数字说明拉丁美洲的灌溉，水报告》（FAO，罗马，准备之中）。以色列开采数据：1999年以色列开采统计摘要，查询网址：http：//www.cbs.gov.il/engindex.htm。人口：联合国（U.N）人口处《世界人口前景（1950—2050）》（1998年修订版），软件存储（U.N，纽约，1999）。

一般而言,数据都是根据已出版的文件（包括国家、联合国和专业文献）和必要时根据使用其他数据（诸如灌溉的农业地区、牲畜的种群和降雨量等）的模型对资源和消费的估计值汇编的。

年均国内可再生水资源指年平均河水流量和从内戎的降水产生的地下水回灌量。对不同国家进行比较时应谨慎，因为这些估计值是基于不同来源和日期的。这些年均值也掩盖了大的季节性、年度之间的以及长期的变化。

当流自其他国家和流向其他国家的年河水流量数据未列出时，国内可再生水资源的数字有可能包括这些流量。当上述数据被列出时，则一个国家国内可再生水资源总量不包括它们。

人均每年国内可再生水资源数据是使用2000年人口估计值计算的。

可供使用的实际年可再生水资源和河水流量通常比国内再生水资源和河水流量的总和少。这是因为并非所有的水资源都可以被发掘出来供我们使用。另一方面，由上游国家流进或流到下游国家的部分水量可能根据条约或协定为这些国家所截留。例如，苏丹实际水资源量包括尼罗河的流量，它小于条约规定向埃及阿斯旺的流水量。

年开采量在水资源中所占百分比指不含从蓄水池蒸发损失的水开采总量与国内可再生水资源的百分比。水开采量还包括来自非可再生地下水资源的水，来自其他国家的河水，以及在某些国家占其水开采量相当的部分的脱盐装置供水。

人均年水开采量是用表中为开采量列出的数据年份的国家人口数据计算的。

部门开采量分类成为生活用（饮用水、家庭、商业企业、公用事业如医院和城市用水），工业用（有些国家采水用于热电装置冷却，这部分可能用量很大，另一些国家可能很少）和农业用（灌溉和牲畜）。

由于四舍五入，开采总量可能不等于相加之和。

数据表FW.2
地下水与脱盐

资料来源：地下水资源和开采数据：J. Margat，《世界水资源》（地质与采矿研究所[BRGM]，水生态局，法国，奥尔良，1990，12）；J. Margat 和D. Vallee,《地中海国家的水资源及其使用》（蓝图，Sophia Antipolis,1999）；I. A. Shiklomanov,《世界淡水资源综合评估》（斯德哥尔摩环境所，斯德哥尔摩，1997）；经济合作与发展组织（OECD），《1997年OECD环境数据纲要》（OECD，巴黎，1997）；和欧洲经济委员会，《欧洲和北美洲的环境》（联合国，纽约，1992）。

地下水与脱盐形式：J. Margat,《地中海盆地的水资源，资源和使用蓝图》BRGM文件第282期，（Ed. BRGM，法国，奥尔良，1998）；联合国粮农组织（FAO），《以数字说明非洲的灌溉，水报告，第7期》（FAO，罗马，1995）；FAO，《以数字说明近东地区的灌溉，水报告，第9期》（FAO，罗马，1997）；FAO，《以数字说明前苏联的灌溉，水报告，第15期》，（FAO，罗马，1997）；FAO，《以数字说明亚洲的灌溉，水报告，第18期》（FAO，罗马，1999）；FAO，《以数字说明拉丁美洲的灌溉，水报告》（FAO，罗马，准备之中）。人口：联合国（U.N）人口处《世界人口前景（1950—2050）》（1998年修订版），软件存储（U.N，纽约，1999）。

年平均地下水回灌量是估计每年渗入土壤中的，包括从江河溪流渗入地低层的水量。一般而言，这个数字是每年可以开采而不损耗地下水资源的最大水量。这些数据的评估方法有多种多样，因此不同国家间作比较时应当谨慎。

人均回灌量用联合国人口处2000年的人口估计数，按人头计算每年渗入土壤中的水量。

每年地下水开采总量指所有地下水源甚至包括非可再生水源抽取的水量。年补充水量百分比系指占地下水开采总量的比例。

人均年水开采量是用表中为开采量列出的数据年份的国家人口数据计算的。

部门开采量分类成为生活用（饮用水、家庭、商业企业、公用事业如医院和城市用水），工业用（有些国家采水用于热电装置冷却，这部分可能用量很大，另一些国家可能很少）和农业用（灌溉和牲畜）。

脱盐水生产指从咸水（一般是海水）中，使用不同的技术，包括反渗透法，除去盐分。绝大部分的脱盐水供家用。

由于四舍五入，脱盐水总量可能不等于相加之和。

数据表FW.3
世界主要河流流域

资料来源：河流流域：遥感和空间分析中心（CRSSA），库克学院，鲁杰斯大学和美国陆军工程建设研究实验室，《世界主要流域》，全球ARC GIS数据库CD－ROM（CRSSA，新布伦斯维克，新泽西，1996），由世界资源研究所（WRI）编辑。

流域中国家数量：环境系统研究院（ESRI）软件（ESRI，加利福尼亚，来得兰兹，1995）。平均人口密度：国际地球科学信息网络中心（CIESIN），WRI和国际粮食政策研究所，《世界格网人口》，第二版（哥伦比亚大学，纽约，Palisades,2000），查询网址：http：//sedac.ciesin.org/plue/gwp。耕地，森林和草地数据：美国地质调查（USGS）和内布拉斯加大学－欧洲委员会联合研究中心，《全球土地覆盖特征数据库》，1.2版本，由USGS地球资源观察系统数据中心发布（USGS，1997），查询网址：http：//edcdaac.usgs.gov/glcc/globe_int.html。已开发面积：国家海洋和大气管理局全国地球物理数据中心（NOAA－NGDC），《世界夜间灯光数据库》（NOAA-NGDC，科罗拉多，博尔德,1997）。灌溉面积：环境系统研究中心，Kassel大学，《灌溉面积全球地图》（Kassel大学，Kassel，德国，1999）。贫瘠面积：联合国环境规划署（UNEP），《全球沙漠化贫瘠化地带世界地图集》（UNEP，内罗毕，1992）。湿地数据：世界自然监测中心（WCMC），《生物多样性地图资料数据库》（WCMC，剑桥，英国，1996）。拉姆萨尔遗址：拉姆萨尔公约局，《国际重要湿地》（拉姆萨尔公约局，瑞士，格兰特，1997）。可获得的水源：B. M. Fekete，C. J. Vorosmarty和W. Grabs,《根据观测到的河流排放量和及模仿水均衡的全球混合流域》，1.0版，（新罕布什尔大学Durham和全球流量数据中心，德国，科布伦茨，1999）。建设中所大坝：《1998年世界地图集和工业指南》发表在《水电和大坝国际杂志》上（国际水-媒体，英国，萨里，1998）。破损程度：未发表的数据，地貌生态组，于默奥大学，（瑞典，于默奥，2000）和M. Dynesius 和C. Nilson，《世界北部第三条河流系统的破损情况及流量控制》科学266：753～762，1994。

表中主要河流流域指世界主要河流体系和具有地区重要意义的小河流体系。表中所列流域总和大约占世界陆地面积的56%。

本表大多数数据是经过对大量数据集进行地理信息系统分析得到的。用来为流域作地理定义的基础数据层是主要流域的一个5分分辨率数据集（经纬度的1/20）。若干与这个基础数据尺度有关的限制是：流域边界粗糙，某些小流域和小支流无法分辨。流域由WRI编辑，以抓住诸如三角洲之类的特征。然后把次流域累加起以包括它的所有支流。通过将流域图重叠到其他现有数字数据集上，推导出用数字形式表示的每个流域综合统计。

模型化流域面积是用1km^{2}分辨率来估算的。这些值只反映了平面范围（斜坡不计算在内），有可能会低估流域面积的总地表面积。在多数情况下包括间歇性支流。例如，奥卡万戈流域博茨瓦纳境内的卡拉哈里沙漠北部，以及乍得河流域境内的许多间歇性支流就包括在内。但劳伦斯河的潮汐区域则被排除在外。河流和湖泊（如圣劳伦斯河流域的大湖区）的水表面包括在流域面积之内。

流域内的国家数是用ESRI 绘制的1995年最新国家边界来鉴别的。每个流域包含的国家名称，根据各国占流域的份额以递降的顺序进行排列（即流域中土地份额多的国家列在前面）。因流域边界的模糊性，所列的国家顺序与其他出版的资料可能有差别。阿姆（Amu Darya）河：阿富汗、乌兹别克斯坦、塔吉克斯坦、土库曼斯坦和吉尔吉斯斯坦。阿穆尔（Amur）河：俄罗斯、中国和蒙古。布拉马普特拉（Brahmaputra）河：中国、印度、孟加拉国和不丹。昭披耶（Chao Phrya）河：泰国。恒河（Ganges）：印度、尼泊尔、中国和孟加拉国。哥达瓦里（Godavari）河：印度。红河：

越南和中国。黄河：中国。因迪吉尔卡（Indigirka）河：俄罗斯。印度（Indus）河：巴基斯坦、印度、阿富汗和中国。依洛瓦底（Irrawaddy）江：缅甸、中国和印度。克孜勒（Kizil）河：土耳其。科累马（Kolyma）河：俄罗斯。克里希纳（Krishna）河：印度。库拉－阿拉克斯（Kura-Araks）河：阿塞拜疆、伊朗、格鲁吉亚、亚美尼亚和土耳其。巴尔喀什湖：哈萨克斯坦和中国。勒那（Lena）河：俄罗斯。马哈纳迪（Mahanadi）河：印度。湄公（Mekong）河：老挝、泰国、中国、柬埔寨、越南和缅甸。纳尔默达（Narmada）河：印度。鄂毕（Ob）河：俄罗斯、哈萨克斯坦、中国和蒙古。萨尔温（Salween）江：中国、缅甸和泰国。锡尔（Syr Darya）河：哈萨克斯坦、吉尔吉斯斯坦、乌兹别克斯坦和塔吉克斯坦。塔布提（Tapti）河：印度。塔里木（Tarim）河：中国和吉尔吉斯斯坦。底格里斯（Tigris）河和幼发拉底（Euphrates）河：伊拉克、土耳其、伊朗和叙利亚。浔江（Xun Jiang）：中国和越南。鸭绿江（Yalu Jiang）：中国和朝鲜。长江：中国。叶尼塞（Yenisey）河：俄罗斯和内蒙古。达尔（Dalalven）河：瑞典。多瑙河（Danube）：罗马尼亚、匈牙利、南斯拉夫、奥地利、德国、斯洛伐克、波斯尼亚和黑塞哥维纳、保加利亚、克罗地亚、乌克兰、捷克共和国、斯洛文尼亚和摩尔多瓦，及少于流域面积1%的国家：瑞士、意大利、波兰和阿尔巴尼亚。第聂伯（Dnieper）河：乌克兰、白俄罗斯和俄罗斯。德涅斯特（Dniester）河：乌克兰、摩尔多瓦和波兰。顿河（Don）：俄罗斯和乌克兰。杜罗（Duero）河：西班牙和葡萄牙。埃布罗（Ebro）：西班牙。易北（Elbe）河：德国、捷克共和国、奥地利和波兰。加龙（Garonne）：法国、西班牙和安道尔。格罗马（Glama）：挪威。瓜达尔基维尔（Guadalquivir）河：西班牙。克米约基（Kemijoki）河：芬兰，挪威和俄罗斯。卢瓦尔（Loire）河：法国。北德维纳(North Dvina)河：俄罗斯。奥得（Oder）河：波兰、捷克共和国和德国。伯朝拉（Pechora）河：俄罗斯。波（Po）河：意大利和瑞士。莱茵-马斯（Rhine-Maas）河：德国、法国、瑞士、比利时、荷兰、卢森堡、奥地利和列支敦士登。罗纳（Rhone）河：法国和瑞士。塞纳（Seine）河：法国。特茹（Tagus）：西班牙和葡萄牙。乌拉尔（Ural）河：哈萨克斯坦和俄罗斯。维斯图拉（Vistula）河：波兰、乌克兰、白俄罗斯和斯洛伐克。伏尔加（Volga）河：俄罗斯和哈萨克斯坦。西维纳（West Dvina）河：白俄罗斯、俄罗斯和拉脱维亚。威悉（Weser）河：德国。刚果（Congo）河：刚果民主共和国、中非共和国、安哥拉、刚果共和国、坦桑尼亚、赞比亚、喀麦隆、布隆迪和卢旺达。宽扎（Cuanza）河：安哥拉。库内内（Cunene）河：安哥拉和纳米比亚。朱巴（Jubba）河：肯尼亚、埃塞俄比亚和索马里。乍得(Lake Chade）湖：乍得、尼日尔、中非共和国、尼日利亚、阿尔及利亚、苏丹、喀麦隆和利比亚。图尔卡（Turkana）湖：埃塞俄比亚、肯尼亚、苏丹和乌干达。林波波（Limpopo）河：南非、博茨瓦纳、莫桑比克和津巴布韦。曼戈基（Mangoky）河：马达加斯加。马尼亚（Mania）河：马达加斯加。尼日尔（Niger）河：马里、尼日利亚、尼日尔、阿尔及利亚、几内亚、喀麦隆、布基纳发索、贝宁、科特迪瓦和乍得。尼罗（Nile）河：苏丹、埃塞俄比亚、埃及、乌干达、坦桑尼亚、肯尼亚、刚果民主共和国、卢旺达、布隆迪和厄立特里亚。奥果维（Ogooue）河：加蓬、刚果共和国、喀麦隆和厄瓜多尔几内亚。奥卡万戈（Okavango）河：博茨瓦纳、纳米比亚、安哥拉和津巴布韦。奥兰治（Orange）河：南非、纳米比亚、博茨瓦纳和莱索托。德拉（Oued Draa）河：莫洛哥、阿尔及利亚和西萨哈拉（由莫洛哥占领）。鲁菲吉（Rufiji）河：坦桑尼亚。塞内加尔（Senegal）河：马里、毛里塔尼亚、塞内加尔和几内亚。谢贝利（Shaballe）河：埃塞俄比亚和索马里。沃尔特（Volta）河：布基纳发索、加纳、马里、多哥、科特迪瓦和贝宁。赞比西（Zambezi）河：赞比亚、安哥拉、津巴布韦、莫桑比克、马拉维、博茨瓦纳、坦桑尼亚和纳米比亚。亚拉巴马－汤比格比（Alabama-Tombigbee）河：美国。巴尔萨斯（Balsas）河：墨西哥。布拉索斯（Brazos）河：美国。科罗拉多（Colorado）河：美国和墨西哥。哥伦比亚（Columbia）河：美国和加拿大。弗雷塞（Fraser）河：加拿大和美国。哈得逊（Hudson）河：美国。马更些（Mackenzie）河：加拿大。密西西比（Mississippi）河：美国和加拿大。尼尔逊－萨斯克彻温（Nelson-Saskatchewan）河：加拿大和美国。里约－格兰德（Rio Grande）河：美国和墨西哥。圣地亚哥－里约－格兰德（Rio Grande de Santiago）河：墨西哥。圣佩德罗（San Pedro）和 乌苏马辛塔（Usumacinta）河：墨西哥、危地马拉和伯利兹。萨克拉门托（Sacramento）河：美国。圣劳伦斯（St. Lawrence）河：加拿大和美国。萨斯奎汉纳（Susquehanna）河：美国。塞龙（Thelon）河：加拿大。亚基（Yaqui）河：墨西哥和美国。育空（Yukon）河：美国和加拿大。亚马孙（Amazon）河：巴西、秘鲁、玻利维亚、哥伦比亚、厄瓜多尔、委内瑞拉和圭亚那。丘布特（Chubut）河：阿根廷和智利。的的喀喀（Titicaca）湖和乌尤泥盐沼：玻利维亚、秘鲁、乌拉圭和阿根廷。马格达雷纳（Magdalena）河：哥伦比亚。奥里诺科（Orinoco）河：委内瑞拉和哥伦比亚。巴拉那（Parana）河：巴西、阿根廷、巴拉圭和玻利维亚。巴纳伊巴（Parnaiba）河：巴西。里约 · 科罗拉多（Rio Colorado）河：阿根廷和智利。圣弗兰西斯科（Sao Francisco）河：巴西。托坎廷斯（Tocantins）河：巴西。乌拉圭（Uruguay）河：巴西、乌拉圭和阿根廷。贝尔洋多（Belyando）河：澳大利亚。道森（Dawson）河：澳大利亚。弗莱（Fly）河：巴布亚新几内亚和印度尼西亚。卡普阿斯（Kapuas）河：印度尼西亚。马哈坎（Mahakam）河：印度尼西亚。墨罗

—达令（Murray-Darling）河：澳大利亚。塞皮克（Sepik）：巴布亚新几内亚和印度尼西亚。

人口密度摘自全球2.5分分辨率人口图。把流域覆盖在人口数据上面后，计算每个河域的人口密度，数据表达成每平方公里的人数。

采用USGS全球陆地覆盖特性数据，连同国际陆界生物图计划（IGBP）分类一起，鉴别每块流域里不同陆地覆盖类型的范围。根据自1992年4月到1993年3月收集的1km分辨率卫星遥测数据，推导出陆地覆盖数据库。耕地百分数表示被定义为耕地或作物/自然植被块占流域的百分比。森林百分数是被定义为常绿针叶林、常绿阔叶林、落叶阔叶林和混合林占流域百分比。草地百分数包括IGBP分类中定义为开放性灌木地、密封性灌木地、树林茂密的热带大草原、热带大草原和草地占流域的百分比。用于求已开发区域百分数是按照美国国防部气象卫星计划运行扫描系统测得夜间图象推导出来的1km × 1km分辨图估算的。该数据集含有稳定灯光的方位，包括被频繁观测的光源如石油钻探地区的天然气火炬。为了排除那些临时光源如火灾和闪电，采用时间序列分析。由于传感器的分辨能力有问题，以及存在水或其他表面反射的因素，“被照亮”区域范围会被稍微估高些。“被照亮”区域范围是反映人类居住区和基础设施空间分布的一个好指标，但不应把它解释为人口密度的尺度。（为发射以被检测的光线所需的中等居住区的大小，在发展中国家比在发达国家要大得多，因为二者能源消耗量不同）。世界夜间灯光数据与经济活动和能源消费更为紧密相关，因此，可以看成衡量流域内发展程度的标志。已开发地区百分比的计算方法是用流域面积除以被认为“照亮”的流域面积。

灌溉面积百分数是指可灌溉农业占流域的百分比。这个百分比是用主要流域边界图覆盖在Kassel大学绘制的可灌溉面积地图上计算的。这幅地图是用0.5° ×0.5° 方格来描绘1995年灌溉面积的百分比。这幅地图是通过综合来自大规模的灌溉地图和国家、次国家及流域关于灌溉区水平数据的信息绘制的。每格中的灌溉面积假定为平均分布。

贫瘠面积百分数指处于《荒漠化全球贫瘠区地图集》上所示半贫瘠化、贫瘠化或超贫瘠化区域之内的流域面积百分数。绘制该地图的依据是贫瘠指数，从年平均降水量和年平均潜在蒸发量之比推导这个指数。

湿地面积百分数是用流域总面积除流域中湿地面积总和计算的。它包括在《生物多样性地图文库》软件中被指定为湿地的所有区域。

拉姆萨尔遗址是根据湿地公约的条款（拉姆萨尔，伊朗，1971）被指定为“世界重要湿地”的地点。它们的坐标位置空间精确度可能变化不一。详见数据表BI. 1的资料来源和技术注释。

人均可获得的水资源指每个流域人均可获得的总流量。这些估算是根据新罕布什尔大学和全球流量数据中心汇编的全球流量分布数据库得出的。人均可获得的水资源量是把一个流域的总流量除以此流域的总人口得出的。估算用米^3/人均 · 年表示。流量分布数据库有0.5° 空间分辨率，是根据新罕布什尔大学关于流域边界的定义来计算的。所使用的人口数据库是CIESIN和WRI从1990到1995年（CIESIN和WRI，1999）的2.5 分分辨率人口地图。

建设中的大型大坝包括1998年仍在建设中的至少60m高的大坝。大多数大坝地址是以洲范围地图作参考的。因缺少大坝地址的详细地址（即相应的地理位置）及粗糙的水域分界线，一些位于水域分界线附近的大坝，因参考资料的差错，有可能被包括在相邻的水域中。

河流破损程度指因大坝、水库、流域间的转换和灌溉消费而引起的河流系统的更改程度。灌溉消费指因灌溉而蒸发的水分，但不包括灌溉后回流的水量。河流系统的破损程度分为三等：高、中、低。这些分类是根据主河流水道和支流的大坝数量，流量控制水平和相对于河流全长的没有大坝的主河流水道的长度等来进行的。一般而言，破损程度低的河流在主水道上没有大坝，即使有，支流上的大坝改变河水流量的能力不超过2%。破损程度高的河流，其3/4的水道上可能都有大坝，或其大坝能实实在在地改变年排水量。关于分析的详细信息，请参见原始资料。

假设流域边界概图中的面积和其他数据库用于此表的绘制中，这些数字应谨慎使用。

数据表AC.1
燃烧矿物燃料与制造水泥所产生的排放

资料来源：所有矿物燃料二氧化碳排放数据：二氧化碳信息分析中心（CDIAC）《1751—1996全球、地区和国家矿物燃料燃烧排放的CO_2，水泥生产及气体火焰》，ORNL—CDIAC－25，NDP－030（橡树林国家实验室环境处，田纳西州，1999，3）。数据查询网址：http：//cdiac.esd.ornl.gov/ftp/ndp030/。按当前国际美元购买力计算的国内生产总值：世界银行，《1999世界发展指数CD－ROM》（发展数据库，世界银行，华盛顿特区，1999）。按人均计算的人口指数：联合国人口处，《1950—2050年度人口》（1998版），有软件版（联合国，纽约，1999）。京都议定书数据：《联合国气候变化框架公约》（通过因特网获得的数字数据库），查询网址：http：//www.unfccc.de/。

CO_2的排放通常是按碳元素的含量进行计算和报告的。但本表中的数值是把碳的质量乘以3.644（CO_2与碳的质量比），把CO_2排放量转变为CO_2的实际质量。

CDIAC的这些数据只是全球CO_2排放的整体数据。个别国家根据较详细的资料和国家各不相同的方法进行计算，结果可能与此不同。已制定了准则来协助国家温室气体目录的准备工作。1996年9月11日—13日在墨西哥城召开的“政府间关于气候变化专家组第12次会议”上，接受了这些准则。这些准则在《1996年IPCC关于国家温室气体目录的准则修订版》中出版（IPCC，英国，剑桥，1997）。这些数据目前可从越来越多的国家获得，但长期的数据甚少。CDIAC方法的优点在于可以从所有国家可得到的单一普通数据组来计算CO_2的排放量。

固体燃料、液体燃料和气体燃料，虽然不是全部，但主要分别指煤、石油产品和天然气。排放火炬是在石油提炼过程中烧掉逸出油气的作法，但这种作法正在减少。在水泥生产过程中，水泥煅烧产生氧化钙。每生产1t水泥释放0.498tCO_2。1990—1996年CO_2的总排放量包括燃烧固体、液体、气体燃料和排放火炬，以及制造水泥产生的CO_2总和。但是，这些估算不包括国际运输中的燃料舱燃料，因为难于在各运输受益国之间分配这些燃料，所以燃料舱燃料的排放量按照提供燃料的国家分别表示。更多详情，请参见《2000—2001年世界资源数据库CD—ROM》或燃料舱燃料排放的原始资料。

CDIAC每年计算世界上大多数国家由于燃烧矿物燃料和制造水泥而产生的CO_2排放。CDIAC是从矿物燃料表面和净消费量数据（根据联合国能源统计处的世界能源数据组）和世界水泥生产的数据（根据美国地质勘查局的水泥生产数据）来计算排放量的。排放量是利用全球平均燃料的化学组成和氧化率来计算的。

自1950年的总排放指从1950年至1996年的CO_2总排放量，不包括燃料舱燃料。前苏联各独联体国家从1950年至1991年CO_2排放量是根据1991年以后各国占前苏联总排放量的份额来计算的。1992年前苏联CO_2排放总量是3289909t；按此再计算前苏联各国的份额。例如，哈萨克斯坦1992年的排放量是前苏联总排放量的8.9%。其他前苏联各国也用此方法计算。因此，从1950年至1991年前苏联的CO_2排放总量只是个大概数字。同样的方法也用于前捷克斯洛伐克的历史估算。

人均碳排放量是用1996年CO_2排放量和联合国人口处1996年的人口估算（中等规模方案）来计算的。

一个国家经济产出中的CO_2浓度是用国内生产总值每百万国际美元所释放的CO_2来表示的。国内生产总值（GDP）是用来衡量国内经济所生产的产品和服务的最终产出的。国际元价值不同于美国美元价值，它是用指定的相当与不同货币购买力的特殊换算系数方法获得的。这个换算系数，即购买力平价（PPP）的定义是：一个国家流通货币单位的数量所需的用以在国内购买相当于1美元在美国所购买的物品和服务。如此计算需从国内记账消费数据中，尤其是收集到的价格数据中，获取内含的数量，然后，用单一的平均价格数据组来重新评价每个国家的内含数量。因为每个国家使用的都是相同的国际价格平均数，因此，国与国之间的比较反映了商品和服务之间的差别，而不存在价格水平的差异。按这一指定的步骤，可获得与根据价格系列常数得出的不同时间的真正价值比较相同步的不同国家之间的比较。PPP估算有降低工业国人均GDP，提高发展中国家人均GDP的趋势。

一个国家是否是京都议定书的签约国，或是否已批准了京都议定书，关于这些信息已于1999年10月获得。京都议定书旨在用合法的约束来限制发达国家的温室气体排放（二氧化碳[CO_2],甲烷[CH_4]，氧化亚氮[N_2O]，氢氟碳[HFCs]，[PFCs]，六氟硫[SF_2]）。签署条约意味着一个国家承认条约的实际内容，并计划完成受合法约束限制的步骤，而且承诺在批准之前不违反条约的目的。批准（或换个词说接受、赞同或同意）意味着各国一起遵守条约。根据一个国家的管理体系，签署条约可能只是简单的一项行政决策，而批准条约则需经过法律审批程序。发达国家所承担的数量意味将以1990年的几数为根据。关于京都议定书的详细资料，可在网上查询，网址：http：//www.unfccc.de/resource/convkp.html。

数据表AC.2
普通人为源的污染物

资料来源：人类基因污染物排放数据：欧洲监测和评价大气污染物远距离排放合作方案（EMEP），《1998大气污染削减策略和政策主要评价》，编号：ECE/EB.AIR/65（即将出版）。数据查询网址：http：//www.emep.int/emis_tables/tab1.html。

以氧化硫形式排放的硫和以各种各样的氧排放的氮一起造成了酸雨，给农业、森林、水生物栖息地带来不利影响，并侵蚀着建筑材料。硫酸盐雾和硝酸盐雾会损害人的视力。使用人为源数据时应谨慎，因每个国家所使用的方法和步骤是不同的。因此，最佳的可比数据是国内的时间趋势。

二氧化硫（SO_2）是由大自然和人类活动共同产生的。高浓度的SO_2会对人类健康产生危害，尤其是对儿童、老年人和患有呼吸系统疾病（如哮喘）的人。水分中所含的SO_2会构成酸的沉淀，如硫酸。

人为源的氮氧化物（NOx）主要来自工业源，它导致了光化学雾和对流层臭氧——一种重要的温室气体的产生。所有的氮氧化物也会造成酸的沉淀，以硝酸的形式出现。

此数据表结合了EMEP，欧洲经济委员会（ECE）和经济合作和发展组织（OECD）的数据，力求尽可能地描述一幅完整的硫和氮排放图。EMEP是《1979关于远距离越境大气污染公约》的一项活动。根据对LRTAP的议定书，各方向EMEP和ECE递交有关硫和氮的数据，这是它们承诺的一部分。万一官方数据遗失，EMEP就以有官方数据的前后两年来内推。万一这个方法行不通，EMEP就用自己的估算或其他资料来源的排放估算。

OECD以问卷的形式向成员国征求意见，这些问卷由相关的国家统计服务或设计人员完成。OECD没有独立的估算能力。

EMEP和ECE根据硫含量来报告排放量，而OECD则根据氧化硫的吨数来报告排放量。EMEP和ECE的排放估算换算成它们在SO_2的含量。EMEP和OECD根据二氧化氮排放来报告氮的排放量。更多信息，请查阅原始资料。

此数据表还报告了OECD关于一氧化碳的数据，而且，把EMEP和OECD的数据结合起来，共同描述了易挥发有机物的排放。定义的不同会限制这些估算的可比性。

一氧化碳（CO）的形成既有大自然的因素，也有工业加工过程的因素，后者包括矿物和其他含碳燃料的不充分燃烧。汽车尾气排放是最重要的CO来源，尤其是在城市环境中。CO与血液中的氧吸收互相干扰，产生导致疾病的缺氧症，或者，如万一是大面积急性中毒，则会导致死亡。CO也会清除羟基，不然的话，羟基会排除大气中的甲烷，一种潜在的温室气体。如有太阳光，易挥发有机物（VOCs）与氮氧化物一起，造成了光化学烟雾。人为源的VOCs排放来自燃料的不充分燃烧或燃料的逸出，润滑剂和溶剂，同样，还来自生物量的不充分燃烧。

数据表AC.3
温室气体与损耗臭氧气体的大气浓度

资料来源：CO_2：Charles D. Keeling和T.P. Whorf，二氧化碳信息分析中心（CDIAC），《大气CO_2浓度－冒纳罗亚天文台，夏威夷，1958－1998》（1999年7月修改版），ORNL－CDIAC－25，NDP－001/R9（橡树岭国家实验室环境科学处，田纳西，1999，7）。可网上查询数据库，网址：http：//cdiac.esd.ornl.gov/ftp/ndp001/maunaloa.co2。前工业期CO_2浓度：Neftel等，1994，《来自斯普勒站冰核的二氧化碳历史记载》（瑞士伯尔尼大学物理研究所）和来自劳多姆的冰核记载。关于劳多姆冰核记载的详细情况，可在以下网址查询：http：//cdiac.esd.ornl.gov/trend/co2/lawdome.html。前工业期甲烷浓度：Etheridge等，1994，《来自劳多姆（东部，“DE08”点）冰核（澳大利亚，维多利亚，阿斯潘德拉联邦科学和工业研究组织）的CH_4浓度》。前工业期氧化亚氮的浓度：Etheridge等，1988，《来自劳多姆（最高点，“BHD”点）冰核（澳大利亚，维多利亚，阿斯潘德拉联邦科学和工业研究组织）的N_2O浓度》。其他温室气体和损耗臭氧气体的数据来自：大气长期试验（ALE）/全球大气气体试验（GAGE）/高级的GAGE（AGAGE）网络（1999年5月修订版），CDIAC，橡树岭国家实验室环境科学处，DB－1001（一个在互联网上可获得的数字数据库），可在以下网址查询：http：//cdiac.ESD.ORNL.GOV/ ndps/alegage.html（ALE/GAGE/AGAGE塔斯马尼亚Grim岬每月读数），原出自R.G. Prinn，R.F. Weiss和F.N. Alyea等人，《来自ALE－GAGE网络的大气CFC－11（$CC_{13}F$），CFC－12（$CC_{12}F_2$）和N_2O》，刊登在T. A. Boden，D.P. Kaiser，R.J. Sepanski等人编辑的《趋势93：全球变化数据概要》（ORNL/CDIAC-65,CDIAC，田纳西州，橡树岭，1994），第396～420页。

本表所列的温室气体和损耗臭氧气体破坏大气臭氧层，产生温室效应，或二者兼而有之。二氧化碳（CO_2）通过自然的或人为源的过程排放进入大气层。由于与其他温室气体在大气层的浓度相比，CO_2的浓度很高，所以，它对全球变暖的潜在影响，仅次于水蒸气，排在第二位。更多详情，请参见数据表EI. 1的资料来源和技术注释。

在全世界的许多地点监测大气中的CO_2浓度，这里提供的数据来自夏威夷的冒纳罗亚（北纬19° 32′，西经155° 35′）。冒纳罗亚的趋势反映了全球的趋势，尽管在任一给定时间，各监测点的CO_2浓度有显著的差别。例如，1997年南极年平均浓度比冒纳罗亚低2.3ppm。前工业期的CO_2浓度来自南极冰核的测算。

年平均值掩盖了每日和季节性的CO_2浓度的变化。在夏季，植物的光学作用比冬季储存了大量的碳，导致了季节性的变化。某些年平均值是用内插法导出的。为校正仪器漂移、硬件的更换和"背景值"条件的干扰，对数据进行了修订。有关数据的收集、修订和分析的详情，刊登在C.D. Keeling等人的《夏威夷冒纳罗亚天文台二氧化碳的浓度测定》一文中。该文登在《1982年二氧化碳综述》中，W.C. Clark编（牛津大学出版社，纽约，1982）。

所有其他气体数据来自大气长期试验（ALE）、全球大气气体试验（GAGE）和高级全球大气气体试验（AGAGE）项目下的塔斯马尼亚Grim海岬（南纬45° 41′，东经144° 41′）的监测数值。至于CO_2气体浓度在任何给定时间，在各监测点之间有所不同，但是这里所报告的数据反映了全球的趋势。Grim海岬一般接受来自东南方向未经污染的空气，而且具有时间最长、最完整数据组的ALE/GAGE/AGAGE监测点。ALE每天采集4次大气样品。GAGE/AGAGE每天采集12次大气样品。这里显示出的年度数值是由CDIAC计算的月度平均值。缺少的数据使用内插值。

甲烷（CH_4）是通过天然气的释放和作为厌氧呼吸的一种产物排放的。与人类活动有关的排放源包括废弃物处理（填埋），牲畜饲养（反刍动物的肠道发酵），土壤中的厌氧呼吸与水稻农业和矿物燃料及生物质（薪柴和伐光的林地）的燃烧有关。厌氧呼吸的来源包括潮湿森林、湿地、沼泽、苔原和湖泊的土壤。甲烷（CH_4）增加对流层的臭氧，减少平流层的臭氧。以分子对分子的基础计算，甲烷累积的温室效应比二氧化碳高出21倍。

氧化亚氮（N_2O）的排放，是由海洋和土壤中有机物质需氧分解、细菌、矿物燃料和生物物质燃烧（薪柴和开垦森林），使用氮肥以及其他过程产生的。N_2O是平流层臭氧重要的消耗者。N_2O对温室效应的影响是CO_2的310倍。

四氯化碳（CCl_4）是生产CFC－11和CFC－12的中间产品。也用于其他化学和医药以及谷物熏蒸等方面。与其他气体相比，CCl_4对温室效应和平流层臭氧消耗的影响较小。

甲基氯仿（CH_3CCl_3）主要用作工业脱脂剂和涂料与粘合剂的溶剂，它对温室效应和平流层臭氧消耗的影响也较小。

CFC－11（CCl_3F）、CFC－12（CCl_2F_2）和CFC－113（$C_3Cl_3F_3$）是平流层臭氧强有力的消耗者，它们总体累积效应相当于CO_2温室效应的1/4。CFCs用作溶解剂及其他许多用途，包括冰箱、空调、泡沫成型及电子元件的清理等。

总气态氯是用每一种含氯的气体（CCl_4、CH_3CCl_3和CFC系列）中氯原子数，乘以该气体的浓度计算得出的。氯和溴在破坏臭氧的过程中起着催化剂的作用。在反应过程中，氯不会被消耗掉，因此，可与臭氧分子多次反应，并多次破坏臭氧分子。

数据表ERC.1
能源生产

资料来源：国际能源机构（IEA），《经济合作与发展组织（OECD）国家的能源平衡（1960—1997）》，软盘存储（OECD，巴黎，1999）和《非OECD成员国的能源平衡（1971—1997）》，软盘存储（OECD，巴黎，1999）。

所有的能源数据都用相当于1000t石油（toe）的单位来计算，以方便能源来源、消费、替换和保护的比较。1toe相当于41.868×10^{9}J。

来自所有来源的能源生产指每个国家在某一指定年份所生产的所有来源的能源。除固体、液体和气体燃料及核电外，总量还包括水电电力、地热、太阳能、风能、潮汐、海浪、易燃可再生能源及废弃物，以及产自热泵的本土热生产。人均则指每人为那个国家所生产的能源数量。

来自固体燃料的能源生产指产自所有类型的原生煤（即硬煤或褐煤）的总能源。泥煤也包括在此类。

来自液体燃料的能源生产指产自诸如原油或液化天然气等的液体燃料。

来自气体燃料的能源生产指天然气所产生的能源量。

来自核燃料的能源生产指相当于由核电厂生产的电的基础热量。由热能转换为电能的百分数为33%。

总发电量指由热能、核能、地热、水电（不包括抽水蓄能装置产生的电力，见数据表ERC.4的注释）和其他电厂生产的电能。发电不是主要的能源，因此，不能错误地加在此表的来自主要资料的能源生产中。这些数据是用1GW · h＝86toe的公式从10^{9}W · h换算过来的。

数据表ERC.2
能源消费

资料来源：国际能源机构（IEA），《经济合作与发展组织（OECD）国家的能源平衡（1960—1997）》，软盘存储（OECD，巴黎，1999）和《非OECD成员国的能源平衡（1971—1997）》，软盘存储（OECD，巴黎，1999）。

所有的能源数据都用相当于1000t石油（toe）的单位来计算，以方便能源来源、消费、替换和保护的比较。1toe相当于41.868×10^{9}J。

来自所有来源的能源消费指每个国家在某一指定年份所使用的所有来源的能源。除固体、液体和气体燃料及核电外，总量还包括水电电力、地热、太阳能、风能、潮汐、海浪、易燃可再生能源及废弃物，以及产自热泵的本土热生产。人均则指每人为那个国家所生产的能源数量。

世界资源研究所（WRI）把运输、摩擦、热损耗及其他无效都包括在能源消费之中，注意到这一点很重要。在这些能源数据表中，总消费量等于IEA的基础能源供应总量（TPES）。TPES指本土生产产量加上进口量，减去出口量，加上存储变化量，减去国际海洋燃料舱燃料。（注：IEA计算产量的方式是除去杂质如硫之后。）

存储量变化指由生产者、转换企业、进口商和消费大户所拥有的存储量，从每年的第一天到最后一天在境内所发生的变化。

国际海洋燃料舱燃料指向挂所有旗帜的航海轮，包括战舰，所配给的能源；但不包括在内陆或沿岸航行的船只。

来自固体燃料的能源消费指产自所有类型的原生煤的总能源。泥煤也包括在此类。

来自液体燃料的能源消费指来自诸如原油或液化天然气等的液体燃料的能源消费。

来自气体燃料的能源消费指来自天然气所消费的能源量。

来自核燃料的能源消费指相当于由核电厂消费的电的基础热量。由热能转换为电能的百分数为33%。

电力的最终消费指相当于由终端使用者所消费的电能的toe。在表中，这一变数不同于其他变数，因它所显示的不是TPES，而是最终总消费，最终总消费不包括无效和运输过程中的能源损失。

能源进出口交易包括越过国家领土边界的能源总量，不管是否经过海关批准。煤的进出口量指从其他国家获得或供应给其他国家的燃料数量，而无论相关国家之间是否有经济或海关单位。转换过程中的煤不包括在内。根据加工协议（即有账户提炼）进出口的石油和天然气包括在内。转换过程中的石油量不包括在内。原油、液化天然气和天然气由原产国报告；提炼原料和石油产品由最终的托付国报告。在契约范围内进口石油加工后再出口在表中显示为从加工国到最终目的国的出口产品。当电力越过国境线时，就被认为是进口或出口。

为解释不同煤的类型和其他能源资源之间所存在的质量差异，IEA使用了由国家行政管理局为主要能源目录和流量或使用（如生产、进口、出口、工业）所提供的具体系数（以便正确地把具体的燃料换算成toe）。

能源的统计是根据净热值来表示的，因此，可能比由其他统计纲要统计的值稍微低一些。每种燃料的净热值和毛热值之间的差异是指在燃料燃烧过程中产生水，水蒸发而产生潜在的热。对于石油和煤，净热值比毛热值低5%；而对大部分天然气和人造气体而言，这一差值在9%～10%之间。

数据表ERC.3
经济部门的能源消费

资料来源：国际能源机构（IEA），《经济合作与发展组织（OECD）国家的能源平衡（1960—1997）》，软盘存储（OECD，巴黎，1999）和《非OECD成员国的能源平衡（1971－1997）》，软盘存储（OECD，巴黎，1999）。

经济合作与发展组织和欧洲经济委员会的数据,是根据各国填写的问询表所提供的信息进行汇编的。其他大、中能源消费者的数据，多来自各个国家的资料。其余各国的数据是从各国际组织中收集来的。

世界资源研究所计算每个国家各部门使用能源的量占最终能源消费量（TFC）的百分比。TFC不包括运输中的损耗及从一种形态转变为另一种形态的燃料（如用于电力发电的燃料，原油经提炼转变为石油产品等）。

工业部门包括由钢铁工业、化学工业、有色金属基础工业、非金属矿物产品（如玻璃、陶瓷、水泥等）、运输设备、机械采矿与采石、食品与烟草、造纸、纸浆与印刷、木材与木制品、建筑、纺织与皮革，以及任何非特定工业所消费的能源。钢铁消费指由钢铁工业所消费的能源占国家消费的总能源的百分比。

运输部门包括为航空、公路和水路交通所提供的所有燃料，但不包括用于国际海运燃料舱燃料及海洋、沿岸和内陆渔业用燃料。航空运输包括国际和国内民用航空。公路运输包括国家公路网上所有人与货物的运输。

农业部门指所有农业和林业活动，包括海洋、沿岸和内陆渔业。

商业和公共服务指服务部门，如商场、维修店和餐馆等。

居宅包括民用能源。

国际能源委员会报告，农业、商业和公共服务部门之间的数据很难准确地区分开来，三个部门的总和比各部门的数值要准确些。

数据表ERC.4
由可再生资源产生的能源

资料来源：国际能源机构（IEA），《经济合作与发展组织（OECD）国家的能源平衡（1960—1997）》，软盘存储（OECD，巴黎，1999）和《非OECD成员国的能源平衡（1971—1997）》，软盘存储（OECD，巴黎，1999）。

经济合作与发展组织和欧洲经济委员会的数据,是根据各国填写的问询表所提供的信息进行汇编的。其他大、中能源消费者的数据，大多来自各个国家的资料。其余各国的数据是从各国际组织中收集来的。

由所有可再生资源产生的可再生能源生产和可再生能源消费指分别由可再生能源资源生产的总能源和消费的总能源量。总量还包括水电电力、风能、太阳能、海浪和潮汐、地热和易燃可再生能源及废弃物。此表中的消费量相当于基础能源供应总量（TPES），如数据表ERC.2。关于TPES的更多详情，请参见数据表的注释。

可再生资源占来自所有资源的消费总量的百分比是每个国家消费由可再生资源和废弃物提供的能源的总量的百分比。

燃料和废弃物包括固体生物量和动物产品、生物量的气体/液体、工业废弃物和市政废弃物。生物质指任何直接用作燃料或转换成燃料的植物，它包括木材、农作物废弃物、乙醇、动物废弃物和硫黄碱液（造纸所产生的黑色液体中的木质素）。这些数据经常是根据小规模抽样检测或其他不完整的信息来估算的。

水电电力指水电发电厂生产的电能源，不包括抽水蓄能装置产生的电力（指在用电低峰时把抽水上山所产生的电储蓄起来，供用电高峰时使用）。

来自地热和太阳能的资源既指热能，也指电能。地热发电所产生的效益估计为用于驱动发电机热能占总能源的10%。

风指用于电力生产的风能。

数据表ERC.5
资源消费

资料来源：客车：国际公路联盟，《世界公路统计》，由世界银行报告，《1999世界发展指数》，软盘存储（发展数据组，世界银行，华盛顿特区，1999）。摩托车汽油：国际能源机构（IEA），《经济合作与发展组织（OECD）国家

的能源平衡（1960—1997）》，软盘存储（OECD，巴黎，1999）和《非OECD成员国的能源平衡（1971—1997）》，软盘存储（OECD，巴黎，1999）。肉类和纸张：联合国粮农组织（FAO），《FAOSTAT在线统计服务》（FAO，罗马，1999）。咖啡：国际咖啡组织（ICO），各种资料来源（ICO，伦敦，1999）。为世界资源研究所（WRI）计算提供的人口数据：联合国人口处，《1950—2050年人口》（1998年修订版），软件存储（U.N. 纽约，1998）。

1999年，WRI出版了由Emily Mattews 和Allen Hammond编写的《严重的消费趋势和含义：地球生态系统的恶化》报告。就生存经济和先进技术社会的基础投入而言，自然资料被认为是所有人类活动的基础。这些资源消费的增加是由人口增长、财富增加、技术变化和城市化等因素所驱动的。《严重的消费》观察了消费趋势及相关作用对自然生态系统所产生的影响。报告中的其他话题还包括对木质纤维和食物如谷物、肉类和鱼类的讨论。《1998—1999世界资源》报告还观察了资源消费的趋势及其结果对环境的影响。具体的说，《1998—1999世界资源》报告包括对纸张、咖啡、肉类、车辆和其他话题的消费趋势讨论。此报告的查询网址：http://www.wri.org/trends/index.html。

客车指每千人所拥有的四轮汽车的数量。这些数字不包括公共汽车、货车及两轮车，如机动脚踏两用车和机动自行车。

汽车汽油消费指人均最终燃料消费，这些燃料是用于内燃发动机的，如客车。IEA报告的能源是以相当于石油（toe）的吨为单位的。1 toe换算成1246L，用升作汽油的换算单位。

肉类消费指人均总肉类消费。总肉类包括在一国境内所屠宰的动物的肉，而不考虑其原产地，这些肉包括马肉、禽肉和来自所有其他饲养的或野生的动物肉，如骆驼肉、兔肉、鹿肉及其他捕获的动物肉。肉类消费用交易平衡方法（即总产量加上进口量，减去出口量）计算。

纸张消费指新闻纸、印刷和书写纸、图纸和纸板、家庭用纸和卫生纸、特薄纸和包扎、包装纸的人均消费。纸张消费用交易平衡方法（即总产量加上进口量，减去出口量）计算。对那些FAO没有生产数据的国家，产量被认为可忽略不计，并指定这些国家的产值为0，而不是报告为“×”。这些国家用注脚注明，它们所拥有的森林土地面积小于500000 hm^2，进口再生纸张小于10000t。

咖啡消费指人均所消费的所有咖啡，并以人均消费生咖啡豆千克来表示。

数据表HD.1
人口统计指数

资料来源：人口数据：联合国人口处，《1950—2050年年度人口》（1998年修订版），软件存储（U.N.纽约，1998）。人口变化数据：联合国人口处，《1950—2050世界人口》（1998年修订版），软件存储（U.N. 纽约，1998）。具体年龄组人口百分比和生育率：联合国人口处，《1950—2050人口指数》（1998年修订版），软件存储（U.N. 纽约，1998）。

人口指该年中期的人口情况。大部分数据是根据人口统计和调查估计的。所有项目都是用中等情况的方案来进行的（见下文讨论）。年平均人口变化考虑了国际流动人口的影响。

利用最近的人口统计数据和调查结果所获得的信息，对这些参数进行计算或估算，因此，数据的精确度有所不同。联合国人口处对各国的人口调查结果要进行评估，对一些过低或过高的数据（如婴儿、女孩、男孩等数据）、年龄和性别分布情况进行了调整，必要时还对一些概念进一步明确。这些调整包括公民登记、人口调查、早期统计，必要时还利用社会经济情况类似国家的模型进行推算。（由于对这些数据进行了调整，因此，不便将这些数据与联合国发表在年鉴上的统计数据进行严格比较。）

在人口总数和年龄/性别的数据调整后，这些数据按1990年的数据作了相应比例的调整。1950—1990年的数据按5年一期也作了类似的推算。当需要数据很精确时，则选用历史数据，并进行了调整和比例换算。不过，许多发展中国家没有很精确的历史数据。在这种情况下，联合国人口处就使用现有的信息和人口模型对主要的人口参数进行推算。推算的基年是1990年。年龄和性别的具体死亡率适用于基年人口，以确定在每个5年末的人口数。出生数据是根据某一年龄段的出生率与妇女人口数来推算的。新生儿的性别是根据性别比例推算出来的，并采用了某一年龄段和性别的成活率。未来的移民率也是根据某一年龄和性别的基础来估算的。

对未来人口的死亡率、出生率和移民率的推算是根据具体国家案例来推算的，如果可能，尽量采用历史数据。采用不同的假设出生率（高出生率、中出生率、低出生率和恒定出生率）可推出四种人口增长的情况。例如，中等增长的情况是假设中级出生率的结果，这种推算每个国家情况不尽相同。更多详情，请参阅原始资料。尽管有些假设可能会存在质量问题，但联合国人口模型是基于高质量的调查和统计得出的，因此，可信度比较高。

某个具体年龄组的人口百分数表明一个国家的年龄结构：15岁以下人口的百分比、15～65岁人口的百分比和65岁以上人口的百分比。这些数据对于推断赡养、教育需求、就业、潜在出生率和其他的与年龄相关的因素很有帮助。

总出生率指妇女在育龄期内某一年龄段的出生率恒定时，平均每个妇女的生儿率。

数据表HD.2
死亡率，寿命及艾滋病趋势

资料来源：婴儿死亡率数据：联合国《1950—2050人口指数中等出生率变化》（1998年修订版）（U.N. 人口处，纽约，1998）。5岁以下的死亡率：联合国儿童基金会，《1999世界儿童状况》（UNICEF，纽约，1998），包括多重指标调查的部分信息；联合国人口处；人口与健康调查；世界卫生组织和世界银行。出生时的预期寿命：联合国人口处，《1950—2050年人口指数》（1998年修订版），软件存储（U.N. 纽约，1998）。艾滋病数据：联合国关于HIV/AIDS的联合行动计划，《UNAIDS关于全球HIV/AIDS传播报告的数据附录》（联合国关于HIV/AIDS的联合行动计划，纽约，1998，6）。

婴儿死亡率指1岁以下婴儿死亡的可能性，再乘以1000。

5岁以下儿童的死亡率指5岁以下儿童死亡的可能性，再乘以1000。UNICEF提供了这一组计算方法，此计算方法来自《1960年代以来的儿童死亡率：发展中国家数据库》（U.N. 纽约，1992），婴儿死亡率估算则由联合国人口处提供。这两种计算方法混合的结果是从根据模型估算向根据定期更新的儿童死亡率数据库估算的转变。但是，这一变数不应与联合国人口处的婴儿死亡率相比，因为这个数字来自其他资料来源所没有的人口模型。

出生时的预期寿命指如果某一年龄段的有效死亡率适用于他或她的一生，预期寿命则是一个新生儿的预计成活时间的平均值。

经专业培训人员接生的出生率指由医生、护士、助产士或经产科培训的基础医疗保健人员接生的婴儿所占的百分比。

受HIV/AIDS感染的成人和儿童指受HIV感染，已经有或还没有AIDS症状的成人和儿童的数量。感染HIV/AIDS的成人百分比指年龄在15～49岁之间的人口受HIV感染，已经有或还没有AIDS症状的百分比。从AIDS开始传播后成为孤儿的儿童数量指自AIDS开始传播，15岁以下的儿童因AIDS而失去母亲或父母双亲的估计数量。UNAIDS尚未确定AIDS是从何时开始传播的。

数据表HD.3
安全水，卫生，入学与文化程度

资料来源：可获得安全饮用水和可获得充分的卫生设施和医疗：联合国儿童基金会，《1999世界儿童状况》(UNICEF，纽约，1998)，包括多重指标调查的部分信息；联合国人口处；人口与健康调查；世界卫生组织（WHO）和世界银行。教育数据：联合国教科文组织，《1998世界教育指数》，软盘存储（UNESCO，巴黎，1999）。有文化的数据：UNESCO，《1998世界教育指数》，CD－ROM，(UNESCO，巴黎，1999)。

WHO关于饮用水和卫生设施的数据收集分别于1980年、1983年、1988年和1990年从各国政府那里获得的，采用由公共卫生官员、世界卫生组织专家代表和联合国开发计划署的常驻代表共同制定的调查表。1990年WHO和UNICEF共同开展了联合监测计划项目，旨在通过该项目提高测量水和卫生状况的能力。该项目最近一轮收集的数据显示1994年许多国家可获得清洁饮用水和卫生设施的数据。

关于安全饮用水和能够获得卫生和健康服务的定义，视各地的具体条件和状况不同而不同，因此，进行横向比较可能会误导。此外，各国政府都对城市和农村人口有自己的定义，因此也可能不宜进行严格地比较。对获得安全饮用水、充分的卫生条件和健康服务的正式定义见下文，但各国都有权更动这些定义，以反映当地的情况。

可获得安全饮用水人口比例是指能够合理获得充分安全饮用水的人口所占的比例（包括经过处理的地表水和未经处理的、但经过保护的泉水、钻孔水和卫生井水）。WHO对“合理获得”安全饮用水的定义是：在城市地区能够获得自来水或成员在一个生活小区的200m内有一个公用的水管；在农村指一个家庭不必花费过多的时间去取水。

可获得充分卫生设施的人口比例是指这部分人口至少能够利用粪便处置设施，有效地防止人、动物和昆虫接触粪便。城市地区可获得充分卫生设施的定义为：城市人口享有与公共污水管排污相连接的设施，或享有如坑式厕所、冲水厕所、化粪池、公共厕所和其他这一类设施的家用系统。农村人口可获得卫生设施的定义是：享有如坑式厕所和冲水厕所等设施的人。

UNESCO对净入学率的定义是：符合入学年龄（由各国教育系统规定）的入学率与相应的教育水平相符，并用那个年龄组占总人口的百分比来表示。毛入学率的定义是：不考虑年龄差别的总入学率，用相应于官方教育水平的人口百分比来表示。净小学入学率指国际教育分类标准（ISCED）中的1级水平，其主要功能是提供基础教育，如那些由小学提供的教育。国家与国家之间的比较应谨慎，因为这一水平的规定极为灵活。净中等学校入学包括ISCED中的2级和3级水平，而且应在完成至少4年的第1级学习任务后，才开始中等学校的学习。中等学校教育由师范学校、中级、初级和高级中学及职业学校或技校提供。毛第三级学校入学指ISCED中的5级和6级。

成人文化率指15岁及以上能读能写的人占人口的百分比。UNESCO建议，对文盲的定义为“一个既不会读，也不会写，只能懂得简单的几句日常生活句子的人”。这一概念被广泛接受，但在收集人口统计和调查数据时发现，各国对此定义的理解和应用各不相同。对大多数国家而言，在此报告中显示的有文化的数据即为UNESCO根据各国向联合国人口处提供的全国人口统计数据或根据其他国内出版物作出的估算或推测。

数据表EI.1
国内生产总值与贸易值

资料来源：国内生产总值（GDP），GDP年增长率，GDP的分配，商品和服务出口及商品和服务进口数据：世界银行，《1999世界发展指标》，软盘存储（世界银行发展数据组，华盛顿特区，1999）。人口数据：联合国人口处，《1950—2050年年度人口》，（1998年修订版），软盘存储（U.N. 纽约，1999）。

用购买力平价（PPP）表示的国内生产总值（GDP）指根据货币购买力而不是当时的汇率进行的估算。以PPP估算的GDP是把当地货币的GDP对GNP的比率应用于世界银行的，以PPP表示的GNP估算值而推算出来的。此种估算值是混合了外推和基于回归的数字，并使用了国际比较方案（ICP）的结果。GNP数据可从《2000—2001世界资源数据库，软件存储》中查到。

国际比较方案的基准研究基本上是多边定价的运用。国家间价格比较按1970、1973、1975、1980、1985、1990和1993年七个阶段进行报告。购买力平价研究通过专门的价格收集和按支出构成分解GDP，对传统的国家账目重新计算。国际比较方案的详细情况由国家统计办公室报告。

国际元价值不同于GNP或GDP的美元价值。国际元价值是使用了不同货币的购买力相等的特殊换算关系计算的。这个换算系数，即购买力平价，其定义是一国货币在国内市场上购买相当于用1美元在美国市场上所购买到的商品和劳务的数量。这种计算包括了从国家账目支出数据和专门收集的价格数据中导出的内含的量。然后，在每个国家以其单独的一套平均价格重新估算这个内含的量。由于使用相同的国际价格，平均数被应用于各个国家，跨国比较在没有价格水平差别的情况下，反映商品和劳务在量方面的不同之处。设计上述程序的思想是使跨国比较与基于不变价格系列的跨时间真实价值比较相一致。PPP的估计值有助于降低工业化国家的人均GDP，提供发展中国家的人均GDP。

根据汇率计算的国内生产总值（GDP）是以1995年美元（根据1995年汇率）进行估算的，并且是按生产要素成本（农业、工业和服务部门增值额）表示的GDP与间接税之和，减去补贴而得到的。世界银行的GDP估计值与联合国的国家核算系统相一致。

人均GDP的估算是使用1997年的人口估算或从可获得GDP数据最近的年份的估算进行计算的，如数据表所示。

GDP的平均年增值率是真正产出增长的最小二乘方。增长率用1995年美元不变价格数据计算，以排除通货膨胀的影响。

农业（GDP）百分比包括农业生产、牲畜生产、农业服务、伐木、森林、渔业和狩猎。工业（GDP）百分比包括矿业和采石、制造、建筑和电力、天然气和水。服务业（GDP）百分比包括批发和零售贸易、运输、储藏、通讯、银行、保险、不动产、公共管理和国防、住宅的所有权，等等。由于计算时的四舍五入，GDP的分布加起来不总是100%。

商品和劳务进出口指为世界所提供的所有商品和其他可上市的劳务的价值。它包括制造业、运输业、保险业、旅游业及其他非当量换算因素劳务。换算因素和财产收入（正式称呼为因素劳务），如投资收入、利润和劳力收入，不包括在内。数字用当前美元价值来表示。农业包括农业原材料，如毛皮，天然橡胶、软木和木材、纸浆和废纸、纺织纤维和未加工动物材料及植物材料。经测量的其他目录种类包括粮食、燃料、金属和制造业。

根据联合国国家账目统计系统的要求，尽管在规范经济数据方面已经做了大量的工作，但当解释此数据表中指标的百分比时，仍需谨慎。使用经济数据进行国家间和短期间比较，涉及到复杂而又不易解决的技术问题。所以，要求读者在使用这些数据时，把它作为体现不同经济之间的特性，而不是作为详细的、量化的计算结果。

数据表EI.2
国际资金流向与投资

资料来源：官方发展援助（ODA）和官方援助（OA）：经济合作与发展组织（OECD），《1998发展合作》（OECD，巴黎，1999），《资金向接受国流动的地理分布（1993—1997）》（OECD，巴黎，1999）和《1999世界发展指标》，软盘存储（世界银行发展数据组，华盛顿特区，1999）。ODA和OA占国内总产值的百分比：使用世界银行的数据计算，《1999世界发展指标》，软盘存储（世界银行发展数据组，华盛顿特区，1999）。人口数字：联合国人口处，《世界发展前景（1950—2050）》（1998年修订版），软盘存储，（U.N.，纽约，1999）。外国直接投资、总外债、作为总出口一部分的债务服务和国际旅游收入：世界银行，《1999世界发展指标》，软盘存储（世界银行发展数据组，华盛顿特

区，1999）。

年平均官方发展援助（ODA）和官方援助（OA）数据用当前美元计算，它包括某一国家支出的捐赠以及给予或收到的优惠贷款，或一个国家所收到的扣除优惠贷款的还款额等的净数量。捐赠包括捐款、货物或劳务，均无需偿还。一笔优惠贷款有25%或以上的捐赠成分。这种捐赠成分包括：由于低于市场利率而使贷款的面值超出其当前的市场值，优惠的偿还期以及偿还的宽限期。非优惠贷款不在OAD的范围之内。OAD和OA的捐资用负数表示（在圆括号内）；接受则用正数表示。因为优惠贷款的净偿还，一些发展中国家（如韩国）的数据是负数。捐赠国的数据包含直接或通过多边机构对发展中国家的援助。

ODA和OA的资料来源包括：OECD发展援助机构、石油输出国组织成员及其他国家。捐赠、优惠贷款，以及通过多边发展机构的援助都已包括在捐献和接受之中。OECD通过调查表和来自一些国家和多边机构的报告汇总出OAD和OA数据。OAD和OA在发展中国家之间流向的数据不多。凡是可收集到的数据都已包括进去了。

用于计算ODA和OA占国内生产总值（GDP）百分比的GDP数据是根据购买力平价计算的估算。关于购买力平价的解释，请参见资料来源和数据表EI. 1的技术注释。

ODA和OA人均估计值是据当前国际元值和联合国人口处1995—1997年的数据，用1995—1997 ODA和OA的平均估计值计算出来的。

直接外国投资指除了投资者的资金以外，在一个国家中为得到持续的管理权利（表决股票的10%或更多）的资金净流入。它包括（如支付平衡所示）股权资本盈利再投资、其他长期资本和短期资本。

世界银行运营的借方报告系统（DRS），是用世界银行成员国提供的报告汇编而成的。各成员国对年度状况、交易和公共机构的长期外债，以及由政府担保的私人债务的条件提供详细的报告。其他数据则由数据银行、国际货币基金组织（IMF）、区域发展银行、政府借贷机构和贷方报告系统（CRS）提供。贷方报告系统由OECD运营，对其发展援助委员会成员的报告进行汇编。关于国际债务的更多信息，可参阅《1999年全球发展金融》第1、2卷，（世界银行，华盛顿特区，1999）。

外债总额（现值美元）包括未偿还的长期债务、短期债务、使用的国际货币基金信贷、未偿还的私人物担保债务。长期债务是属于非常住居民的、到期至少为一年的债务，并可用外币、物品或劳务的形式偿还。长期债务分为长期公债和由政府担保的私人债务。短期债务则是一年或一年内到期的公债或由政府担保的私人债务。国家很难监控此类债务。只有几个国家通过借方报告系统（DRS）提供了这方面的数据。短期债务由以下来源粗略估算出：世界银行用贷方国家报告、国际清算银行的信息和其他来源的信息补充这些数据，从而推算出粗略的短期债务估计值。

IMF的使用指对该基金组织总资金账户的所有提款。它通过应用计算年份有效的特别提款权平均汇率，将国际货币基金转换为美元。

私人债务是私人未经公共实体担保的债务人的对外责任。此类债务的报告不如公债的数据多。很多国家并未通过借方报告系统报告这类数据。如果有此类数据，则都包括在总额中。

还债付息额占总出口（按外币、商品和劳务计）的百分比是由已支付的长期公债与无担保的私人债务的利息支付和本金偿还、国家货币基金组织债务的再买回、国家货币基金组织收费及短期债务利息支付占出口的百分比。

债务数据以可支付的货币单位向世界银行报告。世界银行用货币基金组织的票面值、中央汇率或现行市场利率（有合适者）将这些数据换算成美元。还债总额数据以给定年的平均汇率换算成美元。国家之间和年度之间的可比性，受到数据收集和报告的方法、定义及综合性不同的限制。

外债数据仅适合用于借方报告系统内的那些国家。该系统主要集中于低收入和中等收入经济状况的国家。许多国家在系统中没有代表，此外债数据估算值由于不同的报告准则，使提供的估计值可能是综合的。

这些数据没有考虑到条件的结构和优惠债务的混合，可能导致错误地表示一个国家基本的偿还能力。

商品和劳务的出口表示为时间所提供的所有商品和可上市的劳务的价值。它包括制造业、运输业、保险业、旅游业及其他非当量换算因素劳务。换算因素和财产收入（正式称呼为因素劳务），如投资收入、利润和劳力收入，不包括在内。

国际旅游收入包括国际入境投资者的所有支出（即为商品和劳务所支付的费用），还包括在国内运载工具上为国际运输所支付的费用。这些收入应包括在目的地国为购买商品和劳务所支付的任何费用。数字用当前美元价值来表示。世界银行也报告国际出境投资者在其他国家的支出。

数据表EI.3
收入分配与贫困

资料来源：Gini系数，收入分配与贫困：世界银行，《1999世界发展指数》，CD－ROM（世界银行，华盛顿特区，1999）。所选发达国家贫困估算：Timothy M. Smeeding，《发达国家的金融贫困：卢森堡收入研究的证明（联合国发展计划的最终报告）》，卢森堡收入研究，工作报告，第155号（纽约，Syracuse和卢森堡,Walferdange，1997）。

世界银行广泛采用各种信息来源，包括政府报告、国际组织报告，必要时还包括家庭调查，以编制出有关国家收入分配情况的估算。

调查年指收集收入分配数据的那一年。

Gini系数测算收入的实际分配与绝对平均分配的差别程度。系数为0表示绝对平均；系数为100则表示绝对不平均。表现在图上为Lorenz曲线（收入的累加百分比与收入者的累加百分比之比——从最贫困的个人或家庭开始）与假设的收入绝对平均线(表现为线下面积的百分比)之间的面积。

每个人群的收入百分比指每一个收入人群在总收入中所占的比例，按照收入排列（从最低的20%开始逐步上升到最富有的20%）。

个人或家庭收入或消费数据来自国家家庭调查。根据人均收入或消费来排列。因家庭规模的大小不同及家庭成员所分享的收入额度不同，所以，每个人群间的数字比较很困难。如能得到家庭调查的原始数据，就计算收入（或消费）的份额。如不能获得这些数据，那么，就根据最佳的、能获得的数据组来估算份额。

年指为国际贫困线收集数据的那一年。

生活在国际贫困线下的人口百分比是由世界银行根据各国政府统计机构和世界银行各国家部门获得的基本家庭调查数据为大多数国家计算的。所选发达国家的贫困数据是卢森堡收入研究（LIS）的成果。

国际贫困线指以购买力平价计算，日平均消费低于1美元的人数的百分比（根据1995年国际价格）。购买力平价的定义是：一国货币在国内市场上购买相当于用1美元在美国市场上所购买到的商品和劳务的数量。这种计算包括了从国家账目支出数据和专门收集的价格数据中导出的内含的量，然后，在每个国家以其单独的一套平均价格重新估算这个内含的量。由于使用相同的国家价格，平均数被应用于各个国家，跨国比较在没有价格水平差别的情况下反映商品的劳务在量方面的不同之处。设计上述程序的思想是使跨国比较与基于不变价格系列的跨时间真实价值比较相一致。

年指为国际贫困线收集数据的那一年。

国家贫困线率是用世界银行根据家庭调查作出的贫困估算来计算的，它反映了生活在国家城市贫困线以下的人口。所选发达国家的贫困数据是卢森堡收入研究（LIS）的成果。农村贫困率指生活在国家农村贫困线以下的人口。

城市贫困率指生活在国家城市贫困线以下的人口的百分比。每个国家对贫困的定义不同，因此，国家间的和连贯性的比较会很困难。更多详情，请参见原始资料。

本文所选的国家贫困线的定义（中等收入的40%）只是LIS提供的几个可选择的定义之一。中等收入的40%接近美国所报告的贫困百分比（1994年为14.5%——使用复杂的算法，美国商务部，《1996年美国统计概要》，美国商务部，华盛顿特区，1996，第472页）。除美国和英国外，这些发达国家很少报道本国的贫困估计数字。

数据表SCI.1
小国与岛屿

资料来源：人口数据：联合国人口处，《1950—2050年年度人口》，(1998年修订版)，软盘存储（U.N. 纽约，1998）。土地面积和耕地面积：联合国粮农组织（FAO），《FAO-STAT在线统计服务》（FAO，罗马，1999）。自然森林数据：FAO，《1999世界森林状况》（FAO，罗马，1999）。珊瑚礁种群数：未发表的数据（世界保护监测中心，英国，剑桥，1999，8）。专属经济区：数据由L. Pruett 和 J. Cimino计算，未发表的数据，《全球近海边境数据库》（Veridian-MRJ 技术解决方法，Fairfax,弗吉尼亚，2000，1）。海洋鱼类捕捞：FAO《1984—1997年全球捕捞数据组》和《1984—1997年水产养殖量数据组》，渔业统计数据库，可用Fishstat-Plus软件下载，网址：http：//www.fao.org/WAICENT/FAOINFO/FISHERY/statist/FISOFT/FISHPLUS.HTM。

来自鱼及鱼类产品的食品供应：E. Laureti,《鱼和渔业产品：以粮食平衡清单为依据的世界明显消费统计（1961—1997)》，FAO渔业通告第821期，第5号（FAO，罗马，1999）。5岁以下儿童死亡率：联合国儿童基金（UNICEF），《1999世界儿童状况》（UNICEF，纽约，1999）。国内生产总值：世界银行，《1999世界发展指标》，软盘存储（世界银行发展数据组，华盛顿特区，1999）。

人口指该年中期的人口情况。大部分数据是根据人口统计和调查估计的。所有项目都是用中等情况的方案来进行的。(关于此变量的详情，请参见数据表HD. 1的资料来源和技术注释。)

土地面积指一个国家的总面积，它不包括内陆海底、湖底和国家声称的大陆架的面积。FAO通过各国政府对调查表的反馈汇编了这些数据。

FAO对发展中国家热带和温带自然林的定义为：主要由本土（本地）树种构成的森林。自然林包括密林，密林系指树木覆盖了大部分的土，而草地不能在地面上形成连续的草层（例如，阔叶林，针叶林和竹林）和疏林，FAO定义疏林为混合的森林/草地上树木覆盖率至少为10%，在林地上的草地成片生长。温带和热带发展中国家的自然林包括除人造林以外的所有林段，并包括由于农业、火灾、采伐和其他因素而遭受某种程度退化的林段。所有区域的树木都是根据高度与灌木区别：一株成熟树木有一个轮廓分明的主干，高于7m，而成年灌木通常低于7m。年平均变化百分率指1990年至1995年森林覆盖的提高或下降。它以指数成长率的百分数表示。如果圆括号内是负数，那么这些数字反映净森林砍伐，它定义为砍伐林地用于各种形式的农业用途（轮种，不休闲耕作和永久牧场）和诸如住宅，其他基础设施和采矿等其他土地用途。在热带国家，这包括造成树冠覆盖率低于10%的砍伐。应当注意的是，正如在此定义的，砍伐不反映林段或地点的变动，如选择性伐木（除使森林覆盖率永远减少到低于10%以外）。这些变化都叫做“森林退化”，它们能严重地影响森林，森林土壤，野生动物及其栖息地，以及全球碳循环。这样一来，报告的砍伐林数字的影响有可能小于包括所有的森林变化类型在内的全部砍伐森林数字的影响。年变化正数反映了一个国家或地区内的净造林。关于FAO是如何得到这些数值的详细情况，请参见数据表FG. 1的资料来源和技术注释。

耕地面积指暂时和永久种植的土地，临时放牧的草地，供应市场和家用的菜园和暂时休闲的农田。永久耕地指作物每次收获后，不需要重新种植的土地。此类作物有可可、咖啡、果树、橡胶和葡萄。

Scleractinia珊瑚礁种群只包括生长在暗礁的、每个国家已知现存的寄居Scleractinia族种类。珊瑚礁是所有已知的近1/4海洋鱼类物种的家。一般而言，珊瑚礁生长在南、北回归线。大多数珊瑚礁属于Scleractinia族，也称为真珊瑚或硬珊瑚。它们或独居，或寄居，并且有厚重的外部钙质骨架。寄居类生活在热带清澈的浅水区，而独居类则可生活在深水和高纬度区域。

专属经济区（EEZ）是一个国家所声称的200海里EEZ以内的沿海面积。《联合国关于海洋法公约》（UNCLOS）是一项国际协议，它规定了利用和开发海洋的条件和限制。此公约还规定了不同成员国如何确定其海域管辖范围边境的规则。UNCLOS于1982年12月10日在牙买加的蒙特哥贝湾举行了签字仪式，并于1994年11月16日生效。到2000年1月，已有132个国家签署了UNCLOS。根据UNCLOS，沿海各国对200海里以内的EEZ享有主权。享有EEZ主权的国家，在海床、海底底土及相交叉的区域可进行勘查、开发、保护并管理其所有的自然资源。UNCLOS允许其他国家在EEZ航行和飞越，也允许铺设海底电缆和管线。EEZ的内限始于大陆海的外部边境（离沿海低水平线12海里）。一些国家尚未批准UNCLOS，还有许多国家尚未声明他们的EEZ。有关EEZ的更多详情，请参见数据表CMI. 3的资料来源和技术注释。

海洋鱼类捕捞量数据指为用于商业、工业和生计（可能的话也包括为娱乐活动而进行的捕捞）而抓的或网住的。海水养殖、淡水养殖和其他方式养殖的鱼，其统计数字都不包括在国家总量中。海鱼包括在海洋中捕捞的栖息水底的、浮游的和洄游与海水和淡水之间的鱼（如鲟鱼、白鲟、河鳗、鲑鱼、真鳟、胡瓜鱼、美洲河鲱及混杂的洄游鱼）。关于栖息水底的和浮游的鱼种名单，请参见数据表CMI. 4的资料来源和技术注释。捕捞数字指全国3年期的总量平均数；它们包括一个国家的船队在世界任何地方捕捞的鱼。

更多详情，请参见数据表CMI. 1和CMI. 4的资料来源和技术注释。

鱼和海产品的食物供应总量指人类消费可得到的淡水鱼、海鱼以及海产品和派生出来的产品的总量。每人每年鱼和海产品的食物供应量是供人类消费可得到的总供应量的估计数除以实际人口（即那些居住在一个国家境内或地区内的人），除非另有说明。数据用相当于活时的重量来表示。鱼和海产品的食物供应数据代表活时重量的消费，也就是说所消费的鱼和海产品数量包括鱼的全身，包括鱼刺。实际消费的鱼和海产品数量可能低于所提供的数字，这取决于在储藏、制作和烹调时损失了多少，以及丢弃了多少。

鱼蛋白占所有蛋白供应的百分比指供人类消费可得到的淡水鱼和海鱼，海产品和派生产品蛋白数量占可获得的所有蛋白的百分比。

5岁以下儿童的死亡率指5岁以下儿童死亡的可能性，再乘以1000。关于UNICEF是如何获得这组数字的更多信息，请参见数据表HD. 2的资料来源和技术注释。

用购买力平价（PPP）表示的国内生产总值（GDP）指根据货币购买力而不是当时的汇率进行的估算。以PPP估算的GDP是把当地货币的GDP对GNP的比率应用于世界银行的，以PPP表示的GNP估算值而推算出来的。此种估算值是混合了外推和基于回归的数字，并使用了国际比较方案（ICP）的结果。GNP数据可从《2000—2001世界资源数据库》软件存储中查到。关于GDP和PPP的更多信息，请参阅数据表EI. 1的资料来源和技术注释。

来 源

缩略语

AAAS	美国科学促进会
ACIAR	国际农业研究澳大利亚中心
AGIDS	全球问题和发展研究阿姆斯特丹研究所
BGS	英国地质测量
BP/RAC	地中海蓝色计划/区域行动中心
CANARI	加勒比海自然资源研究所
CARPE	中非区域环境计划
CDIAC	美国橡树岭国家实验室二氧化碳信息分析中心
CGIAR	国际农业研究咨询组
CI	保护国际
CIAT	国际热带农业中心
CIESIN	国际地球科学信息网会议
CIMMYT	墨西哥国际玉米和小麦改良中心
CONABIO	国家生物多样性知识和利用委员会，墨西哥
COP—5	生物多样性公约缔约方大会
CORAL	珊瑚礁居群
CRSSA	遥感与空间分析中心
C&SF Project	佛罗里达中南部项目
CSIR	南非科学与产业研究委员会
CSRC	复合系统研究中心
DOE	美国能源部
ECE	欧洲事务欧洲委员会
EEA	欧洲环境局
EFI	欧洲森林研究所
EMEP	欧洲监测和评价方案
EIA	能源信息机构
ESA	美国生态学会
ESRI	环境系统研究所
EVRI	环境评价参考名录
FAO	联合国粮食及农业组织
FAOSTAT	联合国粮农组织统计数据库
FSC	森林管理委员会
GAIM	国际地圈—生物圈计划—全球分析，综合与模拟特别工作组
GCSSF	南佛罗里达可持续发展政府委员会
GEF	全球环境基金
GESAMP	海洋污染科学问题专家小组
GLASOD	全球土壤退化评价
GOOS	全球海洋观测系统
GUO	全球城市观测站
IAI	美洲全球变化研究所
ICLARM	水生生物资源管理国际中心
ICO	国际咖啡组织
ICOLD	国际大型水坝委员会
ICSU	国际科学联合会理事会
IEA	国际能源机构
IFAD	国际农业发展基金
IFDC	国际肥料发展中心
IFPRI	国际粮食政策研究所
IGBP	国际地圈生物圈计划
IIASA	国际应用系统分析研究所
IJHD	国际水能和水坝杂志
IMERCSA	印度穆索科特文南部非洲环境资源研究中心
IMF	国际货币基金
IPCC	政府间气候变化专业委员会
IRF	国际道路联盟
IRN	国际河流网络
ISRIC	国际土壤参考资料和信息中心，荷兰
ITTO	国际热带木材组织
IUCN	世界自然保护联盟
MRC	湄公河委员会
NASA	国家航天航空局
NOAA	美国国家海洋和大气局
NOAA/NGDC	国家地理数据中心
NOAA/NOS	国家海洋局
NRC	国家研究理事会
NRDC	自然资源防御委员会
ODI	海外发展研究所
OECD	经济合作与发展组织
ORNL	橡树岭国家实验室
OVI	海洋声学国际组织
PAGE	全球生态系统分析计划
PRB	人口资料局
RFF	未来资源
SARDC	南部非洲研究与文献中心
SFERTF	南佛罗里达生态系统恢复特别组
SFWMD	南佛罗里达水管理区
SIDA	瑞典国际发展合作部
TNC	自然保护
UC Berkeley	加利福尼亚大学伯克利分校
UC Davis	加利福尼亚大学戴维斯分校
UCSD	加里福尼亚大学，圣地亚哥分校
UNCHS	联合国人居环境中心
UNDP	联合国开发计划署
UN—ECE	联合国欧洲经济委员会
UNEP	联合国环境规划署
UNESCO	联合国教科文组织
UNFIP	联合国国际合作基金
UNFPA	联合国人口基金

UNICEF	联合国儿童基金会
UNPD	联合国人口司
UNSTAT	联合国统计司
USACE	美国工程特种兵部队
USAID	美国国际开发局
USDA	美国农业部
USDA/NASS	国家农业统计中心
USDA/NRCS	自然资源保护中心
USGS	美国地质测量
USGS/EDC	地球资源观察系统/数据中心
U.S. EPA	美国环境保护局
USOTA	美国技术评价办公室
UT Austin	德克萨斯大学，奥斯汀分校
WBCSD	世界可持续发展商业委员会
WCFSD	世界森林与可持续发展委员会
WCMC	世界保护监测中心
WHO	世界卫生组织
WMO	世界气象组织
WRI	世界资源研究所
WTO	世界贸易组织
WWF	世界自然基金会

计量单位缩写

AVHRR	超高分辨率辐射计
Bha	十亿公顷
cm	厘米
GtC	十亿吨碳
km	公里
l	升
m	米
mi	英里
MtC	百万吨碳
Mha	百万公顷
ha	公顷
MW	兆瓦特
MMTCE	百万吨碳当量
ppm	百万分之一
ppb	十亿分之一

致　谢

《世界资源报告（2000－2001）》是由联合国环境规划署（UNEP）、联合国开发计划署（UNDP）、世界银行和世界资源研究所（WRI）等许多机构共同参加的独特的国际合作产物。这是联合国机构、一个多边财政机构和一个非政府组织，以真正的合作关系，共同决定一个重要报告的内容、结论及建议的唯一例子。

机　构

对于这份新千年报告的问世，我们特别感谢联合国基金会的大力支持，他们为提高报告的文本质量，改进报告的传播途径作出了巨大贡献。我们也非常感谢荷兰外交部，他们努力促进报告的国际间合作。我们还非常感谢下列科研机构，他们全力支持全球生态系统的试点分析，支持建立新千年生态评价中心的国际努力，并为完成整个报告提供了大量的数据、评价及鼓励。

Aqua-Media International, U.K.
Australian Centre for International Agricultural Research
AVINA Foundation
BirdLife International
Blue Plan for the Mediterranean
Carbon Dioxide Information Analysis Center, Oak Ridge National Laboratory
Caribbean Association for Sustainable Tourism
Caribbean Tourism Organization
Center for International Earth Science Information Network
Center for Remote Sensing and Spatial Analysis
Consultative Group on International Agricultural Research
Co-Operative Programme for Monitoring and Evaluation of the Long-Range Transmission of Air Pollutants in Europe
COWI Consulting Engineers and Planners AS, Denmark
David and Lucile Packard Foundation
Declining Amphibian Populations Task Force
DHI Water and Environment, Denmark
Earth Resources Observation Systems Data Center, United States Geological Survey
Environmental Systems Research Institute
European Commission for Europe
European Environment Agency
European Forest Institute
Food and Agriculture Organization of the United Nations
Forest Stewardship Council
Global Environment Facility
Global Runoff Data Center, Germany
International Center for Tropical Agriculture
International Coffee Organization
International Energy Agency
International Fertilizer Development Center
International Food Policy Research Institute
International Institute for Applied Systems Analysis
International Livestock Research Institute
International Monetary Fund
International Potato Center
International Road Federation
International Soil Reference and Information Centre
International Tanker Owners Pollution Federation
Island Resources Foundation
IUCN-The World Conservation Union
Japan Oceanographic Data Center
Man and the Biosphere Program
National Agricultural Statistics Service
National Oceanic and Atmospheric Administration, National Geophysical Data Center and National Ocean Service
The Nature Conservancy
Netherlands Ministry of Foreign Affairs
Ocean Voice International
Ohio Environmental Protection Agency
Oregon Department of Fish and Wildlife
Organisation for Economic Co-Operation and Development
Patuxent Wildlife Research Laboratory
Ramsar Convention Bureau
Safari Club International
State Hydrological Institute, Russia
Swedish International Development Cooperation Agency
Umeå University, Sweden
United Nations Children's Fund
United Nations Economic Commission for Europe
United Nations Educational, Scientific and Cultural Organization
United Nations Fund for International Partnerships
United Nations Population Division
United Nations Statistical Division
United States Agency for International Development, Global Bureau
United States Army Corps of Engineers, Construction Engineering Research Labs
United States Department of Agriculture, Forest Service, National Agricultural Statistics Service, and National Resources Conservation Service
United States Fish and Wildlife Service, National Wetlands Inventory
United States Geological Survey
University of East Anglia, U.K.
University of Kassel, Center for Environmental Systems Research, Germany
University of Maryland, Geography Department
University of Nebraska-Joint Research Center for the European Commission
University of New Hampshire, Complex Systems Research

Center
University of Rhode Island, Coastal Resources Center
Veridian-MRJ Technology Solutions
Washington Department of Fish and Wildlife
World Conservation Monitoring Centre
World Travel and Tourism Council
World Wildlife Fund-US
Yale School of Forestry and Environmental Studies

MILLENNIUM ASSESSMENT STEERING COMMITTEE

Special thanks are due to the members of the Millennium Assessment Steering Committee, who generously gave their time, insights, and expert review comments throughout the period of the Pilot Analysis of Global Ecosystems.

Edward Ayensu, Ghana
Mark Collins, WCMC
Angela Cropper, Trinidad and Tobago
Andrew Dearing, WBCSD
Michael Zammit Cutajar (invited), Framework Convention on Climate Change
Louise Fresco, FAO
Madhav Gadgil, Indian Institute of Science, Bangalore
Habiba Gitay, Australian National University
Gisbert Glaser, UNESCO
Zuzana Guziova, Ministry of the Environment, Slovak Republic
Calestous Juma, Harvard University
John Krebs, National Environment Research Council, U.K.
Jonathan Lash, WRI
Roberto Lenton, UNDP
Jane Lubchenco, Oregon State University
Jeffrey McNeely, IUCN-The World Conservation Union
Harold Mooney, ICSU
Ndegwa Ndiangui, UN Convention to Combat Desertification
Prabhu L. Pingali, CIMMYT
Per Pinstrup-Andersen, IFPRI
Mario Ramos, GEF
Peter Raven, Missouri Botanical Garden
Walter V. Reid, Secretariat
Cristian Samper, Instituto Alexander Von Humboldt, Colombia
José Sarukhán, CONABIO
Peter Schei, Directorate for Nature Management, Norway
Klaus Töpfer, UNEP
José Galízia Tundisi, International Institute of Ecology, Brazil
Robert Watson, World Bank
Xu Guanhua, Ministry of Science and Technology, P.R. of China
A.H. Zakri, Universiti Kebangsaan Malaysia

PUBLISHING SUPPORT AND ASSISTANCE

We also want to acknowledge publishing support and assistance from The Magazine Group in Washington, D.C., whose staff designed and typeset *World Resources 2000–2001;* Transcontinental Printing & Graphics, Inc., the printer of the hardcover and paperback English editions; Elsevier Science Ltd. in Oxford, U.K., the publisher of the English hardcover edition; Editions Eska in Paris, France, the publisher of the French edition; Ecoespaña Editorial in Madrid, Spain, the publisher of the Spanish edition; Nikkei Business Publications, Inc. in Tokyo, the publisher of the Japanese edition; Al-Ahram Center for Translation and Publishing in Cairo, Egypt, the publisher of the Arabic edition; and the State Environmental Protection Administration in Beijing, P.R. China, the publisher of the Chinese edition.

INDIVIDUALS

Many individuals contributed to the development of this report by providing expert advice, data, or careful review of manuscripts. While final responsibility for the contents rests with the *World Resources* staff, the contributions of these colleagues are reflected throughout the report.

Special thanks to Dan Claasen of UNEP, Robert Watson of the World Bank, and Roberto Lenton of UNDP, who coordinated access to pertinent experts at their organizations:

UNEP

Sheila Aggarwal-Khan, Nancy Bennet, Marion Cheatle, Gerry Cunningham, Til Darnhofer, Salif Diop, Sheila Edwards, Hiremagalur Gopalan, Sheila Heileman, Dave MacDevette, Timo Maukonen, Ricardo Sanchez, Surendra Shrestha, Ashbindu Singh, Anna Stabrawa, Bai-Mass Taal, Dik Tromp, Isabelle Vanderbeck, and Jinhua Zhang.

UNDP

Susan Becker, Karen Jorgensen, Kristen Lewis, Charles McNeil, Laura Mourino-Casas, and Ralph Schmidt.

WORLD BANK

Isabelle Alegre, J. Gonzalo Castro, John Dixon, Kirk Hamilton, Saeed Ordoubadi, Stefano Pagiola, and Gunars Platais.

第一部分 人与生态系统联系的重新思考

第一章 人与生态系统的联系

正文
Editor: Gregory Mock (WRI). Contributing writers: John Dixon (World Bank), Kirk Hamilton (World Bank), Stefano Pagiola (World Bank), Christine Mlot (consultant), and Gregory Mock (WRI).

专栏1.1 利用和滥用的历史
Editor: Janet Overton (WRI). Writer: Lori Han (WRI). Reviewers: John McNeill (Georgetown University) and Walter V. Reid (consultant).

专栏1.2 生态系统与人的联系
Editors/writers: Gregory Mock (WRI), Christine Mlot (consultant), and Janet Overton (WRI).

专栏1.3 水的过滤和净化
Editor: Wendy Vanasselt (WRI). Contributing writers: Christine Mlot (consultant) and Wendy Vanasselt (WRI). Reviewer: Katherine C. Ewel (USDA Forest Service, Institute of Pacific Islands Forestry).

专栏1.4 授粉
Editor/writer: Wendy Vanasselt (WRI). Reviewers: Eric H. Erickson (Carl Hayden Bee Research Center), David Inouye (Rocky Mountain Biological Lab), and Rainer Krell (FAO).

专栏1.5 生物多样性
Editor/writer: Wendy Vanasselt (WRI). Reviewer: Nels Johnson (WRI).

专栏1.6 碳贮量
Editors: Janet Overton (WRI) and Carol Rosen (WRI). Contributing writers: Christine Mlot (consultant), Wendy Vanasselt (WRI), Greg Mock (WRI), and Robert Livernash (consultant). Reviewer: Chas Feinstein (World Bank).

专栏1.7 人与生态系统的联系：人类带来的压力
Pressures
Editor/writer: Carol Rosen (WRI).

专栏1.8 入侵物种
Editor/writer: Wendy Vanasselt (WRI). Reviewer: Nels Johnson (WRI).

专栏1.9 交易：维多利亚湖生态系统对照表
Editor: Gregory Mock (WRI). Writer: Carmen Revenga (WRI). Reviewer: Les Kaufman (Boston University).

专栏1.10 驯化了的地球：自然生态系统的转变
Editor/writer: Gregory Mock (WRI). Reviewer: Norbert Henninger (WRI). Map: Siobhan Murray (WRI).

专栏1.11 我们消费了多少？
Editor/writer: Gregory Mock (WRI). Reviewer: Emily Matthews (WRI).

专栏1.12 人口
Editor: Wendy Vanasselt (WRI). Contributing writers: Wendy Vanasselt (WRI), Greg Mock (WRI), and Robert Livernash (consultant).

专栏1.13 污染与生态系统
Editor/writer: Janet Overton (WRI).

专栏1.14 估价无价之宝
Editor: Wendy Vanasselt (WRI). Contributing writer: Christine Mlot (consultant). Reviewers: John Dixon (World Bank), Stefano Pagiola (World Bank), and David Simpson (RFF).

专栏1.15 生态旅游和保护：它们相互一致吗？
Editor/writer: Wendy Vanasselt (WRI). Reviewers: Katrina Brandon (Organization for Tropical Studies) and James N. Sweeting (CI).

专栏1.16 印度尼西亚森林中正在消亡的共同所有权
Editor: Janet Overton (WRI). Contributing writer: Richard Payne (consultant). Reviewer: Owen J. Lynch (NRDC).

专栏1.17 农村贫困和适应
Editor: Wendy Vanasselt (WRI). Contributing writers: Wendy Vanasselt (WRI) and Sara Scherr (University of Maryland). Reviewers: Simon Batterbury (London School of Economics) and Tim Forsyth (Kennedy School of Government, Harvard University).

第二章 鉴定生态系统状况

正文
Editor: Gregory Mock (WRI). Contributing writer: Walter V. Reid (consultant).

全球生态系统试点分析 **(PAGE)**
Project manager: Norbert Henninger (WRI).

The PAGE authors would like to express their gratitude to the many individuals who contributed data and advice, attended expert workshops in October 1998 or February 1999, and reviewed successive drafts of this report.

农业生态系统
PAGE authors: Stanley Wood (IFPRI), Kate Sebastian (IFPRI), and Sara Scherr (University of Maryland).

Contributors: Joseph Alcamo (University of Kassel, Germany), Carlos Baanante (IFDC), K. Balasubramanian (JRD Tata Ecotechnology Centre), Mary-Jane Banks (IFPRI), Niels Batjes (ISRIC), Christine Bergmark (USAID), Ruchi Bhandari (WRI), Jesslyn Brown (USGS/EDC), Sally Bunning (FAO), Emily Chalmers (consultant), Connie Chan-Kang (IFPRI), Linda Collette (FAO), Uwe Deichmann (World Bank), Andrew Farrow (CIAT), Jean-Marc Faurès (FAO), Günther Fischer (IIASA), Kathleen Flaherty (IFPRI), Louise Fresco (FAO), Robert Friedmann (The H. John Heinz III Center for Science, Economics and the Environment), Arthur Getz (WRI), Luis Gomez (consultant), Richard Harwood (Michigan State University), Peter Hazell (IFPRI), Gerhard Heilig (IIASA), Julio Henao (IFDC), Norbert Henninger (WRI), Robert Hijmans (International Potato Center), Anthony C. Janetos (WRI), Peter Jones (CIAT), Sjef Kauffman (ISRIC), Parviz Koohafkan (FAO), Emily Matthews (WRI), Siobhan Murray (WRI), Freddy Nachtergaele (FAO), Robin O'Malley (The H. John Heinz III Center for Science, Economics and the Environment), Peter Oram (IFPRI), Phillip Pardey (IFPRI), Stephen Prince (University of Maryland), Armando Rabufetti (IAI), Claudia Ringler (IFPRI), Mark Rosegrant (IFPRI), Melinda Smale (IFPRI), Lori Ann Thrupp (U.S. EPA), Thomas Walker (International Potato Center), Manuel Winograd (CIAT), Hans Wolter (FAO), and Liangzhi You (IFPRI).

海岸生态系统
PAGE authors: Lauretta Burke (WRI), Yumiko Kura (WRI), Ken Kassem (WRI), Mark Spalding (WCMC), Carmen Revenga (WRI), and Don McAllister (OVI).

Contributors: Tundi Agardy (CI), Salvatore Arico (UNESCO), Jaime Baquero (OVI), Barbara Best (USAID), Simon Blyth (WCMC), Suzanne Bricker (NOAA), John Caddy (FAO), Robert Cambell (OVI), Joe Cimino (Veridian-MRJ Technology Solutions), Steve Colwell (CORAL), Lucy Conway (WCMC), Neil Cox (WCMC), Ned Cyr (GOOS), Charlotte De Fontaubert (IUCN), Uwe Deichmann (World Bank), Robert Diaz (Virginia Institute of Marine Science), Charles Ehler(NOAA/NOS), Paul Epstein (Harvard Medical School), Jonathan Garber (U.S. EPA), Luca Garibaldi (FAO), Richard Grainger (FAO), Ed Green (WCMC), Brian Groombridge (WCMC), Ingrid Guch (NOAA), Chantal Hagen (WCMC), Lynne Hale (Coastal Resources Center, University of Rhode Island), Maria Haws (Coastal Resources Center, University of Rhode Island), Jim Hendee (NOAA), Joanna Hugues (WCMC), David James (FAO), John McManus (ICLARM), Tom O'Connor (NOAA), Paul Orlando (NOAA), Hal Palmer (Veridian-MRJ Technology Solutions), Bruce Potter (Island Resources Foundation), Lorin Pruett (Veridian-MRJ Technology Solutions), Corinna Ravillious (WCMC), Shawn Reifsteck (CORAL), Kelly Robinson (Caribbean Association for Sustainable Tourism), Pam Rubinoff (Coastal Resources Center, University of Rhode Island), Charles Sheppard (University of Warwick, U.K.), Ben Sherman (Univeristy of New Hampshire), Mercedes Silva (Caribbean Tourism Organization), Gary Spiller (OVI), Al Strong (NOAA), Matt Stutz (Duke University), James Tobey (Coastal Resources Center, University of Rhode Island), and Sylvia Tognetti (University of Maryland).

森林生态系统
PAGE authors: Emily Matthews (WRI), Siobhan Murray (WRI), Richard Payne (consultant), and Mark Rohweder (WRI).

Contributors: Mark Ashton (Yale University), Jim Ball (FAO), Daniel Binkley (Colorado State University), Richard Birdsey (USDA Forest Service), Chris Brown (FAO), Sandra Brown (Winrock International), Dirk Bryant (WRI), Virginia Dale (ORNL), Robert Davis (FAO), Ruth de Fries (University of Maryland), Eric Dinerstein (WWF-US), John Dixon (ORNL), Robert Dixon (DOE), Nigel Dudley (Equilibrium, U.K.), Curt Flather (USDA Forest Service), Jeffrey Fox (East-West Center), Robert Friedman (The H. John Heinz III Center for Science, Economics and the Environment), Alan Grainger (Leeds University, U.K.), David Hall (Kings College London), John Hart, Richard Haynes (USDA Forest Service), Derek Holmes (World Bank), Richard Houghton (Woods Hole Research Center), Bill Jackson (Pacific Northwest Research Station, USDA Forest Service), Anthony C. Janetos (WRI), Nels Johnson (WRI), Valerie Kapos (WCMC), Tony King (ORNL), Lars Laestadius (WRI), Jonathan Loh (WWF International), Tim Moermond (University of Wisconsin, Madison), John Morrison (WWF-US), Gordon Orians (University of Washington), N.H. Ravindranath (ASTRA and Centre for Ecological Sciences, India), Kent Redford (Wildlife Conservation Society), Barry Rock (University of New Hampshire), Mark Sagoff (University of Maryland), Dan Simberloff (University of Tennessee), Jorge Soberon (University of Kansas), Robert Socolow (Princeton University), Miguel Trossero (FAO), Compton Tucker (University of Maryland), Emma Underwood (WWF-US), and Karen Waddell (USDA Forest Service).

淡水生态系统
PAGE authors: Carmen Revenga (WRI), Jake Brunner (WRI), Norbert Henninger (WRI), Ken Kassem (WRI), and Richard Payne (consultant).

Contributors: Robin Abell (WWF-US), Devin Bartley (FAO), Amy Benson (USGS), Kajsa Berggren (Umeå University), Ger Bergkamp, (IUCN), Stephen J. Brady (USDA/NRCS), Jesslyn Brown (USGS/EDC), Morley Brownstein (Health Canada), Cynthia Carey (University of Colorado), John Cooper (Environment Canada), Thomas E. Dahl (National Wetlands Inventory, U.S. Fish and Wildlife Service), Nick Davidson (Ramsar Convention Bureau), Jean-Marc Faurès (FAO), Balázs Fekete (University of New Hampshire), Andy Fraser (Environment Canada), Stephen Foster (BGS), Scott Frazier (Wetlands International), Brij Gopal (Jawaharlal Nehru University, India), Wolfgang Grabs (Global Runoff Data Centre, Germany), Pia Hansson (Umeå University), Jippe Hoogeveen (FAO), Colette Jacono (USGS), Anthony C. Janetos (WRI), Jim Kapetsky (FAO), James Karr (University of Washington), Les Kaufman (Boston University), Yumiko Kura (WRI), Kim Martz (USGS), Don McAllister (OVI), Gregory Mock (WRI), Peter Moyle (UC Davis), Tom Neill (Oregon Department of Fish and Wildlife), Christer Nilsson (Umeå University), Kim W. Olesen (DHI Water & Environment, Denmark), Francisco Olivera (UT Austin), Sandra Postel (Global Water Policy Project), Edward T. Rankin (Ohio EPA), Corinna Ravilious (WCMC), Ilze Reiss (Environment Canada), Hans H. Riber (COWI Consulting Engineers and Planners AS, Denmark), Steve Rothert (IRN), Robert Rusin, NASA Goddard Space Flight Center, Dork Sahagian (IGBP/GAIM, University of New Hampshire), John R. Sauer (USGS), Teresa Scott (Washington Department of Fish & Wildlife), Igor Shiklomanov (State Hydrological Institute, Russia), Robert Slater (Environment Canada), Charles Spooner (U.S. EPA), Bruce Stein (TNC), Melanie J. Stiassny (American Museum of Natural History), Magnus Svedmark (Umeå University), Greg Thompson (Environment Canada), Kirsten Thompson (WRI), Niels Thyssen (EEA), Dan Tunstall (WRI), Joshua Viers (UC Davis), Zipangani M. Vokhiwa (Ministry of Research and Environmental Affairs, Malawi), Charles Vörösmarty (University of New Hampshire), David Wilcove (Environmental Defense), and Shaojun Xiong (Umeå University).

草地生态系统
PAGE authors: Robin White (WRI), Siobhan Murray (WRI), and Mark Rohweder (WRI).

Substantial contributions: Stephen Prince (University of Maryland, Geography Department) and Kirsten Thompson (WRI).

Contributors: Roy H. Behnke (ODI), Daniel Binkley (Colorado State University), Jesslyn Brown (USGS/EDC), Virginia Dale (ORNL), Andre DeGeorges (Safari Club International), Eric Dinerstein (WWF-US), James E. Ellis (Colorado State University), Hari Eswaran (USDA/NRCS), Louise Fresco (FAO), Robert Friedman (The H. John Heinz III Center for Science, Economics and the Environment), Ruth de Fries (University of Maryland), Peter Gilruth (UNDP), Scott Goetz (University of Maryland), Paul Goriup (Nature Conservation Bureau, U.K.), David Hall (Kings College, London), Allen Hammond (WRI), Richard Houghton, Woods Hole Research Center, JoAnn House Kings College, London), Anthony C. Janetos (WRI), John Kartesz (University of North Carolina, Chapel Hill), Tony King (ORNL), Kheryn Klubnikin (IUCN-Washington), Wayne Ostlie (TNC), Leslie Roberts (AAAS), Eric Rodenburg (USGS), Osvaldo Sala (Cátedra de Ecología Facultad de Agronomía, Argentina), Cristian Samper (Instituto Alexander von Humboldt, Colombia), David Sneath (University of Cambridge), Alison Stattersfield (Birdlife International), Bruce Stein (TNC), Thomas R. Vale (University of Wisconsin-Madison), and Keith L. White (University of Wisconsin-Green Bay).

专栏
Editors: George Faraday (consultant), Deborah Farmer (consultant), and Carol Rosen (WRI).

附录

山地生态系统

Editor: Wendy Vanasselt (WRI). Contributing writers: Emily Matthews (WRI), Janet Overton (WRI), and Wendy Vanasselt (WRI). Reviewers: Thomas Kohler (University of Berne, Switerzland) and Martin Price (Environmental Change Institute, University of Oxford).

极地生态系统

Editor: Wendy Vanasselt (WRI). Contributing writers: Lori Han (WRI), Steve Nadis (consultant), and Wendy Vanasselt (WRI). Reviewer: Lars Kullerund (GRID-Arendal).

城市生态系统

Editors/writers: Wendy Vanasselt (WRI) and Gregory Mock (WRI). Contributors: Jeff Beattie (American Forests), Richard Haeuber (Ecological Society of America), Jay Moor (Global Urban Observatory), Dave Nowak (USDA Forest Service), Daniel Smith (American Forests), and Mark Walbridge (George Mason University).

第三章 生活在生态系统中

农业生态系统

重塑高地：马查科斯坡地恢复，肯尼亚

Editor: Wendy Vanasselt (WRI). Contributing writers: Laurie Conly (consultant) and Joel Bourne (consultant). Reviewers: Paul Kimeu (Machakos soil and water conservation officer), George N. Mbate (USAID) John Murton (British Embassy), and Mary Tiffen (Drylands Research, U.K.).

古巴农业革命：回归有机农业

Editor: Wendy Vanasselt (WRI). Contributing writer: Joel Bourne (consultant). Reviewers: Miguel A. Altieri (UC Berkeley), J. Paul Mueller (North Carolina State University), and Peter Rosset (Institute for Food and Development Policy/Food First).

海岸生态系统

再造大沼泽：南佛罗里达州大规模湿地恢复

Editors: Deborah Farmer (consultant) and Gregory Mock (WRI). Writer: Gregory Mock (WRI). Reviewers: Thomas Armentano (Everglades National Park), Nicholas G. Aumen (consultant), Steven Davis (SFWMD), Dale Galwick (SFWMD), Richard Harvey (U.S. EPA), Ronald Jones (Florida International University), and Charles Lee (Audubon of Florida). Additional contributions: Kevin Burger (SFERTF), Angela Chong (SFWMD), Bonnie Kranzer (GCSSF), Nancy Lin (SFWMD), Patrick Lynch (SFWMD), Terry Rice (Southeast Environmental Research Program), Kathryn Ronan (SFWMD), and Terrance Salt (SFERTF). Maps: Kirsten Thompson (WRI).

博利瑙的珊瑚礁

Editor: Wendy Vanasselt (WRI). Contributing writers: Steve Nadis (consultant), Janet Overton (WRI), and Wendy Vanasselt (WRI). Reviewers: Tony LaVina (WRI) and Liana Talaue-McManus (University of the Philippines).

曼科特红树林管理

Editor/writer: Wendy Vanasselt (WRI). Reviewers: Lauretta Burke (WRI) and Allan Smith (CANARI).

森林生态系统

从根上再生：通过社区行动恢复Dhain森林

Editors: Gregory Mock (WRI) and Wendy Vanasselt (WRI). Contributing writers: Prateep Nayak (Vasundhara, India), Neera M. Singh (Vasundhara, India), Greg Mock (WRI), Silanjan Bhattacharyya (Vivekananda College, India), Madhav Gadgil (Centre for Ecological Sciences, Indian Institute of Science), and Tapan Mishra (Raja Narendralal Khan Women's College, India). Reviewers: Madhav Gadgil and Anirban Ganguly (Centre for Ecological Sciences, Indian Institute of Science). Additional contributions: M.D. Subash Chandran (Dr. A.V. Baliga College of Arts and Science, India), Kalipada Chatterjee (Development Alternatives, India), Neeraj Negi (Seva Mandir, India), Usha Sekhar (Centre for Science and Environment, India), and Mamta Vardhan (Seva Mandir, India). Maps: Kirsten Thompson (WRI).

淡水生态系统

为了人类的福祉——南非的水管理

Editor/writer: Wendy Vanasselt (WRI). Reviewers: Mark Botha (Botanical Society, South Africa), Caroline Gelderblom (CSIR), Andrew Malk (WRI), Christo Marais (National Working for Water Programme), and Brian van Wilgen (CSIR). Contributing writer to box on South Africa's Water Law: Gwen Parker (WRI), reviewed by Geert Creemers (consultant) and Saliem Fakir (IUCN). Map: Siobhan Murray (WRI).

对湄公河的管理：区域性的管理方法有效吗?

Editor: Wendy Vanasselt (WRI). Contributing writers: Nathan Badenoch (WRI), Jake Brunner (WRI), and Greg Mock (WRI). Reviewers: John Dore (WRI/REPSI) and Glenn S. Morgan (World Bank). Map: Kirsten Thompson (WRI).

纽约市的水源地保护计划

Editor/writer: Wendy Vanasselt (WRI). Reviewers: Jeffrey Gratz (U.S. EPA), Mark Izeman (NRDC), Robin Marx (NRDC), Donald Reed (WRI), and Geoffrey Ryan (Department of Environmental Protection, New York City).

草地生态系统

让大草原可持续：蒙古草原的未来

Editor: Wendy Vanasselt (WRI). Contributing writer and reviewer: David Sneath (University of Cambridge). Maps: Siobhan Murray and Kirsten Thompson (WRI).

Special thanks to Lori Han (WRI) and Amy Wagener (WRI) for graphics assistance throughout Chapter 3.

第四章 采用生态系统方法

Editors/writers: Carol Rosen (WRI), Gregory Mock (WRI), and Wendy Vanasselt (WRI). Contributing writer: Walter V. Reid (consultant). Reviewers: Matthew Arnold (WRI), Gerard Cunningham (UNEP), Dave MacDevette (UNEP), Sheila Heileman (UNEP), Norbert Henninger (WRI), Anthony C. Janetos (WRI), Valerie Thompson (WRI), Dik Tromp (UNEP), and Dan Tunstall (WRI).

第二部分 数据表

项目负责人：Robion White(WRI)

Copyeditor: Michael Edington (consultant)

生物多样性与保护区

Research and data compilation: Carmen Revenga (WRI). Reviewers and contributors: Antonia Agama (Man and the Biosphere, Spain), Javier Beltran (WCMC), John Caldwell (WCMC), Neil Cox (WCMC),

Harriet Gillet (WCMC), Rosanna Karam (UNESCO), Dwight Peck (Ramsar Convention Bureau), Mechtild Rossler (UNESCO), Mark Spalding (WCMC), and Katarina Vestin (UNESCO).

森林与草地

Research and data compilation: Carmen Revenga (WRI), Mark Rohweder (WRI), and Robin White (WRI). Reviewers and contributors: Tamara Finkler (FSC), Sue Irmonger (WCMC), Emily Matthews (WRI), D. Pandey (FAO), Corinna Ravilious (WCMC), Dan Tunstall (WRI), and Adrian Whiteman (FAO).

海岸，海洋与内陆水域

Research and data compilation: Carmen Revenga (WRI). Reviewers and contributors: J. Cimino (Veridian-MRJ Technology Solutions), Adele Crispoldi (FAO), Rachel Donnelly (WCMC), Luca Garibaldi (FAO), David James (FAO), Ken Kassem (WRI), Yumiko Kura (WRI), Edmondo Laureti (FAO), Lorin Pruett (Veridian-MRJ Technology Solutions), Eric Rodenburg (USGS), Mark Spalding (WCMC), and Dan Tunstall (WRI).

农业与粮食

Research and data compilation: Christian Ottke (WRI). Reviewers and contributors: Alan Brewster (Yale), Mark Cohen (for P. Pinstrup-Anderson; IFPRI), Eric Rodenburg (USGS), Orio Tampieri (FAO), and Dan Tunstall (WRI).

淡水

Research and data compilation: Carmen Revenga (WRI) and Mark Rohweder (WRI). Reviewers and contributors: Aline Comeau (BP/RAC), Jean-Marc Faurès (FAO), Ken Kassem (WRI), Yumiko Kura (WRI), Jean Margat (BP/RAC), Eric Rodenburg (USGS), and Alexander Safian (Israel).

大气与气候

Research and data compilation: Mark Rohweder (WRI). Reviewers and contributors: Kevin Baumert (WRI), Ruchi Bhandari (WRI), Tom Boden (CDIAC), Alan Brewster (Yale School of Forestry and Environmental Studies), Nancy Kete (WRI), Eric Rodenburg (USGS), Vigdis Vestrang (ECE), and Dan Tunstall (WRI).

能源与资源使用

Research and data compilation: Christian Ottke (WRI). Reviewers and contributors: Jonathan Loh (WWF), Jim MacKenzie (WRI), Emily Matthews (WRI), and Karen Treanton (IEA).

人口与人类发展

Research and data compilation: Christian Ottke (WRI). Reviewers and contributors: Alan Brewster (Yale School of Forestry and Environmental Studies), Vittoria Cavicchioni (UNESCO), Shiu-Kee Chu (UNESCO), Norbert Henninger (WRI), Anthony C. Janetos (WRI), Robert Johnston (UNSTAT), Laura Mourino-Casas (UNDP), Dan Tunstall (WRI), and Tessa Wardlaw (UNICEF).

基础经济指标

Research and data compilation: Mark Rohweder (WRI). Reviewers and contributors: Duncan Austin (WRI), Gwen Parker (WRI), Dan Tunstall (WRI), Alan Brewster (Yale School of Forestry and Environmental Studies), Saeed Ordoubadi (World Bank), and Eric Rodenburg (USGS).

小国与岛屿

Research and data compilation: Christian Ottke (WRI), Carmen Revenga (WRI), and Mark Rohweder (WRI).

The *World Resources* staff also wishes to extend thanks to the following individuals for their various contributions:

Martha Ainsworth (World Bank), Patricia Ardila (consultant), Katya Balasubramaian (consultant), John Barnes; Beth Behrendt (WRI), Hyacinth Billings (WRI), Lynn Brown (World Bank), Mauricio Castro Salazar (Banco Centroamericano de Integracion Economica, Honduras), Elsa Chang (WRI), Munyaradzi Chenje (SARDC/ IMERCSA), Richard Cincotta (Population Action International), Diana Cornelius (PRB), Robert Crooks (World Bank), Angela Cropper, Maria Camila Diaz (Fundacion Pro-Sierra Nevada de Santa Marta), Laura Lee Dooley (WRI), Steven Erie (UCSD), Elizabeth Frankenberg (RAND), Jacob Gayle (UNAIDS), Julie Harlan (WRI), Gary Harrison (Chickaloon Village Traditional Council, Alaska), Beth Harvey (WRI), Carl Haub (PRB), Brian Hirsch (Earth Energy Systems, Ltd.), C.S. Holling (University of Florida), Susan Hunter, Andrei Iatsenia (World Bank), Lisa Jorgenson (consultant), Robert Kaplan (Inter-American Development Bank), Miwako Kurosaka (WRI), Judith Lancaster (Desert Research Institute), Gideon N. Louw, Magda Lovei (World Bank), Pilar Lozano (consultant), Kenton Miller (WRI), Becky Milton (WRI), Marta Miranda (WRI), Bill Pease (Environmental Defense), William Platt (Louisiana State University), Fred Powledge (consultant), Marc Reisner (Vidler Water Co.), Arsenio M. Rodriguez (World Bank), Maria Patricia Sanchez (consultant), Bernhard Schwartlander (UNAIDS), Mary Seely (Desert Research Foundation of Namibia), Grant Singleton (CSIRO Wildlife and Ecology), Henning Steinfeld (FAO), M.S. Swaminathan (M.S. Swaminathan Research Foundation), Charlotte M. Taylor (Missouri Botanical Garden), Jonathan Timberlake (Foundation for Africa), Helen Todd (Cashpor), Michael Totten (CI), John Williamson, Jacob Yaron (World Bank), and Hania Zlotnik (UN Population Division). We add special thanks to Judy Gibson (production manager), Brenda Waugh (typesetter), and Marisha Tapera (proofreader) of The Magazine Group.

注　释

1．范围和增长　为确定农业生态系统的范围，国际地圈—生物圈组织（IGBP）根据遥感图像来定义农业生态系统。对农业区的定义是40%以上的土地是耕地或精心管理的牧场。运用这个定义，农业生态系统占土地总面积的21%（USGS EDC 1998）。但这不包括与森林及草地生态系统明显重叠的部分，因为，实际上，土地的使用分布很分散。农业用地与其他用地相混合时，如森林或草地，就形成了一种镶嵌式的土地布局。

为了PAGE研究，卫星数据已被重新解释，以便与密度占30%及以上的耕地或精心管理的牧场等镶嵌式土地形成一体。利用这一方法，根据IGBP定义，大约有6%的森林面积、14%的草地面积，可归入由PAGE定义的农业生态系统全球范围。由此计算，农业土地面积占总面积的28%（Wood等[PAGE]2000）。

2．经济重要性　1981－1991年间农业生产产出的总价值是用134种基本农作物和23种家畜的交易商品重量，再乘以各自的平均国际农业价格得出的(用Gary－Khamis方法计算)。

3．土壤退化　在亚洲，即使考虑过去化肥使用率的增长，协调这些结果与食品生产的增长也是因难的。但这一明显的差异恰好显示出在作可信性评价和生态系统的变化能力评价时，使用现有数据库所面临的基本挑战。

4．森林滥伐和森林消失　见例：Holmes，Derek(2000年2月25日草案)，印度尼西亚的森林滥伐：对苏门答腊岛，加里曼丹岛及苏拉威西岛的现状考察（为世界银行准备的报告草案），以印度尼西亚林业部和农作物种植园的测图为依据；数据以最后的修订为准，不排除有重大修改的可能。

5．供应与需求　与以前的分析相比，PAGE研究人员采用了稍低的全球流量估算标准，而且，给地下水的使用打了折扣，因为从长远的观点来看，这种使用是不可持续的。

参考文献

第一章　正文

atterbury, S. and T. Forsyth. 1999. Fighting back: Human adaptations in marginal environments. *Environment* 41(6):6–11, 25–30.

Bryant, D., L. Burke, J. McManus and M. Spalding. 1998. *Reefs at Risk: A Map-Based Indicator of Threats to the World's Coral Reefs.* Washington, D.C.: World Resources Institute.

Bryant, D., D. Nielsen and L. Tangley. 1997. *The Last Frontier Forests.* Washington D.C.: World Resources Institute.

Da Rosa, C. and J. Lyon. 1997. *Golden Dreams, Poisoned Streams: How Reckless Mining Pollutes America's Waters, and How We Can Stop It.* Washington, D.C.: Mineral Policy Center.

Daily, G., ed. 1997. *Nature's Services: Societal Dependence on Natural Ecosystems.* Washington, D.C.: Island Press.

de Moor, A. and P. Calamai. 1997. *Subsidizing Unsustainable Development: Undermining the Earth with Public Funds.* San Jose, Costa Rica: The Earth Council.

Ecological Society of America (ESA). 1997a. Ecosystem Services: Benefits Supplied to Human Societies by Natural Ecosystems. *Issues in Ecology* 2(Spring).

Ecological Society of America (ESA). 1997b. Human Alteration of the Global Nitrogen Cycle: Causes and Consequences. *Issues in Ecology* 1(February).

Environmental Investigation Agency (EIA) and Telapak. 1999. *The Final Cut: Illegal Logging in Indonesia's Orangutan Parks.* London: EIA.

Food and Agriculture Organization (FAO). 1999. *The State of World Fisheries and Aquaculture, 1998.* Rome: FAO.

Gadgil, M. and R. Guha. 1992. *This Fissured Land: An Ecological History of India.* Delhi: Oxford University Press.

Garcia, S. M. and I. De Leiva Moreno. In Press. Trends in world fisheries and their resources: 1974–1999. In *The State of Fisheries and Aquaculture 2000.* FAO, ed. Rome: FAO.

Global Environment Facility (GEF). 1998. *Valuing the Global Environment: Actions and Investments for a 21st Century.* Washington, D.C.: GEF.

Harris, D. 1996. *The Last Stand: The War between Wall Street and Main Street over California's Ancient Redwoods.* San Francisco: Sierra Club Books.

Houghton, J., L. Filho, D. Griggs and K. Maskell. 1997. Stabilization of Atmospheric Greenhouse Gases: Physical, Biological, and Socio-economic Implications. Intergovernmental Panel on Climate Change (IPCC) Technical Paper. Geneva: World Meteorological Organization/U.N. Environment Programme.

Hughes, J., G. Daily and P. Ehrlich. 1997. Population diversity: Its extent and extinction. *Science* 278:689–692.

Kellert, S. R. and E. O. Wilson, eds. 1993. *The Biophilia Hypothesis.* Washington, D.C.: Island Press.

Koskela, J., C. Li and O. Luukkanen. 1999. Protective forest systems in China: Current status, problems, and perspectives. *Ambio* 28(4):341–345.

Living on Earth (LOE). 1996. Transcript of 29 March 1996 radio interview of David Harris by Steve Curwood, host of Living on Earth radio broadcast. Online at: http://www.loe.org/archives/960329.htm.

Milich, L. 1999. Resource mismanagement versus sustainable livelihoods: The collapse of the Newfoundland cod fishery. *Society and Natural Resources* 12:625–642.

National Oceanic and Atmospheric Administration (NOAA). 1998. Flooding in China Summer 1998. Online at: http://www.ncdc.noaa.gov/ol/reports/chinaflooding/chinaflooding.html. (20 November 1998).

Panayotou, T., Fellow, Harvard Institute for International Development, Harvard University. 1999. Personal Communication. E-mail. 12 October.

Parrotta, J. and J. Turnbull. 1997. Catalyzing Native Forest Regeneration on Degraded Forest Lands. *Forest Ecology and Management* 99 (Special Issues 1, 2):1–290.

Postel, S. 1999. *Pillar of Sand.* New York: Norton.

Prodanov, K., K. Midhailov, G. Dashkalov, C. Maxim, A. Chashchin, A. Arkhipov, V. Shlyakhov and E. Ozdamar. 1997. Environmental

Management of Fish Resources in the Black Sea and Their Rational Exploitation. General Fisheries Council for the Mediterranean, Studies and Reviews, No. 68. Rome: FAO.

Scherr, S. 1999. Background Paper on Poverty and Environment. Washington, D.C.: World Resources Institute.

Travis, J. 1993. Invader threatens Black, Azov Seas. *Science* 262:262–263.

U.N. Development Programme (UNDP). 1998. *Human Development Report 1998*. New York: UNDP.

U.N. Development Programme (UNDP). 2000. The Challenge of Poverty. Online at: http://www.undp.org/uncdf/pubs/cdf30/poverty.htm.

U.N. Population Division (UNPD). 1997. *World Urbanization Prospects: The 1996 Revision, Annex Tables*. New York: U.N. Population Division.

U.N. Population Division (UNPD). 1998. *World Population Prospects: The 1998 Revision*. 1. New York: U.N. Population Division.

Vitousek, P. M., H. A. Mooney, J. Lubchenco and J. M. Mellilo. 1997. Human domination of Earth's ecosystems. *Science* 277:494–499.

Watson, R., J. Dixon, S. Hamburg, A. Janetos and R. Moss. 1998. Protecting Our Planet, Securing Our Future. Washington, D.C.: U.N. Environment Programme, U.S. Aeronautics and Space Administration, The World Bank.

Wood, S., K. Sebastian and S. Scherr. 2000. Pilot Analysis of Global Ecosystems: Agroecosystems Technical Report. Washington, D.C.: World Resources Institute and International Food Policy Research Institute.

World Bank. 1997. Five Years after Rio: Innovations in Environmental Policy. Environmentally Sustainable Development Studies and Monographs Series, No. 18. Washington, D.C.: The World Bank.

World Bank. 1999a. China Yangtze Flood Emergency Rehabilitation Project. Online at: http://www.worldbank.org/pics/pid/cn62123.txt. (13 July 1999).

World Bank. 1999b. *World Development Indicators 1999*. Washington, D.C.: The World Bank.

World Commission on Forests and Sustainable Development (WCFSD). 1999. *Our Forests, Our Future*. Winnipeg, Manitoba, Canada: WCFSD.

World Meteorological Organization (WMO). 1997. *Comprehensive Assessment of the Freshwater Resources of the World*. Geneva: WMO.

World Resources Institute in collaboration with the United Nations Environment Programme, the United Nations Development Programme and the World Bank. 1998. *World Resources 1998–99*. New York: Oxford University Press.

专栏1.1 利用和滥用的历史

Clark, K. L. 1996. A Montreal Protocol for POPs? World Wide Fund for Nature International. Online at: http://www.chem.unep.ch/pops /indxhtms/manwg8.html.

Coe, M. 1999. *The Maya*. Sixth Edition. London: Thames and Hudson.

Crosby, A. W. 1986. *Ecological Imperialism: The Biological Expansion of Europe, 900–1900*. Cambridge: Cambridge University Press.

Gadgil, M. and R. Guha. 1992. *This Fissured Land: An Ecological History of India*. Delhi: Oxford University Press.

Hillel, D. J. 1991. *Out of the Earth: Civilization and the Life of the Soil*. New York: The Free Press.

Hughes, J. D. 1994. *Pans' Travail: Environmental Problems of the Ancient Greeks and Romans*. Baltimore: Johns Hopkins University Press.

McNeill, J. R. 2000. *Something New Under the Sun: An Environmental History of the Twentieth Century World*. New York: W. W. Norton.

Parker, L. 2000. Stratospheric Ozone Depletion: Implementation Issues. National Council for Science and the Environment. Online at: http://www.cnie.org/nle/strat-5.html. (11 January 2000).

Simmons, I. G. 1989. *Changing the Face of the Earth: Culture, Environment, and History*. Oxford: Basil Blackwell, Inc.

Vermeer, E. B. 1998. Population and ecology on the frontier. In *Sediments of Time: Environment and Society in Chinese History*. M. Elvin and L. Ts'ui-jung, eds. Cambridge: Cambridge University Press.

专栏1.3 水的过滤和净化

Beverage Industry. 1999. State of the industry report: Bottled water proves it's a big fish. *Beverage Industry* 90(7):38–40.

Bhatia, R. and M. Falkenmark. 1993. Water Resource Policies and the Urban Poor: Innovative Approaches and Policy Imperatives. Washington, D.C.: UNDP-World Bank Water and Sanitation Program.

Lerner, S. and W. Poole. 1999. The Economic Benefits of Parks and Open Space: How Land Conservation Helps Communities Grow Smart and Protect the Bottom Line. San Francisco: The Trust for Public Land.

Marinelli, J. 1990. After the next flush: The next generation. *Garbage* Jan/Feb:24–35.

Neander, J. N.D. City of Arcata Wastewater Treatment Facility and Marsh and Wildlife Sanctuary. Online at: http://www.epa.gov /owowwtr/coastal/cookbook/page90.html.

Reid, W. (forthcoming). Capturing the value of ecosystem services to protect biodiversity. In *Managing Human Dominated Ecosystems*. Washington, D.C.: Island Press.

Revenga, C., J. Brunner, N. Henninger, K. Kassem and R. Payne. 2000. Pilot Analysis of Global Ecosystems: Freshwater Ecosystems Technical Report. Washington, D.C.: World Resources Institute.

Trust for Public Land (TPL). 1997. Protecting the Source: Land Conservation and the Future of America's Drinking Water. San Francisco: The Trust for Public Land.

U.N. Environment Program (UNEP). 1999. *Global Environmental Outlook 2000*. London: Earthscan Publications Ltd.

UNICEF. 2000. State of the World's Children. Online at: http://www.unicef.org/sowc00/stat5.htm.

World Health Organization (WHO). 1996. Water and Sanitation Fact Sheet. Online at: http://www.who.org/inf-fs/en/fact112.html. (November).

World Resources Institute in collaboration with the United Nations Environment Programme, The United .Nations. Development Programme and The World Bank 1996. *World Resources 1996–97*. New York: Oxford University Press.

专栏1.4 授粉

Buchmann, S. L. and G. P. Nabhan. 1996. *The Forgotten Pollinators*. Washington, D.C.: Island Press.

Food and Agriculture Organization (FAO). 2000. FAOSTAT Database. Online at: http://apps.fao.org/lim500/nph-wrap.pl?Production.Crops.Primary&Domain=SUA&servlet=1. (March 2000).

Kearns, C. A., D. W. Inouye and N. M. Waser. 1998. Endangered mutualisms: The conservation of plant-pollinator interactions. *Annual Review of Ecological Systems* 29:83–112.

Kenmore, P. and R. Krell. 1998. Global perspective and pollination in agriculture and agroecosystem management. Paper presented at the International Workshop on the Conservation and Sustainable Use of Pollinators in Agriculture, with Emphasis on Bees (FAO), Sao Paulo, Brazil. October 7–9.

Nabhan, G. P. and S. L. Buchmann. 1997. Services provided by pollinators. Pp: 133–150 in *Nature's Services: Societal Dependence on Natural Ecosystems*. G. C. Daily, ed. Washington, D.C.: Island Press.

Southwick, E. E. and L. Southwick Jr. 1992. Estimating the economic value of honey bees (*Hymenoptera: Apidae*) as agricultural pollinators in the United States. *Journal of Economic Entomology* 85(3):621–633.

专栏1.5 生物多样性

Goudie, A. 2000. *The Human Impact on the Natural Environment*. Cambridge, MA: MIT Press.

Grifo, F., D. Newman, A. S. Fairfield, B. Bhattacharya and J. T. Grupenhoff. 1997. The origins of prescription drugs. Pp: 131–163 in *Biodiversity and Human Health*. F. Grifo and J. Rosenthal, eds. Washington, D.C.: Island Press.

Hughes, J. B., G. C. Daily and P. R. Ehrlich. 1997. Population diversity: Its extent and extinction. *Science* 278:689–691.

参考文献

Reid, W. V. and K. R. Miller. 1989. *Keeping Options Alive: The Scientific Basis for Conserving Biodiversity*. Washington, D.C.: World Resources Institute.

ten Kate, K. and S. A. Laird. 1999. *The Commercial Use of Biodiversity: Access to Genetic Resources and Benefit-sharing*. London: Earthscan Publications Ltd.

Thrupp, L. A. 1998. *Cultivating Diversity: Agrobiodiversity and Food Security*. Washington D.C.: World Resources Institute.

U.N. Environment Program (UNEP). 1995. *Global Biodiversity Assessment*. Cambridge, UK: Cambridge University Press.

World Conservation Monitoring Centre (WCMC). 1992. *Global Biodiversity: Status of the Earth's Living Resources*. London: Chapman and Hall.

World Conservation Monitoring Centre (WCMC). 1998. *1997 IUCN **Red List of Threatened Plants***. **K. S. Walter and H. J. Gillet eds. Cambridge, UK: The World Conservation Union (IUCN).**

专栏1.6 碳贮量

Brown, P. 1998. *Climate, Biodiversity and Forests: Issues and Opportunities Emerging from the Kyoto Protocol*. Washington, D.C.: World Resources Institute.

Ciaias, P. 1999. Restless carbon pools. *Nature* 398:111–112.

Intergovernmental Panel on Climate Change (IPCC) (R. Watson, I. N., B. Bolin, N. Ravindranath, D. Verardo, and D. Dokken, eds.). 2000. *Land Use, Land-Use Change, and Forestry*. Cambridge, UK: Cambridge University Press.

Intergovernmental Panel on Climate Change (IPCC) (R. Watson, M. C. Z., R. H. Moss eds.). 1996. *Climate Change 1995: Impacts, Adaptations and Mitigation of Climate Change: Scientific-Technical Analyses*. New York: Cambridge University Press.

Matthews, E., R. Payne, M. Rohweder and S. Murray. 2000. Pilot Analysis of Global Ecosystems: Forest Ecosystems. Washington, D.C.: World Resources Institute.

专栏1.8 入侵物种

Bright, C. 1998. *Life Out of Bounds: Bioinvasion in a Borderless World*. New York: W.W. Norton & Company.

Marine Conservation Biology Institute (MCBI). 1998. Scientists call on Secretary Babbitt to Keep Noxious Seaweed out of U.S. Waters. Online at: http://mcbi.org/caulerpa/caulerpa.html.

Office of Technology Assessment (OTA). 1993. Harmful Non-Indigenous Species in the United States. OTA-F-565. Washington, D.C.: U.S. Government Printing Office. September.

Ruesink, J. L., I. M. Parker, M. J. Groom and P. M. Kareiva. 1995. Reducing the risks of nonindigenous species introductions: Guilty until proven innocent. *BioScience* 45(7):465–477.

Travis, J. 1993. Invader threatens Black, Azov Seas. *Science* 262(26 November):1366–1367.

U.S. Geological Survey (USGS). 1999. West Nile Virus may be New Deadly Strain, USGS tells Congress. News Release, 14 December 1999. Online at: http://www.usgs.gov/public/press/public_affairs/press_release/pr1128.html.

Vitousek, P. M., C. M. D'Antonio, L. L. Loope and R. Westbrooks. 1996. Biological invasions as global environmental change. *American Scientist* 84:468–478.

Vitousek, P. M., C. M. D'Antonio, L. L. Loope and R. Westbrooks. 1997. Introduced species: A significant component of human-caused global change. *New Zealand Journal of Ecology* 21(1):1–16.

专栏1.9 交易：维多利亚湖生态系统对照表

Achieng, A. P. 1990. The impact of the introduction of Nile perch, *Lates niloticus* (L.) on the fisheries of Lake Victoria. *Journal of Fish Biology* 37(Supplement A):17–23.

Food and Agriculture Organization of the United Nations (FAO). 1999. FISHSTAT. Version 2.19 by Yury Shatz. Rome: FAO.

Kaufman, L. 1992. Catastrophic change in species-rich freshwater ecosystems: The lessons from Lake Victoria. *BioScience* 42(11):846–858.

Kaufman, L., Boston University Marine Program. 2000. Personal Communication. Interview. 7 February.

Witte, F., T. Goldschmidt, J. Wanink, M. van Oijen, K. Goudswaard, E. Witte-Mass and N. Bouton. 1992. The destruction of an endemic species flock: Quantitative data on the decline of the haplochromine cichlids of Lake Victoria. *Environmental Biology of Fishes* 34:1–28.

专栏1.10 驯化了的地球：自然生态系统的转变

Loveland, T. R., B. C. Reed, J. F. Brown, D. O. Ohlen, Z. Zhu, L. Yang and J. Merchant. 2000. Development of a Global Land Cover Characteristics Database and IGBP DISCover from 1 km AVHRR data. *International Journal of Remote Sensing* 21(6):1303–1330. Online at: http://edcdaac.usgs.gov/glcc/glcc.html.

National Oceanic and Atmospheric Administration-National Geophysical Data Center (NOAA-NGDC). 1998. Stable lights and radiance calibrated lights of the world CD-ROM. NOAA-NGDC: Boulder, CO. Online at: http://julius.ngdc.noaa.gov:8080/production/html/BIOMASS/night.html. (December 1998).

Population Reference Bureau (PRB). 1998. *United States Population Data Sheet*. Washington, D.C.: PRB.

U.N. Environment Program (UNEP). 1999. *Global Environmental Outlook 2000*. London: Earthscan Publications Ltd.

Vitousek, P. M., H. A. Mooney, J. Lubchenco and J. M. Mellilo. 1997. Human domination of Earth's ecosystems. *Science* 277:494–499.

Walker, B. H., W. L. Steffen and J. Langridge. 1999. Interactive and integrated effects of global change on terrestrial ecosystems. Pp: 329–374 in *The Terrestrial Biosphere and Global Change: Implications for Natural and Managed Ecosystems*. B. Walker, W. Steffen, J. Canadell and J. Ingram, eds. Cambridge: Cambridge University Press.

World Wildlife Fund, US (WWF-US). 1999. Ecoregions database. Unpublished Database. Washington, D.C.: WWF-US.

专栏1.11 我们消费了多少？

Brown, C. 1999. Global Forest Products Outlook Study: Thematic Study on Plantations. Working Paper No. GFPOS/WP/03 (Draft). Rome: FAO.

Food and Agriculture Organization of the United Nations (FAO). 2000. FAOSTAT databases. Online at: http://apps.fao.org/.

Food and Agriculture Organization of the United Nations (FAO). 1999. *The State of World Fisheries and Aquaculture, 1998*. Rome: FAO.

Laureti, E. 1999. Fish and Fishery Products: World Apparent Consumption Statistics Based on Food Balance Sheets. FAO Fisheries Circular No. 821, Revision 5. Rome: FAO.

Matthews, E. and A. Hammond. 1999. *Critical Consumption Trends and Implications: Degrading the Earth's Ecosystems*. Washington, D.C.: World Resources Institute.

Pinstrup-Andersen, P., R. Pandya-Lorch and M. Rosegrant. 1999. *World Rood Prospects: Critical Issues for the Early Twenty-First Century*. Washington, D.C.: International Food Policy Research Institute.

U.N. Development Programme (UNDP). 1998. *Human Development Report 1998*. New York: UNDP.

U.S. Department of Agriculture (USDA). 2000. Production, Supply and Distribution Database. Online at: http://usda.mannlib.cornell.edu/data-sets/international/93002/PSDFAQ.TXT.

World Bank. 1999. *World Development Indicators 1999*. Washington,

D.C.: The World Bank.

专栏1.12 人口

U.N. Population Division (UNPD). 1998a. *World Population Estimates and Projections: The 1998 Revision.* Online at: http://www.popin.org/pop1998/6.htm.

U.N. Population Division (UNPD). 1998b. *World Population Prospects: The 1998 Revision.* 1. New York: U.N. Population Division.

U.N. Environment Program (UNEP). 1999. *Global Environmental Outlook 2000.* London: Earthscan Publications Ltd.

U.N. Population Fund (UNFPA). 1999. Population Change and People's Choices. Chapter 2 in *The State of the World's Population 1999.* New York: UNFPA. Online at: www.unfpa.org/swp/1999/chapter2c.htm.

Wood, S., K. Sebastian and S. Scherr. 2000. Pilot Analysis of Global Ecosystems: Agroecosystems Technical Report. Washington, D.C.: World Resources Institute and International Food Policy Research Institute.

World Health Organization (WHO). 1997. Health and Environment in Sustainable Development: Five Years after the Earth Summit. Geneva: WHO.

专栏1.13 污染与生态系统

Aspelin, S. L. and A. H. Grube. 1999. Pesticides Industry Sales and Usage: 1996 and 1997 Market Estimates. 733-R-99-001. Washington, D.C.: Environmental Protection Agency. November.

D'Esposito, S. and J. Feiler. 2000. Lessons from the disasters on the Danube: Is modern mining safe? *Mineral Policy Center Newsletter* Spring:1, 4–5, 17.

Etkin, D. S. 1998. International oil spill statistics: 1997. Arlington, MA: Cutter Information Corp.

European Environment Agency (EEA). 1999. *Environment in the European Union at the Turn of the Century.* Environmental Assessment Report No. 2. Copenhagen: EEA

Hoornweg, D. and L. Thomas. 1999. *What a Waste: Solid Waste Management in Asia.* World Bank Working Paper Series, Urban Waste Management #1. Washington, D.C.: The World Bank.

Matthews, E. and A. Hammond. 1999. *Critical Consumption Trends and Implications: Degrading the Earth's Ecosystems.* Washington, D.C.: World Resources Institute.

National Oceanic and Atmospheric Administration (NOAA). 2000. Hypoxia in the Gulf of Mexico: Progress Towards the Completion of an Integrated Assessment. Online at: http://www.nox.noaa.gov/products/pubs_hypoxia.html#Topic2.

Rabalais, N. and D. Scavia. 1999. Origin, impact and implications of the "Dead Zone" in the Gulf of Mexico. Presented at the US Global Change Program Seminar Series. 19 July.

专栏1.14 估价无价之宝

Anderson, T. 1996. Enviro-Capitalists: Why and how to preserve their habitat. Pp: 189–221 in *Economics of Biodiversity Loss IUCN Workshop.* Gland, Switzerland. Online at: http://economics.iucn.org. (April).

Honey, M. 1999. *Ecotourism and Sustainable Development: Who Owns Paradise?* Washington, D.C.: Island Press.

Ryan, G., New York City Department of Environmental Protection, Bureau of Water Supply and Wastewater Collection. 1998. Personal Communication. Interview. 2 December.

Sweeting, J. E. N., A. G. Bruner and A. B. Rosenfeld. 1999. The Green Host Effect: An Integrated Approach to Sustainable Tourism and Resort Development. Conservation International Policy Paper. Washington, D.C.: Conservation International.

World Tourism Organization (WTO). 1997. *Tourism 2000: Building a Sustainable Future for Asia-Pacific.* Final report from Asia Pacific Ministers' Conference on Tourism and Environment. Madrid: WTO.

专栏1.15 生态旅游和保护：它们相互一致吗？

Ecotourism Society. 1998. Ecotourism Statistical Fact Sheet. Online at: http://www.ecotourism.org/textfiles/stats.text.

Epler, B. 1997. *An Economic and Social Analysis of Tourism in the Galapagos Islands.* Providence: University of Rhode Island, Coastal Resource Center.

Gossling, S. 1999. Ecotourism: A means to safeguard biodiversity and ecosystem function? *Ecological Economics* 29(2):303–320.

Honey, M. 1999. *Ecotourism and Sustainable Development: Who Owns Paradise?* Washington, D.C.: Island Press.

Lindberg, K. and R. H. Huber Jr. 1993. Economic Issues in Ecotourism Management. Pp: 82–115 in *Ecotourism: A Guide for Planners and Managers.* K. Lindberg and D. E. Hawkins, eds. North Bennington, VT: The Ecotourism Society.

Sweeting, J. E. N., A. G. Bruner and A. B. Rosenfeld. 1999. The Green Host Effect: An Integrated Approach to Sustainable Tourism and Resort Development. Conservation International Policy Paper. Washington, D.C.: Conservation International.

Wells, M. 1997. *Economic Perspectives on Nature Tourism, Conservation and Development.* Washington D.C.: The World Bank.

World Bank. 1999. *World Development Indicators 1999.* Washington, D.C.: The World Bank.

专栏1.16 印度尼西亚森林中正在消亡的共同所有权

Barber, C. V. 1997. *Environmental Scarcities, State Capacity, and Civil Violence: The Case of Indonesia.* Cambridge: American Academy of Arts and Sciences.

Bromley, D. W. and M. M. Cernea. 1989. The Management of Common Property Natural Resources: Some Conceptual and Operational Fallacies. World Bank Discussion Paper No. 57. Washington, D.C.: The World Bank.

Campbell, J., Program Officer, Ford Foundation. 1998. Personal Communication. E-mail. December.

Fox, J. and K. Atok. 1997. Forest-dweller demographics in West Kalimantan, Indonesia. *Environmental Conservation* 24(1):31–37.

Lynch, O. J. 2000. Personal Communication. E-mail. 14 February.

Lynch, O. J. and J. Alcorn. 1994. Tenurial rights and community based conservation. Pp: 373–392 in *Natural Connections: Perspectives in Community-Based Management.* D. Western and R. M. Wright, eds. Washington, D.C.: Island Press.

Lynch, O. J. and K. Talbott. 1995. *Balancing Acts: Community-Based Forest Management and National Law in Asia and the Pacific.* Washington, D.C.: World Resources Institute.

Michon, G. and H. de Foresta. 1995. The Indonesian agro-forest model: Forest resource management and biodiversity conservation. Pp: 90–106 in *Conserving Biodiversity Outside Protected Areas: The Role of Traditional Agro-Ecosystems.* P. Halladay and D. A. Gilmour, eds. Gland: IUCN.

Padoch, C. and M. Pinedo-Vasquez. 1996. Smallholder forest management: Looking beyond non-timber forest products. Pp: 103–117 in *Current Issues in Non-Timber Forest Products Research.* M. Ruiz Pérez and J. E. M. Arnold, eds. Bogor: Center for International Forestry Research.

Peluso, N. L. 1995. Whose woods are these? Counter-mapping forest territories in Kalimantan, Indonesia. *Antipode* 27(4):383–406.

Poffenberger, M., P. Walpole, E. D'Silva, K. Lawrence and A. Khare. 1997. Linking Government with Community Resource Management. Research Network Report Number 9. Surajkund, India: Asia Forest Network. 2–6 December.

Sirait, M., S. Prasodjo, N. Podger, A. Flavelle and J. Fox. 1994. Mapping customary land in East Kalimantan, Indonesia: A tool for forest management. *Ambio* 23(7):411–417.

Zerner, C. 1992. Indigenous Forest-Dwelling Communities in Indonesia's Outer Islands: Livelihood, Rights, and Environmental Management Institutions in the Era of Industrial Forest Exploitation. Unpublished report. Washington, D.C.: The World Bank.

参考文献

专栏1.17　农村贫困和适应

Agarwal, A. and S. Narain. 1999. Community and Household Water Management: The Key to Environmental Regeneration and Poverty Alleviation. Paper presented to EU-UNDP. Online at: http://www.undp.seed/pei/publication/water.pdf. (February 1999).

Batterbury, S. and T. Forsyth. 1999. Fighting back: Human adaptations in marginal environments. *Environment* 41(6):6–11, 25–30.

Consultative Group on International Agricultural Research (CGIAR). 1997. Report of the Study on CGIAR Research Priorities for Marginal Lands. TAC Working Document. Technical Advisory Committee Secretariat, FAO. Online at: http://www.fao.org/wairdocs/tac/x5784e02.htm. (3 March).

Fairhead, J. and M. Leach. 1996. *Misreading the African Landscape: Society and Ecology in a Forest-Savanna Mosaic*. Cambridge, UK: Cambridge University Press.

Forsyth, T. and M. Leach. 1998. Poverty and Environment: Priorities for Research and Policy: An Overview Study. Prepared for the UNDP and European Commission. Sussex, UK: Institute of Development Studies. August.

Hazell, P. and J. L. Garrett. 1996. Reducing Poverty and Protecting the Environment: The Overlooked Potential of Less-favored Lands. 2020 Brief 39. Online at: http://www.cimmyt.org/ifpri/2020/briefs/2br39.htm. (October).

International Fund for Agricultural Development (IFAD). 2000. *Poverty Incidence in West and Central Africa (Draft)*. Rome: IFAD.

Jazairy, I., M. Alamgir and T. Panuccio. 1992. *The State of the World Rural Poverty: An Inquiry into Its Causes and Consequences*. New York: New York University Press.

Lynch, O. J. and K. Talbott. 1995. *Balancing Acts: Community-Based Forest Management and National Law in Asia and the Pacific*. Washington, D.C.: World Resources Institute.

Sillitoe, P. 1996. *A Place Against Time: Land and Environment in the Papua New Guinea Highlands*. Amsterdam: Harwood Academic Press.

Sillitoe, P. 1998. It's all in the mound: Fertility management under stationary shifting cultivation in the Papua New Guinea highlands. *Mountain Research and Development* 18(2):123.

UN Centre for Human Settlements (Habitat)(UNCHS). 1996. *An Urbanizing World: Global Report on Human Settlements*. Oxford, UK: Oxford University Press.

World Bank. 1999. *World Development Report 1998/99*. New York: Oxford University Press.

第二章

引言

Batjes, N. H. and E. M. Bridges. 1994. Potential emissions of radiatively active gases from soil to atmosphere with special reference to methane: Development of a global database WISE. *Journal of Geophysical Research* 99(D8):16, 479–489.

Batjes, N. H. 1996. Total Carbon and Nitrogen in Soils of the World. *European Journal of Soil Science* 47:151–163.

Intergovernmental Panel on Climate Change (IPCC) (R. Watson, I. N., B. Bolin, N. Ravindranath, D. Verardo, and D. Dokken, eds.). 2000. *Land Use, Land-Use Change, and Forestry*. Cambridge, UK: Cambridge University Press.

Matthews, E., R. Payne, M. Rohweder and S. Murray. 2000. Pilot Analysis of Global Ecosystems: Forest Ecosystems. Washington, D.C.: World Resources Institute.

Postel, S. L., G. C. Daily and P. R. Ehrlich. 1996. Human appropriations of renewable fresh water. *Science* 271:785–788.

Seckler, D., U. Amarasinghe, D. Molden, R. de Silva and R. Barker. 1998. World Water Demand and Supply, 1990 to 2025: Scenarios and Issues. Research Report 19. Colombo, Sri Lanka: International Water Management Institute (IWMI).

U.S. Geological Survey (USGS) Earth Resources Observation Systems (EROS) Data Center (USGS/EDC). 1999b. 1999 Unpublished map that applied carbon density numbers from a previous study (Olson, J., J. A. Watts and L. J. Allison. 1983. Carbon in Live Vegetation of Major World Ecosystems. Report ORNL-5862. Oak Ridge, TN: Oak Ridge National Laboratory) to a more recent global vegetation map (Loveland, T. R., B. C. Reed, J. F. Brown, D. O. Ohlen, Z. Zhu, L. Yang and J. Merchant. 2000. Development of a Global Land Cover Characteristics Database and IGBP DISCover from 1 km AVHRR data. *International Journal of Remote Sensing* 21(6):1303–1330. Online at: http://edcdaac.usgs.gov/glcc/glcc.html.).

Vitousek, P. M., J. Aber, R. W. Howarth, G. E. Likens, P. A. Matson, D. W. Schindler, W. H. Schlesinger and G. D. Tilman. 1997. Human alteration of the global nitrogen cycle: Causes and consequences. *Issues in Ecology* 1(Spring):1–15.

World Meteorological Organization (WMO). 1997. *Comprehensive Assessment of the Freshwater Resources of the World*. Geneva: WMO.

农业生态系统

Bathrick, D. 1998. Fostering Global Well-Being: A New Paradigm to Revitalize Agricultural and Rural Development. 2020 Vision Food, Agriculture, and the Environment Discussion Paper No. 26. Washington, D.C.: IFPRI.

Bøjö, J. 1996. The costs of land degradation in SubSaharan Africa. *Ecological Economics* 16:161–173.

Cheema, G. S., F. Hartvelt, J. Rabinovitch, R. Work, J. Smit, A. Ratta and J. Nasr. 1996. Urban Agriculture: Food, Jobs and Sustainable Cities. New York: UN Development Programme.

Conway, G. 1997. *The Doubly Green Revolution: Food for all in the 21st Century*. Ithaca: Cornell University Press.

Delgado, C., M. Rosegrant, H. Steinfeld, S. Ehui and C. Courbois. 1999. Livestock to 2020: The Next Food Revolution. 2020 Vision Food, Agriculture and the Environment Discussion Paper No. 28. Washington, D.C.: IFPRI.

Döll, P. and S. Siebert. 1999. A Digital Global Map of Irrigated Areas. Kassel, Germany: Centre for Environmental Systems Research, University of Kassel.

Food and Agriculture Organization of the United Nations (FAO). 1997. Computer Printout of FAOSTAT's International Commodity Prices 1989–91. Personal Communication via Technical Advisory Committee, CGIAR. Rome: FAO.

Food and Agriculture Organization of the United Nations (FAO). 1998. *The State of the World's Plant Genetic Resources for Food and Agriculture*. Rome: FAO.

Food and Agriculture Organization of the United Nations (FAO). 1999a. Urban and Peri-Urban Agriculture. Report to the FAO Committee on Agriculture (COAG). Online at: http://www.fao.org/unfao/bodies/COAG/COAG15/X0076e.htm.

Food and Agriculture Organization of the United Nations (FAO). 1999b. The State of Food Insecurity in the World 1999. Online at: www.fao.org/NEWS/1999/img/SOFI99-E.pdf.

Food and Agriculture Organization of the United Nations (FAO). 2000. Statistical Databases. Online at: http://apps.fao.org. (5 April (Crops primary); 20 April (land use, fertilizer, irrigation); 1 June (food balance sheets); 15 June (population)).

Food and Agriculture Organization of the United Nations Statistical Databases (FAOSTAT). 1999. Online at: http://apps.fao.org.

Gleick, P. H. 1998. *The World's Water 1998–1999*. Washington, D.C.:

Island Press.
Golkany, I. M. 1999. Meeting global food needs: The environmental tradeoffs between increasing land conversion and land productivity. *Technology* 6:107–130.
Henao, J. 1999. Assessment of Plant Nutrient Fluxes and Gross Balances in Soils of Agricultural Lands in Latin America. Report prepared as part of the Pilot Assessment of Global Ecosystems (PAGE). International Fertilizer Development Centre (IFDC).
Houghton, R. A., J. L. Hackler and K. T. Lawrence. 1999. The U.S. carbon budget: Contributions from land-use change. *Science* 285:574–578.
Intergovernmental Panel on Climate Change (IPCC) (R. Watson, I. N., B. Bolin, N. Ravindranath, D. Verardo, and D. Dokken, eds.). 2000. *Land Use, Land-Use Change, and Forestry*. Cambridge, UK: Cambridge University Press.
Lal, R. 1995. Erosion-crop productivity relationships for soil of Africa. *Soil Science Society of America Journal* 59(3):661–667.
Loveland, T. R., B. C. Reed, J. F. Brown, D. O. Ohlen, Z. Zhu, L. Yang and J. Merchant. 2000. Development of a Global Land Cover Characteristics Database and IGBP DISCover from 1 km AVHRR data. *International Journal of Remote Sensing* 21(6):1303–1330. Online at: http://edcdaac.usgs.gov/glcc/glcc.html.
Mantel, S. and V. W. P. van Engelen. 1997. The Impact of Land Degradation on Food Productivity: Case Studies of Uruguay, Argentina and Kenya. Wageningen: ISRIC.
McIntire, J. 1994. A review of the soil conservation sector in Mexico. In *Economic and Institutional Analyses of Soil Conservation Projects in Central America and the Caribbean*. E. Lutz, S. Pagiola and C. Reiche, eds. A CATIE-World Bank Project. World Bank Environment Paper 8. Washington, D.C.: The World Bank.
Morris, M. L. and P. W. Heisey. 1998. Achieving desirable levels of crop diversity in farmers' fields: Factors affecting the production and use of commercial seed. Pp: 217–238 in *Farmers, Gene Banks, and Crop Breeding: Economic Analyses of Diversity in Wheat, Maize and Rice*. M. Smale, ed. Boston: Kluwer Academic Publishers.
Nelson, M. and M. Maredia. 1999. Environmental Impacts of the CGIAR: An Initial Assessment. Impact Assessment and Evaluation Group Document ICW/99/08/d. Washington, D.C.: Consultative Group for International Agricultural Research.
Oldeman, L. R. 1998. Soil Degradation: A Threat to Food Security? 98/01. Wageningen: ISRIC.
Oldeman, L. R., R. T. A. Hakkeling and W. G. Sombroek. 1991. World Map of the Status of Human-Induced Soil Degradation: An Explanatory Note. Global Assessment of Soil Degradation (GLASOD), International Soil Reference Information Centre (ISRIC), and United Nations Environment Program (UNEP).
Pinstrup-Andersen, P., R. Pandya-Lorch and M. Rosegrant. 1999. World Food Prospects: Critical Issues for the Early Twenty-First Century. 2020 Food Policy Report. Washington, D.C.: IFPRI.
Postel, S. 1999. *Pillar of Sand*. New York: W. W. Norton & Co.
Rosegrant, M. and C. Ringler. 1999. Impact on Food Security and Rural Development of Reallocating Water from Agriculture. Environment and Production Technology Division Discussion Paper No. 47. Washington, D.C.: IFPRI.
Scherr, S. J. 1999. Soil Degradation: A Threat to Developing-Country Food Security. 2020 Vision brief No. 58. Washington, D.C.: IFPRI.
Seckler, D., U. Amarasinghe, D. Molden, R. de Silva and R. Barker. 1998. World Water Demand and Supply, 1990 to 2025: Scenarios and Issues. Research Report 19. Colombo, Sri Lanka: International Water Management Institute (IWMI).
Shiklomanov, I. A. 1993. World fresh water resources. Pp: 13–24 in *Water in Crisis*. P. Gleick, ed. New York: Oxford University Press.
Shiklomanov, I. A. 1997. Comprehensive Assessment of the Freshwater Resources of the World: Assessment of Water Resources and Water Availability in the World. Stockholm, Sweden: WMO and Stockholm Environment Institute.
Smaling, E. M. A., S. M. Nandwa and B. H. Janssen. 1997. Soil fertility in Africa is at stake. Pp: 47–62 in *Replenishing Soil Fertility in Africa*. R. Buresh, P. A. Sanchez and F. Calhoun, eds. Soil Science Society of America Special publication Number 41. Madison: American Society of Agronomy.
Sombroek, W. G. and R. Gommes. 1996. The climate change-agriculture conundrum. In *Global Climate Change and Agricultural Production*. F. Bazzaz and W. Sombroek, eds. West Sussex: Wiley.
Thrupp, L. A. 1998. *Cultivating Diversity: Agrobiodiversity and Food Security*. Washington D.C.: World Resources Institute.
U.S. Department of Agriculture, National Agriculture Statistical Service (USDA-NASS). 1999. Historical Track Records for Commodities. Online at: http://www.usda.gov/nass/pubs/histdata.htm.
U.S. Geological Survey (USGS) Earth Resources Observation Systems (EROS) Data Center (USGS/EDC). 1999a. 1 km Global Land Cover Characterization database, Revisions for Latin America. Sioux Falls, SD: USGS/EDC.
Van Lynden, G. W. J. and L. R. Oldeman. 1997. The Assessment of the Status of Human-Induced Soil Degradation in South and Southeast Asia (ASSOD). Wageningen: ISRIC, FAO, and UNEP.
Wood, S., K. Sebastian and S. Scherr. 2000. Pilot Analysis of Global Ecosystems: Agroecosystems Technical Report. Washington, D.C.: World Resources Institute and International Food Policy Research Institute.
World Bank. 1999. *World Development Indicators 1999*. Washington, D.C.: The World Bank.
World Bank. 2000. *World Development Indicators 2000*. Washington, D.C.: The World Bank.
World Meteorological Organization (WMO). 1997. *Comprehensive Assessment of the Freshwater Resources of the World*. Geneva: WMO.
World Resources Institute in collaboration with the United Nations Environment Programme and the United Nations Development Programme and the World Bank. 1990. *World Resources 1990–91*. New York: Oxford University Press.
Young, A. 1994. Land Degradation in South Asia: Its Severity, Causes, and Effects upon the People. Final report prepared for submission to the Economic and Social Council for the United Nations (ECOSOC). Rome: FAO, UNDP, and UNEP.

海岸

Alexander, C. E. 1998. Classified Shellfish Growing Waters. State of the Coast Report. NOAA, Silver Spring, MD. Online at: http://state-of-coast.noaa.gov/bulletins/html/sgw_04/sgw.html.
Alverson, D. L., M. H. Freeberg, S. A. Murawski and J. G. Pope. 1994. A Global Assessment of Fisheries Bycatch and Discards. FAO Fisheries Technical Paper 339. Rome: FAO.
BAP Planning Team. 1993. Biodiversity Action Plan for Vietnam. Hanoi: BAP Planning Team. December 1993.
Berg, H., M. C. Öhman, S. Troëng and O. Lindén. 1998. Environmental economics of coral reef destruction in Sri Lanka. *Ambio* 27(8):627–634.
Bright, C. 1998. *Life Out of Bounds: Bioinvasion in a Borderless World*. New York: W.W. Norton & Company.
Bryant, D., L. Burke, J. McManus and M. Spalding. 1998. *Reefs at Risk: A Map-Based Indicator of Threats to the World's Coral Reefs*. Washington, D.C.: World Resources Institute.
Burke, L., Y. Kura, K. Kassem, M. Spalding and C. Revenga. 2000. Pilot Analysis of Global Ecosystems: Coastal Ecosystems Technical Report. Washington, D.C.: World Resources Institute.
Caddy, J. F., J. Csirke, S. M. Garcia and R. J. R. Grainger. 1998. How pervasive is "Fishing down marine food webs"? *Science* 282:1383. Online at: http://www.sciencemag.org/cgi/content/full/282/5393/1383a.
Caribbean Tourism Organization (CTO). 1997. *Caribbean Tourism Statistical Report*. St. Michael, Barbados: CTO.
Center for International Earth Science Information Network (CIESIN), Columbia University, International Food Policy

参考文献

Research Institute (IFPRI) and World Resources Institute (WRI). 2000. Gridded Population of the World, Version 2 alpha. Palisades, NY: CIESIN, Columbia University. Online at: http://sedac.ciesin.org/plue/gpw.

Davidson, I. and M. Gauthier. 1993. Wetland Conservation in Central America. Report No. 93-3. Ottawa: North American Wetlands Conservation Council (Canada).

Diaz, R., Virginia Institute of Marine Science, College of William and Mary. 1999. Personal Communication. E-mail.

Diaz, R. and R. Rosenberg. 1995. Marine benthic hypoxia: A review of its ecological effects and the behavioural responses of benthic macrofauna. *Oceanography and Marine Biology: An Annual Review* 33:245–303.

Etkin, D. S. 1998. International oil spill statistics: 1997. Arlington, MA: Cutter Information Corp.

European Environment Agency (EEA). 1998. *Europe's Environment: The Second Assessment.* Oxford, UK: Elsevier Science Ltd.

European Environment Agency (EEA). 1999. *Environment in the European Union at the Turn of the Century.* Environmental Assessment Report No. 2. Copenhagen: EEA.

Food and Agriculture Organization of the United Nations (FAO). 1995. Review of the State of World Fishery Resources: Marine Fisheries. FAO Fisheries Circular No. 884. Rome: FAO.

Food and Agriculture Organization of the United Nations (FAO). 1997. *State of the World Fisheries and Aquaculture, 1996.* Rome: FAO.

Food and Agriculture Organization of the United Nations (FAO). 1999a. *The State of World Fisheries and Aquaculture, 1998.* Rome: FAO.

Food and Agriculture Organization of the United Nations (FAO). 1999b. Fisheries and food security. Online at: http://www.fao.org/focus/e/fisheries/intro.htm.

Food and Agriculture Organization of the United Nations (FAO). 1999c. FISHSTAT PLUS. Version 2.19 by Yury Shatz. Rome: FAO.

Food and Agriculture Organization of the United Nations (FAO). 1999d. Projection of World Fishery Production in 2010. Online at: http://www.fao.org/fi/highligh/2010.asp.

Garcia, S. M. and R. J. R. Grainger. 1996. Fisheries Management and Sustainability: A New Perspective of an Old Problem. Paper prepared for the Second World Fisheries Congress, Brisbane, Australia. Rome: FAO. July, 1996.

Garcia, S. M. and I. De Leiva Moreno. 2000. Trends in world fisheries and their resources: 1974–1999. In *The State of Fisheries and Aquaculture 2000.* Rome: FAO.

Grainger, R. J. R. and S. M. Garcia. 1996. Chronicles of Marine Fishery Landings (1950–1994): Trend Analysis and Fisheries Potential. FAO Fisheries Technical Paper 359. Rome: FAO.

Green, E. P. and A. W. Bruckner. In Press. The significance of coral disease epizootiology for coral reef conservation. *Biological Conservation.*

Harvell, C. D., K. Kim, J. M. Burkholder, R. R. Colwell, P. R. Epstein, D. J. Grimes, E. E. Hofmann, E. K. Lipp, A. D. M. E. Osterhaus, R. M. Overstreet, et al. 1999. Emerging marine diseases: Climate links and anthropogenic factors. *Science* 285:1505–1510.

Health Ecological and Economic Dimensions of Major Marine Ecological Disturbances Program, Harvard University and University of New Hampshire, and B.H. Sherman. 1999. HEED Database.

Heywood, V. H. and W. T. Watson, U.N. Environment Programme. (UNEP). 1995. *Global Biodiversity Assessment.* Cambridge, UK: Cambridge University Press.

Hoegh-Guldberg, O. 1999. Climate Change, Coral Bleaching and the Future of the World's Coral Reefs. Washington, D.C.: Greenpeace.

Intergovernmental Panel on Climate Change (IPCC) (R. Watson, M. C. Z., R. H. Moss eds.). 1996. *Climate Change 1995: Impacts, Adaptations and Mitigation of Climate Change: Scientific-Technical Analyses.* New York: Cambridge University Press.

International Union for Conservation of Nature and Natural Resources (IUCN). 1996. *1996 IUCN Red List of Threatened Animals.* Gland, Switzerland: IUCN.

International Tanker Owners Pollution Federation Limited (ITOPF). 1999. Past Spills. Online at: www.itopf.com/stats.html.

Island Resources Foundation. 1996. Tourism and Coastal Resources Degradation in the Wider Caribbean. Online at: http://www.org/irtourdg.html.

Japanese Ministry of Construction. 1998. "General Information on Present Situation and Issues of Infrastructure. Fiscal Year 1998 Version." Online at: http://www.moc.go.jp/cgi-bin/ids_binran.pl. Viewed 4/14/99.

Joint Group of Experts on the Scientific Aspects of Marine Pollution (GESAMP). 1990. The State of the Marine Environment. Reports and Studies No. 39. Nairobi, Kenya: UNEP.

Kelleher, G., C. Bleakley and S. Wells, 1995. *A Global Representative System of Marine Protected Areas, Volume 1.* A joint publication of the World Bank, The Great Barrier Reef Marine Park Authority and the World conservation Union (IUCN). Washington, D.C.: The World Bank.

Kleypas, J. A., R. W. Buddemeier, D. Archer, J.-P. Gattuso, C. Langdon and B. N. Opdyke. 1999. Geochemical consequences of increased atmospheric carbon dioxide on coral reefs. *Science* 284:118–120.

Laureti, E. 1999. *1961–1997 Fish and Fishery Products: World Apparent Consumption Statistics Based on Food Balance Sheets.* FAO Fisheries Circular No. 821 Revision 5. Rome: FAO.

Loveland, T. R., B. C. Reed, J. F. Brown, D. O. Ohlen, Z. Zhu, L. Yang and J. Merchant. 2000. Development of a Global Land Cover Characteristics Database and IGBP DISCover from 1 km AVHRR data. *International Journal of Remote Sensing* 21(6):1303–1330. Online at: http://edcdaac.usgs.gov/glcc/glcc.html.

MacKinnon, J., 1997. *Protected Areas Systems Review of the Indo-Malayan Realm.* Caterbury, UK: The Asian Bureau for Conservation.

McAllister, D. E., J. Baquero, G. Spiller and R. Campbell. 1999. A Global Trawling Ground Survey. Unpublished Report prepared as part of the Pilot Assessment of Global Ecosystems (PAGE).

McGinn, A. P. 1999. Safeguarding the Health of Oceans. Worldwatch Paper 145. Washington, D.C.: Worldwatch Institute.

National Climatic Data Center (NCDC). 2000. Billion Dollar U.S. Weather Disasters 1980–1999. NCDC, Asheville, NC. Online at: http://www.ncdc.noaa.gov/ol/reports/billionz.html. (10 April 2000).

National Oceanic and Atmospheric Administration (NOAA). 1999. Trends in U.S. Coastal Regions, 1970–1998. Draft January 1999. Silver Spring, MD: NOAA.

National Oceanic and Atmospheric Administration, National Environmental Satellite Data and Information Service (NOAA/NESDIS). 2000. Seasurface Temperature Anomalies. Unpublished Data provided by Marguerite Toscano.

National Oceanic and Atmospheric Administration, National Environmental Satellite Data and Information Service (NOAA/NESDIS) and World Conservation Monitoring Centre (WCMC). 1999. Unpublished Data integrated at WCMC from: Hendee, J. 1999. Coral-list listserver coral bleaching archives. Online at: ftp://coral.aoml.noaa.gov/pub/champ/bleach, Wilkinson, C. 1998. Status of the coral reefs of the world, and McClannahan, T. CORDIO data set for the Indian Ocean.

National Research Council (NRC). 1985. Oil in the Sea. Washington, D.C.: National Academy Press.

National Research Council (NRC). 1999. From Monsoons to Microbes: Understanding the Ocean's Role in Human Health. Washington, D.C.: National Academy Press.

Norse, E. A., 1993. *Global Marine Biological Diversity: A Strategy for Building Conservation into Decision Making.* Washington, D.C.: Island Press.

O'Conner, T. 1998. Chemical Contaminants in Oysters and Mussels. State of the Coast Report. NOAA, Silver Spring, MD. Online at: http://state-of-coast.noaa.gov/bulletins/html/ccom_05/ccom.html.

Pauly, D., V. Christensen, J. Dalsgaard, R. Froese and F. Torres Jr. 1998. Fishing down marine food webs. *Science* 279:860-863.

Rabalais, N. and D. Scavia. 1999. Origin, impact and implications of the "Dead Zone" in the Gulf of Mexico. Presented at the US Global Change Program Seminar Series. 19 July.

Reaka-Kudla, M. L. 1997. The global biodiversity of coral reefs: A comparison with rain forests. Pp: 83-108 in *Biodiversity II: Understanding and Protecting Our Biological Resources*. M. L. Reaka-Kudla, D. E. Wilson and E. O. Wilson, eds. Washington, D.C.: Joseph Henry Press.

Salm, R. V. and J. R. Clark. 2000. *Marine and Coastal Protected Areas: A Guide for Planners and Managers*. Third Edition. Gland, Switzerland: IUCN.

Sherman, K. 1993. Large marine ecosystems as global units for marine resource management: An ecological perspective. Pp: 3-14 in *Large Marine Ecosystems: Stress, Mitigation and Sustainability*. K. Sherman, L. M. Alexander and B. D. Gold, eds. Washington, D.C.: AAAS Press.

Spalding, M. D., F. Blasco and C. D. Field, 1997. *World Mangrove Atlas*. Okinawa, Japan: The International Society for Mangrove Ecosystems.

Spalding, M. D. and A. M. Grenfell. 1997. New estimates of global and regional coral reef areas. *Coral Reefs* 16:225-230.

Thorne-Miller, B. and J. G. Catena. 1991. *The Living Ocean: Understanding and Protecting Marine Biodiversity*. Washington, D.C.: Island Press.

Travis, J. 1993. Invader threatens Black, Azov Seas. *Science* 262(26 November):1366-1367.

U.N. Environment Programme and Caribbean Environment Programme (UNEP/CEP). 1994. Coastal Tourism in the Wider Caribbean Region: Impacts and Best Management Practices. Technical Report No. 38. Kingston, Jamaica: UNEP/CEP.

Walting, L. and E. A. Norse. 1998. Disturbance of the seabed by mobile fishing gear: A comparison to forest clearcutting. *Conservation Biology* 12(6):1180-1197.

Wells, M. 1997. *Economic Perspectives on Nature Tourism, Conservation and Development*. Washington D.C.: The World Bank.

Williams, M. 1996. The Transition in the Contribution of Living Aquatic Resources to Food Security. Food, Agriculture and the Environment Discussion Paper 13. Washington, D.C.: IFPRI.

World Bank. 1989. Philippines: Environment and Natural Resource Management Study. Washington, D.C.: The World Bank.

World Conservation Monitoring Centre (WCMC). 1999. Unpublished data. Cambridge, UK: WCMC. May/August 1999.

World Conservation Monitoring Centre (WCMC). 2000. Protected Area Database. Cambridge, UK: WCMC.

World Conservation Monitoring Centre (WCMC). In preparation. *Global Biodiversity Assessment 2000*. Cambridge, UK: WCMC.

World Travel and Tourism Council/WETA (WTTC/WETA). 1998. Satellite Accounting Research-Caribbean Economic Impact. London: WTTC.

World Travel and Tourism Council (WTTC). 1999. Travel and Tourism's Economic Impact: Regional/National Statistics. Online at: http://wttc.org/economic_research/sat_accounting_research.html. (June).

森林

Barber. 2000. *Trial By Fire: Forest Fires and Forestry Policy in Indonesia's Era of Crisis and Reform*. Washington, D.C.: World Resources Institute.

Brown, C. 1999. Global Forest Products Outlook Study: Thematic Study on Plantations. Working paper No. GFPOS/WP/03. Rome: FAO.

Bryant, D., D. Nielsen and L. Tangley. 1997. *The Last Frontier Forests*. Washington D.C.: World Resources Institute.

CARPE CD-ROM. 1998. Digital Chart of the World (DCW) CD-ROM 1993 (modified).

Cochrane, M. A., A. Alencar, M. D. Schulze, C. M. Souza Jr., D. C. Nepstad, P. Lefebvre and E. A. Davidson. 1999. Positive feedbacks in the fire dynamic of closed canopy tropical forests. *Science* 284:1832-1835.

Couzin, J. 1999. Landscape changes make regional climate run hot and cold. *Science* 283:317-319.

Davis, S. D., V. H. Heywood and A. C. Hamilton. 1994. *Centres of Plant Diversity: A Guide and Strategy for their Conservation*. Vol. 1. Gland, Switzerland: World Wide Fund for Nature.

DeFries, R. S., M. C. Hanson, J. R. G. Townshend, A. C. Janetos and T. R. Loveland. 2000. A new global 1-km data set of percentage tree cover derived from remote sensing. *Global Change Biology* 6:247-254.

Denniston, D. 1995. High Priorities: Conserving Mountain Ecosystems and Cultures. Worldwatch Paper No. 123. Washington, D.C.: Worldwatch Institute. February.

Dombeck, M. 1999. The United States Forest Service: The World's Largest Water Company. Sioux Falls, SD: Paper presented to the Outdoor Writers Association of America Conference.

Economy and Environment Programme for Southeast Asia (EEPSA) and the World Wildlife Fund (WWF). 1998. Interim Results of a Study on the Economic Value of Haze Damages in SE Asia. Unpublished Report. EEPSA and WWF.

Elvidge, C. D. et al. 1999. DMSP-OLS Estimation of tropical forest area impacted by ground fires in Roriama, Brazil. Submitted to *International Journal of Remote Sensing* 23 July 1999.

Food and Agriculture Organization (FAO). 1993. Forest Resources Assessment 1990-Tropical Countries. Forestry Paper No. 112. Rome: FAO.

Food and Agriculture Organization (FAO). 1997a. *State of the World's Forests 1997*. Rome: FAO.

Food and Agriculture Organization (FAO). 1997b. Wood Energy Today for Tomorrow, Regional Studies: The Role of Wood Energy in Europe and OECD. Forestry Department Working Paper FOPW/97/1. Rome: FAO.

Food and Agriculture Organization (FAO). 1997c. Wood Energy Today for Tomorrow, Regional Studies: The Role of Wood Energy in Asia. Forestry Department Working Paper FOPW/97/2. Rome: FAO.

Food and Agriculture Organization (FAO). 1998. Global Fibre Supply Model. Online at: http://www.fao.org/forestry/FOP/FOPW/GFSM/gfsmint-e.stm.

Food and Agriculture Organization (FAO). 1999. *State of the World's Forests 1999*. Rome: FAO.

Food and Agriculture Organization (FAO). 2000. Statistical Databases. Roundwood, Sawnwood, Wood-based Panels. Online at: http://apps.fao.org. (20 January).

Food and Agriculture Organization of the United Nations. 1995. Digital Soil Map of the World (DSMW) and Derived Soil Properties. Version 3.5. CD-ROM.

Gaston, G., S. Brown, M. Lorenzini and K. D. Singh. 1998. State and change in carbon pools in the forests of tropical Africa. *Global Change Biology* 4:97-114.

Garnier, J.-Y. 1997. Statistics' role in policy development: The case of the Ivory Coast. Pp: 49-56 in *Biomass Energy: Key Issues and Priority Needs. Conference Proceedings*. Paris, 3-5 February 1997. Paris: IEA/OECD.

Global Land Cover Characteristics Database (GLCCD), Version 1.2. 1998. Data available online at http://edcdaac.usgs.gov/glcc/glcc.html. See also Loveland, T.R., B.C. Reed, J.F. Brown, D.O. Ohlen, Z. Zhu, L. Yang, and J. Merchant. 2000. "Development of a Global Land Cover Characteristics Database and IGBP DISCover from 1-km AVHRR Data." *International Journal of Remote Sensing* 21 (6-7). 1303-1330.

Haynes, R. W., D. M. Adams and J. R. Mills. 1995. The 1993 RPA Timber Assessment Update. U.S. Department of Agriculture Forest Service General Technical Report RM-259. Fort Collins, CO.

参考文献

Heywood, V. H. and W. T. Watson, U.N. Environment Programme (UNEP). 1995. *Global Biodiversity Assessment*. Cambridge: Cambridge University Press.

Holmes, D. 2000. Deforestation in Indonesia: A Review of the Situation in Sumatra, Kalimantan, and Sulawesi. Draft report in preparation for the World Bank, based on mapping carried out by the Indonesian Ministry of Forestry and Estate Crops. Washington, D.C.: The World Bank.

Houghton, R. A. 1999. The annual net flux of carbon to the atmosphere from changes in land use 1850–1990. *Tellus* 50B(298–313).

Houghton, R. A. and J. L. Hackler. 1999. Emissions of carbon from forestry and land-use change in tropical Asia. *Global Change Biology* 5(481–492).

Intergovernmental Panel on Climate Change (IPCC) (R. Watson, I. N., B. Bolin, N. Ravindranath, D. Verardo, and D. Dokken, eds.),. 2000. *Land Use, Land-Use Change, and Forestry*. Cambridge, UK: Cambridge University Press.

International Energy Agency (IEA). 1996. *Energy Statistics and Balances of Non-OECD Countries 1994–1995*. Paris: IEA.

Johnson, N. and D. Ditz. 1997. Challenges to sustainability in the U.S. forest sector. Pp: 191–280 in *Frontiers of Sustainability: Environmentally Sound Agriculture, Forestry, Transportation, and Power Production*. R. Dower, D. Ditz, P. Faethet al, eds. Washington, D.C.: World Resources Institute.

Kasischke, E. S., K. Bergen, R. Fennimore, F. Sotelo, G. Stephens, A. Janetos and H. H. Shugart. 1999. Satellite imagery gives a clear picture of Russia's boreal forest fires. *EOS-Transactions of the American Geophysical Union* 80:141–147

Levine, J. S., T. Bobbe, N. Ray, A. Singh and R. G. Witt. 1999. Wildland Fires and the Environment: A Global Synthesis. UNEP /DEIAEW/TR.99-1. Nairobi: UNEP.

Loveland, T. R., B. C. Reed, J. F. Brown, D. O. Ohlen, Z. Zhu, L. Yang and J. Merchant. 2000. Development of a Global Land Cover Characteristics Database and IGBP DISCover from 1 km AVHRR data. *International Journal of Remote Sensing* 21(6):1303–1330. Online at: http://edcdaac.usgs.gov/glcc/glcc.html.

Matthews, E. 1983. Global vegetation and land use: New high-resolution data bases for climatic studies. *Journal of Climate and Applied Meteorology* 22:474–487.

Matthews, E., R. Payne, M. Rohweder and S. Murray. 2000. Pilot Analysis of Global Ecosystems: Forest Ecosystems. Washington, D.C.: World Resources Institute.

Nilsson, S. 1996. Do We Have Enough Forests? IUFRO Occasional Paper No. 5. Laxenburg, Austria: International Institute for Applied Systems Analysis.

Oldfield, S., C. Lusty and A. MacKiven, 1998. *The World List of Threatened Trees*. World Conservation Press.

Olson, D. M. and E. Dinerstein. 1998. The Global 200: A representation approach to conserving the earth's most biologically valuable ecoregions. *Conservation Biology* 12(3):502–515.

Reid, W. V. and K. R. Miller. 1989. *Keeping Options Alive: The Scientific Basis for Conserving Biodiversity*. Washington, D.C.: World Resources Institute.

Revenga, C., S. Murray, J. Abramovitz and A. Hammond. 1998. *Watersheds of the World: Ecological Value and Vulnerability*. Washington D.C.: World Resources Institute and Worldwatch Institute.

Ricketts, T., E. Dinerstein, D. Olson, C. Loucks, W. Eichbaum, K. Kavanagh, P. Hedao, P. Hurley, K. Carney, R. Abell, et al. 1997. A Conservation Assessment of the Terrestrial Ecosystems of North America. Vol. 1: The United States and Canada. Washington, D.C.: World Wildlife Fund.

Solberg, B., D. J. Brooks, H. Pajuoja, T. Peck and P. Wardle. 1996. An overview of factors affecting the long-term trends of non-industrial and industrial wood supply and demand. Pp: 45–74 in *Long-term Trends and Prospects in World Supply and Demand for Wood and Implications for Sustainable Forest Management* (European Forest Institute Research Report No. 6). B. Solberg, ed. European Forest Institute.

Stattersfield, A. J., J. J. Crosby, A. J. Long and D. C. Wege. 1998. *Endemic Bird Areas of the World: Priorities for Biodiversity Conservation*. Cambridge, UK: BirdLife International.

Tucker, C. J. and J. R. G. Townshend. 2000. Strategies for monitoring tropical deforestation using satellite data. *International Journal of Remote Sensing* 21(6):1461–1472.

Wege, D. C. and A. J. Long. 1995. *Key Areas for Threatened Birds in the Neotropics*. Washington, D.C.: Smithsonian Institution Press.

淡水

Abell, R. A., D. M. Olson, E. Dinerstein, P. T. Hurley, J. T. Diggs, W. Eichbaum, S. Walters, W. Wettengel, T. Allnutt, C. Loucks, et al. 2000. *Freshwater Ecoregions of North America: A Conservation Assessment*. Washington, D.C.: Island Press.

Abramovitz, J. N. 1996. Imperiled Waters, Impoverished Future: The Decline of Freshwater Ecosystems. World Watch Paper 128. Washington, D.C.: Worldwatch Institute.

Bacalbasa-Dobrovici, N. 1989. The Danube River and its fisheries. In *Proceedings of the International Large River Symposium*. D. P. Dodge, ed. Canadian Special Publication of Fisheries and Aquatic Science 106. Ottawa, Canada: Department of Fisheries and Oceans.

Beveridge, M. C. M., L. G. Ross and L. A. Kelly. 1994. Aquaculture and biodiversity. *Ambio* 23(8):497–502.

Bos, R. 1997. The human health impact of aquatic weeds. In *Proceedings of the International Water Hyacinth Consortium*. E. S. Delfosse and N. R. Spencer, eds. Washington, D.C.: The World Bank.

Bräutigam, A. 1999. The Freshwater biodiversity crisis. *World Conservation* 30(2):4–5.

Brunner, J., Y. Kura and K. Thompson. 2000. Water Scarcity, Water Resources Management, and Hydrological Monitoring (Draft). Unpublished Report. Washington, D.C.: World Resources Institute.

Carlson, C. A. and R. T. Muth. 1989. The Colorado River: Lifeline of the American Southwest. In *Proceedings of the International Large River Symposium*. D. P. Dodge, ed. Canadian Special Publication of Fisheries and Aquatic Science 106. Ottawa, Canada: Department of Fisheries and Oceans.

Center for International Earth Science Information Network (CIESIN), Columbia University, International Food Policy Research Institute (IFPRI) and World Resources Institute (WRI). 2000. Gridded Population of the World, Version 2 alpha. Palisades, NY: CIESIN, Columbia University. Online at: http://sedac.ciesin .org/plue/gpw.

Dahl, T. E. 1990. Wetlands Losses in the United States 1780s to 1980s. Washington, D.C.: U.S. Department of the Interior, Fish and Wildlife Service.

Declining Amphibian Populations Task Force (DAPTF). 1999. What are Amphibian Declines and their Causes? Online at: http:// www2.open.ac.uk/Ecology/J_Baker/DAPTF.What_are_ADs.html.

Dynesius, M. and C. Nilsson. 1994. Fragmentation and flow regulation of river systems in the northern third of the world. *Science* 266:753–762.

European Environment Agency (EEA). 1994. *European Rivers and Lakes: Assessment of their Environmental State*. Copenhagen: European Environment Agency.

European Environment Agency (EEA). 1999. *Environment in the European Union at the Turn of the Century*. Environmental Assessment Report No. 2. Copenhagen: European Environment Agency.

Evans, M. I. 1994. *Important Bird Areas in the Middle East*. BirdLife Conservation Series No. 2. Cambridge, UK: BirdLife International.

Fekete, B. M., C. J. Vörösmarty and W. Grabs. 1999. Global, Composite Runoff Fields Based on Observed River Discharge and Simulated Water Balances. University of New Hampshire Data Set. Durham, NH: Complex Systems Research Center.

Finlayson, C. M. and N. C. Davidson. 1999. Global Review of Wetland Resources and Priorities for Wetland Inventory. Summary Report. Australia: Wetlands International and the Environmental Research Institute of the Supervising Scientists.

Food and Agriculture Organization of the United Nations (FAO). 1996. Fishery Country Profile: The Republic of Malawi. Online at: http://www.fao.org/fi/fcp/malawie.asp.

Food and Agriculture Organization of the United Nations (FAO). 1998. Aquaculture Quantities Dataset 1984–1997. Fishery Statistics Databases, downloadable with Fishstat-Plus software, Version 2.19 by Yury Shatz. Online at: http://www.fao.org/WAICENT/FAOINFO/FISHERY/statist/FISOFT/FISHPLUS.HTM.

Food and Agriculture Organization of the United Nations (FAO). 1999a. *The State of World Fisheries and Aquaculture, 1998*. Rome: FAO.

Food and Agriculture Organization of the United Nations (FAO). 1999b. Review of the State of World Fishery Resources: Inland Fisheries. Fisheries Circular No. 942. Rome: FAO.

Fuller, P. L., L. G. Nico and J. D. Williams. 1999. *Nonindigenous Fishes Introduced into Inland Waters of the United States*. American Fisheries Society, Special Publication No. 27. Bethesda, MD: American Fisheries Society.

Garibaldi, L. and D. M. Bartley. 1998. The database on introductions of aquatic species (DIAS). Food and Agriculture Organization of the United Nations (FAO) Aquaculture Newsletter (FAN) no. 20. Online at: http://www.fao.org/waicent/faoinfo/fishery/statist/fishoft/dias/index.htm.

Gopal, B. 1987. *Water Hyacinth*. Aquatic Plant Studies 1. Amsterdam: Elsevier Science.

Hill, G., J. Waage and G. Phiri. 1997. The water hyacinth problem in tropical Africa. In *Proceedings of the International Water Hyacinth Consortium*. E. S. Delfosse and N. R. Spencer, eds. Washington, D.C.: The World Bank.

Hinrichsen, D., R. Robey and U. D. Upadhyay. 1998. Solutions for a Water-Short World. Population Reports, Series M, No. 14. Baltimore, MD: Johns Hopkins University School of Public Health, Population Information Program. September 1998.

Houlahan, J., C. Findlay, B. Schmidt, A. Meyer and S. Kuzmin. 2000. Quantitative evidence for global amphibian population declines. *Nature* 404:752–755.

Hughes, R. M. and R. F. Noss. 1992. Biological diversity and biological integrity: Current concerns for lakes and streams. *Fisheries* May–June.

International Commission on Large Dams (ICOLD). 1998. *World Register of Dams 1998*. Paris: ICOLD.

International Journal on Hydropower and Dams (IJHD). 1998. *1998 World Atlas and Industry Guide*. Surrey, UK: Aqua-Media International.

International Union for Conservation of Nature and Natural Resources (IUCN). 1996. *1996 IUCN Red List of Threatened Animals*. Gland, Switzerland: IUCN.

Kapetsky, Chief Fisheries Officer, Inland Water Resources and Aquaculture Service, Fisheries Resources Division FAO. 1999. Personal Communication. E-mail. 27 August.

Karr, J. R. and E. W. Chu. 1999. *Restoring Life in Running Waters: Better Biological Monitoring*. Washington, D.C.: Island Press.

Kaufman, L. 1992. Catastrophic change in species-rich freshwater ecosystems: The lessons from Lake Victoria. *BioScience* 42(11): 846–858.

Lelek, A. 1989. "The Rhine River and Some of its Tributaries Under Human Impact in the Last Two Centuries," pp. 469–487 in *Proceedings of the International Large River Symposium*. D. P. Dodge, ed., Canadian special publication of Fisheries and Aquatic Science 106. Ottawa, Canada: Department of Fisheries and Oceans.

Liao, G. Z., K. X. Lu and X. Z. Xiao. 1989. Fisheries resources of the Pearl River and their exploitation. In *Proceedings of the International Large River Symposium*. D. P. Dodge, ed. Canadian Special Publication of Fisheries and Aquatic Science 106. Ottawa, Canada: Department of Fisheries and Oceans.

Lips, K. R. 1998. Decline of tropical montane amphibian fauna. *Conservation Biology* 12(1):106–117.

L'vovich, M. I. and G. F. White. 1990. Use and transformation of terrestrial water systems. Pp: 235–252 in *The Earth as Transformed by Human Action: Global and Regional Changes in the Biosphere Over the Past 300 Years*. B. L. Turner II, W. C. Clark, R. W. Kateset al, eds. Cambridge, UK: Cambridge University Press.

Lyons, J., S. Navarro-Perez, P. A. Cochran, E. Santana and M. Guzman-Arroyo. 1995. Index of biotic integrity based on fish assemblages for the conservation of streams and rivers in West-Central Mexico. *Conservation Biology* 9(3):569–584.

Master, L. L., S. R. Flack and B. A. Stein. 1998. *Rivers of Life: Critical Watersheds for Protecting Freshwater Biodiversity*. Arlington, VA: The Nature Conservancy.

McAllister, D. E., A. L. Hamilton and B. Harvey. 1997. Global freshwater biodiversity: Striving for the integrity of freshwater ecosystems. *Sea Wind–Bulletin of Ocean Voice International* 11(3): 1–140.

Mekong River Commission (MRC). 1997. Greater Mekong Sub-Region: State of the Environment Report. Bangkok: MRC.

Missouri River Coalition. 1995. Comments on the Missouri River Master Water Control Manual Review and Update Draft Environmental Impact Assessment. 1 March 1995.

Myers, N. 1997. The rich diversity of biodiversity issues. Pp: 125–138 in *Biodiversity II: Understanding and Protecting Our Biological Resources*. M. L. Reaka-Kudla, D. E. Wilson and E. O. Wilson, eds. Washington, D.C.: Joseph Henry Press.

Miller, R. R., J. D. Williams and J. E. Williams. 1989. Extinctions of North American fishes during the past century. *Fisheries* 14(6): 22–38.

Moyle, P. B. and R. A. Leidy. 1992. Loss of biodiversity in aquatic ecosystems: Evidence from fish faunas. In *Conservation Biology: The Theory and Practice of Nature Conservation, Preservation and Management*. P. L. Fiedler and S. K. Jain, eds. New York: Chapman and Hall.

Nilsson, C., M. Svedmark, P. Hansson, S. Xiong and K. Berggren. 1999. Fragmentation and flow regulation of Southern Rivers. Unpublished Report Commissioned by PAGE. Landscape Ecology, Umeå University, Sweden.

Oberdorff, T. and R. M. Hughes. 1992. Modification of an index of biotic integrity based on fish assemblages to characterize rivers of the Seine Basin, France. *Hydrobiologia* 228:117–130.

O'Neill, C., Coastal Resources Specialist, New York Sea Grant. 1999. Personal Communication.

O'Neill, C. R. 1996. Economic Impact of Zebra Mussels: The 1995 National Zebra Mussel Information Clearinghouse Study. *New York Sea Grant Extension*.

Pelly, J. 1998. No simple answer to recent amphibian declines. *Environmental Science and Technology* 32(15):352–353.

Postel, S. 1995. Where have all the rivers gone? *World Watch* 8(3):9–19.

Postel, S. and S. Carpenter. 1997. Freshwater ecosystem services. Pp: 195–214 in *Nature's Services: Societal Dependence on Natural Ecosystems*. G. C. Daily, ed. Washington, D.C.: Island Press.

Reaka-Kudla, M. L. 1997. The global biodiversity of coral reefs: A comparison with rain forests. Pp: 83–108 in *Biodiversity II: Understanding and Protecting Our Biological Resources*. M. L. Reaka-Kudla, D. E. Wilson and E. O. Wilson, eds. Washington, D.C.: Joseph Henry Press.

Revenga, C., S. Murray, J. Abramovitz and A. Hammond. 1998. *Watersheds of the World: Ecological Value and Vulnerability*. Washington, D.C.: World Resources Institute and Worldwatch Institute.

Revenga, C., J. Brunner, N. Henninger, K. Kassem and R. Payne. 2000. Pilot Analysis of Global Ecosystems: Freshwater Ecosystems Technical Report. Washington, D.C.: World Resources Institute.

参考文献

Ricciardi, A. and J. B. Rasmussen. 1999. Extinction rates of North American freshwater fauna. *Conservation Biology* 15(5): 1220–1222.

Ross, S. T. 1991. Mechanisms structuring stream fish assemblages: Are there lessons from introduced species? *Environmental Biology of Fishes* 30:359–368.

Shiklomanov, I. A. 1997. Comprehensive Assessment of the Freshwater Resources of the World: Assessment of Water Resources and Water Availability in the World. Stockholm, Sweden: WMO and Stockholm Environment Institute.

Sparks, R. E. 1992. The Illinois River floodplain ecosystem. In *Restoration of Aquatic Ecosystems: Science, Technology and Public Policy*. National Research Council (NRC), ed. Washington, D.C.: National Academy Press.

U.N. Environment Programme (UNEP) and Global Environment Monitoring System (GEMS). 1995. Water Quality of World River Basins. Nairobi: UNEP.

U.N. Environment Programme (UNEP). 1996. *Groundwater: A Threatened Resource*. Nairobi, Kenya: UNEP.

Vörösmarty, C. J., K. P. Sharma, B. M. Fekete, A. H. Copeland, J. Holden, J. Marble and J. A. Lough. 1997. The storage and aging of continental runoff in large reservoir systems of the world. *Ambio* 26(4):210–219.

Watson, R. T., M. C. Zinyowera and R. H. Moss, 1996. *Climate Change 1995, Impacts, Adaptations and Mitigation of Climate Change: Scientific Technical Analyses*. Contribution of Working Group II to the Second Assessment Report of the Intergovernmental Panel on Climate Change. Cambridge, UK: Cambridge University Press.

Welcomme, R. L. 1988. International Introductions of Inland Aquatic Species. Technical Series Paper 294. Rome: Food and Agriculture Organization of the United Nations.

World Meteorological Organization (WMO). 1997. *Comprehensive Assessment of the Freshwater Resources of the World*. Geneva: WMO.

草地

Andreae, M. O. 1991. Biomass burning: Its history, use and distribution and its impact on environmental quality and global climate. Pp: 3–21 in *Global Biomass Burning*. J. S. Levine, ed. London: MIT Press.

Arino and Melinotte. 1998. The 1993 Africa Fire Map. *International Journal of Remote Sensing* 19(11):2019–2023.

Atjay, G. L., P. Ketner and P. Duvigneaud. 1979. Terrestrial primary production and phytomass. Pp: 129–181 in *The Global Carbon Cycle*. B. Bolin, E. T. Degens, S. Kempe and P. Ketner, eds. Chichester, UK: John Wiley & Sons.

Campbell, K. and M. Borner. 1995. Population trends and distribution of Serengeti herbivores: Implications for management. Pp: 117–145 in *P. Arcese*. A. R. E. Sinclair, ed. Chicago: University of Chicago Press.

Christian, J. M. and S. D. Wilson. 1999. Long-term ecosystem impacts of an introduced grass in the Northern Great Plains. *Ecology* 80(7):2397–2404.

de Haan, C., H. Steinfeld and H. Blackburn. 1997. Livestock and the Environment: Finding a Balance. Brussels, Belgium: European Commission Directorate-General for Development, Development Policy Sustainable Development and Natural Resources.

Dinerstein, E., D. M. Olson, D. J. Graham, A. L. Webster, S. A. Primm, M. P. Bookbinder and G. Ledec. 1995. *A Conservation Assessment of the Terrestrial Ecoregions of Latin America and the Caribbean*. Washington, D.C.: World Wildlife Fund and The World Bank.

Ehrlich, D., E. F. Lambin and J. Malingreau. 1997. Biomass burning and broad-scale land-cover changes in Western Africa. *Remote Sens. Environ.* 61:201–209.

Evans, R. 1998. The erosional impacts of grazing animals. *Progress in Physical Geography* 22(2):251–268.

Food and Agriculture Organization of the United Nations Statistical Databases (FAOSTAT). 1999. Online at: http://apps.fao.org.

Frank, D. A., S. J. McNaughton and B. F. Tracy. 1998. The ecology of the Earth's grazing ecosystems. *BioScience* 48(7):513–521.

Frost, P. G. H. 1985. The responses of savanna organisms to fire. Pp: 232–237 in *Ecology and Management of the World's Savannas*. J. C. Tothill and J. J. Mott, eds. Canberra: Australian Academy of Science.

Goldammer, J. P. 1995. Biomass burning and the atmosphere. Paper presented at "Forests and Global Climate Change: Forests and the Global Carbon Cycle."

Honey, M. 1999. *Ecotourism and Sustainable Development: Who Owns Paradise?* Washington, D.C.: Island Press.

International Livestock Research Institute (ILRI). 1998. *Cattle Density Database*. Nairobi, Kenya: ILRI.

Levine, J. S., T. Bobbe, N. Ray, A. Singh and R. G. Witt. 1999. Wildland Fires and the Environment: A Global Synthesis. UNEP /DEIAEW/TR.99-1. Nairobi: UNEP.

Loveland, T. R., B. C. Reed, J. F. Brown, D. O. Ohlen, Z. Zhu, L. Yang and J. Merchant. 2000. Development of a Global Land Cover Characteristics Database and IGBP DISCover from 1 km AVHRR data. *International Journal of Remote Sensing* 21(6):1303–1330. Online at: http://edcdaac.usgs.gov/glcc/glcc.html.

McNaughton, S. J. 1993. Grasses and grazers, science and management. *Ecological Applications* 3:17–20.

Menaut, J. C., L. Abbadie, F. Lavenu, P. Loudjani and A. Podaire. 1991. Biomass burning in West African savannas. Pp: 131–142 in *Global Biomass Burning*. J. S. Levine, ed. London: MIT Press.

Middleton, N. and D. Thomas, 1997. *World Atlas of Desertification (Second Edition)*London: UN Environment Programme (UNEP).

Ojima, D. S., B. O. M. Dirks, E. P. Glenn, C. E. Owensby and J. M. O. Scurlock. 1993. Assessment of C budget for grasslands and drylands of the world. *Water, Air and Soil Pollution* 70:643–657.

Oldeman, L. R., R. T. A. Hakkeling and W. G. Sombroek. 1991. World Map of the Status of Human-Induced Soil Degradation: An Explanatory Note. Global Assessment of Soil Degradation (GLASOD), International Soil Reference Information Centre (ISRIC), and United Nations Environment Program (UNEP).

Olson, J. S., J. A. Watts and L. J. Allison. 1983. Carbon in Live Vegetation of Major World Ecosystems. Report ORNL-5862. Oak Ridge, Tennessee: Oak Ridge National Laboratory.

Planning Assessment for Wildlife Management. 1996. Returns from tourist hunting in Tanzania. Pp: 71–80 in *Tourist Hunting in Tanzania*. N. Leader-Williams, J. A. Kayera and G. L. Overton, eds. Occasional Paper of the IUCN Species Survival Commission No. 14. Gland, Switzerland: The World Conservation Union (IUCN).

Price Waterhouse. 1996. The hunting industry in Zimbabwe. Pp: 81–93 in *Tourist Hunting in Tanzania*. N. Leader-Williams, J. A. Kayera and G. L. Overton, eds. Occasional Paper of the IUCN Species Survival Commission No. 14. Gland, Switzerland: The World Conservation Union (IUCN).

Ricketts, T., E. Dinerstein, D. Olson, C. Loucks, W. Eichbaum, K. Kavanagh, P. Hedao, P. Hurley, K. Carney, R. Abell, et al. 1997. A Conservation Assessment of the Terrestrial Ecosystems of North America. Vol. 1: The United States and Canada. Washington, D.C.: World Wildlife Fund.

Risser, P. G. 1996. A new framework for prairie conservation. Pp: 261–274 in *Prairie Conservation: Preserving North America's Most Endangered Ecosystem*. F. B. Samson and F. L. Knopf, eds. Washington, D.C.: Island Press.

Sala, O. E. and J. M. Paruelo. 1997. Ecosystem services in grasslands. Pp: 237–252 in *Nature's Services: Societal Dependence on Natural Ecosystems*. G. C. Daily, ed. Washington, D.C.: Island Press.

Scholes, R. J. and B. H. Walker. 1993. *An African Savanna.* Cambridge, UK: Cambridge University Press.

Seré, C. and H. Steinfeld. 1996. World Livestock Production Systems: Current Status, Issues and Trends. Rome: FAO.

Sneath, D. 1998. State policy and pasture degradation in Inner Asia. *Science* 281:1147-1148.

United States Congress Office of Technology Assessment (USCOTA). 1993. Harmful Non-Indigenous Species in the United States. OTA-F-565. Washington, D.C.: U.S. Government Printing Office.

Walker, B. H. 1985. Structure and function of savannas: An overview. Pp: 83-92 in *Ecology and Management of the World's Savannas.* J. C. Tothill and J. J. Mott, eds. Canberra: Australian Academy of Science.

White, R., S. Murray and M. Rohweder. 2000. Pilot Analysis of Global Ecosystems: Grassland Ecosystems Technical Report. Washington, D.C.: World Resources Institute.

Whittaker, R. H. and E. Likens. 1975. The biosphere and man. Pp: 305-328 in *Primary Productivity of the Biosphere.* H. Lieth and R. H. Whittaker, eds. Ecological Studies No. 14. Berlin: Springer-Verlag.

Williams, J. R. and P. L. Diebel. 1996. The economic value of the prairie. Pp: 19-35 in *Prairie Conservation: Preserving North America's Most Endangered Ecosystem.* F. B. Samson and F. L. Knopf, eds. Washington, D.C.: Island Press.

山地生态系统

Carlson, C. 2000. Money pits. *Mineral Policy Center Newsletter* Spring:9-12.

D'Esposito, S. and J. Feiler. 2000. Lessons from the disasters on the Danube: Is modern mining safe? *Mineral Policy Center Newsletter* Spring:1, 4-5, 17.

Federal Research Centre for Forestry and Forest Products (FRCFFP). 1998. Forest Condition in Europe: Results of the 1997 Crown Condition Survey. 1998 Technical Report. Geneva and Brussels: United Nations Economic Commission for Europe (UN/ECE) and European Commission (EC).

Food and Agriculture Organization of the United Nations (FAO). 1993. Forest Resources Assessment 1990-Tropical Countries. Forestry Paper No. 112. Rome: FAO.

Food and Agriculture Organization of the United Nations (FAO). 1995. Agenda 21: Chapter 13-Sustainable Mountain Development. FAO Progress Report. Online at: http://www.fao.org/WAICENT/faoinfo/sustdev/epdirect/EPRE0005.htm. (April).

Grötzbach, E. and C. Stadel. 1997. Mountain peoples and cultures. Pp: 17-38 in *Mountains of the World: A Global Priority.* B. Messerli and J. D. Ives, eds. New York: The Parthenon Publishing Group.

International Potato Center (CIP). 2000. Breeding and Conservation. Online at: http://www.cipotato.org/market/Brochure99/dynamic2.htm. (17 July 2000).

Ives, J. D., B. Messerli and E. Spiess. 1997. Mountains of the world – A global priority. Pp: 1-15 in *Mountains of the World: A Global Priority.* B. Messerli and J. D. Ives, eds. New York: The Parthenon Publishing Group.

Jeník, J. 1997. The diversity of mountain life. Pp: 199-235 in *Mountains of the World: A Global Priority.* B. Messerli and J. D. Ives, eds. New York: The Parthenon Publishing Group.

Liniger, H., R. Weingartner and M. Grosjean. 1998. *Mountains of the World: Water Towers for the 21st Century.* Berne, Switzerland: Mountain Agenda.

Messerli, B. and J. D. Ives, 1997. *Mountains of the World: Challenges for the 21st Century.* Berne, Switzerland: Mountain Agenda.

Price, M., T. Wachs and E. Byers, 1999. *Mountains of the World: Tourism and Sustainable Mountain Development.* Berne, Switzerland: Mountain Agenda.

Schaaf, T., UNESCO. 1999. Personal Communication. E-mail. 29 March 1999.

Tripp, R. and W. van der Heide. 1996. The erosion of crop genetic diversity: Challenges, strategies and uncertainties. *Natural Resource Perspectives* 7(March).

World Conservation Monitoring Centre (WCMC). 1997. Tropical Montane Cloud Forests: An Urgent Priority for Conservation. WCMC Biodiversity Bulletin No. 2. Cambridge, UK: WCMC.

Wuetrich, B. 1993. Forests in the clouds face stormy future. *Science News* 144(2):23.

极地生态系统

Arctic Monitoring and Assessment Programme (AMAP). 1997. *Arctic Pollution Issues: A State of the Arctic Report.* Oslo: AMAP.

Fergusson, A. and D. I. Wardle. 1998. *Arctic Ozone: The Sensitivity of the Ozone Layer to Chemical Depletion and Climate Change.* Environment Canada.

GLACIER, Rice University. 1998. Introduction: How Big is the Ice? Online at: www.glacier.rice.edu/invitation/1_ice.html.

Hamilton, L., C. M. Duncan and N. Flanders. 1998. Northern Atlantic fishing communities in and era of ecological change. *New Hampshire Sea Grant* (1999):28-30.

International Association of Antarctica Tour Operators (IAATO). 1999. Tourism Statistics. Online at: http://www.iaato.org/tour_stats.html. (15 May).

Petit, J. R., J. Jouzel, D. Raynaud, N. I. Barkov, J.-M. Barnola, I. Basile, M. Bender, J. Chappellaz, M. Davis, G. Delaygue, et al. 1999. Climate and atmospheric history of the past 420,000 years from the Vostok ice core, Antarctica. *Nature* 399:429-436.

Rothrock, D. A., Y. Yu and G. A. Maykut. 1999. Thinning of the Arctic sea-ice cover. *Geophysical Research Letters* 26(23):3469-3472.

Stauffer, B. 1999. Cornucopia of ice core results. *Nature* 399:412-413.

U.N. Environment Programme (UNEP). 1999. *Global Environment Outlook 2000.* London, UK: Earthscan Publications Ltd.

U.N. Environment Programme (UNEP). 1998. *Environmental Effects of Ozone Depletion: 1998 Assessment.* Nairobi: UNEP.

U.S. Global Change Research Program (USGCRP). 1999. Arctic Sea-Ice: Changes, Causes and Implications. Briefing paper for the 20 April US Global Change Seminar. Washington, D.C.: USGCRP.

Watson, R. T., M. C. Zinyowera and R. H. Moss, 1998. *The Regional Impacts of Climate Change: An Assessment of Vulnerability.* A Special Report of IPCC Working Group II. Cambridge, UK: Cambridge University Press.

城市生态系统

Adams, L. W. 1994. *Urban Wildlife Habitats: A Landscape Perspective.* Minneapolis: University of Minnesota Press.

American Forests. 1999. Regional Ecosystem Analysis Chesapeake Bay Region and the Baltimore-Washington Corridor: Calculating the Value of Nature. Washington, D.C.: American Forests. 22 March 1999.

Bolund, P. and S. Hunhammar. 1999. Ecosystem services in urban areas. *Ecological Economics* 29:293-301.

Bryson, R. and J. Ross. 1972. The climate of the city. Pp: 52-76 in *Urbanization and Environment.* T. Detwyler and M. Marens, eds. Belmont, CA: Duxbury Press.

Chaplowe, S. G. 1998. Havana's popular gardens: Sustainable prospects for urban agriculture. *The Environmentalist* 18(1):47-57.

Douglas, I. 1983. *The Urban Environment.* London, UK: Edward Arnold.

Eurostat, European Environment Agency Task Force, DG XI and PHARE European Commission, U.N. Economic Commission for Europe, Organization for Economic Cooperation and Development, and World Health Organization. 1995. *Europe's Environment: Statistical Compendium for the Dobris Assessment.* Luxembourg: Office for Official Publications of the European Communities.

Folke, C., Å. Jansson, J. Larsson and R. Costanza. 1997. Ecosystem appropriation of cities. *Ambio* 26(3):167-172.

Food and Agriculture Organization of the United Nations (FAO). 1999. Urban and Peri-Urban Agriculture. Report to the FAO Committee on Agriculture (COAG). Online at: http://www.fao.org/unfao/bodies/COAG/COAG15/X0076e.htm.

参考文献

Goudie, A. 2000. *The Human Impact on the Natural Environment.* Cambridge, MA: MIT Press.

Kowarik, I. 1990. Some responses of flora and vegetation to urbanization in Central Europe. Pp: 45–74 in *Urban Ecology: Plants and Plant Communities in Urban Environments.* H. Sukopp and S. Hejný, eds. The Hague: SBP Academic Publishing.

Lyle, J. and R. D. Quinn. 1991. Ecological corridors in urban southern California. In: *Wildlife Conservation in Metropolitan Environments: Proceedings of a National Symposium on Urban Wildlife.* L. W. Adams and D. L. Leedy, eds. Columbia, MD: National Institute for Urban Wildlife.

Margolis, M. 1992. A third world city that works. *World Monitor* March: 42–50.

Miller, R. W. 1983. Multiple use urban forest management in the Federal Republic of Germany. Pp: 21–24 in *Management of Outlying Forests for Metropolitan Populations.* Milwaukee, WI: Man and the Biosphere Seminar.

Miller, R. W. 1997. *Urban Forestry: Planning and Managing Urban Greenspaces.* Second Edition. Upper Saddle River, New Jersey: Prentice Hall.

Mountford, D., U.S. Environmental Protection Agency. 1999. Personal Communication. E-mail. 12 March.

Nowak, D. J. 1994. Air pollution removal by Chicago's urban forest. Pp: 63–81 in *Chicago's Urban Forest Ecosystem: Results of the Chicago Urban Forest Climate Project.* E. G. McPherson, D. J. Nowak and R. A. Rowntree, eds. Gen. Tech. Report NE-186. Radnor, PA: U.S. Department of Agriculture, Forest Service, Northeastern Forest Experiment Station.

Nowak, D. J. and J. F. Dwyer. 1996. Urban Forestry. Pp: 470–472 in *McGraw-Hill Yearbook of Science and Technology.* New York: McGraw-Hill.

Nowak, D. J., R. A. Rowntree, E. G. McPherson, S. M. Sisinni, E. R. Kerkmann and J. C. Stevens. 1996. Measuring and analyzing urban tree cover. *Landscape and Urban Planning* 36:49–57.

Rees, W. E. 1992. Ecological footprints and appropriated carrying capacity: What urban economics leaves out. *Environment and Urbanization* 4(2):121–130.

Sampson, R. N. 1994. Making cities safe for trees. Pp: 157–170 in *The City as a Human Environment.* D. G. LeVine and A. C. Upton, eds. Westport, CT: Praeger Publishers.

Smit, J. and J. Nasr. 1992. Urban Agriculture for sustainable cities: Using wastes and idle land and water bodies as resources. *Environment and Urbanization* 4(2):141–154.

Smith, D. 1999. The case for greener cities. *American Forests Magazine* Autumn 1999:35–37.

Stanners, D. and P. Bordeau, 1995. *Europe's Environment: The Dobris Assessment.* Copenhagen: European Environment Agency.

The Mega Cities Project, The Centre for Community Studies, Action and Development. 1994. Urban Market Gardens: Accra. Urban Environment-Poverty Case Study Series. New York: The Mega Cities Project. July, 1994.

U.N. Centre for Human Settlements (Habitat). 1996. *An Urbanizing World: Global Report on Human Settlements.* Oxford, UK: Oxford University Press.

U.N. Population Division (UNPD). 1996. Urban and Rural Areas 1950–2030: (The 1996 Revision). On Diskette. New York: UNPD.

U.S. Census Bureau. 1995. Urban and Rural Definitions. Online at: http://www.census.gov/population/censusdata/urdef.txt.

U.S. Department of the Interior, U.S. Fish and Wildlife Service, U.S. Department of Commerce and Bureau of the Census. 1997. 1996 National Survey of Fishing, Hunting, and Wildlife-Associated Recreation. Washington, D.C.: U.S. Government Printing Office.

U.S. National Biological Survey. 2000. Washington D.C. Project Birdscape. Online at: http://www.im.nbs.gov/birdscap/birdscap.html.

World Bank. 2000. *World Development Indicators 2000.* Washington, D.C.: The World Bank.

World Resources Institute in collaboration with the United Nations Environment Programme and the United Nations Development Programme and the World Bank. 1998. *World Resources 1998–99.* New York: Oxford University Press.

第三章

重塑高地：马查科斯坡地的恢复

African Development and Economic Consultants. 1986. Machakos Integrated Development Programme Socio-Economic Survey: Final Report. Nairobi and Machakos: Ministry of Planning and National Development.

Huxley, E. 1960. *A New Earth.* London.

Jaetzold, R. and H. Schmidt. 1983. *Natural Conditions and Farm Management Information, Part IIC: East Kenya (Eastern Coast Provinces).* Vol. 2 of Farm Management Handbook of Kenya. Nairobi: Ministry of Agriculture.

Kenya Web. 1999. Machakos District: Economic Potential. Online at: http://www.kenyaweb.com/ourland/eastern/machakos/ma_econ p .html. (20 July).

Lindblom, K. G. 1920. *The Akamba of British East Africa.* Uppsala: Appelborgs Boktrycheri Aktieborg.

Mbate, G., Economist with US Agency for International Development, Regional EDSO. 1999. Personal Communication. Interview. 19 February.

Mortimore, M. and M. Tiffen. 1994. Population growth and a sustainable environment. *Environment* 36(8): 10–32.

Mullei, M. 1999. Agricultural Officer, USAID. Personal Communication. Interview. 17 March.

Murton, J. 1999. Population growth and poverty in Machakos District, Kenya. *The Geographical Journal* 165(1).

Mutiso, S., Geography Department, University of Nairobi. 1999. Personal Communication. Interview. 25 February.

Ndambuki, A. M., Machakos District Agricultural Officer for Machakos. 1999. Personal Communication. Interview. 1 March.

Peberdy, J. 1958. Machakos District Gazetteer. Department of Agriculture Mimeo. Machakos District Office.

Tiffen, M. 1995. Population density, economic growth and societies in transition: Boserup reconsidered in a Kenyan case-study. *Development and Change* 26: 31–66.

Tiffen, M. and M. Mortimore. 1992. Environment, population growth and productivity in Kenya: A case study of Machakos District. *Development Policy Review* 10: 359–387.

Tiffen, M., M. Mortimore and F. Gichuki. 1994. *More People, Less Erosion: Environmental Recovery in Kenya.* Chichester, UK: John Wiley & Sons Ltd.

Zaal, F. 1999. Driving forces of sustainable agriculture; Results from a farmer survey in Machakos and Kitui Districts, Kenya. Unpublished report. Amsterdam: AGIDS/University of Amsterdam.

古巴农业革命：回归有机农业

Bourque, M., Sustainable Agriculture Program Director, Institute for Food and Development Policy. 1999. Personal Communication. Interview. 27 April.

Food and Agriculture Organization of the United Nations (FAO). 1999. The State of Food Insecurity in the World. Online at: http://www.fao.org/news/1999/img/SOFI99-E.PDF.

Gellerman, B. 1996. Organics in Cuba. Living on Earth (National

Public Radio, Cambridge, MA). Online at: http://www.loe.org/html/susag/cuba.html.
Monzote, F. F. No Date. Cuban Agriculture Alternatives: An Overview of Cuba's Experience in Organic Agriculture. Havana: Pastures and Forages Research Institute.
Moskow, A. 1999. Havana's self provision gardens. *Environment and Urbanization* 11(2):127–133.
Mueller, J. P., Sustainable Agriculture Coordinator, North Carolina State University. 1999. Personal Communication. Interview. 10 February.
Murphy, C. 1999. Cultivating Havana: Urban Agriculture and Food Security in the Years of Crisis. Development Report #12. Oakland, CA: Institute for Food and Development Policy.
Rosset, P. 1996. Cuba: Alternative agriculture during crisis. Pp: 64–74 in *New Partnerships for Sustainable Agriculture*. L. A. Thrupp, ed. Washington, D.C.: World Resources Institute.
Rosset, P. 1998. Alternative agriculture works: The case of Cuba. *Monthly Review* 50(3).
Rosset, P. and M. Benjamin. 1993. Two Steps Backward, One Step Forward: Cuba's Nationwide Experiment with Organic Agriculture. San Francisco: Global Exchange.
World Bank. 2000. *World Development Indicators 2000*. Washington, D.C.: The World Bank.

海岸

再造大沼泽：南佛罗里达大规模湿地恢复

Armentano, T., Chief of Biological Resources Branch, Everglades National Park. 1998. Personal Communication. Interview. 11 December.
Aumen, N. G., Research Program Director, South Florida Water Management District. 1998. Personal Communication. Interview. 13–14 December.
Birbeck. 1990. Birbeck College, Department of Geography. World Cities Population Database (WCPD). London, UK: University of London.
Davis, S. M. and J. C. Ogden, 1994. *Everglades: The Ecosystem and Its Restoration*. Delray Beach, Florida: St. Lucie Press.
Davis, S. M., Lead Ecologist, South Florida Water Management District. 1998. Personal Communication. Interview. 14 December.
de Golia, J. 1997. *Everglades: The Story Behind the Scenery*. Las Vegas: KC Publications, Inc.
Environmental Systems Research Institute (ESRI). 1993. Digital Chart of the World (DCW). Redlands, CA: ESRI.
Florida Department of Environmental Protection. 1996a. A Digital Spatial Database of Existing and Proposed Conservation Lands for the State. Tallahassee, FL: Florida DEP.
Florida Department of Environmental Protection. 1996b. US Highways for Florida. Tallahassee, FL: Florida DEP.
Governor's Commission for a Sustainable South Florida (GCSSF). 1995. Initial Report of the Governor's Commission for a Sustainable South Florida. Coral Gables, Florida: GCSSF.
Jones, R., Director and Professor, Southeast Environmental Research Center and Department of Biological Sciences Florida International University. 1999. Personal Communication. E-mail. 2 August 1999.
Light, S. S. and J. W. Dineen. 1994. Water control in the Everglades: A historical perspective. Pp: 47–83 in *Everglades: The Ecosystem and Its Restoration*. S. M. Davis and J. C. Ogden, eds. Delray Beach, Florida: St. Lucie Press.
Light, S. S., L. H. Gunderson and C. S. Holling. 1995. The Everglades: Evolution of management in a turbulent ecosystem. Pp: 103–168 in *Barriers and Bridges to the Renewal of Ecosystem and Institutions*. L. H. Gunderson, C. S. Holling and S. S. Light, eds. New York: Columbia University Press.
McClure, R. 1999a. Critics wary of Army Corps role in restoration. Sun-Sentinel (Fort Lauderdale, FL). Online at: http://www.sun-sentinel.com/news. (27 March).
McClure, R. 1999b. Sweet deal purchases big sugars' land for conservation. Sun-Sentinel (Fort Lauderdale, FL). Online at: http://www.sun-sentinel.com/news. (26 March).
McPherson, B. F. and R. Halley. 1996. The South Florida environment: A region under stress. *United States Geological Survey Circular* 1134.
Ogden, J. C. 1994. A comparison of wading bird nesting colony dynamics (1931–1946 and 1974–1989) as an indication of ecosystem conditions in the southern Everglades. Pp: 533–570 in *Everglades: The Ecosystem and Its Restoration*. S. M. Davis and J. C. Ogden, eds. Delray Beach, Florida: St. Lucie Press.
Ogden, J. C. 1999. Status of wading bird recovery–1999. *South Florida Wading Bird Report* 5(1):16–18.
Santaniello, N. 1998. Sierra Club faults Everglades restoration plan. Sun-Sentinel (Fort Lauderdale, FL). Online at: http://www.sun-sentinel.com/news. (26 March).
Santaniello, N. 1999. Glades restoration schedule criticized by environmentalists. Sun-Sentinel (Fort Lauderdale, FL). Online at: http://www.sun-sentinel.com/news. (1 February).
Snyder, G. H. and J. M. Davidson. 1994. Everglades agriculture: Past, present and future. Pp: 85–115 in *Everglades: The Ecosystem and Its Restoration*. S. M. Davis and J. C. Ogden, eds. Delray Beach, FL: St. Lucie Press.
South Florida Ecosystem Restoration Task Force (SFERTF) Working Group. 1998a. *Maintaining the Momentum: South Florida Ecosystem Restoration Task Force Biennial Report (Draft)*. Miami: SFERTF.
South Florida Ecosystem Restoration Task Force (SFERTF) Working Group. 1998b. *Success in the Making: An Integrated Plan for South Florida Ecosystem Restoration and Sustainability*. Miami: SFERTF.
South Florida Water Management District (SFWMD). 1998a. 1997 Everglades Annual Report. West Palm Beach: SFWMD.
South Florida Water Management District (SFWMD). 1998b. Everglades Interim Report (Executive Summary). West Palm Beach: SFWMD.
South Florida Water Management District (SFWMD). 2000a. Everglades Consolidated Report. West Palm Beach: SFWMD.
South Florida Water Management District (SFWMD). 2000b. Everglades Nutrient Removal Project: 5-Year Synopsis. West Palm Beach: SFWMD.
Stevens, W. K. 1999. Everglades restoration plan does too little, experts say. *New York Times* (22 February):A-1.
Tebeau, C. W. 1968. *Man in the Everglades: 2000 Years of Human History in the Everglades National Park*. Miami: University of Miami Press.
U.S. Army Corps of Engineers (USACE). 1998. Central and Southern Florida Project Comprehensive Review Study: Draft Integrated Feasibility Report and Programmatic Environmental Impact Statement. Jacksonville: USACE.

曼科特红树林管理

Brown, N. A. 1996. The Caribbean Natural Resources Institute: Working towards participation and collaboration in the Caribbean. Islander Magazine, Issue 2, July. Online at: http://www.islandstudies.org/islander/issue2/canari.htm.
Goeghegan, T. and A. H. Smith. 1998. Conservation and Sustainable Livelihoods: Collaborative Management of the Mankòtè Mangrove, St. Lucia. Caribbean Natural Resources Institute. August.
Smith, A. H., Research Scientist, Caribbean Natural Resources Institute (CANARI). 1999. Personal Communication. E-mail. 15 February.
Smith, A. H., Research Scientist, Caribbean Natural Resources Institute (CANARI). 2000. Personal Communication. E-mail. 13 April.
Smith, A. H. and F. Berkes. 1993. Community-based use of mangrove resources in St. Lucia. *International Journal of Environmental Studies* 43:123–131.

参考文献

博利瑙的珊瑚礁

Environmental Building News. 1993. Cement and concrete: Environmental considerations. *Environmental Business News* 2(2).

Maragos, J. E., M. P. Crosby and J. W. McManus. 1996. Coral reefs and biodiversity: A critical and threatened relationship. *Oceanography* 9(1):83–99.

McManus, J. W., C. L. Nañola, R. B. Reyes Jr. and K. N. Kesner. 1992. Resource ecology of the Bolinao coral reef system. *ICLARM Stud. Rev.* 22:117.

Ramos, V. O., Department of Environment and Natural Resources. 1996. Personal Communication. Letter to Mr. Andrew E. J. Wang Re: ECC Application for the Proposed Pangasinan Cement Complex in Bolinao, Pangasinan. 6 August.

Surbano, M. A. 1998. Cement makers are top polluters: Study. *Business Daily* **March 10.**

Talaue-McManus, L., Associate Professor, Marine Science Institute, University of the Philippines. 1999. Personal Communication. Interview. 29 June.

Talaue-McManus, L. and K. P. N. Kesner. 1995. Valuation of a Philippine municipal sea urchin fishery and implications of its collapse. *Philippine Coastal Resources Under Stress. Selected Papers from the Fourth Annual Common Property Conference*, Manila, Philippines. 16–19 June 1993

Talaue-McManus, L., A. C. Yambao, S. G. Salmo III and P. M. Aliño. 1999. Participatory coastal development planning in Bolinao, Northern Philippines: A potent tool for conflict resolution. Pp: 149–157 in *Community-Based Natural Resource Management*. D. Buckles, ed. Ottawa: International Development Research Centre of Canada and the World Bank.

森林

从根上再生：通过社区行动恢复Dhani森林

Gadgil, M. and R. Guha. 1992. *This Fissured Land: An Ecological History of India*. Delhi: Oxford University Press.

Gadgil, M. 1999. Co-Management of Forest Resources: The Indian Experience. Unpublished paper provided to WRI.

Jodha, N. S. 1990. Rural Common Property Resources: Contributions and Crisis. Society for Promotion of Wastelands Development, Foundation Day Lecture. 16 May 1990.

Loveland, T. R., B. C. Reed, J. F. Brown, D. O. Ohlen, Z. Zhu, L. Yang and J. Merchant. 2000. Development of a Global Land Cover Characteristics Database and IGBP DISCover from 1 km AVHRR data. *International Journal of Remote Sensing* 21(6):1303–1330. Online at: http://edcdaac.usgs.gov/glcc/glcc.html.

MacKinnon, J., 1997. *Protected Areas Systems Review of the Indo-Malayan Realm.* Canterbury, UK: The Asian Bureau for Conservation.

Mahapatra, R. 1999. On the Warpath. *Down to Earth* 8(9):32–42.

Nayak, P. and N. Singh, 1999. *Dhani Panch Mauza Jungle Surakhya Samiti: A Case of Community Forest Management in Orissa.* Study Paper. Bhubaneswar, India: Vasundhara.

Pachauri, R. K. and P. V. Sridharan, 1998. *Looking Back to Think Ahead: GREEN India 2047.* New Delhi: Tata Energy Research Institute.

Panagrahi, R. and Y. Rao. 1996. *Conserving Biodiversity: A Decade's Experience of Dhani Panch Mauza Jungle Surakhya Samiti.* Study Paper. Bhubaneswar, India: Vasundhara.

Singh, N., Vasundhara. 2000. Personal Communication. E-mail. January.

Singh, N. and P. Nayak. 1999. Community Forestry in Dhani. Unpublished paper provided to WRI.

Watts, H. 1999. Indian State Faces Ecological Crisis After Cyclone. Reuters News Service. Online at: http://www.planetark.org/dailynewstory.cfm?newsid+4293. (3 December).

淡水

为了人类的福祉：南非的水管理

Basson, M. S., P. H. van Niekerk and J. A. van Rooyen. 1997. *Overview of Water Resources Availability and Utilisation in South Africa.* Pretoria, South Africa: Department of Water Affairs and Forestry.

Botha, M., Conservation Officer, Botanical Society of South Africa. 1999. Personal Communication. E-mail. 17 November.

Department of Water Affairs and Forestry (DWAF). 1994. Water Supply and Sanitation Policy. White paper: Water–An indivisible national asset. Cape Town: Republic of South Africa. November 1994.

de Wit, M. P., D. J. Crookes and B. W. van Wilgen. (Forthcoming). **Conflicts of interest in environmental management: Estimating the costs and benefits of black wattle (*Acacia mearnsii*) in South Africa. *Environment and Development.***

Dye, P. and A. Poulter. 1995. Field demonstrations of the effect on streamflow of clearing invasive pine and wattle trees from a riparian zone. *South African Forestry Journal* 173:27–30.

Fynbos Working for Water Allied Industries. 1998. Overview for the Development of Allied Industries. *Job Summit Investor Conferences*, unpublished.

Gelderblom, C. Consultant. 2000. Personal Communication. E-mail. 13 January.

Higgins, S. I., J. K. Turpie, R. Costanza, R. M. Cowling, D. C. le Maitre, C. Marais and G. F. Midgley. 1997. An ecological simulation model of mountain fynbos ecosystems. *Ecological Economics* 22:155–169.

Hilton-Taylor, C. 1996. Red Data List of Southern African Plants. Pretoria: National Botanical Institute.

International Water Management Institute (IWMI). 1999. South Africa's Progressive New Water Law. Online at: http://www.cgiar.org/iwmi. (October).

Koch, E. 1996. A watershed for apartheid. *New Scientist* 150 (2025):12–13.

le Maitre, D. C., B. W. van Wilgen, C. M. Gelderblom, C. Bailey, R. A. Chapman and J. A. Nel. (Forthcoming). Invasive alien trees and water resources in South Africa: Case studies of the costs and benefits of management. *Forest Ecology and Management.*

Marais, C. 1998. An Economic Evaluation of Invasive Alien Plant Control Programmes in the Mountain Catchment areas of the Western Cape Province, South Africa. Ph.D. Dissertation. University of Stellenbosch.

Marais, C., Manager: Programme Development and Planning: National Working for Water Programme. 1999. Personal Communication. E-mail. 23 November.

Marais, C., Manager: Programme Development and Planning: National Working for Water Programme. 2000. Personal Communication. E-mail. 19 January.

May, J. 1998. Poverty and Inequality in South Africa. Indicator South Africa **15**(2). Online at: http://www.und.ac.zo/und/indic/archives/indicator/winter98/Fmay.htm.

Nel, J. L., B. W. van Wilgen and C. M. Gelderblom. 1999. The Contribution of Plantation Forestry to the Problem of Invading Alien Trees in South Africa: A Preliminary Assessment. Unpublished CSIR Report ENV/S-C 93003. Department of Water Affairs and Forestry.

Raddock, G., National Parks Service. 1999. Personal Communication. Interview. March.

Republic of South Africa. 1997. Water Services Act: Act 108 as of 1997.

Republic of South Africa. 1998. National Water Act: Act 36 as of 1998.

Saleth, R. M. and A. Dinar. 1999. Water Challenge and Institutional Response: A Cross-Country Perspective. Draft Mimeo. Washington, D.C.: The World Bank. 5 February 1999.

Scott, D. F. 1999. Managing riparian zone vegetation to sustain streamflow: Results of paired catchment experiments in South Africa. *Can. J. For. Res.* 29:1149–1157.

Shaughnessy, G. A. 1986. A case study of some woody plant introductions to the Cape Town area. Pp: 37–43 in *The Ecology and Management of Biological Invasions in Southern Africa*. I. A. W. Macdonald, F. J. Kruger and A. A. Ferrar, eds. Cape Town: Oxford University Press.

South African Institute for Race Relations. 1998. South Africa Survey 1997/1998. Johannesburg.

Spies, R. E. and J. B. Barriage. 1991. Western Cape System Analysis: Long-Term Urban Water Demand in the Western Cape Metropolitan Region 1990–2020. Unpublished Report. Ninham Shand Consulting Engineers for DWAF and City of Cape Town.

U.N. Environment Programme. 1999. State of the Environment: South Africa. Online at: http://www.ngo.grida.no/soesa/nsoer/issues/social/state.htm.

U.S. Geological Survey (USGS). 1997. Hydro1K Data Set, Africa. Online at: http://edcdaac.usgs.gov/gtopo30/hydro.

Van der Zel, D. W. 1981. Optimum mountain catchment management in Southern Africa. *South African Forestry Journal* 116:75–81.

van Wilgen, B. W. Scientific Advisor to the Working for Water Programme. 1999. Personal Communication. E-mail. 22 October and 28 November.

van Wilgen, B. W. Scientific Advisor to the Working for Water Programme. 2000. Personal Communication. E-mail. 10 April.

van Wilgen, B. W., W. J. Bond and D. M. Richardson. 1992. Ecosystem management. Pp: 345–371 in *The Ecology of Fynbos: Nutrients, Fire, and Diversity*. R. M. Cowling, ed. Cape Town: Oxford University Press.

van Wilgen, B. W., R. M. Cowling and C. J. Burgers. 1996. Valuation of ecosystem services: A case study from South African fynbos ecosystem. *BioScience* 46(3):184–189.

van Wilgen, B. W., P. R. Little, R. A. Chapman, A. H. M. Görgens, T. Willems and C. Marais. 1997. The sustainable development of water resources: History, financial costs, and benefits of alien plant control programmes. *South African Journal of Science* 93:404–411.

van Wilgen, B. W. and E. van Wyk. 1999. Invading alien plants in South Africa: Impacts and solutions. Pp: 566–571 in *The VI International Rangeland Congress*. Townsville, Australia.

Versveld, D. B., D. C. le Maitre and R. A. Chapman. 1998. Alien Invading Plants and Water Resources in South Africa: A Preliminary Assessment. TT 99/98. WRC Report. Pretoria: Water Research Commission.

Versveld, D. B. and B. W. van Wilgen. 1986. Impact of woody aliens on ecosystem properties. Pp: 239–246 in *The Ecology and Management of Biological Invasions in Southern Africa*. I. A. W. Macdonald, F. J. Kruger and A. A. Ferrar, eds. Cape Town: Oxford University Press.

Wells, M. J., R. J. Poynton, A. A. Balsinhas, K. J. Musil, H. Joffe and E. van Hoepen. 1986. The history of introductions of alien plants to South Africa. Pp: 21–35 in *The Ecology and Management of Biological Invasions in Southern Africa*. I. A. W. Macdonald, F. J. Kruger and A. A. Ferrar, eds. Cape Town: Oxford University Press.

Working for Water Programme. N.D. The Environmental Impacts of Invading Alien Plants in South Africa. Pretoria: Working for Water Programme.

Working for Water Programme. 1998. The Working for Water Programme 1997/98 Annual Report.

Working for Water Programme. 1999. The Working for Water Programme 1998/99 Annual Report.

对湄公河的管理：区域性的管理方法有效吗？

Center for International Earth Science Information Network (CIESIN). 1999. Gridded Population of the World: Provisional Release of Updated Database of 1990 and 1995 Estimates. Palisades, NY and Washington D.C.: Columbia University and World Resources Institute. 22 November.

China Environment Series. 1998. Chinese Transboundary Water Issues. China Environment Series 2. Summer 1998. Woodrow Wilson Center. Online at: http://ecsp.si.edu/ecsplib.nsf/6b5e482eec6e8a27852565d1000e1a4c/ebcb218fc7fe824985256677007c6181?OpenDocument.

Elvidge, C. D., K. E. Baugh, V. R. Hobson, E. A. Kihn, H. W. Kroehl, E. R. Davis and D. Cocero. 1997. Satellite inventory of human settlements using nocturnal radiation emissions: A contribution for the global toolchest. *Global Change Biology* 3(5):387–396.

Energy Information Administration (EIA). 1999. International Energy Outlook 1999. Report: # DOE/EIA-0484(99). Online at: http://www.eia.doe.gov/oiaf/ieo99/electricity.html.

Food and Agriculture Organization of the United Nations (FAO). 1999. *State of the World's Forests 1999*. Rome: Food and Agriculture Organization of the United Nations.

Friederich, H. 2000. The biodiversity of the wetlands in the Lower Mekong Basin. *Paper submitted to the World Commission on Dams, Presented at the Commission's East/Southeast Asia Regional Consultation*, Hanoi, Vietnam. 26–27 February

Institute for Development Anthropology. 1998. Environment and Society in the Lower Mekong Basin: A Landscaping Review of the Literature, Volume I. Prepared for the Mekong River Basin Research and Capacity Building Initiative, Oxfam-America.

Mekong River Commission (MRC). 1997. *Mekong River Basin Diagnostic Study: Final Report*. Bangkok: Mekong River Commission.

Nguyen, B. T. 1998. The Mekong Delta in Vietnam: Hydrology and Livelihoods. Prepared for Oxfam-America. Boston: Oxfam-America.

U.N. Population Division (UNPD). 1998. *Annual Populations 1950–2050 (The 1998 Revision on diskette)*. 1. New York: U.N. Population Division.

World Conservation Monitoring Centre (WCMC). 1994. *Biodiversity Source Book*. WCMC Biodiversity Series No. 1. Cambridge, UK: World Conservation Press.

World Bank. 1999. *World Development Indicators 1999*. Washington, D.C.: The World Bank.

Xie, M. 1996. Water resources in Vietnam. *Vietnam Water Resources Sector Review: Selected Working Papers*. A Joint Report by The World Bank, Asian Development Bank, FAO, UNDP, and the NGO Water Resources Group in cooperation with the Institute of Water Resources Planning, Vietnam.

纽约市的水源地保护计划

Gratz, J., New York City Watershed Team Leader, EPA Region 2. 1999. Personal Communication. E-mail. 4 January.

Izeman, M., Attorney, Natural Resources Defense Council. 1999. Personal Communication. E-mail. 20 January.

National Research Council (NRC). 1999. *Watershed Management for Potable Water Supply: Assessing New York City's Approach*. Washington, D.C.: National Academy Press.

Revkin, A. 1995. Rates to rise 2 percent at most under plan to protect city reservoirs. *The New York Times* (3 November):1, sec. B.

Revkin, A. 1997. Troubled headwaters: A special report: Billion dollar plan to clean New York City water at its source. *The New York Times* (31 August):sec. 1.

Ryan, G., New York City Department of Environmental Protection, Bureau of Water Supply and Wastewater Collection. 1998. Personal Communication. Interview. 2 December.

State of New York. 1998. The New York City Watershed Agreement: Memorandum of Final Agreement Final Draft. Online at: http://www.state.ny.us/watershed/overview.html.

参考文献

草地

让大草原可持续：蒙古草原的未来

Asian Development Bank/PALD. 1993. Improved Livestock Feed Production, Management and Use in Mongolia: Socio-Economic Potentials and Constraints. Report of a survey undertaken by the Policy Alternatives for Livestock Development in Mongolia (PALD) project for the ADB. Sussex: IDS.

Chang, V. T. 1933. *The Economic Development and Prospects of Inner Mongolia*. Shanghai: Commercial Press; Reprinted by Taipei: Ch'eng Wen Publishing (1971).

Economic and Social Commission for Asia and the Pacific. 1999. Statistical Yearbook for Asia and the Pacific. Bangkok: United Nations.

Food and Agriculture Organization (FAO). 2000. Special Alert No. 303: Concerns Mount over Serious Food Shortages in Mongolia Following the Harshest Winter in 30 Years. Online at: http://www.fao.org/waicent/faoinfo/economic/giews/english/alertes/2000/SA303MON.htm. (10 March).

Gomboev, B. O. 1996. The structure and process of land use in Inner Asia. Pp: 12–57 in *Culture and Environment in Inner Asia, Volume 1: The Pastoral Economy and the Environment*. C. Humphrey and D. Sneath, eds. Cambridge, UK: The White Horse Press.

Government of Mongolia. 1995. National Environmental Action Plan: Towards Mongolia's Environmentally Sound Sustainable Development. Ulaanbaatar. February.

Hasbagan and C. Shan. 1996. The cultural importance of animals in traditional Mongolian plant nomenclature. Pp: 25–29 in *Culture and Environment in Inner Asia, Volume 2: Society and Culture*. C. Humphrey and D. Sneath, eds. Cambridge, UK: The White Horse Press.

Ho, P. 2000. China's rangelands under stress: A comparative study of pasture commons in the Ningzia Hui autonomous region. *Development and Change* 31:385–412.

Humphrey, C. and D. Sneath. 1999. *The End of Nomadism? Society, State and the Environment in Inner Asia*. Durham, NC: Duke University Press.

Inner Mongolian Territorial Resources Compilation Committee. 1987. *Nei Menggu Guotu Ziyuan (Inner Mongolian Territorial Resources Survey)*. Hohhot: Inner Mongolian People's Press.

Li, O., M. Rong and J. R. Simpson. 1993. Changes in the nomadic pattern and its impact on the Inner Mongolian grassland ecosystem. *Nomadic Peoples* 33:66–72.

MacArthur Environmental and Cultural Conservation in Inner Asia Project (MECCIA). 1995. Mongolia and Inner Asia Studies Unit. Cambridge, UK: Cambridge University.

Mearns, R. 1991. Pastoralists, patch ecology and perestroika: Understanding potentials for change in Mongolia. *IDS Bulletin* 22(4):25–33.

Mearns, R. 1996. Community, collective action and common grazing: The case of post-socialist Mongolia. *The Journal of Development Studies* 32:297–339.

Ministry of Agriculture and Industry of Mongolia. 1998. Mongolian Agriculture and Agro-industry. Online at: http://www.agriculture.mn/agroindustry.htm#2.

National Statistical Office of Mongolia. 1999. Mongol Ülsyn Statistikiin Emhtgel, (Mongolian Statistical Yearbook), 1998. Ulaanbaatar.

Neupert, R. 1999. Population, nomadic pastoralism and the environment in the Mongolian plateau. *Population and Environment: A Journal of Interdisciplinary Studies* 20(5):413–441.

Palmer, W. A. 1991. National Report: Mongolia. (Draft). UN Development Programme, Regional Bureau for Asia and the Pacific.

Sheehy, D. 1995. Grazingland Interactions among Large Wild and Domestic Herbivores in Mongolia. Report for the Mongolian Ministry of Nature and Environment Biodiversity Project. October 1995.

Simukov, A. D. 1936. Materialy po kochevomu bytu naseleniya MNR (Materials concerning the nomadic life of the population of Mongolia). *Sovremennaya Mongoliya (Contemporary Mongolia)* 2(15).

Sneath, D. 1993. *Database of results from fieldwork in Sumber sum, Dornogov' aimag, Mongolia*. Unpublished Working Materials. Cambridge, UK: MECCIA.

Sneath, D. 1998. State Policy and Pasture Degradation in Inner Asia. *Science* 281:1147–1148.

Statistical Office of Mongolia. 1993. Mongolyn Ediin Zasag, Niigem 1992 (Mongolian Economy and Society in 1992). Ulaanbaatar: J.L.D Gurval.

Tserendash, S. and B. Erdenebaatar. 1993. Performance and management of natural pasture in Mongolia. *Nomadic Peoples* 33.

U.N. Development Programme (UNDP). 2000. New web-services provide faster news on Mongolia disaster. Online at: http://www.un-mongolia.mn/undp/news/undp-news.htm. (12 April 2000).

Ward, G. 1996. Education systems in Inner Asia: An examination of the interface between social practice and cultural representations. Pp: 30–48 in *Culture and Environment in Inner Asia Volume 2: Society and Culture*. C. Humphrey and D. Sneath, eds. Cambridge, UK: The White Horse Press.

Whitten, T. 1999. Mongolia: Environment and Natural Resources: Opportunities for Investment. (Draft). Environment Unit, East Asia and the Pacific Region, The World Bank. 24 September.

World Bank. 2000. *World Development Indicators 2000*. Washington, D.C.: The World Bank.

World Conservation Monitoring Centre (WCMC). 1992. *Global Biodiversity: Status of the Earth's Living Resources*. London: Chapman and Hall.

Yenhu, T. 1996. A comparative study of the attitudes of the peoples of pastoral areas of Inner Asia towards their environments. Pp: 1–24 in *Culture and Environment in Inner Asia Volume 2: Society and Culture*. C. Humphrey and D. Sneath, eds. Cambridge, UK: The White Horse Press.

Zasagyn Gazar Medeel. 1992. (Mongolian Newspaper). 2(63):1992.

第四章

Bengston, D. N. 1994. Changing forest values and ecosystem management. *Society and Natural Resources* 7(6):515–533.

Conference of the Parties to the Convention on Biological Diversity, Fifth Meeting (COP-5. 2000). Annex III. Nairobi, Kenya. Online at: http://www/biodiv.org/Decisions/COP5/pdf/COP-5-Dec-All-e.pdf.

Environmental Valuation Reference Inventory (EVRI). 2000. Online at: http://www.evri.ec.gc.ca/evri.

European Environment Agency (EEA). 1999. *Environment in the European Union at the Turn of the Century*. Environmental Assessment Report No. 2. Copenhagen: EEA.

McManus, J. W., C. L. Nañola, R. B. Reyes Jr. and K. N. Kesner. 1995. The Bolinao coral reef resource system. Pp: 193–204 in *Philppine Coasal Resources Under Stress*. M. A. Juinio-Meñez and G. F. NewKirk, eds. Selected papers from the Fourth Annual Common Property Conference held in Manila, Philippines. June 16–19.

Stokstad, E. 1999. Scarcity of Rain, Stream Gages Threatens Forecasts. *Science* 285:1199–1200.

U.N. Environment Programme (UNEP). 1999. *Global Environment Outlook 2000*. London, UK: Earthscan Publications Ltd.

索 引

索 引

索 引

联合国开发计划署（UNDP）

联合国开发计划署（UNDP）承诺如下原则：发展与对和平、人类安全的追求是不可分割的，联合国必须成为保障发展与和平的强大力量。UNDP的使命就是要在各国致力于达到人类可持续发展中帮助他们，主要是帮助他们增强各自在设计和执行开发计划方面的能力，这些计划包括消除贫穷、创造就业机会和建立可持续的生活方式、赋权妇女、环境保护和恢复—其中根除贫穷是放在第一位的。

在政府的要求之下，在其所关注地区的支持之下，UNDP帮助他们建立起良好的管理能力、大众的参与机制、私有和公有部门的平等开发与成长，强调国家规划及其优先项目构成了唯一可行的框架，可作为联合国系统内国家发展的操作活动计划的参照。

UNDP努力使自己成为联合国救济机构的一个有效的开发伙伴，在努力维持生计的同时，探求可持续的生活。它以行动帮助那些国家为复杂的紧急情况或灾害作好准备，或尽量避免、处理好这些情况。

欢迎访问UNDP的网站
http://www.undp.org/info/discover/mission.html

联合国环境规划署（UNEP）

联合国环境规划署（UNEP）是作为联合国（UN）的环境良知建立起来的。在联合国内，UNEP已经就人类环境问题建立起综合考虑和协调行动的基础。UNEP的使命是支持领导和鼓励建立合作关系去保护环境，这是通过激励、提供信息，以及促使国家和人民能够改善其生活质量而不会对后代造成损害而实现的。

UNEP最重要的功能之一就是倡导环境科学和环境信息。UNEP一直认为：环境是由各种相互作用的联系关系所构成的系统，它扩展到与所有的工作部门相关。为了处理好这些相互关系，需要一种综合的方法。UNEP的独到之处就在于它倡导在国际范围内对环境给予关注。UNEP与UN的其他拥有互补技能和转送能力的团体之间培育了良好的合作关系，并且促进私有部门、科学团体、非政府组织、青年、妇女和体育组织参与可持续的发展的实施。

UNEP的实力与影响源于其使命——环境管理的内在权威性。UNEP已经并还要继续就保护未来环境发挥关键性的作用。

欢迎访问UNEP的网站
http://www.unep.org/unep/about.htm

世界银行

世界银行成立于1994年，由5个紧密相关的机构组成：国际复兴与开发银行（IBRD）；国际开发协会（IDA）；国际金融公司（IFC）；多边投资保障机构（MIGA）；国际投资纠纷结算中心（ICSID）。

世界银行是世界上最大的开发赞助来源，每年大概向其借贷国提供近300亿美元的贷款。该银行运用它的金融资源、训练有素的职员、宽广的知识基础，分别向每一个发展中国家提供帮助，使它们走上稳定、可持续、以及平等的成长道路。它主要关注的是帮助最穷的人民和最穷的国家，但是就其所有的借贷国而言，世界银行强调了以下要求：投资用于人民，特别是基础的健康和教育事业；保护环境；支持和鼓励私有事业的发展；增强政府开展高效、明确、高质量服务的能力；动改革，创造稳定的宏观经济环境，使有益于投资和长期规划；社会发展、吸引社会所有人士参与各种社会活动、管理方法、和机构建设是减少贫困的关键要素，将它们作为重点。

欢迎访问世界银行的网站
http://www.worldbank.org/htm/extdr/about/

世界资源研究所（WRI）

世界资源研究所提供关于全球环境问题的信息、观点和解决方法。我们的使命是：为了当代和未来世代，推动人类社会生活方式转变到保护地球环境的轨道上来。

我们的计划面对全球挑战，运用知识来激励公众和私有者的行为来达到以下目的：阻止对生态系统的破坏；拓展对环境问题决策的参与；防止危险性的气候变化；在改善环境的同时增进繁荣。

数百年来，通过使用更多的资源、燃烧更多的能源、产生更多的废物，使产业拓展，国家经济增长。这种经济增长，通过提供更多的产品和服务，通过创造更多的贸易和就业机会，通过支付更多的投资到技术和教育，极大地改善了人类的生活。但是这历史上的增长过程，也同时使生物资源退化，能源供应耗竭，水、土地、空气受到污染。WRI相信对环境问题的解决，不是要减少增长，而是要破除繁荣的扩展和资源耗损之间的联系。我们正在与政府、实业和市民团体协同工作，以期发现新的更有效的资源利用方式和利用新的技术和新的市场。

欢迎访问世界资源研究所的网站
http://www.wri.org/

图书在版编目（CIP）数据

世界资源报告2000～2001：人与生态系统——正在破碎的生命之网/联合国开发计划署等编；国家环保总局国际司译.
—北京：中国环境科学出版社，2002.4
ISBN7-801633-298-2

I. 世… II.①联…②国…III.自然资源—生态系统—评价—世界—2000～2001—研究报告
IV. P964

中国版本图书馆CIP数据核字（2002）第026006号

出 版 中国环境科学出版社出版发行
（100036 北京海淀区普惠南里14号）
网 址：http://www.cesp.com.cn
电子信箱：cesp @public.east.cn.net
印 刷 北京雅昌彩色印刷有限公司
经 销 各地新华书店经售
版 次 2002年4月第一版 2002年4月第一次印刷
印 数 1—4,000
开 本 215mm×275mm
印 张 24.5
字 数 600千字
定 价 138.00元